北京交通大学教材出版基金项目

北京局集团科技研究开发计划项目（2024AZ04）

京沪高速铁路股份有限公司科技研究项目（京沪科研-2022-14）

交通运输系统工程

理论·方法·实践

张国伍　王海星　杨　洋　著

北京交通大学出版社

·北京·

内 容 简 介

本书结合交通运输系统工程学科创始人张国伍教授在交通运输系统工程领域的实践，以系统科学、交通运输学为主干，以经济学、管理学、决策学、数学、运筹学、计算机学等的内容、方法为辅助，系统地介绍了交通运输系统工程的基本理论和基本方法，分析了交通运输系统及其 7 个子系统，充分体现了交通运输一体化、绿色化、智能化的主流发展趋势。

全书共分 4 篇 23 章，第一篇简单介绍系统科学、系统工程与交通运输系统工程；第二篇介绍交通运输系统工程的理论与方法，包括交通运输系统的布局与规划、需求与供给、网络、结合部与枢纽、安全、经济、法治，以及智能交通运输系统、绿色交通运输系统；第三篇介绍综合交通运输系统及其子系统，包括综合运输系统、铁路交通运输系统、公路交通运输系统、水路交通运输系统、民航交通运输系统、管道交通运输系统、区域交通运输系统、城市交通运输系统；第四篇介绍了 4 个实践案例，包括海南省交通运输系统及其发展战略、北京市市区公共电汽车线路网优化调整方案研究、"一带一路"与"中欧班列"交通运输系统、集装箱海铁联运枢纽运输系统。

本书内容系统、全面，理论与实践兼顾，可用作高年级本科生、研究生的教材，也可供从业人员全面了解交通运输系统工程学科。

图书在版编目（CIP）数据

交通运输系统工程：理论·方法·实践 / 张国伍，王海星，杨洋著. -- 北京：北京交通大学出版社，2024.7

ISBN 978-7-5121-4931-1

Ⅰ. ①交⋯ Ⅱ. ①张⋯ ②王⋯ ③杨⋯ Ⅲ. ①交通运输系统-系统工程 Ⅳ. ① U491

中国国家版本馆 CIP 数据核字（2023）第 058918 号

交通运输系统工程——理论·方法·实践
JIAOTONG YUNSHU XITONG GONGCHENG——LILUN·FANGFA·SHIJIAN

责任编辑：陈跃琴
出版发行：北京交通大学出版社　电话：010-51686414　http：//www.bjtup.com.cn
地　　址：北京市海淀区高梁桥斜街 44 号　邮编：100044
印 刷 者：北京虎彩文化传播有限公司
经　　销：全国新华书店
开　　本：185 mm×260 mm　印张：30.5　字数：759 千字
版 印 次：2024 年 7 月第 1 版　2024 年 7 月第 1 次印刷
定　　价：100.00 元

本书如有质量问题，请向北京交通大学出版社质监组反映。对您的意见和批评，我们表示欢迎和感谢。
投诉电话：010-51686043，51686008；传真：010-62225406；E-mail：press@bjtu.edu.cn。

I

撰写委员会组成及分工

主　　　任：张国伍
常务副主任：王海星
副　主　任：杨　洋　郭曼泽
秘　　　书：田园兰朵　邓文彪　胡楚璇
主要成员及分工：

序号	篇	章	主要负责人员
1	第一篇 绪论	第一章 系统科学与系统工程	张国伍，杨洋，王海星
2		第二章 交通运输系统与交通运输系统工程	张国伍，杨洋，王海星
3	第二篇 交通运输系统工程理论与方法	第一章 交通运输系统的布局与规划	张国伍
4		第二章 交通运输系统的需求与供给	张国伍，郭曼泽
5		第三章 交通运输系统的网络	王江燕
6		第四章 交通运输系统的结合部与枢纽	张国伍，张秀媛，王海星
7		第五章 交通运输系统的安全	王海星
8		第六章 交通运输系统的经济	张国伍
9		第七章 智能交通运输系统	尹相勇
10		第八章 绿色交通运输系统	王江燕
11		第九章 交通运输系统的法治	杨洋
12	第三篇 综合交通运输系统及其子系统	第一章 综合运输系统	毛保华
13		第二章 铁路交通运输系统	杨浩
14		第三章 公路交通运输系统	张国伍，王晟由，王海星
15		第四章 水路交通运输系统	张国伍
16		第五章 民航交通运输系统	李艳华
17		第六章 管道交通运输系统	张国伍，杨浩
18		第七章 区域交通运输系统	白同舟
19		第八章 城市交通运输系统	白同舟
20	第四篇 交通运输系统工程实践	第一章 海南省交通运输系统及其发展战略	张国伍
21		第二章 北京市市区公共电汽车线路网优化调整方案研究	张国伍
22		第三章 "一带一路"与"中欧班列"交通运输系统	齐颖秀，承向军
23		第四章 集装箱海铁联运枢纽运输系统	宋丽英

王庆云序

　　鲐背之年的张国伍教授又率领他的团队编撰完成了一部新书——《交通运输系统工程——理论·方法·实践》，并由北京交通大学出版社出版发行。相信这部书的出版发行对交通运输系统工程的学科建设和完善，以及交通运输系统发展和交通运输系统工程的技术、理论和方法，会有新的贡献并产生新的影响。

　　张国伍教授的一生可谓交通的一生，自老先生步入大学的交通专业，与交通结缘开始，交通就伴随了他一辈子。我与张国伍教授最初的结缘是在 20 世纪 80 年代初期，是我在原国家计划委员会（现国家发展和改革委员会）交通运输局工作的那段时间。那个时期，我国的交通运输行业正是国民经济和社会发展中最短的短板行业之一，严重制约着国民经济和社会的发展，矛盾十分尖锐，问题又非常复杂（在当时还没将此上升到典型的复杂性系统问题上来）。但面对诸如此类的复杂性系统问题，如何解题，既是一个现实的问题，更是一个长远的问题，既需要实干，更需要理论指导，以及理论与实践的结合。恰逢其时，张国伍教授带着系统工程的思想游说于我所在的单位，积极呼吁应用系统工程的理论技术方法，解决我国的交通运输领域中的现实问题。之后我与张国伍教授走上了志同道合的交通运输系统工程研究的理论与实践相结合之路。久而久之，张国伍教授在我眼里既是一位永不气馁的博学长者，又是一位同甘共苦并肩作战的交通挚友。

　　对张国伍教授交通人生的评价，之前我在张国伍教授的《交通运输系统工程创新与发展——交通人生 60 年》的书序中，曾这样描述过张国伍教授："在交通运输界可称得上颇为知名和备受爱戴的学者。从他从业于交通运输领域的 60 载，无论是从事交通运输事业的年龄还是对交通运输事业的贡献，无论是对交通运输问题研究的广度还是对交通运输问题研究的深度，无论是对交通运输问题的综合性研究还是对交通运输问题的系统性分析，无论是对交通运输基础理论的建设还是交通学科的不断推陈出新，无论是科研队伍的建设培养还是天下桃李的成长，等等，来自交通事业的不同角度都能感受到张国伍教授的学术影响。在钱学森老先生眼里，他是个嗜学者；在许国志老先生眼里，他是一位实干家；在老师们的眼里，他是一位永远停不下来的忙碌者；在学生们的眼里，他是一位可尊可敬的超前者；在管理者的眼里，他是一位理论与实践的搭建者。为了交通运输事业，他 60 年如一日，孜孜不倦，勇于探索，不但形成了自己的学术风格，推进了交通学科建设，也解决了交通运输实际问题，培养了交通人才。"现如今，尽管年龄在不断地增加，但他始终如一的从业态度和治学育人的崇高品德，以及与时俱进研究交通运输系统问题的毅力和学术上的韧性却从未改变。

张国伍教授的学术研究涉猎了交通运输的诸多领域，其学术成果也颇丰。但影响最大、收益最广的，当属交通运输系统工程。

从 20 世纪 70 年代末开始，张国伍教授就痴迷于钱学森老先生的系统科学和系统工程学说，在应用系统科学和系统工程于交通运输领域的过程中，孜孜不倦地进行探索。他率先在大专院校建立了交通运输系统工程学科，率先成立交通运输系统工程研究所，率先设立了交通运输系统工程硕士点和博士点，率先编纂了交通运输系统工程学科教科书——《交通运输系统分析》和《交通运输系统分析应用案例集》，率先搭建了交通系统工程学术交流平台——《交通运输系统工程与信息》杂志和交通 7+1 论坛。在交通运输系统工程领域，形成了一系列非常有价值的理论与实践相结合的学术、科研成果。

《交通运输系统工程——理论·方法·实践》一书，是张国伍教授交通运输系统工程学术思想的深化，也是"国伍团队"传承这一学术思想的集体成果。从交通运输系统工程类教科书看，该书是目前同类教科书中包含内容最为丰富、涉猎学科最为广泛、系统工程理论方法与交通运输系统结合最为紧密的，交通运输系统层级分析尤为系统并深刻，同时还包含了交通运输系统工程、交通运输系统学科的理论方法的形成与发展，与时俱进的理论应用与典型教学案例分析。全书的基本结构、基本逻辑关系和教学要点，基本上继承了张国伍教授之前出版的《交通运输系统分析》的要点和要义，并全方位地进行了拓展、完善和补充。其中，全书的四大部分更加聚焦系统工程与交通运输系统的逻辑关系；更加清晰地阐述了交通运输系统工程理论与方法的具体内容和现代问题；更加注重综合交通运输系统发展的阶段性特征和协同性问题，城市交通系统和区域交通系统的协同发展问题，以及其子系统的自身特性和交通运输系统的整体性、完整性问题；案例分析更侧重于运用系统工程的理论方法诠释和处理交通运输的系统性问题。本书的出版，无论是从学科理论的建树、学术思想的交流和学术观点的见解及理论方法的应用，还是从交通领域科研院校师生、从业人员和交通系统问题研究的兴趣者了解交通运输系统工程学科，都是一部非常好的教科书。

中国的交通运输系统，已进入了全新的发展阶段，系统性问题更加明显和复杂，加之交通运输本身就是一个复杂的系统，在各种运输方式（也称子系统）自身系统的整体性、完整性和子系统各层级优化组合的系统性问题，与多种运输方式优化组合的整体性、完整性问题，以及交通运输系统的一体化、智能化、绿色低碳化的发展要求等系统性、集成性问题并存的同时，更显应用系统思维、系统工程和系统科学的技术理论方法，应对新时期交通运输系统发展的新问题的重要性。

人类思想的突变，认知理论的飞跃，认识方法的变迁，重大技术的进步等，都提醒人们，只有不断更新和学习新知识来补充和完善专业知识，专业知识才会保持其生命力。交通运输系统工程知识也是如此，要做到与交通运输发展阶段实际紧密结合，就必须不断地补充新知识，完善并与时俱进地更新交通运输系统工程知识。这也是人类进步之所在，因为现实告诉我们，在人类社会发展的进程中，不同发展阶段有不同的理念和理论指导其发展，也就是说，需要中国的交通运输系统工程理论与方法不断与时俱进，我们应努力做到理论与实践紧密结合。另外，从交通运输系统工程知识谱系的连续性看，不同阶段的发展认知和认知知识也都是与现实问题结合起来产生的。为此，希望通过这部书的出版，在与时俱进地补充完善交通运输系统工程知识的同时，也能推动我国连续的交通运输系统工程知识谱系的形成。同时，也希望能不断将交通运输系统工程知识转换为新的思路、新的理念，形成新的理论。这将是我们这些交通运输系统工程热衷者今后的任务，也是交通运输系统工程新时期的理论研究重点。

《交通运输系统工程——理论·方法·实践》的出版，是对前述诸多问题进行的一些探索，相信这一探索将会积极推进新时期交通运输系统工程理论技术方法的与时俱进，将会更多地用系统观念、系统思维和系统工程的理论方法，研究和处理新时期交通运输系统发展中的新问题，并为实现中国式交通运输现代化贡献出更多、更好、更高水平的学术成果。

（王庆云，国家发展和改革委员会交通运输司原司长）

2024 年 3 月

王稼琼序

在 20 世纪 70 年代，系统工程学科开始受到人们普遍关注。在 20 世纪 80 年代初，在国家科委组织的能源政策研究中，首次引入了钱学森同志的系统工程理论。交通运输是一个复杂的巨系统；交通运输系统工程是通过系统工程与交通运输学的结合，在交通运输系统的建设与发展中形成的一门新的交叉学科。

张国伍教授是我国交通运输系统工程学科的创建者和奠基者。在张国伍教授的带领下，北京交通大学于 1986 年获批了我国第一个交通运输系统工程硕士学位点，并于 1996 年创立了我国第一个交通运输系统工程博士点。为了让交通运输系统工程学科的建设得以进一步延续和升华，并使张国伍教授系统工程的思想在交通运输领域继续发扬光大，我和国家发改委交通司原司长王庆云同志，嘱托张国伍教授能够出版一本凝练其多年学术思想的著作。如今，欣闻由张国伍教授所著的《交通运输系统工程——理论·方法·实践》即将出版，我谨代表北京交通大学表示由衷的祝贺！

张国伍教授近年出版的《交通运输系统工程创新与发展——交通人生 60 年》和《人生的境界与智慧——交通运输系统工程学科的发展与创新》凝练了其交通人生 70 余年的心路历程与学术成果，更包含了他孜孜不倦向前"拱"的拼搏心气，他的治学态度和执着精神值得我们去品味和学习。张国伍教授多年来边研究理论边实践，他对于交通运输领域的贡献，最令人深刻的几点包括：创始了交通运输系统工程学科、创办了《交通运输系统工程与信息》学术期刊、创建了中国系统工程学会交通运输系统工程专业委员会、创立了交通 7+1 论坛学术组织。这些成就为我们奠定了十分牢固的学术基础，也激励着交通人继续勇敢前行。

现今，随着新技术、新理念的不断发展，交通运输领域也发生着翻天覆地的变化，并且已成为社会经济发展的重要物质基础，交通运输系统工程学科在这其中也发挥着至关重要的指导作用。张国伍教授 94 岁高龄依旧斗志昂扬，出版的《交通运输系统工程——理论·方法·实践》也将激励着交通运输系统工程领域的从业者们，不断地继往开来，开拓进取，将张国伍教授的治学理念与奉献精神发扬光大，并为我国的综合交通运输事业的发展贡献力量！

（王稼琼，北京交通大学党委书记）

2024 年 3 月

余祖俊序

夫学者，犹如种树，春玩其华，秋登其实。

"知行"二字言简意赅，意蕴深远，凝聚了北京交通大学百年来的办学理念，也蕴含着对全体交大人为学为人的要求和期许。张国伍教授求真务实，勇于奉献，用他的交通人生诠释着"知行合一"的真正含义。张国伍教授在交通运输系统工程、综合交通运输领域做出了杰出贡献，在业内享有极高声望。就我个人而言，张国伍教授不仅是一位令人钦佩的学者，更是一位让人尊敬的长者。

在过去三年，一场世纪大疫情突然暴发，在这种条件下，90 多岁高龄的张国伍教授带领着编写团队，克服重重困难，依旧致力于《交通运输系统工程——理论·方法·实践》的书稿组织与编写工作，吾辈楷模！回顾与张国伍教授共事的岁月，其四点品质深深地打动着我：其一是张国伍教授的勤勉执着，其不仅在年富力强时将人生奉献给交通，即使在耄耋之年，依旧保持着对学术的热情追逐，从未懈怠；其二是张国伍教授的人生境界和大局观，正是有这样的精神，正是有这样的站位，使得张国伍教授能不计一时和眼前的得失，放眼全局，在交通领域内取得了一系列巨大的突破和贡献；其三是张国伍教授的睿智和机敏，这令张国伍教授能够在多年的科研与实践中，摸索出其独特的解决问题途径，并将交通运输系统工程相关的学科、学会、期刊、论坛等建设壮大，尤其是张国伍教授创办的交通 7+1 论坛，已成为行业里新思路、新理念的碰撞融合平台；其四是张国伍教授的高尚人格，他在多年的科研教学中严谨治学，在事业中淡泊名利，在生活中平易近人，其精神感染着身边的众人。正是因为具备了这样的品质，才造就了如今的张国伍教授，也让这位勇于实践、敢为人先的教授谱写了我国交通运输系统工程的新篇章。

系统工程学是一门应用与实践的科学，是在实现系统科学与现代管理学、信息科学、控制科学及计算机等科学发展相结合的状态下形成的学科。多年来，在运用系统工程思维解决交通运输问题的过程中，交通运输系统分析方法日趋成熟完善；交通运输系统工程学科发展至今，在理论体系、科研创新、学科建设及专业应用市场等方面都取得了长足的发展，交通运输系统工程专业也形成了具有一定规模和水平的科研与教学队伍，并建立了相应的交通运输系统工程学科研究组织机构。这一学科从创立到发展壮大，一路得到了国家、系统科学界及中国系统工程学会的大力支持。

　　《交通运输系统工程——理论·方法·实践》一书既有理论内容又有实践篇章，蕴含了张国伍教授多年的学术思想和实践经验，并且具有很高的学术视野和教学价值。"交通运输是一个系统，而且是一个复杂的大系统，交通运输的问题是一个系统问题"，这个问题也将是我们社会发展所要面临的永无止境的科学问题。最后，也祝愿我国的综合交通运输事业不断发展，再创新的辉煌！

（北京交通大学 校长）

2024 年 3 月

张国伍序

（张国伍口述，杨洋记录整理）

时光荏苒，岁月蹉跎。回顾过往，对于交通运输的研究、教学与实践工作，已伴随我的人生走过了近 80 年的历程。转眼间我已是耄耋之年，回顾这七八十年的交通人生履历，与交通结缘的一系列事件依然历历在目，包括：创建"交通运输地理学""交通运输系统工程""智能交通系统工程"等学科；创建交通运输系统工程硕士和博士学科点；创办《交通运输系统工程与信息》学术期刊；创建"铁路管理科学研究所""应用系统分析研究所""中国综合交通研究中心"等研究机构；创建"中国系统工程学会交通运输系统工程专业委员会""交通 7+1 论坛"等学术组织。如今，借《交通运输系统工程——理论·方法·实践》一书出版之际，梳理并组织了我的交通运输系统工程思想的产生与发展，并结合现今交通运输领域的新技术、面临的新形势，在我之前出版的《交通运输系统分析》基础上进行了修编。

我于 1948 年 8 月被保送到国立北平铁道管理学院，在新中国成立后，北平铁道管理学院和唐山工学院由中央军委铁道部接管，两校合并为中国交通大学唐山工学院及北平管理学院。在大学四年里，我先后学习了交通运输学、运输设备学、运输管理商务、运输财务管理等课程，但对于交通的认识其实是混沌模糊的，直到我 1952 年从北京铁道学院运输工程系大学毕业并参加工作后，交通思想的启蒙才算得以继续深入。毕业后我先被分配到铁道部设计总局工作，主要从事铁路选线工作，1952 年 2 月，铁道部下达调令抽调我回校教书，以助教的身份教授铁路运输货运组织等课程，其间还被调至经济系讲授经济地理、运输地理、运输布局等课程。

由于我读书期间并未学过经济地理学相关课程，因此，在 1952 年，学校派我到教育部在中国人民大学举办的经济地理研究生班学习了两年，向苏联专家学习经济地理相关知识。在中国人民大学求学期间，我边学习边研究，把交通运输的知识与地理知识相结合，提出了

"交通运输地理学"这一概念。由于发现当时在国内外都还没有与交通运输地理学相关的教材，所以我与同班同学杨吾扬（1933—2009）合作，经过两年的研究探讨，共同完成了《交通运输地理学》专著（1986年由商务印书馆出版，至今这本书的影响依旧较为广泛），并开创了交通运输地理学新学科。此外，在中国人民大学学习的两年中，在苏联专家的指导下，我参加了湖南资水流域经济的研究和实践调研，同期还完成了两本书的翻译任务，即《运输配置》与《运输生产和配置》。

1956年，我从中国人民大学学成归来，回到北方交通大学任教，在经济系开设了交通运输地理学与交通运输布局的课程，并教授运输经济、货运管理等课程。在完成教学任务的同时，我还从事了一系列交通运输科研与实践工作：我利用暑假带队完成了河北省综合交通网规划，并获得了河北省政府的表扬；同时，我还完成了《中华地理志》（1958年由科学出版社出版）中关于交通运输地理学词条的编写。毕业后几年，在交通运输领域的学习、教学、科研与项目实践工作，使我的交通思想得以启蒙并不断发展，为今后的理论实践奠定了基础。

交通运输的综合性问题是随着我国国民经济和社会发展对交通不断提出更高要求而日趋显现的。通过多年来理论与实践不断地螺旋式上升，我逐渐认识到了交通运输的综合性问题。然而，在20世纪50年代初，人们并没有对客货运的管理问题给予足够的重视。虽然当时国家正处在计划经济阶段，但在这百废待兴的建设时期，加快任何交通方式的建设都是正确合理的，而且包括交通在内的工业布局问题也十分重要。在此背景下，我国成立了专门从事综合运输研究的机构"综合运输问题研究所"。随着我在高校的教学科研实践过程的不断深入，也加深了我对不同交通方式的了解和对国家经济工业布局的认识，我逐渐将针对单一运输方式布局的思想理念延伸到了铁路、水运、公路、航空和管道5种运输方式上来。随着时代的发展，工作视角的不断调整，我逐渐意识到：一个完善的运输体系，其发展规模和空间布局存在一定的规律性和明显的合理性；一个可以提供强大运输能力的运输体系及各种交通方式之间的衔接、组合，也存在一定的规律性和明显的合理性；一个有序的运输网络客货流，更是存在一定的规律性和明显的合理性。综合交通问题既包括了交通与经济的发展关系问题，又涵盖了各种交通方式之间的协调发展，以及单一特性交通方式内部自身优化发展等问题。

在钱学森院士的推动下，系统科学和系统工程学在我国实现了突破性发展。早在1978年，钱学森院士就曾指出"系统工程是组织管理系统的规划、研究、设计、制造、实验和使用的科学方法，是一种对所有系统都具有普遍意义的方法"。长期以来，我们对交通运输的认识仍然停留在20世纪50年代苏联学者提出的方法论层面，对特定运输方式的分析也仅限于技术经济特性的应用，综合运输的理念也不过是把铁路、公路、水运、航空和管道几种运输方式进行简单的叠加和组合而已。交通运输和综合运输的本质究竟是什么？国内外学者尚未提出一套完整的理论体系。这就引发了我对交通运输基本理论和内在本质的进一步深思。当年，我与宋健院士的夫人王雨生女士是同门，通过王雨生女士的引荐，我得以结识并接触到钱学森院士，并有机会追随钱学森院士学习系统工程学。当时，在我国，计算机的应用已经开始出现。为了学习使用计算机，我又不得不从系统理论的基础知识开始入手学习，这也使得自己对系统科学方面的认识进一步深化。我国于1978年组建了"中国系统工程学会"，我也参与其中，试图从中找到有关综合运输教学和研究中所遇到问题的答案。在1979年，我读到了美国麻省理工学院马哈姆教授编著的《运输系统分析》一书，此书较为完整系统地介绍了交通运输系统及其分析理论，此书中美国权威学者也把交通运输作为一个系统对象来认识问题，这一点与我的看法一致。

经过不断地学习、思考、探索与交流，我认为，当把运输布局理论和系统科学结合起来思考时，运输可以被看作是一个完整的系统，这个系统可以分为两个层次，第一个层次是铁、水、公、航、管5种主要运输方式整合为一体的交通运输大系统，这个系统的基础就是将系统科学与综合运输思想进行有机结合；第二个层次就是单一交通方式的子系统，可以将子系统概括为方式内的点、线、面的合理组合。基于这些思考，我逐步形成了"交通运输系统分析"的新思想，我认为，为解决交通运输的问题，应当有"交通运输系统工程"理论的支持，这是对交通运输系统分析、系统设计和评价的基础。为此，我提出必须把交通运输科学与系统科学进行融合，创建交通运输系统工程这一学科。与此同时，我还把当时的管理科学研究所运输研究室更名为系统分析研究室，着重开展运输系统分析方面的研究。可是，当时的我还只是副教授，不少老专家对此持有反对意见，但我认为这是一门新的学科，这些困难也并未阻止交通运输系统科学和综合性问题研究的前进步伐。幸运的是，我将系统工程理论应用到交通运输领域的观点，得到了钱学森院士和宋健院士的支持。宋健院士说，运输是一个系统，用系统理论分析运输是正确的；钱学森院士对这一构思也十分认同，他说，美国的MIT就是以交通运输为背景来讲授系统科学的。这些认可更加坚定了我创建"交通运输系统分析"新学科的决心和信心。因此，在钱学森院士系统工程思想的引导下，20世纪80年代，交通运输与系统工程相结合的"交通运输系统工程学"诞生了，交通运输行业由此进入一个新的发展时期。

通过不断的"理论—实践—再理论—再实践—总结提高"的过程，我们建立起了较为完整的中国交通运输系统工程学科，基于搭建起的学科平台，我们应用系统工程理论解决了大量的交通实践问题。我们接受的第一个研究任务是原国家经委的"修改浙赣铁路复线改造方案"；之后，完成了"以沿海港口为中心的海南交通系统规划报告"，随后还先后完成深圳港口布局、深圳市交通规划，以及深圳和香港交通衔接等3个课题的研究，并在海南岛建省之后，利用系统分析方法完成了该省第一个交通规划的编制工作，提出了"三通四流"的创新理论。此外，利用系统分析研究这一平台，我们还重点开展了对北京市城市交通的系统研究，如北京城市交通综合体系发展战略研究、北京铁路枢纽的站群合理布局研究、北京市地面交通拥堵专题研究等。我还受国务院三峡办委托，开展了三峡建设与长江航运的系统分析和规划、三峡地区综合运输网的建设规划研究等项目。在1986—1996年的交通运输系统工程学科发展的新阶段，受国家能源部委托，我基于系统分析理论对黄骅港的交通网布局进行了全面分析，提出了建设黄骅港并修建"神木—黄骅"铁路的建议方案。另外，我主持了北京市政府委托的"北京市综合交通体系发展战略"研究课题，并主持完成了我国第一个智能交通系统工程，即"北京公交智能化调度系统工程及第一期示范工程"的设计、优化和建设，该项目在当时体量达 3 000 万元，基于该项目，我还编写了《智能交通系统工程导论》这本书，由电子工业出版社出版；另外，受国家科委委托，承担了"上海综合交通枢纽规划建设"的研究项目。通过上述重要工程项目的研究和实践，我进一步总结出了交通运输系统工程的八大理论，主编了国内第一部《交通运输系统分析》和《交通运输系统分析应用案例集》。通过边研究理论边实践，交通运输系统工程这门学科也逐渐壮大起来，在北方交通大学，我们也先后获批交通运输系统工程的硕士点和博士点，这些年来，我一共培养了 28 位博士生和 150 多位硕士生。与此同时，我还组织和创办了与学科相关的一系列学术活动和组织，例如，1986 年在中国系统工程学会创建了交通运输系统工程专业委员会，在 1995 年试办、2001 年正式创办了《交通运输系统工程与信息》学报，在 2005 年创建了交通 7+1 论坛。

现今交通运输系统已经进入信息化、智能化、数字化时代，综合交通运输也进入一个崭新的发展阶段，其系统性越来越强，系统也变得更加复杂。我如今已 94 岁了，受国家发改委交通司原司长王庆云同志和北京交通大学党委书记王稼琼同志的嘱托，他们希望我能够回顾我这一生的交通人生，回顾我交通运输系统分析思想的产生与发展，回顾我们交通运输系统工程整个学科的产生与发展，并借此进一步开发、引导该学科未来的理论建设，故主持撰写了《交通运输系统工程——理论·方法·实践》一书。希望该书能够对于交通运输系统工程这个学科、对于交通运输系统分析的相关理论、对于现阶段我国交通运输事业的发展等各方面的建设与实践，起到很好的支撑和参考作用！

2024 年 3 月于红果园

前　言

交通运输系统工程是一门交叉学科。本书结合交通运输系统工程学科创始人张国伍教授等在交通运输系统工程领域的实践，以系统分析的思想、原理和方法，来认识、分解和描述交通运输体系，并完整地介绍了交通运输系统工程的基本理论和基本方法。同时，根据这些基本理论与方法进一步对综合运输系统、铁路、公路、水运、航空、管道运输系统和区域交通运输系统、城市交通运输系统等进行了相应的系统分析和案例分析，建立了较完整的交通运输系统工程学科的理论架构，形成了具有中国特色的交通运输系统工程学科体系。

本书具有以下特色：

（1）以系统科学、交通运输学为主干，以经济学、管理学、决策学、数学、运筹学、计算机学等的内容、方法为辅助，注意定性与定量相结合、整体与局部相结合、理想与现实相结合、外部条件与内部条件相结合，对交通运输系统进行了全面的分析和描述。

（2）完整地介绍了交通运输系统的基本理论，即交通运输需求与供给理论、交通运输网络与结合部（枢纽）理论、交通运输安全理论、交通运输经济理论、智能交通运输系统理论、绿色交通运输系统理论等。

（3）对交通运输系统及其子系统进行了完整的介绍和分析，包括综合交通运输系统，铁路、公路、水运、航空、管道子系统，以及区域交通运输系统、城市交通运输系统。

（4）理论结合实际，基于作者的科研实践，在实践篇纳入作者在交通运输系统工程领域的工程实践。

（5）适应时代发展，充分体现交通运输的一体化、绿色化、智能化发展的主流趋势，适应构建"安全、便捷、高效、绿色、经济"的现代交通体系的要求，从基础设施、能源动力、技术装备、运营管理、服务模式等方面系统整合全书内容，纳入综合运输，人工智能、物联网、云计算、移动互联网、大数据等新一代信息技术，以及绿色交通技术在交通运输领域的深入发展和广泛应用等新内容。

北京交通大学教材出版基金、京沪高速铁路股份有限公司科技研究项目（京沪科研-2022-14）、北京局集团科技研究开发设计项目（2024AZ04）对本书的出版进行了资助。

编者
2024 年 3 月

目　录

────● 第一篇　绪论 ●────

第一章　系统科学与系统工程 ··· 3
　第一节　系统科学 ··· 3
　第二节　系统工程 ··· 12
第二章　交通运输系统与交通运输系统工程 ································· 24
　第一节　交通运输系统 ··· 24
　第二节　交通运输系统的技术经济特征及适用范围 ························· 32
　第三节　交通运输系统工程的基础理论 ····································· 43

────● 第二篇　交通运输系统工程理论与方法 ●────

第一章　交通运输系统的布局与规划 ··· 51
　第一节　交通运输布局 ··· 51
　第二节　交通运输规划 ··· 59
第二章　交通运输系统的需求与供给 ··· 65
　第一节　概述 ··· 65
　第二节　交通运输需求分析 ··· 68
　第三节　交通运输需求与客货运量 ··· 72
　第四节　客货流系统分析 ··· 78
　第五节　交通运输供给分析 ··· 83
　第六节　交通运输供需均衡分析 ··· 87
第三章　交通运输系统的网络 ··· 92
　第一节　交通运输网络的构成与搭建 ······································· 93
　第二节　交通运输网络中的需求与供给 ····································· 95
　第三节　网络均衡与交通流 ··· 97

第四节　网络流分配模型 ……………………………………………………… 99
第五节　交通运输网络结构优化 …………………………………………… 104

第四章　交通运输系统的结合部与枢纽 ……………………………………… 115
第一节　交通运输结合部 …………………………………………………… 115
第二节　交通枢纽 …………………………………………………………… 119

第五章　交通运输系统的安全 ………………………………………………… 128
第一节　交通运输系统的安全概述 ………………………………………… 128
第二节　交通运输安全基础理论 …………………………………………… 135
第三节　交通运输安全分析和评价方法 …………………………………… 141
第四节　交通运输安全技术 ………………………………………………… 149
第五节　交通运输安全管理体系 …………………………………………… 152

第六章　交通运输系统的经济 ………………………………………………… 162
第一节　交通运输系统的经济概述 ………………………………………… 162
第二节　交通运输项目经济分析 …………………………………………… 165
第三节　交通运输系统整体经济分析 ……………………………………… 174

第七章　智能交通运输系统 …………………………………………………… 178
第一节　智能交通运输系统概述 …………………………………………… 178
第二节　智能交通运输系统总体框架 ……………………………………… 183
第三节　典型智能交通运输系统分析 ……………………………………… 190

第八章　绿色交通运输系统 …………………………………………………… 201
第一节　绿色交通的概念及系统分析 ……………………………………… 201
第二节　绿色交通策略与政策 ……………………………………………… 204
第三节　绿色交通典型案例 ………………………………………………… 211

第九章　交通运输系统的法治 ………………………………………………… 217
第一节　概述 ………………………………………………………………… 217
第二节　交通运输系统法规的一般原理 …………………………………… 223
第三节　交通运输管理法规 ………………………………………………… 232
第四节　交通运输经营法律法规 …………………………………………… 237
第五节　综合交通立法与法治建设 ………………………………………… 240

———— ● 第三篇　综合交通运输系统及其子系统 ● ————

第一章　综合运输系统 ………………………………………………………… 247
第一节　综合运输的概念及其发展 ………………………………………… 247
第二节　综合运输的特点与成长机理 ……………………………………… 249
第三节　综合运输发展的方法论 …………………………………………… 252

第四节 综合运输系统发展要点 ······································· 253

第五节 我国综合运输的发展 ··· 255

第二章 铁路交通运输系统 ··· 258

第一节 铁路运输概述 ··· 258

第二节 双网协同条件下的铁路运输系统工程 ······················· 262

第三节 基于可持续发展的铁路运输系统工程 ······················· 269

第三章 公路交通运输系统 ··· 277

第一节 公路运输概述 ··· 277

第二节 公路运输系统综合运输能力 ·································· 279

第三节 公路运输系统的管理与控制 ·································· 282

第四节 公路运输系统的影响 ··· 285

第五节 高速公路 ··· 287

第四章 水路交通运输系统 ··· 290

第一节 水运系统的结构与功能 ······································ 290

第二节 水运系统的综合运输能力与工作组织 ······················· 293

第三节 港口系统分析 ··· 295

第四节 航道系统分析 ··· 303

第五节 船舶系统分析 ··· 304

第五章 民航交通运输系统 ··· 309

第一节 民航运输系统构成 ··· 309

第二节 民航运输关键子系统分析 ···································· 310

第三节 民航运输核心系统的依存和协同 ····························· 323

第四节 智慧民航运输系统 ··· 332

第六章 管道交通运输系统 ··· 338

第一节 管道运输系统的功能、结构及能力 ··························· 339

第二节 管道设备系统及维护 ··· 341

第三节 管道运输系统管理以及管道布局原则 ························· 343

第七章 区域交通运输系统 ··· 345

第一节 区域交通运输系统的构成要素 ································ 345

第二节 区域交通运输系统的特点 ···································· 346

第三节 区域交通的需求与供给 ······································ 347

第四节 区域交通系统分析方法 ······································ 348

第五节 城市群/都市圈背景下的区域交通系统发展趋势 ··············· 351

第八章 城市交通运输系统 ··· 358

第一节 城市交通运输系统的功能、结构与特点 ······················ 358

第二节 城市交通运输系统需求分析 ·································· 363

第三节　城市交通运输系统供给分析 ················· 364

第四节　城市交通运输系统供需匹配机制 ················· 370

─────● 第四篇　交通运输系统工程实践 ●─────

第一章　海南省交通运输系统及其发展战略 ················· 375

第二章　北京市市区公共电汽车线路网优化调整方案研究 ················· 392

第三章　"一带一路"与"中欧班列"交通运输系统 ················· 411

第一节　中欧国际陆路货运系统效益与需求分析 ················· 412

第二节　中欧国际陆路货运系统分析 ················· 419

第三节　中欧国际陆路系统运输组织 ················· 422

第四章　集装箱海铁联运枢纽运输系统 ················· 427

第一节　集装箱海铁联运枢纽运输组织 ················· 427

第二节　海铁联运网络构建关键问题 ················· 456

第三节　海铁联运网络风险管理与控制机制 ················· 459

第一篇 绪 论

第一章

系统科学与系统工程

第一节　系统科学

自古至今，人们习惯把宇宙万物产生发展看成是稳定的、有序的、平衡的、对称的、确定的、线性的。随着科学研究的进展，特别是 20 世纪以来，随着 20 世纪 40 年代以研究存在为主要目标的一般系统论、控制论、信息论等他组织理论，20 世纪 70 年代以研究演化为主要目标的耗散结构论、突变论、协同学、混沌学、分形理论等自组织理论，20 世纪 80 年代以研究复杂性为主要目标的复杂性科学理论等一批重大理论的创立与发展，从更深、更广的范围揭示了客观世界的发展变化规律，使人们越来越认识到我们所处的大千世界从混沌到有序，从简单到复杂，从平衡态到非平衡态，从确定性到非确定性，从线性到非线性，从他组织到自组织，从低级到高级不断演化的过程。

系统科学合理吸收、提炼上述学科的一些基本理论方法（如系统、结构、层次、信息、控制、反馈、分岔……），使其在一个和谐的框架中运行，从而又显现出与其他学科不同的一些特点。

现今，系统科学正以空前的广度与深度向包括交通运输系统在内的人类几乎所有的知识领域渗透，以其跨学科性、综合性和普适性影响并促进当代科学的发展。

一、系统

（一）系统的内涵

1. 系统的定义

所谓系统，是混乱、无秩序的反义词。通俗地说，系统就是有组织、有秩序地达到某种目的的一个组合体。对于系统这一概念有各种定义，但都大同小异，有代表性的说法有以下几种：

（1）系统是由相互关联、相互制约的元件或部件组成的综合体。

（2）系统是由两个以上既相互区别又相互作用的单元有机结合起来完成某一功能的综合体，每一单元也可称为一个子系统，而且系统又是更大系统的组成部分。

（3）将多个元素（指元件、部件、组件、成员……）有机结合而能执行特定功能、达到特定目的时，称其为系统。

（4）系统是相互关联而结合在一起的元素的集合，或执行特定功能而达到特定目的具有互相制约关系的元素集称为系统。

（5）系统是由两个或两个以上的互相区别的要素构成的集合体，各要素间存在着特定的联系，而且能够适应环境变化，经常保持其功能，以达到最优目标。

2. 系统的共性

千变万化的各种系统都具有某些共同特性，这就是系统的共性，这些共性表现如下：

1）系统的有序性（层次性）

凡是系统，都有结构，结构都是有序的。系统的有序性主要表现在系统的层次性上，系统往往是以多级递阶结构组成的。一个大系统可以分为若干个子系统，子系统还可以分为若干分系统，分系统还可以再分，以致分到组成系统的最小单位。

自然界是有层次的，从总体上看，有微观、宏观、宇观之分。在微观领域中还有基本粒子、原子、分子等层次。生物系统、社会系统等也有自己的层次态。由于系统中层次具有普遍性，因而系统本身也就有层次性，有子系统、大系统、特大系统等区别。大系统和子系统是相对的，子系统又由更小的分系统所构成，大系统相对于高一级层次的大系统，便又成了子系统。例如，对于铁路来说，本身是一个大系统，而点（车站，包括区段站、编组站、客货运设备、机务检修设备等）、线（指区间的平纵断面，运行中的机车、车辆，通信信号及运行图的铺划等）相对于铁路运输整体来说都是子系统。就铁路的点系统来说，对铁路运输是子系统，而对编组站设备来说又是个大系统。体现铁路设备系统能力层次结构的一个例子如图1-1-1所示。

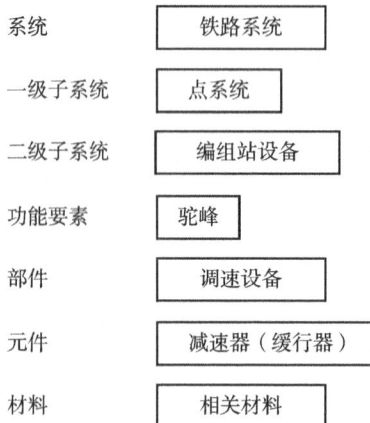

系统	铁路系统
一级子系统	点系统
二级子系统	编组站设备
功能要素	驼峰
部件	调速设备
元件	减速器（缓行器）
材料	相关材料

图1-1-1　铁路设备系统能力层次结构示例

基于物质的无限性，系统的层次也是无限的。整个宇宙由无限多个层次的系统所构成，因此对系统的层次分解，只能是根据需要来确定。

2）系统的集合性

一个系统至少由两个以上的子系统构成，构成系统时，不可少的子系统（缺了这个子系统就无法构成该系统）称为要素，或称为要素子系统。例如，把人作为一个大系统来看，各种器官、躯体等都是子系统。人若缺了一手、一腿尚可生存，但缺了心脏、脑便失去生命，因此，心脏、脑便是要素子系统。

构成大系统的各子系统间存在着联系，形成结构，这就是系统的集合性。

3）系统的相关性和整体性

系统内各子系统间的联系表现为相互依存、相互制约。这种依存和制约的关系是通过大系统这个整体相联系的。正由于系统中各子系统和大系统之间存在互相依存关系，就产生了互相制约的作用，大系统的存在和发展是各子系统存在和发展的前提，而各子系统本身的发展要受大系统和其他各子系统的制约。

3. 系统的特性

系统的层次是由低级向高级发展的，高级层次具有低级层次的共性，但又产生了低级层次所不具备的特性。例如，生物系统比无机系统高一层次，因此生物系统除了具有无机系统所具备的共性——有序性、集合性、相关性、整体性外，又增加了无机系统所不具备的特性，这就是目的性和环境适应性。社会系统比生物系统又高了一个层次，因此又增加了生物系统所不具备的环境改造性。

1）目的性

目的性是当生命起源时大分子具备了控制反馈和调节的机能而形成的。具有目的的系统称为目的性系统，包括生物系统和社会系统。目的性系统都具有明确的总目的，凡是人造系统也都必然是目的系统，也就是要根据一定目的构筑系统，为达到这种既定的目的而需要对系统采取某种手段，以发挥系统功能。系统有单一目标的，也有多种目标的，而现代化的系统多半是多目标系统。在管理工作中的目标管理，就是根据管理对象的大系统的总目标，来协调各子系统的分目标。

2）环境适应性

在大系统中，其他子系统相对于某一子系统来说就是环境。各子系统与其他子系统（环境）之间产生物质、能量、信息的流通。任何一个系统，不仅必须适应外部环境，而且更要适应外部环境的变化，才能达到大系统的总目的与子系统的分目的。如一条铁路或一个港口，要了解所担负的客货运输任务，如果客观客货运量发生了变化，则必须采取相应的措施，以便能适应环境的变化，从而达到它们确定的目的。

3）环境改造性

社会系统比生物系统又高了一个层次，又增加了生物系统所不具备的环境改造性。社会系统与生物系统的不同，在于生物系统的基元是细胞，而社会系统的基元是人。一般动植物只有适应环境的能力，而人具有改造环境的能力，所谓环境改造性是指构成社会系统的人类具有改造无机系统和生物系统的能力。这个能力是在"生产"中体现出来的。交通运输系统的建立和发展使资源得到开发，地区间经济得到相互沟通，即交通运输的发展又具有环境改造性。

4）系统的动态性

由于系统的存在是相对独立的，它总是要存在于更大的系统之中，接受外部影响，输出内部响应结果，以适应更大的系统的要求，这就是系统的动态性，即一个系统的行为能力不是一成不变的，它会因为外部环境的变化，而不断地发生变化。

（二）组成系统的三要素

系统处理的对象是物质、能量和信息，有时也包括人，从而构成系统的三要素。例如，一个钢铁厂处理的对象主要是铁矿（材料），一个电力系统处理的对象是电能，一个交通运输处理的对象是货物（或旅客）。因此，严格地说，任何一个系统都要和物质对象、能量、信息发生关系。为了使系统正常运行或高效率地运行，就必须合理地管理和控制能量与物质的流动。就系统来说，如果管理和控制不合理，就会使得产品质量低劣，甚至出现事故。而管理和控制的本质就是信息。

（三）系统的分类

在自然界和人类社会中普遍存在着各种系统，例如，太阳系是由某些行星和卫星组成的。同样，在人类社会中存在着生产系统、消费系统、交通运输系统等。为了对系统的性质加以研究，我们就必须对系统存在的各种形态加以探讨。

1. 自然系统与人造系统

从组成要素的性质看，系统可划分为自然系统与人造系统。自然系统就是由自然物所组成的系统，它的特点是自然形成的，如由矿物、植物、动物等自然物组成的系统。例如，生态系统、气象系统、星空系统等都是自然系统。

人造系统是由人工造出来的系统，如生产系统、交通系统、运输系统、管理系统等。一般人造系统包括三种类型：一是由人们从加工自然物中获得的零部件装配而成的工程技术系统；二是由一定的制度、组织、程序、手续等所构成的管理系统；三是根据人们对自然现象和社会现象的科学认识所创立的学科体系和技术体系。

实际上，大多数系统是自然系统与人造系统相结合的复合系统。从人类发展的需要看，其趋势是越来越多地发展和创立更新的人造系统。了解自然系统的形成及其规律，是建立人造系统的基础。

2. 静态系统与动态系统

从系统的状态与时间关系着眼，静态系统是指系统的性能与功效不随时间而改变，反之就是动态系统。应注意的是，静态系统并非指系统中一切都静止，即使是静态系统，其所属各子系统仍存在着物质、能量、信息的交换。

封闭系统因与环境联系不密切，系统不易变化发展，往往形成静态系统。以封闭系统为子系统所构成的大系统，因各子系统间的联系不密切也易形成静态系统。

静态系统与动态系统对于系统发展速度的影响是不同的。欲构成高速度发展的动态系统，首先必须改封闭系统为开放系统。

3. 封闭系统与开放系统

这是就系统与环境联系的密切程度来说的，当系统与环境联系不密切，即很少与环境发生能量、物质、信息的交换者称为封闭系统。如自给自足的小农经济、闭关自守的封建国家、大而全小而全的工厂也近似为封闭系统。

与外界环境完全没有联系的系统称为孤立系统，孤立系统在宇宙间实际上是不存在的，有时为了方便研究与计算，把某些封闭系统中与外界联系不密切的因素暂时不计，近似地将其作为孤立系统来对待。

开放系统是指系统与环境经常有较多的物质、能量、信息的交换，而且这种交换影响着系统的结构、功能和发展。一旦与外界的联系切断，便会影响系统的稳定，甚至破坏系统。

4. 实体系统与概念系统

实体系统是以矿物、生物、能量、机械、人类等实体物理方面的存在物为组成部分的，如人-机系统或机械系统。与此相对应，概念系统是以概念、原则、原理、法则、方法、制度、步骤、手续等非物理方面的存在物为组成部分的，法律系统和教育系统都属于这一类。机械系统本身虽然是实体系统，但要想利用它，并使之产生作用，就需要有使之产生作用的使用方法，作为这种使用方法的步骤和手续的系统就是概念系统。

5. 可控系统和不可控系统

可控系统是指可以进行人工控制、干预的系统，它一般由控制部分和被控对象组成。不可控系统是指无法通过外部人为的调节控制改变其行为和状态的系统，如自然灾害系统。控制论所研究的系统一般是可控系统。

（四）大系统的形成

近年来，系统科学又发展出了一个大系统理论。大系统以庞大复杂的大系统为研究对象，具有以下六个特征。

1. 系统结构庞大而且复杂

大系统一般都牵涉到多级递阶控制，比如跨国公司一般跨多个国家进行技术开发和经营管理，是一个多级管理系统。另外一些社会经济大系统，如交通运输大系统，它的结构就非常复杂，由许多子系统组成。

2. 信息复杂

在一个大系统里，信息的收集、传输、处理往往都是量大而且复杂，当然随着现代计算机的发展，随着现代通信及信息理论的发展，在大系统里的信息交流和信息处理有了较好的条件，如铁路的集中控制程度是很高的。在这种情况下，需要有大量的信息能够及时地传输到控制中心去，然后才能及时地反馈来指挥整个铁路系统的运行。

3. 计算复杂

在大系统中，需要用许多现代的数学方法，如运筹学、现代控制理论来处理一些数学模型的问题。

4. 采用分散化控制

由于系统越来越大，越来越复杂，要实现集中控制越来越困难，而且所花代价也越来越大，因而需要采用分散化控制。例如，当对一个庞大部门的设备实行完全集中控制存在困难时，可采用分散化控制策略。

5. 多目标

我们进行系统分析时，需要有一个目标。对于简单系统，往往是单目标，随着系统越来越复杂，就出现了多目标问题。在多目标问题中，由于目标往往不是协调一致的，而且常常有矛盾，所以在处理多目标时需要采用科学的分析方法，进行综合考量，实现全局最优。

6. 人的因素、经济因素越来越多

随着系统复杂程度的提高，人的主观能动性在系统里的表现越来越突出，人的因素对系统的干扰也越来越大。我们知道，人的因素或社会因素，不像工程技术问题那么单纯，因为人的因素具有不确定性，带有主观性，易使问题复杂化。另外，就是经济因素越来越多地渗透到社会系统里来，人们每设计制造一个系统，都有一个经济效果问题，因为系统越大、越复杂，投资也就越大，那么就使人们不得不充分地考虑经济因素了。目前人们开始普遍地重视对社会经济系统问题的研究。

二、系统科学及其产生与发展

系统这一概念来源于人们的长期社会实践，系统理论也产生于人们的生产实践。朴素的系统思想早在公元前几世纪我国就已存在。例如，战国时期秦国李冰父子（公元前 250 年）主持设计和修建的伟大的都江堰工程就体现了完整的系统思想。这项工程包括"鱼嘴"岷江分水工程；"飞沙堰"分流工程；"宝瓶口"引水工程等三大主体工程和 120 个附属渠堰工程，工程之间的系统联系处理得恰到好处，形成了一个系统协调运转的防洪、灌溉的总体工程，引导了汹涌澎湃的岷江激流，使它有控制地为川西成都大平原 500 多万亩农田进行灌溉，至今仍产生巨大效益。从这项巨大的工程成就可以清晰地看到朴素的系统思想在工程上应用得到的效益。虽然系统思想长期存在和不断发展，但是由于受到当时的科学技术水平和历史环境条件的影响和限制，系统这个概念及其相关理论一直没有得到应有的重视，系统科学的发展也受到影响。从世界上看，直到 20 世纪 50 年代，由于第二次世界大战以后工业的恢复，工业化的发展促进了系统科学的兴起和发展。到了 20 世纪 60 年代，航天工业的发展对系统科学的发展起了很大推动作用。近 20 年来，系统理论、系统科学更有新的发展。辩证唯物主义的产生，是以 19 世纪自然科学的三大突破为基础的，即进化论、能量守恒及细胞学说，有人认为，20 世纪中叶发展起来的系统论、控制论和信息论是 20 世纪哲学的奠基学科。在此基础上总结提炼的一般理论（简称系统理论），就是 20 世纪的哲学，是辩证唯物主义向高层次发展的产物。

哲学对科学发展起指导作用，需要纽带和桥梁，系统理论是辩证唯物主义哲学与具体学科相结合的中间环节，起纽带和桥梁作用。科学发展的历史说明，一门新兴的学科，在其发展的初期，是很难确切地定论其地位和作用的，只能在其发展和实践过程中予以检验、明确和认识。

系统科学是以系统及其机理为研究对象的，是研究系统的类型、一般性质和运动规律的科学。通过这种研究为人们提供认识现实世界中各类系统的性质和特点的理论依据，以便按照人的目的和需要在改造、创建各种系统中进行科学的设计、管理、预测和决策。

系统科学的发展是有一定的历史背景和条件的，主要表现在以下几个方面：

（1）需要从整体最优角度思考问题。在自然界和社会、经济、管理、经营以及国家关系等各个方面，在组织上日趋复杂，出现了综合性很高的相互制约和相互联系的复杂的系统问题，这些系统的内外部关系和问题突破了区域性、行业部门性和学科的界限。这些复杂系统问题的解决和系统目标的确定，都必须从总体或整体的立场出发，综合、系统地掌握它与外界的关系，从整体最优化的原则出发，调整各个部门之间的关系，而且各个部门也都要求从整体上来考虑自己的行动。因此，过去使用的比较狭隘的孤立的方法已经不能解决问题，要求有一种新的、能适应这种发展的方法，即从系统理论上去观察、思索、分析、解决问题，这就为系统科学的发展提供了客观基础。

（2）大范围内情报信息流的形成。近几十年来，随着通信技术和信息科学的发展，社会生产和经济活动过程的各个环节迅速地、有机地联合起来。同时，计算机技术的高度发展，使情报信息的收集、储存、加工、传送的能力大幅度增加，大大缩小了空间和时间的界限，使人们有可能迅速地、全面地掌握并处理和传送大量的情报信息，从而推动了系统科学、系统理论与系统方法的迅速发展。

（3）系统论和系统科学各分支学科的发展为系统理论建设奠定了理论基础。系统科学包括奠定其基础理论的系统论、控制论和信息论，以及与其密切相关的运筹学、决策理论、规划理论、最优化理论、经济理论模型与计算机模拟、计算机科学等，目前正在逐渐完善和发展。这些理论和方法都与系统科学密切相联，它们之间必然互相渗透、互相影响，促进系统科学向纵深发展。比如控制论是利用信息反馈原理进行自动控制的基础理论，它为研究系统控制奠定了基础；系统结构的控制和发展，需要广泛地运用运筹学和最优化理论和方法，才能达到系统预期最优的目标，而信息理论则构成了控制工程的"神经中枢"，没有信息，所谓控制也就成为空话。系统的正常运转与信息的取得息息相关，而且由于事物的运转变化，新信息的产生，使得在系统控制的全过程中，信息的获取和处理不能一次完成。此外，系统的运动亦需随时取得反馈信息来完成。所谓反馈，就是指在完成控制的过程中，收集行动效果的响应信息，并把其响应与目标要求相比较，进行工作的调整。这种行动后果的响应信息就称为反馈信息，当行动响应与目标要求一致时，控制过程便告完成。当行动响应效果偏离目标甚至背道而驰时，就需要对系统进行调节，使其逐步接近目标，最后使系统能得到合理的发展。综上所述，这些学科的形成与发展为系统科学的发展建立了理论基础，提供了系统科学的方法。

（4）多种功能的高速度、大容量的高水平计算机及计算机科学与技术的出现与发展，人工智能领域的突破，促进了世界新技术革命，也为现代系统科学的发展提供了工具和手段。国内外的现代化生产和管理系统，可以说都离不开计算机，无论是设计还是管理系统都需要使用计算机，计算机的出现使社会生产管理进入了一个新时代，也是社会进入系统理论发展新时期的物质基础，因为系统的信息收集、储存、加工，大的工程项目和大型生产企业、物流系统的规划，交通运输现代化管理系统的工作，都必须通过计算机手段来实现。

系统科学就是在上述条件和背景下逐渐形成和发展的。尽管近年来这门学科发展较快，但与其他学科如数学、物理学、经济学相比较，就其基础理论和方法来说，系统科学还是一门年轻的科学，它将随着不断地研究和应用，以及相关学科的发展，成为一门社会发展的新的学科。

自 20 世纪 70 年代开始，关于大系统理论及其应用的研究逐渐形成了一个专门领域，它们通常是规模庞大、子系统众多、组成要素复杂、影响广泛，并伴随有各种不确定因素（特别是人的因素）和对立因素的交叉、渗透和影响，具有多级复杂的结构和功能（包括人的目标）的系统。其中，部分大系统行为的条件和内容难以定量描述，或者不以数量作为主要信息特征，称之为非定量性的大系统。系统科学中的大系统理论，就是研究这些大系统的性质、结构和一般运动规律，提供关于大系统的理论基础和对大系统进行预测、决策和管理的理论工具。

三、系统与系统科学

人类社会正进入一个新的历史时期。这个新时期，从科学技术的观点看，有人称其为信息时代，有人称其为原子能时代，有人称其为科学技术革命时代，等等。这些用语虽然能够反映这个时代的某些特征，但从整体上、从基本上看，这些称呼用来概括这个时代的全貌是不确切的。我们认为，根据库兹明的从"实物中心论"转到"系统中心论"的观点，将这个新时代称为系统时代是恰当的。

半个多世纪以来，在国际上"系统"作为一个研究对象，引起了很多人的注意，特别是自20世纪40年代出现了"系统工程""控制论""一般系统论"以来，"系统"吸引了众多领域的专家来从事一些新的研究。不同的人从不同的侧面了解它的一些特点，从而选择了他们认为适当的名称，于是"人各一词，莫衷一是"，如系统理论、系统论、系统学、系统科学、一般系统论、系统工程、系统分析等。

钱学森教授指出，现代科学技术可以分为四个层次：首先是工程技术这一层次，然后是构成工程技术的理论基础的技术科学这一层次，再就是基础科学这一层次，最后是通过进一步综合、提炼达到最高概括的马克思主义哲学。除哲学外，整个人类知识包括自然科学、社会科学、数学科学、系统科学、思维科学和人体科学这六个部门。这里钱学森教授把系统科学提到与自然科学、社会科学同一层次。

钱学森教授对系统研究提出了一个清晰的系统科学结构式。他认为：作为现代化科学技术六大部门之一的系统科学，是由系统工程这类工程技术、系统工程的基础理论诸如运筹学、控制论、信息论等这类技术科学，以及系统的基础理论——一般系统论等组成的一个新兴的科学技术部门。钱学森教授的系统科学包括邻接马克思主义哲学的哲学部分和邻接自然科学的基础科学部分。而他提出的系统科学的体系模式中的系统学则是属于系统科学中的基础科学部分。

系统科学不研究特定形态的具体的系统，而是撇开系统的具体形态、特定的结构和功能，研究一般的系统，研究系统的类型、性质，以及运动的机理和规律。也可以说，系统科学是一种观察问题的方式，作为它的研究对象，不但系统本身各个要素的联系、要素和系统的联系，而且系统和环境的各种联系、现在的联系和状态与未来的联系和状态，等等，都被纳入考察问题的参考系列之中。

对于系统科学的性质来说，系统科学是基于各门学科，又撇开各种事物、现象、过程的具体特性，撇开各类系统的具体内容，用抽象的方法研究它们的共性、一致性和同型性，即系统结构的最一般的规律性、类型、动态机理和运动规律。

系统科学的特点是具有综合性，首先表现在它在研究方法上综合融会了各个领域、各门学科的研究方法和方式，既有严格精确的定量描述，也有哲学的、经验的定性分析；既有现代的数学模型，也有传统的类比方法，它综合了人类在认识世界和改造世界的历史发展中所建立的重要方法与手段。系统科学的各个学科，特别是系统论、控制论和信息论，正是从不同方面起到了这种综合和统一的作用。

系统科学就其本质来说是研究事物的功能行为的，也就是说它不是研究"这是什么"的问题，而是研究"它做什么"和"怎样做"的问题。它是在运动发展的过程中动态地研究它的功能行为，它所注重的是动态的方法、功能行为的方法。

系统科学是一门具有横向学科性质、综合性质、功能行为性质和方法论性质的科学，它虽然不是哲学方法论，但却有一般方法论的意义。系统科学不论是基本原理还是它的各分支学科的具体方法（如信息方法、反馈控制方法、系统分析方法等），原则上都是作为一种思维方法而提出的，也就是要构成拥有各分支学科性质和关系的集合体，按照同整体联系在一起的事实和事件来思考，用这种集成的关系集合体来看世界就形成了系统观点，这就是现代的思维方式。因此，系统科学具有以下方法论性质。

（1）系统科学的基本原理和方法都是从系统观点出发的，即着重从整体与要素之间、整体与外部环境之间的相互联系、相互作用中思考问题，既综合又精确地考察对象，并定量地处理它们之间的关系，以达到最优化地处理问题和解决问题的目的。系统科学各种理论中所包含的方法，如一般系统论、控制论、信息论等都具有一般方法论。

（2）系统科学为我们提供的是有机的、能动的或功能性的系统，充分体现了系统的目的性、选择性。

（3）系统科学提供了一套具有哲学意义和方法论意义的概念和范畴，如系统、信息、熵、控制、反馈、稳态、功能、结构、涨落等，这些概念和范畴是人们长期对系统的各种联系和关系认识的成果，是对系统各个方面的本质所做的概括和反映。

几十年来，系统科学无论在理论上还是在实践上都取得了巨大成就。各门分支学科发展迅速，控制论、信息论、系统工程和一般系统论等大体上都经过了一个从经典理论到现代理论的发展过程。各分支在不同层次上也都取得了很丰富的成果。但是，也不能不看到，作为一个独立的学科门类，系统科学还有待进一步探究和完善。

钱学森教授认为，系统科学是与自然科学、社会科学等相关的一个学科门类或学科群，它包含三个层次，即系统的工程技术层次——各门系统工程、自动化技术和通信技术；系统的技术科学层次——控制论、信息论、运筹学；系统的基础科学层次——系统学。除此以外，还有一个系统科学与马克思主义哲学之间的桥梁，即系统观或系统论。钱学森教授把系统论、控制论，信息论以及各种自组织理论都统一起来，把系统科学看成是统一的整体。

我们吸收了贝塔朗菲和钱学森教授关于系统科学体系的思想，认为系统科学应当包括三个方面，即系统学、系统科学方法论和系统工程学，具体说明如下：

（1）系统学。这是系统科学的基础理论，它研究一般系统的基本概念、基本性质，以及系统进化的一般规律，包括研究一般系统的基本概念和性质的系统概念论、研究适用于各种具体系统的一般演化模式和规律的系统进化论、研究系统的一般性质和在实践中所遵循的原则的系统性原理。

（2）系统科学方法论。系统科学方法论是根据系统科学的基本概念和基本原理研究系统方法的理论。其内容有：系统方法的构成，包括结构方法、功能方法、历史方法等；系统方法的基本原则，如整体性原则、相关性原则、综合性原则、目的性原则、层次性原则、环境性原则等；系统科学的方法论学科和有关方法，包括信息论、控制论、系统动力学、大系统理论、灰色系统理论、模系统理论、实变理论、泛系统方法论等。

（3）系统工程学。系统工程学是系统科学的应用学科，它是系统科学的方法论、运筹学，以及信息技术、计算技术，特别是与计算机相结合的产物。系统工程学除包括控制论、信息论的某些方法和技术外，还包括运筹学以及各门系统工程，如交通运输系统工程等。

第二节　系 统 工 程

一、系统工程及其发展

用定量和定性相结合的系统思想和方法处理大型复杂系统的问题，无论是系统的设计或组织建立，还是系统的经营管理，都可以统一地看成是系统工程实践。

第二次世界大战以后，为适应社会化大生产和复杂的科学技术体系的需要，逐步把自然科学与社会科学中的某些理论和策略、方法联系起来。应用现代数学和电子计算机等工具解决复杂系统的组织、管理、控制问题，以达到最优设计、最优控制和最优管理的目标。

系统工程是一门高度综合性的管理工程技术，涉及自然科学及社会科学的多门学科。构成系统工程的基本要素是人、物、财、目标、机器设备、信息等六大因素。各个因素之间是互相联系、互相制约的关系。

系统工程大体上可分为系统开发、系统制造和系统运用三个阶段，每个阶段又可划分为若干小阶段或步骤。系统工程的基本方法是：系统分析、系统设计及系统综合评价。具体地说，就是用数学模型和逻辑模型来描述系统，通过模拟反映系统的运行，求得系统的最优组合方案和最优运行方案。

20 世纪 70 年代以来，系统工程已广泛地应用于交通运输、通信、企业生产经营等部门，在体育领域亦有应用价值和广阔的应用前景。它的基本特点是：把研究对象作为整体看待，对任一对象的研究都必须从它的组成、结构、功能、相互联系方式、历史发展和外部环境等方面进行综合的考察，做到分析与综合的统一。

二、系统工程方法论

（一）系统工程的理论技术基础

系统工程的理论技术基础颇为广泛，因为它要广泛研究各类系统的共性与特性，所以可以把它看成是各类专业组织管理技术的总称。随着系统分析对象的不同，派生出各个专业的系统工程，如交通运输系统工程等。无论系统分析对象有多么不同，但它们的主要理论技术内容却是共通的。这些理论技术内容如下：

1. 运筹学

运筹学（operations research）是系统分析的专业基础之一。它是研究在既定条件下对系统进行全面规划、统筹兼顾、合理利用资源，以期达到最优目标的数学方法。其主要分支有规划论、博弈论（对策论）、排队论、搜索论、决策论、库存论、可靠性理论、网络规划等。

2. 概率论与数理统计学

概率论是研究大量随机事件的基本规律的学科，而数理统计则是用来研究如何取得数据、分析数据、整理数据和建立某些数学模式的方法。

3. 控制论

控制论（cybernetics）是 20 世纪 40 年代新发展的一门综合性科学，是自动控制理论、计算机、无线电通信与神经生理学、数学等学科相互渗透的产物。它主要研究各种控制系统的共同控制规律，目前已形成工程控制论、生物医学控制论、经济控制论等分支学科。虽然运筹学与控制论都研究系统的优化问题，但一般来说，前者主要研究系统的静态优化（动态规划除外），而后者主要探讨系统状态的动态优化。

4. 信息论

信息论（information theory）是研究信息的提取、传递、变换、存储和流通的科学。随着系统自动化程度的提高，对信息传递的及时性和准确性的要求也相应提高，特别是计算机的应用，使得信息的加工处理变得更为有效。

由于系统分析所处理的对象都是大规模的复杂系统，所以通常无法在真实系统上进行大量复杂实验。因此，常常运用数学（特别是运筹学）的方法，建立数学模型，结合计算机技术，在系统理论的指导下，用计算机进行大量计算和仿真，从而得到所需的解答。在这个过程中所涉及的系统分析理论与数学分支的关系如表 1-1-1 所示。其中，"√"表示有所涉及。

表 1-1-1　系统分析理论与数学分支的关系

系统分析理论	数学分支											
	数理逻辑	线性代数与矩阵论	复合论	群论	拓扑学	数学分析	解析函数论	方程论	概率论	数理统计	数值分析	模糊数学
决策论	√		√						√	√	√	√
分配理论			√			√						
规划论		√				√						
排队论									√	√	√	
网络理论		√	√		√							
树论	√								√			
自动机理论	√	√	√									
仿真理论			√									√
信息论			√			√	√	√	√	√		
控制论		√	√			√						√
最优化理论		√			√	√	√	√			√	

（二）系统工程的方法论

系统工程方法论具有以下三个特点：

1. 研究方法上的整体化

在研究方法上，要把研究对象看作一个系统整体，同时把研究过程也看作一个整体。一般把系统作为若干个子系统有机结合成的整体来设计，对于每个子系统的技术要求，都首先从实现整体系统技术协调的观点来考虑，对研制过程中系统与子系统之间的矛盾或者子系统与子系统之间的矛盾都要从总体协调的需要来选择解决方案。同时，把系统作为它所从属的更大系统的组成部分来进行研究，对它的所有技术要求，都尽可能从实现这个更大系统技术协调的观点来考虑。这种实践体现了一种科学方法，即组织管理系统的规划、研究、设计、制造、试验和使用的方法。

根据系统整体优化的条件，应当建立一系列衡量系统效果的综合性指标，如价值寿命、效益-成本比、性能-价格比、造价-维护费用比和资金的时间价值等。

在设计和研制一个新的技术系统时，应该尽量采用新技术，以提高系统的效能，同时还必须考虑到为此而付出的代价（成本），因而必须在满足所要求的技术性能范围内，通过效能-成本比这一指标来全面权衡。

近年来，很多统计资料表明：一个大系统在长期的运行过程中，它的维护费用高得惊人，甚至比它的造价还要高出许多。因此，在设计一个大系统时，就要充分考虑它的制造费用与今后长期运行中维护费用的比例，以保证它的整体经济性。一般采用造价-维护费用比这个指标来衡量。

随着科学技术日益发展，新研制的大系统一般技术复杂，研制周期长，而且更新淘汰快，一项工程任务拖的时间越长，所付出的代价就越大，甚至出现过一个大系统研制了十年，当它进入鉴定期时，技术已经陈旧落后，失去了使用价值，导致所花费的全部人力、物力和资金都失去了原有的意义。因此，在系统分析中，提出时间价值这一综合性指标来衡量系统的效果。

总之，由于现代科学技术的复杂性和外部条件的频繁变化，用直观的传统方法和单凭个人的经验来组织一个大规模复杂系统的研制方法已经不再可行了，必须把大系统的研制过程作为一个整体，即分析整个过程是由哪些工作环节所组成的，而后进一步分析各个工作环节之间的信息，以及信息的传递路线、反馈关系等，从而编制出系统全过程的模型，把全部过程严密地联结成一个整体，全面地考虑和改善整个工作过程，以便能实现综合最优化。

2. 技术应用上的综合化

系统工程着重综合运用各种学科和技术领域内所获得的成就，这种研究能使各种技术相互配合，从而达到系统的整体最优化，一般大规模的复杂系统几乎都是一个技术综合体。所谓技术综合体，就是从系统的总目标出发，将各有关的技术协调配合，综合运用。综合应用各项技术的另一个重要方面是创造新的技术综合体。

对系统的各组成部分之间的关系，越是揭示得清晰、深刻、精确，就越能得到最佳的综合应用成果。当前出现的一个新的发展趋势是：一个大规模的复杂系统，往往不是一个单纯的技术系统，而是涉及许多社会、经济因素。

3. 管理科学化

一个复杂的大规模工程往往有两个并行的过程，一个是工程技术实施过程，另一个是工程技术控制过程，后一过程包括：规划、组织、控制工程进度，对各种方案进行分析、比较和决策、评价，选定方案的技术经济效果等，统称为管理。

管理工作涉及：组织结构、管理体制、人员配备和工作的分析，工作环境的布局，程序步骤的组织，以及工作进程的计划、检查与控制等问题。近年来发展起来的计算机管理信息系统，是进入信息化时代以来管理科学化方面一项值得重视的重大成就。现代科学广泛应用系统方法，有利于科学地阐明并认清系统对象所具有的特征。系统工程方法的应用，有可能导致某些学科的重大突破，带来巨大的效果，创造出极大的物质财富。

三、系统工程的研究方法

（一）霍尔的三维结构

最常用的系统工程方法，是系统工程创始人之一霍尔创立的三维结构，称为霍尔三维结构，如图 1-1-2 所示。

（1）时间维。对一个具体工程，从规划起一直到更新为止，全部程序可分为规划、拟订方案、研制、生产、运行和更新 6 个阶段。

（2）逻辑维。对一个大型项目，可分为明确问题、选择目标、系统综合、系统分析、方案优化、作出决策和付诸实施 7 个步骤。

（3）知识维。系统工程需使用各种专业知识，包括环境科学、社会科学、工程技术、计算机科学、管理科学、经济、法律等。把这些专业知识称为知识维。

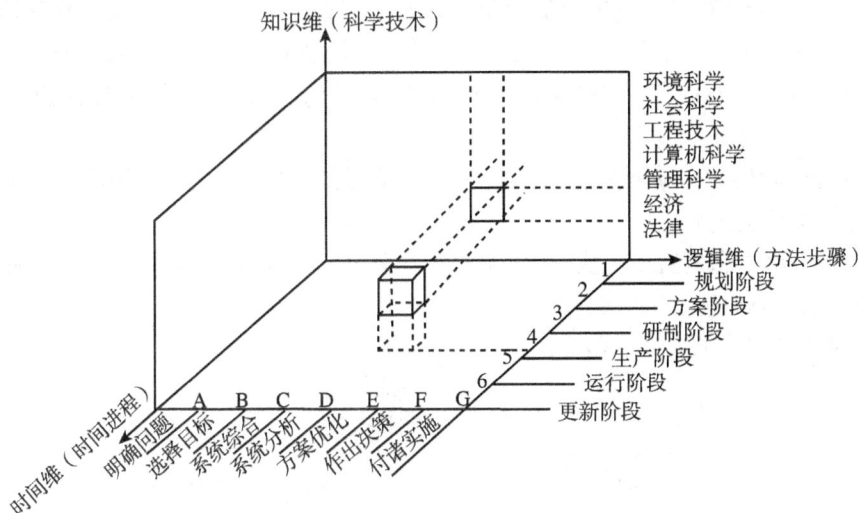

图 1-1-2　霍尔三维结构方法

（二）并行工程方法

并行工程（concurrent engineering，CE）是美国在 20 世纪 80 年代末提出的，是在计算机集成制造系统 CIMS 和系统工程中发展起来的工程技术，也是美国国防部在 20 世纪 90 年代乃至 21 世纪发展武器装备系统的基本管理模式。

并行工程定义如下：并行工程是对产品及相关过程，包括制造过程和支持过程，进行并行、一体化设计的一种系统化方法。这种方法力图使产品开发者从一开始就考虑到产品全生命周期即从概念形成到产品报废的所有因素，包括质量、成本、进度和用户需求。也就是把以往的那种序列化的设计—生产—保障研制过程变为并行的、交互作用的综合研制过程，达到缩短研制周期的目的。

并行工程的主要思想有以下几项:

（1）约束信息的并行性。设计时同时考虑产品生命周期的所有因素，同时产生产品设计规格和相应的制造和支持过程计划。

（2）功能的并行性。产品生命周期所涉及的各功能领域工程活动并行交叉进行。

（3）集成性。要求实现产品及其过程的一体化并行设计，其根本在于研究开发、产品设计、过程设计、制造装配和市场的全面集成。

（4）协同性。多学科并行工程小组协同工作，即产品全生命周期中各阶段不同领域技术人员（包括顾客和供应商）的全面参与和协同工作。

（5）科学性。并行工程采用了迄今最为先进的开发工具、方法和技术，如全面质量管理、系统工程方法、质量工程方法、计算机辅助系统等。

（三）切克兰德调查学习法

系统工程常常把所研究的系统分为良结构系统与不良结构系统，由于它们具有不同的特点，故需要分别采取不同的解决方法。对于不良结构系统，从系统工程方法论角度看，"调查学习"方法具有很高的概括性。"调查学习"方法的核心不是寻求"最优化"，而是"调查、比较"，或者说是"学习"，从模型和现状比较中，学习改善现存系统的途径。其方法步骤如下:

（1）不良结构系统现状说明：通过调查分析，对现存的不良结构系统的现状进行说明。

（2）弄清关联因素：初步弄清、改善与现状有关的各种因素及其相互关系。

（3）建立概念模型：在不能建立数学模型的情况下，用结构模型或语言模型来描述系统的现状。

（4）改善概念模型：随着分析的不断深入和学习的加深，进一步用更合适的模型或方法改进上述概念模型。

（5）比较：将概念模型与现状进行比较，找出符合决策者意图而且可行的改革途径或方案。

（6）实施：实施提出的方案。

其方法实施流程如图 1-1-3 所示。

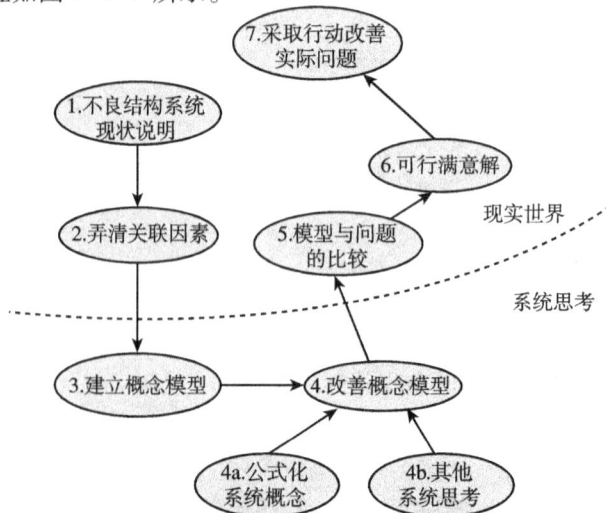

图 1-1-3　调查学习方法实施流程

（四）WSR 系统方法

WSR 系统方法论是具有东方文化传统的系统方法论，已得到国际同行的认同。WSR 系统方法论的主要内容如表1-1-2 所示。

表1-1-2　WSR 系统方法论的主要内容

要素	物理	事理	人理
道理	物质世界，法则，规则的理论	管理和做事的理论	人，纪律，规范的理论
对象	客观物质世界	组织，系统	人，群体，人际关系，智慧
原则	诚实，真理，尽可能正确	协调，有效，尽可能平滑	人性，有效果，尽可能灵活
需要的知识	自然科学	管理科学，系统科学	人文知识，行为科学

自然科学是关于物理的科学，运筹学是关于事理的科学（许国志）。实际上，WSR 系统方法还包括管理科学、系统科学的方法。事理是做事的道理，人理就是做人的道理，处理好人的关系这是人理学，就是人文科学、行为科学。把这三者结合起来，就是 WSR 系统方法论。

WSR 系统方法论将系统工程过程分为 6 个步骤：理解领导意图、调查分析、形成目标、建立模型、协调关系、提出建议。

四、系统分析

（一）系统分析的基本概念

系统分析（system analysis）是系统工程的基本方法，它从系统长远和总体最优出发，在选定系统目标和准则的基础上，分析构成系统的各个层次子系统的功能和相互关系，以及系统与环境的相互影响。在调查研究、收集资料和系统科学理论的指导下，产生对系统的输入、输出及转换过程的种种假设。在确定和不确定条件下利用定性和定量方法，探索出若干可能互相替代的方案，建立模型或用模拟方法分析对比各个不同方案，并研究探讨可能产生的效果。综合技术经济、组织管理、方针政策、信息交换等各方面因素，寻求出系统效益最佳和有限资源配置最佳的方案，为决策者的最后决策提供科学依据和信息。

系统分析着重于建立系统的一些基本问题，如系统的目的、功能、环境、费用效益、可靠程度等，特别要着眼于未来的发展（包括政治、经济和科学技术的发展），在此基础上研究、确定一个或几个组合的目标。对于涉及社会、经济因素等更复杂的系统分析，其环境的约束条件也是变化的，因而对系统的未来目的应当作一个变量来看待。

系统分析一词起源于美国的兰德公司。他们用系统科学的理论方法对符合特定功能的各种方案进行经济评价，创造解决问题的方法——系统分析。兰德公司工作的中心是为决策者提供各种最优决策方案，协助决策者做出正确的决策。

随着科学不断地发展，系统分析所起的作用也越来越大，应用的范围也越来越广。就其目前的应用领域来看，已经应用到军事、武器制造、国民经济发展、政府决策、大型工程项目建设及企业经营管理等。现在系统分析常用来处理那些复杂的大系统和因素不确定的问题，应用的范围大致有：制定一个系统的长期规划，设计一个系统，重大的工程建设项目的组织管理，确定工程建设项目的规模、选址与方案，编制系统的计划，大中型企业的经营管理等。

总之，现在系统分析已经成为一门实用学科，广泛地应用在经营管理和工程项目决策系统中，随着应用数学的发展及计算机的应用，系统分析将发展到一个新水平。

（二）系统分析的要素

在实际中所遇到的系统是千变万化的，而且所有的系统都处在各不相同的复杂的环境中。另外，不同的系统功能不同，其内部的构造和因素的组成也不同，即使是同一个系统，由于分析的目的不同，所采用的方法和手段也不同。因此，若想找到技术上先进、经济上合理的最佳系统，则在进行系统分析时，必须具备若干个要素，才能使系统分析顺利进行，以达到分析的要求。

兰德公司曾对系统分析的方法做过以下论述：

（1）确定期望达到的目标。

（2）调查研究，收集资料。

（3）分析达到期望目标所需的技术与设备。

（4）分析达到期望目标的各种方案所需要的资源和费用。

（5）根据分析，找出目标、技术装备、环境资源等因素间的相互关系，建立方案的模型。

（6）根据方案费用多少和效果优劣，找出费用最少、效果最好的最优方案。

后来，人们把这六条归纳为系统分析的六要素，具体如下：

（1）目的。这是系统的总目标，也是决策者作出决策的主要依据。某一系统当达到了某一指标或达到了某一程度，这个系统就能被采纳接受。对于系统分析人员来说，首先要对系统的目的和要求进行全面的了解，知道为什么作出此选择、要达到什么程度。因为系统的目的和要求既是建立系统的根据，也是研究系统的出发点。

（2）调查、收集资料。在确定系统的目的后，就要确定系统研究的边界，根据系统研究的目的和研究的边界，着手调查有关的资料，掌握系统设计所涉及的各个方面和各种问题。这项工作是进行系统分析的基础。

（3）替代方案。在做系统分析时，也必须有几种方案和手段。例如，在加强铁路干线运输能力时，既可采取修建复线的方案，又可采取改变牵引动力类型等技术手段，当多种方案各有利弊时，需要确定哪个方案最优，就得进行分析与比较。

（4）效益费用。这里指的费用是广义的，包括失去的机会和所做出的牺牲在内。对于每一系统，每一方案都需要大量的费用，同时一旦系统运行后就会产生效益。为了对系统进行分析比较，必须采用一组互相联系的可以比较的指标进行衡量，这一组指标构成系统的指标体系，不同的系统所采用的指标体系也不同。一般来说，费用少效益大的方案是可取的，反之是不可取的。

（5）系统模型与模拟。模型指的是为了表达与说明目标与方案或手段之间的因果关系及费用与效果之间的关系而拟制的数学模型或模拟模型，用它求出系统各替代方案的性能、费用和效益，以便进行各种替代方案的分析和比较，即为模拟。

（6）系统评价与推荐方案。根据采用的指标体系，由模型确定出各可行方案的优劣指标，衡量可行方案优劣，对各方案进行综合评价，确定出各方案的优劣顺序，以供决策者选用。

根据系统分析六要素，可以画出系统分析要素图，如图 1-1-4 所示。

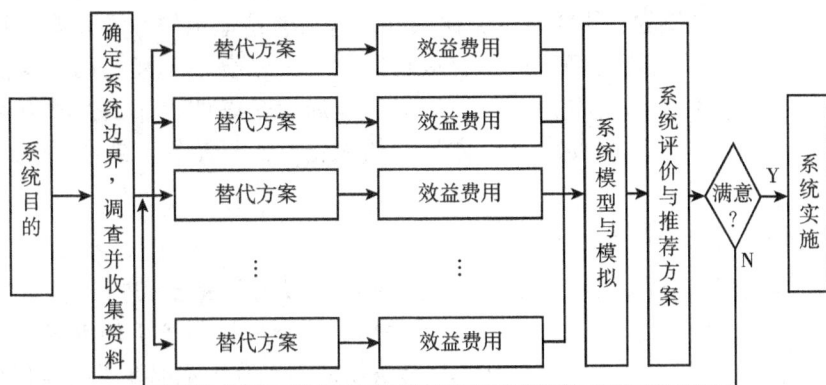

图 1-1-4 系统分析要素图

在对复杂系统进行系统分析时，要建立适当的系统模型，借助计算机模拟和数值分析，对该系统作出正确的预测，完成对系统的决策工作，使系统完全处在人为的控制之下。在对系统进行决策优化的过程中，特别是在定量决策优化过程中，运筹学是系统分析中的主要优化方法。由于系统分析的范围十分广泛，问题的差异很大，所采用的方法也各有不同，但一般来说，可以归纳成对要分析的系统提出"5W1H"，即 What、Why、Who、When、Where、How，也就是对分析的系统提出：要干什么、为什么这样干、谁来干、何时干、在何处干、如何干。

（三）系统分析的准则

通常，一个系统由很多因素构成，它不但受到外部条件的影响，而且还受到内部因素之间的互相制约。对于一个大系统，又可以分成若干个层次、若干个子系统。同时，整个系统还处在动态发展之中。因此，在进行系统分析时，必须处理好各种矛盾，要遵循以下准则：

1. 外部条件与内部条件相结合

一个系统不仅受到内部因素的影响，而且还受到外部条件的约束。如一个企业经营管理系统，不仅受到企业的人员组成、物流方式和信息流等内部因素的作用，而且还受到国家政策、社会经济动向和市场状况等外部条件的影响。所以，进行系统分析时，必须把系统要素与内外部条件、外部环境有机地结合起来。

2. 当前利益与长远利益相结合

因为系统大部分是动态的，会随着时间及外界条件而变化，所以当我们选择一个最优方案时，不仅要从目前的利益出发，而且还要考虑到将来的利益。如果我们采用的方案对目前和将来都有利，那当然是最理想的。往往有的方案从当前看是不利的，但从长远看是有利的。例如，为了实施新方案，企业需要抽调部分职工进行技术培训，这不但需要花费教育经费，而且由于培训导致生产人员减少会引起企业在生产上暂时受到损失，但从长远的观点看，职工素质提高后，将会产生更大的经济效益，从系统分析的观点看是合理的。而对那种近期有利、长远不利的方案，即使是过渡的，也最好不选用。

3. 局部效益与整体效益相结合

一个系统往往由许多子系统组成，子系统又由更低层的子系统组成。如果各个子系统的效益都是好的，那么系统的总体效益也会比较好，这当然是理想的，但大多数情况下，在一个大系统中，有些子系统是经济的，但从总体上看大系统是不经济的，这显然是不可取的。有的方案从个别子系统看是不好的，但从全局看是好的，那么这种方案还是可取的。在系统分析中，对系统的要求是整体效益最大化，而不是局部或子系统的优化，局部利益要服从总体利益。

4. 定量分析与定性分析相结合

用系统科学的理论与方法分析问题时，对于那些可以用数量指标进行衡量的分析，叫作定量分析；对于那些如政治、政策、法律等无法用数量指标进行分析的因素，只能用"好与坏""可以与不可以"做主观判断，叫作定性分析。系统分析不但要进行定量分析，而且要进行定性分析，因为在有些问题中某些定性的因素还能起决定性的作用，分析的方法可以按照"定性—定量—定性"这一过程进行。只有了解清楚系统的一些性质，才能进一步建立定量关系的数学模型，作出定量分析。最后，把定性分析与定量分析结合起来进行综合分析，就能找出最优方案。

（四）系统分析的步骤

系统分析是一项系统性与逻辑性较强的工作。可以认为，由系统概念形成问题，由问题产生目标，再根据目标去找最优方案，这就是系统分析的主要逻辑程序。因此，在系统分析过程中，不但需要做大量的调查研究，收集各种数据和资料，同时还需要应用各种工程专业技术、数量经济分析和管理技术。对于系统分析得出的结论，必须具有真实性、科学性和预测性，才能供决策人员选用。下面介绍系统分析的主要步骤。

1. 分析系统，确定系统目的

对某一系统进行分析时，首先必须明确所要分析问题的目的和当前系统的状况。也就是要回答"What"与"Why"这两个问题，这是一项十分重要的工作。如果所确定的目的是错误的，那么无论怎样分析，也不能产生好的结果。

在对系统目的进行分析时，必须确定系统的构成和范围，要抓住问题的本质，要弄清楚分析对象的构成、范围和功能之间的关系。对系统进行分析时，可以采用定性的方法或概略模型，以确定系统目的，分析其成功的可能性。系统目的的分析过程可用图 1-1-5 说明。

2. 收集资料，确定系统的边界和指标体系

对系统范围及影响系统的各因素进行深入细致的调查，收集有关的资料，是建立系统模型并进行定量、定性分析的基础，是必须进行的工作。同时，要根据确定的系统目的，划定研究的边界。例如，在研究我国兰新、陇海经济带规划系统时，就要先确定兰新、陇海经济带究竟包括哪些省、市、县。如果边界不确定，就无法进行资料的收集工作。

在确定了系统的边界后，还要确定系统的指标体系。在找出影响系统的各个因素后，需要建立模型并用模型对各方案进行比较，而进行比较的前提是必须有一个统一的标准，用统一指标来衡量，这就涉及系统的指标体系。由于系统分析的对象、内容不同，采用的指标体系也就不同。例如，在对交通运输系统进行分析时，一般可参照图 1-1-6 建立系统分析的指标体系。

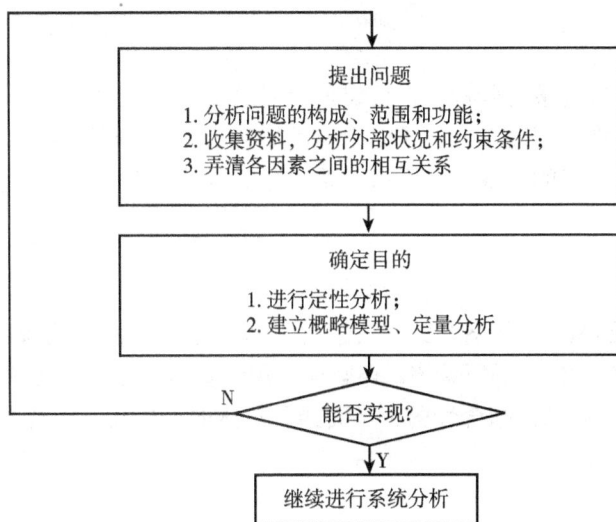

图 1-1-5　系统目的选定过程

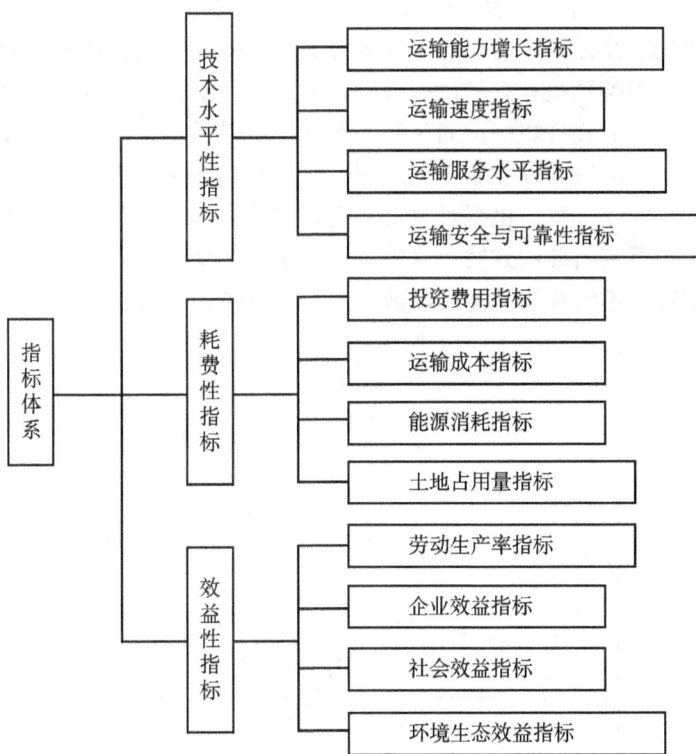

图 1-1-6　系统分析指标体系示例

3. 计量化工作

根据收集的资料，按照可确定的指标体系，对构成系统的各因素进行"计量化"。这里所说的"计量化"是广义的，对于那些投资费用、劳动生产率等数量性指标，可以用数理统计、预测、分析计算等方法进行定量化。而对那些社会效益、环境生态等质量指标，用模糊数学等方法能直接定量就直接定量，不能直接定量则采用间接定量方法进行。

4. 模型化与模拟化

建立系统分析模型是系统分析中进行定量分析的一个重要手段。模型化、模拟化就是根据前面的一些定量因素，用数学方法或模拟技术把各因素之间的关系表示出来。既可以用模型表示系统全部因素之间的关系，也可以把系统分解成若干个子系统，仅用模型表示子系统中各因素之间的关系。

5. 最优化

对于能够定量的因素，可用数学的方法建立数学模型，运用运筹学等技术方法把最佳方案找出来，而对于一些庞大复杂的巨系统，还必须运用计算机求解。在分析定量因素的基础上，再考虑那些定性因素，并进行综合性的、全面的、整体的最优化，往往可以得到几个最优的替换方案。

6. 综合评价

对系统的若干个方案进行最优化后，可以得到几个替换方案，因此，对这几个替换方案还要重新进行综合评价。因为一般情况下，在这几个替换方案中，每个方案都有自己的长处，也有自己的短处，往往很难确定选用什么方案，这时就要根据在系统分析开始时所制定的系统指标体系，定出各替换方案的优劣指标，即综合评价标准，按评价标准对各方案进行综合评价，确定各方案的优劣顺序。同时，还要分析出采用某方案时的好处与不足之处、在实施此方案时应注意的事项，以克服不利因素，使方案实施后产生更好的效果。即使在优化过程中只产生了一个最佳方案，也要对此方案进行评价，作出方案实施指南。

通过综合评价，可定出最佳方案，供决策者采用。如果决策者对此方案表示满意，则可协助执行；如果决策者不满意，则需按前面的步骤，对各因素进行调整，重新分析。

系统分析步骤流程框图如图 1-1-7 所示。

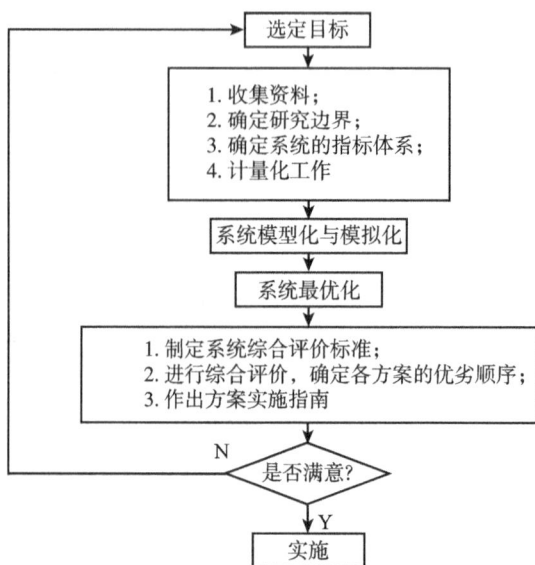

图 1-1-7　系统分析步骤流程框图

主要参考文献

［1］张国伍. 交通运输系统分析［M］. 成都：西南交通大学出版社，1991.

［2］张国伍. 交通运输系统工程创新与发展：交通人生 60 年［M］. 北京：北京交通大学出版社，2008.

［3］张国伍. 人生的境界与智慧：交通运输系统工程学科的发展与创新［M］. 北京：北京交通大学出版社，2017.

［4］张国伍. 综合交通运输系统工程的创新发展与论坛："交通 7+1 论坛" 50 次会议主要学术成就：2005—2018［M］. 北京：北京交通大学出版社，2018.

［5］薛惠锋. 系统工程思想史［M］. 北京：科学出版社，2014.

［6］于景元. 系统科学和系统工程的发展与应用［J］. 钱学森研究，2019（2）：99-124.

［7］顾基发. 系统工程新发展：体系［J］. 科技导报，2018，36（20）：10-19.

［8］刘海燕，王宗水，汪寿阳. 我国系统科学与工程研究的演化与发展［J］. 系统工程学报，2017，32（3）：289-304.

［9］于景元. 钱学森系统科学思想和系统科学体系［J］. 科学决策，2014，11（12）：1-22.

第二章

交通运输系统与交通运输系统工程

第一节　交通运输系统

一、交通运输系统的特征

（一）交通运输系统的系统特征

交通运输系统是一个复杂的巨系统，它由固定设备（包括线路、道路、航道、航路、车站、港口及机场等）和移动设备（如机车、车辆、船舶、飞机等）组成，通过相应的运输组织工作实现其运输功能，任何一项设备单独存在都不能实现其运输功能。因此，交通运输是一个系统研究对象，交通运输系统具有系统的五个特征，其具体表现如下：

（1）交通运输系统具有明确的目的性。任何一个人造系统，都有其具体的目的，交通运输系统也不例外。建设与发展这个系统的目的是要完成社会、企业及个人的运输任务。货物运输是生产和流通的组成部分，通过运输工作才能完成商品的交换任务。旅客运输是为了满足人们工作、学习、生活和旅游的需要。因此，交通运输系统有其明确的目的和目标。

（2）交通运输系统是一个整体，这个整体必须协调发展才能适应国民经济发展对旅客与货物的运输任务的需要。现代交通运输系统由五种运输方式（铁路运输、公路运输、水路运输、航空运输与管道运输）组成，尽管各种运输方式都独立存在，而且各自都有其特点和适应的领域，但它们都是交通运输系统的组成部分，共同组成一个国家或一个地区的交通运输体系。此外，就每一种运输方式来看，其内部亦是由各种设备组成的一个整体，通过相互协调、适应，才能充分发挥每种运输方式的运输功能。

（3）交通运输系统的层次性十分突出，就全国交通运输网来看，有干线、支线和联络线；就枢纽来看，有全国性路网性枢纽和区域性地方枢纽；港口有国际性中转贸易港口、国内地区性港口及地方性港口等；公路有国道、省道和县道等；交通运输系统管理系统也有中央管理、省区管理和市县管理等层次。

（4）组成交通运输系统的诸子系统的元部件彼此间都是相关的，它们以相互联系、相互关联的形式存在。如交通运输设备子系统内有固定设备子系统和移动设备子系统，这两个子系统之间存在着严密的相关性，具体表现为相互间的协调度，如果其协调度很低，势必影响到运输能力的发挥。

（5）交通运输系统的发展与建设必须与其内外部环境相适应。其外部环境包括国家和地区的社会经济环境、交通建设的自然环境、城市建设以及人口分布等；其内部环境包括交通资源分布、科学技术发展水平、经营管理状况等。一个国家和地区交通运输系统的开发建设与其所在环境有着非常密切的关系。环境发生变化，必然影响到交通运输系统的运营和建设。

（二）交通运输系统的社会经济大系统特征

交通运输系统又是一个社会经济大系统，因为它亦具有社会经济大系统的特征，具体表现如下：

（1）交通运输系统的功能复杂。一般来说，大系统都是多功能的，也是多目标的。交通运输系统的多功能、多目标表现为：它既具有运输基本功能，又具有生产功能、工业功能、经济循环功能、客运服务功能、国防功能、城市功能以及区域功能等。因此，交通运输系统的开发建设涉及多个目标、多种功能的实现。

（2）交通运输系统的结构庞大复杂。就我国交通运输大系统来说，截至 2023 年底，全国铁路营业里程达到 15.9 万 km（其中高铁营业里程达到 4.5 万 km），全国公路总里程 528.07 万 km（其中高速公路里程 16.91 万 km），全国内河航道通航里程 12.76 万 km（全国港口生产用码头泊位 20 867 个），全国颁证民用航空运输机场 248 个，全国油气管道总里程 15 万 km。交通运输系统网络规模庞大，涉及庞大的固定设备和移动设备以及复杂的控制设备和管理设备，属于复杂巨系统。

（3）交通运输系统的信息复杂。交通运输大系统的信息不仅量大而且复杂，为了保证交通运输大系统的正常运转，需要做大量的信息收集、加工、传输等工作。交通运输大系统的信息包括两大类，即系统内部信息和系统外部信息。系统内部信息包括生产、调度、运行、运输工具、职工、客运与货运，以及有关规章、制度、政策、法规等；系统外部信息包括客流的分布与数量、货流的分布与数量、车船运行状况、国防、国内和地区的经济信息、市场信息、政策法规信息以及相关的资源、气象、地质、水文等方面的资料。由于交通运输系统是一个动态开放大系统，要求相关部门和相关地区（包括国内和国际）不断地提供各种有关的信息，所以只有不断地收集这些相关信息，通过加工、分析和传送，才能保证交通运输系统的正常运转与建设发展。

（4）交通运输系统采用大系统的控制与协调的理论与方法。由于交通运输系统是一个复杂的大系统，因此，必须把这个系统分解成若干相互关联的子系统进行控制。根据交通运输系统信息交换的方式和关联处理的方式可将其分成递阶控制系统、分布式控制系统，具体如下：

① 递阶控制系统。在递阶控制系统中，对各子系统的控制作用是通过按照一定优先和从属关系安排的决策单元来实现的，因而形成了金字塔的结构。同级的各决策单元可以同时平行工作，对下级施加作用，同时又要受上级决策单元的干预，子系统可以通过上级互相交换信息。我国铁路运输系统就是按照这一控制模式运行的，这种递阶控制模式具有以下基本性质：

（a）递阶控制单元由安排在一个金字塔（或锥形）结构里的所有决策单元组成，每一级都有一定数量的决策单元平行地运转，我国铁路系统的金字塔结构如图1-2-1所示。

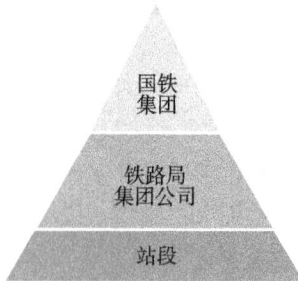

图1-2-1　我国铁路系统的金字塔结构

（b）递阶控制结构存在于有整体目标的系统中，构成这个递阶控制结构的全体决策者的目标是彼此协调的。

（c）递阶控制结构中不同级上的决策单元之间有往返的信息交换，但从上级到下级的信息有优先权，下级对这一信息应作为命令对待，只要有可能做到，就应服从这一命令。

（d）在递阶控制结构中，决策者所处的级别越高，越关心较长期的目标。

② 分布式控制系统。在分布式控制系统中，每个子系统只能得到整个系统的一部分信息，同时也只能对系统变量的某一子集进行操作和处理，每个子系统都有各自独立的控制目标，这正好和递阶控制形成鲜明的对照。我国公路运输、内河运输的控制与管理就是采取这种控制模式。交通运输部对全国的国道公路进行总体规划和协调，同时交通运输部对全国最重要的河道如长江干线和珠江干线进行整体控制，而对全国的地方公路和地方河道则分别由各省区市分别进行管理，各省区市则根据本地区的具体情况进行规划建设和管理。

协调是大系统控制中常用的一个基本概念。在如图1-2-2所示的二级结构中，上层的协调器控制下层的两个决策单元，这两个决策单元有各自的子系统模型和控制目标。协调器的任务是通过对下层决策的干预来保证这两个决策单元分别找到的决策能满足整个系统控制目标的要求。所以，协调器要不断地和下层的决策单元交换信息，一方面发出干预信号 c，另一方面接收从下级决策单元送来的有关各决策单元作出的决策和获得的性能指标值的信号 f_i。干预信号 c 起协调作用，产生干预信号的原则就是协调策略。我国交通运输大系统的协调也正是采用这种模式进行整体和宏观的协调，保证全国交通运输系统的畅通。

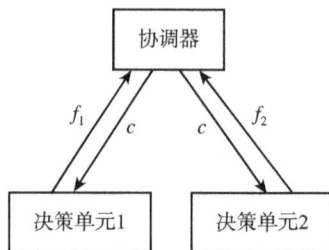

图1-2-2　基本的二级结构

（5）智能化是交通运输系统管理的重要手段。由于交通运输系统设备庞大、复杂，信息量大，导致其管理工作量大、难度高，必须有智能化系统参与和支持，才能维持其正常运行，这正是大系统的又一特征。就以交通运输系统中的铁路运输子系统来说，截至 2023 年底，全国有 15.9 万多 km 线路、2.2 万台机车、100 多万辆车辆，职工队伍已超过 200 万人，2021 年完成旅客发送量 26.12 亿人，完成货物总发送量 47.74 亿 t，它覆盖了我国 960 多万 km^2 土地，这样一个复杂庞大的系统的管理，没有智能化手段，是不可能完成的。近年来智能化系统在铁路运输中得到越来越普遍的应用，铁路行业已建立了涵盖运输管理、客票发售、客货信息管理、列车运行控制、车站联锁、设备设施管理、调度指挥、运输作业管理、智能运维、安全管理等领域智能化系统。智能化系统已成为我国铁路运输系统的一个重要的组成部分。

（6）交通运输系统具有庞大的职工队伍。交通运输系统除了固定设备、移动设备外还有庞大的职工队伍，这一特征亦是社会经济大系统的特征之一。交通运输系统有庞大复杂的交通运输设备，这些设备必须通过人来进行组织与管理才能实现其运输功能。以我国铁路运输系统而言，其职工有 200 多万人。要提高交通运输系统的运营水平，必须提高交通运输系统职工队伍的素质，通过人的参与不断地提高交通运输系统的管理水平，从而进一步提高交通运输系统的效益和效率。

综上所述，交通运输业不仅是一个系统，而且更是一个典型的社会经济大系统。

二、交通运输系统的行业特点

交通运输系统除了具有上述系统和大系统特点外，它本身还有以下特点：

（一）交通运输系统是一个连续性过程系统

交通运输系统的连续性表现为运输生产过程的连续性和运输生产时间的连续性。其货物运输生产过程包括了由集、装、运、卸、散诸环节所组成的生产全过程。旅客运输过程包括了由进站、上车、运行、到站、出站等环节组成的生产全过程。总之，它是由特定的作业过程（我们称为过程单元）组成的。过程单元按照一定的方式相互联结在一起形成的系统称为过程系统。诸过程单元是通过旅客和货物位移相互连接的，在完整的运输过程中，任何一个单元出现故障都直接影响系统功能的实现。为了保证过程系统的正常运转，就要不断地解决和协调各个过程单元和单元间所形成的接合部。

交通运输系统生产的连续性还表现在时间上的连续，这个系统必须全年、全月、全日地运转，而不能发生任何中断，如果发生运输中断，就破坏了运输的连续性。为此，研究交通运输系统，需要紧紧地抓住连续性的特点。

（二）交通运输系统生产具有多环节、多功能、超区域的特点

如前所述，结构复杂的交通运输系统，其运输生产过程表现为多个环节之间的联合作业，如货物装车（船）、运输、卸车（船），旅客上车、运送、下车等环节，而且各个环节间要协调适应。

交通运输系统具有多种功能，如运输功能、生产功能、服务功能、工业功能、城市功能及国防功能等。完成交通运输系统的生产任务就意味着要实现交通运输系统的多种功能。

一般工矿企业都是在一定的区域内进行生产，而交通运输系统则没有区域的界限，旅客

旅行由始发地到目的地，货物由发送站到到达站，是根据运输具体目的要求确定的，它们不仅没有区域的界限，而且更不能限制在一个城市或地区，有时甚至要打破国家的界限，如国际航线、国际铁路联运以及远洋航运等。

（三）交通运输系统生产具有网络性特点

交通运输系统的生产不仅是列车、车辆在轨道、道路上移动，而且是在交通运输网（包括铁路网、公路网、水路网、航空网等）上移动。良好的交通运输系统，首先要有合理的布局与结构，要建设成与内部、外部协调的交通运输网。在科学合理的交通运输网上，通过科学的运输组织，才能实现国家、社会、厂矿、企业以及人们所提出的运输任务，加速货物和车船的周转，压缩旅客和货物的在途时间，加速国民经济的发展。

交通运输网由骨架（干线）线网、地方线网和厂矿支线、专用线网组成。它亦包括了交通运输系统中各子系统的交通网，如铁路网、公路网、水路网、航空网等。因此，进行交通运输系统的建设，首先要从完善、加强、扩展交通运输网着手，不断地提高交通运输网的数量与质量，这是发展交通运输系统的基本措施。

（四）交通运输系统是一个动态系统

系统有动态系统和静态系统之分。而对于交通运输系统来说，它是一个动态系统。其动态性表现在两个方面：一方面，交通运输系统是国民经济大系统的组成部分，国民经济大系统随着时间变化而变化，从而使运输需求也随着时间变化而变化，其表现为在一年内四个季度客货运输量亦不相同，这说明交通运输系统是不断变化的系统，必须对其进行动态的分析与研究。另一方面，交通运输系统本身具有动态性，即交通运输系统中的人流、物流、车流、船流及飞机流等本身就是经常处在一种流动的状况中。要提高交通运输系统的水平，就要加速它们的流动。研究交通运输系统，就要研究交通运输系统的动态性及其表现的规律性。

（五）交通运输系统具有四流一体的特点

交通运输系统的运行，鲜明地呈现出人流、物流、交通流和信息流四位一体的特征。交通通道和运载工具相互作用，不可分离；固定设备、移动设备和运输组织三者综合，形成运输能力。

（六）交通运输系统的产品具有空间位移的特征

运输产品是人和物的空间位移，以周转量和运输量计量。从运输过程开始到结束，运输对象（人和物）的属性没有改变，改变的只是其空间位置。运输产品边生产、边消费，既不能存储，也能调拨。运输生产组织和运输市场营销过程同步进行，这是交通运输业区别于其他产业的鲜明特点。

三、交通运输系统的功能

任何一个社会经济大系统的形成与发展，都有其自身的独特功能，交通运输系统也不例外，它的形成和发展与其独特的功能是分不开的。交通运输系统的独特功能主要包括：生产功能、客货运输功能、循环功能及国防功能。

（一）生产功能

组织生产是社会的基本功能，而工业、农业以及建筑业等物质生产部门都离不开运输。工矿企业的生产要运进原料、燃料，还要运出其产品，农业生产要运进肥料，其农产品还要运到消费地。建筑业进行生产活动也需要把建筑材料运到工地和建筑现场。因此，离开了交通运输则社会生产就不能进行。

交通运输业是社会生产的必要条件，但是，它又不是消极地、静态地为社会生产服务。交通运输系统的不断完善，可为社会生产提供方便、廉价的运输条件，这有助于开发新的资源，发展落后地区的经济，扩大原料供应范围和产品销售市场，从而促进社会生产的发展。

随着中国运输业的发展、运输网的扩大，加快了一些地区工农业生产的发展和新资源的开发，为新的工业基地的建立和城市的出现提供了条件。

运输费用在生产费用中占有相当大的比重。因此，在社会生产中，如何考虑运输条件并最大限度地节省运输工作量，降低运输费用，是节省社会生产费用、提高社会劳动生产率的重要因素。

（二）客货运输功能

人们生活离不开运输系统提供的运输服务。随着人们生活水平的提高，人们的出行次数不断增加，包括工作、学习、科学技术交流、旅游及探亲、访友等，都要通过运输来实现其目的。

中国幅员辽阔，人口众多，每天乘坐飞机、轮船、汽车、火车等交通工具的旅客数量巨大。旅客运输是交通运输系统最基本的任务之一，它直接关系到生产、生活和国际交往等各个领域。

此外，货物运输可以通过位移创造商品的空间效益，实现其使用价值，满足社会的不同需要。货物运输是物流的中心环节之一，也是现代物流活动最重要的一个功能。

（三）循环功能

要使国民经济得到高速的发展，必须有良性优质循环系统。而交通运输系统正是担负着这种循环功能。通过交通运输手段，把国民经济生产、流通和消费领域联系起来，把城市与城市、城市与农村连接起来，从而保证国民经济和人民社会生活以及工农业生产正常地进行。在我国实行对外开放、对内搞活的基本国策形势下，交通运输系统担负的循环功能的作用尤为突出，具体表现在以下两个方面：

1. 交通运输系统是一个国家实现良性经济内循环的基本手段

一个国家、一个地区、一个城市要发展经济，进行正常的生产活动，就要通过相应的交通运输系统把原料、材料、燃料以及半成品运到消费地进行工农业的正常生产，实现扩大再生产。因此，没有与之相适应的交通系统，就无法实现这一目标。对像中国这样一个幅员辽阔的大国，没有以铁路为骨干的交通运输系统来做保障，则不可能实现经济循环。

2. 交通运输系统是实现一个国家（或地区）良性经济外循环的基本手段

我国经济发展与世界各国经济联系密切，需要不断地与世界各国进行科学、技术、生产以及文化、教育的交流。为实现这个目标，就要有良好的交通运输系统，保证国家外循环系统的畅通。

（四）国防功能

交通运输系统对巩固国防和加强战备有着重要作用。在战争期间，没有方便、可靠的运输系统，就不可能实现前方与后方的联系，以及准时向前方运送武器装备和兵源的任务。在建设交通运输系统的过程中，包括建设铁路、公路、水路、航空、管道等子系统的运输设施时，要处理好与国防的关系，要根据具体情况进行具体分析。

四、交通运输系统的结构

系统是由要素组成的，各要素之间存在着复杂的内在联系。在设计一个系统时，首先要了解这些联系，即了解系统的内部结构，从而建立系统的结构模型。系统的结构模型是一种定性模型，它是建立在功能模型前的一种模型，而功能模型则是在系统结构模型的基础上进行的定量化表示。交通运输系统的结构有以下三种。

（一）交通运输系统中的运输方式结构

就运输方式而言，交通运输系统包括铁路、公路、水路、航空和管道 5 个运输子系统。这些子系统各有优势，在一定的地理环境和经济条件下有其各自的合理使用范围。

铁路运输子系统受自然条件影响较小，运输能力大，运输成本低，而且具有能耗较小、速度较快、通用性好的特点，是中长途客货运输的主力。

公路运输子系统投资省，建设周期短，具有机动灵活的特点，可以对城乡广大地区实现门到门直达运输服务，它是短途客货运输的中坚力量。

水路运输子系统投资省，运输能力大，占地少，干线运输成本和能耗最低。在沿海和内河有水运条件的地方，应成为大宗和散装货物的重要运输方式之一，也可以轮渡等方式完成少量客运任务。

航空运输尽管成本和能耗均高，但具有建设周期短、运输速度最快、受地形限制较小等特点，在长途客运和精密仪器、鲜活易腐货物运输中有明显优势。

管道运输子系统投资省，建设周期短，运输能力大，占地少，受自然力影响小，一般适合天然气和流向比较集中的原油和成品油运输。

按照系统论与运输经济学的观点，建立合理的运输结构，不仅要科学地确定各种运输方式在交通运输系统中的地位和作用，而且还必须在全国范围内根据运输方式的合理分工和社会经济发展对运输的需求，做到宜铁则铁、宜公则公、宜水则水、宜空则空，构建经济协调、合理发展的综合运输系统。交通运输系统的结构形式，从不同国家或地区来看，主要有以下几种形式：

（1）并联结构。各运输子系统构成一个并联系统，如图 1-2-3 所示。

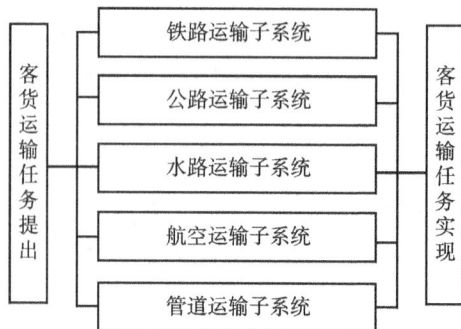

图 1-2-3　并联结构

一般在区域面积大、经济发达国家或区域可能出现这种结构。当然，并联方式也可能是其中的两种、三种、四种或五种运输方式。

（2）串联结构。各运输子系统间为串联关系，如图 1-2-4 所示。

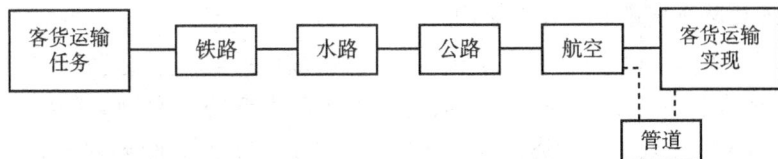

图 1-2-4 串联结构

当然，串联的运输方式可能是其中的两种、三种、四种或五种，其具体运输子系统也可能不同，如铁—公—水或公—铁—水或水—铁—公等。

（3）串并联结构。一个国家或地区交通子系统的组成结构，大多数为串并联关系，如图 1-2-5 所示。当然串并联的运输子系统可能又有不同的组合。

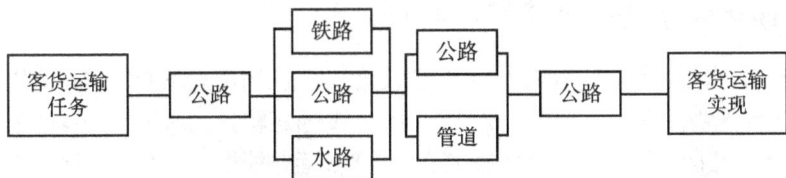

图 1-2-5 串并联结构

（二）交通运输系统中的设备结构

现代化的交通运输系统的共同特点是使用机械动力驱动运载工具在线路上运送人员和物资（管道运输是接受动力推进），因此，交通运输系统的设备结构基本上有两大子系统，即固定设备子系统和移动设备子系统。只有这两个子系统能在综合运输能力的前提下相互协调，才能形成最优的综合运输能力。

1. 固定设备子系统

交通运输系统的固定设备子系统包括线路、港站的土工建筑及其相关的技术设备，具体来说包括铁路、公路、航道、空中航路、管道、桥梁隧道、车站、枢纽、港口码头、船闸、客货运设施、机场、管路、油气泵站以及相关的通信信号与控制等设备。对于交通运输系统来说，其特点之一是固定设备不仅投资大，建设周期长，而且一经建成就不能移动。为此，如何根据经济发展需要，及时、科学、合理地建设好交通运输的固定设备子系统，是交通运输系统工程的基本研究内容。

2. 移动设备子系统

交通运输系统的特点是使用机械动力驱动运载工具在线路上（包括铁路线路、公路、航道与空中航路等）运送人员和物资，这些动力装置和运载工具即为铁路的机车车辆（动车组）、公路汽车、城市电车、水上的各类船舶、空中航路上飞行的飞机等。这些设施都是在交通网上移动的，故谓之移动设施。它们主要用于直接载货和载乘客。

交通运输系统除了有固定设备子系统外，还必须有相应的移动设备子系统，才能保证运输功能的实现。

交通运输系统的设备结构子系统由上述两类设备子系统组成，它们共同承担客货运输任务。如需交通运输系统设备提供最优的综合运输能力，就要使这两个子系统协调配合，通过科学的运输组织，实现既有设备的最优的综合运输能力。

（三）交通运输系统中的运输网结构

运输网是在一定空间范围（国家或地区）内由几种交通运输方式的线路和枢纽（包括场站）等固定技术装备组成的综合体。运输网是运输生产的主要物质基础，其空间分布、通过能力和技术装备体现了整个运输系统的状况与水平，在运输业发展中占有十分重要的地位。运输网的结构与水平直接影响着交通运输系统的功能。

第二节 交通运输系统的技术经济特征及适用范围

一、交通运输系统的技术经济特征

铁路、公路、水路、航空、管道等各种交通运输方式在满足人或物的空间位移的需求上具有同一性，即安全、迅速、经济、便利、舒适。但各种交通运输方式所采用的技术手段、运输工具和组织形式等各不相同，因此形成的技术性能（速度、运输能力、连续性、保证货物完整性和旅客的安全、舒适性等）、对地理环境的适应程度及经济指标（如能源消耗、投资、运输费用、运输效率、环境影响等）都不尽相同。交通运输的主要技术经济指标如图1-2-6所示。

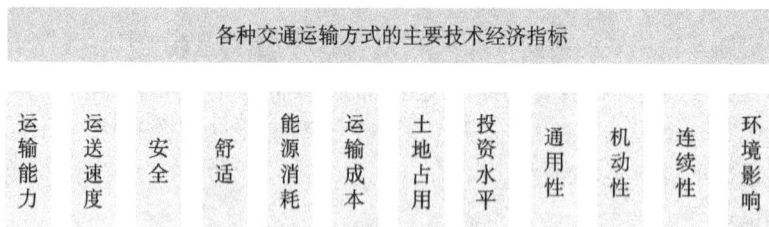

各种交通运输方式的主要技术经济指标										
运输能力	运送速度	安全	舒适	能源消耗	运输成本	土地占用	投资水平	通用性	机动性	连续性	环境影响

图1-2-6 交通运输主要技术经济指标

（一）运输能力

运输能力是指为完成旅客和货物运输所拥有的运输生产力，包括通过能力和输送能力两个方面。输送能力是指不同运输方式或技术设施在一定时间内所能完成的最大客货运输量（如铁路某条线路一年的货运量）。通过能力是指某交通线路（或区段、枢纽），在一定时期内所能通过、输送（或编解）的载运工具数量（如铁路某条线路一昼夜开行的列车对数）。决定运输能力的主要因素有：固定设备（线路、车站、港口、机场、仓库等）的数量与质量，装卸、载运工具的数量和性能，作业人员的数量及其业务技术水平，技术设备的运用方法和工作组织优化方法等。

不同运输方式的运输能力是不同的，且各有特点：铁路是大能力的陆上运输方式，适用大宗、长距离运输；公路主要适用于中短途运输，其运输能力相对铁路小。以双线高速铁路与六车道高速公路为例，两者的运输能力基本相当（见图1-2-7及分析），而前者的占地面积仅为后者的约40%（详见土地占用部分分析），可见相似的占地规模，铁路通行能力约为公路的 2.5 倍；水运尤其是海运能力最大；航空运输能力特别是货物运输能力非常有限，适宜承担长途运输。此外，管道运输能力也较大，但能力受管径、流速等因素影响。

（a）双线高速铁路　　　　　　　　　　（b）六车道高速公路

图 1-2-7　运输能力基本相当的双线高速铁路与六车道高速公路

运输能力基本相当的双线高速铁路与六车道高速公路的对比

高速铁路的列车追踪间隔时间可达 3 min，每天天窗时间 4 h，假定运输能力利用率为 0.8，则每天可开行的旅客列车对数为：(1 440−240) ×0.8/3=320（对），假定采用定员约 800 人的 8 节编组列车，年均单向输送能力将达 1.1 亿人。如果采用 16 节编组列车或改用双层客车，则可高达约 2 亿人。六车道高速公路一般远景设计年限双向年平均昼夜交通量为 45 000～80 000 辆（折合成小客车）。为方便比较，假定该高速公路为客运专线，大客车占 20%，每车平均乘坐 40 人，小客车占 80%，每车平均乘坐 2 人，大客车和小客车的车辆折算系数为 2，则年均最大单向输送能力为：[(0.2×40+0.8×2) ×40 000/ (0.8+0.2×2)] ×365=1.2 亿（人）。

载运工具载运量的大小可以在一定程度上反映各运输方式的运输能力，各运输方式载运量较大的客货载运工具如图 1-2-8 所示。从中可以看出，铁路运输、水路运输的载运工具的运输能力远大于民航运输、公路运输。

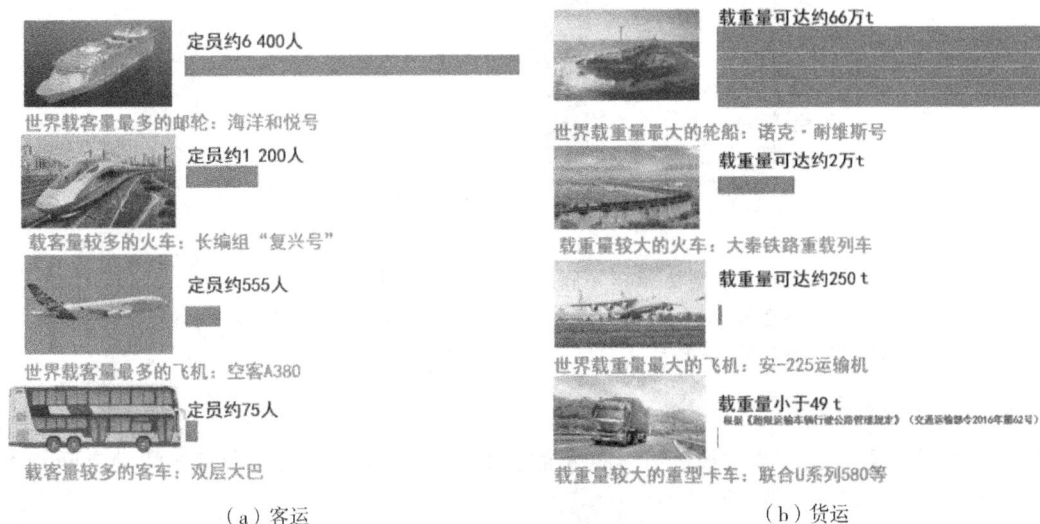

（a）客运　　　　　　　　　　　　　（b）货运

图 1-2-8　各运输方式载运量最大的载运工具

（二）运送速度

运送速度是指基于载运工具将所运送的对象（旅客或货物）从始发地运送到终到地的全部时间所算得的平均运送速度。各种运输方式的速度范围如图1-2-9所示。从中可以看出：航空运输运送速度最高，最高可达1 000 km/h；其次是铁路运输，运送速度最高可达350 km/h；公路的运送速度最高可达120 km/h；水路运输和管道运输相对而言运送速度较低。

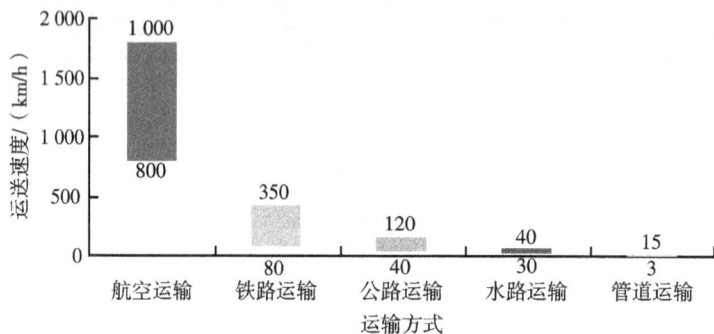

图1-2-9   各种运输方式的运送速度范围

（三）安全、舒适

安全是旅客最为关心的因素，也是衡量客运服务的质量标准。相关统计资料显示，铁路、公路、水路、航空运输的旅客事故率（单位旅客周转量的旅客死亡人数）之比大致为1∶242∶209∶1.3，如图1-2-10所示，可见铁路运输、航空运输都是非常安全的运输方式，而公路运输、水路运输相对事故率偏高。

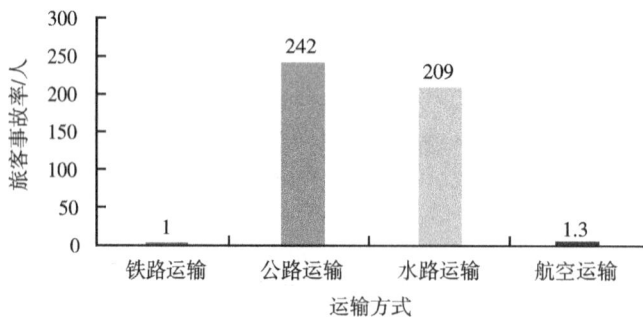

图1-2-10   不同运输方式的旅客事故率

［注：根据2018年旅客死亡人数及旅客周转量数据计算，其中铁路运输、航空运输旅客死亡人数取近10年平均值计算得出（2018年实际为0）。］

舒适也是旅客最为看重的标准。图1-2-11为铁路高速列车的座席，从中可见，铁路的高速列车整洁雅致，工作生活设施齐全，车厢宽敞，座席舒适，旅客占有的活动空间较大，舒适性较高。

（a）商务座　　　　　　　　　　（b）一等座　　　　　　　　　　（c）二等座

图 1-2-11　铁路高速列车不同类别座席

（四）能源消耗

据统计，中国交通运输行业能源消耗量约占能耗总量的 1/8，其中成品油消耗量约占全国成品油消耗总量的 1/2。铁路与其他运输方式平均能耗对比情况如图 1-2-12 所示，可以看出，铁路单位运输周转量能耗〔2018 年单位运输周转量主营综合能耗约 $2.93×10^{-2}\text{kW}\cdot\text{h/}(\text{t}\cdot\text{km})$〕约为公路的 20%，民航的 8%。同时，铁路电气化率较高（截至 2018 年底已达到 72.3%）并仍在进一步提高，能够充分使用电能这一来源广泛的清洁能源，在能源消耗方面具有较大优势。

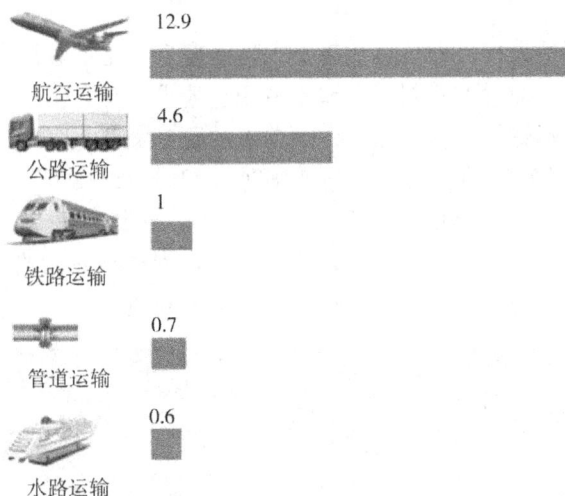

航空运输　12.9

公路运输　4.6

铁路运输　1

管道运输　0.7

水路运输　0.6

图 1-2-12　各种运输方式平均能耗对比

（注：图为 2018 年数据，根据各运输方式燃油、电力消耗、客货周转量统计数据等资料综合比较计算得出。）

（五）运输成本

运输成本是交通运输业的一个综合性指标，受多种因素影响，需根据具体情况进行具体分析。在运输成本中，如果与运输无关的支出所占比重较大，则运输成本受运输密度的影响较大。运输距离对运输成本也有很大影响，一般运输距离越长，单位距离运输费用越低。此外，运载量的大小同样影响运输成本，载重量较大的运输工具一般来说其运输成本较低，所以水路运输在这方面居于有利地位。一般来讲，水路运输及管道运输成本最低，其次是铁路运输，最后是公路运输，航空运输成本最高。近年来，我国铁路运输、公路运输、水路运输、航空运输的单位周转量的运输费用之比约为1∶12.7∶0.5∶21.5，如图1-2-13所示，从中可见，铁路运输的成本虽较水路运输高，但仅约为公路的8%，航空的5%，总体而言处于较低水平。同时，运输行业的总成本不仅仅是运营所发生的支出，还包括环境污染、事故损失、交通堵塞等造成的外部成本。铁路运输的外部成本远远低于公路运输和航空运输，社会成本较低。

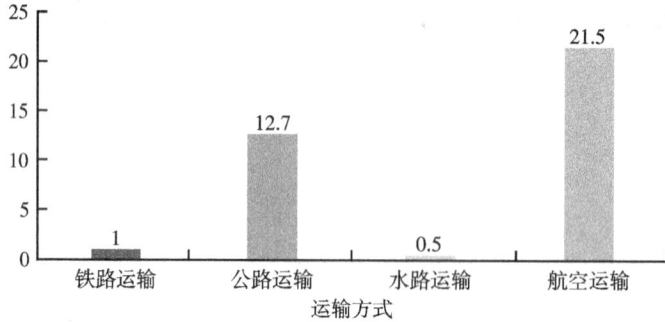

图1-2-13　不同运输方式的单位运输成本比例对比

（注：数据源于《中国物流年鉴》《中国统计年鉴》的相关统计资料。）

（六）土地占用

交通运输行业是用地大户，而且往往越是人口密度高、土地紧缺的地区，运输线路、站场就越密集。与其他陆上交通方式相比，铁路占用土地少，具有明显的优势。如六车道高速公路与双线高速铁路的运输能力基本相当，而前者的路基宽度为29.5~34.5 m〔《公路工程技术标准》（JTG B01—2014）〕，后者的路基宽度为13.2~13.8 m〔《高速铁路设计规范》（TB 10621—2014）〕，高速铁路路基宽度和单位长度土地占用量仅为相似运输能力的高速公路的40%，如图1-2-14所示。此外，新建铁路，特别是高速铁路通过采用"以桥代路"的方式，可以进一步降低土地使用量，节约宝贵的土地资源。

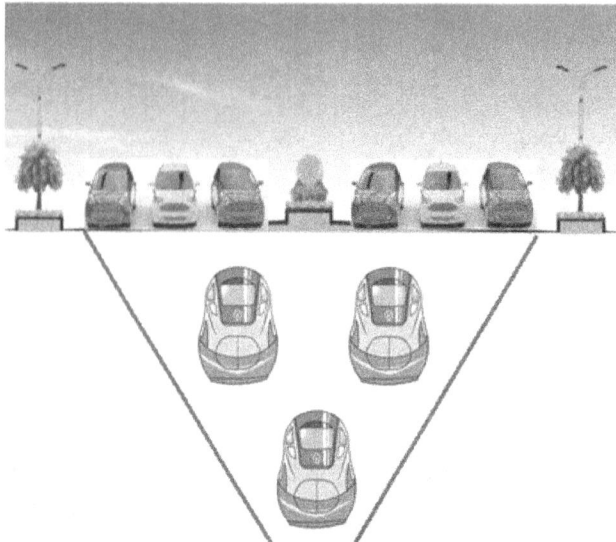

图1-2-14　铁路、公路占地规模比较

（七）投资水平

各种交通运输方式均需要投入大量的人力和物力，投资额大而且工期长，因此具有资本密集型特征。各种交通运输方式由于其技术设备的构成不同，在投资总额、投资期限、初期投资的金额、线路基建投资和载运工具投资方面也各有差异。水路运输、航空运输是利用天然航道或航路进行的，线路投资远低于铁路、公路（水路投资主要在船舶、码头，航空投资主要在飞机、机场）。对于铁路、公路投资而言，可通过如表 1-2-1 所示的相近年度不同铁路、公路投资水平进行比较。从中可见，铁路单位里程投资明显高于公路，铁路、公路单位运力平均投资分别为 0.94 元/（t·km）和 0.79 元/（t·km），两者基本相当。

表 1-2-1　不同铁路、公路投资水平的比较

类别	项目名称	可研批复年度	线路等级	里程/km	总投资/亿元	单位里程投资/（亿元/km）	换算年客货运量/亿t	单位运力投资/[元/（t·km）]
铁路	京哈高铁京沈段	2013	350 km/h 高铁	692	1 245	1.80	1.50	1.20
	杭黄高铁	2014	250 km/h 高铁	265	366	1.38	1.50	0.92
	银西高铁	2014	I 级双线铁路	598	617	1.03	1.50	0.69
公路	经棚至锡林浩特公路	2013	四车道高速公路	138	61	0.44	0.69	0.64
	临洮至渭源公路	2012	四车道高速公路	63	44	0.70	0.69	1.01
	韩家营至呼和浩特公路	2011	六车道高速公路	212	156	0.74	1.00	0.73

图 1-2-15 为不同运输方式部分载运工具价格。从中可见，公路载运工具投资最低，铁路、水路次之，航空最高。

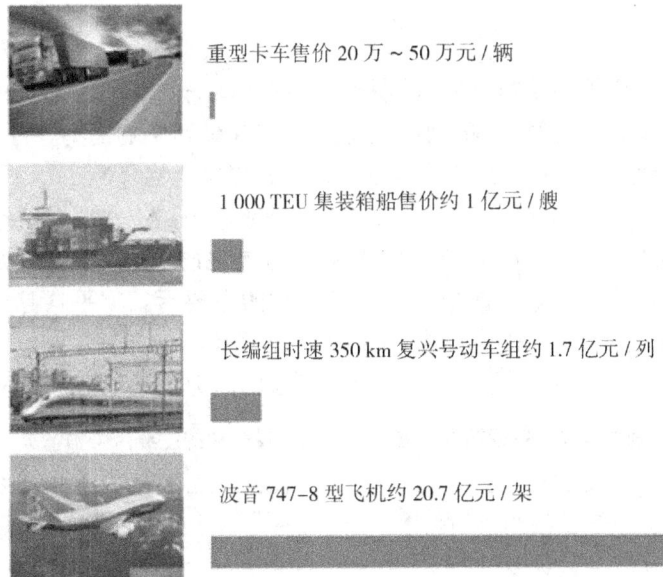

重型卡车售价 20 万 ~ 50 万元/辆

1 000 TEU 集装箱船售价约 1 亿元/艘

长编组时速 350 km 复兴号动车组约 1.7 亿元/列

波音 747-8 型飞机约 20.7 亿元/架

图 1-2-15　不同运输方式部分载运工具价格

（八）通用性、机动性、连续性

在通用性方面，公路运输网一般比铁路运输网的密度要大很多，分布面也广，而水路运输受自然航道限制，航空运输局限于机场之间，因此公路运输通用性最好，可以"无处不到、无时不有"，如图 1-2-16（a）所示，经由四通八达的公路运输网，可以深入偏远山区，实现门到门运输。

在机动性方面，公路运输机动性较好，汽车（如越野车）可克服复杂道路和障碍，而航空运输具有可以跨越沿途地表自然限制的特点，用直升机运输，更可以跨越山川河流，到达几乎各个角落，机动性更强，如图 1-2-16（b）所示。

在连续性方面，铁路运输与管道运输受气候与季节影响最小，公路运输次之，水路运输和航空运输最易受气候影响。

（a）四通八达的公路运输网　　　　（b）跨越地形障碍的直升机

图 1-2-16　公路的通用性与飞机的机动性

（九）环境影响

对空气和地表污染最为明显的是公路运输，航空运输的噪声污染也比较严重。相比之下，铁路运输对环境和生态的影响较小，特别是电气化铁路影响更小。各运输方式完成单位周转量排放的一氧化碳（CO）、碳氢化合物（HC）、氮氧化物（NO_x）、颗粒物（PM）等主要污染物情况如表 1-2-2 所示。从中可以看出，铁路、公路、水路、航空完成单位周转量排放的主要污染物之比约为 1∶64∶7∶2。铁路运输是完成单位周转量排放污染物最少、最清洁的运输方式，而公路运输完成单位周转量排放的主要污染物平均是铁路运输的 64 倍，属于对环境影响较大的运输方式，具体如图 1-2-17 所示。此外，铁路电气化率较高（截至2018 年底已达到 72.3%）并仍在进一步提高，而铁路电力机车基本不排放有害气体。

表 1-2-2　各运输方式完成单位周转量排放的主要污染物情况

单位：g/（10^2·t·km）

主要污染物	铁路	公路	水路	航空
一氧化碳（CO）	—	142.5	—	—
碳氢化合物（HC）	0.2	19.2	0.9	0.5

续表

主要污染物	铁路	公路	水路	航空
氮氧化物（NO_x）	3.2	57.4	15.2	6.7
颗粒物（PM）	0.1	5.2	1.1	0.3
二氧化硫（SO_2）	—	—	5.9	—
合计	3.5	224.2	23.2	7.5

注：此为2018年数据，主要根据环保部门发布的各运输方式载运工具污染物排放数据及各运输方式周转量数据分析计算得出。

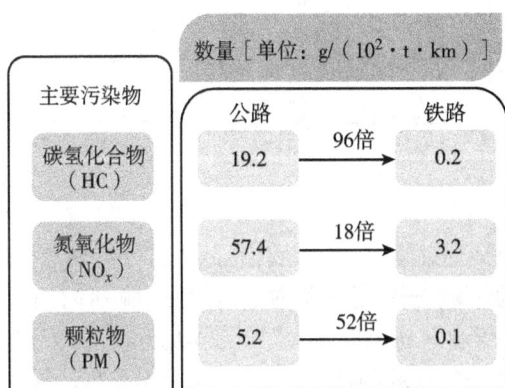

图 1-2-17　铁路与公路污染物排放对比

二、各种交通运输方式的适用范围

由于各种交通运输方式都有自己的特征和优缺点，因而它们都有各自最适合的应用范围。

（一）铁路运输

铁路运输是以固定轨道作为运输道路，由各种牵引动力牵引车辆进行经营性客货运输服务的一种运输方式。铁路运输的特点如图1-2-18所示。

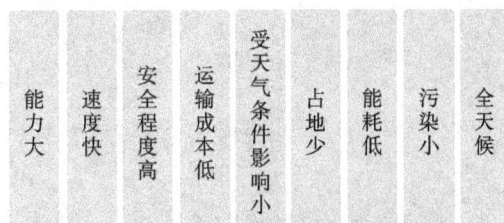

图 1-2-18　铁路运输的特点

在国土幅员辽阔的大陆国家，铁路运输是陆地交通运输的主力，适合经常、稳定的大宗货物运输，特别是中长途货物运输，也适合中长途、短途城际和现代高速旅客运输。

（二）公路运输

公路运输是在公路上进行经营性客货运输服务的一种运输方式。其优缺点对比如图1-2-19所示。公路运输可担负铁路运输、水路运输到达不了的区域内的运输及接力运输，它可以作为其他运输方式的补充和衔接。

☐ 优点	☐ 缺点
☐ 通达性好	☐ 运输成本高
☐ 机动灵活性强	☐ 能源消耗大
☐ 中短途送达速度快	☐ 安全性较低
☐ 可实现"门到门"	☐ 易污染环境
☐ 利于保持货物质量	☐ 易产生噪声

图1-2-19　公路运输优缺点对比

（三）水路运输

水路运输是以船舶为交通工具，在水域沿航线进行经营性客货运输服务的一种运输方式。水路运输按航行的区域分为远洋运输、沿海运输和内河运输等类型。水路运输的优缺点对比如图1-2-20所示。水路运输能力相当大，在海洋运输中，超巨型油轮的载重量可达66万t（如图1-2-21所示的诺克·耐维斯号）。在运输长、大、重件货物时，与铁路运输、公路运输相比，水路运输具有突出的优势。对大宗货物的长距离运输，尤其是远洋运输，水路运输是最经济的，也是国际跨洋贸易的主要运输方式。

☐ 优点	☐ 缺点
☐ 运输能力大	☐ 运输速度慢
☐ 占地少	☐ 受天然航道限制
☐ 投资省	☐ 易受气候影响
☐ 运输成本低	

图1-2-20　水路运输优缺点对比

图1-2-21　诺克·耐维斯号

载重吨位最大的运输工具之一：诺克·耐维斯号

诺克·耐维斯号（Knock Nevis）是一艘新加坡籍超大型原油运输船（ultra large crude carrier，ULCC），全载重量高达 657 019 t，也是世界上最长的船只与最长的人工制造水面漂浮物，船长超过 480 m。曾名海上巨人号（Seawise Giant，1979 年）、快乐巨人号（Happy Giant，1990 年）、亚勒维京号（Jahre Viking，1991 年）。2004 年改装并改名为诺克·耐维斯号，2010 年在印度被拆解。

（四）航空运输

航空运输（也称运输航空或商业航空）是以航空器进行经营性客货运输服务的一种运输方式，如图 1-2-22 所示。航空运输在 20 世纪崛起，是运输业中发展较快的行业。航空运输不受地形地貌、山川河流的阻碍，只要有机场并有航路设施保证，即可开辟航线。航空运输适用于长途旅客运输、货物运输及邮件运输，包括国际和国内运输。一般航空运输飞机的巡航速度可达 1 000 km/h，超声速飞机更可达 2 000 km/h（如图 1-2-23 所示的协和飞机），在当今的时代，其高速性具有无可比拟的特殊价值。与其他运输方式相比，其优缺点对比如图 1-2-24 所示。

图 1-2-22 航空运输

图 1-2-23 协和飞机

速度最快的运输工具之一：协和飞机

　　协和飞机在 1969 年首飞，1976 年投入服务，共生产了 20 架，机长 62.10 m，载客 120 人，航程达 5 110 km，最大飞行速度约 2 500 km/h，从巴黎飞到纽约只需约 3 h 20 min，比普通航空客机节省超过一半时间，所以虽然票价昂贵但仍然深受商务旅客的欢迎，后因经济性差等原因于 2003 年 11 月 26 日退出航空业。

☐ 优点	☐ 缺点
☐ 速度快	☐ 载运能力小
☐ 机动性强	☐ 能源消耗大
☐ 不受地表自然障碍限制	☐ 运输成本较高

图 1-2-24　航空运输优缺点对比

　　除航空运输以外的民用航空活动称为通用航空，通用航空机动灵活、迅捷高效的特点更显著，在遥感测绘、海上作业、森林防火、喷洒农药、气象监测、抗灾救护等领域有着无法比拟的优势和不可替代的作用，如图 1-2-25 所示。

图 1-2-25　通用航空的应用

（五）管道运输

　　管道运输是以管道作为运输通道，并备有固定式机械动力装置的现代化运输方式。管道运输主要以石油、天然气、成品油等流体能源为运送对象，之后发展到可以输送煤和矿石等固体物质（将其制成浆体，通过管道输往目的地，再经过脱水处理）。管道运输的优缺点对比如图 1-2-26 所示。

☐ 优点	☐ 缺点
☐ 输送能力大、效率高	☐ 不能输送不同品种的货物
☐ 成本低、能耗小	☐ 合理输送量范围较窄
☐ 不受地形限制、不受气候影响、受地面干扰少	
☐ 不产生噪声、污染少	

图 1-2-26　管道运输优缺点对比

第三节　交通运输系统工程的基础理论

交通运输系统工程是一门新的学科，它是以系统科学为基础的多种学科相互交叉和渗透而形成的一门新兴学科。要对这门新学科进行研究，就必须熟悉建立这门学科的基础理论，故而本节将把系统科学之外的学科基础理论扼要介绍一下。

一、经济科学

经济科学是研究人类社会经济生活的各类经济学科学的总称，亦称为经济学。经济科学的研究内容主要有三个方面：一是对社会生产力诸要素及其相互联系的研究，探讨社会生产力发展的规律；二是对社会生产和再生产运动中的生产、交换、分配、消费各个环节及其总和的研究，揭示人们在其中结成的社会生产关系的发展规律；三是研究如何在经济活动中，即生产、交换、分配、消费各种活动中利用客观规律，制订具体的经济规划和措施等，以同样的劳动（包括物化劳动和活劳动）消耗来取得最大的生产成果或经济效益。

经济科学研究的内容，所涉及的领域是非常广阔的。从多种不同的领域、不同的角度、不同的方法来研究上述内容，形成了十分繁多的分支学科，各分支学科之间相互密切联系，构成了一个庞大的经济科学体系，成为社会科学中一个特大的门类。

（一）宏观经济学与微观经济学

在现代经济学中，按照考察的对象和研究的方法来划分，则大体上可以分为宏观经济学和微观经济学两个领域。宏观经济学以整个国民经济活动为研究对象，着眼于整个国民经济的整体分析或总量分析。微观经济学以单个经济单位为研究对象，着眼于单个经济单位的经济行为，以及相应的经济变量的分析或个量分析，由于总量是由个量综合而成的，因此，微观经济学是宏观经济学的基础和前提。

（二）理论经济学与应用经济学

从各门学科研究的领域和范围及其研究方法的抽象程度来划分，大致可以把经济学划分为理论经济学和应用经济学两大门类。理论经济学包括政治经济学和生产力经济学两门学科；运用理论经济学的基本原理来考察社会生产的某一部门、某一方面，研究该特定领域的特殊经济规律的经济学科称为应用经济学，如工业经济学、农业经济学、运输经济学等。理论经济学是应用经济学的基础。

（三）计量经济学

运用经济理论、现代数学和统计方法研究经济现象计量变化规律又形成计量经济学。计量经济学要计量的是各个经济变量之间相互依存的数量关系，其研究对象是经济现象中计量的经济变量，其目的在于使经济理论具有数量化的概念。计量经济学的任务是把经济理论关于经济变量之间的依存关系，用数字形式表现出来，并利用实际统计资料，运用数理统计方法，进行计算和验证，得出经济理论的定量描述，以及预测未来，规划政策。

（四）其他经济学

此外，还有具体领域经济学，包括国土经济学、投资经济学、规模经济学以及布局经济学等，都是把经济理论与研究的部门和任务结合起来而形成的经济学科的总体。

所有这些经济科学的相关分支经济学都与交通运输系统工程学相关，它们的一些基本理论与方法，都将为进行交通运输系统工程研究打下基础。

二、管理科学

管理科学是对管理活动的一般规律的概括和总结，有狭义和广义之分，管理科学从科学管理而来，这是狭义之说；作为一般意义上的研究，如管理科学着眼于全方位、多层次的管理职能、管理组织、管理系统、管理行为和管理原理以及现代化管理等，是广义之论。我们认为管理是指对人、物、事等组成的系统的运动、发展和变化，进行有目的、有意识的控制的行为，而管理科学则是对有效管理的探索和研究，对管理行为、活动的科学概括和总结。现代管理学作为一门科学，其学科构造是一座金字塔，如图 1-2-27 所示。其顶端是具有指导作用的高度概括的管理理论，或称管理学原理，它是以包含管理基本规律为主的对管理学的高度抽象概括。管理理论通过管理方法这一桥梁，作用并植根于管理实践这一宽厚、坚实、肥沃的应用土壤里。如此，有理论、有方法、有成功的实践应用，现代管理科学丰碑就是这样建立起来的，所以现代管理科学的组成部分又是对现代管理学和管理理论的抽象概括。管理哲学是对管理科学原理的再概括，是管理科学在最高层次上的指导思想。

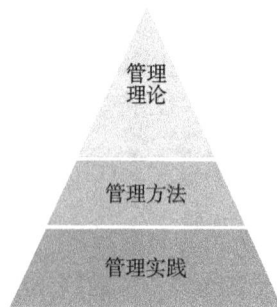

图 1-2-27　现代管理学金字塔

20 世纪以来，尤其是第二次世界大战以后，在全世界掀起了管理发展热潮。当今管理已发展成为一门科学，管理队伍已成为一支大军，所以世界公认管理、科学、技术是现代社会的三大支柱。与设备相比，管理更重要，管理出效率，管理出质量，管理可以提高经济效益。科学管理同劳动力、劳动工具、劳动对象、科学技术一样都是生产力要素，故现在人们赋予生产力一个新的定义：

$$生产力=（劳动力+劳动工具+劳动对象+科学技术）×科学管理 \qquad (1-2-1)$$

式（1-2-1）表明，管理在生产力中起乘数作用，它能放大或缩小管理系统的整体功能。为此，现代管理科学理论研究包括以下几项：

（1）管理组织的基本原理，即管理者素质与管理群体优化结构。

（2）系统管理理论。这是近几十年来形成的一个新的管理理论。系统管理学派的主要代表美国华盛顿大学的弗里蒙特·E. 卡斯特和詹姆斯·E. 罗森茨韦克把信息论、控制论和一般系统论等观点引进了管理领域，主张从"开放系统"的角度来研究组织及管理，认为组织是一个开放系统，是在其与环境的不断相互作用中获得发展的。因此，系统管理理论的开发、研究是正在兴起的一个重要的趋势。

（3）管理的功能或职能理论。管理的各种功能既体现管理的基本任务，又反映了管理的全过程，而且管理的原理、原则都是要通过管理的功能发挥作用的。

（4）管理客体与管理机制理论。管理客体就是施加管理的对象。管理客体可以是人或人们，以及人、机组成的组织系统，管理机制则是保证管理过程正常运行的手段，建立科学的与运行相适应的机制理论是管理科学的重要内容。

（5）管理成效理论。管理成效也就是管理的效果，它是对管理目的实现程度的量度，而量度则需建立评价尺度、评价标准与评价体系。这在管理科学理论中占有重要地位。

（6）管理方法分析。管理的发展大致经历了传统管理理论、科学管理理论、现代管理理论和最新管理理论的发展阶段。不同的管理阶段的管理方法是有差异的。19 世纪末到 20 世纪 40 年代，美国工程师泰罗创建了科学管理理论，用科学管理代替了旧的传统管理，以谋求最高工作效率。从 20 世纪 40 年代到 60 年代是现代管理理论发展阶段。这种管理理论分成管理科学与行为科学两大流派。最新管理理论阶段大体从 20 世纪 70 年代开始，它用系统管理把管理科学和行为科学熔于一炉。在最新管理理论发展时期，管理学家努力寻求管理现代化，成功地把现代科学技术和社会科学的成果综合运用于经济管理和企业管理，在管理组织现代化、管理方式方法现代化和管理手段现代化方面开展研究。

综上所述，系统工程学与管理科学关系十分密切，可以说它的产生与管理科学发展息息相关，同时管理科学的发展又进一步推动系统工程学的发展。我们研究交通运输系统工程这门学科，必须很好地学习和研究管理科学的基本理论与方法，它将有力地促进交通运输系统工程学科的发展。

三、交通运输学科体系

交通运输学科体系是随着交通运输业的发展、交通运输技术的不断进步而逐步地发展起来的。它是以交通运输业为对象与多种学科结合而发展起来的。目前交通运输学科体系主要包括以下四大分支学科。

（一）交通运输法学

交通运输法学是研究进行交通运输活动法律调整的科学，交通运输法是调整交通运输关系的法律规范的总称。交通运输关系是运用各种运输方式，在运输活动中所形成的一系列的经济关系，包括交通运输管理关系和交通运输合同关系，涉及铁路运输、公路运输、水路运输、航空运输及管道运输等各个方面。各国交通立法，一般按其业务性质的不同分为铁路运输法规、公路运输法规、航空运输法规及水路运输法规等。交通运输法学研究的内容包括：一般交通运输法规理论研究、交通运输法规实体规范研究及交通运输法规比较研究等。

（二）交通运输经济学

交通运输经济学是研究交通运输部门中经济关系与经济活动规律的科学，属于部门经济学。交通运输经济学研究的基本内容一般有：综合运输体系的建立与发展，运输业在国民经济中的地位和作用，各种运输方式间的联系及其发展，运输业内部各环节之间的联系及其发展，货流、客流形成的规律及其合理运输组织，运输业的物质技术基础及其发展，运量和投资在各种运输方式间的分配，运输布局及建设，运输业的管理体制，运输业的计划、成本、价格、利润、劳动工资、经济核算，运输业的经济效益及计算方法，等等。

（三）交通运输工程学

这门学科主要是研究交通运输系统工程建设问题，包括铁路、公路、航道、港口码头、桥梁隧道、场站枢纽、机场以及管路及加压站设计、施工等工程技术问题。

（四）交通运输学

这门学科主要包括两大部分。一部分为交通运输技术设备，包括：铁路运输系统的线路、机车车辆、场站与枢纽、信号通信设备等，水路运输系统的运输船舶、港口与装卸设备等，公路运输系统的公路道路、车辆、信号设备等，航空运输系统的航路、航线、机场、飞机及通信导航设备等，管道运输系统的管道与管道输气站、管道输油站等。

交通运输学另一部分为交通运输管理学，包括：铁路部分的客货运输组织、车站工作组织、车流工作组织、列车运行图及区段通过能力等，水路部分的船舶运行组织、港口生产计划与工作组织等，公路部分的客运组织、货运组织等，航空部分的国内航空运行组织、国际航空运行组织等，管道部分的输油管道组织、输气管道组织、固体物料浆液管道输送组织。此外，还包括综合运输系统的联合运输组织，城市、区域交通系统的设备与组织。

综上所述，交通运输科学的 4 个分支学科的基本理论对开展交通运输系统工程研究是不可缺少的，必须学习和运用相关的交通运输科学理论来进行分析。

四、决策科学

决策科学简称决策学，是研究、探索和寻求作出正确决策规律的科学，也可以说是为决策提供科学的理论和方法的科学。交通运输系统分析是为决策者提供决策方案的学科，故它与决策科学关系十分密切。

决策科学主要研究决策的范畴与概念、决策要求、决策结构、决策理论，以及决策原则、决策方法、决策过程、决策组织等。广义的决策学还包括决策研究。

决策研究，是应用决策科学的基本理论与方法，以及有关方面的具体科学，去探索和研究诸如社会、经济、科学、技术、交通等各重大领域，以及人口、资源、能源、环境、生态等重要问题在各种情形下的运动、变化与发展的客观规律，从而揭示出它们的发展方向与趋势，分析其发展过程与条件，研究并制订出最佳方案，提供可选择的目标，以及达到目标的手段与方法，用以指导人们的行动。

决策科学是一门综合性的横跨自然科学与社会科学并涉及人类思维领域的大学科。为了对某些重大问题作出科学的、正确的决策，需要极其广泛的知识，几乎要用到人类所有的知识与经验，而决策科学所能应用的范围又极其广阔，包括人类所能影响到的一切领域。所以，分析、综合、归纳、概括和抽象出人类决策活动中最为本质的东西，即决策科学的基本要素，也是决策科学的一项重要任务。

决策科学由五个要素构成，即决策者、决策对象、信息、决策理论与方法、决策结果。

（1）决策者。决策者是决策系统主观能力的体现者，它可以是集团或者是决策机构。

（2）决策对象。决策对象的概念也是不断发展着的。也就是说，随着人类社会的发展，人类的行为所影响的范围在逐渐扩大，所以决策对象的范围也在逐渐扩大。决策科学中的决策对象要求有明显的边界，也就是说要确定决策系统的层次。

（3）信息。决策系统的层次确定之后，就要分析与研究决策系统的另一基本要素——信息。信息分为内信息和外信息，内信息决定了系统的功能，即决策系统运动、变化、发展的依据，外信息则是决策系统运动、变化、发展的条件。这两种信息缺少任何一种，决策系统都不能正常工作。为此，需要先进行信息收集、传输、加工，才能进行决策。决策者只有把握可靠的内信息与外信息，才能具备作出科学决策的重要前提。

（4）决策理论与方法。决策理论与方法是决策系统的另一基本要素。决策者要获得、传输与加工正确的信息，必须使用一定的科学方法，如何从正确的前提出发得出正确的决策结论，就要用决策的理论与方法对正确的前提进行科学分析、综合、推理，而后进行科学正确的判断，即决策。面对各种各样的决策问题，不但需要门类繁多的科学知识，而且决策前还要给出一切决策问题必须遵循的共同规律，它主要包括：决策学的科学结构、决策方法论基础、决策的一般模式、科学预测的定量方法与技术、决策的常用定量方法与技术、决策的潜在问题分析、技术评信等。

（5）决策结果。决策科学的最后一个要素是决策结果，因为一切决策活动的目的，都是为了得到决策结果。不为获得决策结果的决策活动是根本不存在的，所以决策结果是决策系统的又一个基本要素。

总之，上述四类科学都是研究交通运输系统工程的理论基础和学科基础。交通运输系统工程也就是由上述四类科学相互交叉、渗透、合成而成的。当然，应用数学和计算机科学是进行交通运输系统工程研究的计算手段和计算工具，交通运输系统工程也只有借助这些手段和工具才能实现研究的目的。因此，只有在这些基础理论和方法上下力气，才能攀登交通运输系统工程学科的高峰。

主要参考文献

［1］张国伍．交通运输系统分析［M］．成都：西南交通大学出版社，1991.

［2］张国伍．交通运输系统工程创新与发展：交通人生 60 年［M］．北京：北京交通大学出版社，2008.

［3］张国伍．人生的境界与智慧：交通运输系统工程学科的发展与创新［M］．北京：北京交通大学出版社，2017.

［4］张国伍.综合交通运输系统工程的创新发展与论坛："交通7+1论坛"50次会议主要学术成就：2005—2018［M］.北京：北京交通大学出版社，2018.

［5］王海星.铁道概论［M］.北京：中国铁道出版社有限公司，2020.

［6］彭其渊，蒋朝哲，文超，等.交通运输系统工程［M］.西安：西安交通大学出版社，2018.

［7］郭瑞军.交通运输系统工程［M］.2版.北京：国防工业出版社，2015.

第二篇
交通运输系统工程理论与方法

第一章

交通运输系统的布局与规划

第一节　交通运输布局

一、生产布局与交通运输布局

生产布局又称"生产分布""生产配置"，指的是社会物质生产部门（工业、农业、运输业等）在一个国家或地区的空间分布、结合形式，以及区域之间的经济联系等。它是生产发展的一个重要方面，随着生产的发展而变化。生产布局合理与否，将会促进和影响生产的发展。生产布局的规律和特点取决于社会生产方式，并受社会历史、经济条件、技术水平、自然条件、人口和劳动力条件诸因素的综合影响。

交通运输布局又称交通运输配置，是指交通运输生产的空间分布与组合，即各种运输方式的线路和站点组成的交通运输网与客货流的地理分布。交通运输布局包括交通线网的布局和客货流的布局两个相互有密切联系的部分。交通运输布局是整个生产布局的有机组成部分，其任务是通过合理布局，实现运输合理化，获得最大的经济效益和社会效益。交通运输布局主要研究交通运输网分布的动态变化及其地域结构与类型、客货流分布的动态变化及其社会经济原因等。交通运输布局分为多种运输方式布局和地区交通运输布局，从属于生产布局的总要求，取决于工农业生产的特点、水平和布局、当地的自然条件、各种运输业的技术经济特征、城镇居民点分布、国防要求，以及现有运输布局状况。

生产布局是一项具有战略意义的国民经济问题。由于交通运输是生产过程的延续，是社会生产和再生产的条件，因而，核算生产布局的经济效果，既要估计生产本身的消耗，又要估计其运输耗费。也就是说，从生产布局的观点而言，不是要求个别企业或个别部门的产品劳动耗费或成本达到最低，而是要求产品的总劳动耗费或社会成本（完全成本）达到最低。可见，通过考虑交通运输这个环节，对生产布局的合理化具有重要作用。马克思指出："交通工具的增加和改良，自然会对劳动生产力发生影响，使生产同一商品所需要的劳动时间减少，并建立了精神与贸易的发展所必需的交往。"

因此，在一定的社会经济前提下，交通运输的发展和变化，必然对生产布局有相当的影响。交通工具的改进，会给生产布局带来难以估计的影响，大型油船和远程输油管道的采用，使炼油和石油化学工业远离油田，便是一例。交通线的建设和交通网的完善，对工业基地的建立和农业商品基地的形成都起着重要作用，也会使沿线兴起新的城镇。另外，生产布局状况可以通过交通网中货物的运输反映出来，还可以通过货物的流量、流向分析，发现生产布局中存在的问题，如根据原料和成品间的大量相向调运，可看出企业布点与原料地、消费区在地理上的脱节现象，从而制订改善措施。

但是，尽管交通运输对生产力及其布局有巨大影响，但前者的性质和规模还是由后者决定的。不同的社会生产方式，决定不同的运输布局规律。交通运输布局是宏观国民经济和社会生产布局的一个方面，运输部门与工业、农业、采掘业和地域人口都有着特定的供求关系，而国民经济各个部门对交通运输业的质和量的要求也各有不同，因此交通运输布局也要因时、因地、因部门而异。交通运输布局是一项战略性、综合性的工作。从地域空间来看，工业、农业、采掘业、商业和国防需要，以及劳动人口、生产力与社会经济生活的地区分布决定了交通运输布局。生产布局和交通运输布局的发展是相互制约的。工农业部门生产的发展和技术改进，给交通运输提供了物质条件和运输需求。同时，交通运输是生产过程在流通领域中的继续，其作用是为国民经济发展提供运输服务。

从区域（国家或地区）着眼研究交通运输对工农业布局所起的均衡与合理作用是十分必要的。实践表明，货运促进区域经济（生产）结构的形成和发展，而区域经济结构和自然环境结构的情况和特征又对交通运输网的建设提出了多样化、现代化的要求。

二、交通运输布局的系统分析

所谓系统分析，就是一个有目的、有步骤的探索和分析过程。为了给决策者提供直接判断和决定最优系统方案所需的信息和资料，系统分析人员使用科学的分析工具和方法，对系统的目的、功能、环境、费用、效益等进行充分的调查研究，并收集、分析和处理有关的资料和数据，据此建立若干替代方案和必要的模型进行仿真试验。把试验、分析、计算的各种结果同早先制订的计划进行比较和评价，最后整理成完整、正确与可行的综合资料，作为决策者选择最优系统方案的主要依据。

交通运输布局的任务和目的是快速、准确、经济地为国民经济发展提供运输服务。交通运输系统担负着国民经济发展的运输任务，并要适应国民经济的发展，二者不仅要在发展的规模、结构、速度上相适应，而且要在空间地域分布上（即布局上）相适应。在交通运输系统中，各种运输方式都有其具体的技术经济特征，且担负着不同的运输任务，其中包括干线运输、支线运输，长途运输（跨区域）及短途运输。为使交通运输网畅通，以便担负起国家和地区的旅客、货物运输任务，则必须形成全系统的综合能力。交通运输布局是实现各种运输方式相互协调、相互合作的手段和方法。

（一）影响交通运输布局的因素

交通运输业的发展是实现合理的地域分工、生产地区专门化和生产协作关系的必要条件，是保证工农业之间、国家各地区之间的经济联系的重要纽带，是巩固国防安全的必要工具。归根到底，交通运输是最大限度地满足全体人民物质生活和文化生活需要的重要手段。

交通运输泛指人和物的载运和输送，是社会物质生产和生活过程的必备条件。交通运输业属于基础结构部门，它不生产新的物质产品，只改变交通运输对象（人和物）的空间位置，即"位移"。交通运输产品不能储存，随着运输生产过程的结束，产品也随之消失。交通运输业与国民经济各部门关系密切，保持交通运输的循环畅通是解决社会、经济、环境问题和其他矛盾的决定性因素。

影响交通运输布局的主要因素如下：

（1）交通运输业是社会物资交流、商品流通和社会发展生产的一个非常重要条件，因此国民经济的发展需求是影响交通运输布局的首要因素。交通运输布局必须从生产和消费两个方面来考虑，那就是既为生产者服务又为消费者服务。因此，交通运输布局要以满足全国或地方国民经济发展的需要为前提，使交通运输系统在发展生产和保障供给之间起桥梁和先行作用。

（2）自然条件是影响交通运输布局的重要因素。各种交通运输方式的运输活动都是在广大的地域和空间中进行的。因此，自然条件对交通运输布局的影响很大，从某种意义上讲，甚至是具有决定性的。例如，煤炭资源绝大部分集中在秦岭、淮河以北地区，特别是山西、内内蒙古及新疆和陕西地区。煤炭资源的地区分布，在客观上决定了我国煤炭运输的流向是自北向南，由西向东，这就在一定程度上决定了我国煤炭运输网络的基本格局。同时，地形、地质、气候、水文条件对铁路和公路的布局有很大影响，地形对铁路和公路线路建设的工程量和造价都有很大影响，而且不同地形对线路技术条件的要求也不同。地形、地质条件对于陆上交通（铁路、公路）的线路、场站、港口、码头的地基和周围地段的稳定性有重要影响。这与地质构造、岩石性质、自然病害等有关。在地震活动地段、断裂破碎带、软土沼泽地区，不宜建设铁路和港口；对于滑坡崩塌、泥石流、岩溶地段等，也应尽可能避开，或采用必要的工程措施予以防护。

气候条件对各种交通运输方式的正常运行有着一定影响。特别是水路和航空运输受气候条件影响很大。有些河流在冬季封冻，使轮船无法通航；有些河流季节性枯水，达不到一定水位也无法行船；有些气候不宜飞行。所以，水路和航空运输受气候影响最大。

水文因素中的流量、水深及其季节性变化，直接影响到水运港址、码头位置及规模等的选择。地下水的高度对于铁路、公路、管道的路基稳定性也有一定影响。

应该指出，自然条件对交通运输布局的影响随着现代科学技术的发展而逐步减少，但自然条件对交通运输布局的选线，港、站、场的选址，建设投资，交通运输能力以及建成后的交通运输成本和运营费用支出的影响仍不可忽视，必须给予正确的估价。

（3）技术条件是交通运输业发展和布局的重要因素。随着科学技术的不断进步，技术条件对交通运输布局的影响越来越大。新型交通工具的出现，也会对交通运输业的发展产生极深远的影响。19世纪，随着蒸汽机的发明、应用，铁路成为当时人类的主要交通工具。20世纪以来，随着公路、民航、管道等交通运输业相继高速发展，大大改变了世界范围内交通运输布局的面貌。

（4）名胜古迹和旅游胜地对交通运输布局也有重要影响。名胜古迹吸引大量国内外游客，客观上要求提供舒适、安全、迅速、方便的交通运输条件。另外，在铁路、公路线路和机场布局时应注意，靠近名胜古迹时要注意保护，严禁由于交通运输线路设施的建设破坏沿途的文物古迹。

（二）交通运输布局的原则

交通运输布局的原则是决策者从事交通网建设和客货流计划的依据。交通运输布局的原则是关系到全国运输网、交通运输总体布局发展的大问题。我们认为交通运输布局的基本原则有以下七项：

（1）交通运输布局要满足国民经济发展的要求，同时要起到促进国民经济各部门及对外贸易发展的作用，并要与工农业布局和人口分布相适应。由于运输生产不改变运输对象的属性，只改变运输对象的空间位置，因而运输成果具有非实体性、非储存性等特点，不能以丰补欠，也不能调拨，这就决定运输布局要满足社会运输需求。为此，在进行运输布局时不仅要使交通运输系统（包括综合运输网）协调，使交通运输枢纽内各种运输方式相互协调，而且要适应工农业布局、外贸及旅客、货物在国家和地区间的流动等方面的需求，符合国家经济发展战略。

（2）交通运输布局要以科学的客货运量预测为基础。交通运输布局和改造的标准与规模直接取决于客货运量的大小，所以搞好近、中、远期客货运量的预测，是做好交通运输布局的基础。

（3）交通运输布局要因地制宜，充分考虑各地区的自然条件和特点。地形、地质、气候、水文等自然条件可影响交通线站的位置、走向和技术标准，同时，对制约交通运输能力、建设投资、造价和工程进度的因素也要予以充分考虑。所以，因地制宜是处理好交通运输布局的前提。在交通运输布局中，必须重视影响较大的地形、气候、水文、地质等自然条件的研究分析工作。

（4）交通运输布局要综合利用各种运输方式，加速综合交通运输网的形成，保证交通运输枢纽有规律地、步调一致地组织运营。在综合交通运输网中，铁路、公路、水路、航空、管道运输各有其不同的技术和经济特点，都占有一定的地位和作用。一般来说，旅客从始发地到目的地，货物从产地到消费地，往往要由几种运输工具共同完成。交通运输布局要做到点（站、场、港、枢纽等）、线（线路、航道、航路等）、面（交通网）的结合，形成综合运输能力；要根据客货流的流量和流向来规划综合运输网，在综合运输网的基础上，安排好交通运输枢纽的分布和建设。

（5）交通运输布局要尽量少占土地，节约用地。我们国家人多地少，土地资源非常宝贵，所以，在满足运输需要的前提下，应尽量做到节约用地。

（6）交通运输布局要与城市规划相结合。交通运输是城市建设和发展的基本条件，交通运输条件的变化必然影响到城市的兴衰，而城市建设和发展又反过来促进交通运输业的发展。

（7）交通运输布局要适应、巩固国防需要。交通运输布局对巩固国防有着重要的作用，需要协调处理国防需要与经济建设的关系。

交通运输布局是生产布局的重要组成部分。一般来说，生产布局的原则对交通运输布局都适用，交通运输布局必须遵守这些原则。

三、交通运输布局的基本方法

（一）对五种交通运输方式的认识

国民经济对交通运输系统的要求是，载运量大，成本低，投资少，速度快，受季节和环境变化的影响小。不同的交通运输方式，对上述要求的满足程度是不同的，因而其适用范围各异。

不同交通运输方式的优缺点是相对的、互补的，因而它们在全国统一交通运输网中，各有其地位和作用，又各有其局限性，因此使用范围就各有不同。铁路主要承担大宗货物和旅客的中长距离运输，是我国运输系统的骨干。水路主要承担着大宗笨重宜保存货物的远洋长途运输以及内河运输。由于水上航道的地理走向和水情变化难以全面控制，在运输的连续性和灵活性方面，难以和铁路、公路相比拟。公路汽车，运载量小，运价较高，但灵活性大，技术速度与运送速度均较快。汽车运输广泛服务于地方和城乡的物资交流和旅客来往，为干线交通集散客货，并便于实现货物运输的"门到门"服务。航空是速度最快的运输方式，但运费高，运量小，主要承担快速旅客运输，以及贵重和急需物资（如急救物资）运输。管道是一种单向的流体的专门运输方式，它的优点是具有大量、不间断运送的能力，管理方便，受自然条件影响小，但缺点是无法承担多种货物运输，而且，铺设时需要大量的钢材。管道运输方式在我国目前主要是用于运送原油、成品油和天然气。

综上所述，各种交通运输方式各自都有某些其他运输方式所不具备或者不完全具备的优点，也就是说，各种交通运输方式都有其最有利的应用范围。而且，从各种交通运输方式的技术经济特征来看，每一种交通运输方式在特定条件下较另一种交通运输方式优越的情况是有的，但若全面加以考察时，就会发现各种交通运输方式是互有优劣，各有其存在和发展的必要。

对交通运输系统进行布局，首先就是要认识铁路、公路、水路、航空和管道运输这五种运输方式的特点，根据其特点和服务范围来确定运输布局的方向。

（二）交通运输布局的步骤

交通运输布局主要包括两个方面的内容：一方面是铁路、公路、水路、航空和管道这五种交通运输方式在空间上的地理分布，另一方面是指这五种交通运输方式的结合形式及相互之间的联系。对一个国家或一个地区进行交通运输布局，是为了更好地满足国民经济发展的需要，具体步骤如下：

1. 确定交通运输布局的目标

尽管我们都知道交通运输布局的总体目标是尽可能地满足国民经济对交通运输的需求。但是，在不同地域、不同部门，其侧重点和影响、作用并不完全相同。在对一个地区进行交通运输布局之前，首先要对这个地区的经济结构、人口构成及生产布局进行全面了解，明确对这个地区进行交通运输布局的总体要求。

2. 分析交通运输布局的约束条件

影响交通运输布局的因素主要是经济条件、自然条件和技术条件。因此，在对一个地区进行交通运输布局时，首先要考虑这个地区今后的经济发展方向，其指标主要有货流的构成、运输流量、国民收入，它们直接影响到线路的开辟、交通设施的数量和等级。同时，还必须考虑当地的自然条件（地形、气候、水文等条件），以确定交通运输系统的组成和交通运输布局的方向。技术条件的改进，使可供决策部门采用的交通运输布局方案越来越多，同时也促进各种交通运输方式朝着专业化、协作化和联合化的方向发展。

3. 建立交通运输布局模型

在明确了交通运输布局的目标，确定了交通运输布局的约束条件之后，就要建立交通运输布局模型，分析各种模型的使用条件，根据不同的目的，建立不同的模型。

4. 对交通运输模型进行优化选择

运用最优化理论和方法，分析不同交通运输布局模型对国民经济发展的作用及其经济效果；分析交通运输与国民经济各部门之间的相互依存关系，择优选择适合的交通运输布局模型，从而对若干替代模型进行优化，以求出最理想方案。

5. 对交通运输布局方案进行评价

根据优化选择中求得的候选方案，考虑交通运输布局的原则、影响因素及约束条件，分析各个方案的经济效果和社会效益，从而对各个方案进行科学评估，为选择最优交通运输布局方案提供足够的信息，其流程如图 2-1-1 所示。

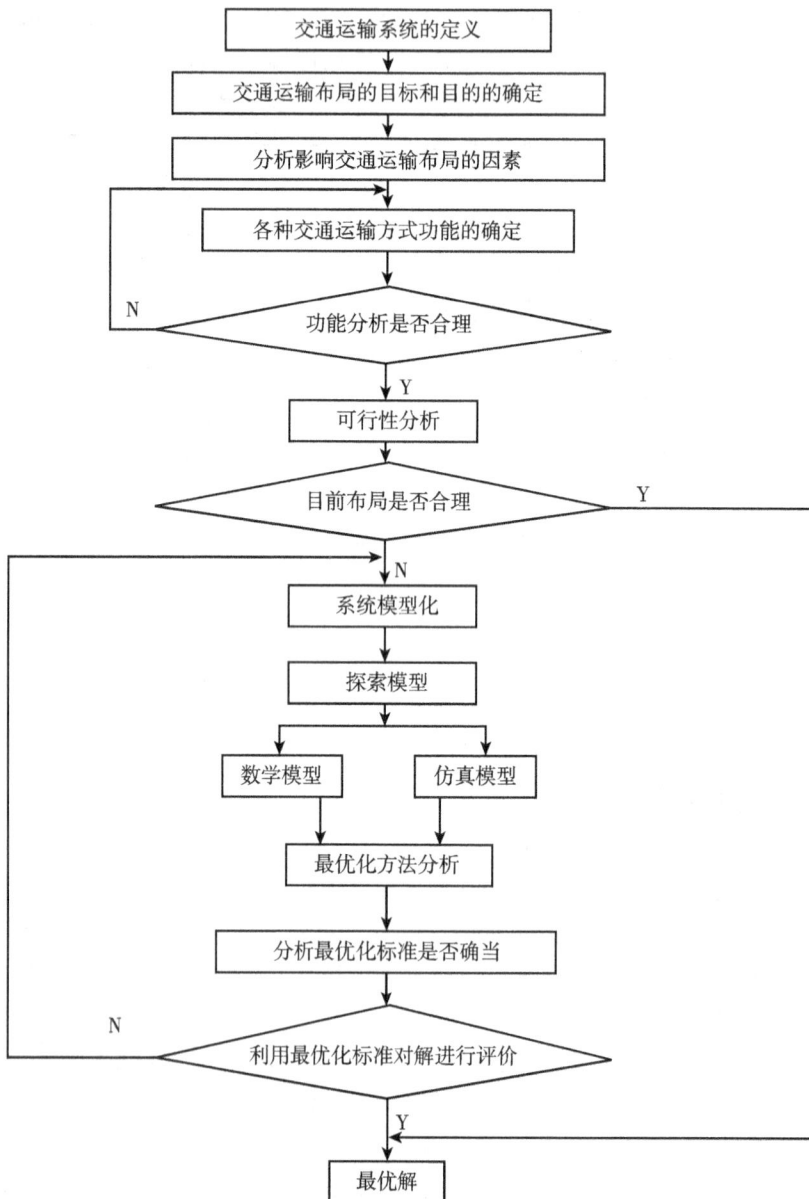

图 2-1-1　交通运输布局方案评价流程

（三）交通运输布局的方法

目前，国内外交通运输布局的方法很多且各有特点，但是基本出发点都是节省运力、减少运费及尽可能地节约货物在途时间，下面介绍三种常用方法。

1. 调查研究方法

交通运输布局涉及面广且影响因素多，必须通过调查，占有详细的资料，并分析各因素之间的内在联系，找出规律性的东西，才能弄清楚需求与可能的矛盾，以便确定解决的方案。

调查研究的内容如下：

（1）弄清现状。弄清现有运输能力的状况，如运输线路的长度、场站枢纽的规模、运量和运量的构成特点、技术条件、运输能力、运输设备使用情况、是否已达到饱和程度、有无后备能力等。同时，还要了解这个区域中客流、货流的流量和流向，以及各种交通运输方式的分工与综合发展状况、存在的问题。

（2）弄清国民经济发展的长期规划。国民经济发展的长期规划是综合运输网发展的经济依据，具体内容包括现有工矿企业的改建、扩建计划，原料、燃料的来源及其数量，产品去向及数量，规划中重大项目的布局，以及客货流变化情况等。

（3）弄清楚交通运输发展和布局方案。通过各个交通运输规划和设计部门，了解它们提供的各种线路和其他交通运输技术设备的具体发展方案，如交通运输方式的选择，线路的走向、长度、投资、建设周期等。在调查的基础上，提出不同交通运输布局的方案，然后对比分析，择优采用。

（4）交通运输需求分析与预测。利用资料调查与分析的结果，建立各种分析与预测模型，并运用这些模型分析与预测规划区域未来的交通运输需求状况。

（5）其他相关内容。相关内容包括：矿产资源、旅游资源，涉及区域、城市所在的区位，区域或城市的主导产业，城市社会经济发展规划、城市土地利用规划等上位规划，等等。

2. 技术经济论证方法

技术经济论证方法用于对各种交通运输方案的经济效果进行比较。一般来说，经济效果表现为劳动消耗和获得的效果的比例。这里所说的效果可以用运输业和国民经济各部门收入的增加来表示，也可以表现为运输成本的降低和运营费用的减少或获得的运输能力。劳动消耗则表现为人力、投资和物资的消耗。

为了对各种方案进行比较，需要进行技术经济计算。计算中首先要列出可能的方案，包括铁路、公路、水路、航空和管道等各种交通运输方式综合布局方案，也包括同一种交通运输方式的不同技术方案，如不同的走向和标准等。其次，要选取进行方案比较的指标体系。由于交通运输布局是在较大范围内安排投资建设，它往往涉及几种交通运输方式和几个运输部门。为了全面地反映各种交通运输方式的技术特点，在比较中不可能采取单一的指标，要有一个指标体系，以便全面评价运输布局方案。根据我国具体情况，这个指标体系要包括货币指标的比较，如投资、运输成本、运输费用及流动资金占用等，还要包括实物指标，尤其是对一些短缺的物资和资源应特别注意。

对交通运输布局方案进行总经济效果评价可以利用利润率（P）的方法进行，利润率计算公式如下：

$$P = \frac{\Delta P_{运} + \Delta P_{经}}{A} \qquad (2-1-1)$$

式中：$\Delta P_{运}$——比较期间运输业由于运量增长和降低成本而增加的利润额；

$\Delta P_{经}$——比较期间和运输基本建设投资有关的国民经济其他部门增加的利润额；

A——交通运输线路建设的基建投资。

如果有两个或两个以上的交通运输线路布局方案都能满足同样的运输需求，那么就要比较这些方案的投资和运营支出。其中投资大、运营费高的显然是最不合理的，但有的方案虽然投资大，但运营支出却少，而另一些方案则投资少而运营费高，很难确定哪个布局最优，这时就需要将两个方案的投资和运营费用综合起来进行比较。目前，我国大多采用追加投资回收期（T）和追加投资效果系数（Δ）的方法进行比较，计算公式如下：

$$T = \frac{A_1 - A_2}{E_2 - E_1} \qquad (2-1-2)$$

$$\Delta = \frac{E_2 - E_1}{A_1 - A_2} \qquad (2-1-3)$$

式中：E_1 和 E_2——第一和第二方案的年运营收入；

A_1 和 A_2——第一和第二方案的投资额。

将求得的追加投资回收期和追加投资效果系数与标准回收期（$T_{标}$）和标准投资效果系数（$\Delta_{标}$）相比较，小于 $T_{标}$ 或大于 $\Delta_{标}$ 的方案都是合理的。这种方法的优点是便于进行比较，从多种方案中选优。

3. 线性规划法

交通运输布局受到计量经济学和应用数学发展的影响。在研究过程中已经开始使用应用数理统计的方法，主要采用线性规划和运筹学等手段，如应用线性规划研究空间分配问题。运输问题是一个没有中间流的网络模型。为了建立数学模型，应先给出下列定义：

a_i——发点 i 可供应的产品数量（$i = 1, 2, \cdots, m$）；

b_j——收点 j 所需要的产品数量（$j = 1, 2, \cdots, n$）；

c_{ij}——发点 i 到收点 j 的单位产品运输费用（$i = 1, 2, \cdots, m$；$j = 1, 2, \cdots, n$）。

x_{ij}——从发点 i 分配给收点 j 的产品数量（$i = 1, 2, \cdots, m$；$j = 1, 2, \cdots, n$）。

假设可供应的产品总量等于所需要的产品总量，即，

$$\sum_{i=1}^{m} a_i = \sum_{j=1}^{n} b_j \qquad (2-1-4)$$

于是我们可以列出运输问题的数学模型为求：

$$\min z = \sum_{i=1}^{m} \sum_{j=1}^{n} c_{ij} x_{ij} \qquad (2-1-5)$$

约束条件为：

$$\sum_{j=1}^{n} x_{ij} = a_i (i = 1, 2, \cdots, m) \qquad (2-1-6)$$

$$\sum_{i=1}^{m} (-x_{ij}) = -b_j (j = 1, 2, \cdots, n) \qquad (2-1-7)$$

$$x_{ij} \geq 0 \quad (i = 1, 2, \cdots, m; j = 1, 2, \cdots, n) \qquad (2-1-8)$$

式（2-1-5）表示在一定的运输费用结构条件下总的分配费用最小；式（2-1-6）说明从发点 i 装运到所有可能的收点的产品的合计数应该等于这个发点的总供应量 a_i；式（2-1-7）表示从所有可能的发点装运到收点 j 的产品的合计数应该等于这个收点的总需要量 b_j。

定性分析的方法是进行问题分析的基础。技术经济分析的方法仅就投资和年运营费用不同的方案进行比较。但是，一个方案往往涉及许多因素，用线性规划方法能比较全面地加以比较。此外，还有一些因素无法进行数量比较，这就要求定量与定性相结合，统筹兼顾，系统分析，综合考虑加以评价并作出最优决策。

第二节 交通运输规划

交通运输规划指在一定地域范围内（一个国家或地区）对交通运输系统进行总体战略部署，即根据国民经济发展的要求，从当地具体的自然条件和经济条件出发，通过综合平衡和多方案的比较，确定交通运输发展方向和地域空间分布。交通运输规划是实现国民经济对交通运输要求的重要手段，也是编制交通运输方式总体规划的基本依据。其目的是改进交通运输系统，建立一套在交通运输部门内部分配资源的明确标准，并为此提供一个总体的指导。

一、交通运输规划的任务与分类

交通运输规划是一种战略部署，它主要解决交通运输业发展的方向、原则、规模、速度、布局和部门结构等问题，并应指出实现规划的可能性和保证条件，从而对交通运输业的各部门及布局作比较全面和长期的合理安排，使之组成一个有机的整体，充分利用自然条件、经济资源及现有设备，促进交通运输系统发展与提高。

（一）交通运输规划的任务

交通运输规划的基本任务如下：

（1）查明所规划地区（一个国家或地区）的自然条件、自然资源、经济地理条件、现有经济基础和历史发展特点、工农业生产布局状况，从而确定对交通运输的需求量。

（2）确定规划区的交通运输发展方向（包括交通运输系统总的发展方向和各个运输部门的发展方向），拟定交通运输发展的合理规模。

（3）选择交通运输系统中各种交通运输方式的适用地区并进行合理组织和布局。

（二）交通运输规划的分类

交通运输规划按其任务要求、内容和深度的不同，分为总体规划和详细规划两阶段。

总体规划是关于交通运输发展的纲领性规划，是交通运输业各项建设的战略部署。它一般规定了交通运输发展的总原则性问题，如交通运输发展的规模、总的布局状况，以及选定的交通运输发展的主要定额指标和重大工程措施方案。为了使总体规划逐步实现，还要编制建设规划，即详细规划分阶段地安排建设项目。详细规划是实现总体规划的重要内容，是总体规划的重要组成部分。

详细规划是总体规划的深化和具体化。总体规划和详细规划是互相密切联系的两个阶段（或部分），就一般程序而言，应先完成总体规划再进行详细规划。当然，通过详细规划也可对总体规划作局部调整和修改。

二、交通运输规划的内容

从交通运输规划的总体规划中，基于基本内容包括的三个组成部分，提出交通运输系统发展的依据，包括交通运输系统发展的方向、性质和规模，即交通运输系统发展规划；研究交通运输系统中各种交通运输方式的空间分布，包括交通运输布局形式、用地结构和功能，这部分称为交通运输系统的布局规划；研究交通运输系统各专项的工程规划。

交通运输系统发展规划是整个交通运输系统整体规划的基础和基本依据，关系到究竟是"建立一个怎样的交通运输系统"这一根本问题。这是因为只有对交通运输系统的发展规划进行科学论证，才能使交通运输系统布局规划落实在可靠的基础上。交通运输系统发展规划是对交通运输系统发展的一种科学预测和论证。

交通运输系统的布局规划，是交通运输系统总体规划的核心部分，根据发展规划提供的依据，通过对规划地区的自然条件、经济条件的历史和现状分析，以及交通流的分析，确定其布局模型。

交通运输系统的工程规划，是交通运输系统总体规划的重要组成部分，为交通运输系统的投资提供依据。

综上所述，交通运输规划的具体内容如下：

（1）确定交通运输业的性质、发展方向及发展规模，预测交通流量。

（2）选定有关建设标准和各项技术经济额定指标。

（3）确定规划范围，选择各种交通运输形式的适用地及发展方向，确定规划区的交通运输总体布局方向。

（4）对各种交通运输形式规划和总体布局进行必要的综合技术经济论证。

（5）确定近期交通运输系统发展的目标、内容和具体部署。

（6）确定项目投资规模及筹资。

（7）拟定实施规划的步骤和措施，保证交通运输系统各项建设按照交通运输系统总体规划方案逐步实现。

交通运输规划是交通运输系统近期和远景发展的蓝图，它一方面要符合国家或地区的经济发展水平和交通运输系统发展状况，另一方面又必须能够勾画出交通运输系统发展远景。

三、交通运输规划的理论与方法

（一）交通运输规划的理论概述

交通运输是一个至关重要的部门，并且在国家财政中占有重要比例，因此，建立交通运输规划应该与国家的社会与经济规划结合起来。一个国家的交通运输规划如果不与社会和经济规划相联系，就不能正确引导国家财政投资。因此，进行交通运输规划应以已建立的社会和经济发展政策、国家发展规划为基础。

交通规划就是确定交通目标，有计划地引导、设计交通运输的一系列行动和达到交通运输目标的策略或行为的过程。广义的交通规划包括：交通运输基础设施建设发展规划、交通运输组织管理规划、交通运输生产经营规划等。狭义的交通规划主要是指交通运输基础设施建设发展规划。

由于交通运输投资很大，且大都是政府投资，因此，决定投资与否本身就带有很强的政策性。同时，在资金有限的情况下，投资优先顺序的安排须由一个统一的机构来审核。其次，交通运输事业属于公用事业的一种，因此，政府不得不加以干预，但这些干预的方法是否适当，以及是否需要修正，也须由一个统一的机构来研究。最后，各种交通运输业均有竞争性，但是，如何加强各种交通运输方式及交通运输系统的协调性、综合性，以实现交通运输系统的整体功能，则须由一个机构来统筹安排。

交通运输规划是一个复杂的过程，它是多方面的，而且牵涉到多个学科，其目的是改进交通运输系统和建立一套在交通运输部门内分配资源的明确标准，并为交通运输系统提供一个总体指导。在建立交通运输规划的方法论中，引用了系统工程的方法，这种方法的表达形式是把规划分为四个阶段。第一阶段是进行交通运输规划问题的定义，它主要包括一个现有系统及对可能产生的问题和可能情况进行调查分析，它也包括政府有关交通运输发展和社会经济规划的目标和政策。第二阶段是制定和分析有关交通运输规划的备选方案，它包括大部分交通运输规划中的定量化工作、需求分析、供给分析、运输短缺的辨识分析，以及各种策略的费用和收益预测。第三阶段是对各种备选方案及其决策策略进行影响评估。第四阶段是对交通运输规划进行总体评价。在此阶段，对拟订的交通运输规划进行综合分析，作出总体评价，并提出结论性的意见和建议。

（二）交通运输规划方法

交通运输规划方法指依据某地区（或城市）经济社会发展对交通运输的需求而对该地区（或城市）制定交通运输全面的长远的发展计划的方法。无论制定交通运输发展的近期规划、远期规划，还是城市交通规划或大区交通规划，都有共性，可遵循一般的法则和程序。制定交通运输规划的理论方法很多，主要包括交通四阶段法、区域交通规划理论、梯度开发理论、交通流强度理论、经济区理论（中心城市辐射理论）、交通经济带理论等。

四、交通运输规划的步骤

交通运输规划是伴随着交通运输系统的建设发展而来的，在研究交通运输规划时要将交通运输系统的发展史与交通运输规划的发展史结合起来，从中找出规律性的东西，指导当前交通运输系统的建设和发展。

交通运输规划是主观对客观的反映，科学的交通运输规划是交通运输系统发展的蓝图和依据。交通运输系统的每一项建设都将是"百年大计"，具有长期性特点。这就要求交通规划工作必须既要从实际出发，又要具有科学预见，要高瞻远瞩，瞻前顾后，深入研究影响交通运输系统发展的各种条件和因素，充分估计到经济发展、技术进步等可能引起的发展变化，并保持规划具有一定的灵活性和弹性，以及在结构上适应未来的变化，但又必须保持交通运输系统的性质、方向、布局框架等基本方向的相对稳定性，以保证交通运输规划的连续性和完整性。同时，特别要处理好近和远的关系，以远期指导近期，以近期体现远期，使近期建设成为远期规划的一部分。其主要程序包括以下几项：

（1）确定交通运输规划目标。

（2）对运输方式的客货运输需求量进行预测。

（3）进行交通流的网络与枢纽优化。

（4）将预测的需求量分配给多种交通运输方式，然后进行合成与网络的模拟，再进行信息反馈，并合理调整各种交通运输方式运量的分担率。

（5）模拟运输网的新建与改扩建方案。

（6）对规划方案的评价与优化。

（7）提出推荐方案。

（8）提出分阶段实施方案。

具体步骤如图 2-1-2 所示。

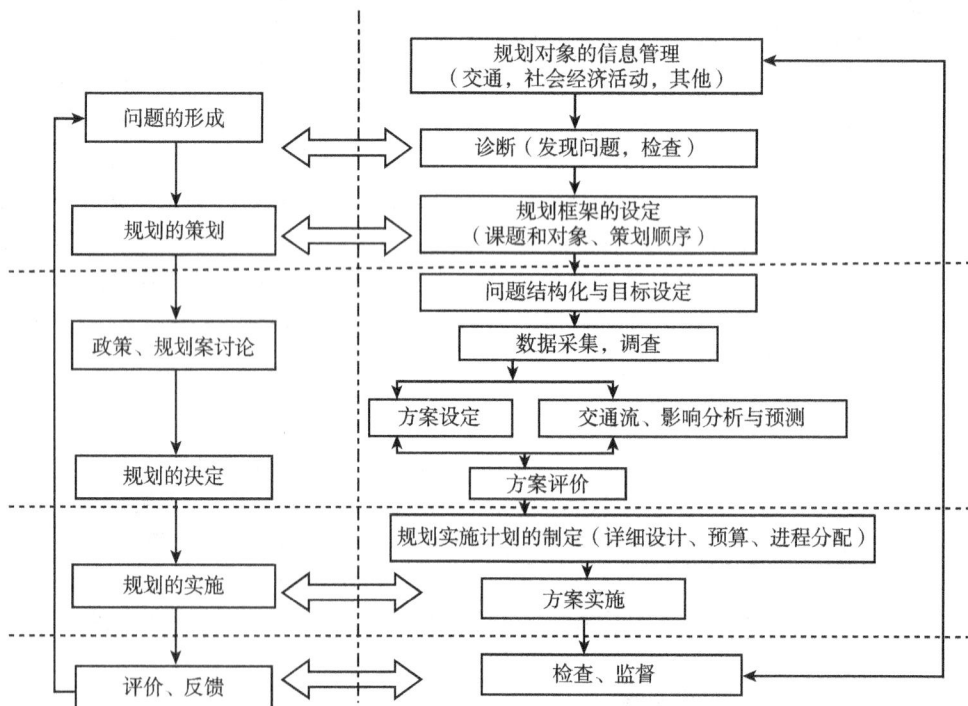

图 2-1-2　交通运输规划的步骤

此外，基于长期使用的良好的规划实践可以发现，科学的规划过程应该是一个迭代循环、持续改进的过程，如图 2-1-3 所示。

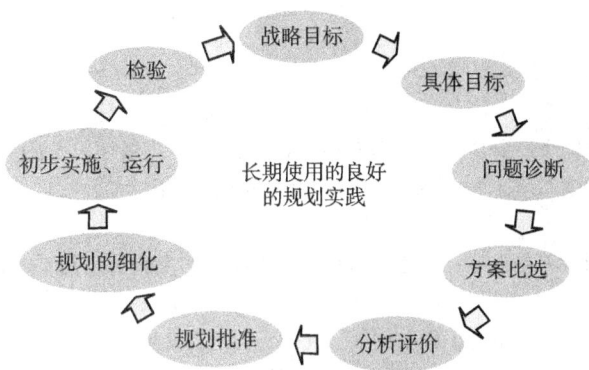

图 2-1-3　科学的规划过程

五、交通运输规划的总体评价

交通运输规划的总体评价，是在对各种备选方案分析和评价的基础上进行的。这种评价包括定量分析和定性分析，一般用定量分析来揭示交通运输规划的微观经济效果，用定性分析来揭示其宏观的社会经济效果，并在此基础上选出最佳方案。从交通运输规划的总体评价的内容来看，包括建设必要性的评价、投资方案的评价、建设条件的评价、技术的评价、规划经济效益的评价、社会效益的评价、不确定性的分析等。

交通运输规划的总体评价应体现在以下几个方面：

（1）规划的整体合理性评价。包括规划目标是否明确合理、规划机构和组织计划是否匹配、规划范围是否适当、规划年限是否正确、规划过程是否连续。

（2）规划的适应性评价。包括与区域或城市的土地利用规划相适应、与总体规划相适应、与社会经济发展计划相适应。

（3）规划的协调性评价。包括交通用地的协调性、路网功能的协调性、配套设施的协调性。

（4）规划的效果评价。包括规划方案实施后的服务效果、安全效果、经济效益、社会效益、环境效益等。

从交通运输规划总体评价的一般原则来看，首先，应该遵循技术与经济统一的原则。技术与经济的关系是相互制约、相互促进的，它表现在：一方面，社会是在不断采用先进技术的过程中来提高生产的经济效果的；另一方面，技术又是为经济服务的，用以加速经济的发展。因此，在对交通运输规划进行总体评价时，必须在技术与经济的统一上来注意其适应性，使技术先进性与经济合理性统一。其次，遵循局部与整体相结合的原则。在对交通运输规划进行总体评价时，从整体上形成一个正确的评价结论是十分重要的。在进行评价时，往往会有这样的现象，即对各部分评价的结论往往是不一致的，甚至在同一部分的不同指标之间，其结果也会有很大差异，这是从不同角度、不同侧面去评价的必然结果，是十分正常的现象。这就要求在对交通运输规划进行总体评价时，考虑各部分与整体的关系，深入分析各部分对整体的影响，从而得出正确结论。

对交通运输规划的总体评价，必然会牵涉到国民经济布局、经济结构等一些重要问题，这方面如能形成正确结论，也可以通过对交通运输规划的总评价提出一些建议供决策部门参考。

主要参考文献

［1］张国伍. 交通运输系统分析［M］. 成都：西南交通大学出版社，1991.

［2］张国伍. 交通运输系统工程创新与发展：交通人生 60 年［M］. 北京：北京交通大学出版社，2008.

［3］张国伍. 人生的境界与智慧：交通运输系统工程学科的发展与创新［M］. 北京：北京交通大学出版社，2017.

［4］张国伍. 综合交通运输系统工程的创新发展与论坛："交通 7+1 论坛"50 次会议主要学术成就：2005—2018［M］. 北京：北京交通大学出版社，2018.

［5］王庆云. 交通运输发展理论与实践［M］. 北京：中国科学技术出版社，2006.

［6］王庆云. 交通发展观［M］. 北京：中国科学技术出版社，2004.

［7］杨兆升. 交通运输系统规划：有关理论与方法［M］. 北京：人民交通出版社，1998.

［8］陆化普. 交通规划理论与方法［M］. 2 版. 北京：清华大学出版社，2006.

第二章

交通运输系统的需求与供给

交通运输系统是社会经济系统中的一个子系统，也是一个具有一定特殊性的子系统，因此，交通运输市场、交通运输系统中的需求与供给有一些特殊的规律。对交通运输的需求与供给进行分析，揭示交通运输系统内部、交通运输系统与社会经济大系统间的相互作用和影响机制，是交通运输系统分析的经济学基础。

第一节 概 述

一、交通运输需求

（一）交通运输需求的相关概念

交通运输需求来源于社会经济活动。散布在空间不同点上的社会经济活动之间的相互作用，资源、劳动力之间的相互作用，以及社会再生产均产生了交通运输需求。

1. 产生交通运输需求的条件

交通运输需求是指在一定的时期内、一定价格水平下，社会经济生活在货物与旅客空间位移方面所提出的具有支付能力的需要。交通运输需求必须具备两个条件，即具有实现位移的愿望和具备支付能力，缺少任一条件，都不能构成现实的交通运输需求。

2. 交通运输需求要素

交通运输需求包含六个要素，具体如下：

（1）运输需求量——也称流量，指客运量或货运量。

（2）流向——发生空间位移时的空间走向。

（3）运输距离——也称流程，指发生空间位移的距离。

（4）运输价格——运价，指单位运量的运输费用。

（5）运送时间和运达速度——流时或流速。

（6）运输需求结构——按不同货物种类、不同旅客出行目的或不同运输距离对运输需求的分类。

3. 交通运输需求度量

交通运输需求的度量是用客货运量、客货周转量来表示的，单位是人次、t、人·km、t·km 等。交通运输需求量是在一定时期、一定社会经济结构下进行经济活动所需要的客货运输量。但是，仅有运量和周转量并不能清晰地反映社会经济系统对交通运输的需求量。为此，我们还需引进交通运输需求结构的概念。

4. 交通运输需求结构

交通运输需求结构包括需求的空间分布、时间分布和客货运输的结构。

（1）空间分布表明客货运量是从何地发，到何地去，其数量为多少，即客货流的流向、流量，以及流的产生地和流的消失地。

（2）时间分布表示在某个具体时间点上客货运输的需求量。比如，通过 20 年交通运输需求量序列可知每年的交通运输需求量以及它的增减趋势。另外，在同一年中各月、同一月中各天、各时段交通运输需求量往往不是均衡分布的，因此，各月、日、时点上的交通运输量不同，会出现高峰月、高峰日、高峰小时。它反映交通运输需求在时间上的不均衡性，反映出单位时间内交通运输需求量的最大强度和最小强度及平均强度。这些对于交通运输供给分析也具有重要意义。

（3）货物运输的结构是以货物品种来表达的。根据需求不同，货物有不同的分类。另外，还可以根据运输距离来分类。客运的需求除按运距不同分类外，还常常按照出行目的不同进行分类，如公务、商务、探亲访友、旅游等，也可以按照乘客的身份分类。

（二）交通运输需求量与交通流量的关系

交通运输需求量与交通流量同样采用运输量和运输周转量来描述，但从内在含义上讲二者是有一定区别的。交通流量表示交通运输设备实际输送的客货运输量和周转量，但是，交通运输设备能力利用率达到饱和时的运输量显然不能用来表示社会经济活动对交通运输的需求量。此时，交通运输需求量大于实际的交通流量。

由此，我们可以说，交通运输需求量是潜在的交通流量。这一潜在的势能与客货发、到两地间的生产和消费活动有关，一般来说，与两地间的社会经济活动有关，实际上还与两地间运输服务特性有关。而运输量是在运输系统中实现了的运输需求量，是运输需求与运输供给平衡的结果。

（三）交通运输需求分析

交通运输需求分析是将运输需求与产生运输需求的社会经济活动进行相关分析的过程。通过交通运输需求分析使我们能定性、定量地了解社会经济系统对于运输的需要强度，因而可以进行合理的规划、建设，改进运输供给系统。也就是说，交通运输需求分析是运输供给分析的基础，交通运输需求分析的基本内容与过程如图 2-2-1 所示。

由图 2-2-1 可见，交通运输需求分析首先包括需求的定性分析和定量分析。定量分析包括需求总量分析和需求结构分析，需求结构分析包括不同时段、时间点上出行量分析、空间分布分析、客货运构成分析、出行目的构成分析，以及对不同运输方式的需求分析。这些分析都是运输供给分析的前提。此外，运输供给特性对运输需求和社会经济发展亦有重要的影响。经过供给及需求分析的多次反馈，最终给出较符合实际的运输需求量和运量预测值。

图 2-2-1 还较好地揭示了运输供给、运输需求之间的相互作用，以及交通运输与社会经济系统之间的相互作用关系。

在实际应用中，运输需求量较客货运输量的预测困难。但是，理解运输需求分析的含义，对于进行正确的供给决策具有实际意义。在进行每个具体运输项目研究时，需求分析还可以根据供给分析要求的时间段和详略程度不同，进行短期、中期、长期以至超长期预测，而且还可以根据要求及资料来源的详尽程度和内容不同进行具体分析。

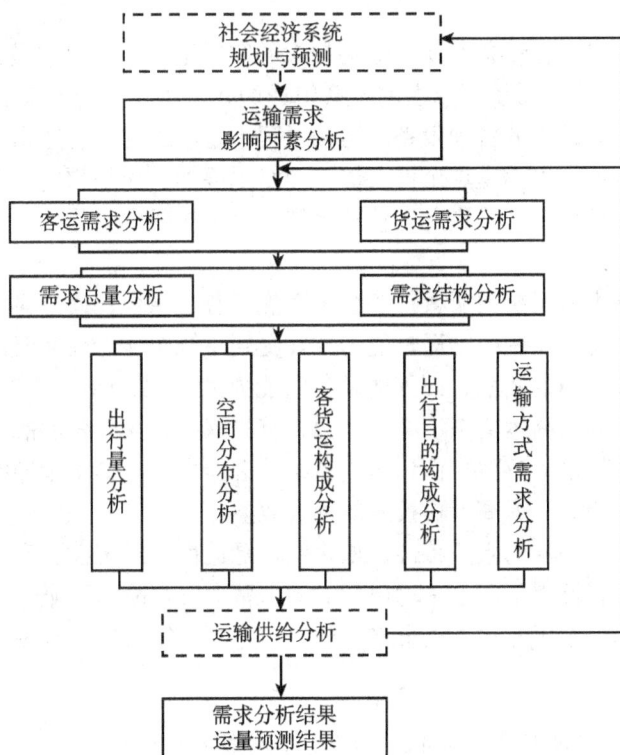

图 2-2-1　交通运输需求分析的内容与过程

二、运输供给

运输供给是指在一定时期内，一定价格水平下，运输生产者愿意而且能够提供的运输服务。运输供给必须具备两个条件，即运输生产者出售运输服务的愿望和生产运输服务的能力，缺少任一条件，都不能形成有效的运输供给。

运输业是一种特殊的产业，因此具有特殊的供给特点。在其他生产部门，供给就是产业向市场提供的产品数量，而运输业的产品是客货的位移，产品在其生产的过程中同时被消费，因此，产品不具实物形态，不能位移，不能储存。

运输供给包含以下五方面内容：

（1）运输供给量：指运输工具的运输能力，说明承运货物和旅客的数量与规模。

（2）运输方式：指水路、铁路、公路、航空和管道五种不同的运输方式。

（3）运输布局：指运输基础设施在空间的分布和运输工具和设备的配备状况。

（4）运输经济管理体制：指为指导运输业发展而建立的运输所有制结构、运输企业制度、运输资源配置方式，以及相应的政策和法规等。

（5）运输价格：指完成单位运量单位距离运输的价格。

运输的供给首先是能力，是分布在一定空间上的能力。运输的首要目标是满足国民经济对于分布于一定空间的客货位移的需求。其次，运输系统具有一定的服务特性。国民经济除去对运输量的需求，还有服务水平的需求，如要求安全、准时、经济、可靠等。因此，供给除能力以外还涉及服务水平。

运输供给的能力是运输设备所能运输的最大的客货运量，其单位是人（万人）、吨（万吨）。运输系统是由许多子系统、众多的设备组成的，每项设备都有其各自的能力。运输是一个连续作业过程，系统内的各项设备在运输过程中是相关的，有些是串联的，有些是并联的，系统最终的输送能力绝不是单个设备能力的简单叠加，而是它们在运输过程中相互并联产生的一种综合能力。为了准确定义运输子系统、大系统的供给能力，引入了运输系统综合能力的概念。

运输系统综合能力是系统内所有设备合理匹配、有机结合，通过科学组织所能够承载的最大客货输送能力。运输系统综合运输能力常又受到系统中能力最薄弱设备的制约，这个设备的能力就成为系统能力的瓶颈，而其他设备的能力就出现冗余，冗余的能力得不到发挥，造成设备资金积压。要提高运输系统综合能力，首先就要扩大瓶颈的能力，从而提高其综合能力水平，使投资产生最大效益。认识运输系统综合能力，有助于指导投资的合理导向，以形成最大的系统综合能力，提高运输投入的最大效益。

交通运输系统具有一定的服务特性，如速度、舒适性、经济性、安全性、可靠性等。它们可以用一些定量化指标表示，如平均出行时间、费率、事故率、服务频率等。在交通运输系统分析中，我们用一个服务水平矢量来综合表示它们，定义服务水平矢量为 S：

$$S = S(t, f, m, \cdots) \tag{2-2-1}$$

式中：t、f、m 分别表示平均出行时间、费率、服务频率。

交通运输系统在运行时，人（货）、车、路是相互作用的。系统中不同的客货用户对不同的服务特性各存偏好，因此，对不同的客货就有不同形式、不同参数的综合效用函数，称为综合服务水平，用 U 表示：

$$U_i = U_i(t, f, m, \cdots) = U_i(S) \tag{2-2-2}$$

式中：i 表示不同服务对象。

式（2-2-2）可以解释为，不同的用户具有不同的路径选择和运输方式选择行为。

第二节　交通运输需求分析

交通运输需求来源于社会经济活动，不同的社会经济活动对运输的需求不一样，社会经济活动的多样性和复杂性，决定了对交通运输需求的复杂性和交通运输需求影响因素的多样性和复杂性。

一、交通运输需求的特点和影响因素

（一）交通运输需求的特点

在人类社会中，对食物的需求、对住所的需求是一种源需求，而交通运输需求是一种非源需求，是派生的需求。交通运输需求是由社会源需求引起的需求，即人们不是为了出行而出行，出行本身并不是出行的目的。人们使用交通运输系统出行，是为了能够参加他们在旅程终点的各种活动。

从交通运输需求为派生需求的特性我们可以得到两点启发：第一点，如果不考虑社会经济系统，则不能进行交通运输需求分析。这些社会经济活动是由分布在空间中的各种各样的人和活动组成的，他们产生交通运输需求，接受交通运输服务。第二点，没有人是为出行而出行的，而是为了到达目的地而出行。因此，人们希望节约时间、节省费用和舒适程度更高的旅行。

交通运输需求与其他商品需求相比具有其独有的特征，这些特征表现在以下几方面：

（1）广泛性：位移。

（2）多样性，在质量、体积、形状、性质、包装上千差万别。

（3）派生性：派生于社会经济活动。

（4）规律性：表现为日变化、季变化等。

（5）不平衡性：体现在时间、空间和方向上。

（6）个别需求的异质性：不同类别的货物对运输的需求，在重量、容积、形态、包装以及运输质量等方面都有不同的需求。

（7）部分可替代性：表现为外部替代和内部替代。

（二）交通运输需求的影响因素

影响客货运输需求的因素有很多，主要包括以下几方面：

（1）影响货运需求的因素：国民经济发展水平、产业结构、生产力布局、交通设备供给水平、运输网的布局与运输能力、市场价格、运输距离、技术因素，以及政治、体制、政策因素、运输服务质量等。

（2）影响客运需求的主要因素：国民经济水平、国民收入增长水平、居民消费水平、交通设备供给水平、运输服务价格、运输服务质量、人口数量、人口增长水平和私人轿车拥有量等。

二、社会经济发展与交通运输需求

运输对社会经济的发展起一定的作用。交通运输需求是社会需求系统中的一个元素，社会需求与社会经济活动的关系如图 2-2-2 所示。

社会需求是社会经济活动的动力，而社会经济活动的总供给能力又限制了社会需求的膨胀。通过流通领域，社会需求与社会供给得到了阶段性的协调。

交通运输是流通领域的一部分，运输生产是一种社会经济活动，它的存在是为了满足社会对运输的需求，这些需求包括：

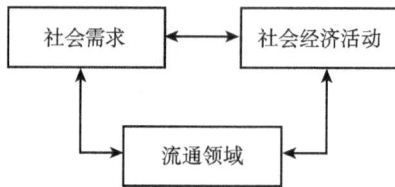

图 2-2-2　社会需求与社会经济活动的关系

（一）经济发展产生运输需求

良好的交通运输系统是获得经济发展的先决条件。因为运输活动是生产与消费过程中的不可分割的一个部分，如果没有便宜的、有效率的运输活动，生产和消费这两种活动就难以实现。运输活动是社会生产的最一般条件，一个地区的运输发展程度可以用来度量这个地区的社会经济发展程度，因此某个区域的经济发展了，必然产生更大的运输需求。

（二）货物可获得性的运输需求

为了获得其他地区生产的商品、原材料或能源，就会产生运输需求；否则，一个封闭的与外界无交通联系的地区，那里的人们过的是自给自足的生活，是不会产生运输需求的。有了廉价的运输活动，就可以把一个地区的商品、原材料、能源等运到另一个地区。

（三）物价稳定与平衡的运输需求

假定有甲、乙两地，如果它们之间的运输通道的能力是无限的，那么，甲、乙两地的物价将达到稳定。

设甲、乙两地之间的单位运输费用为 C，货物 A 产于甲地，其价格为 $P_甲$，那么在乙地，这种货物的稳定价格 $P_乙$ 为：

$$P_乙 = P_甲 + C$$

这样乙地对货物 A 的需求可以充分满足。如果这两地之间没有便利的运输，那么乙地的货物 A 的价格将随着从甲地运送到乙地的货物数量的变化而产生巨大的波动。因此，稳定与平衡物价会产生运输需求。

（四）社会分工与运输需求

社会分工越细，对运输的需求越大。从经济学中我们知道，分工程度高，生产费用会减少，但流通费用会增加，而且流通费用的增长比分工细化程度增加更快。设 C_P 为生产费用，C_T 为流通费用，f 为分工度（分工程度），则有

$$\frac{\partial C_P}{\partial f} < 0$$
$$\frac{\partial C_T}{\partial f} > 0$$

（2-2-3）

设 $T = C_P + C_T$，两边对 f 求偏导数，得

$$\frac{\partial T}{\partial f} = \frac{\partial C_P}{\partial f} + \frac{\partial C_T}{\partial f}$$

（2-2-4）

根据函数极值的一阶条件 $\frac{\partial T}{\partial f} = 0$ 可知，当 $\frac{\partial C_P}{\partial f} = -\frac{\partial C_T}{\partial f}$ 时，社会经济结构最优。这样可求得最优的社会分工度为 f^*。此时的运输需求量 $D^* = g(f^*, x_1, x_2, \cdots, x_n)$，其中，$g$ 为某种函数关系，$x_1, x_2, \cdots, x_n$ 表示其他影响 D 的自变量，D^* 是最优社会经济结构下的运输需求量。当实际运输需求量小于它时，说明社会分工度还可以更细，产品的总成本还可以降低。若实际运输需求量大于 D^*，则说明社会分工太细，生产力布局不合理。

（五）生产力布局与运输需求

生产力布局中的运输布局必须与工业布局和人口分布相适应，即根据运输需要确定运输布局。否则，不能满足的运输需求将增大，从而造成对运输的投资的增大。

（六）商品的社会效用与运输需求

商品的社会效用是指商品的社会消费效果。不同的商品，它的效用是不一样的，即商品在使用价值上有差异。即使是同一种商品，时节不同和地区不同，它的社会效用也会不同。还有，"物以稀为贵"，一个地区稀缺的商品其社会效用就高，比如，牛奶、羊奶对于牧民的社会效用要比对于城市居民低得多。

为了调节这种社会效用，得到更多的效用高的商品，使商品的社会总效用最大，就产生了运输需求。

三、运输需求与运输供给

运输需求的满足受到运输供给的限制。这种限制来自运输企业的运能、运价，以及运输需求本身的时间和空间因素。

运输生产是由运输企业来完成的，它为社会提供位移产品及运输服务。作为使用价值范畴的运输服务，为社会提供的是有效性服务，运输供给的这种社会效用，就是用来满足社会运输需求的。

运输供给是由三个主要供给元素决定的：运输系统的特征、对运输环境的影响、运输消耗。运输系统的特征是指表征运输系统内涵性能的量，如旅行时间、运输能力、运行区间、运输效率等，运输消耗包括运输系统的建设费用、保养费用及运营费用。

在社会经济系统中，交通运输业是相对独立的经济实体，具有其独立的自身经济效益。运输生产中的消耗要从运营收入中来补偿，社会为满足其运输需求，必须支付一定的费用。运输供给能力越大，运输需求的满足程度越高。

用一个例子来分析。设有甲、乙两地，甲地生产农副产品，乙地生产工业品，因此两地之间产生了运输需求。如果这时甲、乙两地之间的运输方式只是人力运输，那么从甲地运往乙地的农副产品数量则很有限，且这种运输方式需要的运送时间长，运费消耗大，因此农副产品运到乙地后，其出售价格一定很高，导致乙地的农副产品只能满足少部分人的需要，社会对运输的需求量仍然很大。如果甲、乙两地之间的运输方式是铁路运输，那么运量就比较大，运送时间会减少，运输费用会降低，这样便可满足更多的乙地人对甲地农副产品的需要，从而使运输需求得到进一步满足。我们可以想象，如果运输供给足够大，那么社会对运输的需求将得到充分满足。

在结束本节之前，想谈些对运输研究的认识。图 2-2-3 是一个交通运输的研究领域图，也可以说是运输活动的过程图。

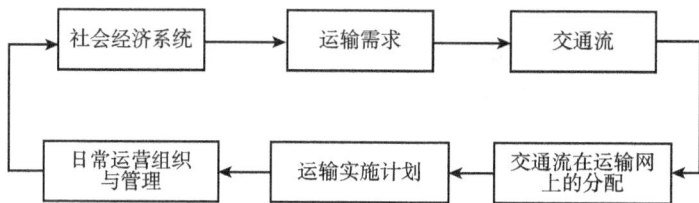

```
┌──────────────┐     ┌──────────┐     ┌──────────┐
│  社会经济系统  │ ──> │ 运输需求  │ ──> │  交通流   │
└──────────────┘     └──────────┘     └──────────┘
      ↑                                      │
      │                                      ↓
┌──────────────┐     ┌──────────┐     ┌────────────────┐
│ 日常运营组织   │ <── │运输实施计划│ <── │ 交通流在运输网  │
│    与管理     │     └──────────┘     │    上的分配     │
└──────────────┘                      └────────────────┘
```

图 2-2-3　运输活动的过程图

交通运输系统是社会经济系统的一部分，交通运输部是为社会经济系统服务的一个部门。对运输的需要来自社会经济系统，因此，研究交通流应先研究社会经济系统的运输需求。同时，运输需求研究需要着眼于整个社会经济系统，把运输作为社会经济系统中的一个环节来研究，避免造成"运与产脱节""运与销脱节""运与运脱节"。

第三节　交通运输需求与客货运量

一、客运量

（一）客运量的生成

上一节分析了社会和人们对运输的需求，这是产生旅客运量的基础。人们的旅行目的一般可分为：出差、调研、探亲访友、参观游览、医疗休养、购售物品、通勤通学等。这些旅行因素，要结合具体情况进行具体分析。长途客运量一般以出差、探亲和旅游为主。

影响客运量变化的具体因素概括起来有以下几点：

（1）人口数量及其构成情况；

（2）地区的政治、经济地位和发展水平；

（3）国民经济发展水平及国民收入水平；

（4）名胜古迹、风景区及疗养区的资源分布；

（5）城镇工业布局及卫星城的分布；

（6）其他因素，如交通网的分布与交通网密度，文化教育事业的发达程度，政府各个时期的方针、政策等，都是影响客运量大小的重要因素。

就我国的情况来看，客运量具有以下特点：新建交通线（包括铁路、公路等）地区的旅客运量增长速度高于既有交通线地区的增长速度；新兴工业城市客运量的增长速度高于既有大城市的增长速度，客运量增长速度与地区经济、社会发展速度有关，各种不同性质的客运量增长速度可能不同。

（二）客运量的空间分布

客运量主要分布在经济比较发达、交通网密度较大、人口比较密的地区。除了人口、经济、文化的发达程度等因素外，不同运输方式的分工与铁路网的密度对客运量分布有着重大影响。交通网的发展对客运量地区分布的变化有重大影响。客流在方向上的分布与它在地区上的分布有一定的联系，因为对于客运量大的地区，地区之间的交流也更频繁。

（三）居民旅行指标与客运量指标

1. 居民旅行指标

总客运量决定于居民人数及其旅行次数。居民旅行量的大小，不仅表征运输的发展程度，而且反映一个国家的经济发展水平和人民的物质文化生活水平。显示居民旅行量的指标有两个，即

（1）平均旅行次数：指每一居民的每年平均旅行次数。

（2）平均出行里程：指每一居民每年所分摊到的出行里程，它反映了满足人们旅行上的某种需要所必需的费用量。

2. 客运量指标

（1）旅客发送人数：又称旅客发送量，是指办理客运的车站、港口、机场在一定时期内全部始发的旅客人数。

（2）旅客到达人数：是指在一定时期内某一车站、港口、机场到达的旅客人数。

（四）客运量预测

客运量预测方法很多，基本上可以分为调查、统计分析、情景分析三大类。各种预测方法无论其是否同类，都不是互相排斥的，而是可以结合运用、互相验证、互为补充。

1. 调查法

（1）吸引区的划分。客运量调查以影响客运需求生成的主要因素为对象，调查的范围有直接吸引区和间接吸引区的区分。直接吸引区是指车站所在地及其附近地区被车站直接吸引的城市和居民点的总区域。这个区域可以用垂直平分法先划出它的大致范围，再结合地形、交通条件、运输费用、在途时间等因素进行具体分析，经过修正，最后确定其吸引区的边界。间接吸引区范围亦称直通吸引范围，是指车站直接吸引范围以外，由与其他交通工具联运而被吸引的城市和居民点的总区域。间接吸引范围是按最短路径原则划定的。

（2）调查的分类。客运量调查有综合调查、节假日调查、日常调查和专题调查等。全面的较大规模的客运量调查，通常以车站、港口、机场为单位，在其吸引范围内进行。

经过调查，不仅可以了解影响客运量变化的主要因素，而且可以直接计算某些客运量。

2. 统计分析法

（1）定额法。旅客按旅行目的分为公务旅行和私务旅行两类，根据统计资料，分别算出吸引区内各类别人口在一定时期内的分类乘车定额，亦即通常所指的乘车系数或乘车率。然后，再分析计划期内有关因素的变化，确定出计划期间的乘车定额。

（2）比重法。它是根据旅客运输量各组成部分占有的比重来进行分配的，或者由某一组成部分在总运量中占有的比重来推算总运量和其他部分。比重与居民乘车定额类似，不是固定不变的，预测的时间越长，可能变化的幅度越大。

（3）相关法。它是从客流与其相关因素的联系中去研究相互之间的变量关系。用相关法预测客运量的基本步骤是：首先，从定性分析着手，选取对客运量影响最大的因素作自变量；然后，选取最能真实反映自变量与因变量相关联系的数学方程式，并用最小二乘法求解

方程式中的未知参数；最后，对所得方程的相关程度和预测效果进行统计检验。

（4）趋势外推法。它把动态数列的变化视作时间的函数。假定在未来一定时期内，旅客运输量的动态变化不会背离过去的发展趋势，这是趋势外推法应用的前提。动态数列有直线、曲线等多种表现形式。

（5）引力模型。用上述几种方法测算的客流量是不分方向和到达站的。若需测算从某站出发到达各终点站的旅客人数，应采用引力模型，具体如下：

$$K_{ij}^P = \alpha \frac{a_i b_j}{(c_{ij})^\beta} \qquad (2\text{-}2\text{-}5)$$

式中：K_{ij}^P——由 i 地到 j 地旅行目的（公务或私务）为 P 的客流量；

a_i，b_j——i 地和 j 地的居民人数；

c_{ij}——由 i 地到 j 地的旅行费用（或运输距离）；

α，β——待定参数。

式（2-2-5）也可以看成是一个相关方程，待定参数 α 和 β 可用最小二乘法或其他数学方法求解。

3. 情景分析法

情景分析法是系统分析法的一种，它的基本特点是对一个地区、一个车站、一个港口等进行客运量生成的情景分析，即先对产生客运量的诸因素进行情景分析，再进行综合，然后提出客运量的发展趋势及其可能达到的数值。如进行未来客运量的发展趋势预测，就可采用情景分析法。此外，进行客运量情景分析还可结合对比分析进行，即把全国或世界相类似的地区、城镇的客运量增长与预测对象进行对比分析，最后通过对比研究，再经过情景分析确定客运量规模。

由于中长期预测的时间较长，其间事物的发展难免会发生变化。因此，要根据出现的新情况，通过反馈调节，逐期修订预测方程和参数，同时也对预测数值进行修订。

二、货运量

（一）货运量的生成

交通运输部门生产的产量指标是货物运输量（简称货运量）和货物周转量。一定时期内，交通运输部门实际运送的货物吨数，即货运量。我国目前对各种交通运输方式的货运量的统计方法不尽一致。货物量按货物品类分别统计。划分货物品类的一般原则如下：

（1）根据工农业生产的需要和各类货物在国民经济中的地位、作用划分。

（2）根据各种货物的性质及其运量的大小划分。

（3）根据各种货物对运输工具和运输条件的要求与影响划分。

目前，我国铁路、水路和公路运输的货物品类大致分为煤炭、焦炭、石油、钢铁、金属矿石、非金属矿石、矿物性建筑材料、水泥、木材、化肥及农药、粮食、棉花、盐和其他等主要品类。其中煤炭和石油等能源货物的运量在铁路运输和水路运输中占有较大比重。

影响货运量生成的主要因素如下：

（1）国民经济的发展规模和速度。多年的历史资料表明，货运量和货物周转量的增长速度与国民经济增长速度之间有着密切的关系。当然，国民经济发展规模和速度给货物运输带来的增长量在各个时期和各年的具体数值可能不完全相同，但它给货运量总是带来正增长。

（2）经济结构的变动，特别是工业内部结构的变动对货运量有重要影响。例如，重工业产生的货物周转量通常要大于轻工业，而轻工业又大于服务业。为此，国家和地区经济结构与工业结构的变动，将对货运量有较大的影响。

（3）能源和工业布局对货运量的影响更是直接。如对于建立在远离煤炭产地的大型火力发电站，其燃料全靠外地调入，会产生较大的燃料货运需求，而生产铝锭的工厂可能产生运输铝矾土、石灰石、燃料用煤等需求。为此，能源及工业的发展亦影响着货运量的增长。

（4）基本建设投资、房建工程数量和货运量增长亦密切相关。基建投资将产生建筑材料的运量需求，如砖、瓦、灰、砂、石等。随着建筑材料、建筑工艺的发展，建筑用料在品类上也会有所变化。

（二）货运量的空间分布

货运量在空间上的分布取决于工农业生产布局。生产力的合理布局，可以减少运输劳动，降低社会生产费用，提高社会劳动生产率。交通运输是社会生产力的组成部分。生产的规模和布局，不仅决定着交通运输的发展，而且其本身也在很大程度上取决于运输条件。促进生产布局合理化，可为降低国民经济的运输费用提供可能，采取工业接近原料、燃料产地，成品接近消费地区等措施，可消除过远、对流等不合理运输，可促进货物运输在空间分布上逐步合理化。

（三）货物运输系统分析指标

货物运输的运量、运程、流向，对运输工作量、运输时间、运输费用，以及运输的合理与否有直接影响，它具体反映在交通运输系统的货物运输工作的数量和质量指标上。

货运量是交通运输部门的基本产量指标，涉及货物发送量、货物到达量、货物周转量、货物平均运程等方面。

（1）货物发送量：指一定时期内（年、季、月、旬、日），车站、码头、港口、机场以及相关的运输企业所承运发送的全部货物吨数。

（2）货物到达量：表示一定时期内到达某个车站、码头、港口、机场的货物吨数。这个指标的计算方法与发送量相同，可按货种类别汇总。

（3）货物周转量：指一定时期内全国或一个运输企业在货运工作方面所完成的货物运输 t·km 数。运输生产的效用在于实现被运输对象的位移，但货物发送量只能反映交通运输部门所运货物的数量，不能反映运输距离这一因素。因此，还必须有一种全面反映运输数量和运输距离的复合产量指标。而以 t·km 为单位的货物周转量就是这样的一种以运量与运程相乘而得的复合产量指标。

（4）货物平均运程：指货物的平均运输距离，表示平均每吨货物运送多少千米。货物平均运程的大小，不仅直接关系到货物周转量和运输费用的大小，而且对车辆的周转速度、货物的送达时间和国民经济流动资金需要量都有重要影响。影响货物平均运程的因素主要有：工业布局和资源综合利用的程度、各地区经济发展水平及各类产品的自给能力、运输网服务的领域及运输网的密度、各种运输方式线网的协调性，以及物资分配制度、调运方式和运输组织水平。

(四) 货物运输系统合理化

质量良好的货物运输系统的工作，不仅要求准确地预计国民经济对交通运输系统的需要，而且要求以最少的资源来满足这种需要。也就是说，要注意经济效益，节约社会劳动，消除一切不合理运输。运输合理化是在实现社会产、运、销联系的运输过程中，力求货物的运量、运程、流向和中转环节合理，保证充分有效和节约地使用运输能力，以最少的运输费用和可能达到的最快的运送速度，均衡、及时、质量良好地完成运输任务。

运输系统的合理化涉及产、供、运、销各个环节，涉及各个企业、事业单位和各个地区；涉及生产布局、资源开发、利用，涉及物资的供应方式和仓库基地、供销网点的分布；涉及运输网布局、各种交通运输方式的综合发展和分工配合；涉及物价、运价、企业的管理体制和管理水平等，它是一个复杂的系统工程，必须采用系统工程的理论和方法，通过产、供、运、销环节间的系统协调与配合，统筹规划货物运输的流向、流量，做好各种交通运输方式的合理分工与综合利用，不断改善物资的分配、供应方式和运输的计划、组织工作，从资物运输的全系统上进行合理协调的组织，使货物运输系统合理化的水平不断地得到提高。

根据货物运输系统合理化相关分析，具体结构分析图如图 2-2-4 所示。

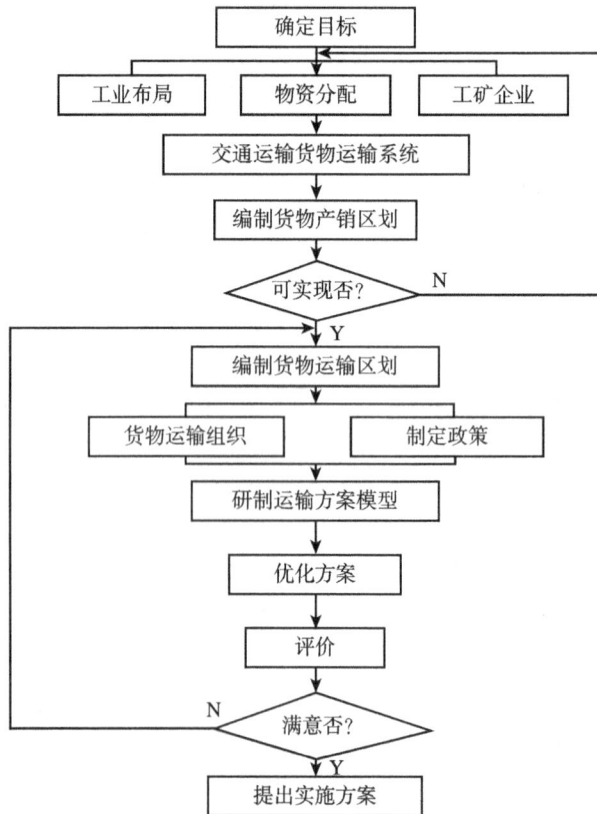

图 2-2-4　货物运输系统合理化系统分析图

图中提出的编制货物产销区划，其含义为：通过对某种产品的各个产地规定合理的销售地区，以确定这些产地经济上最优产量的方法。在具体工作过程中，可以用定量计算的方法来寻求相邻产地、同一产品在相连交通线上的分界点或整个毗连地域上的分界线，以达到社会劳动总消耗最小，从而最大限度地提高社会劳动生产率。产销区划涉及生产、流通、销售、农业、工业、商业和交通等经济部门，从理论和实践上看，产销区划对流通领域的经济合理性最为重要，而产品的销售要通过运输才能完成，它是实现货物合理化最重要的基础工作，需要通过进行货物的产销区划来弄清一种产品的合理产量和合理供应区。

图 2-2-4 中的编制货物运输区划，其含义为：根据货物的产销分布和它们的运输联系，用一定的科学方法，便可作出货物运输的基本流向图或标准货流图。它不仅包括货物的流向、流量，而且还按其地域结合予以分工。在我国，把合理流向与货流区划结合在一起的货流图，称为分区产销平衡合理运输流向图。货物运输区划的目的是实现物资的就近供应、分片平衡，这在实际工作中是十分复杂的，因为每一种物资的产地和销地甚多，中间又经过许多中转环节，一下子用规划方法找出合理方案，是不容易的。为此，应该运用系统科学理论，把货物运输区划与货物运输规划结合起来，才能求出合理的货物运输规划方案。

货物运输合理化的措施主要有以下几点：

（1）合理布局生产力；

（2）改进物资运输方式；

（3）编制货物产销区划；

（4）编制货物运输区划；

（5）运用数学方法和计算手段编制货物运输合理化方案；

（6）组织落实方案、实施方案。

（五）货运量预测分析

货运量预测是货物运输系统分析的重要任务。它是运用科学的方法对未来运量发展作出预测和判断，为制定交通运输系统的发展规划提供运输量依据。

科学的预测方法可帮助人们认识事物的未来发展。预测的方法很多，大致可分为以下几类：

（1）经验判定法。它主要靠人们的经验和综合分析能力来进行预测，如运输系数法、产值系数法、定额法、递增率法、类比法，以及比重法、德尔菲法等，均可归入此类。利用这类方法进行近期预测还是较可靠的，有一定的可信度，但如果进行中长期预测，由于环境条件的变化，专靠经验推导就不完全符合实际，而需采用其他类的预测方法。

（2）趋势外推法（时间序列法）。它的基本思路是利用过去的资料预测未来状态。过去与未来之间的联系，是建立外推法的基础。这类方法简单易行，只要有过去的可靠资料，即可对未来进行预测。归入此类的方法有：移动平均法、加权移动平均法、指数平滑法。它们在短期和中期预测中用得较多，使用时要求历史资料有一定发展趋势，且要求未来的趋势与过去趋势相类似。

（3）因果法。它的基本思路是利用事物之间的因果关系来预测未来。回归分析（包括一元回归、二元回归、多元回归等）、相关分析法等都属于这一类。它的通常做法是根据与货运量直接有关的国民经济指标，运用历史统计资料及预测期的相关指标建立回归方程，据以测算预测期年度的运量水平。

（4）其他方法。

① 投入产出分析法。这是运用投入产出数学模型改善经济工作的一种科学方法。首先是运用统计资料按部门建立直接消耗系数矩阵 A，而后再计算完全需要系数矩阵（列昂节夫

逆矩阵）$(I-A)^{-1}$，用 $(I-A)^{-1}-I$ 即得到完全消耗系数矩阵 B，该矩阵反映了国民经济各部门之间错综复杂的内在联系和比例关系。投入产出分析不但对搞好国民经济综合平衡和价格体系有重大意义，而且在货运量预测方面亦可发挥积极的作用。

② 专题货运量预测法。即对一条线、一个枢纽进行专题货运量预测。如某条线上有若干产生货运量的专项因素，但这部分因素很难用数学方法描述，则可根据该线、该枢纽的特点分别用不同的方法确定其影响货运量的单项参数，分别对各区段的运量进行调整。

上面分析了货运量预测的定量分析方法，但需要指出：定量分析和定性分析是密不可分的。没有定性分析就不可能对定量分析给予科学解释，而定量分析又有助于证明发展趋势的数量指标。预测的方法是否科学，最终得根据它与实际符合程度来检验。

第四节　客货流系统分析

国家间、区域间、城镇间或市区内的居民、职工、原料、燃料、成品等旅客和物资的空间移动，称为运输联系，故运输联系就是运输对象的空间移动，具体表现为客流与货流，它是客货运量在交通运输网的流动，通过这种流动实现人们的旅行和货物的位移。国民经济的发展、人们正常的社会生活均会产生运输需求，在运输需求的基础上又产生客货运量，而客货运输是通过客货运载工具在交通运输网上流动进行的，形成了旅客流、物资流，以及车流、船流和飞机流。为此，交通运输系统分析要从运输需求出发进行客、货的研究。客流与货流是两类不同的交通流，它们的形成、特点，以及对运输组织与运输工具的要求亦不相同，现分述于下。

一、客流系统分析

人们为了一定的目的，乘坐交通运输工具，通过一定的交通线路从出发地到目的地的位移活动，构成客流，客流是人类在地域之间进行社会、经济、文化联系的基本内容。一条交通线路或一个运输区段平均每 1 km 线路所担负的旅客周转量称为客流密度，其单位为（人·km）/km。

客流按旅行目的可分为：工作、学习、探亲、旅游、购销、军事等；按返回时间可分为：无返回（迁居、调转工作等）、不定期返回（因公外出等）、节假期内返回（学生返家、职工探亲等）；按行程可分为：长途、短途和市郊。长途和短途的划分依不同国家和不同运输方式而有很大差别。

（一）客流的产生及发展

客流的产生主要取决于人口分布、经济发展水平及交通运输的方便程度，社会因素和地域开发政策对客流也有很大影响。

客流在过去多由商业贸易和政治、文化要求等引起，同时迁移、新大陆和人口移动也使许多地域之间产生大宗客流。

近代以来随着资源的广泛开发和工业布局的大规模展开，社会主义国家产生了有计划的人口移动，资本主义国家为解决人口过密与过疏而采取的诱导向落后地区的移民政策，也产生了大量劳动力移动。生产因地域分工而带来的人员在生产、经济、管理上的种种交流和联系，旅游事业的大规模开展，也是大宗客流产生的原因。以上各种因素导致长途和短途的客流不断增加。

此外，随着城市化进程的加速，城市地域不断扩大，工作地点与居住地点日益分离，产生了大量每日往返于城市与郊区之间甚至近距离城市之间的通勤客流。部分人员跨区域就业、就学以及利用假期旅游、探亲、访友，产生了春运、暑运和黄金周客流，这种客流具有明显的季节性和方向性。由于物质文化生活水平的不同，使不同国家和地区的客运量水平产生很大差异。

客流在时间的分布上是不平衡的，而在方向上，由于大部分旅客往返流动，从长期来说是比较均衡的，但从短期来说，客流在时间上的不平衡往往同时表现为方向上的不平衡。

（二）客流分布

在各个地域之间的旅客交流或在各种交通线路上的流量、流向、旅客构成、旅行距离，即为客流分布。各种类型的客流分布和动态变化规律是客流系统分析的主要内容。我国客流分布主要有以下几种类型：

（1）公务客流，主要是政府、机关、企业职工出差、开会而形成的客流。这类客流是我国客流中的重要组成部分。

（2）新定居地与原居住地之间的客流，例如在外地定居人员赴原居住地的探亲客流。

（3）节假日客流，多为职工、学生探亲、访友等产生的客流。

（4）市郊客流，主要产生在大城市及工矿中心。在居住地集中于市区而工作地位于郊区的城市，市郊客流表现为早疏晚集型；而工作地位于市区、居住地位于郊区的城市，市郊客流表现为早集晚疏型。

（5）旅游客流，指旅游者根据自己的旅游动机与经济能力选择的从出发地到旅游目的地的往返客流。

（三）客流在各种交通运输方式间的分配

首先，与客流的空间分布密切相关，如我国北京与天津间的客流倾向于利用高铁。

其次，与经济发展水平密切相关，经济发达地区远距离运输倾向于采用航空，经济欠发达地区远距离运输倾向于采用铁路等出行成本相对较低的方式。

最后，与交通运输网发展规模和水平有关，如我国公路网密集，故公路客流在各种交通运输方式中占据首位。当然，随着交通运输网及其结构的变化，客流分布也将不断发生新的变化。

（四）客流的不均衡性

客流的不均衡性表现在交通线上的客流密度的时间、方向和区段的差异，主要有以下几方面：

1. 时间不均衡系数 $K_{时}$

$K_{时}$ 指客流在一天 24 h 内的高峰小时客流量与平均小时客流量之比。一般一天有两个高峰小时，即早高峰（7—8 时）和晚高峰（17—18 时），而以早高峰小时客流最为集中。$K_{时}$一般在城市交通中不应超过 1.5。

2. 日间不均衡系数 $K_日$

$K_日$ 指最大的日客流量与平均日客流量之比。对于我国来说，星期日的客流量要比平日大，但高峰小时客流量要比平日客流量小。部分发达国家星期日的客流量要比平日客流量小。

3. 季节不均衡系数 $K_月$

$K_月$ 指最大季节或月的客流量与平均季节或月的客流量之比。对于我国来说，在城市和区域的交通运输中，最大客流量出现在第一季度，主要因为春节在这个季度，探亲访友的客流和旅游的客流显著增加。

4. 方向不均衡系数 $K_{方向}$

$K_{方向}$ 即最大单向客流与平均单向客流之比，一般其数值不大于 1.2，若过大则应采取专门措施。要指出的是，由于客流具有很大的时间不平衡性，故方向不均衡系数必须按一定时间范围计算才有意义。

5. 路线不均衡系数 $K_{线路}$

$K_{线路}$ 即高峰区段的客流与平均区段的客流之比，一般不大于 1.4，若过大则应开通区间车或用其他方法解决。

6. 客流密度

掌握了各种客流不均衡系数，在新规划交通网的区域或城市，就可以根据客流计算得到全年客运量或客运工作量，得出有关线路的高峰时间、大客流方向和集中区段的客流密度。客流密度是运输系统分析中有关客运工作的重要依据。

对市际交通线而言，客流密度计算公式为：

$$D_P = \frac{Q_P K_P K_{方向} K_{路线}}{24L} \tag{2-2-6}$$

式中：D_P——客流密度；

　　　Q_P——年客运周转量；

　　　L——交通线长度。

对于城市道路而言，客流密度的计算公式为：

$$D_P = \frac{Q_P K_P K_{方向} K_{路线}}{730L} \tag{2-2-7}$$

二、货流系统分析

一定数量和品种的货物，通过某种交通运输线路，从发运地运到目的地的位移，称为货流。货流按性质可分为地方货流、中转货流、区际货流和国际货流，按品类可分为煤炭货流、石油货流、钢铁货流、木材货流、粮食货流等十几种。货流是运输联系在地域上通过运输网实现的具体表现，它比货物运输量、运距和货物周转量等指标更为综合化，即货运指标的运网化。货流的单位一样为 t·km。交通线路上单位距离的货流量称为货流密度（又称货运密度），单位为（t·km）/km。货流反映地域间运输网上的货物运输联系，而货流密度则反映交通线负担货运的程度。通常将二者结合起来反映货运状况。

（一）货流的产生

货流是工农业之间、城乡之间、各地区和各企业之间经济联系的体现。工农业产品在满足本企业和当地消费的需要以后，余下的部分要同其他地区进行交换。工农业产品生产出来后，要运送到消费地点、消费部门和消费企业与消费者。为了进行国际合作，国内的产品和物资要运到国外去，国外的产品和物资要运到国内去，都是通过货流的形式实现的。深入研究一个国家、地区、一条线路的货流规律，是运输系统分析的重要内容。

（二）影响货流的主要因素

（1）资源分布、工农业布局和消费区的分布、规模，对货流的流量和流向起到决定性作用。

（2）地域的经济部门结构、企业组合程度及规模，是影响货流构成、流量、流向的重要因素。对于单个企业布局的大型矿区，往往外运货流品种少、数量多，而内运货流很少，造成方向上的不均衡。如果在这类矿区联合多个企业成组布局，则货流品种增多，流量视其生产规模而定，方向上的不均衡程度即可减少。

（3）农业布局对货流的影响主要取决于商品性农业生产的布局。商品化程度高的农业区，其外运货流的品种、数量较多，而商品化程度低的农业区则较少。至于运入的货流，农业机械、化学肥料等生产资料是其重要组成。

（4）生产地和消费地的地域结合状况决定货流的大致距离。对于生产地少、消费地多的货物，货流距离一般较长，如煤炭、石油、木材等；而对于生产地多、消费地也多的货物，货流距离则较短，如矿物性建筑材料。此外，产品的生产季节性和消费季节性，则直接影响到货流的季节性。

（5）交通运输布局决定货流的具体流量、流向、构成、路径和距离。当生产地和消费地之间具有两种以上的运输方式时，由于不同的运输方式的技术经济特性和运输能力不同，则直接影响货流在各种运输方式上的分配、数量、构成和距离，如从武汉运往上海或由上海运往武汉的物资，既可通过长江下运或上运，也可由铁路运达，从而影响到相关交通网上货流的分布。

在各条交通运输线路上，货流密度是有明显不同的。货流密度与线路输送能力比较，可以反映出该线路输送能力的负担和利用程度，它是研究旧线改造标准和新线建设等级的经济依据。

（三）货流合理化

合理运输问题实质上是货流合理化问题，在进行运输系统分析时，要研究货流系统；而进行货流系统分析时，又必须研究货流合理化的理论与方法。

1. 货流合理化的意义

为取得最大的经济效益，要求选择最经济合理的交通运输方式和路线，减少以至消除各种不合理运输，加速物资和资金周转，减少资源消耗，降低运输费用，节约运力，提高运输效率。为此，实现货流合理化具有重大意义。

2. 货流合理化的内容

货流合理化即消除不合理货流。不合理货流主要有六种：对流运输（或称相向运输）、过远运输、迂回运输、重复运输、无效运输、各种运输方式货流分配不合理等。货流合理化的内容主要有以下两项：

（1）合理的生产布局是货流合理化的基础。工业布局一般应尽量接近原材料、燃料产地和消费区。在二者不可兼顾时，消耗原材料多的工业应靠近原材料基地；消耗燃料多的工业应靠近燃料基地；产品与原料相比，产品运费高，因此运输困难的工业应配置在消费地；原料来源广泛、产品需要地也广泛的工业应根据各地需要量妥善布局，以减少过远货流。配置工业时，要重视资源综合利用，发展联合企业和综合性工业基地，以减少过远货流与对流货流。对矿产品进行洗选和初步加工，提高外运产品质量，则可减少和消除无效货流。

（2）运输网合理布局是实现货流合理的物质基础，相应要求有以下两点：

① 交通运输网布局合理，它包括空间分布合理（线网分布和能力分布）和结构布局合理。空间分布合理要求把工业点和城镇科学地组织到运输网服务范围内，结构布局合理即各种运输方式结构合理、干线支线结构合理、设备结构合理、能力结构合理。

② 货流分配合理，即合理使用各种运输方式，充分发挥各种运输方式的优势，要体现宜铁走铁、宜水走水、宜空走空、宜公路则公路、宜管道则管道的原则，充分把运输网合理地利用起来，发挥运输网的社会效益。

3. 货流合理化规划的方法

要实现货流合理化，需要运用科学方法进行货流的规划。进行货流合理规划的方法有以下几种：

（1）流向流量分析法。此方法的基本原理是根据交通线和物资产销的分布作出合理的调运分析，从而得出货流规划的合理方案（即货流图和流量图中每段的流量、流向均相等），因而，货流图相同的方案，其总流量亦必等。在交通线分布不成环条件下，用流向流量分析法制定没有对流的货流图和调运方案，便是最佳的货流规划方案。

（2）差数法。这种方法或称距离差（或运费差）比较法。其内容是根据各收发点之间的距离或运费，找一组总流量或总运费最小的方案。这种方法能在一定程度上解决环状交通线上的物资调运问题，但是，只有在发点或收点是两个时才能进行距离或运费的比较，因而它的应用仍是有限制的。

（3）循环联系法。这种方法较为复杂，是差数法的一个推广，用以解决差数法无法处理的、两个以上收点或发点的货流规划问题。通过确定收发点的若干不同方案进行比较，选出既经济又可行的方案。所提出的方案可能对于循环联系法本身来说是最好的方案，但并不一定是绝对最好的。因为循环联系法本身只能是不同方案的机械对比，不能在发点与收点之间在方向和数量上同时做到全面协调。为此，它仍不能精确地解决复杂的货流合理规划问题。

（4）图上作业法。这是一种借助于流向流量图而进行货流合理规划的简便线性规划方法，它能消除环状交通网上物资调运中的对流运输和迂回运输，得出总流量最小的方案。

（5）表上作业法。这是一种借助于平衡表、运价表及其他计算表格，来得到最优货流规划方案的线性规划方法。表上作业法可以求出总运费最小的方案，而运费比流量更能全面反映运输能力，因而在以下两种场合下，它比图上作业法的应用更为方便：第一种情况为具体考虑各收发点之间装卸费用时，第二种情况为交通联系由不同的运输方式组成时。故表上作业法不仅能控制对流运输与迂回运输，对重复运输、不合理分工等不合理货流也能予以消除。

（6）考虑线路通过能力的货流规划方法。实际工作中，日益感到货流规划中考虑交通能力的必要性，因为只有这样，才能使规划方案具有充分的现实意义。目前，对这类问题已有研究，现提出以下两种方法：

第一种为有界变量的表上作业法，即在交通网通过能力有限的条件下，用表上作业法寻求一个最合理的调运方案。它在许多场合下还是切实可行的，工作程序比较简单。此时，考虑到第 i 个发点到第 α 个收点的线路最大通过能力 R_{ij}，因而变量 i、j 便成为有界的。这一方法的数学提法为：

在约束条件为：

$$\begin{cases} 0 \leqslant x_{ij} \leqslant R_{ij}(i=1,2,\cdots,n; j=1,2,\cdots,n;) \\ \sum_{i=1}^{n} x_{ij} = a_i \\ \sum_{j=1}^{n} x_{ij} = b_j \\ \sum_{i=1}^{n} a_i = \sum_{j=1}^{n} b_j \end{cases} \quad \text{时，}$$

应使目标函数 $\sum_{j=1}^{n} \sum_{i=1}^{n} c_{ij} x_{ij}$ 达到极小值。

第二种方法为单纯形法，即用单纯形法来解决通过能力有限的最优货流规划问题。此时，除设有 m 个发点、n 个收点外，还 m 个发点和 n 个收点之间有 s 种运输方法，运输方法指的是利用一种运输方式或几种不同运输方式的结合。这样，变数 x_{ijk} 便是由第 i 个发点至第 j 个收点以第 k 种运输方式实现的运量（$k=1,2,\cdots,s$）。另外 $x_{ijk} \leqslant R_{ijk}$。

上述诸条件列成的数学模式组成的矩阵，便是总的约束条件，其目标函数则是使 $\sum_{k=1}^{s} \sum_{j=1}^{n} \sum_{i=1}^{n} c_{ijk} x_{ijk}$ 达到极小值。

第五节　交通运输供给分析

一、交通运输供给的特点

供给函数在经济中定义为供给者在市场上以某一价格愿意供给的货物量，它和需求函数一样，也是描述价格和货物量之间的关系的。这一定义在经济分析中很适当，因为在这里价格确实是影响消费的最重要的供给变量。然而在交通运输系统中有三点需要特别指出：

（1）在交通运输系统中，供给者并不十分明确，因而不便于清楚地研究供给者行为。例如，在城市间的公路运输中，如果不收过路费，公路的使用者很难识别供给者。有些情况下，供给者是容易识别的，如铁路运输和航空运输，因而传统的经济学的供给函数的定义也是适当的。

（2）在交通运输系统中，供给的一些非货币特征相对于经营者收取的价格来说也是非常重要的。在很多运输方式中，运行时间都是供给中最重要的一个因素。经典经济学理论中并没有提供现成的和满意的分析运输供给中诸多特征的方法。

（3）很多交通运输供给特征，是使用者而不是供给者的行为导致的结果。很多直接影响运输服务水平的重要特征，取决于使用者如何使用已有的交通运输系统，而不是由供给者决定的供给特征。例如，在城市交通中，运行时间主要由出行者的路径选择所决定。在公路系统中，运行时间和车辆运行成本一般取决于速度，这在很大程度上是受司机制约的。

由于这些原因，将运输供给严格限制在经济学中，即理解为一定价格下的市场货物供应量的概念是不合适的。为了进行需求分析和交通量预测，我们考虑由一组真正发生的对运输活动的特征和数量有影响的交通运输系统特征来定义供给。这一推广超出了以货币表示的运输成本和价格，它包括了其他直接或间接地代表消耗在运输中的资源的特征，尽管它无法定量或转化为货币成本。

这一组特征的选择依赖于所考虑的运输方式，没有必要遵循统一的模式给各种交通运输方式定义供给。在城市小汽车交通运输系统中，运行时间、运行成本、延候、停车费和可达性等就足以描述运输供给了。而在航空客运中，运行时间、票价、地面交通费、机场延误、机型、服务频率、时刻表、服务质量等是运输供给的必要的描述量。

二、交通运输供给的特征

交通运输供给的特征主要体现在以下几方面：

（1）运输产品的非储存性，即指运输生产和消费是同时进行的，运输产品不具有储存性。

（2）运输供给的不平衡性，即指运输供给受运输市场运价和竞争状况的影响而产生不平衡性，以及运输需求的季节不平衡性导致运输供给在时间上的不平衡等。

（3）运输生产的时空差异性，即指现实中生产与消费脱节，可能造成空驶等经济上的风险。

（4）运输供给的成本转移性。运输活动可能产生外部成本，如引起空气、水、噪声等环境污染，造成能源和其他资源的消耗以及交通阻塞等。

（5）运输供给的可替代性和不可替代性。运输供给具有部分可替代性，它的可替代性和不可替代性是同时存在的，而且是有条件限制的。运输市场的供给之间存在竞争，也存在垄断。

运输供给特征的改善有赖于以下四个主要影响因素：

（1）技术。交通运输系统的技术特征影响它的行为。特别是，系统的运营成本在很大程度上取决于所使用的技术类型。其他直接受技术影响的运输供给特征有能力和速度等。

（2）运营策略。用技术来提供运输服务的方式取决于运营者的行为和目标。例如，为了适应交通量的增加，系统扩能策略对于像航空、铁路这样按时刻表运行的系统来说对供给特征的影响很大。

（3）政策机构的要求和限制。交通运输的运营策略和价格常常要受到政府的调节和限制。例如，在一个被调节的交通运输系统中，运营者能够使用的价格策略可能是由政策机构制订的，有时甚至使用的设备类型也由政府机构确定。此外，市场结构也可能会产生类似的影响。例如，在竞争和垄断的情况下可能有不同的价格政策。

（4）使用者行为。运输供给的有些特征取决于交通运输系统中使用者的行为。例如，货主选择可用的运输服务的方式常常确定了货运总成本，货主可选择不同的存贮量、批量、频率和包装方式，市内旅客也可以通过选择路径、速度以及出租车、公共汽车等交通工具而影响供给特征。

这四大因素相互作用，构成了运输供给函数的主要影响因素，它从使用者的角度描述了供给特征。图2-2-5是描述各影响因素间相互作用的结构框图。

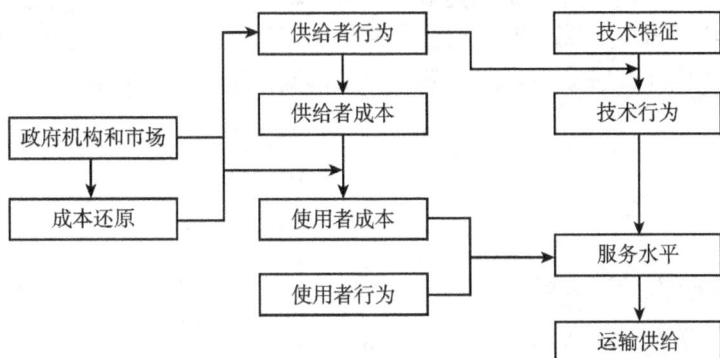

图 2-2-5　运输供给影响因素相互作用框图

运输技术也可以用行为函数来描述。这一行为函数类似于运营者和供给者的成本函数，因为这一成本通过税收等价格机制可以转化为使用者成本。同样是受使用者行为影响，为了运输需求分析的目的，我们可以将使用者成本作为供给函数。由于感觉到的成本（常称为可见成本）常常不等于实际成本，又由于客货运决策常常是以可见成本为基础的，因而将供给者或运营者的成本转化为使用者的成本时应做适当的调整。

为了弄清楚相互之间的关系，我们必须认清供给者、运营者、使用者和调节者四者之间存在的功能层次关系。这一功能层次从供给者开始，它的技术基本决定了要提供的运输类型。接着是运营者，它依据交通量和系统环境运用和调节这种技术。最后是使用者，它接受这种运输服务。所有这三者的行为都受调节者的影响。这一功能层次也适用于成本和其他服务水平特征。供给者的成本将影响运营者的成本，运营者的成本将影响使用者的成本，所有这些成本，以及它们之间的关系都受调节者影响。

三、供给函数

供给函数反映了交通运输系统特征和系统输出水平之间的关系。或者说，它是一个反映需求函数的逆函数关系的函数。需求函数建立了交通量受交通运输系统特征服务水平影响的关系，而供给函数则阐述了这些特征是如何受使用该系统的交通流影响的。如果我们认为大多数服务水平特征都是运输成本的组成部分，那么供给函数就类似于使用者平均总成本函数。同时，供给函数给出了交通量和可见成本间的关系。

前面已经说过，要建立一个适用于各种运输方式的供给函数是比较困难的，甚至是不现实的，但供给函数中应包括的主要因素一般来说是比较明确的。在客运系统中，供给函数一般应包括总运行时间、总运行成本、时刻表的方便性，以及运行的舒适性、安全性等。对于货运系统，在供给函数中一般包括总运行时间、总运输成本、服务频率、运输的可靠性，以及货物的完好程度等。

四、线路供给和系统供给

线路供给函数反映交通量和某一单个设备的供给特征的关系，这一单个设备可以是某一特定运输方式连接两点间的路径。图2-2-6给出的线路供给函数，即为连接两特定点间的线路供给函数。一个线路供给函数只能表达一种运输技术，如果在这条公路上不仅有小汽车运行，也有公共汽车运行的话，那么必须分别用不同的供给函数描述它们的特征。我们可以将这两个供给函数结合起来，形成一个系统供给函数，这一系统由小汽车和公共汽车运输设施组成。

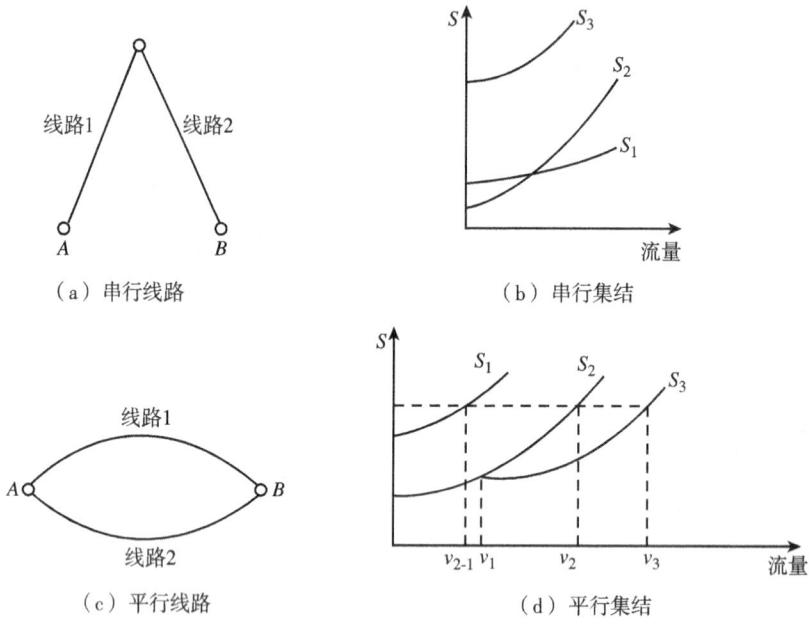

图2-2-6　线路供给函数集结为系统供给函数

系统供给函数是用来描述由一系列串行或平行的线路组成的运输系统的。在串行系统中，为了从起点到达终点，必须依次使用所有的设备。在平行系统中，系统是由一些可以被潜在的使用者同时使用且可相互替代的设备组成的。将线路的供给函数集结为系统的供给函数的过程如图2-2-6中的（a）～（d）所示。图2-2-6（a）为两个串行线路组成的连接A、B间的交通运输系统。这两条线路的供给函数被垂直相加形成了图2-2-6（b）中的系统供给函数。图2-2-6（c）中的两条线路平行地服务于A、B之间，将这两个线路供给函数平行相加形成了图2-2-6（d）的系统供给函数。为了解释其物理意义，我们可以认为供给函数S给出了平均使用者运行成本。串行集结的垂直相加意味着线路1和线路2的成本相加才能达到A、B间的成本。并行集结的横向相加意味着对于任意给定的使用者平均成本S，交通量是线路1和线路2通过的交通量之和，因为它们总是平行的。

第六节 交通运输供需均衡分析

交通运输系统是一个内外交互作用、环境复杂、因素众多的开放型大系统，因此，交通运输系统的均衡受到多种因素的复杂作用，是一系列动态的平衡过程。

交通运输系统的平衡包含以下几个均衡：

（1）运输市场均衡；

（2）用户均衡；

（3）运输经营者均衡；

（4）供需均衡。

为了研究方便，给交通运输系统分析研究中关心的系统定义了三个基本变量：

T——运输系统，即交通运输系统的设备、运输方案……

A——活动系统，也就是与运输系统相关的社会经济系统的活动形式；

F——流的形式，包括流的起点、终点、路径和通过系统的客货流量。

这三个变量之间的关系如下：

（1）流的形式由运输系统和活动系统来决定；

（2）现行的流的形式随着时间变化将引起活动系统的变化，通过所提供的运输服务和提供这些运输服务所消耗的资源引起活动系统变化；

（3）现行流的形式也将会引起运输系统的变化：相应于现有的或预测的流，企业或政府要发展新的运输服务设施或改进现有的供给服务，这些相互作用关系是通过"平衡"来定量描述的。

以下重点讨论运输系统的均衡与交通流。

一、供求均衡理论分析

（一）市场均衡分析

图 2-2-7 中 DD 和 SS 分别代表运输市场的需求曲线和供给曲线。根据运输市场的需求规律和供给规律，DD 自左上方向右下方倾斜，表示需求量与运价的变化趋势相反。SS 曲线自左上方向右上方倾斜，表示供给量与运价的变化趋势相同。在采用均衡分析方法考察均衡运价和均衡交通量时，由它们代表的需求状况和供给状况是假定为已知且既定不变的。DD 与 SS 之交点 E 表示：当价格为 $EQ(=OP)$ 时，供给者愿意供给的能力（由 SS 表示出来）和使用者需求的交通量（由 DD 表示出来）恰好相等，这时运价在这个高度固定下来，不再有变动的趋势，称为运输市场达到均衡状态。这种使得需求量与供给量相等的运价，称为均衡运价，与均衡运价相应的供应量称为均衡能力。

由图 2-2-7 我们可以看出，当运价高于均衡运价时，供给大于需求，运输能力过剩，反之，当运价低于均衡运价时，需求大于供给，运输能力紧张。

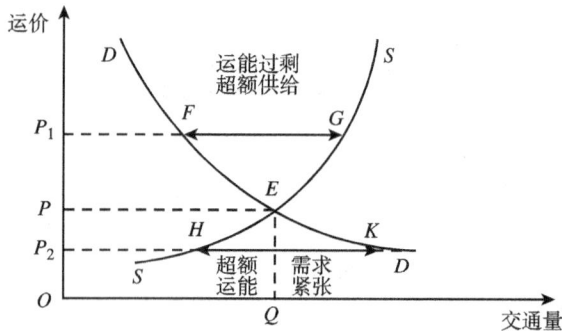

图 2-2-7　均衡运价和均衡交通量的决定*

图 2-2-8 中，假设 DD 与 SS 是原来的运输需求曲线与供给曲线，由此决定的均衡运价是 OP，均衡交通量是 OQ。

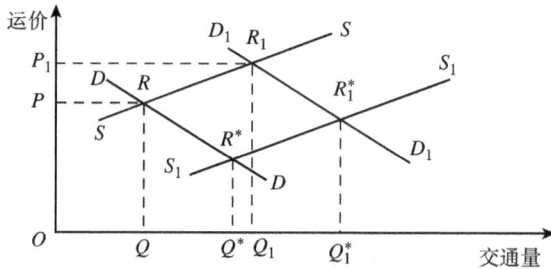

图 2-2-8　运输需求与供给的变化与均衡运价和交通量的变化

假设供给状况不变，但由于本地区人口增多、经济增长和人均收入的增加，使得人们的运输需求增大了。这就是说，需求状况发生了变化，这表现为需求曲线向右上移动至 D_1D_1。显然，由 D_1D_1 和 SS 所决定的均衡运价，将由 OP 升为 OP_1，均衡交通量则由 OQ 增为 OQ_1。若要想使均衡价格不变，只能是扩大运输系统的能力，即增加供给。

再假定需求状况不变，但由于生产技术的提高，或生产要素价格的降低，例如，铁路运输线路的电气化改造，公路运输采用大载重、低能耗的车型等，而使供给状况发生了变化，这表现为供给曲线向右下方移至 S_1S_1 的位置，与每一运价相应的供给量较前增加。S_1S_1 与 DD 交于 R^* 点上，与 D_1D_1 交于 R_1^* 点，可见，DD 与 S_1S_1 所决定的均衡运价 R^*Q^* 比 OP 小，而均衡交通量 OQ^* 则比 OQ 大。

从图 2-2-8 中还可以看出，当需求和供给都增加时，即需求曲线 DD 移至 D_1D_1，供给曲线 SS 移至 S_1S_1，均衡交通量将增加很多，新的均衡运价则可能高于也可能低于原来的均衡运价。

（二）供求动态均衡分析

在上面，首先说明了采用静态分析方法时均衡运价和均衡交通量如何决定的问题，然后说明被假定为给定的需求状况和供给状况发生变化时，相应的均衡量的变化，但并不论及从

---

* 这里的运价为广义运价，包括实际运价、运行时间、舒适性、可达性等。

原来的均衡点到达新的均衡点的发展变化过程，故称为比较静态均衡分析。

同静态均衡分析不同，动态分析是研究供给的发展变化过程的。下面以一种运输系统的供给与需求和运输市场上运价的相互作用为例，来说明运价和交通量在运输市场上随运价而变化的供求两种力量的相互作用下，在动态的时间序列中出现的发展变化过程。下面以公路货物运输系统为例进行说明。

图 2-2-9 的 $S_t = f(P_{t-1})$ 表示公路货物运输系统的供给量。公路货物运输系统的供给量的变化主要取决于进入运输市场的货车的数量和运输能力，因为道路数量在一定时间内是相对稳定的。$D_t = f(P_t)$ 表示市场对公路货物运输的需求。供给量（S_t）、需求量（D_t）和运价（P_t）这三个变量的下标附以时间变量 t，表示它们在时间 t 的值。

在动态分析中，我们知道本时期的供给量是由上一期市场价格和需求量所决定的。例如，若上一年运价和需求量决定的均衡供给量大于实际的供给量，也就是运能紧缺，因而运价上涨将导致下一年运输系统的供给能力增加，反之亦然。

在图 2-2-9 中，我们假设初始年公路货物运输系统的供给为 Q_1，第一年的实际运价由于运能紧张而涨至 P_1。

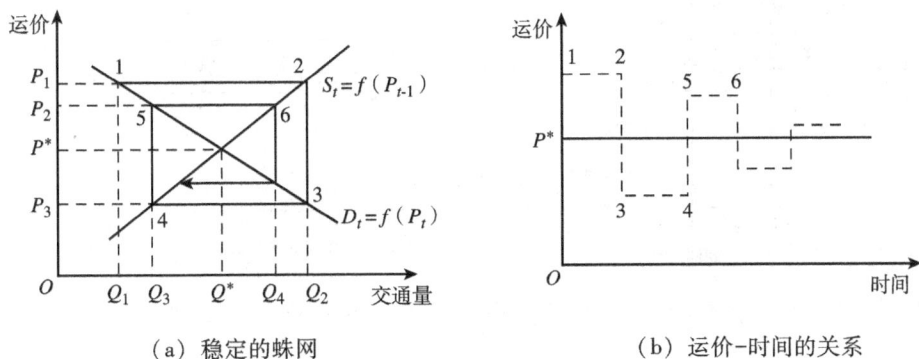

（a）稳定的蛛网   （b）运价-时间的关系

图 2-2-9 动态的稳定均衡

其次，根据供给函数的特性，第一年的运价 P_1 决定着第二年的供给，从图 2-2-9 中可以看出，运价为 P_1 时，对应的运输量为 Q_2。

最后，根据需求函数的特征，要使货车运能 Q_2 全部被货主接受，运价应为 P_3，因为从需求曲线可见，当运价为 P_3 时，货主愿意接受的运输量为 Q_2。

接下去，当第二年的运价为 P_3 时，第三年的供应量将从上一年的 Q_2 减为 Q_3，因为从供给曲线可见，运价为 P_3 时，供给者愿意提供的供给量为 Q_3。

当第三年的供应量为 Q_3 时，根据需求函数的特性，这一年的均衡运价应为 P_3，因为从需求曲线可见，运价为 P_3 时，货主愿意使用的运输量为 Q_3，即当年的运能恰好全部利用。

以此类推，在相继续起的时间序列中，市场价格有时高于均衡价格，引起下一年供给量超过按均衡运价会有的需求量，这种超额供给导致当年市场运价低于均衡运价，由此引起下一年供给减少，出现需求大于供给的情况，以致市场运价又高于均衡运价。由上所述可见，逐年市场实际运价和形成的运输量围绕运价和运输量的均衡值上下波动，沿着图 2-2-9 所示的途径变化下去，变动后的轨迹像一个蜘蛛网。蛛网模型或蛛网理论等即由此得名。

从理论上讲，上例的动态变化途径及趋向可以有 3 种不同情况。每一种情况取决于供给曲线的斜率与需求曲线的斜率的对比关系，或者换句话说，每一种情况取决于供给的运价弹性与需求的运价弹性的对比关系。

第一种情况，如图 2-2-9 所示。供给曲线 S_t 的斜率大于需求曲线 D_t 的斜率。在此场合，运价变动引起的需求量的变动大于运价引起的供给量的变动，因而任何超额需求或超额供给只需较小的运价变动即可消除。在此情况下，运价和交通量变动的时间序列是向平衡点收敛的，称为动态的稳定均衡。

第二种情况，如图 2-2-10 所示。这里跟图 2-2-9 的情况相反，供给曲线 S_t 的斜率小于需求曲线 D_t 的斜率。在此情况下，一旦出现失衡后，继后各年的供应不足或供应过剩的波动幅度，以及市场实际运价的起伏幅度，都越来越和均衡值相背离，因而运价和交通量的变动的时间序列是发散型的，称为不稳定均衡。

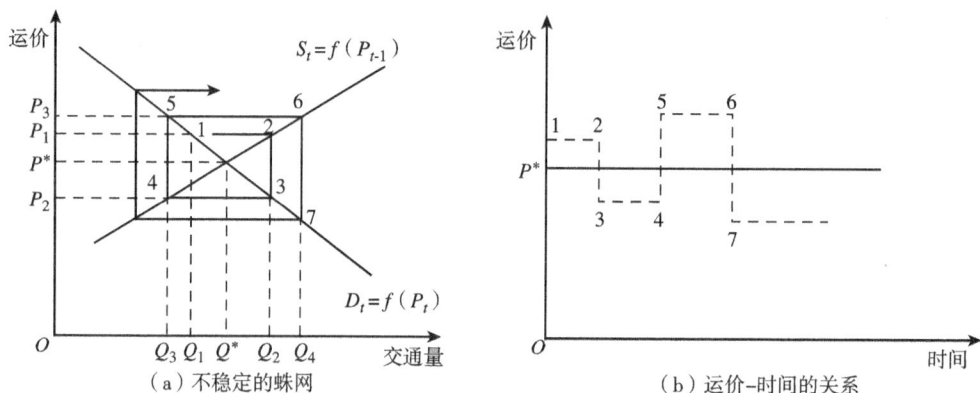

（a）不稳定的蛛网　　　　　　　　　（b）运价–时间的关系

图 2-2-10　不稳定均衡

第三种情况，如图 2-2-11 所示。这里，供给曲线 S_t 的斜率的绝对值与需求曲线 D_t 的斜率的绝对值恰好相等。当初始状态偏离均衡状态后，继后各年的运价和交通量的变动序列将表现为环绕其均衡值永无休止地循环往复地上下波动，波动的幅度既不扩大也不缩小。

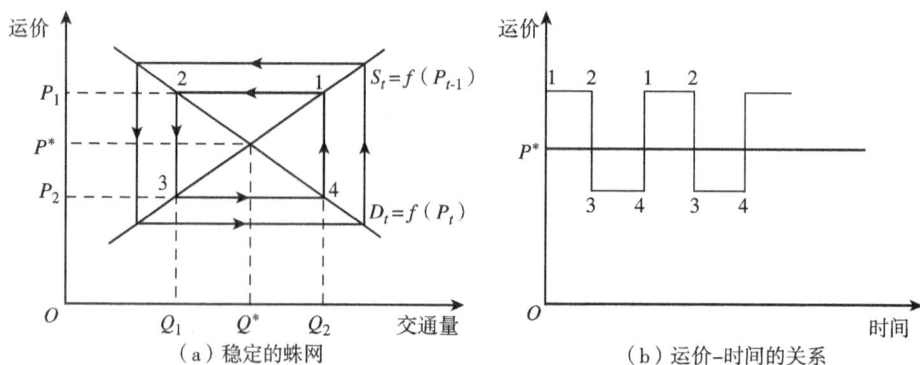

（a）稳定的蛛网　　　　　　　　　（b）运价–时间的关系

图 2-2-11　循环往复的蛛网

二、供需均衡与短缺

在完全自由竞争的市场经济中，运输市场均衡左右着运输系统的内外部关系。但是，对于交通运输这样一种基础设施的建设，还可能有运输短缺的因素在其中发挥着相当的作用。这种运输短缺不仅表现为数量上的不足，也表现为运输质量的下降。运输短缺作为供给约束，制约经济的增长。

交通运输系统是一个由多种运输方式构成的综合运输体系，某种运输方式的短缺，将引起交通运输需求在运输方式中的转移，这种需求的转移将引起交通运输投入分配的变化，也会改变交通运输系统的格局。

交通运输短缺对交通运输系统的作用如图 2-2-12 所示，交通运输短缺会使开关 A 断开，抑制需求膨胀，也可以关闭开关 B，实现需求转移，同时，也可关闭开关 C 或 D，增加交通运输供给，扩大对运输需求的消化能力。

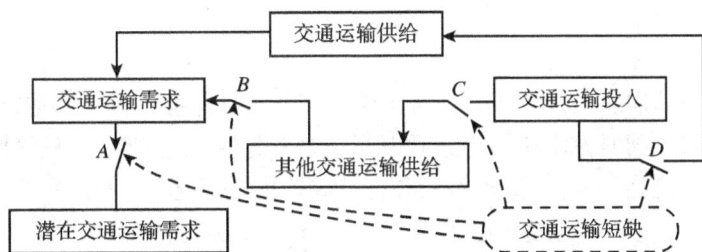

图 2-2-12　交通运输短缺对交通运输系统的作用

三、交通需求管理

交通需求管理是指为了提高交通系统效率、实现特定目标（如减少交通拥挤、节约道路及停车费用、改善安全、改善非驾驶员出行感受、节约能源、减少污染等）所采取的影响出行行为的政策、技术与管理措施的总称。

城市交通中的交通需求管理早已提上日程，各大城市也采取了许多积极的举措，如北京市的错峰上班、按尾号限制机动车上路、停车差异性收费、公交优先、MaaS 一体化引导绿色出行等，国外的交通拥堵收费、HOV 合乘等。

主要参考文献

[1] 张国伍. 交通运输系统分析 [M]. 成都：西南交通大学出版社，1991.

[2] 张国伍. 交通运输系统工程创新与发展：交通人生 60 年 [M]. 北京：北京交通大学出版社，2008.

[3] 张国伍. 人生的境界与智慧：交通运输系统工程学科的发展与创新 [M]. 北京：北京交通大学出版社，2017.

[4] 张国伍. 综合交通运输系统工程的创新发展与论坛："交通 7+1 论坛"50 次会议主要学术成就：2005—2018 [M]. 北京：北京交通大学出版社，2018.

[5] 王庆云. 交通运输发展理论与实践 [M]. 北京：中国科学技术出版社，2006.

[6] 王庆云. 交通发展观 [M]. 北京：中国科学技术出版社，2004.

第三章

交通运输系统的网络

交通运输系统的需求来源于社会经济系统的客货移动需要，体现为特定时间客货从起点到终点的移动规模，同时亦附有出行品质需要，如准时性、经济性、舒适性、可靠性等。交通运输系统的任务是在一定交通运输模式上（或多模式联运），使用一定的交通工具（列车、货车、船舶、私家车、公交车、自行车、步行等），通过一定的线路，实现客货从一地到另一地的位移并提供相应的交通服务品质，以支撑社会经济发展的需要。交通运输的任务决定了交通运输系统结构的显著特点：交通运输系统具有由多个起讫点、多条线路、大量节点（交叉口、场站、枢纽）、多种交通运输方式组合所形成的复杂网络结构，大至全球、国家、区域、城市群、城市，小至城市小区、村庄，均形成典型的网络系统结构，而客货在交通网络上的移动形成网络交通流。

交通运输系统的网络特性，决定了任何一对起讫点之间有多条路径、多种交通方式可联通，而图论则是将物理的交通系统进行抽象表达的工具。网络用户（货主、出行人）如何选择最佳路径以达到准时、最小费用、可靠、舒适等优先级不同的多目标，拥有众多图论定理和算法。而系统决策者要实现系统化的建设、运营和服务的系统最优目标，正是系统工程重要方法——图论、线性规划等运筹学理论的重要应用。交通运输网络系统分析就是用系统分析的思想和方法，分析交通运输网络结构和网络上的交通流，并结合有关线性规划、网络图论等方法，进行多目标优化，它是交通运输系统分析、区域和城市交通规划的重要理论和方法工具。

本章首先引入交通运输网络系统分析中的一些基本概念和与交通相关的网络定理，然后讨论网络中的供需均衡与交通流的形成问题，最后讨论网络系统分析中交通流分配和网络结构优化的理论、方法与重点模型。

第一节　交通运输网络的构成与搭建

一、交通运输网络的构成

交通运输系统的空间布局本身就具有典型的网络结构，而图论最初就是基于交通问题发展而来的。交通运输网络基于不同目的和管理方式可以划分为不同子系统。从区域层次上，可以分为全球、国家、地区、城市群、都市圈、城市、城市分区、街道、小区等层次；从交通方式上，区域交通通常分为铁路运输、公路运输、水路运输、航空运输、管道运输；而城市交通更为丰富，通常分为城市轨道交通、公共交通、步行、自行车、出租车、小汽车、专用大巴（旅游，单位大巴）、摩托车等。

应用网络理论和图论表达，不同交通运输子系统的网络供需分析、交通流分析和结构优化就可以采用相似的理论与方法论。为此，在交通运输系统分析中，我们引进数学中网络图论的表达方式，将各种交通运输子系统的共同结构特点抽象出来，以网络图论的符号来进行描述。

交通、通信、互联网都具有典型的网络结构。图论的起源与它的应用密切相关，第一个应用源于交通运输——欧拉（Euler）博士的柯尼斯堡大桥问题。随后，图论逐渐应用于其他领域——电网、有机化学和迷宫问题等。如今，它的应用已经扩展到许多其他研究领域（如化学、计算机科学、生态学、遗传学、物理学、电信、运输网络）。

在图论语言中，各种运输方式的线路、航道、道路、航线构成交通运输网络的边（edge或link），这些边的端点和交叉点以及多种交通方式的衔接点，如交叉口、场站、码头、机场和交通枢纽构成交通运输网络的节点（node 或 vertex）。这是区域、城市及各种运输方式等共同具有的网络结构特点。在进行微观分析时，节点系统内部也是由线路、道路、交通运输服务水平及库场、站房、站台、出入口等组成的复杂网络子系统。城市交通、区域交通的单一运输方式或综合交通系统均可以通过交通运输网络来表达。

在交通运输领域，图论的交通经典问题分两大类，第一类涉及用户优化，如路径问题——单行道问题、柯尼斯堡大桥问题、中国邮递员问题、旅行推销员问题等；第二类涉及网络系统问题，如网络最大流问题、最小成本流问题、交通运输问题等。

使用图论的表达方式，交通运输网络基本定义为：$G = \{N, V\}$，其中，G（graph）代表运输网络，N（node）代表交通运输网络节点，V（vertex）代表交通运输网络的边。

可见，交通运输网络的基本构成要素为点和边。在此基础上，我们还根据交通问题研究和应用的需要，引申出路径和通道。各要素定义如下：

（1）边或连杆（edge，link）。指可以在其中运行载运工具的基础设施，如铁路线路、公路道路、航线、管道、城市轨道、道路、步道等。另外一些运输服务过程，如机场中的行李搬运、港口中的水平运输过程，也可以作为交通运输网络的边来进行处理。

（2）节点（vertex，node）。指两条或两条以上边的连接点及边的端点。在交通运输网络中，点也可以分成几类：一类是表示客货流进、流出网络的节点，如客运站、货运站，以及城市交通小区（TAZ）的小区质心；第二类节点代表几条边的连接，如公路交叉点、道路交叉口、铁路编组站、轨道交通枢纽，甚至综合交通枢纽。其中，有些点只是交通流的经过点，而大部分包含中转费用、交通拥堵时间、上落客时间、换乘时间、距离等一系列服务特性，对于这类点，在宏观分析时可以表示为一个节点，也可以表达为一条或几条距离为 0 的边；在微观分析时，将交通枢纽本身作为一个网络子系统处理。

（3）路径（route）。路径由网络中一系列点和边构成。

（4）通道或者走廊（corridor）。指网络中由起点到终点的连续通路，可以由若干交通方式构成，甚至由多条路径、多种交通方式构成。

二、交通运输网络的搭建

实际的综合交通运输网是由不同的交通运输方式构成的，各节点、边都具有不同的技术经济特性和服务特性，而且，实际的运输网包括众多的网络边和节点，如实际道路网可能有数百个节点和上千条边，网络中的节点对、路径就更是数量惊人。这样的实际网络如何表达以适应计算机和数学处理而又不失相对准确性呢？这就要对实际运输网进行数学抽象及简化处理。将实际运输网转化成系统分析的规划运输网一般经过以下步骤：

（1）根据规划需要，划分出规划区域的地理以及运输网络边界，使之形成一个相对独立的网络用于分析、计算，如一个国家、一个城市，或者一个城市分区。

（2）将所涉及的地理区域分成相互独立的小区，一般称为交通分析小区（TAZ），如图 2-3-1 所示。这些小区相互邻接并覆盖整个区域；每个小区选取一个质点，并假设小区内所有的社会经济活动均发生在这个质点上，质点代表小区的所有社会经济特性以及小区内所有交通流的生成和吸引活动。小区的质点有时是小区的几何质心，有时是区域中心城市、主要经济点。

图 2-3-1　交通分析小区（TAZ）划分

（3）对实际运输网的点、边进行合并、简化，并保留具有重要价值的中转点、交叉点，以保证简化运输网的准确性。这样，网络中的边经过了简化，网络中的点就是质心、中转点、交叉点和网络与大系统的边界点，边界点可以代表区外交通流的到发活动。

（4）用网络图论方式反映网络的结构及供给特性，使包含多种运输方式的复杂运输网转化成统一的可用于数学表达及计算机处理的抽象规划网。

三、交通运输网络的特性矩阵

形成规划抽象网络后，网络连通性、网络中不同的运输方式、服务特性分别用不同的特性矩阵来表示。常用矩阵如下：

（1）网络邻接矩阵（表达网络连通性）：

$$Q = \{q_{ij}\} \tag{2-3-1}$$

式中：

$$q_{ij} = \begin{cases} 0 & i、j \text{ 两点不相邻} \\ 1 & i、j \text{ 两点直接连通} \end{cases}$$

（2）距离矩阵（边长）：

$$L = \{l_{ij}\} \tag{2-3-2}$$

式中：l_{ij} 表示 i、j 两点间边的长度；l_{ij} 无穷大表示两点间无直接联系。

（3）通过能力矩阵：

$$P = \{p_{ij}\} \tag{2-3-3}$$

式中：p_{ij} 表示 i、j 两点间线路通过能力；$p_{ij}=0$ 表示两点间无边相连。

（4）费率矩阵：

$$C = \{c_{ij}\} \tag{2-3-4}$$

式中：c_{ij} 表示 i、j 两点间单位运输费用（运价、成本及加速度、能耗、通过时间等各种特性）。

（5）运输特性。每条边上的运输特性均可以用服务特性矢量 S 来表示，如：

$$S = \{s_{ij}\} = \{v,\ t,\ f,\ m,\ \cdots\} \tag{2-3-5}$$

式中：v、t、f、m 分别表示速度、时间、费率、服务频率。

这样，我们就实现了实际交通网络到规划网络的转化。

第二节 交通运输网络中的需求与供给

交通运输网络分析是从区域、城市整个运输系统的观点来对交通运输大系统中供给与需求及运输系统内部、系统用户之间的相互影响、作用机制进行分析、优化，因此交通运输网络涉及复杂的供给与需求问题。

一、交通运输网络中的运输需求

对于一个城市或区域的网络，我们将其分成 N 个小区，那么对于每个小区质点，都可能与其他 $N-1$ 个质点发生供需关系，因此将形成 $N（N-l）$ 个供需点对，如考虑小区内的需求，则有 N^2 个点对，如图 2-3-2 所示。而且，一般网络中常有不止一种客货流，假设有 M 种，则形成 $M \cdot N^2$ 个点对，如果在城市交通中再考虑不同的时间段需求分布的不同（如大城市早、晚高峰及平峰期），分成 P 个时间周期，则需求组合数即为 $P \cdot M \cdot N^2$ 个。因此，网络结构使得需求分析变得极为复杂。如果每对小区之间都有不同的需求函数，则将会有 $P \cdot M \cdot N$ 个需求函数，进一步讲，当每对小区之间的运输需求是服务特性矢量 S 的函数时，则情况将变得更为复杂。

图 2-3-2　交通网络各小区产生的吸引

为此，在实际的交通运输网络分析中，多是从系统的观点、从整体的角度直接分析需求总量与社会经济活动的关系，或每个点的出行量与经济特性的关系，然后采用一些分布模型来求点对之间的需求。一般地，在某一时点，用 O（origin）-D（destination）矩阵（源点-收点或汇点矩阵）来表示网络点对间的需求关系（产销平衡表）：

$$
Q = \begin{array}{c} \\ \\ \\ \\ \\ \\ \end{array}
\begin{array}{cccccc}
D_1 & D_2 & \cdots & D_j & \cdots & D_N \\
\end{array}
\left(\begin{array}{cccccc}
q_{11} & q_{12} & \cdots & q_{1j} & \cdots & q_{1N} \\
q_{21} & q_{22} & \cdots & q_{2j} & \cdots & q_{2N} \\
\vdots & \vdots & & \vdots & & \vdots \\
q_{i1} & q_{i2} & \cdots & q_{ij} & \cdots & q_{iN} \\
\vdots & \vdots & & \vdots & & \vdots \\
q_{N1} & q_{N2} & \cdots & q_{Nj} & \cdots & q_{NN}
\end{array}\right)
\begin{array}{c}
\boldsymbol{Q}_1 \\
\boldsymbol{Q}_2 \\
\vdots \\
\boldsymbol{Q}_i \\
\vdots \\
\boldsymbol{Q}_N
\end{array}
\qquad (2\text{-}3\text{-}6)
$$

式中：q_{ij}——i 发到 j 的交通需求量。

二、交通运输网络中的供给特性

交通运输网络的供给取决于交通运输网络的结构。交通运输网络结构的含义包括：网络空间布局、网络中运输方式的构成、网络通过能力及网络服务特性。

网络的空间布局决定了网络的连通性，即网络中各点间的邻接关系及最短运距，网络中不同交通运输方式的构成、各边通过能力，以及不同的技术水平、管理水平和交通运输工具的水平决定了各边的供给特性，包括供给能力和服务特性矢量。

网络的供给能力分为点、线、自身的通过能力及网络系统综合能力。对于点、线通过能力的核算，不同交通运输方式均有其相应的计算方法，其中不同的定量单位，在网络分析中应一律统一为输送能力，单位为万 t（万人）和万 t·km（万人·km）。网络的系统综合能力含义为：在一定的运输网络结构和运输需求构成条件下，网络系统所能输送的最大交通流量。注意，在网络综合能力中，我们强调了"在一定的交通运输需求构成条件下"，因为在不同的需求空间、时间分布条件下，网络所能输送的最大交通流量是不同的。

网络的服务水平可以用前述的网络特性矩阵表示，也可以用每条边上的服务特性矢量 S 表示，但这却不能反映整个网络系统的服务特性和各边的综合服务水平。为此，我们引入综合服务水平（或称用户效益、广义费用）来综合反映系统的服务特性。

每条边的综合服务水平都是边服务特性矢量 S 中各元素的一个函数：即 $U_{ij} = u(s_{ij})$，而函数形式以及其中各元素的权重系数就取决于未来此边上交通流量的客货流构成，因为不同的货物、不同的旅客对各服务特性的重视程度不同，同时这些参数也随国家和地区、随着时间的推移而变动。通常，时间和费用是最普遍使用的服务特性。如综合服务特性，我们可以表达为：

$$U_{ij} = a_{ij}^0 + a_{ij}^1 f_{ij} + a_{ij}^2 t_{ij} \tag{2-3-7}$$

式中：f_{ij} 为费率；t_{ij} 为出行时间；$a_{ij}^0, a_{ij}^1, a_{ij}^2$ 则随不同的边上不同的交通流构成而定。

通常，网络边上的服务特性矢量 S 还是边上交通流的函数，如出行时间、舒适度都会随边上交通流的增大而趋于变坏，这样就导致每条边上的服务水平函数相当复杂。随着我们对于交通系统人性化的重视和网络计算能力的提升，不同目的规划项目可能会使用不同的服务水平特性参数。

从使用者的角度，在网络中路径的选择取决于用户的目标，如选择距离最短路径、时间最短路径、最舒适路径、最可靠路径，或者最省钱路径。

相仿的，对于一个综合交通运输网络系统，我们也可以求得网络的综合服务水平。

第三节　网络均衡与交通流

由于交通运输系统具有网络特性，使得该系统中点与线之间、线与线之间、点与点之间，以及供需之间、交通流之间形成了复杂的联系，使网络上的平衡成为一种复杂的动态平衡。

一、网络的相关性

网络中点、线的相关性是以下 4 种联系形态的复杂组合：

（一）一条路中的多条边（见图 2-3-3）

在运输网中，客、货的每个出行过程所经过的道路都由不止一条边组成，这样路的能力、服务水平要受到每条边及中间点的共同影响。路的能力、服务函数成为各边能力及服务水平的函数。

（二）可供选择的路（见图2-3-4）

在交通运输系统中，每次出行几乎都有几条不同的路径可供选择，不同路径的选择同时也意味着不同运输方式组合的选择。

一般来说，可供选择的每条路径的服务水平是不相同的。这样，从同样的起点1到终点2的一次出行所接受的服务水平取决于通过运输网所选择的路径。实际上，这意味着在系统的一条路中发生的变化，不仅影响了通过这条路的交通量，而且影响到通过其他路的交通量。例如，在城市中新建一条道路，这条道路就能吸引其他平行通路上的交通量，减少其他道路的拥挤程度。

图2-3-3　一条路中的多条边

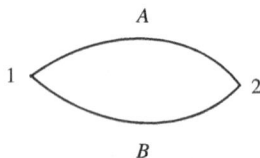

图2-3-4　可供选择的路

（三）分布在同一条边上的多种流（见图2-3-5）

在交通运输系统中，几乎每条边都担负着沿几条路运动的交通流，或称担负着几个起点和终点对之间的交通流。因为经过一条边的服务水平是通过这条边上总交通流量的函数，所以一条边上的服务水平是从许多起点到许多终点的交通流量的函数。在系统分析中，这就意味着，边上服务特性的变化可以影响通过这条边的很多不同的流。

（四）复杂网络（见图2-3-6）

在几乎所有运输网中，所有的流量都具有以下特性：

（1）一条单一的边牵连几条路。

（2）对于任何起讫点有可供利用的多条路相通。

（3）多种不同的交通流将分配在同一条边上。

在这种情况下，交通运输系统任何地方的变化都能广泛地影响到通过交通运输系统中许多其他部分的流量，这种影响的趋势将取决于很多因素：需求函数、服务函数及网络结构。要精确地确定这种影响，必须定量地进行网络均衡分析。

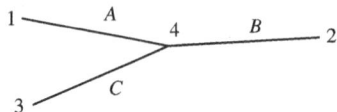

图2-3-5　分布在同一条边上的多种流

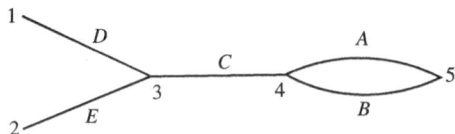

图2-3-6　复杂网络

由以上可见，交通运输系统的网络特性决定了运输网络中复杂的相关性，这种相关性表现如下：

（1）网络中不同边之间的服务水平、能力和流量的相关性。

（2）供给与需求之间的相关性，也可以说是用户运输系统的相关性。

（3）系统用户之间在路径选择中的相互影响，使每个用户的路径选择行为受到其他用户选择行为的影响。

因此，在一个交通运输系统中，系统内部各元素、系统与用户、用户与用户都是通过网络结构与交通流相互关联的。

二、网络的平衡关系

交通运输系统的目标是满足区域或城市社会经济、生活居住的货运和出行需求，因此，交通运输网络中主要存在以下几种平衡关系：

（1）产销平衡（或称为发生吸引平衡）。即总发量等于总收量，这种平衡通过 O-D 矩阵和产销平衡表来描述；货运发出和收货数量相等，客运出发和到达数量平衡。

（2）供需平衡。网络的供给从能力规模、空间布局、时间段及服务水平上不断满足和适应运输需求。当供给能力短缺时，造成网络拥堵和客货延时到达，而供给水平的提高则会继续刺激需求增长，导致需要再次提高供给水平。因此，交通运输系统的供给与需求是一个动态的宏观与微观的平衡过程。

（3）网络交通流的平衡。网络需求在一定的供给条件下进行路径选择，多种客货流从能力及服务水平选择上相互影响，形成网络平衡流的过程。

交通运输系统网络理论和方法，研究网络上的平衡关系，并寻求以最小代价、高品质满足国民经济和居民生活对交通运输的需求。鉴于网络的复杂性，大规模计算机模型和运筹学算法奠定了交通运输网络算法基础。

第四节 网络流分配模型

网络流的分配与优化问题是网络系统分析的核心问题，它是合理运输的理论基础，也是城市、区域交通网结构优化的基本依据之一。在本节中，我们首先讨论网络交通流路径选择的基本理论问题，然后着重讨论几种常用的流分配原则与模型。

一、网络流分配理论

在网络中，边与边之间是强相关的，而且不同起讫点之间的流也是强相关的，具体可以这样描述：

（1）在任一对特定起点 A 到终点 B 之间的运输中，一个交通流一般将利用 A 和 B 之间由多条边组成的一条路径；

（2）在起点 A 和终点 B 之间一般有一条以上可利用的路径；

（3）经过任何特定边的流量一般是由几个起点到几个终点的流组成的，共同构成边的总流量。

因此，网络中平衡流模型是较为复杂的，平衡关系包括：出行市场供需平衡及出行者之间的平衡。在网络中找出平衡流有两个中心概念：一是用户（user）的选择行为，另一个是网络结构的影响。每个用户（不同旅客及发货人）都要对出行的路径进行选择，不同出行者对服务水平各指标有不同的重视程度，由此构成复杂的服务函数（如有些乘客注重出行时间最短，有些乘客注重费用最低）。网络中的每条边都有相应的服务特性矢量（如前一节讨论的时间、费用、频率等），但对于不同的出行者其服务函数通常是不同的，每条边的服务函数一般是随着用户的增加而带来了服务水平的降低（大部分是，用户费用也许是降低，反而提高服务水平）。因而消费者 A 选择一条路径的服务特性取决于其他消费者作出的选择，反过来也一样。这样，消费者比较从不同边上所得到的服务，而且这些相互作用的竞争是受网络结构的影响的。因此，这两个中心概念必须明确处理成用公式表示的运输市场平衡流模型。

（一）路径选择的基本行为

建立基于概率论的随机模型来描述网络中众多消费者的选择行为。设消费者在 I 集合中选择 i 的概率是：

$$P(i：I) = g(X^1，X^2，\cdots，X^i，\cdots) \tag{2-3-8}$$

这里 X^i 是考虑到可供选择的 i 和消费者特性的矢量。或者考虑来自集合（F，D，M，R）的频率 f，目的地 d，运输方式 m 和路径 r 的可供选择的组合量，即

$$P(f，d，m，r：F，D，M，R) = g(\{X^{f,d,m,r}\}) \tag{2-3-9}$$

对每个（f，d，m，r F，D，M，R）组合，如果给定乘坐特定的运输方式 m^0、目的地 d^0 的一次旅行（$f^0 = 1$）的决定，则选择路径 r 的概率是下面的条件概率：

$$P(r \mid f^{G,m^0,d^0}) = \frac{P(r，f^0，d^0，m^0)}{P(f^0，d^0，m^0)} \tag{2-3-10}$$

这里 P（r，f^0，d^0，m^0）是由式（2-3-9）给出的，且：

$$P(f^0，d^0，m^0) = P(f^0，d^0，m^0，r') \tag{2-3-11}$$

可见，消费者的路径选择行为一般为多维选择行为。

如果在式（2-3-8）中每个可供选择的项目是由包括随机量的一个效用函数刻画的：

$$X^i = U_i(X^1，X^2，\cdots，X^i，\cdots) = U_i + \varepsilon \tag{2-3-12}$$

则：

$$P(i：I) = P(U_i > U_j，对所有 j) \tag{2-3-13}$$

在随机效用函数的形式中，特定的假设形成了特殊的概率模型。假定 U_i 仅与出行时间和出行目的地相关的经济变量有关，可有：

$$U_{dr} = a_0 + a_1 t_d + a_2 a_d \tag{2-3-14}$$

这里 t_{dr} 是通过路径 r 到 d 的出行时间，a_d 是与目的地 d 有关的经济变量，a_i 是系数，那么有：

$$P(r，d) = \frac{e^{U_{dr}}}{\sum_{d^i} \sum_{r^i} e^{U_{d^i r^i}}} \tag{2-3-15}$$

又有：

$$P(r \mid d) = \frac{P(r，d^0)}{P(d)} \tag{2-3-16}$$

和

$$P(d) = \sum_{r^i} P(r, d) = \frac{\sum_{r^i} e^{U_{d_r,i}}}{\sum_{d^i} \sum_{r^i} e^{U_{d^i,i}}} \tag{2-3-17}$$

得到：

$$P(r \mid d) = \frac{e^{U_{dr}}}{\sum_{r^i} e^{U_{d_r,i}}} \tag{2-3-18}$$

和

$$P(r \mid d) = \frac{e^{a_1 t_{dr}}}{\sum_{r^i} e^{a_1 t_{dr^i}}} \tag{2-3-19}$$

在这种方法中，路径选择行为是由多维选择行为构成的。

(二) 一个独立的决策量

从以上路径选择模型中可见 U_i 随机效用函数是非常重要的，是路径选择行为的决策量，它描述消费者对服务特性参数的重视程度。

因此，式 (2-3-13) 可演变为：

$$P(i; I) = \begin{cases} 1 & \text{如果 } U_i > U_j \text{ 对一切 } j \\ 0 & \text{其他} \end{cases} \tag{2-3-20}$$

这就是说，只有一种最优的选择，且是确定的。这就是消费者行为模型 I，消费者选取具有最大效用值的可选择方案。

如果在集合 I 中有 m 种可选择的 U^* 是相同的路径，则有

$$P(i;I) \begin{cases} > 0 & \text{如果 } U_i = U^*, U^* > U_j \text{ 对所有 } j \text{ 不在 } I_m \text{ 中} \\ = 0 & \text{如果 } U_i < U^*, \text{且} \sum_{i \in I_m} P(i;I) = 1 \end{cases} \tag{2-3-21}$$

如果有 N 个消费者具有相同的效用函数，且选择路径 i 的有 V_i 个，则式 (2-3-21) 变成：

$$V_i \begin{cases} > 0 & \text{如果 } U_i = U^*, U^* > U_i \text{ 对所有 } j \text{ 不在 } I_m \text{ 中} \\ = 0 & \text{如果 } U_i < U^*, \text{且} \sum_{i \in I} V_i = N \end{cases} \tag{2-3-22}$$

或者等同地有：

$$\frac{V_i}{N} = P(i; I) \tag{2-3-23}$$

式 (2-3-22) 同样可以写成效用形式：

$$U_i \begin{cases} = U^* & \text{如果 } V_i > 0 \\ > U^* & \text{如果 } V_i = 0 \end{cases} \tag{2-3-24}$$

式（2-3-24）即 Wordrop 第一原则的形式，这是交通运输系统分析中的一个著名模型。Wordrop 最初列出了单服务变量原则的公式：在所有路径上实际利用的旅行时间是相等的，小于这些值的数值只会由没有被利用的路上的单个车辆所给出。一个更准确的公式是："在平衡状态，没有一个使用者能单方面变化径路以降低他的出行时间。"这时，这种选择被称为自我原则，每个使用者都从自己本身的观点出发选择最好的道路。

这种原则与式（2-3-21）中的特殊情况相联系，其中，效用表示为时间的函数，这样：

$$U_i = -a_i t_i \tag{2-3-25}$$

如果 t^* 是通过最佳路径的时间（即时间最少的路径），则式（2-3-22）变成：

$$V_i \begin{cases} > 0 & \text{如果 } t_i = t^*, \ t^* > t^j, \text{ 对所有不同的 } j \\ = 0 & \text{如果 } t_i > t^* \end{cases} \tag{2-3-26}$$

类似于式（2-3-24），它也可以写成：

$$t_i \begin{cases} = t^* & \text{如果 } V_i > 0 \\ > t^* & \text{如果 } V_i = 0 \end{cases} \tag{2-3-27}$$

这样，假定使用者仅选择最短时间的路径，时间大于最小值的所有路径都不会被利用，这是一种具有绝对性的假设，是实际情况的高度理想化。

再现实一些，在大多数情况下，Wordrop 第一原则可以用一般效用函数公式表示，相当于式（2-3-22）。

回到式（2-3-19）和利用 t^* 表示通过最佳的路线的时间，有（消去 d）：

$$P(r: R) = \frac{e^{-a_i t_r}}{\sum_{r^i} e^{-a_i t^{i r^i}}} = \frac{e^{a_i t^*}}{e^{a_i t^*}} \cdot \frac{e^{-a_i t_r}}{\sum_{r^i} e^{-a_i t_{r^i}}}$$

$$= \frac{e^{-a_i t_r}}{\sum_{r^i} e^{-a_i (t^i r^i - t^*)}} \tag{2-3-28}$$

这个公式被称为多通道随机分配公式，它是由 Dial（1971）建立的，并且已经在标准城市运输模型中采用。与式（2-3-26）的对比，式（2-3-28）对时间大于 t^* 的路有非零流量的结果。

式（2-3-28）是独立随机选择模型的一种仅与出行时间相关的特殊情况，一般情况下，效用可以是几个服务特性的函数。这样，各种随机和确定型路径选择模型可以由消费者行为的一般模型的特例来表示，以便可以较简化地投入实际应用。

二、可能的流分配准则

可以把流的分配准则划分为三种主要类型。这其中的两个准则是由 Wordrop 最初划分的，已作为 Wordrop 第一原则和第二原则，Wordrop 原则最初按公路交通来描述，并且只考虑了单一运输服务特性，即旅行时间。我们现在采用了更一般性的公式，即用服务特性 S 描述，并标出了更多的固有特性的规律，每个流的分配准则都明显地或隐含地包括了一个行为假设。

类型 I 使用者最佳决策

每个使用者都有一个定义为他所经过路径的服务特性的效用函数，而且他选择的是具有最大效用的路径。反之，对于那个使用者，每条路径都可以由他的效用函数来描述：

$$U_P = f(S_P) \tag{2-3-29}$$

在平衡状态，所有使用者都进行选择，没有一个使用者改变他的选择（即变化路径），对每个起讫点对 $W = (k, d)$，连接那个点对的所有利用的路径，所取得的用户效用 U_P 大于或等于没有利用该路径的效用。当交通流以这种方式分配时，这个条件是可以满足的，它可以表示成下面的形式（Beckmann，1967；Dafermos，1971），在平衡时，对每个起讫点对 $W = (k, d)$ 有 m 条可允许的路径 P_1，P_2，$\cdots$，P_m 相连接，这些路径受到限制，以致：

$$U_{P_1} = U_{P_2} = \cdots = U_{P_s} \geq U_{P_{s+1}} \geq U_{P_{s+2}} \geq \cdots \geq U_{P_m}$$

和

$$U_{P_r} \begin{cases} > 0 & \text{对 } r = 2, \cdots, s \\ = 0 & \text{对 } r = s+1, \cdots, m \end{cases} \tag{2-3-30}$$

例如，如果 $U_P = t_P$，这里 t_P 是出行时间，那么流量分配准则是，通过所有路径的旅行时间是相等的；或者以小于或等于所有路径的旅行时间的方法来分配经过可利用路径的流量。

严格地描述 Wordrop 第一原则是这样的：在平衡状态，对于具有不同流量和服务水平的路径，没有一个使用者能够通过转移径路增加他的效用。

类型 II 使用者最优随机过程

类型 I 认为使用者均能作出最优选择，在实际中一般不太可能。类型 II 假设选择是一种机遇，这个偶然行为的基础可能是效用的随机组合，或者是在服务水平中偶然的经历，或者两者皆是，符合的平衡条件是：在平衡时，通过所有路径的流量等于在平衡服务水平下使用者选择每条路径的期望值。这是具有普遍性的原则，平衡的性质取决于特殊的概率模型和使用者特征的分布。

如果有一个单一的均匀市场，通过每条路径的流量将与每条路径的选择概率成正比，即：

$$P = \frac{V_P}{\sum_{P_r} V_{P_r} = P(U_P > U_J, \text{ 对所有 } J \neq P)} \tag{2-3-31}$$

类型 III 系统最优化

上述两个类型都是以每个消费者寻求最大的效用为基础，反映出行者或者货主自由选择的行为。相反地，在某些运输系统中，决策者可以控制流的流向，决定路径的选择。如某个公司决策者在其自己的公司体系中装货，或某个军队实体控制了通过自己的设备和服务网络上的货物的移动，则系统最优原则较为适宜。另外，我国某些由国家控制的大宗物资的运输也可适用这一原则。

设：

$$S_P = C_P V_P$$

式中：V_P——通过路径的流量；

C_P——每个流量单位的固定费率。

那么，有：

$$\min \lambda = \sum_{P \in R} V_P C_P \tag{2-3-32}$$

这里，流的分配准则是：通过路径的总货运（旅客）运输费用最小。此外，还可以有总时间最小、平均出行时间最短等相似的原则。最初，流的这种分配原则是由 Wordrop 作为旅行时间中的第二个原则提出的，内容是"对系统的所有使用者，平均出行时间是最小值"。这一原则自然地导致了各种数学最优化公式的应用，特别是线性规划和网络流模型。使用者最优原则也导致了各种模型和程序的产生。

除了上面所介绍的使用者最佳决策、使用者最优随机过程模型外，一般运输问题中典型的系统最优模型可表示如下：

$$\min E = \sum_i \sum_j c_{ij} x_{ij} \tag{2-3-33}$$

$$\sum_j x_{ij} = a_i(\text{发点}) \tag{2-3-34}$$

$$\sum x_{ij} - \sum x_{ji} = 0(\text{中间点}) \tag{2-3-35}$$

$$\sum_j x_{ji} = b_i(\text{收点}) \tag{2-3-36}$$

上式用线性规划方法即可求解。如加入 $x_{ij} \leqslant f_{ij}$ 即边流量限制，即演化为图论中最小费用最大流问题，用图论既有算法可解。

第五节　交通运输网络结构优化

一、基本概念

交通运输网络结构优化问题在交通运输网络分析初期较少得到讨论，因为这个问题很复杂，涉及因素多，求解困难。然而，网络结构优化对于区域和城市交通基础设施网络规划具有广泛的实用意义。在系统工程理论和方法未发展的过去，交通规划通常是人们凭经验或简单公式，人工形成若干可行方案，然后对这些方案进行评价选优。这种选优方法可选方案少，难以达到系统最优或得到多个满意解，且特别不适于新区域运输网规划以及现有网络的长期性、宏观性扩建规划。因此，此类优化引起了专家对运输网络结构优化模型的广泛探讨。

运输网络结构优化，在英文中称为 network design problem，即网络设计问题。实际上，这种说法并不完全准确，因为运输网一般都是在既有网上进行改进，很少是在一片空白上进行新的设计。

运输网络结构优化一般用于城市道路网规划、区域综合运输网规划，甚至交通方式在运输网中的分布规划。它用于解决在一定投资条件下，未来运输网中的点线分布、运输方式选择、道路标准和通过能力选择。其目的在于通过调整网络结构，使运输供给满足需求，并且以较少的投资获得最大的效益。

但是如何确定投资原则，怎样分析运输投资效果，是进行运输网结构优化的基础和关键。为此，引进固定费用（固定资产投资）和运营费用的概念，并对线路投资效益和投资原则做一介绍。

（一）固定费用与运营费用间的关系

设已有一运输网，如果要在该运输网上增加一条道路，那么这条道路的经济价值在于：多提供了一个使货物（旅客）从一个地方移到另一个地方的能力，从而降低了相关线路的货流（客流）强度，改善相应的服务条件，进而降低运输费用，如果达不到这个效果，则修新路的投资就毫无意义。因此，一个运输系统或一条线路的社会费用由两部分组成：一个是用于增加运输系统能力的固定成本费用 K，如新修线路或改建旧有线路的投资，另一个是运营成本费用 C。

K 随着道路的增加，或道路服务水平 Q 的提高而增加，而 C 随着道路服务水平的提高、运输条件的改善而降低。K、C 与道路服务水平的关系如图 2-3-7 所示，图中道路服务水平用能力衡量，S 曲线是总费用，$S=K+C$。要使总费用最小，则必须满足如下条件：

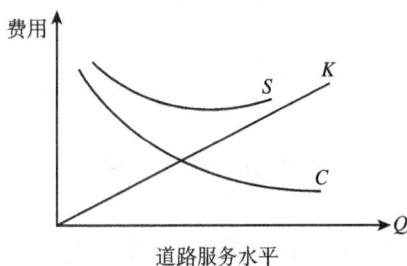

图 2-3-7 固定费用与运营费用变化示意图

$$\frac{\mathrm{d}S}{\mathrm{d}Q} = 0$$

也即

$$\frac{\mathrm{d}K}{\mathrm{d}Q} = -\frac{\mathrm{d}C}{\mathrm{d}Q} \tag{2-3-37}$$

式（2-3-37）说明：使固定成本费用曲线与运营成本费用曲线的变化率相等的那一点的服务水平，就是使系统总费用达到最小的服务水平。

（二）线路投资效益与投资原则

当规划一个运输网时，如何从经济的观点出发，判断一条线路是否应新建或改建呢？

上面我们提到，投资的增加将扩大道路能力，降低运输费用。设 OD 两点间原来的运营费用为 C_{OD}，新建道路或改建线路后，使运营费用发生了变化，设其为 C'_{OD}，则效益 B 为：

$$B = C_{OD} - C'_{OD} \tag{2-3-38}$$

效益 B 各年不一定相等，这是因为 C'_{OD} 可能各年不一定相等，C'_{OD} 与流的大小有关。所以 B 是年 T 的函数：

$$B(T) = C_{OD}(T) - C'_{OD}(T) \tag{2-3-39}$$

$B(T)$ 应大于 0，否则增加的投资就无意义了。

假定线路的投资偿还期为 N 年，年利率为 r，则 N 年内获得的总效益 P 为：

$$P = \sum_{T=1}^{N} \frac{B(T)}{(1+r)^{T-1}} = B(1) + \frac{B(2)}{1+r} + \cdots + \frac{B(N)}{(1+r)^{N-1}} \tag{2-3-40}$$

投资原则为：

$$P > K$$

若逐年获得的效益值 $B(T)$ 为常量 B，则：

$$P = B\left(1 + \frac{1}{1+r} + \cdots + \frac{1}{(1+r)^{N-1}}\right) = B \frac{(1+r)^N - 1}{(1+r)^{N-1} - r} \tag{2-3-41}$$

由 $P > K$ 得：

$$B > K \frac{(1+r)^{N-1}}{(1+r)^N - 1} \tag{2-3-42}$$

即当年效益为常量 B 时，年效益 B 必须满足不等式（2-3-42），此时投资 K 才是可行的。

二、优化模型

有了上述的运输费用与效益的概念后，就可根据目的、要求、条件进行运输网结构优化。

一般来说，运输网结构优化问题可以按以下几种方式分类：

（1）按照目标分类：单目标优化和多目标优化。

（2）按照改进运输网的投资如何体现在模型中进行分类：一类模型是以投资约束的方式来表达，另一类模型把投资以适当的权重包含在目标方程中。

（3）按照费用方程的类型分类：线性、分段线性、指数型、对数型以及非线性和微型目标优化。

（4）按照改进方案的连续性或离散性分类：在大多数实际应用问题中，离散型偏重于实际，更为适用，而连续型更加数学化，易处理，也常被使用。

下面我们介绍两个具有实用意义的网络结构优化模型和解法。这两个模型都是线性、离散且以投资为约束条件的，其中一个是单目标、单货种的网络结构优化，另一个是多目标、多货种的网络结构优化。

（一）模型 I——单目标、单货种网络结构优化问题

问题的描述： 已知单货种、多收点、多发点、多种运输方式及道路组成的综合运输网，求在运输需求、运输能力、基建总投资等约束条件下，使年费用达到最小的优化网络结构。

要建立网络结构优化模型，首先应将实际网络以图论中点、线集合来表示，其含义如下：

（1）点集 $N=\{1, 2, \cdots, n\}$ 定义为货物收发点、中转点、线路交叉点以及为研究方便所设置的虚拟点的集合。其中虚拟点的设置可概括为以下几种情形：

① 多收点、多发点情况。为了便于客货流的分配，常将单货种的多收发点问题，通过虚设总发点 S、总收点 T，转化为单收发点问题。其设置原则如下：从总发点向各发点连条线，规定线上的能力等于各发点的发量；从各收点向总收点连条线，规定线上的能力等于各收点的收量，并且令这些线上的运营费用为零，如图 2-3-8 所示。

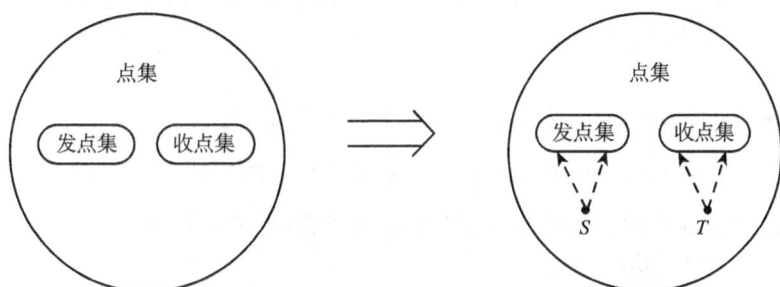

图 2-3-8　多收点、多发点情况

② 两点之间存在两种或两种以上方式运输路径情况，如图 2-3-9 所示。

图 2-3-9　两点之间存在两种或两种以上方式运输路径情况

将其中每一种方式的路径设一虚拟节点，将 l_1 化为 $l_{11}+l_{12}$ 两段，当流量方向为 $A \to B$ 时，则为公路通道；当流量方向为 $A \to C \to B$ 时，则为铁路通道。对 3 种以上运输方式，可采用同样方法以确定路径标记的唯一性。

③ 存在中转费用情况。在完成一批货物运输的过程中，可能应用一种以上运输方式，方式的改变需要一定的中转费用，这时可通过设置虚拟点将点费用转换为边费用，如图 2-3-10 所示。

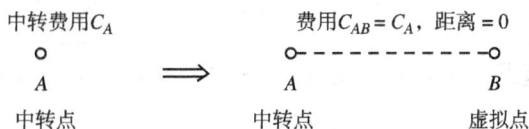

图 2-3-10　存在中转费用情况

（2）边集合定义为连接运输网中收发点与线路交叉点间、交叉点与交叉点间的线路以及与上述虚拟点相关联的虚拟线路的集合。即若点 i、j 间有交通线或虚拟线相连，则存在

边 $e = (i, j)$，于是获得边集合 $E = \{e_1, e_2, \cdots, e_m\}$。

得到图 $G(N, E)$ 后，下一步就要建立网络结构优化模型。定义符号如下：

$N = \{1, 2, \cdots, n\}$ ——前述意义下的点集合；

y_{ij}——决策变量，若点 i、j 间新修一条道路或改建原有的连接 i、j 两点的线路，则 $y_{ij} = 1$，否则 $y_{ij} = 0$；

x_{ij}——流变量，指边 $e = (i, j)$ 上的货流量。

S——货物的总发点。

T——货物的总收点。

U^{ST}——发点 S 到收点 T 的总货运量。

k_{ij}——点 i、j 间新建线路或改建旧线以便增加能力所耗费的固定成本费用；

c_{ij}——点 i、j 间运输单位重量的货物需消耗的运营费用，或单位质量的装卸中转费用；

q_{ij}——点 i、j 间线路的限制能力；

r——偿还率；

Y——用无序点偶表示的运输网中新修建或改建线路的集合；

$\overline{Y}$——用无序点偶表示的运输网中旧有线路及虚拟线路的集合；

E——用无序点偶表示的运输网线路及虚拟线路集合，$E = Y \cup \overline{Y}$；

$A(i)$——与点 i 关联的边的集合；

$K_{\max}$——允许的最大投资额。

寻求年费用最小的运输网规划问题的数学描述为：

$$\min \left\{ \sum_{(i, j) \epsilon Y} r k_{ij} y_{ij} + \sum_{(i, j) \epsilon E} c_{ij} x_{ij} \right\} \tag{2-3-43}$$

$$x_{ij} \leqslant q_{ij} \tag{2-3-44}$$

$$\sum_{(s, j) \epsilon A(S)} x_{si} = \sum_{(i, T) \epsilon A(T)} x_{iT} = U^{ST} \tag{2-3-45}$$

$$\sum_{(i, j) \epsilon A(j)} x_{ij} = 0 \qquad (j \neq S, \text{ 且 } J \neq T) \tag{2-3-46}$$

$$x_{ij} \geqslant 0 \tag{2-3-47}$$

$$y_{ij} \epsilon \{0, 1\} \tag{2-3-48}$$

$$\sum_{(i, j) \epsilon Y} k_{ij} y_{ij} \leqslant K_{\max} \tag{2-3-49}$$

式（2-3-43）~式（2-3-49）是一个混合整数规划问题，将其所描述的问题简称 MP 问题。

式（2-3-43）为一年内所消耗的全部费用之和，其中 $\sum_{(i, j) \epsilon Y} r k_{ij} y_{ij}$ 是一年内的固定成本费用，$\sum_{(i, j) \epsilon E} c_{ij} x_{ij}$ 是一年内运营成本费用。式（2-3-44）是能力限制条件，也即每条线路上的货物流量不能超过线路的负荷能力。式（2-3-45）和式（2-3-46）是点平衡条件，其中式（2-3-45）保证了货物在收发点上收发量的满足。式（2-3-46）保证了非收发点货物进出量之和为零。式（2-3-47）和式（2-3-48）是变量取值区域的约束，保证 x_{ij} 的非负性和 y_{ij} 仅取 0 或 1 两个整数值。式（2-3-49）是投资约束条件。

求模型解的思路是，将式（2-3-43）的线性目标函数，根据线性规划理论改写成如下形式：

$$\min\left\{\sum_{(i,\,j)\epsilon Y} rk_{ij}y_{ij} + \sum_{(i,\,j)\epsilon E} c_{ij}x_{ij}\right\} \tag{2-3-50}$$

式（2-3-50）说明求解上述模型的搜索式算法，即对一个可行解 Y，通过求解 x_{ij} 的线性规划问题，求出在这个给定 Y 条件下的最优解，若给出全部可行的 Y，则求出在每个可行的 Y 的条件下的最优解，经过比较可得到 MP 的最优解。由此可知，求解的关键在于：①找出可行解 Y 的集合；②求解 x_{ij} 的线性规划。

Y 的可行条件可根据如下过程推导：为叙述方便，令 $\boldsymbol{E} = (e_1,\ e_2,\ \cdots,\ e_m)$ 为边向量，Y^i 为对应于 e_i 的投资决策，$Y^i = 1$ 代表有一个投资，否则没有投资，于是得到一个投资方案 $(Y^1,\ Y^2,\ \cdots,\ Y^m)$。若某线路寿命周期为 n 年，年利率为 r，B_t^i 为第 t 年末边 e_i 的年收益。根据式（2-3-50），某条线路 i 的投资效益为：

$$P^i = \sum_{t=1}^{n} B_t^i (1+x)^{-(t-1)} \tag{2-3-51}$$

运输网总投资效益为：

$$P = \sum_{i=1}^{m} Y^i P^i = \sum_{i=1}^{m} Y^i \sum_{t=1}^{n} B_t^i (1+r)^{-(t-1)} \tag{2-3-52}$$

根据投资原则，应有 $P \geqslant K$。在临界 $P=K$ 时，若令 B_t^i 为常量 B^i，则有如下等式成立：

$$\frac{(1+r^*)^n - 1}{r^*(1+r^*)^{n-1}} = \frac{K}{\sum\limits_{i=1}^{m} Y^i B^i} \tag{2-3-53}$$

因 P 是 r 的减函数，由 $P \geqslant K$ 可导出 Y 的可行解域 R：

$$R = \{(i,\ j) \mid (i,\ j)\epsilon E,\ \text{且}\ r^* > r\} \tag{2-3-54}$$

其中 r^* 表示线路投资的平均内部收益率，它可由方程（2-3-53）导出。r 表示线路最低期望平均报酬率。$r^* > r$ 表示当线路的内部收益率大于最低期望报酬率时，线路投资才是可行的。

令 K^i 为边 e^i 的投资成本，若考虑投资约束条件，即有：

$$\sum_{i=1}^{m} K^i \cdot Y^i \leqslant K \tag{2-3-55}$$

则得到可行方案如下：

$$Y = \left\{Y^i \mid \text{当}\ Y^i = 1\ \text{时},\ Y^i\epsilon R,\ \text{且}\sum_{i=1}^{m} K^i \cdot Y^i \leqslant K\right\} \tag{2-3-56}$$

最后，很自然地得到一个解的方法，算法如下：

（1）令 $k=0$，Y 的可行解域 R 是否非空，若 $R \neq \Phi$，则转（2），否则转（3）。

（2）取一可行解 $Y^{(k)}$，且 $Y^{(k)} = Y^{(i)}$，$j = 1, \cdots, k-1$，令 $E^{(k)} = \overline{Y}^{(k)} \cup Y^{(k)}$，计算

$$\sum_{(i, j) \in Y^{(k)}} rk_{ij} y_{ij}$$

（3）解线性规划：

$$\min \sum_{(i, j) \in E^{(k)}} c_{ij} x_{ij}$$

满足约束

$$\begin{cases} x_{ij} \leqslant q_{ij} \\ \sum_{(s, j) \in A(S)} x_{Si} = \sum_{(i, T) \in A(T)} x_{iT} = U^{ST} \\ \sum_{(i, j) \in A(j)} x_{ij} = 0 \quad (j \neq S, \; \text{且} \; j \neq T) \\ x_{ij} \geqslant 0 \end{cases}$$

得此线性规划的最优解 $X^{(k)} = \{x_{ij}^k\}$ 及费用 $\sum_{(i, j) \in E^{(k)}} c_{ij} x_{ij}^{(k)}$。

（4）求总费用 $\mathrm{TC}^{(k)}$

$$\mathrm{TC}^{(k)} = \sum_{(i, j) \in Y^{(k)}} rk_{ij} y_{ij} + \sum_{(i, j) \in E^{(k)}} c_{ij} x_{ij}^{(k)}$$

（5）还存在第 $k+i$ 个可行解 $Y^{(k+1)}$ 吗？若存在则令 $k = k+1$，转（2），否则转（6）。

（6）求 $\mathrm{TC}^* = \min\{\mathrm{TC}^1, \mathrm{TC}^2, \cdots, \mathrm{TC}^{(k)}\}$ 并令对应于最小费用 TC^* 的 Y 和 X 分别为 Y^* 和 X^*。

在（1）～（6）的算法步骤中，步骤（3）中求解 x_{ij} 的线性函数的极小值问题，与网络中带有容量约束最小费用最大流问题是等价的，可用图论的方法求解，这里不再赘述。

（二）模型 Ⅱ——多目标、多货种网络结构优化问题

在大多数实际问题中，综合运输网是由多种运输方式、多种货流组成的复杂运输网，具有多功能、多目标、多影响因素的特点，所以仅以单目标进行单货流的运输网规划是有局限性的，需要研究更具实际意义的多目标、多货种的网络结构优化模型。

问题的描述：已知多货种、多收点、多发点、多种运输方式及道路组成的综合运输网，求以运量需求、运输能力、基建总投资为约束条件，以年费用达到最小、运输网建设土地总占用最小、运营总能源消耗最小为目标的优化网络结构。

模型 Ⅱ 的网堵图的表达形式、表达内容、含义基本上与模型 Ⅰ 相同，只是对于多货种来说，不同货种在每一收发点的收发量不同，因此，不能简单地将多收发点用虚拟点转化为单收发点问题。具体处理办法以后还要详述。

符号定义：

模型Ⅱ中的 N、E、y_{ij}、x_{ij}、k_{ij}、c_{ij}、q_{ij}、r、Y、$\overline{Y}$、$A(i)$、$K_{\max}$ 的定义与模型Ⅰ相同。除此之外，还需定义如下符号：

m——发点个数；

n——收点个数；

S——发点集合，$S=\{S_1, S_2, \cdots, S_m\}$；

T——收点集合，$T=\{T_1, T_2, \cdots, T_n\}$；

$U(S_i)$——S_i 发点的总发量，$S_i \in S$；

$U(T_i)$——T_i 收点的总收量，$T_i \in T$；

D_{ij}——(i, j) 边每 km 土地消耗量，hm^2/km；

F_{ij}——(i, j) 边每 t·km 标准燃料消耗量；

L_{ij}——(i, j) 边的长度。

上述模型用数学形式描述如下：

（1）目标。

① 年费用最小：

$$\min G = \sum_{(i, j) \in Y(k)} rk_{ij}y_{ij} + \sum_{(i, j) \in E} c_{ij}x_{ij} \tag{2-3-57}$$

② 土地占用最小：

$$\min D = \sum_{(i, j) \in Y} D_{ij}L_{ij}y_{ij} \tag{2-3-58}$$

③ 燃料消耗最小：

$$\min F = \sum_{(i, j) \in E} F_{ij}L_{ij}x_{ij} \tag{2-3-59}$$

（2）约束条件。

$$\sum_{(i, j) \in A(i)} x_{ij} = \begin{cases} U(i) & i \in S \text{ 或 } i \in T \\ 0 & \text{其他} \end{cases} \tag{2-3-60}$$

$$\sum_{(i, j) \in Y} k_{ij}y_{ij} \leq K_{\max} \tag{2-3-61}$$

$$x_{ij} \geq 0 \tag{2-3-62}$$

$$y_{ij} \in \{0, 1\} \tag{2-3-63}$$

式（2-3-57）~式（2-3-63）构成了多目标、多货种的网络优化模型。在解这个模型之前，需要对以下问题进行处理：

1. 寻找可行解问题

寻找多目标的可行解，有时不像单目标那样容易得出。这里所介绍的方法是首先根据当地有关部门和人员对研究的综合运输网所做过的切合实际的发展规划，以及咨询和最短路径法，获得实物消耗量、线路走向、线路长度等指标都比较可靠的大量备选方案。在众多方案中，再按照一定的原则，从中选优，求出每一方案的可行解。这种先方案集初选，进而求可行解的办法，体现了决策民主化和科学化的特点，它既利用了实际工作者所掌握的信息，减少数据收集、整理工作量，又不失方案的可靠性，且不拘于局部最优的规划方案，这种方法在目前条件下对系统的多目标优化是比较合适的。

从初选方案集中求可行解的原则是网络图论中的最大流–最小截。即在现有运输网中，按照网络中求最大流的办法（不考虑能力约束），求现有运输网的最大流和最小截，检验最小截的截量是否大于或等于最大流的流量，如果条件得不到满足，则用初选方案集中的方案扩充此截能力，即构成最小截上可行方案集，计算这些方案的年均基建投资，如果投资超限，则放弃该方案，否则得到一个可行解。

2. 多目标序列最优化的实现

本模型建立了年费用最小、土地总占用最小与燃耗最小这三个目标。为了实现三个优化目标，需要选择一种适当的多目标优化的方法，使网络结构优化过程得以实现。

我们在这里介绍的是多目标规划中的多目标序列最优的方法（允许宽容的情况）。其原理是：预先确定宽容度，即预先确定每个目标的目标值大于最优值的百分比，并预先给定目标的优先顺序；然后，在可行解集内比较目标1的值，求其中最小值，并按照预先给定的此目标的宽容度扩大允许的最小值，然后再逐一比较各可行解的目标值，目标值小于或等于允许值的方案集保留下来，构成后两个目标的可行解集。后面其余目标以此类推，最终得到综合运输网多目标优化的非劣解集，提交综合评价模型进行评价，如果综合评价值不能令人满意，或为了检验非劣解集的灵敏度，可以改变多目标的优先顺序、各目标的宽容度，用此算法重新进行计算，以求多组非劣解，供选择评价之用。

3. 多货种网络流的分配问题

在有限能力的运输网上进行多货种流量的分配是有一定困难的。原因是，如将多货种中每一货种顺序地按适于单货种的受容量约束的最小费用最大流原则进行流量分配，那么，先分配的货种有可能先占满某一对收发点间最短路的最小边容量，使得其他货种流无法经过该边，而不得不寻找其他非最短路，这与实际情况不符。用这种先分配的货种能力优先的方法获得的多货种网络流是不可行的。

这里采用一种降阶处理方法，即预先确定各货种占有线路或各种运输方式的能力区间，然后对每一货种在其相应区间内进行单货种的流量分配，从而解决多货种网络流的分配困难问题。

在有能力限制的运输网上对每一货种在每种运输方式（或每条路径）上的运量加以定量限制的一种可以借鉴的模型为：

$$Y = AB \tag{2-3-64}$$

式中：Y——能力分配结果；

A——优度（适应度）矩阵；

B——能力分布状况矩阵。

在确定货种对运输方式的适应度时，选用如下指标：

U_1——运输的方便性（反映运输过程中倒载情况）；

U_2——在途时间值（反映货物对时间的要求）；

U_3——运输费用（反映运输耗费）；

U_4——货种的物理特性对运输方式的适应度。

则：

$$t_{ij} = \{[U_1(t_{ij}) \cdot U_2(t_{ij}) \cdot U_4(t_{ij})] + U_3(t_{ij})\}/2 \qquad (2-3-65)$$

式中，t_{ij} 为第 i 种运输方式对第 j 种货物的适应度。

采用降阶方法进行多货种流的分配，其步骤可用图 2-3-11 表示。

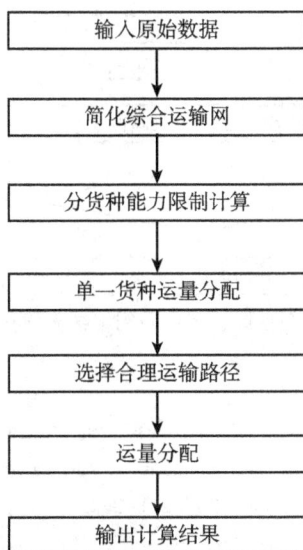

图 2-3-11　降阶处理多货种流的分配步骤

最后，根据上述思想得到多目标、多货种网络结构优化的算法步骤，如图 2-3-12 所示。

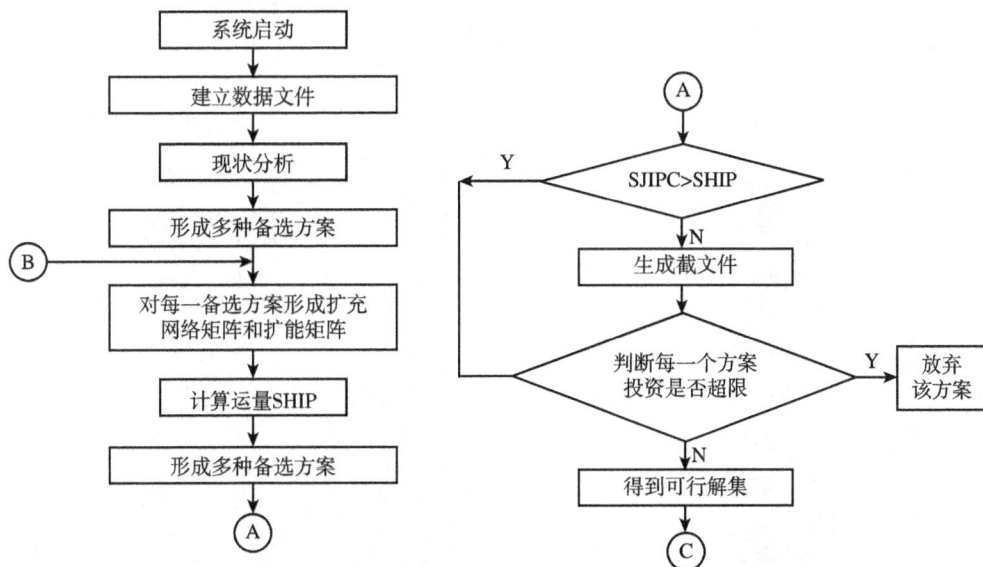

图 2-3-12　多目标、多货种网络结构优化步骤

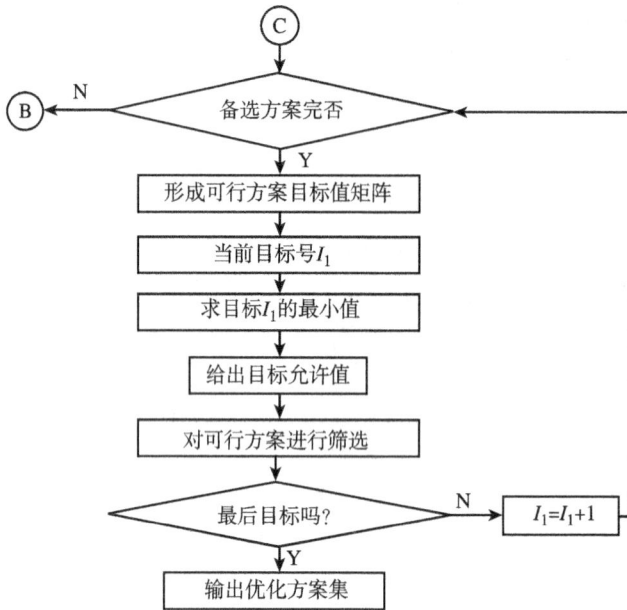

图 2-3-12　多目标、多货种网络结构优化步骤（续）

主要参考文献

［1］张国伍. 交通运输系统分析［M］. 成都：西南交通大学出版社，1991.

［2］XIE F, LEVINSON D, Topological evolution of surface transportation networks［J］. Computers environment and urban systems，2009，33：211-223.

［3］NEWELL G F. Traffic flow on transportation networks［J］. Mathematical models，1980.

［4］DIJKSTRA E W. A note on two problems in connexion with graphs［J］. Numerische mathematlk，1959，1（1）.

［5］RODRIGUE J P, The geography of transport systems［M］，Routledge，2020.

第四章

交通运输系统的结合部与枢纽

第一节　交通运输结合部

交通运输结合部就是在运输生产经营活动中，为共同的目的，由几个系统和几个要素共同负责、共同管理形成相互交叉、相互依存的区域和环节。简言之，结合部是指系统间相互结合的部位，也就是说，只要有两个及多个部门或组织共同参与某项作业或某项工作，就必然存在结合部。交通运输结合部是多种矛盾的集中点，也是管理过程中的重点部位。

一、交通运输结合部的分类

在交通运输系统中，主要有以下几类结合部：

（一）过程结合部

过程结合部指在运输过程中，由各工种协同完成某一特定功能的作业过程。以铁路运输为例，在铁路运输中过程结合部是最基本、最普遍的状态，如接发列车作业、调车作业、机车出入库作业、施工作业等。从更广泛的意义上讲，过程结合部还可以指不同运输方式或同一运输方式中不同运输线路之间的旅客换乘、货物换装的作业过程，即运输枢纽的基本作业过程。

（二）空间结合部

空间结合部指各部门、各单位间相互衔接、密切联系，又共同负责的区域。如不同方式的枢纽站、管辖区域的分界处、公路与城市交通的结合处等。

（三）时间结合部

时间结合部指在连续的运输生产过程中，各工种、各工序必须在规定的时刻按要求完成的作业项目和内容。它类似于时间网络图中的节点，如列车交会、区间封锁交接班、客货运输交接等。

（四）设备结合部

设备结合部指对运输设备在维修、管理、使用之间的相互联系。运输生产连续不断地进行，设备必须始终以良好的运行状态来保证运输作业。而设备的修、管、用有时归不同部门负责，需有一整套相互结合的管理措施，如车辆和集装箱的租赁与调运、运输设备的承包等。

（五）环境结合部

环境结合部指与运输生产不可分割，而又对其发生重要影响的各种外部因素和条件，如运行秩序、治安状况、站车关系、港船关系等。

（六）职能结合部

职能结合部指运输管理各部门的职能、职责、职权的相互交叉和相互联系。职能结合部的范围很广，表现在纵向、横向、内部、外部的分工协作等各个方面，如计划、规章等。

综合运输中的各类结合部往往不是孤立的，而是相互联系、相互依存的。它分布于管理活动的各个层次，寓于生产的全过程，处于变化之中。这些结合部呈现的基本特征是多重作业、多元集合、多级传递、多种形态。从结合部的分类和特征来看，它实质上是一个系统边界问题。

二、交通运输结合部问题的三个层次

结合部现象普遍存在于社会、经济等诸多领域，随着社会分工的不断细化，部门间、企业间的结合部问题变得越来越突出，常常引起部门、企业在配合中的推诿、扯皮等现象，成为管理的薄弱环节。交通运输系统中的运营和管理中大量存在着结合部现象，严重影响交通运输系统的安全、扩能、优质服务。交通运输结合部即交通运输拓扑网络中的作业交汇、干线交会所形成的"点"，这里的"线"即运输的干线及支线。张国伍教授以铁路运输系统为例，进行交通运输结合部的基本概念、管理理论和方法研究，促进了铁路运输的安全、扩能与服务三大子系统的有效结合，为交通运输管理中解决横向协调提供了一种有效的途径。

交通运输结合部具有层次性。从广义上讲，可以分成三个层次：宏观的交通运输结合部、中观的交通运输结合部、微观的交通运输结合部。

（1）宏观的交通运输结合部指交通运输和国民经济的交汇关系，交通运输作为国民经济的一个子系统和国民经济其他部门间呈现交叉协同等结合部问题，这种结合部的研究将有助于交通经济一体化发展。

（2）中观的交通运输结合部指多种运输方式间的交叉、交汇、重复关系，在由计划经济下的多种运输方式发展向运输市场化的竞争发展中，研究以信息共享、网络化和互补化为前提的多种运输协调竞争模式是十分必要的。

（3）微观的交通运输结合部指各种运输方式内部的技术作业等产生的交叉、交汇等关系。

三、交通运输结合部的特征与运行规律

（一）基本特征

从一般系统理论和一般管理科学角度看，结合部具有以下基本特征：

（1）从系统角度讲，系统管理一般包括系统设计、分析、实施、评价、改进等阶段。结合部管理主要解决系统实施阶段中的问题，重点是系统协调。

（2）从管理角度讲，管理的职能主要包括预测、决策、计划、组织、指挥、协调、控

制等，结合部管理主要针对组织、协调、控制等管理职能进行研究，而对决策、预测等职能较少涉及。

（3）从维度上讲，结合部不仅在横向间存在着，而且在纵向间也存在着，因为纵向间也有脱节、失控，也有扯皮、推诿，也需要协调，但它往往可以通过行政手段加以解决。因此，结合部有广义和狭义之分，狭义的结合部指横向间的结合部，广义的结合部包括纵向、横向两个维度。

（4）从内容上讲，交通运输系统运输生产和经营管理的内容十分广泛，仅运输的安全、能力、服务三个方面形成的结合部管理问题，已经成为制约交通运输组织管理的发展和深化的关键和突出的薄弱环节。

（二）结构特征

交通运输结合部是指在追求系统整体功能发挥的过程中，相关子系统之间相互作用、相互制约、相互耦合，以实现特定目标的一种表现形式或客观产物。作为一类特殊系统，交通运输结合部与一般意义上的系统相比具有以下结构特征：

1. 系统构成要素的多样性与相对独立性

由于交通运输结合部系统的构成要素来自两个以上并行的子系统，所以这些要素性质各异，具有多样性特征，同时这些要素首先隶属于各自的子系统。在交通运输结合部系统中，要素间具有相对独立性。

2. 结构复杂与弱结构化特征

由于系统构成要素的多样性及其相互之间错综复杂的联系和相互作用关系，增强了交通运输结合部系统结构的复杂性。多个并行子系统的相互关联也导致交通运输结合部系统的结构较一般系统明显弱化，呈多结构融合和层次性特性，整体结构弱化。

3. 过程性结构特征

由于交通运输结合部是追求系统整体功能发挥的一种产物，交通运输结合部的存在或变化受大系统功能的决定和制约，呈现典型的过程性特征，总是处于与时间相关的动态变化之中。

4. 演化轨迹的多样性

交通运输结合部系统的弱结构化特征使其成为大系统运行的薄弱环节，易于受随机因素影响，使系统发生巨型涨落。因而交通运输结合部系统往往处于大系统运行的不稳定区域，动态多变，存在多种可能的演化轨迹。

5. 组织管理的特殊重要性

交通运输结合部的结构特征，对其组织管理提出了特殊要求，因而其管理模式不同于常规的组织化的系统管理模式。同时，交通运输结合部既是大系统自身的薄弱环节，也是组织管理的薄弱环节，是系统失效的多发部位。交通运输结合部要素之间的关联和协同程度影响其功能的有效实现。因此，有效的交通运输结合部组织管理对发挥整体效能、实现系统目标更具有特殊的重要性。

（三）表现特征

交通运输结合部的上述构成特点使其具有多重表现特征，具体如下：

1. 交通运输结合部多结构融合，具有层次性和整体结构弱化

这是由于构成交通运输结合部的元素同时又分别是其各自子系统的元素，而这些元素与其所属子系统之间的关系相对更为密切。如各类交通运输企业之间、企业各部门之间，以及部门内部的横向或垂直分工产生的交通运输结合部问题中纵向隶属，内部密切关系大于运输部门、企业之间的密切程度，体现出交通运输结合部中元素之间结合强度相对较弱和系统层次性特点，导致交通运输结合部的整体功能趋于弱化。

2. 交通运输结合部具有动态多变性

动态多变性表现为交通运输结合部组成元素之间相互关系受环境的影响和作用随时间可产生变化的不确定性。交通运输结合部系统的内部结构通过系统边界与系统环境交换能量与信息，并调整系统结构，使之适应系统环境。而环境的不断变化和作用，导致了交通运输结合部系统演变的动态性和不确定性。

3. 交通运输结合部往往处于运输大系统运行的不稳定区域

构成交通运输结合部的元素是由不同系统的子系统组成的，它们之间的关联性和紧密程度相对较低。因此，对交通运输结合部的组织与管理，应促使要素之间协同，可导致其功效发生质的变化。

（四）运行规律

1. 描述

根据交通运输结合部形成机理，交通运输结合部的运动轨迹可从以下几方面来描述：
（1）在基本法规和标准的导向下运行；
（2）在严格的时序和时限中运行；
（3）在确定的网络中运行。

从层次结构上看，高层次的结合部对低层次的结合部具有管理功能，将不同层次和同一层次不同性质的结合部组成一个纵横交错的运行和管理网络。

从信息流动来看，结合部是大网络中的信息传递环节，而且这种信息传递是一环扣一环的，中间环节运行受阻，就意味着信息流通不畅，导致系统运转失灵。结合部运行必须遵循信息传递规则，众多的结合部信息传递，形成了信息流通网络。

以铁路运输作业过程为例，上一环节的作业与下一环节的作业紧密相连，密切衔接。同时，在质量控制中，上道工序为下道工序服务并提供质量保证，下道工序对上道工序进行质量监控和验收，并提供反馈信息。这样各工序的连续作业（平行作业、交叉作业）构成相互制约的作业网络。结合部的作业必须遵循确定的网络轨迹运行。可以这样讲，结合部的运动轨迹是一张特殊的"网络图"。

2. 规律

通过对结合部形成机理和运动轨迹的研究，以及对结合部运行情况的考察，发现结合部的运行规律呈现出一些带有普遍性的规律，具体如下：
（1）在运输生产中，相关要素随机组成功能块。
（2）在统一规定下，诸要素协调动作。
（3）在矛盾转化中，结合部不断趋于优化。

（4）在高度离散的信息中，结合部有规则地运行。

（5）在相互作用中，结合部呈现明显的"骨牌"效应。

（6）在权威要素主导下，结合部发挥整体功能。

（7）在"接口"处，集中反映结合部的结构状态。

（8）在复杂多变的环境中，结合部有序循环。

四、交通运输结合部的管理组织与协调控制

交通运输结合部管理的对象，是交通运输各部门、各单位之间主要交叉作业上的协调配合问题，即横向间的联系问题。研究的目的是发挥系统的整体功能，确保运输安全，提高运输效率和服务质量。

根据交通运输结合部的特殊性，对交通运输结合部进行管理的意义在于，交通运输结合部管理是针对交通运输结合部这种特殊的弱化结构组织形式，通过促使交通运输结合部系统要素之间保持协同合作，在协同与竞争的对立统一中追求交通运输结合部系统的整体性和自适应，以及协调功能，实现交通运输结合部由无序向有序或更高层次转化的动态过程。

由于交通运输结合部是在运输过程中产生的，而且以动态的空间形式存在，所以交通运输结合部管理是围绕系统运行过程进行的，并涉及对系统复杂性的管理。又因为交通运输结合部不限于某一个固定构架下的组织形式，故所追求的交通运输结合部管理不能按照单一化组织构架来管理，而是要探讨交通运输结合部管理的本质内涵，即实现无序向有序、从低层次有序向高层次有序的过渡，进而成为无管理的管理。

结合部是诸多要素通过一定方式，按一定要求有机联系起来的功能模块。诸要素间相互联系的内在结合方式，便是结合部的结构。诸要素间按照一定的规律和要求形成的排列、组合，就是结合部要素联系的具体方式，即结合部的组织。构成结合部的要素，分属不同的管理子系统。在结合部运行中，任何一个独立要素对结合部整体功能的发挥，都可能有否决权。另外，结合部是在运输作业过程中应某项功能的要求而产生的，作业完毕，功能实现，有关的结构联系即告结束。所以，与一般系统结构相比，结合部结构存在先天不足之处，主要表现在结构体系松散、结构稳定性差、结构的抗干扰性差等方面。结合部在结构上存在的缺陷，制约结合部功能的发挥，致使结合部成为交通运输系统突出的薄弱环节，因此，结合部结构的改善就显得十分重要。调整途径有调整布局、优化组合和增加冗余几种形式。

结合部的管理组织与协调控制要求结合部要素的功能必须满足两方面的条件：一是服从结合部要求；二是服从行政隶属系统要求，这两者之间的协调统一是充分发挥结合部功能的重要保证。结合部的功能协调，就是结合部中各个要素之间为实现特定功能而进行配合。协调包括结构协调、行为协调、功能协调。结构协调就是对结构进行调整、改善；行为协调就是指人人协调、人机协调、机机协调，以及人、机、环的协调；功能协调是指系统整体功能的协调。结合部管理的核心在于协调和控制。

第二节 交通枢纽

交通枢纽是交通运输结合的一种。交通枢纽有广义和狭义之分，广义的交通枢纽是指区

域交通网络中各交通线路交汇的城市。在经济地理上，称这种城市为交通枢纽。狭义的交通枢纽是指城市中某个具体的交通场站，该场站是各种交通线路的衔接点，是实现办理客货运输业务、交通工具到发和中转等功能的场所。在交通运输系统中，交通枢纽为旅客与货物集散及相应载运工具提供设施，为运输方式与运输方向的转换提供场所，实现客货流的集散与换乘这一核心功能。

早期交通枢纽指两种交通方式或两条以上交通线路的换乘设施，是多个站点的集合。现代综合交通枢纽是综合交通网络的关键节点，是各种运输方式高效衔接和一体化组织的主要载体与结合部，具体表现为交通基础设施的物理衔接、能力匹配，统一的技术作业过程，运输过程的信息共享和协作配合，通用的规章制度和服务标准，社会化的运输服务网络和运输组织网络，实现旅客联程运输、货物多式联运的方式转换、运输商务过程和运输生产过程统一的运输场所。综合交通枢纽集中了交通运输、物流、旅游、商贸、金融、保险、资讯、物业等诸多功能，并不断拓展创新服务业态，对城市开发产生了显著的外溢效应，已经由城市交通综合体演变为城市功能综合体。

综合交通枢纽根据功能布局可分为单一型、综合型、门户型，根据设施规模可分为特大型、大型、中型、小型。从功能的完整性与服务的便捷性，综合交通枢纽基础设施应包括枢纽本体及配套设施、集疏运设施。

一、交通枢纽的系统特性

交通枢纽是国家或区域统一交通运输大系统的重要组成部分，它决定运输网相邻径路的运输特点，是由若干种运输（其中包括不少于两种干线运输）方式所连接的固定设备和移动设备组成的一个整体，共同完成货物运输及旅客运输的中转作业与地方作业。各种引入枢纽干线的客、货运输汇合点与分流点及大量市郊运输的终到站，均属于交通枢纽的研究范围。

由系统科学理论可知，所谓系统，就是由两个及两个以上相互区别又相互联系的要素有机结合起来实现某一特定功能的综合整体，组成该系统的各个要素又称为其子系统，系统以外的因素又称其外部环境。结合上述交通枢纽的基本概念可知，交通枢纽地处两条或多条干线的交汇点，是实现运输过程所必需的各项设备的综合整体，具有货物及旅客运输的中转与地方作业相统一的功能。从系统及交通枢纽的基本定义来看，交通枢纽本身是一个由多个相关要素组成以完成特定功能的系统，它不仅具有系统的一般特征，同时还具有区别于其他系统的特性。交通枢纽的系统特性表现在以下六个方面：

（1）功能与目标的统一性。交通枢纽由多种交通运输方式的多种运输设备组成，每一种交通运输方式或运输设备在交通枢纽中具有不尽相同的功能与作用，但作为一个系统整体，交通枢纽系统具有统一的功能与目标，这就是完成枢纽内货物及旅客运输的中转与地方作业，确保客货运输全过程的实现及运输生产的连续性，满足统一运输网及枢纽所在城市或地区的经济发展及人民生活对运输的需要。

（2）构成与结构的复杂性。交通枢纽由多种交通运输方式或同种交通运输方式的多条干线运输组成，每一种交通运输方式又由为实现其运输过程的多种运输设备按一定布局原则和技术要求统一配置而成。为实现各种运输方式间的相互协调，有关运输设备的布局与配置又须统筹安排。由此构成了交通枢纽结构的复杂性。交通枢纽具有由多个多级子系统构成的多级递阶的复杂结构。

（3）交通枢纽与其外部环境具有十分密切而复杂的联系。就整个交通运输大系统而言，它由线系统与点系统两类子系统群构成，交通枢纽属于点系统，就一个交通枢纽而言，它既是一个具有复杂结构及特定功能的系统，同时又是交通运输大系统的一个子系统，以交通运输大系统为其外部环境。同时，交通枢纽又是它所依托的城市或地区大系统的一个子系统，以城市或地区为其外部环境。因此，交通枢纽与其所在的城市或地区间具有十分密切而复杂的联系。

（4）交通枢纽是多种交通运输方式或多种交通运输设备构成的结合部，其内部各子系统间、要素间的相互协调具有非常重要的意义。

（5）交通枢纽的各个子系统具有发展不平衡性和技术差异性。由于各交通枢纽形成的历史过程及自然条件等不尽相同，枢纽内各种交通运输方式的形成过程及发展也不尽相同和平衡。交通枢纽内各种交通运输方式的具体作业过程和技术设备配置各有特点，这就决定了交通枢纽内各子系统间存在一定的技术差异性。为此，在具体的分析与实施过程中必须区别对待。

（6）交通枢纽具有一定的自适应性或自组织性。当交通运输网或城市系统等外部环境发生变化，需要改变或调整交通枢纽的功能及目标时，交通枢纽的自身结构及特征即可进行相应的改变。如城市交通运输网个别区段负荷过大，从而导致了运输流本身进行调整，自动寻求负荷较小的方向，保证向稳定状态过渡。

综上所述，交通枢纽本身是一个复杂系统，且具有诸多系统特性。因此，我们必须将交通枢纽视作一个客观系统对象，结合其特性，运用系统分析的理论与方法进行研究。

交通枢纽系统分析主要是研究交通枢纽的功能、结构及枢纽内各种交通运输方式或设备（包括工业运输和城市运输）间的相互协调，以充分发挥交通枢纽系统的综合功能和各种交通运输方式的优势，强化交通枢纽的系统功能，优化运输网的点、线系统能力协调，进而提高整个交通运输大系统的综合运输能力，更好地为社会经济和人民生活服务。

二、交通枢纽的系统功能

交通枢纽集中了整个交通运输大系统的多种运输方式，同时，从交通枢纽的形成过程考察，可以看出它同城市的形成与发展又往往是相互促进的，因而交通枢纽对国家或区域经济发展，以及对城市的发展均起着重要作用。

（一）功能体现

交通枢纽的基本功能是将一个或几个方向和运输方式的客流、货流分送到另一个或几个方向和交通运输方式，同时利用各种交通运输方式和设备为交通枢纽所在地区或城市的经济发展和居民生活提供运输服务。具体体现在以下三个方面：

（1）交通枢纽是各种交通运输方式及交通干线的汇集点，是大宗客流和货流中转、换乘、换装与集散之点，是各种交通运输方式衔接和联运的主要基地。交通枢纽的布局决定了不同交通运输方式间联运转换点的分布，因而对于大宗客流、货流的运输径路、运输效率、货物转运速度有决定性影响。它在良好地完成运输的全过程中起重要作用，对于国民经济发展的良性循环起到促进作用。

（2）交通枢纽是同一种运输方式多条干线相互衔接，进行旅客和货物中转或对运营的车辆、船舶、飞机等进行技术作业和调节的重要基地，同时还为各种运输工具的周转和检修等提供各种技术服务。

（3）交通枢纽大多与城市共生，它对城市的形成和发展有很大作用。它是城市实现内外联系的桥梁与脉络，是城市整体的一部分。城市交通运输、各种设备和建筑也是构成交通枢纽的有机组成部分。

（二）承担的作业

从交通枢纽在运输全过程中所承担的主要作业角度来看，它的基本功能是保证完成四种主流作业：直通作业、中转作业、枢纽地方作业，以及城市对外联系的相关作业。具体而言，交通枢纽所承担的主要作业包括以下几项。

（1）为本地区旅客的到发及过境旅客改变旅行方向或换乘另一种交通运输方式服务。

（2）为各种交通运输方式之间换装货物服务。

（3）通过干线直接将货物送达货运站、码头，通过专用线将货物直接送达工矿企业、仓库，或者反方向运出。

（4）将货物由外部干线运输转入城市内部运输线路，或者相反方向的接运。

（5）对各种交通运输方式运营（接运、发送、编组），为车、船等运输工具的周转与检修提供各种技术服务。

（6）枢纽内部运输作业，包括城市各区间及城市与郊区之间的客货运输。

综上所述，交通枢纽的总体功能如图2-4-1所示。

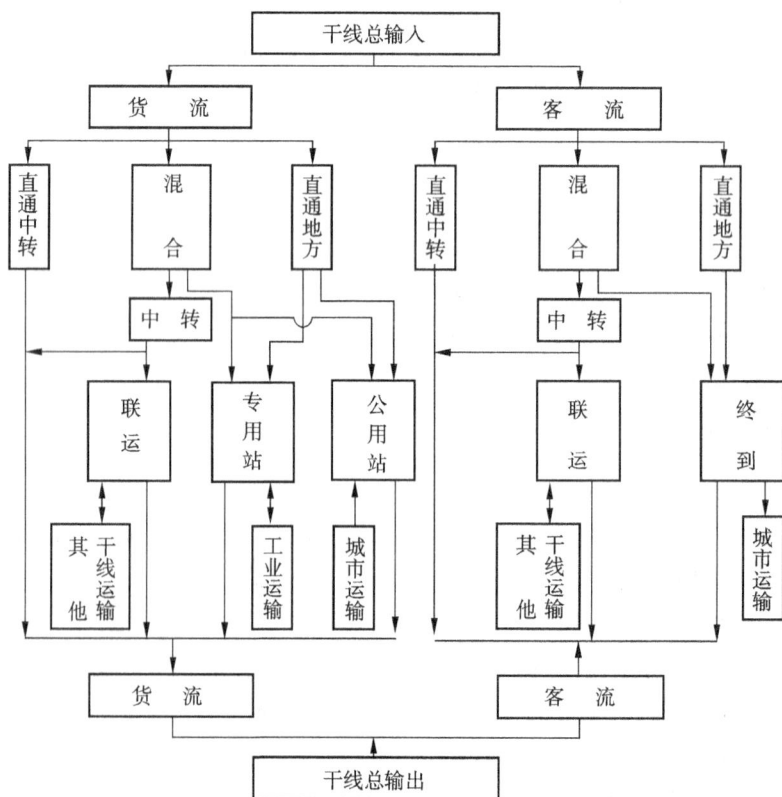

图2-4-1　交通枢纽的总体功能示意图

三、交通枢纽布局与运输设备配置

交通枢纽的布局与运输设备配置包括宏观与微观两个方面。其宏观布局主要是指从国家综合交通运输系统的形成与发展角度来考虑交通枢纽的总体布局和设备配置,微观布局主要是指构成交通枢纽的各种交通运输方式及各种设施的布局与配置。

交通枢纽的布局与运输设备配置,首先应服从国家和区域综合交通运输网的总体布局与规划,其次要有利于交通枢纽内各种交通运输方式及各种运输设备间的相互协调。具体地讲,应遵循以下原则:

(1) 服从综合交通运输网布局与规划的要求,充分考虑枢纽在综合交通运输网中的地位、承担的任务及枢纽的合理分工,以最大限度地提高综合交通运输系统的综合运输能力为最高目标。

(2) 有利于枢纽内各种交通运输方式间的协调,在考虑与相邻枢纽合理分工的前提下,使各项设备既不重复设置,又不因设备不足而影响运输畅通,并应保证主要客流、货流在枢纽内径路顺直、便捷,保证整个枢纽的通畅。

(3) 充分发挥枢纽内各种交通运输方式的优势。交通枢纽一般由多种交通运输方式组成,完成统一的客货运输任务。因此,应根据所分担的合理客货运输任务而确定每种运输方式的适当规模和技术等级,最大限度地提高交通枢纽内各种运输方式子系统的综合能力,最大限度地发挥各种交通运输方式的优势。

(4) 有利于城市建设和工业发展,更好地满足工农业生产和人民生活的需要。

(5) 充分考虑其他各种综合因素,如运输能力要有适当储备,设备配置具有灵活机动性,同时还要充分考虑国际要求和环境保护等。

四、交通枢纽内各种运输方式的相互协调

交通枢纽内各种交通运输方式间的相互协调,是充分发挥各种交通运输方式的优势及特长,同时又彼此相互协作,进而形成或实现交通枢纽综合能力的基本手段之一。这一协调过程包含两层内容,其一是指两种及两种以上干线运输之间的协调,其二是指干线运输同枢纽内部运输(工业运输及城市交通运输)间的协调。

(一) 相互协调的基本条件

交通枢纽是各种运输方式的主要衔接点,是各种交通运输方式多种运输设备构成的结合部系统。交通枢纽内各种运输方式相互协调,须具备一定的技术设备物质基础和相应的组织保障,即应具备以下基本条件。

(1) 保证运输过程的连续性,即不间断、无延误地完成技术作业过程中的全部必要作业。这一条件可用下式表示:

$$T \wedge H \wedge E \rightarrow \qquad\qquad (2\text{-}4\text{-}1)$$

式中:T, H, E ——技术作业图中的各种交通运输方式;

$\wedge$ ——结合符(代替"与"结合);

$\rightarrow$ ——保证运输过程连续的符号。

（2）交通枢纽内各种运输设备的通过能力、输送能力彼此相适应，它体现在一般的指标中（货物吨数、旅客人数），或体现在该种交通运输方式接运的运输量与所需的单元运输工具的能力及数量的相适应上。两种交通运输方式衔接处，当需设置中间库场及换装机具时，这些设备的能力应与相邻的运输方式的通过能力相适应。具体表示为：

在直接换装条件下

$$N_a \leftrightarrow N_c \qquad (2-4-2)$$

在经由库场换装时

$$N_a \leftrightarrow N_b \leftrightarrow N_c \qquad (2-4-3)$$

式中：N_a，N_c——两种相邻接的交通运输方式的通过能力；

$\quad\quad N_b$——衔接两种交通运输方式的中间换装设备能力；

$\quad\quad \leftrightarrow$——能力相适应符号。

（3）各环节的作业时间相互协调，以基本作业环节为目标，前一项作业占用整套设备的时间应小于或等于后一项作业占用整套设备的时间，且两者均应小于或等于基本作业的相应作业时间。具体表示为：

$$T_f \leqslant T_n \leqslant T_e \qquad (2-4-4)$$

式中：T_f——前一项作业时间；

$\quad\quad T_n$——后续作业时间；

$\quad\quad T_e$——结尾作业（基本作业）时间。

（4）必要的组织、制度保证。为确保交通枢纽内各种交通运输方式间的相互协调，应设置有相对应的高、中、低各级管理组织，并制定有配套可行的相应制度。

上述 4 个基本条件是相辅相成的，前 3 条是协调的技术设备物质基础，后一条是组织保障。保证运输过程连续性是协调的基本要求，各环节作业时间间的协调是协调的外部表征，设备能力的协调适应是保证运输过程和各环节作业时间协调的物质基础。其具体关系如图 2-4-2 所示。

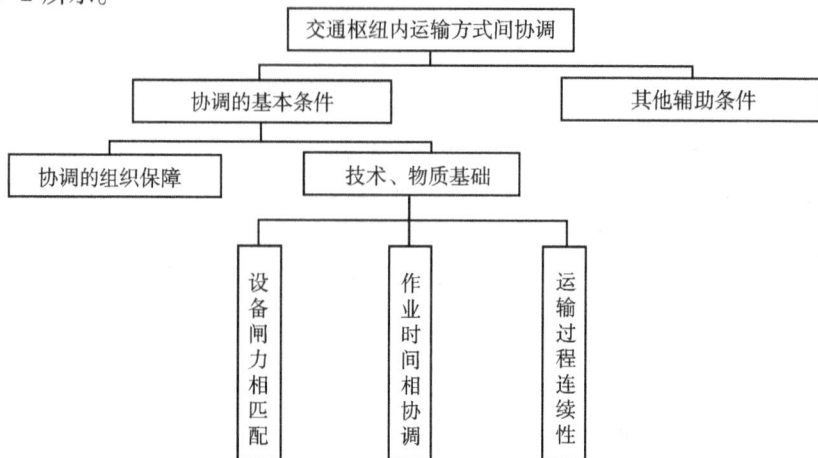

图 2-4-2   协调条件展开示意图

（二）协调过程的分类与协调形式

1. 协调过程的分类

交通枢纽内各种运输方式间的协调过程，可按协调方式计划期的长短、空间相互关系、协调子系统的等级和协作形式等进行分类，如表 2-4-1 所示。

表 2-4-1　协调过程类型一览表

按空间协调特征	按协调方式计划期长短	按相互协调子系统的等级				按协调形式
		0	第一	第二	第三	
（1）统一综合交通运输系统的交通枢纽和其他组成要素间的协调；（2）交通枢纽与生产力、周边环境布局间的协调	（1）远期计划协调；（2）近期计划协调；（3）日常作业计划协调	交通枢纽输入、输出运输流同固定设备间的协调	交通枢纽内各种交通运输方式间的协调	同种交通运输方式主要子系统间的协调	交通枢纽各组成要素及其子系统间的协调	（1）技术协调；（2）技术作业过程协调；（3）经济协调；（4）信息协调；（5）法规协调

从空间相互关系角度考察协调过程，可以使交通枢纽的布局与配置更好地同工农业生产合理布局，同社会经济发展需要及其他环境要求相适应，可以进一步优化统一运输网，使交通枢纽的分工与布局更趋合理。

各种交通运输方式的协调过程按计划期长短进行分类，主要是考虑社会经济发展的需要，把交通枢纽及各种运输方式发展的长远规划同它们近期计划和日常作业计划有机地结合起来，同时建立一定的反馈机制，采取一定的优化方法，使得交通枢纽同各种交通运输方式在各个计划期内能得以同步协调发展，即实现动态协调。

按相互协调的子系统等级分类，实质上表明了进行交通枢纽协调的层次。交通枢纽的输入、输出流同固定设备间的协调属最高层次，其下层次依次为不同交通运输方式间的协调、同种交通运输方式子系统间的协调，以及枢纽各组成要素间的协调。这为我们深入分析和实现交通枢纽协调提供了有效途径。

2. 协调形式

交通枢纽内各种交通运输方式相互协调主要通过以下几种形式进行。

1）技术设备协调形式

交通枢纽的技术协调须以各种交通运输方式技术设备参数统一化、标准化，而且相互匹配为前提，其目的是为运输流作业创造条件。无换装联运、集装箱运输和捆装运输技术，是改进技术协调的主要方向之一。技术协调能保证枢纽内各种交通运输方式固定设备最大限度地集中配置，能保证功能相同的设备相互联合，并可消除不必要的设备重复设置，提高设备利用率。

2）技术作业协调形式

技术作业协调的前提是交通枢纽内各种交通运输方式的技术作业统一，并实现了技术作业定额标准化、列车运行图相互衔接及采用综合性工作计划。其目的在于保证运输流的最优作业方式和最优通过方式。实现技术作业协调的主要途径有：采用各种运输方式的联系运行图，统一编组计划，在相互协作的交通运输方式间组织直达化运输等。

3）信息协调形式

信息协调形式是指信息内容的一致，即对于交通枢纽内相互协作的各子系统，一种信息的输出和另一种信息的输入标准要统一，提供信息的方式要统一，时间要统一，信息载体要统一。建立交通枢纽统一的集成信息系统，可更全面地研究交通枢纽的现状和各种交通运输方式相互协作的条件、运输流形成过程和规律，更好地评价交通枢纽不同发展方案的社会经济效益等，这是今后进行枢纽信息协调的发展方向之一。

4）法规协调形式

各种交通运输方式的运输规程及与运输有关的各种规章制度，都是法规协调形式的基础文件，法规协调形式的完善，需要编制统一的运输规程，在各种交通运输方式中建立统一的工作指标体系，制定统一的客货运票据等。

5）经济协调形式

经济协调以上述各种协调形式为基础，是最终选择的各种交通运输方式最优作业方式的协调形式。更好地实行经济协调包括：编制交通枢纽内各种交通运输方式发展总体规划，制定统一的客货运输计划和协调一致的运价表，制定交通枢纽工作的统一技术作业过程等。

五、交通枢纽系统综合评价

由系统科学理论可知，系统方法一般包括系统分析、系统设计与系统评价 3 个主要步骤。系统评价是系统方法中一项十分重要而不可少的工作。对所研究的系统进行正确评价，便于对其实施及时有效的控制，从而使系统达到预期目标。系统功能取决于系统结构，交通枢纽的总体功能主要取决于交通枢纽布局及其设备配置。对交通枢纽进行综合评价，主要着眼于其总体布局与设备配置，即系统结构。

对交通枢纽进行综合评价，主要从其宏观总体布局与微观设备配置两方面进行，宏观总体布局主要包括交通枢纽在运输网大系统中的合理分工与布局、每一具体交通枢纽的总体布置、交通枢纽在城市布局中的协调；微观设备配置主要是考核交通枢纽内各种交通运输方式间的协调及每种交通运输方式各种运输设备的设置。

对交通运输系统进行综合评价，可采用经验判断、数学分析与实验等多种系统评价方法，对其进行多角度、多透视点的综合评价。系统评价方法突出定性与定量相结合。为对交通枢纽进行定性与定量相结合的系统评价，必须结合交通枢纽的系统特性，建立分层次的多指标体系。一般对交通枢纽进行综合评价，可建立以下指标体系：

（1）协调性 W_1。指交通枢纽与运输网间、城市布局间，枢纽内各种运输方式间，每种交通运输方式的主要设备子系统间的相互协调程度，可分别记为 W_{11}、W_{12}、W_{13}、W_{14}。

（2）运输过程连续性 W_2。指交通枢纽内各种交通运输方式共同实现的同种交通运输方式所完成的客货运输过程在时间及技术作业方面不间断的连续程度，进一步分解为时间准时性 W_{21} 和技术作业连贯性 W_{22}。

（3）快速性 W_3。指交通枢纽实现运输过程的迅速程度，分解为直通迅速性 W_{31}、中转迅速性 W_{32} 和地方集散迅速性 W_{33}。

（4）便利性 W_4。指旅客或货物通过交通枢纽实现运输过程而达到旅行或运送目的地的方便程度，可分解为旅客中转换乘方便性 W_{41} 和货物中转联运方便性 W_{42}。

（5）经济性 W_5。指为建造交通枢纽相应设施而购置运输设备及维持日常运营所发生费用的大小，可具体分为基建投资 W_{51}、技术改造费 W_{52} 和运营费 W_{53}。

（6）安全性 W_6。指交通枢纽在实现运输的过程中不发生意外事故而正常运营的特性，可分为人身伤亡率 W_{61}、设备故障率 W_{62} 和货物赔损率 W_{63}。

（7）灵活机动性 W_7。指交通枢纽为确保运输过程连续不间断而采取某种临时性紧急措施的可能程度，这个指标对交通枢纽来说具有很重要的意义。

除上述各指标外，在进行交通枢纽综合评价时，还要考虑环境污染情况、减少用地等其他因素。

主要参考文献

［1］张秀媛，张国伍，王庆云 . 综合交通运输结合部系统理论与方法［M］. 北京：北京交通大学出版社，2012.

［2］《铁路运输结合部知识读本》编委会 . 铁路运输结合部知识读本［M］. 北京：中国铁道出版社，2016.

第五章

交通运输系统的安全

第一节　交通运输系统的安全概述

交通运输安全是事关亿万人民的生命财产安全，事关国家经济社会的发展与稳定的重要课题。不断提高交通运输安全水平，不断接近交通运输"零死亡"愿景，是建设交通强国的基本要求。

中国交通运输坚持统筹发展和安全，牢固树立安全发展理念，将安全发展的要求贯穿于交通运输的全领域和全过程，提高交通运输防范、化解安全风险的能力，不断提升交通运输行业整体安全水平，在综合交通运输体系中交通运输安全方面取得了较为显著的成就。

交通运输安全是指通过持续的危险源辨识和安全风险管理过程，将交通运输系统或其某一方面的人员伤害和财产损失发生的可能性降至并保持在可接受的水平或其以下的一种状态。

交通运输系统是由陆路（铁路、道路）、水路和航空多种运输方式组成的一个综合系统。交通运输安全学科是指运用系统论、控制论、信息论等现代科学技术理论，从安全的角度，对交通运输系统寿命期的各个阶段（开发研制、方案设计、详细设计、建造施工、日常运行、改建扩建、事故调查等）进行科学研究，以查明事故发生的原因和经过，找出灾害的本质和规律，寻求消灭、减少交通运输事故，或减轻事故损失，保障交通运输安全、畅通的措施和办法的学科。换句话说，交通运输安全主要解决这样一些问题：分析和研究交通事故的发生机理；总结出普遍适用的交通事故理论；提出事故预防的方法设计。

安全系统工程理论是基于安全管理学的研究提出的分支学科，是综合运用安全科学、系统科学和管理学的原理与规律，研究系统内规划、组织、协调和控制应进行的全部安全工作，研究系统的风险分析、预测、评价、决策等实施过程，通过风险预控管理，制定消除或控制风险的管理措施，使系统形成有机协调、自我控制的安全管理模式，最终保障系统安全运行的一门综合性管理学科。安全系统管理理论是一门综合的理论，其发展的理论基础是安全科学、系统科学和管理学的理论与方法；研究对象是安全系统；研究任务是运用现代管理科学的理论和原理，揭示系统管理活动的规律，建立系统的安全管理模式；主要内容有安全系统的范畴和特性、安全系统管理的规律、实施过程，以及方法、手段等。

交通运输系统的复杂性决定了对交通运输安全问题的管理是非常复杂的，必须针对复杂巨系统的特征，综合运用安全系统工程理论加以分析，在此背景下逐渐形成了交通运输安全系统工程。交通运输安全系统工程是以现代系统理论为基础，以安全管理理论为指导，应用系统工程的原理和方法，从基本理论、安全分析和评价、安全技术、安全管理和事故防范等角度阐述交通运输安全涉及的问题。

一、交通运输安全的研究对象

交通运输安全的研究对象主要包括人（指交通运输的管理者、交通运输设备设施的操作者及使用者，包括旅客、员工和进入交通运输系统的其他相关人等）、机（泛指人操作或使用的交通运输设备设施、货物等）和环（指人、货物、交通运输设备设施所处的周围环境，包括作业环境及外部环境）等方面。

（一）人的安全

在人-机-环系统中，人是其中的第一要素，人是设备的操作者，环境的调节者，管理的执行者。由于人生理、心理、社会、精神等特性的不同，既存在各异的内在弱点，又有不同程度的可塑性和主观能动性。此外，尽管交通运输运营系统的自动化程度提高了，但归根到底还要由人来策划、设计、制造、控制操作、组织、管理、维修、训练和决策，因而人是安全系统中最重要的因素，人员安全是交通运输安全的核心。

交通运输系统中的人员主要包括交通运输作业及管理人员、旅客及进入交通运输系统的其他人员。人员安全涉及安全行为学、人机匹配学、安全生理学、安全心理学、人群聚集安全等方面。

（1）安全行为学。重点研究人的特性对行为安全的影响，人的性格特征与安全状态的相互作用反馈机理，交通运输生产环境、制度环境和社会环境的发展演化对人的行为的影响等。

（2）人机匹配学。重点研究人机匹配问题，即人的体型、行为等特征与交通运输设备和工作环境的相互匹配参数等。

（3）安全生理学。主要研究人体的劳动负荷极限，以及工作环境因素、职业能力等对人的安全表现的影响等。

（4）安全心理学。主要研究人的不安全行为产生的心理基础和物质基础，极端工作环境对人的心理波动的影响规律。

（5）人群聚集安全。主要针对交通运输车站等区域的人群高度聚集、人流量巨大、人群组成多样性的特点，研究群体聚集效应及相关安全问题。

（二）机的安全

大量技术先进、质量优异的运输设备设施的应用为提高交通运输质量，保障交通运输稳定、安全、有序，促进交通运输的发展，发挥了重要而积极的作用。可以说，交通运输设备设施的技术状态良好与否直接影响交通运输安全，是交通运输安全最重要的基础保障，也是交通运输安全的重要内容。机的安全主要包括以下内容：

（1）机的安全设计、制造和选用。从源头设计（包括人机工程设计、可靠性、可维修性、先进性设计等）保证安全，对制造过程进行安全控制，实施准入及责任追溯制度，选用具有较高安全性的设备。

（2）机的养护、维修及更换。保障设备设施始终处于良好运行状态，对于超过服役期的设备设施要及时更换。

（3）机的状态的检测和监控管理。及时有效地获得各种设备设施及货物安全性能的实时动态信息，及时发现并解决问题。

（4）机的故障或问题的安全对策。保证设备设施发生故障或问题后能够导向安全，或采取措施保证故障或问题得到及时处置，不致产生非安全的连锁反应，使故障或问题造成的影响尽可能缩小。

（三）环的安全

影响交通运输安全的环境条件主要包括内部作业环境、路外环境两个方面。

（1）内部作业环境。为保障交通运输运营安全，必须保持操作者的作业环境处于良好状态，包括作业空间布置，温度、湿度调节，采光、照明设置，噪声与振动的控制，以及有毒有害气体、粉尘、蒸气的排除等方面。

（2）路外环境。涉及针对影响交通运输安全的外部环境条件所采取的一系列防范措施。路外环境管理主要基于对影响交通运输安全的自然地质灾害（强降雨、暴雪、强风、雾霾、低温冰冻、地震等）、异物侵限（动物、落石等）等各种风险事件的孕育、发生、发展、后果的分析，建立交通运输系统内外安全联动及应急管理机制，综合运用各种监测预警技术，使路外环境对运输安全的影响降到最低限度。

二、交通运输安全的研究内容

从安全学科的研究对象和内容来考虑，交通运输安全至少应该包含以下几方面内容：

（一）交通运输安全理论

交通运输安全理论是揭示交通运输安全的本质和运动规律的学科知识体系，是交通运输安全研究的基础，主要内容包括可靠性理论、事故致因理论、事故预防理论等。

（二）交通运输安全技术

交通运输安全技术主要研究交通运输中所发生的安全技术问题，亦即研究各种交通运输设备（包括线路、港站、信号等运输基础设施，以及汽车、船舶、航空器、列车等载运工具）安全化和无害化，以及以保障交通运输安全为目的的运用各种安全设备和装置的技术。它是在交通运输设备的设计、选材、制造（建设）、安装、养护、维修、使用（运营）、评价等一系列工程领域中，使交通运输设备实现本质安全化、无害化，以及研制和运用各类专用安全设备和安全装置的科学理论、方法、工程技术和安全控制手段的总和。借助设计消除和控制交通运输系统中的不安全因素，是交通运输安全工程的重要原则和组成部分。除交通运输安全设计外，交通运输安全技术的研究内容还包括基于事故预防与避免的安全监控和检测技术、基于设备维修养护的安全检测和诊断技术，以及事故救援技术等。

（三）交通运输安全（分析和评价）方法

交通运输安全（分析和评价）方法主要研究如何运用系统工程的原理和方法，对交通运输系统中的安全问题进行定性、定量的分析和评价，并采用综合安全措施予以控制，使系统产生交通事故的可能性降低到最低限度，从而达到系统最佳安全状态。

（四）交通运输安全管理

交通运输安全管理主要研究交通运输安全管理体制、政策、交通运输安全立法及各种交通运输安全法规的制定和执行，研究交通运输安全教育与培训等，旨在通过先进的职业安全卫生管理体制的建立、事故预防及应急措施和保险补偿三种手段的有机结合，达到在时间、成本、效率、技术水平等条件的约束下实现系统的最佳安全水平的目的。

三、不同运输方式的交通运输安全

交通运输安全以交通运输系统的安全问题作为研究对象，因此，从研究对象出发，可将交通运输安全的研究内容归为以下几类：铁路（含城市轨道交通）运输安全、道路交通安全、水上交通安全、航空运输安全。

（一）铁路运输安全

作为运送旅客和货物的直接生产系统，铁路运输是一个高速运转的复杂动态系统，其安全问题尤为突出。铁路运输生产大联动机的特点决定了铁路运输作业过程是由许多子系统相互作用而完成的，要求车务、机务、工务、电务、车辆、供电、客运、货运、工程等部门联合作业，协同动作。铁路运输生产使用的设备数量庞大、种类繁多，而且自然环境、社会环境等环境因素的影响不容忽视。可见，铁路运输系统是一个庞大的人-机-环动态系统。在这个系统中，任何一点疏漏都可能会诱发列车冲突、脱轨、火灾或爆炸等铁路交通事故。

铁路运输安全主要通过对铁路运输有关人员（包括铁路运输系统内人员、旅客、货主、铁路沿线居民、机动车驾驶人员等）、设备（包括铁路线路、机车、车辆、通信信号、供电供水等铁路运输基础设备和安全监测、监控、事故救援、自然灾害预报与防治等运输安全技术设备）、环境（包括作业环境、自然环境和社会环境）、管理（包括安全组织管理、安全法制管理、安全技术管理、安全教育管理、安全信息管理和安全资金管理）的深入研究，发现安全的薄弱环节，进而提出预防和减少事故的有效措施。此外，为了确保列车运行及调车作业安全，还必须对铁路运输作业过程进行深入研究，包括行车调度指挥安全、接发列车作业安全、调车作业安全、中间站作业安全、铁路装卸作业安全、旅客运输安全、机务作业安全、车辆作业安全、工务作业安全、电务作业安全、非正常情况下（如恶劣气候、设备故障、电话中断等）的作业安全，以及应急处理作业安全（如列车火灾应急处理、列车冒进信号应急处理等）。

（二）道路交通安全

道路交通是由人、车、道路与环境控制等要素组成的复合动态系统。道路交通事故就是由构成道路交通的诸要素在某一时空范围内的劣性组合造成的。导致道路交通诸要素劣性组合的原因有驾驶员安全素质、交通参与者的安全意识、道路条件、车辆安全性能及交通安全管理的水平等。此外，缺乏对道路交通事故发生规律及预防对策的深入研究，也是导致道路交通事故形势严峻的重要原因。因此，道路交通安全通过对影响交通安全的人为因素、道路状况（包括道路路面、道路线形、道路横纵断面、交叉路口及事故多发地段等）、车辆的结构性能（包括驾驶视野、报警装置、碰撞保护装置、仪表、照明和信号装置、驾驶员工作环境、制动性能、操纵稳定性、车辆类型等）、驾驶适性及其影响因素、交通环境（如交通量、特殊气候等）、交通控制（包括交通安全法规、交通执法设备系统等）及道路交通事故发生原因等的深入研究，提出预防和减少道路交通事故的有效措施。

（三）水上交通安全

水上交通安全主要通过对船舶性能与结构、船员行为、港口保障设施、水上交通管理等水上交通运输安全主要影响因素，以及水上交通事故发生原因的深入研究，提出确保水上运输安全、减少污染水域的有效措施。

水上交通安全的研究内容还包括完善的船舶消防系统研究、特殊场所的防火防爆研究、灾害险情应急技术研究、海底地貌测量、遇难船舶的救助和打捞技术的研究、船舶安全停泊系统研究、船运政策研究，以及船舶避碰研究等。

（四）航空运输安全

航空运输可以分为民用航空运输和军用航空运输，本书中主要对其中的民用航空运输进行分析和研究。航空运输是一个具有特定功能的系统，由人（机组人员、乘客）、飞机、航线、机场、航空交通管制等要素组成。各要素必须相互协调，若其中一个要素不能与其他要素协调，系统就会失去平衡，可能导致发生飞行器失控、碰撞、失火等空难事故。

航空运输安全主要通过对上述影响因素及空难事故的深入调查研究，提出确保航空运输安全的有效措施。此外，研究内容还包括驾驶员操作可靠性研究、空中交通预警防碰管理系统研究、飞行人员培训理论与方法研究、空中导航系统研究、飞行紧急情况（包括起火、劫机事件、客舱减压等）对策研究、克服飞机维修失误对策研究、飞机定期检修和维护的快速、可靠技术，以及机场应急救援系统研究等。

四、生产安全事故与交通运输事故（安全事件）

（一）生产安全事故

生产安全事故，是指生产经营单位在生产经营活动（包括与生产经营活动有关的活动）中突然发生的，伤害人身安全和健康，或者损坏设备设施，或者造成经济损失的，导致原生产经营活动（包括与生产经营活动有关的活动）暂时中止或永远终止的意外事件。

按照《生产安全事故报告和调查处理条例》规定，根据生产安全事故造成的人员伤亡或者直接经济损失，事故一般分为特别重大事故、重大事故、较大事故、一般事故四个等级，如表2-5-1所示。

表2-5-1　生产安全事故的分类

事故等级	死亡/人	重伤/人	经济损失/千万元
特别重大事故	≥30	≥100	≥10
重大事故	10~29	50~99	5~10（不含）
较大事故	3~9	10~49	1~5（不含）
一般事故	<3	<10	<1

(二) 交通运输事故 (安全事件)

交通运输安全事件是指在交通运输运营过程中发生的造成交通运输中断、交通运输设备设施损坏、人员伤亡或其他影响交通运输运营安全的情况。按照事件等级划分，可分为交通运输事故、其他不安全事件 (故障、隐患、问题)；按照紧急程度划分，可分为紧急事件 (又称突发事件，是指突然发生，造成或者可能造成严重社会危害，需要采取应急处置措施予以应对的自然灾害、事故灾难、公共卫生事件和社会安全事件) 和非紧急事件。

交通运输事故是指在交通运输过程中所发生的事故，根据运输方式不同，可以划分为铁路交通事故、道路交通事故、水路交通事故和民用航空器事故等。

1. 铁路交通事故

铁路交通事故指铁路机车车辆在运行过程中发生冲突、脱轨、火灾、爆炸等影响铁路正常行车的事故，包括影响铁路正常行车的相关作业过程中发生的事故，或者铁路机车车辆在运行过程中与行人、机动车、非机动车、牲畜及其他障碍物相撞的事故。按事故性质、损失和对行车所造成的影响，铁路交通事故分为特别重大事故、重大事故、较大事故和一般事故四个等级。

2. 道路交通事故

道路交通事故指车辆在道路上因过错或者意外造成的人身伤亡或者财产损失的事件。道路交通事故在统计时一般分为造成人员死亡的事故、造成人员重伤或者轻伤的事故、适用一般程序处理的财产损失事故。

3. 水路交通事故

水路交通事故指船舶在航行、停泊、作业过程中发生的造成人员伤亡、财产损失、水域环境污染损害的意外事件。按照事故发生区域不同，水上交通事故又分为海上交通事故和内河交通事故。海上交通事故指船舶、设施发生的下列事故：碰撞、触碰或浪损；触礁或搁浅；火灾或爆炸；沉没；在航行中发生影响适航性能的机件或重要属具的损坏或灭失；其他引起财产损失和人身伤亡的海上交通事故。内河交通事故指船舶、浮动设施在内河通航水域内航行、停泊、作业过程中发生的下列事件：碰撞、触碰或者浪损；触礁或者搁浅；火灾或者爆炸；沉没 (包括自沉)；影响适航性能的机件或者重要属具的损坏或者灭失；其他引起财产损失或者人身伤亡的交通事件。水上交通事故按照人员伤亡、直接经济损失或者水域环境污染情况等不同，分为以下等级：特别重大事故、重大事故、较大事故、一般事故、小事故。

4. 民用航空器事故

民用航空器事故包括民用航空器事故、民用航空器征候及民用航空器一般事件。

民用航空器事故有 3 种情况：对于有人驾驶航空器，从任何人登上航空器准备飞行直至所有这类人员下了航空器为止的时间内；对于获得民航局设计或者运行批准的无人驾驶航空器，从航空器为飞行目的的准备移动直至飞行结束停止移动且主要推进系统停车的时间内；对于其他在机场活动区内发生的与民用航空器有关的下列事件：

(1) 人员死亡或者重伤。但是，由于自然条件、人员自身或者他人原因造成的人员伤亡，以及由于偷乘航空器藏匿在供旅客和机组使用区域外造成的人员伤亡除外。

（2）航空器损毁无法修复或者严重损坏。

（3）航空器失踪或者处于无法接近的地方。

民用航空器征候，指在民用航空器运行阶段或者在机场活动区内发生的与航空器有关的、未构成事故但影响或者可能影响安全的事件。

民用航空器一般事件，指在民用航空器运行阶段或者在机场活动区内发生的与航空器有关的航空器损伤、人员受伤或者其他影响安全的情况，但其严重程度未构成征候的事件。

民用航空器事故等级分为特别重大事故、重大事故、较大事故和一般事故。民用航空器征候可分为运输航空严重征候、运输航空一般征候、运输航空地面征候和通用航空征候。

（三）生产安全事故与交通运输事故的关系

部分在交通运输生产过程中发生的事故，属于生产安全事故。一般而言，铁路交通事故、民用航空器事故、水路交通事故属于生产安全事故。此外，若道路交通事故涉及运输生产，则属于道路交通运输安全生产事故（道路交通运输安全生产事故是指道路客货运输企业、道路运输站场运营企业、城市道路交通客运企业、道路交通运输建设施工企业在生产经营过程中发生的安全生产事故，主要包括营运车辆道路交通事故、道路运输站场安全生产事故、道路交通运输建设施工安全生产事故、城市道路交通客运安全生产事故等）。

五、我国交通运输安全应急面临的形势与挑战

随着交通流量快速增长、交通体系日益复杂，以及交通出行方式和出行目的日趋多样，虽然我国交通运输取得了重大的成就，但面临的安全形势仍然严峻。同时，我国正处于开启全面建设交通强国新征程的起步期，这对增强人民群众出行的获得感、幸福感和安全感，对于构建有效维护行业安全运行、确保行业高质量发展的安全应急体系提出了更加明确的要求。

（一）"以人为本、生命至上"的理念对交通运输安全应急提出了更高标准

交通运输领域重特大安全生产事故仍偶有发生，暴露出安全生产领域存在的突出问题及面临的严峻形势，如长深高速江苏无锡"9·28"特别重大道路交通事故、云南临沧"11·26"在建隧道突泥涌水重大事故、东方航空"3·21"空难事故等，均造成重大社会影响。"以人为本、生命至上"的理念深入人心，因此，必须高度重视交通运输安全应急管理，尽最大努力保障交通运输安全运行并然有序。

（二）交通运输领域的改革给安全监管带来了更大挑战

随着交通运输领域改革的推进，部分交通运输安全监管部门涉及职能整合。若转型期在相互配合、安全监管职责划分等问题上出现脱节，将会导致监管不到位，产生新的风险隐患。

（三）新业态、新模式的发展给交通运输安全监管提出了更多要求

网约车、共享汽车、无人驾驶等交通运输新业态、新模式快速发展，给行业安全监管带来了新的考验和挑战，对加强和完善行业安全生产法治建设和制度标准建设都提出了迫切需求，亟须在监管模式、管理手段等方面与时俱进。

（四）极端自然灾害频发对交通运输安全的影响更加凸显

近年来，极端天气频发，自然灾害频繁影响交通安全，危害人民群众生命财产安全。如2021年汛期，河南等地发生极端特大暴雨，导致河南的国省干线、国道、省道多个路段因

强降雨引起路面积水、塌方中断，导致了郑州"7·20"地铁水淹事故。

（五）非传统安全因素给交通运输安全带来了更多的不确定性

我国正处于社会转型期，各种矛盾错综复杂，非传统安全因素对交通运输的影响不容忽视，给安全监管和应急运输保障工作带来了新问题。此外，驾驶员心理问题也极易诱发重大事故。

第二节　交通运输安全基础理论

一、交通运输安全理论的发展

交通运输安全理论发展大致经历了以改进交通运输设备为主的技术改善时期、以研究交通运输参与人员因素为主的人本时期、以交通运输系统组织管理为核心的系统安全时期等 3 个阶段，如图 2-5-1 所示。

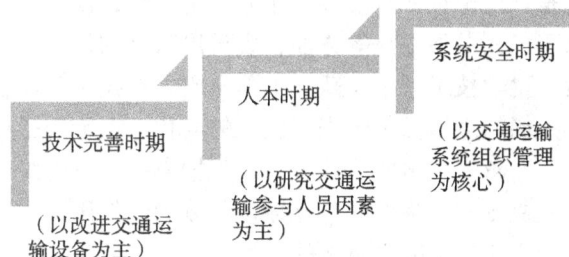

图 2-5-1　交通运输安全理论发展阶段

（一）技术改善时期

早期，在交通运输设备逐渐完善的过程中，机械故障是导致交通运输事故的主要原因。因此，当时的安全管理主要以"亡羊补牢"型为主，即以"生产—事故—改进—继续生产"为特征。在这一时期，随着交通运输技术设备的逐步改进，以及安全规章标准的逐步制定，安全水平显著提高。

（二）人本时期

20 世纪 70 年代以后，人们开始注重人机的相互作用，解决安全问题的主要方式也开始由主要侧重技术完善因素转变为主要侧重研究交通运输参与人员因素。

（三）系统安全时期

随着人为因素的深入研究及对大量交通运输事故的调查分析，发现人只是导致事故发生的关系链上的一环，关系链中的大部分环节都在系统组织控制之下，每一次事故都是一次系统组织失效。因此，要使系统更安全，必须从系统组织方面采取行动。从 20 世纪 80 年代后期开始，交通运输安全管理开始侧重于交通运输系统组织管理对事故的影响，强调组织及系统在安全管理中的角色和作用。

二、事故致因理论

事故致因理论是从本质上阐明事故因果关系，说明事故发生、发展过程和后果的理论。

　　为了防止事故，必须弄清事故为什么会发生，造成事故发生的原因因素——事故致因因素有哪些。在此基础上，研究如何通过消除、控制事故致因因素来防止事故发生。

　　事故致因理论是一定生产力发展水平的产物。在生产力发展的不同阶段，生产过程中出现的安全问题有所不同，特别是随着生产方式的变化，人在生产过程中所处地位的变化，引起人们安全观念的变化，产生了反映安全观念变化的不同的事故致因理论。

　　20世纪50年代以前，工业生产方式利用机械的自动化迫使个人适应机器，一切以机器为中心，个人是机器的附属和奴隶。与这种情况相对应，人们往往将生产中的事故原因推到操作者的头上。1919年，英国的M. Greenwood和H. H. Woods经统计分析发现，工人中的某些人较其他人更容易发生事故。进而，在1939年，Farmer等人据此提出了事故频发倾向的概念。在现代社会中，该理论主要应用于工作任务分配、工作选择等方面，具有一定的参考价值。1936年，W. H. Heinrich在《工业事故预防》一书中提出了事故因果连锁理论，认为伤害事故的发生是一连串的事件按一定因果关系依次发生的结果，并用多米诺骨牌来形象地说明了这种因果关系。这一理论建立了事故致因的事件链的概念，为事故机理研究提供了一种极有价值的方法。但是该理论也和事故频发倾向理论一样，仅仅关注人的因素，把大多数的工业事故责任都归因于工人的不注意等方面，表现出时代的局限性。

　　第二次世界大战后，科学技术有了飞跃，不断出现的新技术、新工艺、新能源、新材料及新产品给工业生产及人们的生活面貌带来了巨大的变化，也带来了更多的危险，同时也促进了人们安全观念的变化。越来越多的人认为，不能把事故的发生简单地说成是人的性格缺陷或粗心大意，应该重视机械的、物质的危险性在事故中的作用，强调实现生产条件、机械设备的固有安全，才能切实有效地减少事故的发生。

　　1961年，由Gibson提出，并由Hadden完善的能量转移论，是事故致因理论发展过程中的重要一步。该理论认为，事故是一种不正常的或不希望的能量转移，各种形式的能量构成了伤害的直接原因。因此，应该通过控制能量或控制能量载体来预防伤害事故，并提出了防止能量逆流人体的措施。

　　20世纪70年代以来，随着生产设备、工艺及产品越来越复杂，人们开始结合信息论、系统论和控制论的观点、方法进行事故致因分析，提出了一些有代表性的且在现在仍发挥较大作用的事故致因理论。

　　SHEL模型是由Elwyn Edwards教授于1972年提出，Frank Hawkins于1975年对其进行了改进。SHEL模型的名称是由组成系统的4个要素：软件（software）、硬件（hardware）、环境（environment）和生命件（liveware）的首字母组成的。SHEL模型强调的人为因素不是单独的某个要素，而是研究人与软件、人与硬件、人与环境和人与人之间的界面。该模型认为界面间不匹配就可能成为人的差错根源。

　　这些理论均从人的特性与机器性能、环境状态是否匹配和协调的观点出发，认为机械和环境的信息不断地通过人的感官反映到大脑，人若能正确地认识、理解、判断，做出正确决策和采取合适的行动，就可以避免事故发生或事故对自身或他人的伤害。

　　1972年，Benner提出了扰动起源事故理论，即P理论。此后，W. G. Johnson于1975年提出了"变化-失误"模型，W. E. Talanch在1980年介绍了"变化论"模型，佐藤吉信在1981年提出了"作用-变化与作用连锁"模型，都从动态和变化的观点阐述了事故的致因。20世纪80年代初期，人们又提出了轨迹交叉论。该理论认为，预防事故的发生就是设法从时空上避免人、物运动轨迹的交叉，使得对事故致因的研究又有了进一步的发展。

20世纪90年代，James Reason教授提出了著名的安全管理瑞士奶酪模型。该模型认为每一次事故都是一次安全管理的缺失，是一次组织和系统的错误配合。在安全系统中，防御层在危险源、潜在损失之间进行干预，在理想状态下，每个防御层都完好无损。但在现实中，它们类似一片片瑞士奶酪，上边有很多漏洞，而且这些漏洞在不断地变化，不断地打开、关闭和移动。任何一块奶酪上有漏洞，通常都不会造成坏的结果，但如果各层上的漏洞连成一条线，事故发生的概率就会很高。

进入21世纪，随着人们对系统复杂性认识的深入，基于复杂性科学和系统科学的事故致因理论不断得到发展。2004年，Nancy G. Leveson提出了基于系统理论的事故模型，从复杂性科学的角度出发，将安全视为复杂系统的一种整体涌现，认为事故发生源于在设计、制造、使用和维护过程中安全约束未被有效执行。

三、事故预防理论

安全工程理论和实践的基本出发点是最大限度地消除隐患，避免发生事故，是以预防为核心的安全管理思想和体系。下面对事故预防理论中具有代表性的海因里希工业安全公理、事故法则、事故预防的3E准则等进行说明。

（一）海因里希工业安全公理

美国安全工程师海因里希在《工业事故预防》一书中，对事故预防工作进行了深入研究，提出了工业事故预防的十项原则，称为海因里希工业安全公理，具体内容如下：

（1）工业生产过程中人员伤亡的发生，往往是处于一系列因果连锁之末端的事故的结果；而事故常常起因于人的不安全行为或（和）机械、物质（统称为物）的不安全状态。

（2）人的不安全行为是大多数工业事故的原因。

（3）由于不安全行为而受到了伤害的人，几乎重复了300次以上没有造成伤害的同样事故。换言之，人员在受到伤害之前，已经数百次面临来自物方面的危险。

（4）在工业事故中，人员受到伤害的严重程度具有随机性质。大多数情况下，人员在事故发生时可以免遭伤害。

（5）人员产生不安全行为的主要原因有：不正确的态度——个别职工忽视安全，甚至故意采取不安全行为；技术、知识不足——缺乏安全生产知识，缺乏经验或技术不熟练；身体不适——生理状态或健康状况不佳，如听力、视力不良，反应迟钝，疾病，醉酒或其他生理机能障碍；物的不安全状态及不良的物理环境——照明、温度、湿度不适宜，通风不良，强烈的噪声、震动，物料堆放杂乱，作业空间狭小，设备、工具缺陷等，以及操作规程不合适、没有安全规程和其他妨碍贯彻安全规程的事物。这些原因因素是采取预防不安全行为产生措施的依据。

（6）防止工业事故的4种有效的方法是：工程技术方面的改进，对人员进行说服、教育，人员调整，惩戒。

（7）防止事故的方法与企业生产管理、成本管理及质量管理的方法类似。

（8）企业领导者有进行事故预防工作的能力，并且能把握进行事故预防工作的时机，因而应该承担预防事故工作的责任。

（9）专业安全人员及车间干部、班组长是预防事故的关键，他们工作的好坏对能否做好事故预防工作有影响。

（10）除了人道主义动机之外，下面两种强有力的经济因素也是促进企业事故预防工作的动力：安全的企业生产效率也高，不安全的企业生产效率也低；事故后用于赔偿及医疗费用的直接经济损失，只不过占事故总经济损失的1/5。

尽管随着时代的前进和人们认识的深化，该公理中的一些观点已经不再是"自明之理"了，许多新观点、新理论相继问世。但是该理论中的许多内容仍然具有强大的生命力，在现今的事故预防工作中仍产生重大影响。

（二）事故法则

事故法则即事故的统计规律，又称1∶29∶300法则。即，在每330次事故中，可能会造成死亡或重伤事故1次，轻伤或微伤事故29次，无伤害事故300次。这一法则是美国安全工程师海因里希统计分析了55万起工业伤害事故提出的。人们经常根据事故法则的比例关系绘制成三角形图，称为事故三角形，如图2-5-2所示。

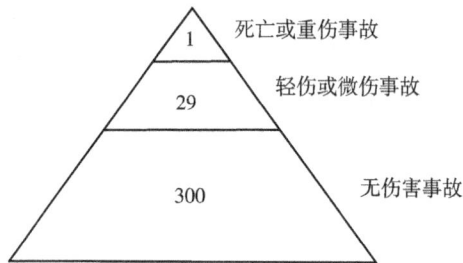

图2-5-2　事故三角形

事故法则告诉人们，要消除1次死亡或重伤事故，以及29次轻伤或微伤事故，必须首先消除300次无伤害事故。也就是说，防止灾害的关键，不在于防止伤害，而是要从根本上防止事故。所以，安全工作必须从基础抓起，如果基础安全工作做得不好，小事故不断，就很难避免大事故的发生。

（三）事故预防的3E准则

海因里希把造成人的不安全行为和物的不安全状态的主要原因归结为4个方面的问题：不正确的态度，技术、知识不足，身体不适，工作环境不良。针对这4个方面的原因，海因里希提出工程技术方面改进、说服教育、人事调整和惩戒4种对策。这4种安全对策后来被归纳为众所周知的3E原则，如图2-5-3所示。

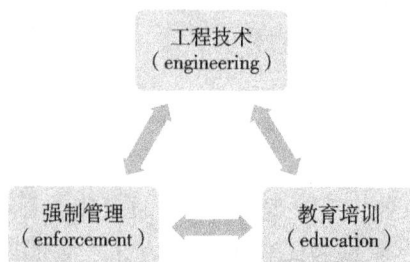

图2-5-3　事故预防的3E原则

（1）工程技术（engineering），即利用工程技术手段消除不安全因素，实现生产工艺、机械设备等生产条件的安全。

（2）教育培训（education），即利用各种形式的教育和培训，使职工树立"安全第一"的思想，掌握安全生产所必需的知识和技能。

（3）强制管理（enforcement），即借助于规章制度、法规等必要的行政乃至法律的手段约束人们的行为。

这里，工程技术对策着重解决物的不安全状态的问题；教育培训对策则主要着眼于人的不安全行为的问题，主要使人知道应该怎么做，而强制管理对策则要求人必须怎么做。

一般地讲，在选择安全对策时应该首先考虑工程技术措施，然后是教育培训。实际工作中，应该针对不安全行为和不安全状态的产生原因，灵活地采取对策。例如，针对职工的不正确态度问题，应该考虑工作安排上的心理学和医学方面的要求，对关键岗位上的人员要认真挑选，并且加强教育培训，如能从工程技术上采取措施，则应该优先考虑；对于技术、知识不足的问题，应该加强教育培训，提高其知识水平和操作技能；尽可能地根据人机学的原理进行工程技术方面的改进，降低操作的复杂程度。为了解决身体不适的问题，在分配工作任务时要考虑心理学和医学方面的要求，并尽可能地从工程技术上改进，降低对人员素质的要求。对于不良的物理环境，则应采取恰当的工程技术措施来改进。

即使在采取了工程技术措施，减少、控制了不安全因素的情况下，仍然要通过教育培训和强制管理手段来规范人的行为，避免不安全行为的发生。

为了防止事故发生，不仅要在上述三个方面实施事故预防与控制的对策，而且还应始终保持三者间的均衡，合理地采取相应措施，综合使用上述措施，才有可能搞好事故预防工作。

随着时代的发展，事故预防的 3E 准则仍在不断完善，基于事故预防的 3E 准则和世界卫生组织推荐的伤害预防四步骤形成了 5E 预防策略。5E 预防策略是指在预防伤害形成时将安全评估（evaluation）、教育培训（education）、环境管理（environment）、工程技术（engineering）、强制管理（enforcement）相结合的综合事故预防模式，如图 2-5-4 所示。

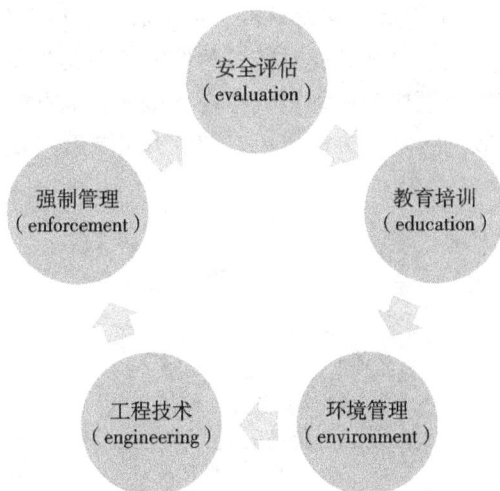

图 2-5-4　5E 预防策略

四、应急管理理论

交通运输突发事件从发生、发展到造成灾害作用直至采取应急措施的全过程，主要涉及三个主体：一是灾害事故本身，即突发事件；二是突发事件作用的对象，即承灾载体；三是有效预防和应对处置突发事件所实施的日常防范、应急准备、监测预警、响应处置及应急恢复等活动，即应急管理。

交通运输突发事件具有突发性、紧迫性、复杂性、不确定性、危害性等特点。突发事件发生突然，发展也非常迅速，随着突发事件的发展、演变，它所造成的损失可能会越来越大。因此，需要通过建立和发展应急管理体系，提高应急管理能力，实现快速应对突发事件。通过对突发事件的分析，可以了解其孕育、发生、发展和突变的演化规律，认识突发事件的作用类型、强度和时空分布特征，进而为预防突发事件的发生、阻断突发事件突变成灾的过程、减弱突发事件的作用提供科学支撑。

承灾载体是突发事件的作用对象，一般包括人、物、系统（人与物及其功能共同组成的社会经济运行系统）三方面。承灾载体是人类社会与自然环境和谐发展的功能载体，是突发事件应急的保护对象。

应急管理是针对灾害和危机等突发事件进行应急准备、预防监测、应急处置和恢复重建的全过程管理。应急管理是指对即将出现或者已经出现的灾害而采取的一系列必要救援措施，包括灾害发生前的各种备灾措施、灾害期间的具体行动、灾害发生后的救灾工作、避免和减少次生灾害的措施等。其目的是尽最大可能通过科学有效的组织协调来保护人民生命及财产安全，将经济财产损失降到最低程度并防范次生灾害。应急管理可以针对突发事件实施，从而减少事件的发生或降低突发事件作用的时空强度；也可以针对承灾载体实施，从而增强承灾载体的抗御能力。对应急管理的研究重点在于掌握对突发事件和承灾载体施加人为干预的适当方式、力度和时机，从而最大限度地阻止或控制突发事件的发生、发展，减弱突发事件的作用，以及减少承灾载体的破坏。

在总结突发事件、承灾载体、应急管理及其相互关系的基础上形成了交通运输突发事件三角形理论模型，如图2-5-5所示。突发事件、承灾载体、应急管理三者构成了一个三角形的闭环框架。此外，在突发事件及其应对的三角形框架中还存在物质、能量、信息三个关键因素，即灾害要素。灾害要素作为一种客观存在，是无法也不能被消灭的。我们所能做和需要做的，是采取各种有效的技术和方法避免或减少灾害要素引发突发事件。

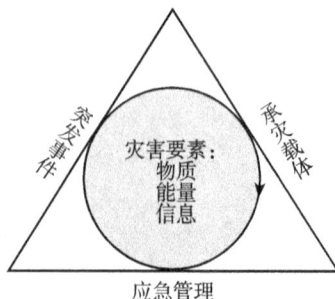

图2-5-5　交通运输突发事件三角形理论模型

对于交通运输系统而言，交通运输系统自身可能是承灾载体，此外，交通运输系统还是应急处置中的重要支撑保障模块，交通运输保障是应急保障措施的重要部分，无论是突发公共卫生事件还是事故事件、自然灾害事件，为了保证事件影响区域的恢复生产和人们的生活，交通运输都不能中断，这种双重身份决定了其在应急管理体系中的重要地位。

交通运输应急管理工作要坚持以防为主、防抗救相结合，坚持常态减灾和非常态救灾相统一，努力实现从注重灾后救助向注重灾前预防转变，从应对单一灾种向综合减灾转变，从减少灾害损失向减轻灾害风险转变，全面提升全社会抵御自然灾害的综合防范能力。

五、交通运输安全理论的发展

现今，对交通运输事故致因、预防理论问题研究的广度和深度逐渐增强，在诸多方面得到了进一步发展。如研究各类交通运输事故的形成演化机理及其诱发传导机制和原理的理论，研究交通参与者的性格、心理基础、物质基础等对不安全行为的影响及其与交通运输安全状态的相互作用反馈机理的理论，根据各类交通运输事故的特点，对交通运输危害因素（危险源）进行辨识与分析，挖掘交通运输安全潜在关联的理论；从时间、空间、强度等方面系统总结和研究影响交通运输安全的各种灾害事件的孕育、发生、发展、后果及应急管理理论等。

需要指出的是，到目前为止，事故致因、预防理论的发展还很不完善，还没有给出对于事故致因、事故预防及应急管理的普遍而有效的方法。某个事故致因理论只能在某类事故的研究、分析中起到指导或参考作用。然而，我们必须认识到，通过对事故致因、预防及应急理论的研究，可以使我们深入理解事故发生的机理，指导事故调查分析，乃至预防及开展应急管理工作，为系统安全分析、危险评价和安全决策提供充分的信息和依据，最终促使对事故的研究从定性的物理模型向定量的数学模型发展，为事故的科学分析和预测、预防，应急管理的快速开展奠定基础，真正实现安全管理的科学化。

第三节 交通运输安全分析和评价方法

交通运输安全分析和评价方法是安全工程分析和评价方法的组成部分，同时也是安全工程分析和评价方法结合交通运输工程领域特点的具体运用。

安全分析、安全评价和安全管理三者相互联系，相互作用，是一个不可分割的整体。安全分析是安全评价的基础，安全管理是安全分析和安全评价的目的，最终的目的是实现生产安全。安全分析主要通过分析影响系统安全和危险的因素，了解系统安全和危险的程度，为安全评价和安全管理提供依据。安全评价是按照一定的评价指标和评价方法对安全保障系统的防范效果进行的总结性评价，以揭示安全质量水平和系统薄弱环节，为加强安全管理进一步指明努力方向并提出具体要求。安全管理则是根据安全分析和安全评价的结果，按照"安全第一，预防为主，综合治理"的原则，构建安全管理体系和安全管理机制，强化和落实安全管理措施。

一、交通运输安全分析

交通运输安全分析是使用系统工程的原理和方法，辨别、分析交通系统中存在的危险因素，并根据实际需要对其进行定性、定量描述的技术方法，其目的是保证系统安全运行，查明系统中的危险因素，以便采取相应措施控制危险。

（一）安全分析的内容

安全分析是从安全角度对交通运输系统中的危险因素进行分析，主要分析导致系统故障或事故的各种因素及其相关关系，通常包括以下内容：

（1）对可能出现的初始的、诱发的及直接引起事故的各种危险因素及其相互关系进行调查和分析。

（2）对与系统有关的环境条件、设备、人员及其他有关因素进行调查和分析。

（3）对能够利用适当的设备、规程、工艺或材料控制或根除某种特殊危险因素的措施进行分析。

（4）对可能出现的危险因素的控制措施及实施这些措施的方法进行调查和分析。

（5）对不能根除的危险因素失去控制或减少控制可能出现的后果进行调查和分析。

（6）对危险因素一旦失去控制，为防止伤害和损害的安全防护措施进行调查和分析。

（二）安全分析方法的分类

安全分析方法有许多种，在危险因素辨识中得到广泛应用的安全分析方法主要有：统计图表分析（statistic figure analysis，SFA）、因果分析图（cause-consequence analysis，CCA）、安全检查表（safety check list，SCL）、预先危险性分析（preliminary hazard analysis，PHA）、故障模式及影响分析（failure model and effects analysis，FMEA）、危险与可操作性分析（hazard and operability analysis，HAZOP）、事件树分析（event tree analysis，ETA）、事故树分析（fault tree analysis，FTA）。

此外，尚有管理疏忽和风险树分析、原因-后果分析、致命度分析、交通安全仿真分析等方法，可用于特定目的的危险因素辨识。

（三）安全分析方法的特点及适用范围

各种安全分析方法都是根据危险性的分析、预测及特定的评价需要而研究开发的，因此，它们都有各自的特点和一定的适用范围。

（1）统计图表分析。这是一种定量分析方法，适用于对系统发生的事故情况进行统计分析，便于找出事故发生规律。

（2）因果分析图。此方法将引发事故的重要因素分层（枝）并加以分析，分层（枝）的多少取决于安全分析的广度和深度要求，分析结果可供编制安全检查表和事故树使用。此方法简单、用途广泛，但难以揭示各因素之间的组合关系。

（3）安全检查表。按照一定方式（检查表）检查设计、系统和工艺过程，查出危险性所在。此方法简单、用途广泛，没有任何限制。

（4）预先危险性分析。预先确定系统的危险性，尽量防止采用不安全的技术路线，防止使用危险性的物质、工艺和设备。其特点是把分析工作做在行动之前，避免由于考虑不周而造成损失。

（5）故障模式及影响分析。以硬件为对象，对系统中的元件进行逐个研究，查明每个元件的故障模式，然后再进一步查明每个故障模式对子系统乃至系统的影响。本方法易于理解，是广泛采用的标准化方法，但一般用于考虑非危险性失效，费时较多，而且一般不能考虑人、环境和部件之间相互关系等因素，主要用于设计阶段的安全分析。

（6）危险与可操作性分析。研究工艺状态参数的变动，以及操作控制中偏差的影响及其发生的原因。其特点是由中间的状态参数的偏差开始，分别向下找原因，向上判明其后果，因而该方法是故障模式及影响分析、事故树分析方法的延伸，具有二者的优点，适用于流体或能量的流动情况分析，特别适用于大型化工企业。

（7）事件树分析。由初始（希望或不希望）的事件出发，按照逻辑推理推导其发展过程及结果，即由此引起的不同事件链。本方法广泛用于各种系统，能够分析出各种事件发展的可能结果，是一种动态的分析方法。

（8）事故树分析。由不希望事件（顶事件）开始，找出引起顶事件的各种失效的事件及其组合，最适用于找出各种失效事件之间的关系，即寻找系统失效的可能方式。本方法可包含人、环境和部件之间相互作用等因素，加上其简明、形象化的特点，已成为广泛适用的安全分析方法。

（9）原因-后果分析。此方法是事件树分析和事故树分析方法的结合，通常从某一初始条件出发，向前用事件树分析，向后用事故树分析，因而兼有二者的优缺点，灵活性强，可以包罗一切可能性，简明地表示因果关系。

（10）致命度分析。确定系统中每个元件发生故障后造成多大程度的危害，按其严重度定出等级，以便改进系统性能。致命度分析方法易于理解，但是需要在故障模式及影响分析之后进行。与故障模式及影响分析一样，其缺点是不能包含人和环境及部件之间相互作用等因素。

（11）交通安全仿真分析。利用仿真技术在计算机平台上采用动画模拟形式，直观地再现当前现状或虚拟未来的交通安全状况，以便对交通安全水平进行分析和评估。交通安全仿真分析具有直观、准确、灵活的特点，可有效避免交通运输系统一经形成便难以改变的不可逆性，是描述复杂交通现象、分析交通安全问题的一个有效手段，如模拟驾驶安全仿真、道路交通流安全仿真、枢纽内人流安全仿真等。

（四）安全分析方法的选择

在进行交通运输安全分析方法选择时，应根据实际情况，并考虑以下几个问题：

1. 分析的目的

交通运输安全分析方法的选择，应该能够满足对分析的要求。交通运输安全分析的最终目的是辨识危险源，而在实际工作中要达到一些具体目的。例如，查明系统中所有危险源并列出清单；掌握危险源可能导致的事故，列出潜在事故隐患清单；列出降低危险性的措施和需要深入研究部位的清单；将所有危险源按危险大小排序；为定量的危险性评价提供数据。

每种方法都有其自身的特点和局限性，并非处处通用，使用中要综合应用多种方法，以取长补短或相互比较，验证分析结果的正确性。

2. 资料的影响

关于资料收集的多少、详细程度、内容的新旧等，都会对选择系统安全分析方法有至关重要的影响。

一般来说，资料的获取与被分析的系统所处的阶段有直接关系。例如，在方案设计阶段，采用危险性和可操作性研究或故障类型及其影响分析的方法就难以获取详细的资料。随着系统的发展，可获得的资料越来越多、越来越详细。为了能够正确分析，应该收集最新的、高质量的资料。

3. 系统的特点

要针对被分析系统的特点选择交通运输安全分析方法。

对于复杂和规模大的系统，由于需要的工作量和时间较多，应先用较简洁的方法进行筛选，然后根据分析的详细程度选择相应的分析方法。

对于不同类型的操作过程，若事故的发生是由单一故障（或失误）引起的，则可以选择危险性与可操作性研究；若事故的发生是由许多危险因素共同引起的，则可以选择事件树分析、事故树分析等方法。

4. 系统的危险性

当系统的危险性较高时，通常采用系统、严格、预测性的方法，如故障模式及影响分析、事件树分析、事故树分析等方法。当危险性较低时，一般采用经验的、不太详细的分析方法，如安全检查表法等。

在使用交通运输安全分析方法时应注意：①使用现有分析方法不能生搬硬套，必要时应进行改造或简化；②不能局限于已有分析方法的应用，而应从系统原理出发，开发新的交通运输安全分析方法。

二、交通运输安全评价

（一）安全评价的含义

安全评价也称风险（危险性）评价，是以实现系统安全为目的，应用安全系统工程原理和工程技术方法，对系统中固有或潜在的危险因素进行定性和定量分析，得出对系统发生危险的可能性及其后果严重程度的评价，通过与评价标准的比较得出系统的危险程度，提出改进措施，以寻求最低事故率、最少的损失和最优的安全投资。

任何生产系统，在其寿命周期内都有发生事故的可能，区别只在于事故发生的频率和可能的严重程度不同而已，因为在制造、试验、安装、生产和维修的过程中普遍存在着风险。在一定条件下，如果对危险失去控制或防范不周，就会发生事故，造成人员伤亡和财产损失及环境污染。为了抑制风险，使其不发展为事故或减少事故造成的损失，就必须对它有充分的认识，掌握风险发展为事故的规律，也就是要充分揭示系统存在的所有风险，及其形成事故的可能性和发生事故的损失大小，从而衡量系统客观存在的风险大小，据此确定：是否需要改进技术路线和防范措施，变更后风险将得到怎样的抑制和消除，技术上是否可行，经济上是否合理，以及系统是否最终达到了社会所公认的安全指标。这就是安全评价的基本内容和过程。

在上述安全评价的定义中，包含有三层意思：第一，对系统存在的不安全因素进行定性和定量分析，这是安全评价的基础，包括安全测定、安全检查和安全分析等；第二，通过与评价标准的比较得出对系统发生危险的可能性或程度的评价；第三，提出改进措施，以寻求最低的事故率，达到安全评价的最终目的。

（二）可接受风险标准

要判断定量化的风险或危害性是否达到要求的安全程度，需要有一个界限、目标或标准以便进行比较，这个标准就是可接受风险标准（acceptable level of risk），也称可接受安全标准（acceptable level of safety）。可接受风险标准用于表达人们对人员伤亡、环境损害，以及财产、商业利益受损等风险的态度，是人类根据主观意愿对风险是否可接受进行评判的依据。合理的可接受风险标准是安全评价的关键问题之一，是定量安全评价的重要基础，是解决"多安全才够安全"问题的办法。

在西方发达国家，将可接受风险（acceptable risk）和可容忍风险（tolerable risk）两个不同的概念进行了严格的区分。英国健康和安全委员会（HSE）这样定义可接受风险：任何可能会被风险影响的人，为了生活或工作的目的，假如风险控制机制不变，准备接受的风险即为可接受风险。HSE 对可容忍风险作了以下定义：为了取得某种纯利润，社会能够忍受的风险为可容忍风险，这种风险在一定范围之内既不能忽略也不能置之不理，需要定期检查，而且，如果可以的话，应该进一步减少这种风险。HSE 还特别强调"可容忍并不意味着可接受"。因此，要注意将可接受风险与可容忍风险加以区别。

图 2-5-6 为可接受风险与可容忍风险关系图。图中，不可容忍风险区内的风险均为社会不可容忍风险，可接受风险区内的风险均为可接受风险。在可容忍风险区内的风险，需对风险进行成本收益分析，如果合理，则是可接受风险，如果不合理，则是不可接受风险。可以认为："可容忍意味着有可能被接受，也有可能不被接受"，可容忍风险是不是可接受风险的关键在于对可容忍风险进行的成本收益分析的结果。

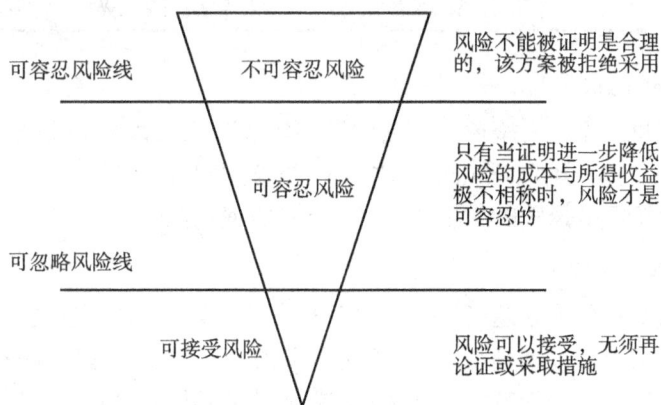

图 2-5-6 可接受风险与可容忍风险关系图

风险可用多种方式表达，其中表示生命风险的最常用方式是个人风险和社会风险。个人风险指个体在某一事故中受到伤害的频率，一般以年死亡风险（annual fatality risk，AFR）度量。社会风险用于描述事故发生概率与事故造成的人员受伤或死亡人数的相互关系，它是指同时影响许多人的灾难性事故的风险。社会可接受风险标准是对个人可接受风险标准的补充，通常用累积频率 F 和死亡人数 N 之间的关系曲线（F-N 曲线）表示。

可接受风险标准的确定方法主要有统计法和风险与收益比较法。对系统进行风险评价时，也可根据综合评价得到的危险指数进行统计分析，确定一定范围的可接受风险标准。

国际上通常采用国家人口分年龄段死亡率最低值乘一定的风险可允许增加系数，作为个人可接受风险的标准值。

我国不同防护目标的个人可接受风险标准是由分年龄段死亡率最低值乘相应的风险控制系数得出的。根据第六次人口普查数据，$10 \sim 20$ 岁青少年的平均死亡率 $3.64 \times 10^{-4}/a$ 是分年龄段死亡率最低值。风险控制系数的确定参考丹麦等国的相关做法，分别选定 10%、3%、1% 和 0.1% 应用于不同防护目标，是公众对意外风险可接受水平的直观体现。

人们从事生产活动总是期望从中获得较高的收益，而较高的收益则要付出较高的代价，即承担较大的风险。对于获益较少的生产活动，则不必承担较大的风险。换言之，风险的大小取决于受益程度，两者基本上成正比关系。

对于不同的风险，一般可按数量划分成几个等级，然后分级进行处理，如表 2-5-2 所示。

表 2-5-2　风险率分级处理表

死亡/（人·年）	等级	处理意见
10^{-2}	极其危险	相当于疾病的风险，认为绝对不能接受，需停产整改
10^{-3}	高度危险	必须立即采取措施予以改进
10^{-4}	中等危险	人们不愿出现这种情况，因而同意拿出经费进行改善
10^{-5}	风险低	相当于游泳淹死的风险，人们对此是关心的，也愿采取措施加以改进
10^{-6}	可忽略	相当于天灾的风险，人们总有事故轮不到我的感觉
10^{-7}	同上	相当于陨石坠落的风险，没有人认为这种事故需投资加以改进

（三）安全评价内容

从危险源的角度出发，安全评价包括对第一类危险源（能量和危险物质）风险的评价和对第二类危险源（第一类危险源的控制措施）风险的评价两方面。

评价第一类危险源的风险时，主要考察以下几方面情况：

1. 能量或危险物质的量

第一类危险源具有的能量越高，一旦发生事故其后果越严重；反之，第一类危险源拥有的能量越低，对人或物的危害越小。第一类危险源处于低能量状态时比较安全。同样，第一类危险源具有的危险物质的量越大，干扰人的新陈代谢功能越严重，其风险越大。

第一类危险源导致事故的后果严重程度，主要取决于发生事故时意外释放的能量或危险物质的多少。一般地，第一类危险源拥有的能量或危险物质越多，则发生事故时可能意外释放的量也越多。因此，第一类危险源拥有的能量或危险物质的量是风险评价中的最主要指标。当然，有时也会有例外的情况，有些第一类危险源拥有的能量或危险物质只能部分地意外释放。

2. 能量或危险物质意外释放的强度

能量或危险物质意外释放的强度是指事故发生时单位时间内释放的能量。在意外释放的能量或危险物质的总量相同的情况下，释放强度越大，能量或危险物质对人员或物体的作用越强烈，造成的后果越严重。

3. 能量的种类和危险物质的风险

不同种类的能量造成人员伤害、财物破坏的机理不同，其后果也很不相同。

危险物质的风险主要取决于自身的物理、化学性质。燃烧爆炸性物质的物理、化学性质决定其导致火灾、爆炸事故的难易程度及事故后果的严重程度。工业毒物的风险主要取决于其自身的毒性大小，在引起急性中毒的场合，常用半数致死剂量评价其自身的毒性。

4. 意外释放的能量或危险物质的影响范围

事故发生时意外释放的能量或危险物质的影响范围越大，可能遭受其作用的人或物越多，事故造成的损失越大。例如，有毒、有害气体泄漏时可能影响到下风侧的很大范围。

评价第一类危险源的风险的主要方法有后果分析和划分危险等级两种方法。后果分析法通过详细的分析，计算意外释放的能量、危险物质造成的人员伤害和财物损失，定量地评价危险源的风险。后果分析法需要的数学模型准确度较高，需要的数据较多，计算复杂，一般仅用于风险特别大的重大危险源的风险评价。划分危险等级法是一种简单易行、得到广泛应用的方法。划分危险等级法是一种相对的评价方法，它通过比较危险源的风险，人为地划分出一些危险等级来区分不同危险源的风险，为采取危险源控制措施或进行更详细的风险评价提供依据。一般地，危险等级越高，风险越大。

采取了危险源控制措施后的风险评价，可以查明危险源控制措施的效果是否达到了预定的要求。如果采取了控制措施后风险仍然很高，则需要进一步研究对策，采取更有效的措施降低风险。

理想的安全评价包括风险辨识和风险评价两部分。①风险辨识是指利用安全系统工程的理论和方法，分析系统及其各要素所固有的安全隐患，揭示系统的各种风险，亦即通过一定的手段测定、分析和判明危险，包括固有的和潜在的危险，可能出现的新危险及在一定条件下转化生成的危险，并且对系统中已查明的危险进行定量化处理，从而为评价提供数量依据。②风险评价是指根据风险辨识的结果，采取各种措施减少或消除危险，并同既定的安全指标或目标相比较，判明所具有的安全水平，直到达到社会所允许的危险水平或规定的安全水平为止。安全评价内容如图2-5-7所示。

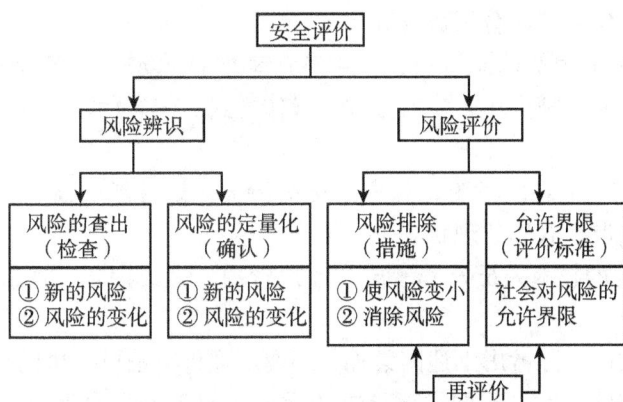

图2-5-7 安全评价内容

（四）安全评价程序

由安全评价内容可知，安全评价程序主要包括以下几个步骤：

（1）资料收集和研究。明确评价对象和范围，收集国内外相关法规和标准，了解同类系统、设备、设施的运作和事故发生情况，以及评价对象的地理、气候条件及社会环境状况等。对收集到的资料应进行深入研究，研究的深入程度可大大缩短分析和评价的进程。

（2）危险因素辨识与分析。根据评价对象的特点，辨识和分析系统可能发生的事故类型、事故发生的原因和机制。

（3）确定评价方法，实施安全评价。在上述危险分析的基础上，划分评价单元，根据评价目的和评价对象的复杂程度选择具体的一种或多种评价方法，对事故发生的可能性和严重程度进行定性或定量评价，在此基础上进行危险分级，以确定安全管理的重点。

（4）提出降低或控制危险的安全对策措施。根据评价和危险分级结果，高于标准值的危险必须采取工程技术或组织管理措施，降低或控制危险。低于标准值的危险属于可接受危险，应建立检测机制，防止生产条件变更导致危险值增加，对不可排除的危险要采取防范措施。

（五）安全评价方法的选用

由于辨识、评价对象不同，工艺、设备设施不同，以及事故类型、事故模式等不同，因而所采用的评价方法是不同的。选用合理的评价方法是一项关键性工作，它关系到评价对象的评价结论是否合理、正确和可靠。

安全评价方法很多，几乎每种方法都有较强的针对性。综合分析这些方法，可以分成两类：一种是按评价指标的量化程度分为定性方法、定量方法，以及定性与定量相结合的方法；另一种是按评价对象进行整合，如物质产品、设备安全评价法（如指数法等）、安全管理评价法、系统安全综合评价法等。

对具体的评价对象，必须选用合适的方法才能取得良好的评价效果，在选用评价方法之前，应考虑下述几个因素：

（1）评价的目的。选用评价方法之前，首先必须考虑评价结果是否能达到评价的目的和动机。

（2）需要的评价结果表现形式，如风险一览表、潜在事故情景一览表、危险控制措施一览表、危险分级、定量危险分析数值等。

（3）进行评价时可用的信息资料，如生产活动的技术水平、各种资料的数量和质量、评价对象的复杂程度和规模大小、生产方式、操作方式、固有危险的性质、可能发生的事故类型等。

（4）评价对象已经显现的危险，如事故历史情况、设备新旧情况、运行状况、使用年限、易损件的更换情况、管理的现状等。

（5）可投入评价的技术人员及其素质、评价费用、完成期限、评价专家和管理人员的知识结构及水平等。

在选择评价方法时，除考虑上述因素外，还要对评价方法可提供的评价结果及其适应范围做进一步分析。实践表明，不同的评价方法适应于对系统寿命期内的不同阶段进行危险评价。

第四节 交通运输安全技术

交通运输系统的运营安全，需要在安全理论的指导下，通过安全技术得以在实际中应用。交通运输安全技术可以从交通运输安全设计技术、基于预防和事故避免的交通运输安全监控与检测技术、基于维护和维修的交通运输安全检测与诊断技术，以及交通事故救援技术等方面的研发和使用。

（1）交通运输安全设计技术，包括交通运输安全设计的基本原则、基本手段、预防事故的交通运输安全设计技术、避免和减少事故损失的安全设计技术，并结合道路交通运输安全设计进行说明。

（2）基于预防和事故避免的交通运输安全监控与检测技术，包括对交通设施设备运行状态的监控与检测技术、对环境状态的监控与检测技术，以及对人员的监控与检测技术。

（3）基于维护和维修的交通运输安全检测与诊断技术，包括无损检测技术及其在道路工程中的应用、汽车安全检测技术范例、铁路钢轨探伤车及轨道检测车范例、空港运用与维护范例，以及民用航空器的检测与维修范例。

（4）交通事故救援技术，包括道路交通事故救援、铁路交通事故救援、民航紧急救援保障系统，以及全球海上遇险与安全系统。

一、交通运输安全技术概述

（一）交通运输安全技术的基本内容

为了解决交通运输安全问题，交通运输系统政府主管部门、运营企业等采取了各种安全方法和手段。在这些方法和手段中，基本上遵循了以下实施步骤：

（1）从设计入手，达到从根本上保证安全的目的。即从道路、线路、车辆、航空器等的设计入手，解决各种危害交通运输安全的事故隐患，或加强对交通事故的防护等，由此提出交通运输安全的设计技术。

（2）在交通运行的过程中，加强对移动设备、固定设备、环境等的状态及运输对象的实时监控。采取最先进的技术，对影响交通运输安全的因素进行监控，随时发现问题，并解决问题，达到预防事故和消除事故隐患的目的，由此提出交通运输安全的监控和检测技术。

（3）基于维护、维修的移动设备和固定设备的安全检测。在交通设施设备运行的过程中，为了保持其完好状态，需要随时对其进行维护和维修。利用先进的检测技术，可帮助维修人员发现需要维修之处和确定维修的时间等，由此提出基于维护和维修的安全检测与诊断技术。

（4）紧急救援。交通运输安全管理的基本方针应是"安全第一、预防为主、综合治理"。尽管采用了各种安全预防的措施，但还是存在事故发生的可能性，还会产生一定数量的交通事故，这就需要采取紧急救援技术和措施，最大限度地降低事故的损失。

（二）交通运输安全技术的发展趋势

现代技术已渗透至各个领域，特别是随着现代通信和计算机技术的发展，为交通运输安全控制系统的建立创造了条件。因此，交通运输安全技术的发展趋势表现在向着实时化、信息化、智能化方向发展。主要体现在以下几方面：

1. 实时化

现代通信技术、控制技术、计算机技术等的发展为交通运输安全的实时监控创造了良好的条件。从数据通信手段来看，包括了卫星通信、单边带及甚高频通信方式，构成了对固定设施设备、移动工具与交通运输安全管理中心的数据实时传输网。因此，交通监督指挥中心能实时掌握交通动态和安全状态，对交通动态作出实时响应，进行科学的分析决策，提高了决策指挥的快速性和准确性。

2. 信息化

交通运输安全监控、检测等技术的应用解决了交通运输安全监督的信息来源。对交通运输安全进行管理，除了需要实时掌握交通动态信息外，还需要其他一些必要的信息，如气象信息（包括天气预报、海区要素预报、风场、气压场及台风信息等）、货物及装载信息等。这些信息通过交通控制网络的传递，随时得到最新的资料，为交通运输安全管理与决策创造了条件。

3. 智能化

智能化是交通运输安全管理的发展方向。交通运输安全是智能交通系统中的关键性问题，通过先进的信息技术、通信技术、控制技术、传感技术、计算机技术和系统综合技术得到有效的集成和应用，使交通参与者、运载工具、运输通道之间的相互作用关系以新的方式呈现，从而实现实时、准确、高效、安全、节能的目标。各个国家都希望通过智能交通系统的建设，为交通运输安全提供一种有效的手段，日本的智慧道路系统、欧洲的绿色智能交通、美国的智能驾驶战略都是智能交通发展的有效实践。

二、交通运输安全设计技术

（一）交通运输安全设计的基本要求

安全技术可以划分为预防事故发生的安全技术及防止或减轻事故损失的安全技术，这是事故预防和应急措施在技术上的保证，主要是通过物的技术手段来实现。

交通运输系统的设计、设备制造、施工建设、日常运营等是否达到安全设计的要求，可从以下 6 个方面加以评价：防止人失误的能力、对人失误后果的控制能力、防止故障传递的能力、失误或故障导致事故的难易程度、承受能量释放的能力、防止能量蓄积的能力。

（二）交通运输安全设计的基本手段

为使交通系统符合上述要求，人们提出了很多实施交通运输安全设计的基本手段。其中，防止生产设备发生事故的技术手段，防止能量逆流于人体的技术手段，消除和预防危险、有害因素的技术手段等 3 个最具普遍性，对交通运输安全设计具有重要的指导意义。

（三）预防事故的交通运输安全设计技术

通过设计来消除和控制各种危险，防止所设计的系统在研制、生产、使用中发生导致人员伤亡和设备损坏的各种意外事故，是事故预防的最佳手段。为了全面提高现代复杂系统的安全性能，在系统安全分析的基础上，系统设计人员必须在设计中采取各种有效措施来保证所设计的系统具有满足要求的安全性能。因此，为满足规定的安全要求，可以采用不同的安全设计技术以预防事故的发生。

（四）避免和减少事故损失的安全设计技术

只要有危险存在，尽管可能性很小，但总存在导致事故的可能性，而且没有任何办法能精确地确定事故发生的时间。另外，事故发生后如果没有相应的措施迅速控制局面，则事故的规模和损失可能会进一步扩大，甚至引起二次事故，造成更大、更严重后果。因此，必须设计相应的应急救援技术，避免或减少事故损失，减少伤亡。

三、交通运输安全监控、检测与交通事故救援技术

（一）基于预防和事故避免的交通运输安全监控与检测技术

基于预防和事故避免的交通运输安全监控与检测技术建立在先进的技术手段基础上。交通运输安全监控与检测的内容包括与交通相关的所有方面，可分为交通设施设备（固定和移动）、交通环境（内部和外部）、人员等。因每种交通运输方式有其特殊性，安全监控与检测的具体技术也存在一定的差异，但总体功能是相似的。由于交通运输系统的组成要素处于动态变化的过程中，为了安全预防和避免事故，应加强对影响安全的各种因素的实时监控和检测。

交通运输设施设备包括固定设备和移动设备两种。对固定设备和移动设备进行监控的目的是随时掌握设施设备的运行状态，及时发现运行中可能出现的影响交通运输安全的因素，为排除这些影响因素提供依据，因此，这是实现本质安全的手段。因不同运输方式的固有属性特征存在差异，所以在对运输方式的运行状态监控和检测技术上，也存在一定的差异。

（二）基于维护和维修的安全检测与诊断技术

1. 维修方式

维修方式是指对装备维修时机的控制，也就是说，对维修时机的掌握通过采用不同的维修方式来实现。目前的维修方式有三种：事后维修、定期维修和状态维修。

（1）事后维修又称修复性维修或故障修，是指装备发生故障后，使其恢复到规定状态所进行的维修活动。装备发生故障后的修理（恢复性维修）按照是否修理及时可分为及时修理和延迟修理。对于那些不影响安全和生产任务的故障，可以继续使用相关装备，但应严加监控，延迟修理。

（2）定期维修又称计划修，是以使用时间作为维修期限，只要装备到了预先规定的时间，不管其技术状态如何，都要进行规定的维修工作，这是一种强制性的预防性维修。定期维修的关键是如何确定维修周期。正确的大修时机应该是偶然故障期的结束点，即在故障率进入耗损期急剧上升之前。定期维修的优点是容易掌握维修时机，便于安排维修计划，维修组织管理工作也比较简单、明确；缺点是其只适用于已知寿命分布规律，且有耗损故障期的装备，这种装备的故障与使用时间有明确的关系。而对于那些没有耗损故障期的复杂装备则不适用。另外，定期维修中的大拆大卸方法也不利于发挥机件的固有可靠性。

（3）状态维修包括视情维修和状态监控维修两种维修方式，其特点是按照装备实际技术状况来确定维修时机。该方式不对装备规定维修期限，不固定拆卸分解范围，而是在检查、检测、监控其技术状态的基础上确定装备的最佳维修时机。这种维修方式是靠不断定量分析和监测装备的某些参数和状态数据来决定维修时机和维修项目的。视情维修适用于故障

初期有明显劣化征兆，而且故障发展缓慢的装备，同时故障还直接危及安全或有重大经济损失（功能性故障），并有适当的检测手段，能制定出技术状态标准的情况。它的优点是针对性强，可以充分发挥装备的工作寿命，提高维修的有效性，减少维修工作量和人为差错。但是也有缺点，这种维修方式费用高，需要适当的检测、诊断条件和较高的人员素质，因此，适用于贵重的关键装备及危及安全的关键机件。

随着信息技术的发展和监控手段的提高，逐渐形成了状态监控维修，即从总体上对设备进行连续监控，确定设备的可靠性水平，进而决定维修时机。状态监控维修不规定装备的维修时间，因此，最能充分利用装备的寿命周期，使维修工作量最少，是一种最经济的维修工作。有人称此种维修为监控可靠性水平的视情维修或故障后的视情维修或状态监控维修。

2. 维修方式的选择

选择维修方式应该从设备发生故障后对安全和经济的影响来考虑。定期维修和视情维修均属于预防性维修，可以预防渐进性故障的发生；事后维修则是非预防性的，多用于偶然故障或用于预防维修不经济的机件。定期维修是按时间标准送修，视情维修是按实际状况送维修，而事后维修则不控制维修时间。

三种维修方式各有其适用范围，从这个意义上讲，它们本身并没有先进落后之分。然而应用是否恰当，则有优劣之分。问题的关键是应该根据维修的具体情况，正确地选择维修方式。在现代复杂设备的维修中，往往三种维修方式并存，相互配合使用，以充分利用各个机件的固有可靠性。

（三）交通事故救援技术

在交通运输安全管理中，应以预防为主，但绝对地消除事故是不可能的。因此，加强对交通事故紧急救援的组织与管理是必要的。通过事故救援，达到尽可能地减少事故中人员的伤亡和物质损失；同时通过事故的调查、分析，发现问题，总结经验，积极采取措施，预防同类事故的再次发生。

交通事故救援的实施，需要建立救援组织与管理措施，以及采用相适应的救援设备。各种交通运输方式因各自的交通运输特点不同，在救援组织、管理及救援设备上有一定的差异，但基本内容是相似的。

第五节　交通运输安全管理体系

一、交通运输安全管理体系的内容

安全管理模式大致可以分为事后管理型、规章管理型、体系管理型三个阶段，如图2-5-8所示。其中，体系管理型以实施安全管理体系为重要特征。安全管理体系（safety management system，SMS）是国际上倡导的管理安全的系统化方法，它要求组织建立安全政策和安全目标，通过对组织内部组织结构、责任制度、程序等一系列要素进行系统管理，形成以风险管理为核心的体系，进而实现既定的安全目标，持续提升安全水平。实施体系化管理是交通运输安全管理的发展趋势和方向。

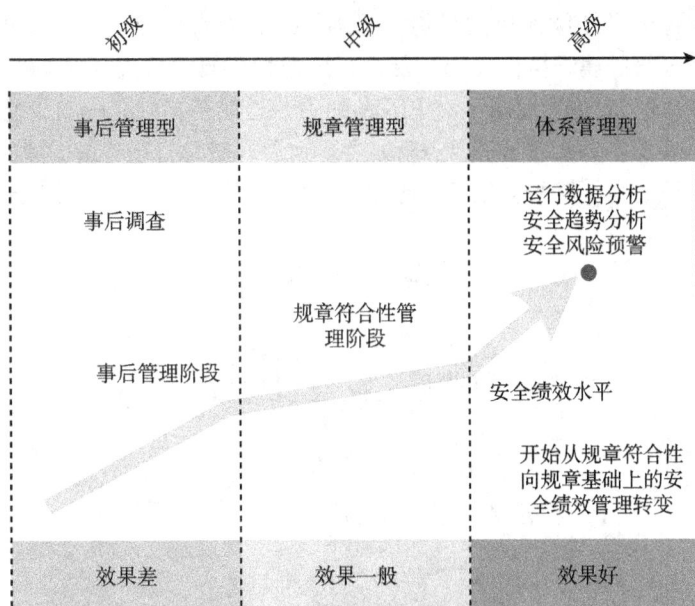

图 2-5-8　安全管理模式的三个阶段

　　交通运输安全涉及方方面面，对交通运输安全问题的管理是非常复杂的，必须针对复杂巨系统的特征，综合运用安全系统管理理论加以分析。应从交通运输运营系统的整体出发，检查、监测、识别、评价并控制可能出现的事故隐患，把管理重点放在整体效应上，实行全员、全过程、全方位、全天候的安全管理，即通过安全体系将安全管理活动融为一个相互联系的整体，同时，通过科学方法验证安全管理措施的适用性和有效性。

　　合理的交通运输安全管理是一种基于体系化的管理模式。该管理模式可概括为：基于交通运输安全管理长期形成的行之有效的方式方法，积极采用先进技术手段加强安全，运用系统的方法管理安全，通过科学地制定政策、目标，明晰安全责任，鼓励全员参与，加强安全文化，增进安全培训教育，实施风险分级管控与隐患排查治理，开展安全信息收集分析，强化监督管理，以安全绩效管理为重点，有效地配置资源，形成自我管理、自我改进的机制，实现闭环管理，在继承吸收的基础上，不断提高交通运输安全水平，实现交通运输安全治理能力现代化。

　　交通运输安全管理体系可根据各自特点有不同的内容。笔者提出交通运输安全管理体系的子体系可以划分为基础管理、综合保障、安全治理、防范管控、监督管理、应急管理、绩效管理七个方面，如图 2-5-9 所示。

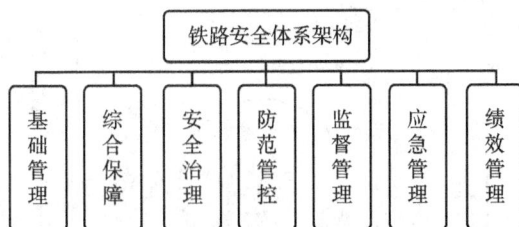

图 2-5-9　交通运输安全体系的七大子体系

其逻辑关系（基于 PDCA 的子体系间关联分析）如图 2-5-10 所示，从中可见，该七大子体系体现了 PDCA 循环及持续改进的思想。基础管理和综合保障子体系属于计划（plan）层面，安全治理和防范管控属于执行（do）层面，监督管理属于检查（check）层面，绩效管理属于处理（act）层面。应急管理属于对 PDCA 的另一道防范屏障，一旦安全管理失效或突发偶然性，已导致事故发生，此时第一要务就是要迅速展开应急管理，最大限度地减少事故伤害程度和影响范围。该七大子体系实现了交通运输安全的闭环管理，实现了交通运输安全的持续改进。

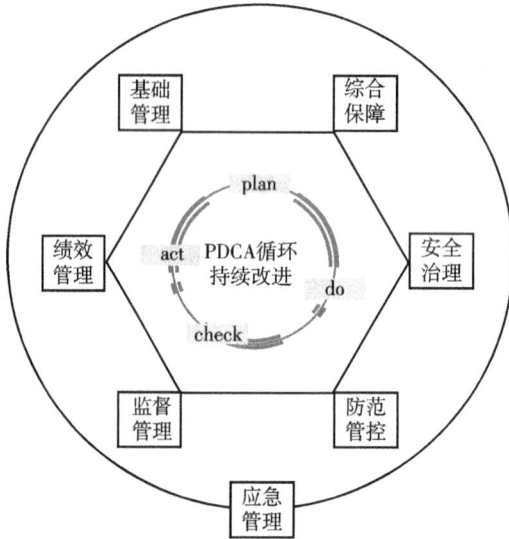

图 2-5-10　基于 PDCA 的子体系间关联分析

　　各子体系与安全水平提升关系如图 2-5-11 所示。基础管理的作用是构筑坚实基础，综合保障的作用是提供有力支撑，安全治理的作用是根治风险隐患，防范管控的作用是把握关键环节，监督管理的作用是督促改进、加强，应急管理的作用是守住最后关口，绩效管理的作用是监控、预警、评价，七大子体系相互配合、共同作用，实现交通运输安全治理的科学规范及交通运输安全水平的持续提升。

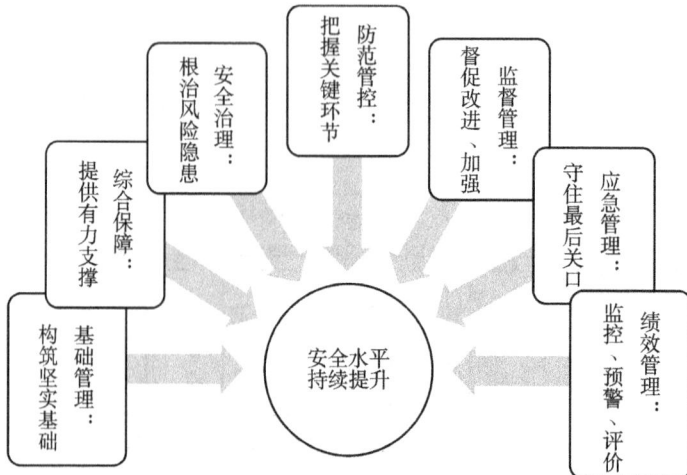

图 2-5-11　七大子体系与安全水平提升关系

子体系下面划分为若干模块，如图 2-5-12 所示，在模块下面可以再划分为若干基本内容，整体架构如表 2-5-3 所示。

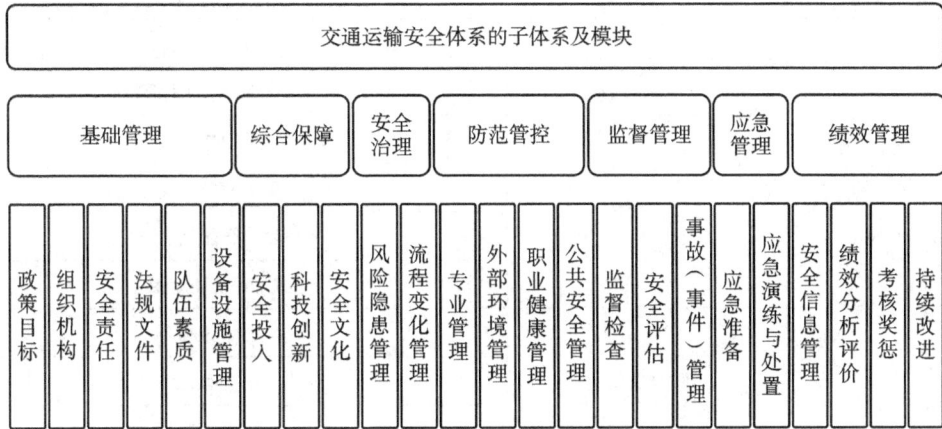

图 2-5-12 交通运输安全体系的子体系及模块

交通运输安全体系适用于交通运输生产经营单位（从事交通运输生产经营活动的合法组织机构）的各类交通运输生产经营活动（围绕交通运输生产的运力资源组织和投入、运输设备设施运维、客货运位移产品产出及销售，乃至保持再生产或实现扩大再生产所开展的各种有组织的活动的总称）。

表 2-5-3　交通运输安全体系的整体架构

七大子体系	24 个模块	69 项基本内容
基础管理	政策目标	安全政策
		规划目标
	组织机构	安全机构
		安全会议
	安全责任	责任确定
		责任落实
	法规文件	安全法规
		安全文件
		安全记录
	队伍素质	安全培训
		人员管理
		资质管理
	设备设施管理	源头质量管控
		养护维修质量管理
		设备设施运用管理
		特种设备管理

七大子体系	24 个模块	69 项基本内容
综合保障	安全投入	安全投入专家论证
		安全关键投入保障
	科技创新	安全关键技术攻关
		安全装备研发
		信息化智能化建设
		成果评价和应用
	安全文化	文化养成
		安全沟通
		合力共为
安全治理	风险隐患管理	双重预防机制
		风险管理（安全风险管控）
		隐患排查治理
	流程变化管理	流程安全管理
		变化安全管理
防范管控	专业管理	安全生产标准化
		专业监督指导
		特种货物运输管理
		相关方管理
		结合部管理
	外部环境管理	交通运输安全防护
		外部环境综合治理
		自然地质环境管理
	职业健康管理	职场环境管理
		职业病防治
		劳动保护
	公共安全管理	消防安全管理
		食品安全与公共卫生管理
		信息网络安全管理
		交通安全管理（内部）
		治安反恐防控

续表

七大子体系	24 个模块	69 项基本内容
监督管理	监督检查	监督检查组织
		监督检查实施
	安全评估	安全评估组织
		安全评估实施
	事故（事件）管理	事故（事件）报告
		事故（事件）调查
		事故暴露问题整改督办
应急管理	应急准备	应急救援机构与组织
		应急规章和预案
		应急设施装备物资
		应急救援信息系统
	应急演练与处置	应急演练
		应急处置
绩效管理	安全信息管理	安全信息收集
		安全信息分析
		安全信息传递和处置
	绩效分析评价	绩效监控分析
		质量效果评价
	考核奖惩	安全考核
		安全激励
		责任追溯
	持续改进	纠正预防
		体系优化

二、交通运输安全管理体系的核心机制

交通运输安全管理体系的核心机制包括系统安全防护、设备养护维修、安全检测监测、安全目标控制、安全责任落实、安全规章完善、职工素质强化、专业安全管理、信息分析预警、风险隐患治理、安全监督检查、应急处置救援、绩效考核评价等方面，具体如图 2-5-13 所示。

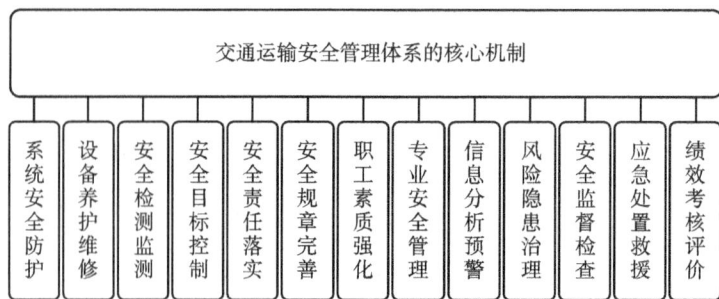

图 2-5-13　交通运输安全管理体系的核心机制

（一）系统安全防护

该机制要求建立全面规范的交通运输系统安全防护机制，加强对交通运输系统的防护，确保交通运输系统的安全运行。例如，交通运输基础设施采用全封闭、全立交设计，线路两侧设置防护栅栏进行封闭，在线路两侧设立线路安全保护区；在交通运输基础设施处安装风速、雨量、雪深、地震等自然环境及异物侵限监测系统等。

（二）设备养护维修

该机制要求建立科学合理的设备养护维修机制，例如，采取计划修和状态修相结合的设备养护维修模式，建立主要设备电子档案，加强设备技术状态、养修履历过程管理，定期评估设备安全状态，科学制定设备维护周期、范围和维修技术条件，推进设备精准养护维修等。

（三）安全检测监测

该机制要求建立覆盖行车、载运工具、基础设施等各方面的检测监测系统。例如，对交通运输基础设施采用动态检查为主，动、静态检查相结合的全方位检查模式，检查确认交通运输基础设施状况；开发并应用交通运输设备设施管理信息系统，实现交通运输基础设备设施的不间断检测监测，及时发现和消除安全隐患等。

（四）安全目标控制

目标控制机制的建立包含两方面的内容，一是目标的制定与分解，二是对目标进行管理。

一般来讲，安全目标须依据国家安全目标、交通运输企业的安全政策及整体战略规划制定。其基本要求应满足不低于国家的标准、符合交通运输企业的相关定位、基于 SMART 原则 [SMART 是由 specific、measurable、attainable、relevant、time-bound 的首字母构成的，要求安全指标必须是具体的（specific）、可以衡量的（measurable）、可以达到的（attainable）、具有一定的相关性（relevant）、具有明确的截止期限（time-bound）] 等方面。安全目标可分为安全生产发展规划目标、年度安全工作目标，并应逐级分解为具体的安全生产指标。

对目标的管理，包括两方面内容：一方面，应针对安全目标制定落实措施和考核办法；另一方面，由于外界环境和内部环境都在不停地发生变化，目标应进行相应的合理调整。

（五）安全责任落实

该机制主要包括安全生产责任制的制定与安全责任追溯两个方面。

依据相关法律法规，建立健全完善覆盖各层级各岗位的具体、明确、细化的全员安全生产责任制。

明确责任内容、范围和考核标准，并对安全生产履职情况进行评价考核，确保安全生产责任有效落实。同时，对事故责任人员和负有管理责任的人员严肃追究安全生产责任。

（六）安全规章完善

该机制主要包括建立先进、科学、适用、系统的交通运输技术标准体系。同时，深化基础理论研究，加强对大量复杂场景的分析，积极探索规律，进一步健全相关安全技术标准。

建立交通运输技术规章管理制度，严格技术规章的审核、会签、发布、修改、废止等程序。同时，积极开展技术规章的修、建、补、废、释工作，定期组织审查清理，公布有效规章目录，保证技术规章的严肃性、合规性和权威性。

建立健全交通运输操作技能岗位作业标准，规范作业行为和非正常情况下的处置流程。同时，积极推行主要行车工种岗位作业手册，建立作业标准验证机制，实施前预留培训时间。

建立健全交通运输安全文件管理制度，规范各类安全文件审核、公布、清理、存档等工作，定期公布有效安全治理文件。同时，明确各类安全生产协议、记录、数据等文件资料的管理要求和保存时间。

（七）职工素质强化

强化职工素质，完善安全教育培训制度，创新教育培训手段，持续保持人才队伍质量，深化安全教育培训，不断提高职工的安全意识和安全技能。

制定完善的人才培养引进制度，吸收引进高学历、高技能、高素质人才，实行关键专业技术岗位资格准入制度，按标准配齐配足专业技术、管理人员，实现关键安全岗位的梯次配备和动态优化。建立培训、考核、任用相统一的机制，持续优化人力资源配置。

建立健全全员教育培训制度，定期组织领导干部和专业管理干部进行安全教育培训，持续改进和创新岗位实作技能培训模式和手段。

（八）专业安全管理

建立标准化、规范化的标准，以综合管理和专业管理为重点，覆盖管理、技术和作业全过程，建立以安全质量等为核心的指标体系及考核评价体系。建立健全管安全、管生产、管技术、管规章、管设备的一体化工作机制，切实履行交通运输专业管理职责。

（九）信息分析预警

安全信息主要指交通运输生产过程发生的有关信息，包括事故、行车设备故障、安全检查、检测监测报警、自然灾害、生产经营场所火情火警、外部安全环境等影响交通运输生产安全的相关信息，以及防止事故、发现隐患的安全信息。安全信息分析预警机制主要包括信息收集分析与预警两个方面。

应建立安全信息管理制度，及时收集、分析安全信息；建立安全信息分析工作制度和专项分析制度，加强日常安全信息的调查分析；开展安全生产规律性、倾向性、关联性分析，掌握安全生产变化趋势和发展规律，及时发现潜在的问题和风险，做好源头管控。

建立健全安全风险预警工作机制，加强安全风险的动态监测和实时分析诊断，严格风险预警范围、条件和程序；当达到预警条件时及时启动相应预警程序，提出加强安全风险管控的要求和时限，并组织对落实情况进行指导帮助、跟踪督办。

（十）风险隐患治理

该机制主要包括风险分级管控与隐患排查治理两个方面，两者关系如图2-5-14所示，可见，两者是相互呼应、一脉相承的。风险分级管控与隐患排查治理是安全管理的最核心内容，在其基础上可以进一步与安全责任追溯、绩效考核评价相结合，将风险、隐患、管控、职责结合在一起，实现对安全的全链条管理。

健全和规范交通运输安全风险管控机制，组织全员全过程辨识研判安全风险，分层分类建立安全风险库，健全安全风险管控措施；在作业岗位明示存在的主要安全风险，在重点部位设置明显的警示标志或安全风险公告栏；定期对重大安全风险、较大安全风险管控效果进行诊断评价，不断提升安全风险全过程管控的针对性和有效性。

建立安全隐患排查治理制度，加强隐患库管理；逐级建立并落实从主要负责人到每位从业人员的隐患排查治理和防控责任制；按照有关规定组织开展隐患排查治理工作，及时发现并消除隐患，实行隐患闭环管理。

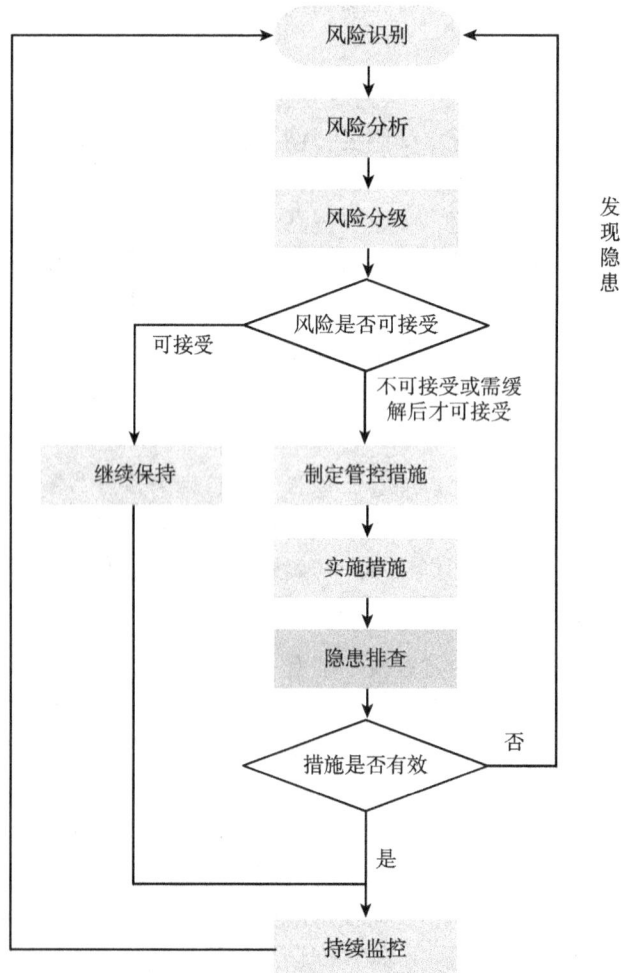

图2-5-14 风险分级管控与隐患排查治理的关系

（十一）　安全监督检查

该机制主要包括建立完善安全监督检查机制，定期开展安全监督检查、安全管理评估及事故隐患治理。

建立安全生产监督检查制度，明确监督检查工作的程序、形式和主要内容，以检查、诊断、剖析、评估为主要手段，指导和推动问题整改。

根据相关法规建立交通运输安全评估制度，明确评估条件、人员构成、评估程序、评估标准，严格评估检查问题整改，建立健全新技术新设备安全论证与评估制度。

建立事故调查和处理制度，明确各类事故内部调查组成员、工作职责、工作要求及完成时限；建立事故报告程序，明确事故报告的责任人、时限、内容等；建立事故暴露问题整改督办制度，对事故暴露出的问题逐项制订整改推进方案。

（十二）　应急处置救援

该机制主要包括分层级建立应急救援网络，编制完善的应急预案、应急处置流程和非正常情况应急处置办法，建立专职和兼职应急救援队伍，定期组织应急演练，确保应急处置导向安全、有力有效。

（十三）　绩效考核评价

该机制主要包括对职工的安全绩效考核、对单位的管理效果评价两个方面的内容。

建立安全生产正向激励制度，加大正向引导和正向激励力度。同时，建立交通运输安全生产指标考核制度，合理设置考核权重，定期组织考核。

通过检查、分析、评价等方式，全面掌握交通运输生产单位情况，对各单位风险管控和隐患排查治理的效果进行综合分析，总结推广典型经验做法，对安全工作作出客观评价，针对安全突出问题提出改进意见或建议。

主要参考文献

［1］王海星，陈同喜．铁路安全体系建构与实施评价研究［M］．北京：中国铁道出版社有限公司，2021.

［2］肖贵平，朱晓宁．交通安全工程［M］．3 版．北京：中国铁道出版社有限公司，2021.

［3］张国伍．交通运输系统分析［M］．成都：西南交通大学出版社，1991.

［4］范维澄，闪淳昌，等．公共安全与应急管理［M］．北京：科学出版社，2017.

［5］张永领，陈璐．非常规突发事件应急资源需求情景构建［J］．软科学，2014，28（6）：50-55.

第六章

交通运输系统的经济

第一节　交通运输系统的经济概述

一、经济分析与经济效益

经济分析实质上就是进行经济效益的分析。物质资料的生产是人类社会存在和发展的基础。任何社会要在生存中求发展必然要关心经济活动并对其作出正确评价。所以，人们在任何时候、任何情况下，都要进行经济分析，都要研究经济效益，只是研究的角度和重视的程度不同。

二、经济效益的一般概念

经济效益是指生产和再生产过程中，劳动的投入和产出的比较，或所费与所得的比较。我们知道，人类从事任何经济活动都要占用一定数量的原材料、燃料、动力，还要投入一定量的劳动力，这些集中表现为投入的资金。与此相应，要生产出一定数量的社会产品或有效成果，这就是产出。可用公式表示为：

$$经济效益 = \frac{所得}{所费} = \frac{产出}{投入} = \frac{劳动成果}{劳动耗费 + 劳动占用} \tag{2-6-1}$$

由式（2-6-1）可知，生产同样数量和质量的产品，若劳动占用和劳动消耗小，经济效益就大；若劳动占用和劳动消耗大，经济效益就小。或者说，占用和消耗同样劳动，劳动成果多、质量好，经济效益就好；如果劳动成果少、质量差，经济效益就差。

经济效益有其一般性与特殊性，又可称为经济效益的自然属性与社会属性。

经济效益的一般性，反映的是人与自然关系的生产技术方面，它直接体现投入、产出的水平，是一切社会形态所共有的客观范畴。每一个社会都要讲求经济效益。由于经济效益的一般性，使不同的社会经济效益可以相互对比，经济效益的一般性是与时间节约规律密切联系着的。时间节约规律是人类经济活动的根本规律。这是因为人类只有创造物质财富才能生存和发展，而人类的劳动时间在一定条件下又是有限的。要想用有限的劳动时间创造出日益丰富的生活资料和生产资料，就必须从各个方面节约社会劳动，其中包括活劳动和物化劳动，这是一个不以人们的意志为转移的客观规律。

经济效益除了有一般属性外，还有社会属性。它反映不同社会形态中各自特殊的经济效益。这种特殊性是与不同社会形态的基本经济规律和生产目的密切联系着的。

三、交通运输系统经济分析的内涵和意义

交通运输系统是一个开放的复杂社会技术经济系统。它由诸多要素和子系统构成，同时，又是国民经济宏观大系统的一个有机组成部分。交通运输系统的复杂性，就决定了交通运输系统经济分析的多样性，它应当是一个分层次的、与系统相配套的完整的体系。从概念上来讲，交通运输系统经济分析就是对交通运输系统的整体、系统的各个组成要素（运输项目），以及交通运输部门生产的全过程进行经济活动分析和经济效益分析。它对于促进国民经济建设和交通运输系统自身的发展都具有重要的意义和作用。

（一）交通运输系统经济分析的内涵

根据上面的定义，交通运输系统的经济分析主要应包括以下几部分内容：

1. 交通运输项目经济分析

交通运输项目经济分析是指对新建交通运输项目的经济可行性进行评估和分析，以便为投资决策提供必要的依据。项目经济分析通常可从成本分析（包括经济成本和财务成本分析）、效益分析、成本效益分析几方面入手。

2. 交通运输系统整体的经济分析

交通运输系统是一个由诸多要素构成的统一整体，在对交通运输项目进行经济分析的基础上，还要将其综合起来，对交通运输系统整体从经济角度进行分析。这部分分析的主要内容是对系统的主导项目所引起的相关投资进行效益评价，综合考虑交通运输系统的整体效应。

3. 交通运输部门的经济活动分析

经济活动分析是在交通运输系统建成交付使用以后，对交通运输部门生产经营状况的一种评价。它是通过研究企业经济过程的规律性，探索挖掘企业生产和经营上潜力的可能性，促进企业经济管理水平和经济效益的提高。经济活动分析是交通运输企业经营管理的一项重要职能。

综上所述，交通运输系统经济分析所包括的内容，可以表示为如图2-6-1所示的分析体系。

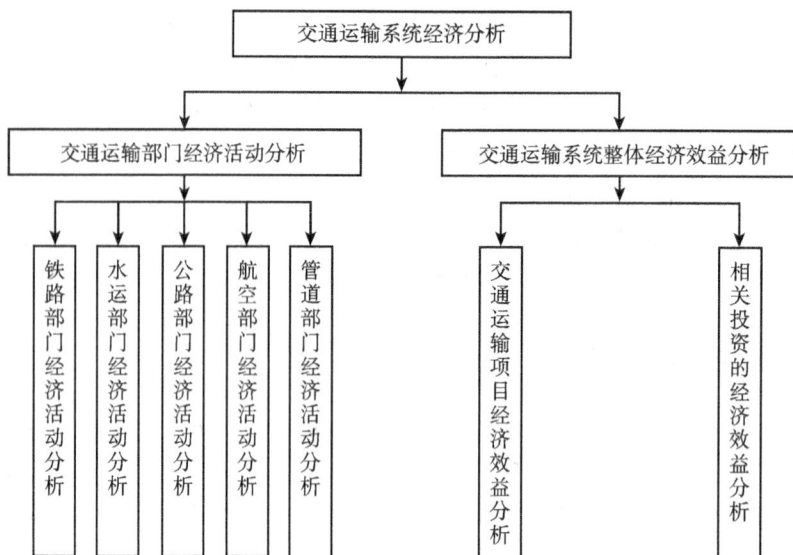

图 2-6-1　交通运输系统经济分析体系

（二）交通运输系统经济分析的意义

搞好交通运输系统的经济分析，对交通运输系统的建设和管理都具有重要的意义，具体如下：

1. 有助于提高决策科学化水平

交通运输项目投资规模大，周期长，见效慢，涉及因素复杂。决策失误，将造成巨大的损失。对交通运输系统进行经济分析，有助于在投资前明确项目建设的可行性，从而对项目的选择和投资进行科学决策。

2. 有助于提高交通运输系统的经济效益

交通运输系统经济分析的核心是系统的经济效益分析。在项目论证阶段进行经济分析，可以在多方案间进行有针对性的比选，从中选择经济效益最优的方案。同时，经济分析的过程，也是对交通运输项目方案的再审查过程，通过这一分析步骤，采取相应措施，可以有效地提高交通运输系统的经济效益。

3. 有助于提高交通运输部门的经营管理水平

经济活动分析，是交通运输系统经济分析的重要组成部分。通过经济活动分析，可以帮助人们认识交通运输企业经营管理的规律性，发现企业经营管理中存在的问题，找到完善的对策，从而不断提高交通运输部门的经营管理水平。

总之，交通运输系统经济分析是交通运输系统分析理论体系中的重要内容，搞好经济分析，提高经济效益，是国家经济发展对交通运输系统的客观要求，也是交通运输系统自身发展的迫切需要。

第二节　交通运输项目经济分析

交通运输项目的经济分析，就是对交通运输系统组成部件的经济分析。项目分析的目的在于评价经济上的合理性，为决策提供依据。

一、经济成本分析

交通运输项目的经济成本是指国民经济为兴建和经营某一交通运输系统而付出的经济代价，即所投入的全部物质资源和人力资源，它是以货币形式来计量和表示的。衡量经济成本，是交通运输系统经济评估的重要组成部分，也是进行投资决策的基础。

根据交通运输系统经济成本的定义，其构成包括建造成本（或称投资成本）、运营成本（或营运成本）、外差成本三部分。

（一）建造成本

建造成本可分为固定资产费用、其他建造成本两类。

固定资产费用，包括基础设施费用、移动设施费用和土地费用三类。基础设施主要是指铁路线路、公路道路、机场、车站、枢纽等固定设施，以及各类房屋建筑物等。移动设施主要是指各类机车、车辆、船舶、飞机、装卸机械等。

（二）运营成本

运营成本包括生产和管理部门的燃料、材料等消耗费用，各类移动设施的维修费、更新费，铁路线路、公路道路、机场、航道、管道的养护费，以及生产和管理部门发生的应计入运营成本的其他费用。

运营成本应该从项目投入的使用年度起计算到项目寿命期终。运营成本高低主要取决于项目基础设施的规格、质量，项目寿命周期及其维修费，载运工具的性能和特点，运输量等。

（三）外差成本

交通运输项目的兴建和运营往往给社会带来不利的影响和副作用，如增加污染之类。这种情况称为外差成本和社会环境投入。外差成本是指国民经济为消除或减少消极外差因素而付出的代价。

二、财务成本分析

财务成本与经济成本都是用来衡量、估算交通运输项目的的，但两者有明显差异，主要表现在以下 3 方面：

（一）衡量成本的角度不同

财务成本反映的是微观经济，它是站在项目执行者的立场上，从具体企业的角度来衡量、估算执行项目所支出的货币代价，进而与企业期望利润相比较，以便作出微观决策。由于财务成本不能反映资源的分配和流向，所以它只能成为微观决策的一种手段。而经济成本则可以反映宏观经济，可以站在国家或地区立场上来衡量由于进行某一交通运输系统（或项目）而造成的国民经济收入变化、各类资源的分配流向，以便作出合理的决策，或者调整决策。

（二）鉴别成本的原则不同

由于衡量成本的角度不同，财务成本与经济成本的鉴别原则也不同。鉴别财务成本，以货币的支付和现金流量的减少为基本原则，凡为项目的兴建和运营造成的货币支付和现金流量减少，不论它过去是否发生都应摊归项目负担的已投成本，也无论是上缴税收和债务清偿，更不管它资源是否消耗，只要是发生了费用，便一概列入财务成本。鉴别经济成本则不然，它不以货币的支付为转移，也不以现金流量的减少为标准，而只以减少国民收入为唯一的鉴别原则。换言之，只有因执行某运输系统项目而使国民经济放弃各种资源的，使国家经济造成增支成本的，才可列入经济成本。为此，进行交通运输系统的经济衡量和估算，必须按经济成本的鉴别原则，对财务成本的构成做必要的调整，才能形成相应的经济成本构成。

（三）财务成本与经济成本对稀缺资源的计值方法不同

财务成本是以现行市场价格为尺度，对系统或项目投入资源进行计值的，而经济成本是以资源的机会成本为尺度来计值的。在完全竞争的市场中，资源的市场价格和资源的机会成本是一致的。然而，在实际生活中，由于垄断和市场分割、税收和补贴，又由于进出口限制和政府的干预，导致市场价格与机会成本背离很大，成为一种被歪曲了的信号。由此可见，如果按各国国内市场价格计算交通运输系统或项目经济成本，就可能使系统或项目的经济成本失去真实性，以致失去了估算经济成本的本来意义。为了纠正现行市场价格对系统或项目代价的歪曲，以机会成本为尺度对各种投入资源加以计算是极为必要的。

综上所述，财务成本与经济成本是相对比而言的，两者反映了项目估算上的两种不同角度和计算方法。它们在实际评估中互相补充，缺一不可。由财务成本调整为经济成本可以分两步进行：第一步可对某一交通运输项目的总投资，按建设成本、运营成本和外差成本编制财务费用一览表，然后根据经济成本的鉴别原则，对构成财务成本的每一细目进行辨认，包括或剔除财务成本中已经剔除或包括进去的某些成本项目，以形成逐年各类资源的经济成本构成表。第二步，对各构成经济成本的项目，按性质、用途分类排队，并对各稀缺资源确定机会成本，在此基础上予以衡量估算。

三、影子价格的运用

（一）影子价格的作用

影子价格的概念是由两位诺贝尔经济学奖获得者——荷兰经济学家丁伯根和苏联经济学家康脱罗维奇在20世纪30年代末、40年代初分别提出来的。他们在用线性规划方法研究资源合理分配问题时，用这种方法求出一套与市场价格不同的、表示资源最优分配要求的价格，并把这种价格称为影子价格，以区别于市场上的实际价格。总之，影子价格是在完全竞争条件下的市场上为社会所公认的价格，它只受供求法则的支配，因而把它作为资源的机会成本，作为一种对财务成本进行调整的价值衡量尺度和调整手段是较为合理的。

将影子价格用于交通运输系统或项目，可以产生两个作用：第一，能有效地纠正被市场价格歪曲了的投入资源的经济代价，从而可以充分地反映各备选项目的经济代价；第二，有利于按政府的投资政策和国情，对项目方案作出选择。

（二）影子价格确定的基本原则

1. 必须对交通运输项目耗用的资源（包括物质和劳务）按可否提供外贸进行分类

因为项目耗用的资源如果是可供外贸的，则这类物资就可能提供给国际市场选择机会，这样可供外贸的资源，无论是本国的，还是进口的，其经济成本的计算必须如实地反映国际市场价格，否则不是高估就是低估。

按外贸可能性划分的主要类别如下：

（1）可供外贸的货物（劳务）。即在没有外贸保护政策、强加关税或数量限制的情况下可以进口和出口的货物（劳务）。通常它们的离岸价格大于国内生产成本，或者在政府补贴和干预的情况下就能出口，或者国内生产成本大于它们的到岸价格时，就能进口。

（2）非外贸商品（劳务）。指由于生产成本的原因或国家的贸易政策而不能跨越边界进行贸易的商品（劳务）。诸如土地、砂、砖、水、房屋、各种运输方式的基础设施。当然，这也不是绝对的，在一定条件下，它们也可以成为外贸商品（劳务）。

上述各类物品的影子价格的确定原则是明显不同的，因此，在对交通运输系统或项目各投入资源确定影子价格时，应先按上述原则进行分类。

2. 必须认真分析交通运输系统（项目）各投入资源的耗用对国民经济造成的影响，并作为确定其影子价格的基础

某种资源的影子价格，也就是它的机会成本，具体体现在由于它的耗用对国民经济造成的影响上。因此，各类资源影子价格的确定，是通过鉴别因它的投入而对国民经济产生的影响来进行的。

为了便于在实际工作中确定交通运输系统（项目）各投入资源的影子价格，综合以上两项原则，投入资源影子价格的确定如图 2-6-2 所示。

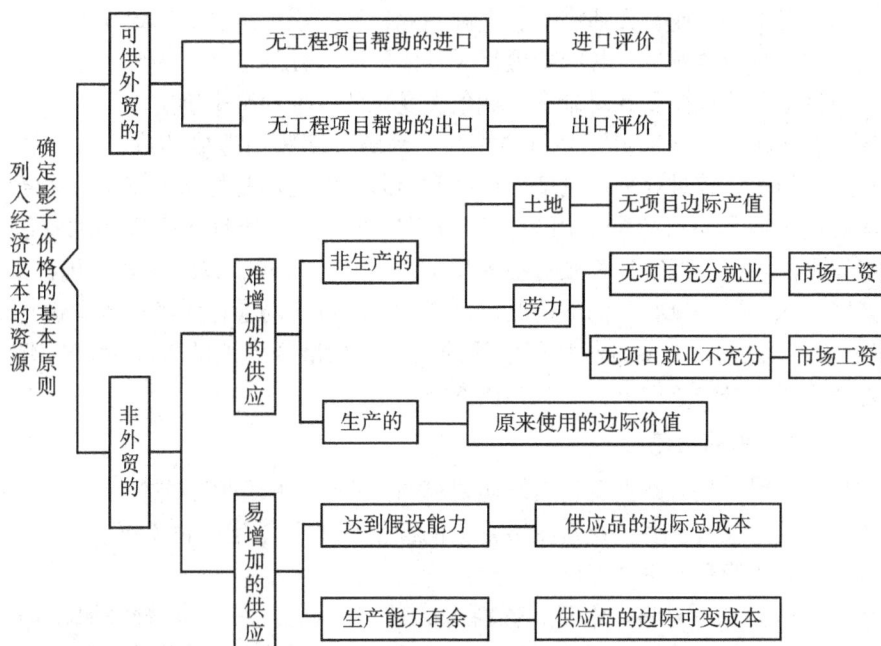

图 2-6-2 投入资源影子价格的确定

图 2-6-2 所列真实资源不包括转移性支付。对各真实资源应分解为外贸商品和非外贸商品，然后分别予以确定影子价格。对外贸商品按进口商品或出口商品计算进出口评价，即在口岸价格的基础上，调整从港口到项目所在地的国内运输、装卸、仓储费等，出口评价是口岸价格减国内成本，进口评价是口岸价格加国内成本。对非外贸商品在确定影子价格之前，应先分析一下其中是否包含外贸商品，如果包含外贸商品，则对这一部分应按相应原则处理，而对其余的非外贸商品部分按图 2-6-2 的原则予以确定影子价格。应当注意，对非外贸商品的分解仅需一两次，因为过多的分解，不仅技术有困难，而且也无必要。

3. 必须有选择地确定交通运输项目投入物的影子价格

一般而言，凡一个运输系统（项目）都要耗用大量资源，但不同的交通运输系统（项目）则耗用资源种类不一、数量不等，对构成成本的影响也不相同。各投入的资源，有稀缺与不稀缺之分，表现在价格与价值上，有背离与不背离之别。为此，对交通运输系统（项目）投入资源必须做具体分析。

四、交通运输系统经济分析需注意的问题

衡量经济成本的过程是依据掌握的资料进行多种猜测的过程，而实际上往往由于自然和社会等原因，容易发生意外的变化，加之限于决策分析人员的水平，以致常常出现经济成本衡量失误的状况。为了真实地衡量交通运输系统（项目）经济成本，正确地将财务成本调整为经济成本，必须注意下面几个问题：

（一）意外事件费用的调整

在衡量交通运输系统（项目）经济成本时，土建工程费用的衡量是较难处理的问题。由于诸如跨地区、越山陵、穿江河的公路、铁路项目在施工过程中往往会发生土壤地区结构与事先勘探的情况不符，或者突遇洪水、气候剧变，使工程无法进展以致项目土建工程费意外激增。这类意外费用的发生，意味着项目对具体资源消耗的增加。为此，应依据各类交通运输方式、项目工程的规模及其对未来自然条件变化的各种预测来确定。

在衡量交通运输系统（项目）经济成本时，因通货膨胀而造成的成本增加是否能调整为经济成本这个问题也较难处理。决策人员经常容易犯的毛病是将这类费用作为经济成本加以调整，其实这也许是不必要的。因为尽管由于通货膨胀，使具体交通运输系统（项目）的财务成本发生了增值，但通货膨胀对各种物价都要产生影响，以致从整个国民经济来说，并不减少国民收入。另外也有不同的情况，这部分的物价变动应作为经济成本进行调整，这主要指的是交通运输系统（项目）耗用的稀缺资源，如市区土地的大涨价，这类物价的变动，意味着在市场竞争的条件下，其机会成本发生了变化。

（二）转移性费用的调整

所谓转移性费用，是对并没有提出偿还要求的国家资源的偿还，它只反映了一种控制权的转移。从整个国民收入来说，花费在项目上的经济成本既不增，也不减，所以应予调整。发生在项目中的转移费用，主要有以下三类：

（1）各类税收。如原材料、设备、燃料等的进口税、营业税、车辆牌照税等，稀缺资源税例外。如汽油消费税就是一例，由于它反映了汽油本来可以为国家多创造的价值，现在因被项目耗用而减少了收入，因此，应当调整计入经济成本。此外，还有在计算交通运输系

统（项目）运营成本中经常发生的养路费，码头、站港手续费等，由于提供了一定的劳务，反映了真实资源的耗费，因而应计入经济成本。

（2）贷款及其偿还的调整。贷款经常容易与投资发生混淆。因为投资是应列入经济成本的，所以似乎贷款及其偿还也应列入经济成本。其实，这是不正确的。我们知道，它是否应列入经济成本，取决于国民收入是否因此而减少。依据这个原则，就可以清楚地看到，投资之所以应列入经济成本，是因为它体现在土地、建筑物、车辆、船舶、飞机、集装箱、装卸机械、原材料及劳务等各种形式的实际资源的消耗，因而也就相应地减少了国民收入；而贷款及其偿还则不然，它仅仅是指这笔资金的拥有权由甲方转移到乙方，或由乙方转移到甲方。整个国民收入既无增加，也无减少，所以应当从财务成本中剔除。这一调整方法，既适用于项目兴建时期，也适用于其运营期间。

（三）重复计算的问题

评估一个交通运输系统（项目），应该把一切有关的成本都包括进去，但不可重复。在衡量交通运输系统（项目）经济成本的过程中，以下几个资源项目容易犯重复计算的错误。

（1）折旧。它不能列入经济成本，其理由如上所述。

（2）沉没成本。又称前期成本，由于它并非本项目的成本，故应从财务成本中剔除。

（3）涉及几个部门的项目费用。这类费用既不可重复计算，也不可不记。涉及几个部门的项目费用，由谁来估算衡量其经济成本，要看这些费用是由哪一个部门的项目引起的。

五、经济效益分析

为了确定某个交通运输系统（项目）对社会是否有利，我们不但要确定和衡量其经济成本，还必须确定和衡量其经济效益。交通运输系统（项目）经济评估的宗旨，最主要的就是要实事求是地、客观地研究特定交通运输系统（项目）的经济效益问题。要全面地评价交通运输系统（项目）的经济效益，就需要了解和掌握以下几方面的内容：

（一）经济效益的概念和种类

交通运输系统（项目）的经济效益，是指通过该项目给国民经济带来的效率、效益和效果。它不是指经济活动的总成果，而是经济活动的净成果和经济活动效率方面所得到的利益，它反映了所得扣除所费的结果，是相减的关系。

交通运输系统（项目）的经济效益所包括的范围是比较广泛的。从不同的角度和方面来说，有直接经济效益和间接经济效益，有宏观经济效益和微观经济效益，有可计算的经济效益和不易计算的经济效益。现在主要介绍可以用货币来计算的宏观经济效益。一般来说，交通运输系统（项目）最主要的经济效益有以下四类：

（1）外部效益。即某一交通运输系统（项目）除自身效益外为国民经济带来的实际成果和利益。此类效益的大小，通常是按该系统（项目）给国民经济中商品与劳务生产所带来的增加额来衡量的。例如，某条铁路的兴建或改进，将给这条铁路服务地区带来工业、城镇和劳务的开发，而这一类外部效益的衡量是比较困难的，这主要是难以估量地区开发增产的总量中究竟有多少可以归功于该运输系统（项目）。

（2）内部效益。即由于某一交通运输系统（项目）的兴建或改进，提高了交通运输效率而节约的社会支出。这种类型的效益，一般是按交通运输费用的降低额来衡量的。从整个国民经济的角度来看，所节省的资源就体现了国民经济所得的效益。

（3）有形效益。即由于有了某一交通运输系统（项目）而给社会带来的能用经济尺度计量的效益。这种类型的效益容易鉴别和衡量。例如，修建一条铁路所增加的运量、降低的运输费用、减少交通运输进程中货物损耗等，都是该系统（项目）的有形效益。

（4）无形效益。即由于有了某一运输项目而给社会带来的无法用经济尺度来计量的效益，或者虽然计量，但所得结果常常不准确。这种类型的效益，不容易鉴别和衡量，只能在经济评价报告中做一些定性的评述。如某一交通运输系统（项目）的实现，会使国家声誉提高、国防建设加强、环境污染减少、乘客旅途舒适和方便等，都是该系统（项目）的无形效益。

（二）经济效益的特点

交通运输业是一个重要的物质生产部门，在整个社会再生产中它具有和其他生产部门不同的地位和作用。这种地位和作用使得交通运输系统（项目）与其他系统（项目）的经济效益既有共性，又有其自身的特点，归纳起来，有以下几个特点：

（1）宏观的社会效益是交通运输系统（项目）的基本效益。交通运输连接着生产和生产、生产和交换、生产和消费、交换和消费，是整个社会产品运动的一个不可缺少的环节。正由于交通运输在国民经济中所处的这种地位和作用，交通运输系统（项目）的经济效益必然涉及工业、农业、商业、国防、科技、文教、卫生等部门，同时也涉及地区、城市和区域，故交通运输系统（项目）的经济效益有相当部分表现为宏观效益。因此，评价交通运输系统（项目）的经济效益，不能只从其本身的微观经济效益来衡量，而要考虑它对整个国民经济所起的作用，即必须从国民经济的全局出发、从社会的宏观效益出发来衡量。

（2）交通运输系统（项目）的整体合成效益是形成交通运输系统（项目）效益的基础。交通运输是一个系统，具体表现为一个综合体系。现代化的交通运输是由铁路、公路、水路、航空和管道等多种运输方式组成的综合体系和有机整体，而每一种交通运输方式又是多层次、多工种、多环节组成的联动机，只有各个组成部分之间的比例适当、衔接协调，才能低耗、高效率地完成交通运输任务。各种交通运输方式具有各自的技术经济特点，各有其适用的范围，有的不能相互替代，有的虽可替代但影响效率和效益，只有密切协调配合，才能形成一个完整的、有效的综合体系。就交通运输部门来说，往往是你中有我，我中有你，互不可分。交通运输系统的这一特点，决定了相互联系的交通运输项目的经济效益难以截然分清，往往表现为部门的系统经济效益。

（3）交通运输系统（项目）本身的某些直接经济效益不具有实体性。交通运输产品是"派生的"，它只有空间变动的概念，没有实体的概念。交通运输产品的价值是在交通运输生产过程中消耗活劳动创造的价值和消耗物化劳动转移的价值。它的使用价值就是在一定的时间条件下改变实物产品的空间位置，从而使实物产品的使用价值得到提高。这就是说，在交通运输生产过程中并不改变劳动对象，也不创造新的产品，只是客、货的位移。交通运输产品的单位就是 t·km、人·km。因而交通运输系统（项目）本身的某些直接经济效益，往往也不具有实体性。

（4）交通运输产品的非储存性。非储存性决定交通运输项目的最大效益是以最少的劳动消耗来满足社会对交通运输的需求。我们知道，工农业产品生产过多时，可以储存起来，而在社会需要增加时，又可将它投放出去。交通运输产品则不然，它的生产过程同时就是发生效用的过程，也是交通运输的消费过程，但甲交通线的通过能力再大，也替不了乙交通线，除非搞迂回运输。如果需要协调运输供求之间的关系，就只能采取储存运输能力的办法，也就是保留一定的备用运能。虽然交通运输项目的兴建能提高交通运输能力，但也不能盲目发展。为此，要求交通运输需求和交通运输能力两者必须相对平衡。供过于求，会产生交通运输能力的浪费；求大于供，会影响社会再生产的正常进行。由此可见，交通运输项目最大的经济效益在于它能以最少的社会劳动消耗来最大限度地满足整个社会对交通运输的需求。

（5）交通运输系统（项目）一般投资大、周期长、配套多，其经济效益在若干年后才能体现。如修建一条铁路或公路，其效益可能 5 年、10 年，甚至更长时间才能看出来。为此，在估算交通运输系统（项目）的经济效益时，应该把眼光适当放远些，在重视近期效益的同时，也必须考虑远期的经济效益。

① 交通运输系统（项目）的有些效益通常没有市场价格，难以用货币形式表达。如修建一条铁路给旅客所带来的舒适和方便就无法用货币来表达。

② 交通运输系统（项目）的大部分效益，如交通运输费用的降低，能使社会长时间受益，而对其进行长期预测却很困难。

③ 交通运输系统（项目）的许多效益都是间接的，如某一交通运输系统（项目）的建设对国民经济发展起的促进作用等，而这种效益的产生可能有各方面的原因，往往需要在交通运输领域以外的其他领域进行研究，因而要分清哪些效益和多少效益应归功于我们所要衡量其效益的那个运输系统（项目），则非常困难。

（三）经济效益的鉴别与分配

1. 经济效益的鉴别

鉴别经济效益要从国民经济的角度出发，弄清楚各种经济效益与建设中的交通运输系统（项目）的从属关系。由交通运输系统（项目）所得的经济效益都应列为该系统（项目）的效益，把那些不应该划入该系统（项目）的效益予以剔除。鉴别交通运输系统（项目）效益应注意以下几点：

（1）通过"前后对比法""有无对比法"进行鉴别。即将某一交通运输系统（项目）实现前后或有无而出现的效益情况进行对比，以便找出两者之间的差别，从而确定属于该系统（项目）的经济效益。

（2）要正确鉴别外部效益。有形的外部效益一般比较容易鉴别和计算，但有些无形的外部效益则难以计量和确定。

（3）不要把转移运量的效益作为新建运输系统（项目）的效益。例如，新建了一条铁路，使原有某条铁路的部分运量转移到新建铁路上来，从而造成原有铁路由于运量减少而降低了运营收入，而降低的运营收入部分转移到新建的铁路上去。实际上是效益的转移，因而不能划为新建铁路的新增效益。

2. 经济效益的分配

交通运输系统（项目）的经济效益分配问题亦是一个较复杂的问题。对于直接的经济效益如交通运输费用、交通运输时间、交通运输安全等则可按所服务的国内外的部门和企业分别获得，而对那些宏观的、间接的经济效益进行分配则十分困难，故而一般采用平均分摊法，或通过获效部门或企业的效益分解来确定。

3. 经济效益的分解

交通运输系统（项目）所产生的效益是多方面的，主要表现为：促进经济发展，推动城市建设，降低运输费用，节省运输时间，减少运输事故和货物的损伤，节约能源，巩固国防，等等。上述各种效益并不是每个项目都会产生的，而且每种效益的大小和重要性在各个项目中也各不相同，因而必须进行具体分解。

六、成本效益分析

交通运输系统（项目）的成本与效益既经确定，就要进行成本和效益的分析与对比，从而选出较优的投资决策方案。通常进行成本效益分析的指标有四种，即成本效益率或效益成本率、净现值、内部报酬率、最低成本。前三种方法尤其是内部报酬率应用得较广泛。最低成本法的应用是在当效益难以明确确认和衡量时，或者当几个方案的效益相同时，就可以根据"以最少代价获取同样效果"的原则进行分析比较。

在对一个新建的交通运输系统（项目）的经济效益进行计算时，必须考虑到货币与时间的关系。货币是资金的具体表现，资金运动的规律表明，资金的价值会随着时间而发生变化。引起变化的原因有：通货膨胀、货币贬值。货币增值主要有两种方式，即投资和储蓄。

资金的时间价值可概括为：若将货币存入银行，货币所有者失去了对这些货币的使用权利，按失去的时间来计算这种牺牲的代价，就叫作货币的"时间价值"。

一个交通运输系统（项目）的建设，总是投资支出在前，获得效益在后，在计算和对比投资效益时，只有把支出和收入换算为同一时间的价值才能进行比较，否则就不能得出正确的结论。货币的时间价值是通过计算利息来反映的。在货币时间价值的换算中，现在值与将来值的差额，即为按复利方法计算的复利利息。

下面介绍常用的成本与效益比较方法。

（一）效益成本率法

一般现行的效益成本率（benefit-cost ration，BCR）是按同一时间点和同一贴现率，以同一货币单位计算的全部效益的现值总和对全部成本的现值总和的比率。这个比率如果等于或大于1，则该项目按其所用的贴现率的获利水平来衡量是"合格"的。相反，如果算出来的效益成本率小于1，那么该项目是不合格的，因为其获利能力还不及通行的贴现利率。与其投资于该项目，还不如将资金存入银行。

成本效益率（cost-benefit ration，CBR）与效益成本率正好相反，两者互为倒数，但指标的原理是一样的，具体计算公式如下：

$$效益成本率 = \frac{效益现值总额}{成本现值总额} \tag{2-6-2}$$

$$成本效益率 = \frac{成本现值总额}{效益现值总额} \tag{2-6-3}$$

（二）净现值

所谓净现值（net present worth，NPW；net present value，NPV）就是指项目效益的现值总额减去成本现值总额后所剩余的差额。净现值的计算过程与效益成本率大致相同，其计算参数都是效益现值总额与成本现值总额，所不同的只是后者用除法，取商数，而前者用减法，取余数。

如果净现值大于 0，是个正数，即效益现值大于成本现值，那就说明这个项目是合格的，它的获利能力至少不会低于所有的贴现率。相反，如果净现值小于 0，是个负数，即效益现值小于成本现值，那就说明这个项目是不合格的，它的获利能力还不如贴现率。

（三）内部收益率

内部收益率（internal rate of ration，IRR）是目前在成本效益分析方面应用最广泛的方法。所谓内部收益率，就是这样一种贴现率，使用这种贴现率计算出来的效益现值总额等于成本现值总额。也就是说，当采用内部收益率作为贴现率来计算时，项目的效益成本率一定等于 1，净现值一定等于 0。

当采用内部收益率作为贴现率来计算时，净现值等于 0。0 是介于正值与负值之间的数，内部收益率必然介于能算出正净现值和负净现值的两个高低不同的贴现率之间。只要找出这个贴现率，就可按比例在它们之间找到能使净现值成为 0 的那个贴现率，这种按比例测算的方法叫作内插法。具体地说，可列公式如下：

$$\text{IRR} = D_{\text{L}} + (D_{\text{H}} - D_{\text{L}})\left(\frac{\text{NPW}}{\text{NPW}_{\text{H}} - \text{NPW}_{\text{L}}}\right) \tag{2-6-4}$$

式中：IRR——内部收益率；

　　　D_{L}——较低的贴现率，用它算出的净现值是正数；

　　　D_{H}——较高的贴现率，用它算出的净现值是负数；

　　NPW$_{\text{L}}$——采用较低贴现率算出的正净现值；

　　NPW$_{\text{H}}$——采用较高贴现率算出的负净现值；

　　NPW——净现值。

（四）最低成本法

当效益难以辨认和衡量，或者效益相同时，可根据以最少代价获取同样效果的原则来进行分析，也就是针对既定的建设项目，分别计算实现这个目标的各个备选项目或方案的成本现值，然后从中选出一个能以最低成本来达到这一目标的方案。这种方案算出来的结果，同样要受到贴现率高低的影响。

（五）敏感性分析

敏感性分析就是通过寻找敏感性因素，计算在敏感性因素变动的情况下项目经济效益受影响的程度，从而判断项目承受风险能力的一种不确定性的分析方法。我们知道，影响项目经济效益的不确定因素是很多的，在这些不确定因素中，有的稍有变动就会使项目经济效益受到较大影响，有的即使有较大变动，也不会对项目经济效益造成多大影响。为此，敏感性分析是通过在某一或某几个不确定因素变动的情况下，计算项目一系列经济效益指标的变动值来实现的，因而项目的敏感性分析是项目经济评估中工作量较大的一项工作。

敏感性分析的方法和步骤如下：

（1）确定可采用的经济效益指标。在分析时，一般只需对最主要的经济效益指标进行计算，通过这些指标值的变化，就可以判断某因素对于项目经济效益的敏感程度。在实际工作中常取净现值、内部收益率、投资回收期等指标作为敏感性分析指标。

（2）选取不确定因素。这是指从众多的不确定因素中选择对项目经济效益影响大的那些因素来进行分析。需要注意的是，对于不同的建设项目，由于性质、特点、建设条件等的差异，所选择的不确定因素也各不相同，切不可简单从事。不确定因素选出之后，要根据各方面资料进行客观分析，确定它们各自可能的变化幅度，在此基础上才可进行敏感性分析。

（3）重新计算有关的经济效益指标。一般的做法是选定一个不确定因素，并改变其值，在其他因素均不变的情况下计算基于敏感性的各项经济效益指标值，然后，再选定另外一些不确定因素进行分析，直到把所有选出的不确定因素逐个分析完为止。

（4）针对以上计算结果作出综合分析。综合分析的目的是要说明哪几个不确定因素对于项目经济效益的影响是最敏感的，在此基础上提出相应对策和建议。

第三节　交通运输系统整体经济分析

交通运输系统是个有机整体，同时它又是国民经济有机整体中的一部分。因此，新建交通运输系统除了包括系统的主体项目外，还包括支持主体的相关项目的建设，这些相关项目的投资称为相关投资，由相关投资所产生的效益称为相关投资效益。对交通运输系统整体进行经济分析，目的在于站在系统整体和社会的角度上全面地对一个交通运输系统的总投入和总效益进行评价，从而进一步全面地评价一个交通运输系统对社会所做的贡献。

交通运输系统整体经济分析与交通运输项目的经济分析，有其共性，亦有其特性。就其共性方面来说，都包括国民经济效益、交通运输部门效益，而交通运输项目分析则还包括项目的自身效益。应当指出的是，国民经济效益或交通运输系统效益与项目效益有可能不一致或不完全一致，当发生这种情况时，项目效益要服从交通运输系统的整体效益。

交通运输系统整体经济分析的内容，就是要在主体项目分析的基础上，结合相关项目的分析，从总体上对交通运输系统进行经济效益分析，也就是研究如何以尽可能少的投入取得更多的交通运输收入。本节主要介绍从交通运输系统整体出发，对相关建设项目进行效益分析的理论和方法。

一、同步建设的评估

固定资产投资是一项复杂的社会再生产活动。建设一个交通运输系统牵涉到原材料、能源供应、城市建设等外部协作环节，以及配套项目、生活福利设施、环境治理等配套条件。有关上述内容的平衡协调的内容和方法称为同步建设。

具体地说，所谓同步建设，通常就是指有关的建设项目（或工程项目），虽不要求同时开工，但要求同时建成投产，发挥综合经济效益。它包括项目安排的内外协调，主要项目与配套项目的工艺技术、建设规模、建设进度安排的同步。同步建设实际上是系统规划决策阶段的一项系统工程。

（一）同步建设的内容

根据交通运输系统建设的特点和实践的需要，同步建设应包括以下内容：

（1）项目安排上的同步建设，包括以下内容。

① 相关项目安排上的同步建设。

② 项目内部各单位工程安排的同步建设。

（2）主体项目与配套项目之间技术水平的同步建设。

（3）相关项目建设规模的同步建设。

（4）相关项目建设进度的同步建设。

（二）同步建设的评估

项目同步建设评估是一项复杂的工作，现举例说明同步建设的评估问题。

1. 配套项目基本情况

某港口建设项目为万吨级、5 万吨级码头各两个的港口运输系统，工期为 5 年。配套项目建设情况如下：

（1）进港航道的布置与建设。应保证船舶安全、方便地进出港口，根据该港进港航道条件确定其完成年限。

（2）防波堤布置与建设。如果该港口位于开放地点，无天然掩护或天然掩护不足以保持港口水域的泊位稳定条件，则要建设防波堤，防波堤工程的投资在某些海港中占有相当大的比重（如 40%～50%）。而且建设周期亦长，一般需要 3～5 年。为此，要配合泊位主体工程建设，安排好防波堤建设。

（3）港口陆域布置与建设。港口陆域应根据泊位大小、数量，按作业种类划分作业区。在作业区内，根据泊位大小和数量、要求水深、自然条件，布置建设码头岸线，然后在各泊位的岸线范围布置堆场和道路，再布置和建设各种辅助设施与建筑物。这些设备和设施一般较易完成，但必须在保证主体项目完成的前提下，根据所需时间按期完成，以保证港口整体功能的实现。

（4）仓库和货场建设。仓库和货场是港口的储存系统，它可以起储备、调剂和缓冲作用。必须根据港口的泊位功能要求建立相应的仓库、货场、货棚等设施，以保证港口开通后承担货物运输任务。

（5）港口装卸工艺与装卸设备要同步建成。港口的主要工作是装卸。装卸工艺是港口装卸和搬运货物的方法与程序，装卸设备则是用来实现装卸工作机械化的各种装卸机械及辅助设备的总合体。泊位建成后要进行货运生产，所以必须建成相应的装卸设施与设备，应根据港口投产要求配置与安排好装卸工艺和装卸设施。

（6）疏运系统的布置与建设。港口是一个水陆运输的结合部，如果只建成了水上部分而无陆上运输系统，则不能发挥港口的功能。为此，配合港口建设，要按时完成陆上运输系统。它包括铁路运输系统、道路与公路运输系统，它们都是港口总体布置中一个组成部分。在进行港口铁路布置时，应该满足港口总体布置、货物装卸过程的要求，以及保证铁路疏运作业能力与码头库场及其吞吐能力相适应、相协调。港口道路是指港区内部的道路系统，它是实现港口与全国公路网、城市或其他企业相连接的基础。根据港口投产的要求，适时地完成港口疏运系统设施与设备的建设和购置，否则港口就不能实现其功能。

（7）港口通信与导航设施与设备。这是港口生产不可缺少的基础设施。配合港口的投产，通信、导航系统的设施和设备也必须同步建成和投产。从某种意义来说，通信与导航系统应超前港口水工建筑物的投产，以促进港口功能的实现。

（8）港口同步建设项目还应包括港口进行生产和管理使用的房屋和职工居住生活等方面的房舍建筑物的布置与建设。它亦是港口投产的基本条件，应随着港口生产而逐步建成。

2. 评估内容

（1）项目安排的同步建设，评估按以下步骤进行：

① 先根据项目的生产特点，确定项目建设必需的外部协作条件和内部配套条件。

② 在国家和地方的投资计划中，查找项目需要的外部协作条件是否已作安排，如未安排，则要调查是否有现成的条件可以利用。

③ 在项目总体设计中，查找项目必需的内部配套条件是否都已作安排，有无现成的条件可以利用。

④ 确定需增列的项目。

（2）主体工程与配套项目采用技术同步建设的系统分析。主体项目是决定项目功能的主导环节，配套项目必须采用和主体项目同等的技术，即技术先进程度相适应。

（3）建设协作条件与项目建设规模的同步建设。每一个新建或改造的交通运输系统（项目）规模能力的选定，必须与其相关的协作条件或环境相适应。如对于一个深水港口建设，则要分析其航道、水深、岸线、场地、后方交通干网，以及城市的依托等方面的条件。

（4）建设进度的同步协调。在评估建设进度的同步协调性时，采用项目同步建设进度图。为此，首先要从设计任务书中取得主体项目的建设工期及开竣工时间的资料；其次，把主体项目的竣工时间作为所有外部协作项目和内部配套项目的要求完工时间；再次，以要求完工时间为起点，分别按协作项目和配套项目的合理工期后向推算；最后，检查推算后的各个项目的开工时间是否和计划时间相一致，如果不一致，则应与有关部门协商调整。

二、相关投资安排的系统分析

如前所述，要使项目正常投入生产，必须有外部、内部相关项目的协调配套。通过同步建设分析，可保证相关项目安排的合理化，但必须对投资从时间到数量上予以保证方能实现。为此，需要分析以下几方面的问题：

（一）确定相关投资的界限及划分原则

（1）相关项目的建设是由主导项目的建设而引起的。

（2）从宏观系统上分析确定是必要的。

（3）不在一个总体设计以内。

（4）收益与投入资金分摊必须一致。

（二）相关投资安排

相关项目从其投入产出关系来看，与主导项目有密切联系。没有相关项目，主导项目就无法正常进行生产活动；反之，没有主导项目，则相关项目的建设将成为盲目建设。为了确保主导项目与相关项目的同步建设，不仅主导项目的投资要落实，而且相关项目的投资也要落实，这是主导项目达到预期目的的保证。

三、相关投资的效益分析

相关投资效益分析是对相关投资项目的经济效益进行分析。由于相关项目的投资规模大小各不相同，它们对社会经济的影响也不相同，因而可根据不同的情况来进行相关投资效益分析。

（一）小型相关项目的相关投资效益分析

小型相关项目是指那些规模较小、对系统全局产生的影响也较小的项目。对这类相关投资项目，可只从交通运输系统（项目）角度进行经济效益分析。对于那些预计数额较小的相关投资效益，或那些难以定量计算的相关投资效益，可用定性分析的方法加以说明。

（二）大中型相关项目的相关投资效益分析

大中型相关项目是指那些规模较大、对系统整体有一定影响的项目。对这类相关投资项目产生的效益，应当从国民经济全面的角度来加以评估，评估中主要采用国民收入现值指标来分析，其步骤如下：

（1）鉴别哪些是主导项目的相关项目，一般只把第一次相关项目看作相关项目，个别的可引申到第二次相关项目。

（2）计算相关投资项目各年的国民收入。

（3）将主导项目与相关项目的各年度国民收入分别相加，然后用规定的基准折现率折现，得到各年度国民收入现值。

（4）进行检验，即一个拟建的交通运输系统（项目）不仅可以支付所需的工资，而且可以支付以基准折现率计算的银行利息，并有盈余，只有这样，该系统（项目）才是值得进行建设的。

四、环境保护经济评价

交通运输系统（项目）的建设必然对社会环境带来影响，产生环境效果。根据投资活动对社会环境产生的影响，环境效果可分为正效果和负效果。例如，交通运输系统（项目）的兴建，不仅占用了土地，而且有可能破坏森林和绿地，在运输过程中要排放废弃物，污染空气，产生噪声，破坏生态环境。根据系统（项目）评估工作的要求，需对项目投资引起的负的环境效果进行评价，并对改善环境的措施进行评价。这些治理措施的实现，必然影响到资金投入，为此，我们把环境保护的评价作为相关投资和效益分析的内容，将其作为项目评估工作中宏观性、全局性的问题。

主要参考文献

［1］张国伍．交通运输系统分析［M］．成都：西南交通大学出版社，1991.
［2］张国伍．交通运输系统工程创新与发展：交通人生 60 年［M］．北京：北京交通大学出版社，2008.
［3］张国伍．人生的境界与智慧：交通运输系统工程学科的发展与创新［M］．北京：北京交通大学出版社，2017.
［4］张国伍．综合交通运输系统工程的创新发展与论坛："交通 7+1 论坛" 50 次会议主要学术成就：2005—2018［M］．北京：北京交通大学出版社，2018.
［5］贾顺平．交通运输经济学［M］．3 版．北京：人民交通出版社股份有限公司，2019.
［6］荣朝和，林晓言，李红昌，等．运输经济学通论［M］．北京：经济科学出版社，2021.

第七章

智能交通运输系统

第一节 智能交通运输系统概述

一、智能交通运输系统及其技术

智能交通运输系统将先进的信息技术、数据通信传输技术、电子传感技术、卫星导航与定位技术、电子控制技术及计算机处理技术，融入物联网、云计算、大数据、移动互联等高新 IT 技术，有效地集成后运用于整个交通运输管理体系，大量使用了数据模型、数据挖掘等数据处理技术，实现了智能交通运输系统的系统性、实时性、信息交流的交互性，以及服务的广泛性，建立起一种在大范围内、全方位发挥作用的，实时、准确、高效的综合运输和管理系统，其目的是使人、车、路密切配合，达到和谐统一，发挥协同效应，极大地提高交通运输效率，保障交通安全，改善交通运输环境，提高能源利用效率。

综合交通运输系统要实现"安全、便捷、高效、绿色、经济"等目标，离不开智能交通运输系统及新技术的应用，特别是以 5G、物联网（IoT）、人工智能（AI）、区块链（block chain）、云计算（cloud computing）和大数据（big data）为代表的新一代信息与智能技术，简称其为 5iABCD 技术。

信息技术与经济社会的交汇融合引发了数据迅猛增长，目前数据已成为国家基础性战略资源。特别是移动互联网的普及和 5G 技术的应用，大数据正日益对全球生产、流通、分配、消费活动，以及经济运行机制、社会生活方式和国家治理能力产生重要影响。

此外，传感器技术、定位技术和地理信息系统等也在为综合交通运输系统的感知与检测、服务与决策等方面提供支撑。这些技术对于综合交通运输系统的未来发展具有重要作用。

二、智能交通运输系统的业务架构

业务需求和业务架构其实是处在一个事物不同描述层面的。架构关注的是更全面、概括、组织方面的结构，而需求则是用户关心的业务细节，业务需求是对业务架构的进一步分析。

业务分析是信息系统建设的基础。业务架构主要从功能、角色、流程等方面对业务进行分析，分析的结果作为划分系统、确定功能模块、接口等信息化设计的主要依据。传统的业务分析方法只能用来指导具体系统的建设，而业务架构的引入可以对如何通过信息化进行行业业务协同、引领业务创新进行充分的理论指导。业务架构的搭建是以软件模型方式描述企业管理和业务所涉及的对象和要素，以及它们的属性、行为和彼此关系。结合智能交通的实际需求，业务架构首先对交通中现有的实际业务模块进行研究梳理，确定其主要的业务流程。业务架构包含业务领域的划分、组织机构的关联、业务流程的改进等方面。

结合智能交通运输系统的实践进行的业务架构的搭建，首先需要对所覆盖的所有交通行业中的业务模块进行研究，从而确定主要的业务域，然后按照不同的业务视角进行分解，形成相应的业务流程，在相应的流程梳理和重组的基础上，整理出主要的业务流程，为应用架构中系统的规划提供基础。

在如图2-7-1所示的三维模型，将"对象""职能""业务"相结合，对智能交通运输系统的业务需求进行分析。

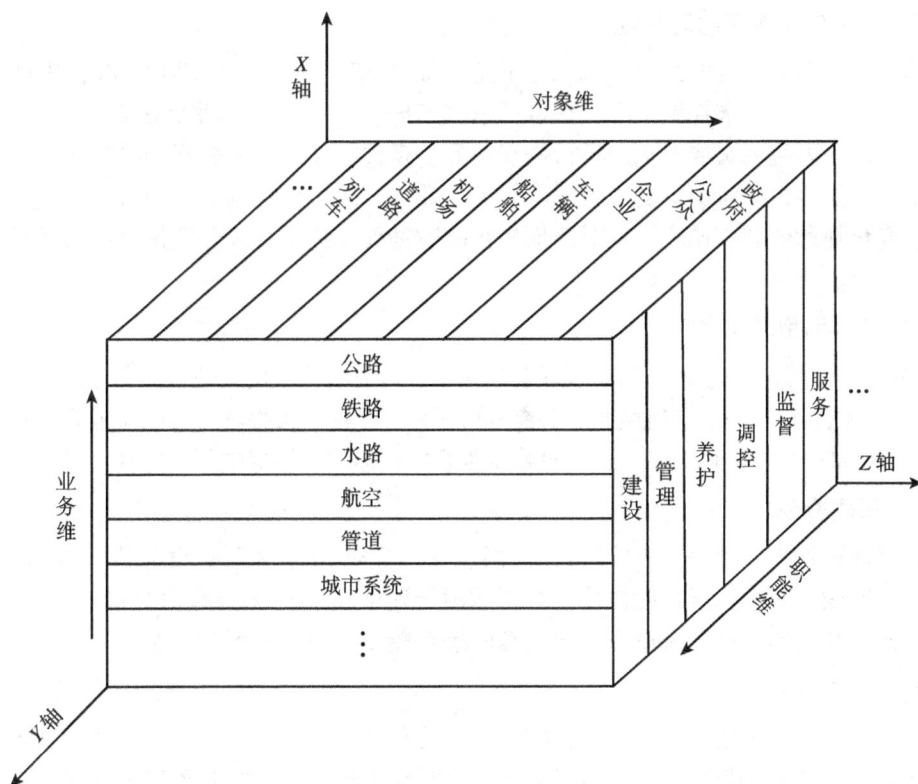

图2-7-1　智能交通运输系统业务架构三维模型

智能交通业务模型将交通业的业务范围、组织职能和服务对象的策略与目标相关联。其中，业务维反映了综合交通运输中的行业范围，即主要从公路、铁路/轨道交通、水路、管道、航空、城市交通等方面，保证综合交通运输业务的广泛覆盖；对象维主要包括了参与人、交通工具、环境设施等在内的交通运输行业的管理者、服务提供者和服务对象；职能维则是在业务维的指导下，从建设、管理、监督、调控、服务、养护等方面确定职能范围，每个职能还包括更详细的工作目标和评价指标以对智能交通运输系统进行评估。

智能交通运输系统将借助城市交通、公共交通、轨道交通、公路交通、航空交通、水路交通等平台，以及广泛部署在公众生活、工作空间的移动互联网、车联网等智能终端网络，将不同业务（公路、水路、轨道、航空、城市交通）、不同职能（建设、管理、服务、调控等）、不同对象（人、车、路等）的信息资源融合互补，搭建统一的智能交通业务环境。

三、智能交通运输系统的特征

智能交通运输系统具有以下几个特征：

（一）全面实时感知

智能交通运输系统应用物联网感知技术和手段，实现对出行者、运载工具、道路设施（桥梁、隧道、边坡等）、交通状态、气象环境状态、机电设备状态等要素的全样本实时感知，并通过多种接入方式将感知信息实时传输至交通通信网络，与所有交通参与者分享，即在交通基础设施、运输装备和旅客、货物之间实现实时有效的通信与信息交互。

（二）信息处理响应的时效性

高速铁路列车运行速度达 350 km/h，高速公路汽车行驶速度达 120 km/h。因此，当交通运行发生异常时，要求控制中心对获取的信息实时响应处理，迅速提出处理的决策方案，力求在最短时间内使列车或车辆的运行恢复正常。现代交通对数据分析结果的实时性提出了更高的要求，需要提升对历史交通数据、周期性数据、随机性数据、行为习惯、气象数据等交通信息变化规律的分析速度，同时确保较快的数据处理速度，以保证信息的时效性和提出方案的有效性。

（三）充分利用新技术

大数据、云计算、物联网、移动互联等新技术、新方法的应用，使智能交通的发展进入了新的阶段。目前，车联网、导航服务、智能分析研判、智能决策控制等智能交通技术广泛应用于交通运输系统的各个方面。新一代信息技术为智能交通的发展提供了新的动力和技术途径。

（四）高度智能化

智能交通运输系统基于物联网、互联网、移动通信网等信息采集与传输技术，把人、车、路、环境四个基本元素智能连接，综合运用云计算、大数据、计算机视觉等智能技术对信息进行分析和处理，提升对现实交通状态的感知能力，辅助决策和控制。

（五）协同运行

智能交通运输系统通过出行者、智能车载单元和智能路侧单元之间的实时、高效和双向的信息交互，为交通参与者提供实时、可靠的全时空交通信息，结合车辆主动安全控制和道路协同控制技术，提升交通安全水平，提高通行效率，实现人—车—路—环的有效协同。

（六）深度融合

智能交通运输系统整合基础信息资源（静态信息、动态信息），搭建基于云计算的交通综合协同管理平台和交通综合信息服务平台，可强化信息数据之间的融合，实现海量数据处理、智能数据分析；优化、调整业务内容和流程，加强业务和系统之间的融合；协调、整合各交通系统部门间的共享、协同合作，实现部门间资源和业务的融合；提升信息资源的深度开发与综合利用水平，创新应用和服务模式，实现应用和需求之间的融合；促进信息技术与交通指挥控制、交通信息服务的深度融合，提高交通管理的决策水平。

（七）人性服务

智能交通运输系统通过对交通数据进行实时、科学的分析和建模，作出科学的预测和预判，借助完善的交通信息传输网络，通过多元化的服务渠道，将预测和预判信息主动、及时地传递给相应的交通服务对象或交通信息平台，实现主动服务，从而提升交通服务对象的享受能力和满足感。

（八）整体性

智能交通运输系统建设过程中的整体性要求更加严格，这种整体性体现在以下几方面。

（1）跨行业特点。智能交通运输系统建设涉及众多行业领域，是社会广泛参与的复杂巨型系统工程，从而造成复杂的行业间协调问题。

（2）技术领域特点。智能交通运输系统综合了交通工程、信息工程、通信技术、控制工程、计算机技术等众多学科领域的成果，需要众多领域的技术人员共同协作。

（3）政府、企业、科研单位及高等院校共同参与，恰当的角色定位和任务分担是系统有效展开的重要前提条件。

（4）智能交通运输系统主要由移动通信、宽带网、RFID、传感器、云计算等新一代信息技术作支撑，更符合人的应用需求，可信任程度提高，并变得"无处不在"。

四、我国智能交通发展趋势

2019 年 9 月，中共中央、国务院印发了《交通强国建设纲要》，提出要建设现代化高质量的立体交通网络。2021 年 2 月，中共中央、国务院印发了《国家综合立体交通网规划纲要》（以下简称《规划纲要》），提出到 2035 年，基本建成便捷顺畅、经济高效、绿色集约、智能先进、安全可靠的现代化高质量国家综合立体交通网。

《规划纲要》指出，在智能先进方面：基本实现国家综合立体交通网基础设施全要素全周期数字化；基本建成泛在先进的交通信息基础设施，实现北斗时空信息服务、交通运输感知全覆盖；智能列车、智能网联汽车（智能汽车、自动驾驶、车路协同）、智能化通用航空器、智能船舶及邮政快递设施的技术达到世界先进水平。

《规划纲要》提出，到 21 世纪中叶：全面建成现代化高质量综合立体交通网，拥有世界一流的交通基础设施体系，交通运输供需平衡，服务优质均等，安全有力保障；新技术广泛应用，实现数字化、网络化、智能化、绿色化。

（一）交通网基础设施全要素全周期数字化

2019 年 7 月 25 日，交通运输部发布《数字交通发展规划纲要》（以下简称《纲要》）提出，要以"数据链"为主线，构建数字化的采集体系、网络化的传输体系和智能化的应用体系，加快交通运输信息化向数字化、网络化、智能化发展，为交通强国建设提供支撑。

根据《纲要》规划，到 2025 年，交通运输基础设施和运载装备全要素、全周期的数字化升级迈出新步伐，数字化采集体系和网络化传输体系基本形成。交通运输成为北斗导航的民用主行业，第五代移动通信（5G）等公网和新一代卫星通信系统初步实现行业应用。交通与汽车、电子、软件、通信、互联网服务等产业深度融合，新业态和新技术应用水平保持世界先进；到 2035 年，交通基础设施完成全要素、全周期数字化，天地一体的交通控制网基本形成，按需获取的即时出行服务广泛应用。我国成为数字交通领域国际标准的主要制定者或参与者，数字交通产业整体竞争能力全球领先。

《纲要》明确，要构建数字化的采集体系。一方面，要推动交通基础设施规划、设计、建造、养护、运行管理等全要素、全周期数字化。构建覆盖全国的高精度交通地理信息平台，完善交通工程等要素信息，实现对物理设施的三维数字化呈现，支撑全天候复杂交通场景下自动驾驶、大件运输等专业导航应用。针对重大交通基础设施工程，实现基础设施全生命周期健康性能监测，推广应用基于物联网的工程质量控制技术，建成泛在先进的交通信息基础设施。

《纲要》明确，要布局重要节点的全方位交通感知网络。推动铁路、公路、水路领域的重点路段、航段，以及隧道、桥梁、互通枢纽、船闸等重要节点的交通感知网络覆盖。推动交通感知网络与交通基础设施同步规划建设，深化高速公路 ETC 门架等路侧智能终端应用，建立云端互联的感知网络，让"哑设施"具备多维监测、智能网联、精准管控、协同服务能力。注重众包、手机信令等社会数据融合应用。构建载运工具、基础设施、通行环境互联的交通控制网基础云平台。加快北斗导航在自由流收费、自动驾驶、车路协同、海上搜救、港口自动化作业和集疏运调度等领域应用。

（二）新型交通运输基础设施智能化技术达到世界先进水平

要推动载运工具、作业装备智能化，鼓励具备多维感知、高精度定位、智能网联功能的终端设备应用，提升载运工具远程监测、故障诊断、风险预警、优化控制等能力。推动自动驾驶与车路协同技术研发，开展专用测试场地建设。鼓励物流园区、港口、铁路和机场货运站广泛应用物联网、自动驾驶等技术，推广自动化立体仓库、引导运输车（AGV）、智能输送分拣和装卸设备的规模应用。推动自动驾驶船舶、自动化码头和堆场发展，加强港航物流与上下游企业信息共享和业务协同。

2020 年 8 月，交通运输部发布《交通运输部关于推动交通运输领域新型基础设施建设的指导意见》（以下简称《意见》），明确到 2035 年打造融合高效的智慧交通基础设施，以交通运输行业为主实施。以智慧公路、智能铁路、智慧航道、智慧港口、智慧民航、智慧邮政、智慧枢纽，以及新材料新能源应用为载体，体现先进信息技术对行业的全方位赋能。交通运输领域科技创新支撑能力显著提升，前瞻性技术应用水平居世界前列。其中包括加大高速公路电子不停车收费（ETC）系统门架应用，丰富车路协同应用场景。推进第五代移动通信技术等协同应用、北斗系统和遥感卫星行业应用。推动自动驾驶等人工智能先导应用示范区建设。运用信息化现代控制技术提升铁路全路网列车调度指挥和运输管理智能化水平。发展智能高速动车组，开展时速 600 km 级高速磁悬浮、时速 400 km 级高速轮轨客运列车研制和试验。建设港口智慧物流服务平台，开展智能航运应用。应用区块链技术，推进电子单证、业务在线办理、危险品全链条监管、全程物流可视化。加快机场信息基础设施建设，推进各项设施全面物联，打造数据共享、协同高效、智能运行的智慧机场；发展新一代空管系统，推进空中交通服务、流量管理和空域管理智慧化；推动机场和航空公司、空管、运行保障及监管等单位间核心数据互联共享，完善对接机制，搭建大数据信息平台，实现航空器全球追踪、大数据流量管理、智能进离港排队、区域管制中心联网等，提升空地一体化协同运行能力等。以智能铁路为例，中国国家铁路集团有限公司在 2020 年 8 月出台的《新时代交通强国铁路先行规划纲要》中给出了未来智能铁路场景：刷脸进出站、无感支付、无感安检；人、货、车、场等全要素、全过程数字化；高铁沿线形成空天地车一体化的智能监控系统全覆盖，一旦有自然灾害以及异物入侵，智能监控系统马上报警；在安全关键及高危工种岗位推行无人值守、远程监控，自主研发新型智能列控系统、智能牵引供电系统、智能综合调度指挥系统以及新一代铁路移动通信系统等。

第二节　智能交通运输系统总体框架

　　智能交通运输系统的总体框架（见图2-7-2）是指以交通信息处理和服务为核心，面向交通服务对象，可以实现交通控制、管理决策以及数据加工功能的信息系统和平台。智能交通运输系统综合协同运作，使人、车、路更好地融为一体，为管理者提供更加全面的监测与环境调控，为出行者提供更实时快捷的交通信息，让交通出行更便捷，让运行管理更高效，让决策管理更科学。

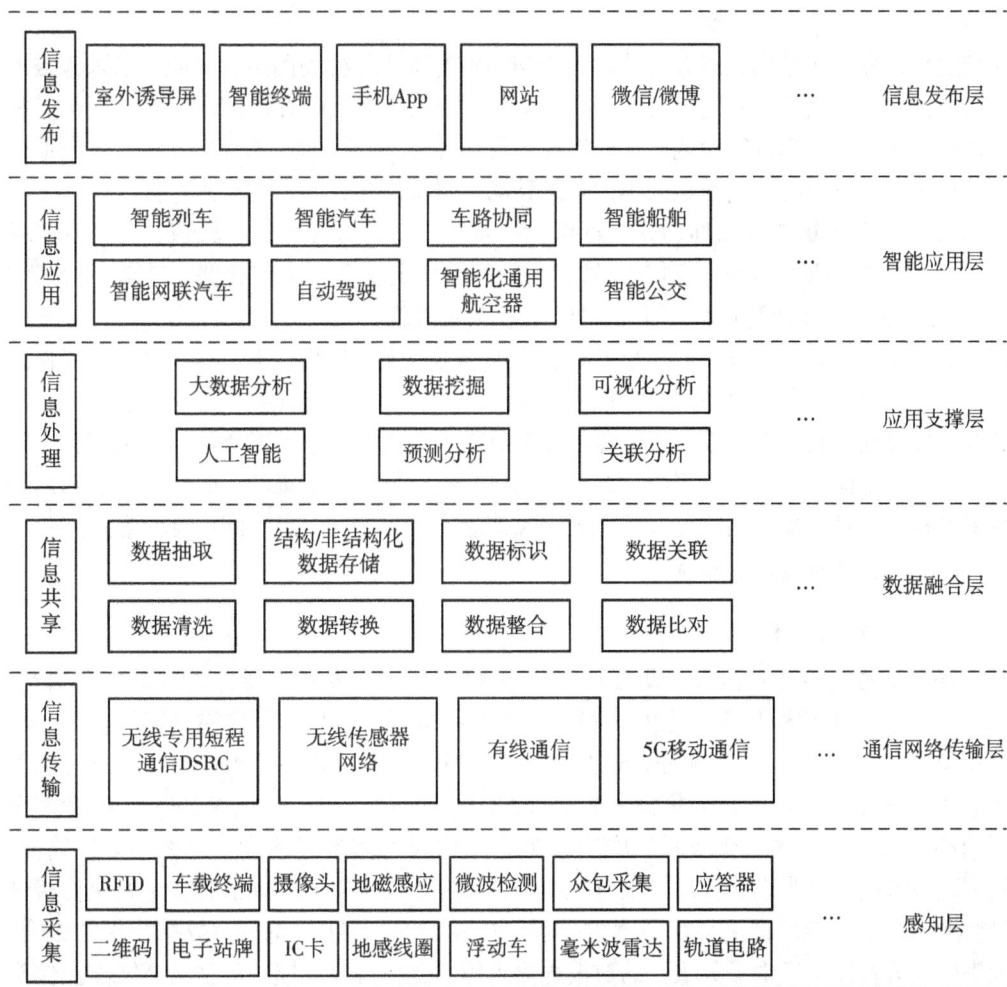

图2-7-2　智能交通运输系统的总体框架

智能交通运输系统的总体框架的层次应包括：全面覆盖的感知层、高速泛在的通信网络传输层、支持交通基础数据全局统一的数据融合层、支撑智能交通运输系统开发的应用支撑层、展示行业主要应用的智能应用层以及面向用户提供信息服务窗口的信息发布层。各层次统一协调，形成一个将电子、信息、通信、控制、车辆及机械等技术融于一体的整体，应用于交通领域，并能迅速、灵活、正确地理解和提出解决方案，以改善交通状况，使交通发挥最大效能。

一、感知层（信息采集）

应用物联网感知技术和手段，实现对出行者、交通载运工具（车辆、列车、飞机、船舶）、交通基础设施（道路、桥梁、隧道、轨道等）、交通状态、气象环境、机电设备状态等要素的全样本感知，实现《国家综合立体交通网规划纲要》的国家综合立体交通网基础设施全要素、全周期数字化。

感知层建立了一张感知"泛在网"，协调人、车、船、路、港相关感知设备，实现一体化交通运行状态可视、可测、可控。感知网络汇集了来自各部门、各用户、各种流程、各种设备和系统的信息。

按照交通信息数据采集的技术和方法，智能交通信息采集可分为固定式交通信息采集技术和移动式交通信息采集技术。固定式交通信息采集技术是指通过安装在固定地点的交通信息检测设备对道路上行驶的车辆进行检测，从而实现采集交通信息参数的技术总称。移动式交通信息采集技术是指运用安装有特定信息采集设备的移动车辆检测交通参数的技术总称。

固定式交通信息采集技术和移动式交通信息采集技术都是针对道路、轨道、机场空侧等交通信息的检测，主要检测车辆、列车、航空器的行驶状况，采集当前道路、轨道、机场空侧的交通状况信息，为交通管理控制中心提供实时交通信息。

固定式交通信息采集技术基于固定设备检测交通信息。在正常情况下，一次安装可以保持长期使用，能够实时采集所需要的交通信息，稳定性高。但设备安装需要考虑道路轨道、机场空侧的状况和地域性，且安装、维护、保养的综合成本比较高。而移动式交通信息采集技术可以实现全天候、大范围的采集，检测成本低，检测效率高，但信息采集的实时性较差。将两种交通信息采集技术合理搭配使用能更好地实现交通信息的采集，以满足不同场合的应用需要。

（一）固定式交通信息采集技术

1. 道路交通固定信息采集技术

道路交通流数据的定点检测器有地磁线圈传感器、无线地磁检测器、微波雷达检测器、超声波检测器、射频识别检测器、光电检测器、红外线检测器、视频图像检测器等。

视频检测方式是一种基于视频图像分析和计算机视觉技术对路面运动目标物体进行检测分析的视频处理技术。它能实时分析输入的交通图像，通过判断图像中划定的一个或者多个检测区域内的运动目标物体，获得所需的交通数据。视频检测方式的优点是无须破坏路面，安装和维护比较方便，可为事故管理提供可视图像，可提供大量交通管理信息，单台摄像机和处理器可检测多车道。随着高清摄像技术的发展，以及与5G、AI技术、大数据分析的融合，智能摄像头已成为智能交通中最为重要的数据采集来源及分析判决终端。新型高清智能摄像头及其支持的车辆云析系统，通过将深度学习算法与大数据技术相融合，可以实现以图搜车、涉牌研判、新型违法行为识别等应用，在电子警察、停车收费、卡口系统中发挥着重要作用。

2. 轨道交通固定信息采集技术

轨道交通固定信息采集技术包括轨道电路、应答器和计轴器等。

（1）轨道电路。轨道电路是由钢轨线路和钢轨绝缘构成的电路，用于自动、连续检测这段线路是否被机车车辆占用，也用于控制信号装置或转辙装置，以保证行车安全，实现列车占用及完整性检查。

（2）应答器。应答器是利用电磁感应理论，在特定地点实现机车与地面间相互通信的数据传输装置，它安装于两根钢轨之间，分为固定（无源）应答器和可变（有源）应答器，主要用途是向列控车载设备提供可靠的地面固定信息和可变信息。

应答器用于向列车控制系统传送线路基本参数、线路速度、特殊定位、列车运行目标数据、临时限速、车站进路等固定和实时可变的信息。随着列车运行速度不断提高，应答器成为高速列车控制系统中的重要基础设备，应答器能同时实现列车定位（测距修正）。

（3）计轴器。计轴器用以检测列车通过线路上某一点（计轴点）的车轴数，以检查两个计轴点之间或轨道区段内的空闲情况，或判定列车通过计轴点的时间，自动校正列车行驶里程等，实现列车占用及完整性检查。

3. 机场空侧固定信息采集技术

传统的机场场面监视是通过摄像头视频或借助场面监视雷达完成的。随着监视技术的发展，基于应答器的多点相关定位监视（MLAT）系统及广播式自动相关监视（ADS-B）系统逐渐应用到各机场中。

ADS-B技术是国际民航组织（ICAO）推荐发展的监视技术，ADS-B技术通过建立地面站与相应机载设备来完成空空、空地、地地数据链通信，其中地地通信主要是为机场场面监视提供飞机或装备应答机的车辆的位置信息和识别信息。机载设备以全球导航卫星系统信息为基础，自动周期性地广播自身的位置、高度、识别码等信息。ADS-B技术具有监视信息丰富、建设以及维护成本低、信息更新速度快等优点。但其信息安全性较低，并且得到的监视目标位置信息无法得到验证，因此常与MLAT系统搭配使用。

MLAT系统使用多个接收机捕获应答机脉冲，通过高刷新率来跟踪定位和识别安装A/C模式、S模式应答机的飞行器及安装车载应答机的车辆。通过地面接收机，可以精确地对机场场面中移动和静止的飞行器和车辆等目标进行监视。在同一时刻，场面中的飞行器及车辆应同时在至少三个地面接收机的视距内可见，这样才能随时跟踪其运动轨迹。每个地面接收机接收目标的信息并进行解码，然后将数据传送至目标处理器，目标处理器比较来自多个接收机的报告，根据每个接收机的信号接收时间计算出目标位置。系统采用多站点冗余配置，具有高监视精度和高可靠性的特点，能够对机场跑道、滑行道、联络道、停机坪等相关区域提供良好的监视精度和全面的覆盖能力。

4. 机场航站楼人脸识别技术

随着智慧机场的到来，人工智能、物联网、大数据等技术引入机场应用，人脸识别系统等智能终端产品在机场落地应用，通过科技给旅客带来便捷的出行体验，提升旅客通行效率。

（1）员工通行管理。人脸识别技术在机场的率先应用主要是针对机场员工而非旅客的。人脸识别技术通常与门禁考勤搭配应用。机场的员工可通过"刷脸"通过门禁进出，同时进行上下班考勤，而且可以有效防止非该区域人员进出，避免出现借换证件使用、仿冒卡的行为，避免非法闯入。人脸识别与员工工牌的磁卡信息相结合，两者吻合方可通过，从而杜绝有人冒用员工工牌进入工作区域进行破坏的行为。

（2）人流监测。随着人脸识别技术的成熟，以视频监控高清化、智能化为主的监控系统在机场得到广泛应用。在机场，尤其是国际机场，客流量大，人员信息复杂，而且机场作为重要的交通枢纽，也担负着重要的安全防守责任。智能化人流监控系统，检测人流中的人脸信息，不仅可以识别人流量，以便机场做好疏通引导，还可以自动辨识年龄、性别、身高等信息，并与信息库中的人员信息进行比对识别，一旦发现危险人物能及时发出警报。人脸识别技术还可以与红外热成像技术相结合，减少验票与测温两个环节的人员接触，在提升效率的同时为疫情防控带来帮助。

（3）安检。人脸识别技术用于乘客安检时，依托准确快速的识别核证能力，可在保障极高的准确性的前提下，达到毫秒级的识别速度，大大缩减旅客的过检时间，提升安检效率与旅客安检体验。随着防干扰技术的提升，现有的人脸识别技术即使在强光、弱光、背光等多种复杂环境下，也可以做到有效识别，同时能防止包括照片和屏幕类翻拍的攻击，这也就进一步提升了安检能力，大大节省了旅客过安检的时间，有效提高了通行效率。

（4）登机。除了安检，部分机场登机也启用了人脸识别系统，与安检系统联合，旅客通过安检到达登机口后，在登机口处使用人脸识别闸机，旅客只要面对摄像头，计算机系统将与系统名单中的人脸进行匹配，匹配成功就可通行，可以有效做到人证合一，遏制不法分子企图通过冒用证件、伪造证件等途径混入机场的违法行为，同时也可有效避免游客上错飞机的情况。人脸识别系统不仅能改善旅客登机体验，还可以基于大数据分析实现 VIP 识别、绿色通道等智能服务，从而提升机场服务体验，让旅客出行更方便。

人脸识别技术还可应用于自助行李寄存、信息查询、机场购物场景的自助收银与自助点餐等环节和场景。人脸识别技术使机场更加智能、便捷、安全、舒适；"无纸化"出行也更加适应旅客出行、消费习惯的变化，进一步提升了旅客的体验。

（二）移动式交通信息采集技术

随着智能交通中先进的出行者信息系统对交通系统中实时动态交通信息需求的不断提高，传统的固定式交通信息采集方式出现了不足。世界各国交通管理部门和科研人员都在进行交通移动采集技术的选择和试验，希望借助移动采集技术的特点弥补固定采集技术的缺点，完善整个交通信息采集系统，从而更好地为智能交通各子系统服务。

移动式交通信息采集技术包括浮动车信息采集技术、无人机信息采集技术及众包信息采集技术等。

1. 浮动车信息采集技术

浮动车一般是指安装了车载 GPS 定位装置并行驶在城市主干道上的公交汽车和出租车。根据装备车载全球定位系统的浮动车在其行驶过程中定期记录的车辆位置、方向和速度信息，应用地图匹配、路径推测等相关的计算模型和算法进行处理，使浮动车位置数据和城市道路在时间和空间上关联起来，最终得到浮动车所经过道路的车辆行驶速度及道路的行车旅行时间等交通拥堵信息。

2. 无人机信息采集技术

在交通信息采集领域，无人机通常搭载视频录制设备，利用集成 GPS 定位系统、无线通信系统和高分辨率视频摄像系统对地面目标进行摄像和摄影，进而通过获取的图像和视频数据提取所需要的信息。面向交通信息采集的无人机检测技术以自动驾驶飞机为飞行平台，以高分辨率数码相机为传感器，以获取高分辨率影像数据为直接目标，以获取道路交通信息为目的，以视频图像处理为手段，通过 GPS 定位技术，并借助先进的无人机控制系统和无线通信系统，实现无人机和地面交通控制中心的实时数据传输，并从多高度、多角度、多方位对道路交通流进行实时监控和信息采集。

3. 众包信息采集技术

随着"互联网+"交通新业态的快速发展，形成了大量基于个体的众包数据，如电信运营商手机信令数据、互联网企业众包数据等，为交通行业高标准的服务需求提供了新的手段。

（1）POI 数据的众包。互联网企业通过自有团队进行 POI 数据的采集，同时也通过第三方众包平台进行 POI 数据的众包采集。

（2）交通事件信息的众包采集。一些导航地图、导航软件通过在自有软件中内嵌数据上报功能进行交通路况事件信息的众包采集。

（3）浮动车信息的众包采集。通过带卫星定位功能的手机及其他移动智能设备收集位置和移动速度等信息，通过大量数据得到某路段的交通情况。很多导航地图软件都是通过这种众包方式收集 App 的回传数据，从而给出合理的导航数据的。

二、通信网络传输层（信息传输）

在智能交通体系中，主要存在 4 个网络：专用短程通信网络、无线传感器网络、有线通信网、移动通信网。

（一）专用短程通信网络

专用短程通信（dedicated short range communication，DSRC）是智能交通运输系统中专门用于机动车辆在高速公路等收费点实现不停车自动收费，以及车—路通信和车—车通信。

在采用 DSRC 技术的系统中，车上装有 OBU，相当于移动终端，并且 OBU 有比较强的数据处理能力，可以满足 DSRC 的特定需要。在路边部署了被称为路边单元的 RSU，与 OBU 相比，RSU 除了具有基本通信功能外，还拥有一定的管理功能，并且接入后备网络。车载 DSRC 系统包括车—路（V2R）通信和车—车（V2V）通信两种形式：车—路通信是车辆与路边基础设施的通信；车—车通信是车辆之间的通信。

1. 车—路通信

车—路通信是动体与定体之间的通信，只能使用无线通信。专用短程通信，是在道路两侧或上方分段设立名为"信标"的一种短程双向收发信息的设施。信标把收到的路过检测车或装有车载信息设施车辆的信息上传给中心子系统，再把中心子系统的信息下传给路过车辆。用路线上行驶车辆的车载发信设施或专门分布在各路线上行驶的检测车的发信设施传来的相关信息，计算出各路线上车辆的行驶时间，从而了解各条路线上的交通状况，同时配合前后信标取得的车辆的行车轨迹与通过的车辆数信息，可预测未来交通状况的变化趋势。控制中心再把这些预测的交通状况信息以及相关的车辆控制信息通过信标传输给路过的车辆，这是车路协同的基础。

2. 车—车通信

车—车通信是动体与动体之间的通信，也只能使用无线通信。车—车通信可实现商业车辆以最短行驶安全间距编队在路上协调行驶，把车辆检测到的行驶间距、车速度变化的信息，在前后车间相互传输，以控制前后车间最短行驶安全距离，防止车辆纵向碰撞。车—车通信也可应用在车辆的车道变换过程中，在相邻两车道之间进行协调，在变换车道时防止车辆横向碰撞。

（二）无线传感器网络

无线传感器网络是由部署在通信区域内大量的微型传感器节点，通过无线通信方式形成的一个多跳自组网络。

传感器网络系统通常包括传感器节点（sensor node）、汇聚节点（sink node）和管理节点。大量传感器节点随机部署在监测区域内部或附近，能够通过自组织方式构成网络。传感器节点监测的数据沿着其他传感器节点逐跳地进行传输，在传输过程中监测数据可能被多个节点处理，经过多跳后路由到汇聚节点，最后通过互联网或卫星到达管理节点。用户通过管理节点对传感器网络进行配置和管理、发布监测任务，以及收集监测数据。在无线传感器网络部署中，汇聚节点可以安装在路边立柱、横杠等交通设施上，网关节点可以集成在交叉路口的交通信号控制器内，专用传感器终端节点可以填埋在路面下或者安装在路边，道路上的运动车辆也可以安装传感器节点，动态加入传感器网络。

（三）有线通信网

中心子系统之间及中心子系统与路边子系统之间的通信可采用固定地点间的有线通信，包括专用电缆通信、光纤通信等。随着信息社会的到来，社会信息服务产业（其中包括交通信息服务产业）的发展，信息传输需求越来越广泛。因此有必要把信息传输系统，像道路交通、供电、供水等系统一样，看成是一项基础设施，故而需要集中建设信息传输基础设施。

（四）移动通信网

移动通信网为智能交通的运行车辆、列车与中心、列车与列车提供了良好的通信手段，满足智能交通各种真实场景的需求：

（1）5G通信提供超高的传输数据速率和广覆盖下的移动性保证等，保证了实时生成的海量交通数据可以及时回传。

（2）把连接时延降低到1 ms级别，并且支持高速移动（500 km/h）情况下的高可靠性（99.999%）连接，这一场景更多面向车联网等时效性要求极高的场景。

（3）提供强大的连接能力，可以快速促进智能交通垂直应用领域海量传感器的持续性接入。

三、数据融合层

支持交通基础数据全局统一的采集、存储和服务，包括数据抽取（清洗/转换/加载）、数据仓库、数据集市，形成结构化数据库和非结构化数据库。结构化数据库包括基础数据库、业务数据库、主体数据库等，非结构化数据库包括视频库、图片库、文档库等，建立起元数据管理。建成全面、完善、权威的交通行业基础数据库，实现各应用系统之间信息共享与交换，实现基础数据的综合管理和综合应用，为各级管理机构提供辅助决策支持，为公众交通信息服务提供数据支持；建立规范可行的数据采集机制、数据更新机制、数据共享机制，从根本上保证交通数据资源的全面规范采集、及时有效更新、合理共享与交换。

(一) 交通数据抽取

对原始的交通领域多源异构数据进行规范化处理，将所有的结构化交通数据和非结构化交通数据抽取转化为结构化交通数据。

(1) 结构化交通数据。交通数据抽取功能可实现结构化交通数据的全量抽取和增量抽取。全量抽取将完整抽取交通数据源中的交通数据表、交通数据视图；增量抽取将提取新增、修改、删除的交通数据。

(2) 非结构化交通数据。主要指从交通监控视频、交通图片、遥感等多媒体文件、文本等非结构化数据中提取车辆、车主、轨迹、位置、状态等信息，形成结构化交通数据，一般采取全量抽取。

(二) 交通数据清洗

交通数据清洗指过滤不合规的交通数据，删除重复的数据，纠正错误的数据，完成格式转换，并进行清洗前后的交通数据一致性检查，保证交通数据结果集的质量。针对缺失数据，采用删除法、替换法、插补法等方式进行清洗。针对格式内容的清洗，可采用逻辑错误清洗、箱型图分析、基于聚类的离群点等方式去除不合理值，并修正矛盾内容。

(三) 交通数据关联

数据关联指将来源于不同业务系统的不同数据通过关键字段关联在一起。关联的过程包括关联键值的生成及组内关联、组间关联、并行关联等处理逻辑。智能交通数据关联包括离线数据的批处理和流式数据的实时处理。

(四) 交通数据比对

交通数据比对包括结构化数据比对、关键词比对、图像语音文本相似度比对、二进制比对及生物特征比对等。通过交通数据比对功能，可以协助交通管理及政府相关部门快速定位出交通信息来源，提高比对效率和准确率。

(五) 交通数据标识

交通数据标识指通过直接数据、统计加工、模型挖掘、组合定义等方法进行交通数据标识。在交通数据标识模块的基础上，对交通拥堵及交通事故等按照类型和性质进行分类统计，可以帮助交通管理部门进行舆情分析、拥堵区域车辆监控、交通事故车辆及可疑车辆追踪分析等。

四、应用支撑层 (信息处理)

应用支撑层为智能交通运输系统提供必要的开发工具、管理工具、分析工具及其他的工具服务，使得智能交通技术体系不再固化。

（1）开发工具包括应用软件开发工具，用于提供统一的平台化系统软件支撑服务。

（2）管理工具包括统一权限管理工具，可实施工作流管理等。

（3）分析工具包括机器学习和人工智能算法工具、可视化分析工具、大数据处理工具、数据挖掘工具和预测分析工具等。

可以综合应用5G技术、人工智能、大数据分析、云计算、VR、高精度导航等支撑交通数据的处理，将各种技术功能进行封装，与上面的各类数据服务层结合，提供各类智慧应用。

五、智能应用层（信息应用）

智能应用层包括交通行业的主要业务处理系统，包括智能列车、智能网联汽车（智能汽车、自动驾驶、车路协同）、智能化通用航空器、智能船舶及邮政快递设施的应用。

智能应用系统基于融合的交通大数据和统一的支撑工具，提供交通运行综合监测、应急处置、设施管理与维护、预测分析、行业监管、公众服务及可视化等业务应用，形成业务覆盖全面、重点突出、兼具分析广度和深度的体系化、自动化、智能化的分析应用体系，为交通运输管理者提供科学规划与决策的依据，为交通参与者提供各种垂直应用。

智能应用需要各方面的智能分析来支撑海量数据和信息的知识化、海量知识的价值和关系清晰化、不同学科的知识融合化、人机协同的有机化、产品创新和过程创新的高效化、管理和控制的精准化。智能应用层建立在"云平台"的基础上，它充分利用5G技术、人工智能、云计算、大数据所带来的影响，通过信息互联互通、部门相互协同的模式，使系统具有高度的智能性。

六、信息发布层（信息发布）

信息发布层向终端用户提供访问智能交通运输系统的用户界面，包括内部用户和公众用户。其主要作用是将智能处理后形成的综合性交通信息及服务能力以多样化的方式对外提供，使民众能够随时随地、随身随心地主动获取各种交通信息和服务。信息发布层负责发布渠道的管理、信息发布内容管理、信息发布规则管理、信息发布流程审批，并主要通过室外诱导屏、智能终端、信息发布网站、控制中心/服务区的大屏、移动App应用、微信/微博公众号、短信、交通广播电台、电子指示标识及导航地图类第三方互联网应用软件等发布信息。

第三节　典型智能交通运输系统分析

一、智能公共交通系统

（一）概述

智能公共交通系统基于全球定位技术、无线通信技术、地理信息技术等技术的综合运用，实现公交车辆运营调度的智能化、公交车辆运行的信息化和可视化，实现面向公众乘客的完善信息服务，并通过建立运营管理系统和连接各停车场站的智能终端信息网络，加强对运营车辆的指挥调度，推动智能交通与低碳城市的建设。

智能公共交通系统通过对域内公交车进行统一组织和调度，提供公交车辆的定位、线路跟踪、到站预测、电子站牌信息发布、油耗管理等功能，以及公交线路的调配和服务能力，实现区域人员集中管理、车辆集中停放、计划统一编制、调度统一指挥，以及人力、运力资源在更大的范围内的动态优化和配置，降低公交运营成本，提高调度应变能力和乘客服务水平。

智能公共交通系统以分布式实施、集中管理的方式实现，即在公交客运公司下属的每辆车上建立相对独立的监控、报警系统，利用5G无线网络进行传输，将各个独立的子系统接入到监控管理平台中。还可通过系统分级接入的方式，对公交公司的视频监控录像调取查询及在线观看等进行实时监督管理，这种层级网状监控系统实现了公交系统全方位、一体化、多角度的融合，为公共交通安全提供了有力保障。

（二）智能公共交通系统的系统功能

智能公共交通系统主要分为4个子系统，包括车载终端子系统、公交智能调度子系统、乘客出行服务子系统、车联网安全预警系统。该系统在完成公交调度、线路和站点规划、乘客出行服务等公交日常营运业务的同时，还对由公交车GPS数据、IC卡付费数据等组成的公交大数据进行集中存储和分析，从而辅助公交企业进行调度和决策，帮助政府部门进行监督和管理。各子系统的主要功能如下：

1. 车载终端子系统

车载终端子系统以GPS无线设备、车载处理器、IC卡刷卡设备等为硬件基础，进行公交GPS数据、视频监控图像数据等的采集，提供公交车辆行驶中自动报站、乘客刷卡付费、发生故障时自动报警、实时视频监控车内状况等功能。车载终端子系统采集的数据是实现城市公交及其管理系统智能化的数据来源。

2. 公交智能调度子系统

过去，我国大部分公交公司的车辆运营管理都是通过车队运作的，每个车队各自管理几条公交线路，设置行车计划。智能公交调度子系统改变了这一状况，它的主要功能包括：站点和线路等基础信息管理、线路运营调度计划管理、车辆与司机排班计划管理、车辆运行情况实时监控。

线路运营调度计划的制定，除根据历史经验外，还利用大数据技术对GPS数据及公交IC卡数据进行统计分析，预测出线路交通状态、客流量规律，帮助公交公司制定或调整线路运营计划、调度计划。公交智能调度主要包括公交车辆运行计划、公交车辆运行调度，以及实时监控和统计分析。

1）公交车辆运行计划

公交车辆运行计划是公交车辆运行的基础，公交公司按公交车辆运行计划组织车辆运营。制定公交车辆运行计划，主要包括制定发车时刻表、配车排班。

① 在制定发车时刻表时，先根据日计划得到计划日出勤的驾驶员、车辆数据及人车关系，再根据客流数据及服务质量评价指标（满载率等），通过计算得到每个时段的发车频率，进而制定发车时刻表。注意，发车时刻表中的发车次数一般小于或等于计划日配给的运力。

② 配车排班是以行车计划（发车时刻表）为基础，以满足运营目标为宗旨，综合考虑

人员状态［由劳动法规等约束的人员轮休规则、用餐规定、驾驶员的假勤需求（请假、班型要求等）等决定］、车辆状态（由续航里程、续班时间天窗、保养维修状态等决定）、人车线关系等约束条件，合理安排人员工作时间的班次链和车辆的工作时间的车次链。

在生成发车时刻表时，需要协调上下行发车间隔和平滑发车时刻。协调上下行发车间隔主要是为了防止上下行在同一个时段的发车频率差别过大，导致首末站中的一个站点出现空车状态（无车可发）；平滑发车时刻是为了在相邻两个时段之间的发车频率相差过大时，让发车间隔的变化变得更加平滑，更加符合客流需求。

2）公交车辆运行调度

公交车辆在营运过程中，若没有发生异常情况，则只需要按照行车计划执行，即可满足最优目标。但是公交车辆在营运时，往往会遇到交通拥堵、车辆晚点、公交串车等 11 种异常事件，需要公交智能调度子系统通过监控系统及时发现异常，识别异常类型，确定异常参数，并且迅速做出优化决策，使异常对公交营运的影响降到最低。

公交车辆运行调度主要包含实时控制、调整公交营运路径、优化发车时刻表 3 个部分。实时控制通过对正在路上营运车辆的实时调度来减少异常事件对公交营运的影响和提高公交服务水平，主要控制策略有滞站调度、越站调度、调速调度等。在交通严重拥堵或交通管制，公交车辆无法在短时间内通过拥堵路段的情况下，可采用公交路径绕行策略。优化发车时刻表则为优化调整车次数目、各车次之间的排列，以及车次信息，包括车辆、驾驶员和发车时刻，常用的优化方法为调频法和调能法。

3）实时监控和统计分析

实时监控的主要功能是采集和记录公交线路在营运过程中的数据。通过车辆实时监控系统，采集记录公交车辆运营的载客信息及上下客流信息，并实时上传到客流分平台，可准确记录各条线路、每辆公交车、每个站点的上下车人数明细，每辆公交车的满载率，以及各条线路的拥挤度等客流数据，直接导出公交站点客流、路网客流、区域客流的动态分布图以反映客流情况，系统将通过交通拥堵指数、天气情况、乘客出行特点等大数据进行匹配计算，对客流情况进行分析，调整运力及发班时刻，实现精细化调度，进一步提升乘客满意度，提高公交营运效率。采集数据包括利用自身数据采集系统进行采集（公交车辆实时位置、公交车辆速度、客流量等）和利用共享数据采集（道路拥堵状态等）两部分数据。

统计分析通过分析监控系统采集的数据，为优化现有的驾驶员资源和车辆资源提供数据支撑，使得线路配给的驾驶员和车辆既满足营运需求又不会出现资源浪费。通过对客流和行程时间的统计分析为月计划的制定、静态调度提供数据保障。通过分析公交车辆实时营运状态，辨别是否发生异常，确定异常类型及异常参数，为动态调度的智能化提供科学依据。

另外，监控系统采集的数据在达到一定的数据量后，可为一个城市的公交网规划或优化提供数据支撑。

3. 乘客出行服务子系统

乘客出行服务子系统用于为乘客提供实时公交服务，包括电子站牌和多媒体信息服务。电子站牌主要用于实时提供与本站点相关的公交服务，包括显示当前站点的所有公交线路、提示正在线路上运行的车辆何时到达本站点、天气状况显示、线路营运时间显示、公共信息展示。多媒体信息服务同时面向手机 App、网站、微博/微信等提供最优公交线路查询、公交实时到站查询、上下班公交提醒，以及电子站牌提供的信息等服务。

4. 车联网安全预警系统

车联网安全预警系统通过安装一系列智能硬件实现对车辆、驾驶员、车内外环境的监控分析；结合安全预警平台，建立驾驶员行为模型；与大量的历史数据进行比对，模拟出安全预警结果，提醒驾驶员安全行车。车联网安全预警系统包括驾驶员安全预警系统、新能源车辆技术预警系统、环境安全预警系统及治安预警系统。

（1）驾驶员安全预警系统通过基于机器视觉与人工智能的驾驶员行为监控，实现对驾驶员疲劳、未按规定系安全带、抽烟、玩手机、注意力分散等行为的分析和预警。车辆起动前，系统通过对驾驶员进行人脸比对做身份识别，既可防止非法驾驶，又可作为驾驶员的考勤依据。当驾驶员出现不良行为时，系统发出预警甚至报警，并通过车载设施对驾驶员进行提醒和干预，包括坐垫震动、语音提示、显示器灯光提示等。同时，预警或报警时的图片、视频等数据将实时上传到系统后台，以便后续的管理跟踪。配合智能手环的使用，可实时采集驾驶员心率、血压等生理指标，当检测到驾驶员生理情况不适合驾驶时，会立即提醒驾驶员减速行驶并在安全地点停车，同时将相关信息反馈给管理人员。

（2）新能源车辆技术预警系统通过与车辆的控制单元进行对接，实时检测电机及电池温度、电压、充放电电流、SOC 等纯电动车辆的重要数据，实时检测车辆运行状态，出现异常时将及时发出预警及报警，及时跟进，排除故障。同时，该系统对车辆急加速、急减速等状态信息进行记录，对驾驶员不良驾驶行为进行监控。此外，云平台对各项车辆技术指标进行长期监测，结合大数据分析，能够有效了解车辆使用情况及预测各零部件的维修周期等。

（3）环境安全预警系统通过 360°全景摄像头、车辆前方摄像头、碰撞传感器等设备对车辆周围环境进行检测，实现前方车辆测距、碰撞预警、车道偏离预警、压线行驶报警、盲区监测、行人报警等功能，可规范驾驶员的驾驶习惯，直观反映车辆周边情况，提示驾驶员主动避让行人等障碍物，减少事故发生。

（4）治安预警系统主要通过车内监控摄像头对乘客进行检测，一旦匹配到公安系统中的犯罪嫌疑人，可触发一键报警按钮，通过 5G 网络实时传输到公安数据中心，公安监控人员可实时调取车内视频，辨别警情等级，确认后可立即安排出警，保障人民生命财产安全。

（三）智能公共交通系统框架

智能公共交通系统框架如图 2-7-3 所示。

1. 感知层

感知层收集各种传感器设备在公交车辆营运过程中产生的数据，如 GPS 数据、视频数据和 IC 卡数据等。

2. 通信网络传输层

通信网络传输层则利用 5G 移动通信网、有线通信网等网络技术将感知层采集的数据传送到对应的数据库。有线通信网用于建立公司、分公司与车队之间的网络互联。

3. 数据融合层

城市公交系统已经累积了 TB 甚至 PB 级以上的数据量，这些数据包括公交历史运营数据、公交时刻表数据、公交地理信息系统数据、公交线网优化数据等。在数据融合层，可进行以下工作：

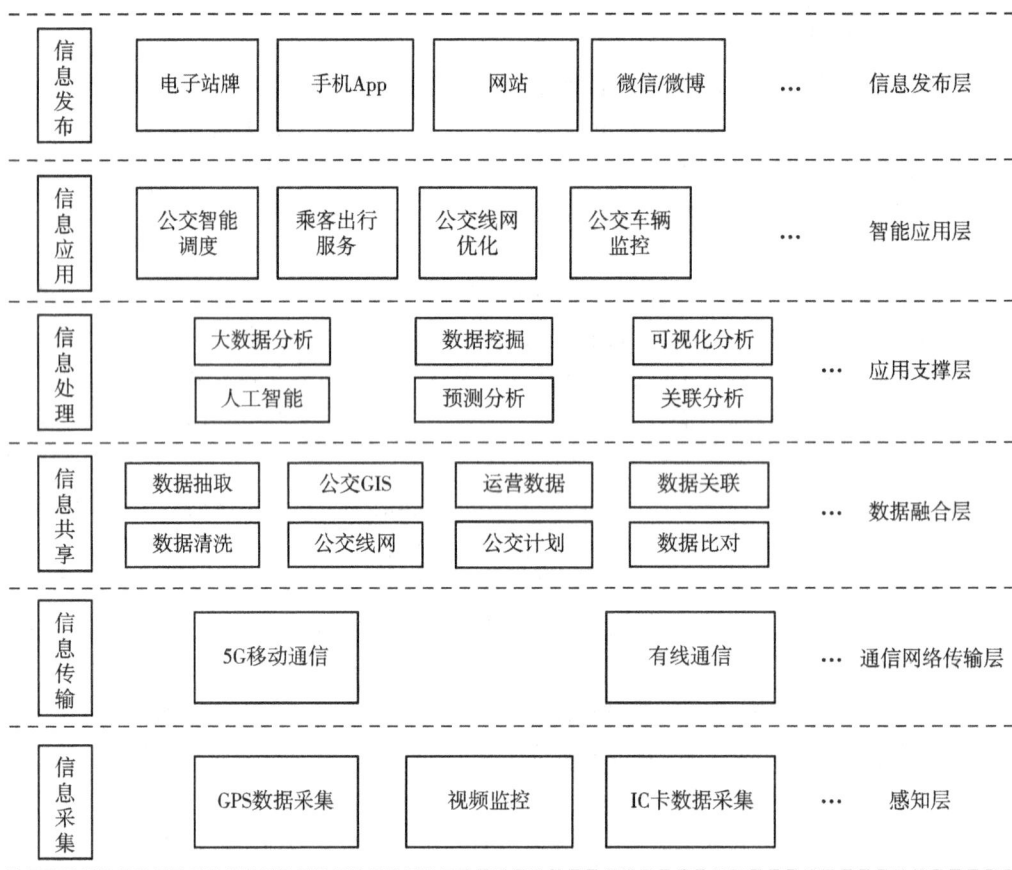

图 2-7-3　智能公共交通系统框架

（1）采用大数据存储技术，对存储的原始智能公交数据进行预处理，如数据清洗、数据离散化处理、异常事件检测等。

（2）对历史数据进行管理和维护，如过期数据清除。

（3）将存储的数据进行分块，交由不同的处理机分别利用算法进行分析和挖掘，并将分析结果存储在数据库中。

4. 应用支撑层

应用支撑层为智能公交系统提供必要的开发工具、管理工具、分析工具、工程设计工具及其他的工具服务。

5. 智能应用层

智能应用层包括公交智能调度子系统、乘客出行服务子系统、公交线网优化子系统、公交车辆监控子系统等，实现公交车辆和人员的调度、监控和报表统计等。

6. 信息发布层

信息发布层通过电子站牌、信息发布网站、手机 App、微信/微博公众号等发布公交运行的信息，为公交出行者提供出行前和出行过程中的信息服务。

二、轨道交通列车自动控制系统

列车自动控制（automatic train control，ATC）系统是对列车运行全过程或一部分作业实现自动控制的系统。列车自动控制系统由列控中心、闭塞设备、地面信号设备、地车信息传输设备、车载速度控制设备构成，用于控制列车运行速度、保证行车安全和提高运输能力。其特征为：列车通过获取的来自地面指挥中心的信息和命令控制列车运行，并调整与前行列车之间必须保持的距离。列车自动控制系统是保证列车按照空间间隔制运行的技术、方法，通过控制列车运行速度的方式实现。

列车自动控制系统包括三个子系统：列车自动防护（automatic train protection，ATP）系统、列车自动驾驶（automatic train operation，ATO）系统、列车自动监控（automatic train supervision，ATS）系统。

（一）ATP 系统

ATP 系统是保证行车安全、防止列车进入前方列车占用区段和防止超速运行的设备，负责全部的列车运行保护，是列车安全运行的保障。ATP 系统是 ATC 系统的基本组成部分，是安全系统，必须符合故障—安全的原则。ATP 系统能实现列车自动限速、停车点防护、ATP 监督、速度和距离测量、列车定位、站台屏蔽门控制等功能，并实现与 ATS 系统的接口和有关的信息交换。

1. 列车自动限速

ATP 系统不断将线路信息、距前方目标点的距离和允许速度信息等从地面通过轨道电路等传至车上，从而由车载设备计算得到当前所允许的速度，并比较允许速度与由车载设备测得的列车实际运行速度，如果实际运行的速度大于保护速度，ATP 车载设备发出制动指令，列车自动制动，当列车速度降至允许速度以下时，自动缓解。这样对列车速度进行监督，使之始终在安全速度下运行，以缩短列车运行间隔，保证行车安全。

2. 停车点防护

停车点有时就是危险点，危险点在任何情况下都是不能越过的，因为这会导致危险情况。例如，站内有车时，车站的起点即为必须停车点，在停车点的前方通常还设置一段防护距离，ATP 系统通过计算出的紧急制动曲线保证列车不超越入口点。

3. ATP 监督

ATP 监督功能负责保证列车运行的安全。ATP 监督功能有多种，包括速度监督、方向监督、车门监督、紧急制动监督、后退监督、报文监督、设备监督等，每种监督功能管理列车安全的一个方面，并在它自己的权限内产生紧急制动。所有的监督功能，在信号系统范围内提供了最大可能的列车防护。各种监督功能之间的操作是独立的，且同时进行。

4. 速度和距离测量及列车定位

列车实际运行速度是施行速度控制的依据。列车实际运行速度主要通过测速定位获得。测速定位就是通过不断测量列车的运行速度，得到列车的运行距离。测速定位方法主要包括轮速法和多普勒雷达法等。在列车轮轴上安装相应设备，确定列车的运行方向和运行距离。轮速法与列车轮对的磨损、空转、滑行相关。测速定位是相对定位，需要结合应答器的使用，确定列车测距的初始绝对位置，并在应答器上校准，消除累积误差。一旦列车运行的起点位置确定后，根据所检测到的列车运行方向和运行距离，就可以较准确地确定列车在线路上的实际位置。

5. 站台屏蔽门控制

ATP 轨旁设备连续监测屏蔽门的状态，只有在屏蔽门关闭且锁闭的情况下才允许列车进入站台区域。如果屏蔽门的状态不再为关闭且锁闭，则 ATP 轨旁设备将站台区域作为封锁区域来处理，在封锁区域的边界处设置防护点。因此，接近列车将从 ATP 轨旁设备得到移动许可。如果此时列车已经进入了站台区域，屏蔽门的状态从关闭且锁闭发生了变化，ATP 车载设备将触发紧急制动。

6. 实现与 ATS 的接口和有关的交换信息

通过轨旁设备与 ATS 中心互传各种数据，包括列车的运行速度、位置及列车状况。

（二）ATO 系统

1. ATO 系统的功能

ATO 系统能代替司机操纵列车的驱动和制动设备，自动完成列车的起动、加速、匀速滑行和制动等驾驶功能，主要目的是模拟最佳的司机驾驶，实现正常情况下高质量的自动驾驶，提高列车运行效率、乘坐舒适度，节约能源。ATO 系统主要用于实现地对车的控制，即用地面信息（ATS 控制中心信息）对列车进行驱动、制动、自动折返的控制，并根据控制中心指令控制列车起动、牵引、惰行和制动，送出车门和屏蔽门同步开关信号，使列车按最佳工况正点、安全、平稳地运行。

ATO 系统采用的基本功能模块与 ATP 系统相同。和 ATP 系统一样，ATO 系统也载有有关轨道布置和坡度的所有资料，以便能优化列车控制指令。ATO 系统还装有一个双向通信系统，使列车能够直接与车站内的 ATS 系统接口，保证实现最佳的运行图控制。ATO 系统的主要功能如下：

（1）列车自动驾驶功能。ATO 系统接收来自 ATP 系统的信息，包括 ATP 速度命令、列车实际速度和列车运行距离，接收位置识别和定位系统信息，接收来自 ATS 系统的惰行控制命令、扣车命令、下一站通过命令、运行方向及目的地等信息。根据这些信息，ATO 系统通过牵引/制动曲线控制列车，使其进行起动、加速、制动、减速等操作，实现自动驾驶，同时尽量实现准点、舒适、节能运行。

（2）车站程序停车功能。线路上的车站都有预先确定的停站时间间隔。控制中心 ATS 系统监督列车运行状况，与列车时刻表对照，计算需要的停站时间、以保证列车正点到达下一个车站。控制中心还可以通过集中站 ATS 系统缩短或延长车站停站时间，这个站停时间数据由集中站 ATS 系统通过 ATO 环线传送给 ATO 系统的车载设备。在控制中心要求下，列车还可不停车通过某个车站。

（3）车站精确停车功能。车站精确停车通过在车站区域的电路标识、分界过渡或 ATO 环线变换进行。电路标识用于确定停车特征的合适起始点，停车特征启动后，ATO 基于列车速度、预先确定的制动率和距停止点的距离计算制动率。制动率调整值通过 ATO 环线轨旁 ATO 取得。列车停车后，ATO 会保持制动，以避免列车运动。

（4）列车车门管理功能。轨道交通运行控制系统具有车门监控功能。通过 ATP 系统和

ATO 系统与车辆系统的联动，对车门实现安全控制。列车车门管理功能应在 ATP 系统的监控之下实现，通过 ATO 系统请求指令控制车门打开。

（5）传输和接收数据。支持通过多种渠道向 ATS 中心传输数据和接收来自 ATS 中心的各种数据，包括列车的运行速度、位置及列车状况等。

2. ATO 与 ATP 的关系

ATP 是 ATO 的基础，ATO 不能脱离 ATP 单独工作，必须从 ATP 系统获得基础信息。而且，只有在 ATP 的基础上才能实现 ATO，列车安全运行才有保证。ATO 是 ATP 的发展和技术延伸，ATO 在 ATP 的基础上实现自动驾驶，而不仅仅停留在超速防护的水准上。

（三）ATS 系统

ATS 系统作为 ATC 系统的一个重要子系统，是一套集现代化数据通信、计算机技术、网络技术和信号技术为一体的、分布式的实时监督、控制系统。ATS 系统通过与 ATC 系统中的其他子系统的协调配合，共同完成对运营列车和信号设备的管理和控制。其核心设备位于信号系统的中央层，用于实现对高密度、大流量的轨道交通运输进行自动化管理和调度。ATS 系统是一个综合的行车指挥调度控制系统，ATS 系统的工作方式为集中管理、分散控制。ATS 系统是非安全系统，其主要功能如下：

1. 列车监视和跟踪

（1）监视受控区域内列车的移动，并在控制中心、旅客信息显示系统中显示列车运行状态。

（2）列车由车次号识别，ATS 系统能及时记录被监测对象的状态，有预警、诊断和故障定位能力。

（3）监测列车是否处于 ATP 保护状态。

（4）监测信号设备和其他设备结合部的有关状态。

（5）具有在线监测与报警能力。

（6）监测过程不影响被监测设备的正常工作。

2. 时刻表处理

时刻表处理包括安装、修改、存储时刻表，描绘、显示和打印实绩运行图。ATS 系统储存适合于不同运行情况的多套时刻表，能根据时刻表自动完成列车车次号的跟踪与更新。此外，ATS 系统还能自动生成时刻表。

时刻表处理系统要完成以下工作：时刻表数据管理；向其他 ATS 功能模块提供时刻表数据；向外部系统提供时刻表数据；为停站时间时刻表的在线装载设置界面；为时刻表的离线修改设置界面；为使用中的时刻表增加或删除一个列车行程设置界面；按自动列车追踪请求安排列车识别号。

3. 列车运行调整

由于许多随机因素的干扰，列车运行难免偏离基本运行图，一列列车晚点往往会波及许多其他列车。当出现车辆故障或其他情况时，列车运行紊乱程度更加严重。ATS 系统不断地对计划时刻表与实际时刻表进行比较，并在此基础上自动产生列车的出发时间。调度员也可通过人工命令调整列车停站时间，调整列车运行。

采用自动调整方法，可以充分发挥计算机的优势，能比较及时并全面地选出优化的调整方案，使列车运行调整措施更智能化，避免人工调整的随意性。自动列车调整功能按当天时刻表调整，其调整方式选择条件是：当列车早点或晚点到达车站时，采用改变列车停站时间的方式；当列车延误或提前发车时，用改变站间行车时间的方式。如果没有重大的时刻表偏差，则根据时刻表确定计划行车时间，包括列车出发、到达和停站时间。

当车站列车出发信息发出后，ATS 系统的自动列车调整功能模块向 ATP 系统提供一个该列车根据时刻表应该到下一站的有关信息。此外，每当列车出发、到达后，自动列车调整功能模块向后续各站（直至终点站）提供预期到站时间和目的地名信息。

4. 运行报告

ATS 系统能记录大量与列车运行有关的数据，如列车运行里程数、实绩运行图、列车运行时间与计划时间的偏差、重大运行事件、操作命令及其执行结果、设备的状态信息，以及设备的故障信息等。通过查询操作，可回放已被记录的事件，可提供数据备份和恢复功能，可提供运行分析报告。

（四）CBTC 系统

基于通信的列车自动控制（communication based train control，CBTC）系统是一个安全的，具有高可靠性、高稳定性的基于无线通信的列车自动控制系统。该系统是一种采用先进的通信技术、计算机技术，连续控制、监测列车运行的信号系统。列车控制采用移动自动闭塞系统，该系统充分利用先进的通信传输手段，实时地进行列车与地面间的双向不间断的通信，使得后续列车可以及时了解前方列车与自己的实际间隔距离（两列车间的最小安全距离为：制动距离+安全距离），通过控制后续列车的速度，控制两列车之间的距离，有效、安全地提高线路通过能力并缩短行车间隔。轨旁 CBTC 设备，根据各列车的当前位置、运行方向、速度等要素，向所管辖的列车发送"移动授权条件"，即向列车传送可运行的距离、最高运行速度信息，从而保证列车间的安全间隔距离。CBTC 系统提供 ATP、ATO、ATS 子系统的功能。

CBTC 系统框架如图 2-7-4 所示。

由图 2-7-4 可见，CBTC 系统主要包括列车自动监控（automatic train supervision，ATS）系统、区域控制器（zone controller，ZC）、计算机联锁（computer interlocking，CI）系统、车载控制器（vehicle on board controller，VOBC）、数据存储单元（data saving unit，DSU）、轨旁设备（wayside equipment，WE）和数据通信系统（data communication system，DCS）等，分别对应智能交通运输系统的不同层次。

1. 感知层

（1）区域控制器（ZC）。ZC 是故障导向安全的轨旁子系统。ZC 从 VOBC、CI 系统、ATS 系统和 DSU 接收各种状态信息和数据信息，并对这些信息进行处理，为辖区内的列车计算移动授权（movement authority，MA），并通过无线局域网（wireless local area network，WLAN）发送给列车，控制列车安全运行。区域控制器 ZC 还具有站台屏蔽门的控制和状态监视功能、侵入轨道的障碍物的监视和检出功能、实现列车在两个相邻区域控制器间移动授权交接的功能。

（2）轨旁设备（WE），包括应答器和计轴器。应答器实现列车定位校准，向列车传递 ATS 信息及应答器存储的线路、车站等固定信息。

信息应用	车载控制器（VOBC）、ATP系统、ATO系统、车载无线接入（AP）	ATS子系统	计算机联锁（CI）子系统	…	智能应用层
信息处理	大数据分析 人工智能	数据挖掘 预测分析	可视化分析 关联分析	…	应用支撑层
信息共享	数据抽取 数据清洗	数据存储单元（DSU）	数据关联 数据比对	…	数据融合层
信息传输	数据通信系统（DCS）	AP无线接入设备	轨旁光纤骨干网	…	通信网络传输层
信息采集	区域控制器（ZC）		轨旁设备（WE）（应答器、计轴器）	…	感知层

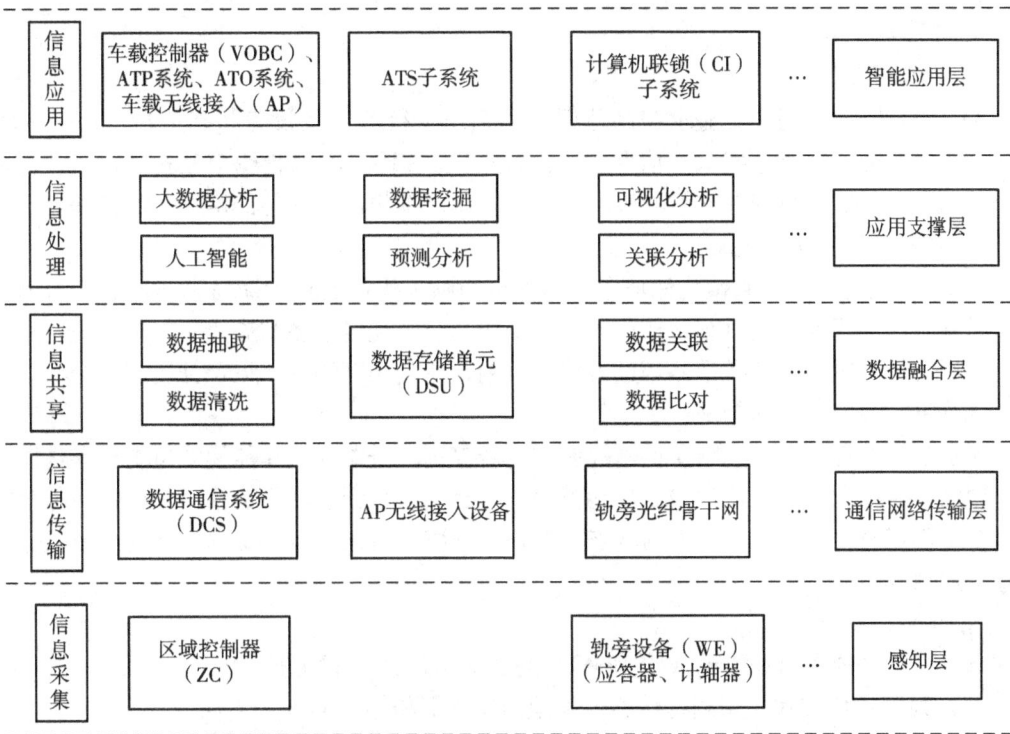

图 2-7-4　CBTC 系统框架

2. 通信网络传输层

数据通信系统的主要作用是：在各个子系统之间（ATS 中心、车载控制器、区域控制器及其他外部系统）传输 ATC 报文（ATS 指令及列车状态）。数据通信系统是一个单独的系统，包括以下设备：轨旁光纤骨干网、轨旁无线接入设备、车载无线接入设备、联锁站和控制中心的网络和骨干交换机。数据通信系统采用无线局域网 WLAN 技术，通过沿线设无线接入点（access point，AP）的方式实现列车与地面之间不间断的数据通信。一个 AP 点可以传输几十千米的距离。通信网络采用重叠覆盖，列车上的车载控制器在轨道上的任何点都能与两个 AP 建立通信，以确保顺利地接入到整个无线局域网中，进而实现车—地通信。

3. 数据融合层

在 CBTC 系统中，列车定位通过安装在车轮上的测速传感器实现。为了实现系统的调度和协调统一，要求列车和地面共用一个数据库。对整个数据库的管理，需要通过数据存储单元（DSU）来实现。这个数据库存储了列车与地面的各种信息，其中有静态数据，也有动态数据。区域控制器功能的实现，也需要不断地调用数据库中的数据。因此，数据库中数据的安全很重要，在 CBTC 系统中通过冗余的方式保证数据库中数据的安全。

4. 应用支撑层

应用支撑层为 CBTC 系统提供必要的开发工具、管理工具、分析工具、工程设计工具，以及其他的工具服务。

5. 智能应用层

1）ATS 子系统

ATS 子系统在控制中心显示控制范围内的列车运行状态及设备状态信息，这是 ATS 子系统的主要功能。基于这些状态信息和运行时刻表，ATS 子系统能够自动排列进路、自动调整列车运行。ATS 子系统包含时刻表工作站、操作员工作站及其他的网络和设备等。

2）计算机联锁子系统

CBTC 系统的计算机联锁是保证车站内列车和调车作业安全、提高车站通过能力的一种信号设备，它利用计算机对车站作业人员的操作命令及现场设备状态表示的信息进行逻辑运算，从而对信号机、道岔及进路等进行集中控制，使其相互制约，以保证行车安全。

计算机联馈的主要功能是：

轨道空闲处理、进路控制、道岔控制和信号控制。进路控制功能模块负责整条进路的排列、锁闭、保持和解锁。道岔控制功能模块负责道岔的解锁、转换、锁闭和监督。信号控制功能模块负责监督轨道旁信号机的状态，并根据进路、轨道区段、道岔和其他轨旁信号机的状态来控制信号机。

3）车载控制器

车载控制器的作用是实现 ATP 和 ATO 的功能，包括以下几项。

（1）列车定位方式采用测速传感器和地面应答器相结合的方式实现。

（2）强制执行移动授权控制。区域控制器对列车发出移动授权命令，车载控制器负责执行移动授权控制，动态计算安全距离，以确定列车目标运行速度，监督由测速传感器测得的实际速度，进行防超速控制，并进行防倒溜监督和障碍移动监督。

（3）车门控制和安全联锁，只有当列车到达定位停车点时才允许相应侧的车门开启。

（4）进行列车完整性的检测，并根据乘客舒适标准控制列车移动。

主要参考文献

［1］陈才君，柳展，钱小鸿，等．智慧交通［M］．北京：清华大学出版社，2015.

［2］蔡文海，李焱，王东军，等．智慧交通实践［M］．北京：人民邮电出版社，2017.

［3］傅志寰，孙永福，翁梦勇，等．交通强国战略研究［M］．北京：人民交通出版社股份有限公司，2019.

［4］刘刚，蒋贵川．智慧交通系统的总体框架体系［J］．中国交通信息化，2019（11）86-89.

［5］刘好德，钱贞国，刘向龙，等．新一代智能公交系统体系框架设计［J］．交通运输研究，2020，6（6）：1-10.

［6］王云鹏，严新平，鲁光泉，等．智能交通技术概论［M］．北京：清华大学出版社，2020.

第八章

绿色交通运输系统

我们赖以生存的地球是一个复杂的大系统，人类活动产生的温室气体排放正在导致全球气候变暖，并威胁到人类的健康生存。2020 年，全球范围碳排放 322.8 亿 t，其中，交通产生了约 84 亿 t 二氧化碳当量的温室气体，约占二氧化碳排放量的 26%。据交通领域"十四五"期间油控方案，我国交通运输行业的碳排放约占全国终端碳排放的 15%，其中道路交通占比约 82%，城市交通碳排放占道路交通的比例约 45%。交通系统不仅排放温室气体，其对能源消耗和对其他有害气体的排放都对人类健康产生严重影响。2020 年全球一次性能源消费量为 556.63 EJ。同时，交通系统也是确保人民生活质量的重要领域。

鉴于交通系统对温室气体排放和能耗的显著影响，以及全球生活水准和社会文明程度的提高，绿色交通已经成为全球化共识。随着中国城市化率超过 60%，我国社会发展进入小康社会，社会文明程度和人民生活品质追求不断提高。随着中国向世界庄严承诺 2030 年碳达峰、2060 年碳中和，中央、国务院、国家相关部委和地方政府，以及民间团体，乃至于企业都出台了一系列推动绿色交通在中国发展的政策、标准和指南，绿色交通发展的实施案例也初见规模。

本章首先探讨绿色交通的定义和内涵，并对绿色交通运输系统进行分析，然后重点探讨绿色交通运输系统构建的策略，并展示国内外值得借鉴的案例。

第一节 绿色交通的概念及系统分析

一、绿色交通的概念

绿色交通目前没有形成统一的官方定义，但有若干语义相近也有区别的表达，如绿色交通、绿色出行、可持续交通、低碳交通等。比较一致的认知为：绿色交通是以人为本、可持续发展和以质量为内涵的，以追求安全、舒适、公平，低能耗、低污染、低排放，紧凑、集约、高效为核心目标，以实现交通规划与土地利用协调、交通出行结构调整、交通服务升级与集约高效、制度改革和体制创新。

我国《绿色交通示范城市考核标准说明》对城市绿色交通概念作出了比较综合的内涵解释："绿色交通是指适应人居环境发展趋势的城市交通系统。以建设方便、安全、高效率、低公害、景观优美、有利于生态和环境保护的、以公共交通为主导的多元化城市交通系统为目标，以推动城市交通与城市建设协调发展、提高交通效率、保护城市历史文脉及传统风貌、净化城市环境为目的，运用科学的方法、技术、措施，营造与城市社会经济发展相适应的城市交通环境。"绿色交通内涵框架构建是在当前中国发展转型和双碳的背景下，解决城市交通问题、缓解各种"城市病"的核心理念，它有助于支撑和引导未来中国城镇化格局，是社会公平、低碳发展、生态健康、城乡发展一体的强大推动力。

在城市交通范畴内，在不同方式的能耗与尾气排放情况下（见表2-8-1），我们将公共交通（轨道交通和地面公交系统）、步行自行车交通称为绿色交通模式；而使用绿色、可再生能源的私家车和货运车辆也可归入绿色交通工具的范畴。在区域交通范畴内，集约运输的轨道交通、水路交通是更加绿色的交通模式，而使用绿色能源的客货运车辆、节能技术也是实现绿色交通目标的重要举措（见表2-8-2）。

表2-8-1   各城市交通方式能耗与尾气排放情况

排放量	交通方式				
	步行/自行车	轨道交通	普通公交	出租车	私家车
CO_2/t	0	7.5	19.8	116.9	140.2
NO_x/kg	17.5	168.4	662	746	
油耗/t	0	2.6	6.9	41	49.2

数据来源：美国能源基金。各交通方式按每100万人每千米出行距离的能耗与尾气排放数据进行统计。

表2-8-2   区域交通各交通方式碳排放量

单位：kg/（t·km）

交通方式	2005年	2008年
	单位换算周转量的碳排放量	单位换算周转量的碳排放量
交通运输业	0.031 1	0.030 3
铁路	0.021 7	0.016 5
公路	0.121 8	0.055 6
水路	0.011 5	0.013 3
民用航空	1.433 6	1.297 2
管道	0.067 1	0.046 0

数据来源：参考文献7。

二、绿色交通系统分析

从系统分析的角度看，交通系统是社会经济大系统的一个复杂子系统。影响交通出行和货运需求的根源是：社会经济发展，全球及全国、城市群、都市圈、城市的资源和经济依存关系，用地布局，以及出行者的行为模式，而交通系统的规划建设受到国家及各级决策者的决策影响。要实现更加绿色、低碳、人性化的交通供需系统，需深入研究社会经济系统与交通的关系，如图 2-8-1 所示。

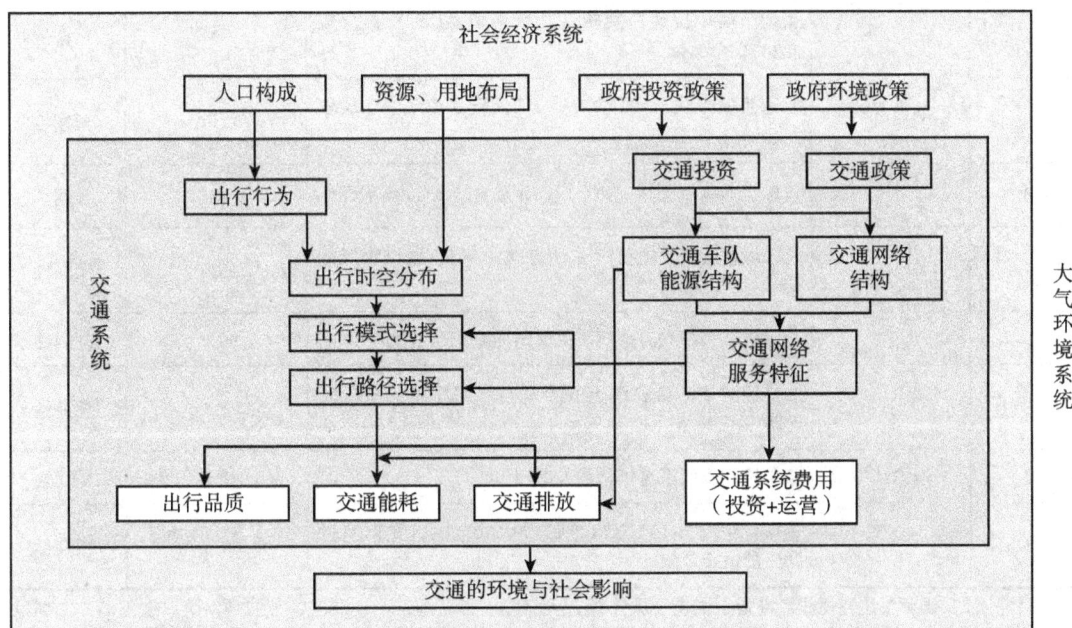

图 2-8-1　社会经济系统与交通的关系

三、中国绿色交通发展目标

2017 年，《交通运输部关于全面深入推进绿色交通发展的意见》出台，为我国绿色交通发展提出了具体的近远期发展目标。2021 年，在《交通运输部关于印发〈绿色交通"十四五"发展规划〉的通知》中，提出的发展目标为：

到 2025 年，交通运输领域绿色低碳生产方式初步形成，基本实现基础设施环境友好、运输装备清洁低碳、运输组织集约高效，重点领域取得突破性进展，绿色发展水平总体适应交通强国建设阶段性要求。

——生态保护取得显著成效，交通基础设施与生态环境协调发展水平进一步提升，全生命周期资源消耗水平有效降低；

——营运车辆及船舶能耗和碳排放强度进一步下降，新能源和清洁能源应用比例显著提升；

——交通运输污染防治取得新成效，营运车船污染物排放强度不断降低，排放总量进一步下降；

——客货运输结构更趋合理，运输组织效率进一步提升，绿色出行体系初步形成；

——绿色交通推进手段进一步丰富，行业绿色发展法规制度标准体系逐步完善，科技支撑能力进一步提高，绿色交通监管能力明显提升。

绿色交通"十四五"发展具体目标如表 2-8-3。

表 2-8-3　绿色交通"十四五"发展具体目标

序号	指标类型	指标名称	2025 年目标值	指标属性
1	减污降碳	营运车辆单位运输周转量二氧化碳（CO_2）排放较 2020 年下降率	5%	预期性
2		营运船舶单位运输周转量二氧化碳（CO_2）排放较 2020 年下降率	3.5%	预期性
3		营运船舶氮氧化物（NO_x）排放总量较 2020 年下降率	7%	预期性
4	用能结构	全国城市公交、出租汽车（含网约车）、城市物流配送领域新能源汽车占比	72%、35%、20%	预期性
5		国际集装箱枢纽海港新能源清洁能源集卡占比	60%	预期性
6		长江经济带港口和水上服务区当年使用岸电电量较 2020 年增长率	100%	预期性
7	运输结构	集装箱铁水联运量年均增长率	15%	预期性
8		城区常住人口 100 万以上城市中绿色出行比例超过 70% 的城市数量	60 个	预期性

备注：（1）国际集装箱枢纽海港指上海港、大连港、天津港、青岛港、连云港港、宁波舟山港、厦门港、深圳港、广州港、北部湾港、洋浦港 11 个港口。（2）绿色出行包括城市公共交通以及自行车、步行等慢行交通。

第二节　绿色交通策略与政策

对比国外的城市化进程，我国 30 年来经历的快速城市化也是伴随了高速机动化，以私家车为核心和土地财政是城市过度扩张、单一功能超大街区、出行距离过长、出行过度机动化等城市病的重要根源。相较于早已进入平稳城市化的西方国家，我国的城市化和机动化还在发展进程中。我国城市化已经进入下半场，吸取国内外经验教训，走绿色发展之路可以避免很多弯路。特别是对于发展中的众多二、三、四线城市，绿色交通的发展还有很大空间。在区域交通方面，我国交通发展经历了集中的快速路建设时期，全国范围内的快速路、国省干道网络基本完成。同时，2000 年以后，我国也进入了高速铁路的发展期。几十年来，我国内陆货运从高度依赖铁路运输和水路运输，到大量使用公路运输，目前公路与铁路货运并肩；长途客运从主要依靠铁路运输到私家车、航空等多样化发展。这些发展提升了运输效率、可靠性、舒适性，同时也影响了能耗和排放。

从系统分析的角度（见图 2-8-1），绿色交通发展路径首先应从社会经济层面展开，通过土地利用布局降低交通出行数量和距离；再从交通系统本身投资绿色交通，优化绿色交通服务，并提高绿色能源使用比例。还应通过全社会宣传和政策引导，鼓励出行者和货主选择绿色交通。最后，也应通过智能交通手段，支持和推动绿色交通服务。

一、我国"十四五"绿色交通目标和策略

《绿色交通"十四五"发展规划》（以下简称《规划》）提出了绿色交通的 8 个具体指标和 7 项主要任务与 4 项专项行动。

（一）8 个具体指标

《规划》在减污降碳、用能结构、运输结构等方面设置了 8 个指标，明确提出到 2025 年营运车辆、营运船舶单位运输周转量二氧化碳排放较 2020 年分别下降 5%、3.5%，全国城市公交、出租汽车（含网约车）、城市物流配送领域新能源汽车占比分别达到 72%、35%、20%，集装箱铁水联运量年均增长率为 15%。

（二）7 项主要任务

《规划》提出 7 项主要任务：一是优化空间结构，建设绿色交通基础设施，着力深化绿色公路建设，深入推进绿色港口和航道建设，推进交通资源循环利用；二是优化交通运输结构，提升综合运输能效，推进大宗货物及中长距离货物运输"公转铁""公转水"，提高运输组织效率，加快构建绿色出行体系；三是推广应用新能源，构建低碳交通运输体系，加快新能源和清洁能源运输装备应用，促进岸电设施常态化使用；四是坚持标本兼治，推进交通污染深度治理，重点提升营运车辆、船舶及港口污染防治水平；五是坚持创新驱动，强化绿色交通科技支撑，推进绿色交通科技创新，加快节能环保关键技术推广应用，健全绿色交通标准规范体系；六是健全推进机制，完善绿色交通监管体系，强化绿色交通评估和监管；七是完善合作机制，深化国际交流与合作，深度参与交通运输全球环境治理。

（三）4 项专项行动

《规划》针对重点领域，提出 4 项专项行动：一是绿色交通基础设施建设行动，推动绿色公路建设、公路路面材料循环利用、工业固废和隧道弃渣循环利用；二是优化调整运输结构行动，深入推进京津冀及周边地区、晋陕蒙煤炭主产区运输绿色低碳转型，加快推进长三角地区、粤港澳大湾区铁水联运发展；三是绿色出行创建行动，创建 100 个绿色出行城市；四是新能源推广应用行动，实施电动货车和氢燃料电池车辆推广行动、城市绿色货运配送示范工程、岸电推广应用行动、近零碳枢纽场站建设行动。

二、城市绿色交通系统策略

从图 2-8-1 可见，交通系统是社会经济大系统的子系统，其出行和货物运输特性来源于区域（国家）资源与产业分布，以及城市用地布局；而系统提供的服务支撑社会经济发展，而其产生的能耗和碳排放则影响环境和全球气候变化。绿色交通则需要根据系统之间的作用关系，构建相应的策略与政策。中欧低碳生态城市合作项目（EC-link）将绿色交通策略归纳为避免（avoid，较少出行量和出行距离）—转移（shift，向绿色交通模式转移）—提升（改进效率和使用绿色能源，improve）策略，就是对绿色交通系统的一个综合、简洁概括。下面，我们从社会经济与交通系统的作用关系出发，系统阐述绿色交通战略。

策略一：交通与用地协调发展

绿色交通的最高层举措始于城市用地规划。城市规划决定城市的肌理和功能布局，以此

奠定城市的交通出行特征。国内外经验说明，优化的土地与交通协调发展大致可以归纳为以下基本原则：

（1）确定城市边界，避免城市过度扩张。

（2）采取以公交为导向的发展策略（TOD策略），引导城市围绕公共交通系统发展疏密有致的城市结构，提高公共交通覆盖的人口和就业比例。

（3）土地混合使用，最大限度做到分区域职住平衡，避免潮汐交通；缩短平均出行距离，更加适应慢行交通出行。

（4）建立合理的路网结构，建立小街区、密路网城市脉络，提高交通可达性和可步行性。

国际案例：丹麦哥本哈根依托交通规划城市的五指规划；日本东京以环线轨道主要枢纽构建城市副中心；南美的库里蒂巴沿BRT线路高密度混合开发；香港依托轨道线路构筑城市高密度混合发展商业中心等。

中国政策摘要：

（1）《中共中央　国务院关于进一步加强城市规划建设管理工作的若干意见》。本意见是一个里程碑意义的政策，对城市规划设计提出了土地节约利用、优化街区路网结构、开放社区、建设"窄马路、密路网"的城市道路布局理念，对建设快速路、主次干路和支路级配合理的道路网系统提出了具体要求。目标是：到2020年，城市建成区平均路网密度提高到8 km/km^2，道路面积率达到15%。

（2）《国家新型城镇化规划（2014—2020年）》。本规划相关章节要求加快绿色城市建设，其中明确要求：节约集约利用土地、水和能源等资源，促进资源循环利用，控制总量，提高效率。合理控制机动车保有量，加快新能源汽车推广应用，改善步行、自行车出行条件，倡导绿色出行。

（3）《关于促进具备条件的开发区向城市综合功能区转型的指导意见》（发改规划〔2015〕2832号）。本文件是针对国内大量低效工业用地所做的转型调整，集约用地，推动工业用地功能的复合开发。

（4）《中共中央　国务院关于建立国土空间规划体系并监督实施的若干意见》（中发〔2019〕18号）及《自然资源部办公厅关于加强国土空间规划监督管理的通知》（自然资办发〔2020〕27号）。2018年，中国成立自然资源部，并从2019年开始编制国土空间规划，并严格监管，多规合一，控制城市边界，严守耕地和生态、历史文化保护线，从根本上将杜绝城市无限扩张，为未来中国城市可持续发展和绿色交通建设打下了最坚实的基础。

（5）以公交为先导的（TOD）集约发展。至2023年底，我国有55个城市开通了约1万km的城市轨道交通运营里程，最大限度地发挥了轨道交通的城市塑造作用，值得重视。2015年，住房和城乡建设部发布《城市轨道沿线地区规划设计导则》（建规函〔2015〕276号），该导则第一次从城市、线路和站点三个层面系统地提出了TOD规划设计的规划方法及指导性指标，在三个层次都明确提出轨道交通周边土地高密度混合开发的要求，并就TOD实施机制给出了指导意见，如图2-8-2所示。

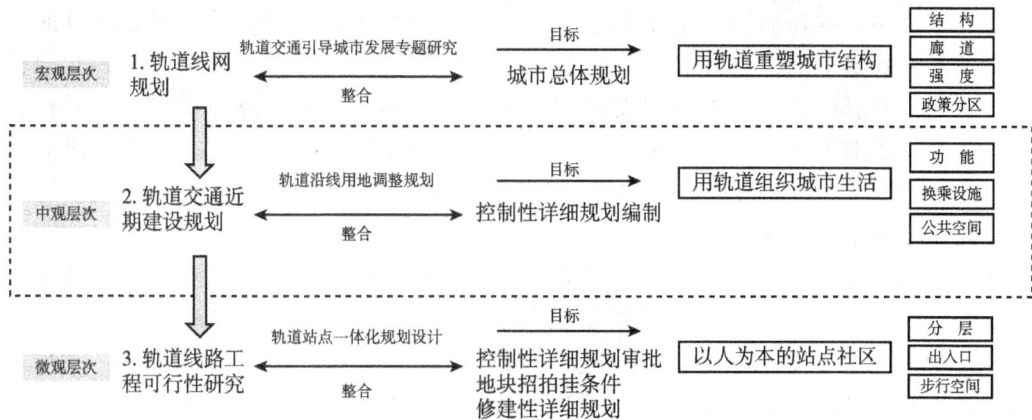

图 2-8-2　TOD 规划设计的规划方法

策略二：交通需求管理政策（TDM）

绿色交通发展的第二个重要举措是通过交通需求管理政策的引导，降低私家车出行〔属于避免（avoid）措施〕。交通需求管理经常与公交优先的举措组合采用，一推一拉，达到最佳效应。典型措施如拥堵收费、车辆购置税、城市分区停车费、弹性工作时间、限号、车牌摇号。国外采用经济杠杆（如拥堵收费、车辆购置税、分区停车费）加上激励政策的较多，我国近年来多采用行政手段、经济手段和激励措施相结合的组合拳。

国际城市典型案例：伦敦核心区拥堵收费；新加坡、东京、首尔的购车高税收、分区域停车收费政策。

中国城市 TDM 政策：

（1）上海。上海是我国最早实施机动车牌号拍卖政策的城市，同时，上海也是我国最早启动轨道交通建设的城市，牌照拍卖的收款也被有效使用到地铁建设当中。主要政策文件包括《上海市人民政府办公厅关于执行〈上海市非营业性客车额度拍卖管理规定〉若干要求的通知》《上海市收费停车场（库）计费规定（暂行）》。

（2）北京。2010 年 12 月，北京市政府出台了北京交通缓堵 28 条措施，打出了尾号限行、车辆限购、停车分区收费等措施的组合拳，稳定了北京机动车增长的势头，与公交优先措施组合，有效缓解了北京的交通拥堵状况。

策略三：优先发展公共交通，创建公交都市

公共交通是城市交通中最高效的交通方式。不同容量和制式的公共交通，可以为不同尺度的大中小城市、高密度城市核心区和密度相对较低的城郊提供灵活多样的低碳交通服务。随着我国经济发展和人民群众对高品质、准时、舒适交通的需求，公共交通品质提升上升到重要议程。近年来，国家和地方对于公交优先和公交都市的建设给予了强有力的政策和标准支撑，我国公交都市建设初见成效。若干重要政策文件如下：

（1）《国务院关于城市优先发展公共交通的指导意见》（国发〔2012〕64 号），为公共交通优先制定基本策略方向。

（2）2013 年 6 月，《交通运输部关于贯彻落实〈国务院关于城市优先发展公共交通的指导意见〉的实施意见》发布，确定了城市公共交通发展的总体目标：到 2020 年，基本确立城市公共交通在城市交通中的主体地位,安全可靠、经济适用、便捷高效的公共交通服务系统基本形成,较好满足公众基本出行需求。该实施意见要求:公共交通引领城市发展能力显著提升,从规划层面优先公共交通;公共交通服务质量显著提升;公共交通服务覆盖范围不断扩大,线网结构不断优化,公交换乘更加方便;公共交通可持续发展能力显著提升,公共交通法规政策和标准规范体系基本建立,优先发展理念深入人心,优先保障政策全面落实。

(3)2013年7月,《交通运输部关于印发〈公交都市考核评价指标体系〉的通知》(交运发〔2013〕387号)发布,为公交都市建设行动方案和验收确定了标准。

(4)2016年,《交通运输部关于印发〈城市公共交通"十三五"发展纲要〉的通知》(交运发〔2016〕126号),为城市公共交通"十三五"发展指明了方向。

(5)2017年3月,交通运输部办公厅发布《城市公共汽车和电车客运管理规定》。

策略四:慢行交通、绿道系统与完整街道

步行、自行车出行是最为低碳节能的交通出行方式,其发展更是提升城市品质、建设人性化宜居宜业环境的重要举措。建设步行、自行车出行友好城市,低碳出行,健康出行已经成为国际趋势。

国际实践:

欧洲丹麦的哥本哈根自行车系统和30年的持续实践,将通勤自行车承担率提升到50%,荷兰全国的自行车高速路和便捷的自行车停车、步行桥等实践,将其建成全欧洲自行车出行率最高的国家;伦敦的街道设计导则等实践都为世界做出了良好的示范。

国家和地方政策标准:

(1)2013年,住房和城乡建设部印发《城市步行和自行车交通系统规划设计导则》(建城函〔2013〕192号),是我国第一部慢行系统规划设计技术导则,从系统、空间和环境三个层次提出规划设计要求和遵循的指标,同时也对慢行系统与公交接驳提出了设计要求。

(2)2016年,随着全国绿道建设的大力推广,为指导各地绿道规划设计,保障绿道建设水平,充分发挥绿道休闲健身、出行、生态、文化及旅游的复合功能,住房和城乡建设部颁布了《绿道规划设计导则》(建城函〔2016〕211号),促进了绿道建设的健康发展。

(3)2017年,为推动道路向街道的"人性化"转型,对其规划、设计、建设与管理进行全过程指导,《上海市街道设计导则》应运而生。该导则提出:依据街道沿线功能与活动进行街道分类,主要形成商业、生活服务、景观休闲、交通性与综合性5种街道类型,并针对这5种街道类型,提出了设施配置、绿化种植、街道空间形态的不同要求,并形成了相应的断面、平面、交叉口推荐设计。

这本导则的编制,突破了就道路红线论交通的传统束缚,带动了全国众多城市如北京、昆明、广州、深圳等编制街道设计导则。上海后续又出台了针对滨江空间的《上海黄浦江滨江公共空间导则/标准》《上海市河道设计指标体系/导则》《上海市苏州河贯通导则》。

策略五:绿色能源汽车

绿色及可再生能源的使用,可以降低机动车空气污染和碳排放。

欧盟政策：欧盟委员会推出了一系列绿色能源政策。如《欧洲绿色新政》《2030 年气候与能源政策框架》等，其中全面推行绿色智慧交通也是其中重要组成部分。

国家政策：我国大力推进绿色能源汽车，并发布了一系列国家政策和技术标准。

2014 年国务院发布《国务院办公厅关于加快新能源汽车推广应用的指导意见》（国办发〔2014〕35 号），交通运输部运输司于当年发布《加快新能源汽车推广应用的实施意见》（交办运函〔2014〕407 号），该意见不仅提出了 2020 新能源汽车目标，还进一步强调了新能源汽车的标准，如新能源公交车应满足《公共汽车类型划分及等级评定》（JT/T 888—2014)[①]，纯电动出租汽车应满足《纯电动乘用车技术条件》（GB/T 28382—2012），也奠定了国家及地方对于新能源车辆购买及使用的优惠政策基础。

策略六：推进绿色货运

绿色货运对绿色交通的贡献不可低估。2018 年，全国机动车保有量达到 3.27 亿辆，其中汽车 2.4 亿辆，全国柴油货车保有量 1 818.0 万辆，占汽车保有量的 7.9%。其中重型柴油货车保有量 685.4 万辆，占全国柴油货车保有量 37.7%；柴油车排放的氮氧化物（NO_x）接近汽车排放总量的 70%，颗粒物（PM）占汽车排放总量的 90% 以上；柴油货车一氧化碳（CO）、碳氢化合物（HC）、氮氧化物（NO_x）、颗粒物（PM）排放量分别占汽车排放总量的 10%、18.8%、60.0%、84.6%。绿色货运越来越受到国内外政府、企业和民间组织的重视。

国家政策：2018 年，国务院办公厅印发《推进运输结构调整三年行动计划（2018—2020 年）》，要求多个部委共同参与，积极推进城市绿色货运配送示范工程，加大新能源城市配送车辆推广应用力度，加快新能源和清洁能源车辆推广应用，到 2020 年，城市建成区新增和更新轻型物流配送车辆中，新能源车辆和达到国六排放标准的清洁能源车辆的比例超过 50%，重点区域达到 80%。

策略七：智慧交通手段赋能绿色、高品质、低碳交通

智慧交通是在智能交通的基础上，融入物联网、云计算、大数据、移动互联等高新 IT 技术，通过高新技术汇集交通信息，提供实时交通数据下的交通信息和交通运营服务。智慧交通大量使用数据模型、数据挖掘等数据处理技术，实现智慧交通的系统性、实时性、信息交流的交互性，以及服务的广泛性。智慧交通系统也是智慧城市系统的子系统。我国推动智慧城市与智慧交通共建的双智城市，大力推进车联网建设，取得了初步成效。车联网（IoV）是专为智慧城市交通设计的最新技术，它通过无线通信和传感技术，在车辆、路边基础设施和周围环境之间建立信息交互网络。从车载设备收集的各种数据，可实时反映智慧城市当前的交通状况（例如交通事故、交通拥堵和公共交通延误）。通过合理利用这些数据，车联网不仅可以为驾驶员提供最佳行车路线，还可以预防紧急情况和实施快速响应，从而显著提升行车安全和车上体验，这些是目前看到的车联网对智能城市的主要贡献。

智慧交通系统建设有助于提高交通系统的效率和服务水平，助力绿色交通发展。具体效益包括：

---

① 此评定标准于 2020 年因新标准的出现而废止。

（1）通过交通大数据分析、使用，提升交通决策水平。

（2）提升交通可靠性、灵活性、服务精准性。

（3）提高道路效率、应急能力。

（4）提高车辆使用率。

（5）提升交通安全。

（6）共享交通可提高车辆利用效率，在提供高品质服务的同时，尽可能降低碳排放。

策略八：公平交通

我国各类残疾人总数已达 8 500 万，每 16 个人中就有一个是残疾人。同时中国老龄化速度加快：2001 年，我国 65 岁以上人口占比超过 7%，标志着我国进入老龄化社会；到 2027 年，我国将从一个老龄化社会转变为一个老龄社会。在短短的 25 年里，65 岁及以上老年人口比例将从 7% 上升到 14%。法国经历这种转变用了 115 年，英国用了 45 年，美国用了 69 年，我国正以史上最快的速度步入老龄化社会。预计 2057 年，我国 65 岁以上人口达 4.25 亿人的峰值，占总人口的比重达 32.9% ~ 37.6%。绿色交通是以人为本的交通，其中一个重要方面是为所有乘客提供公平、友好、高品质的交通服务，包括残障人士、老年人和儿童。为所有人提供公平的交通服务也是国内外交通系统发展的重要趋势之一，是社会文明进步的体现。公平交通包括以下各项：

（1）关爱残疾人，创造门到门全程独立出行条件。

（2）完善无障碍出行设施，如无障碍坡道和盲道的建设与维护，低地板公交的普遍推广。

（3）完善适老化出行条件，创造门到门全程独立出行条件，完善老年人叫车服务和就医服务。

（4）打造儿童友好型城市，特别是安全上学路。一个对儿童出行友好的城市就是一个对所有人都友好的城市，全球已有 870 个城市和地区获得联合国"儿童友好型城市"称号。儿童在交通出行中具有行动慢、随机性强、行动轨迹难以判断和易受伤害的特点，道路交通事故死亡已成为我国儿童伤害致死的第 2 位原因。世界卫生组织曾发布数据：中国每年约 1 万名儿童死于道路交通事故，步行的危险系数最高。北京约有 33% 的中小学生步行上下学，约有 20% 的学生骑自行车或乘坐电动自行车上下学。我国处于义务阶段教育的学生人数超过 1.4 亿，因此儿童友好型城市和安全上学路的打造非常重要。安全上学路的打造是一个从空间到设施到管理的全过程，需要根据儿童特点，从安全性、舒适性和趣味性三个维度进行设计，涉及要素如表 2-8-4 所示，主要关注以下三组要素。

表 2-8-4   安全上学路设计要素

功能维度	实施维度			
	工作目标	空间	设施	管理
安全性	• 慢行独立路权保障 • 过街安全保障 • 校门周边人车分离 • 机动车交通普稳化	• 慢行空间 • 校门前区空间 • 道路交叉口	• 慢行道保护设施 • 过街安全设施 • 机非停放设施 • 交通静稳设施 • 照明与监控设施 • 交通标志标识	• 交通管理 • 安全教育 • 上下学分时管理 • 护航制度 • 其他措施

续表

功能维度	实施维度			
	工作目标	空间	设施	管理
舒适性	满足学生与接送家长的以下需求： ● 不拥挤 ● 小坐 ● 遮阳避雨	● 慢行空间 ● 校门前区空间 ● 凹空间	● 休憩设施 ● 遮阳避雨设施	● 交通管理 ● 上下学分时管理 ● 步行巴士
趣味性	● 激发学生感知 ● 满足儿童游戏交往的需求	● 慢行空间 ● 凹空间	● 趣味标识 ● 儿童活动设施	● 其他措施

国家和地方政策摘要：

（1）《无障碍设计规范》（GB 50763—2012）。这是随着国家的发展，社会老龄化的需要，以及人文设计理念的深入，为解决无障碍环境建设中存在的不规范、不系统和不实用等突出问题，确保无障碍设施建设工作顺利开展，保障建设和改造技术水平，住房和城乡建设部批准发布的新的国家标准。

（2）《深圳市儿童友好出行系统建设指引（试行）》。这是深圳市妇女儿童工作委员会与深圳市交通运输局联合发布的文件，主要内容如下：

① 总体目标：构建连续的出行网络，营造安全的道路环境；提供舒适的出行体验，创造有趣的出行空间。

② 建设内容：行人交通系统，自行车交通系统，机动车交通管理，道路外部空间，其他建设内容。

③ 指标体系：连续性、安全性、舒适性、趣味性。

④ 系统：行人交通系统、自行车交通系统、机动车交通管理。

第三节　绿色交通典型案例

绿色交通取得巨大成就的城市的共同特点是长期坚定不移实施以绿色交通为导向而不是以私家车为导向的城市和交通规划政策，才有了以下成就：绿色交通分担率高，交通拥堵得到有效控制，交通出行环境品质高，人性化，城市宜居宜业，生态健康，交通碳排放和空气污染有效降低。

案例一：东京——轨道上的城市

1. 背景

日本东京都市圈内的居民人口接近 3 800 万，机动车保有量超过 800 万。然而，东京交通并没有严重拥堵。不仅如此，东京还拥有大量高品质、人性化的步行系统和公共空间，供东京市民享用，供来自世界各地旅游者来访。事实上，20 世纪 60—80 年代，随着经济和机动化高速发展，东京也曾有过不堪回首的大堵车时代。东京转型为以轨道交通为核心的城市，得益于政府、民间和轨道公司的共同努力及有利的体制机制。

2. 东京绿色交通策略

（1）通过 TOD 开发模式和经济杠杆，实现高密度、大容量、公共交通系统。

东京通过政府部门、社会公共机构、土地所有者及轨道公司的政策和经济互惠的合作，实现了轨道枢纽综合开发，以及新线路新城与轨道综合开发的两种 TOD 模式，既达到了轨道交通对住宅和商业办公的高覆盖，也实现了城市形态的疏密有致，并实现了轨道周边土地开发回馈轨道建设和运营的可持续发展。由图 2-8-3 可见，轨道山首线与放射线的交汇点布局城市副中心的结构十分清晰。

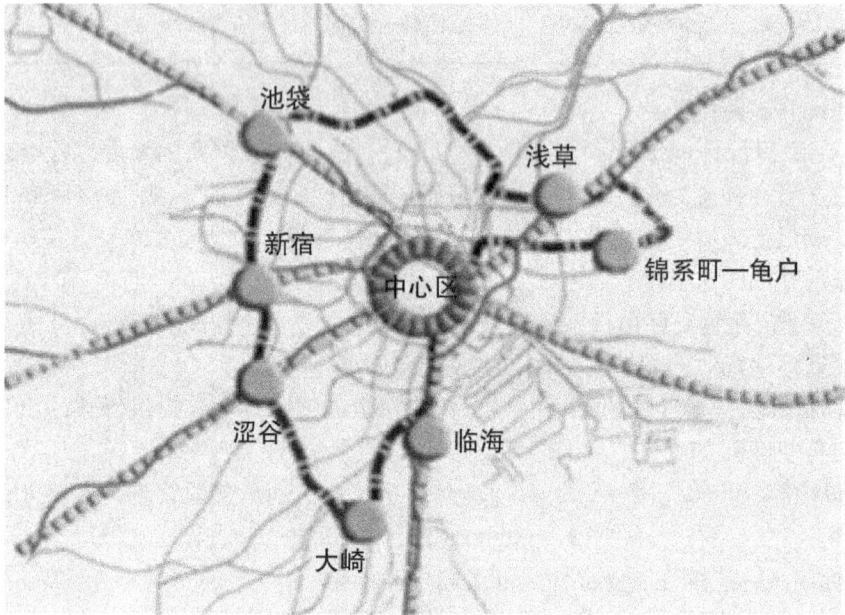

图 2-8-3　轨道山首线与放射线的布局

每天，超过 2 000 万名通勤人员使用公共交通。据吉尼斯世界纪录，东京新宿地铁站是全世界最繁忙的地铁站。这里每天都会迎来 364 万乘客，站内设有超过 200 个出口。东京是亚洲地区最早建设地铁的城市，第一条地铁建于 1927 年。目前，整个东京都拥有 34 条地铁轻轨线路，这些线路把整个东京覆盖得严严实实。而轨道交通里程全长更是达 2 500 km，位居世界第一，东京市中心在 10 min 的路程之内，都可以轻易地找到地铁或轻轨车站。

（2）坚决杜绝违法停车，停车收费差异化，抑制城市中心区机动车使用。东京核心区地价昂贵，停车成本高，配建停车位数量有限。但是，东京严格执法，杜绝违章停车。政府鼓励修建公共立体停车库，但实行市场价收费，城市核心区与郊区收费差异巨大，有效抑制了城市核心区机动车的使用。

（3）建设人性化步行系统和公共空间。东京轨道交通的"最后一公里"主要依托步行换乘，出入口众多，而换乘大部分在地下，指示牌多而清晰，有些甚至是车门对车门的同台换乘；而无论是围绕轨道交通的高密度混合开发，还是休闲旅游地区的步行系统和公共空间，都是精心策划设计和高品质维修管理的成果，强化了东京绿色交通环境的宜居宜业。

3. 成效

公交分担率高：目前都市圈交通出行总量中，只有 51% 的人乘坐轨道交通工具，有效抑制了交通拥堵。如此高密度的城市，多年名列世界宜居城市前十名。

案例二：哥本哈根——自行车之城

1. 背景

哥本哈根市面积为 97 km²，人口 60.3 万，拥有自行车 67.8 万辆；大哥本哈根下辖 25 个自治市，总面积 2 853 km²，人口 220 万。丹麦在欧洲自行车分担率位居第二，其首都哥本哈根是世界自行车友好型城市（the best bicycle-friendly city）之一和骑车人城市（the city of cyclists）。然而，哥本哈根从 20 世纪 50—70 年代也在私家车冲击下，交通拥堵严重，自行车出行数量大量下降，骑行量从日均 45 万降到 1 974 年的 5 万，如图 2-8-4、图 2-8-5 所示。为了缓解交通拥堵，提升城市宜居品质，采取一系列措施后，日均骑行量开始恢复，取得了世人瞩目的成效。

图 2-8-4 1950—2016 年哥本哈根中心区自行车日通行量

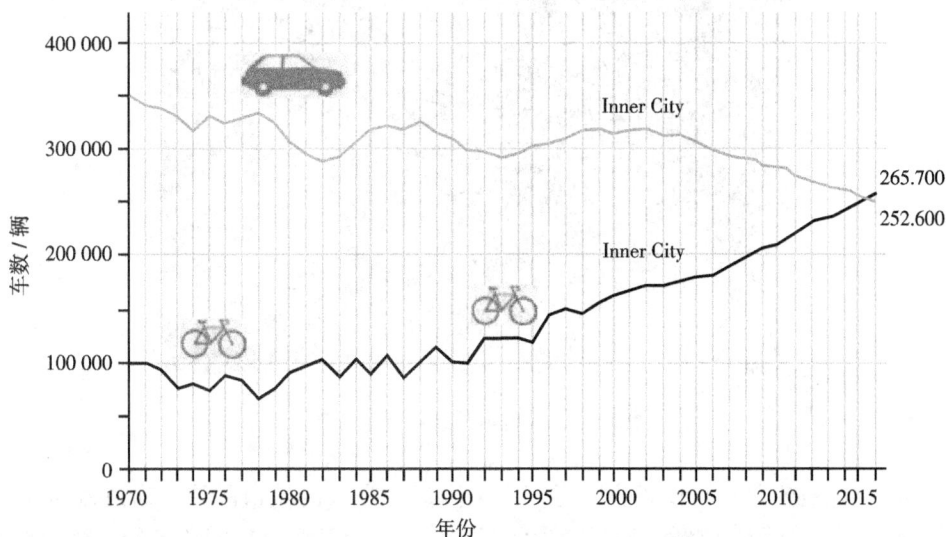

图 2-8-5 1970—2016 年，前往哥本哈根市中心的日均汽车和自行车数量

2. 绿色交通策略

（1）规划和实施以轨道交通为先导的紧凑型城市。从 20 世纪早期开始，哥本哈根就坚持规划和执行了五指（六指）状城市规划，如图 2-8-6 所示，沿轨道交通线路高密度开发，中间留出绿隔，交通高效，生态环保。

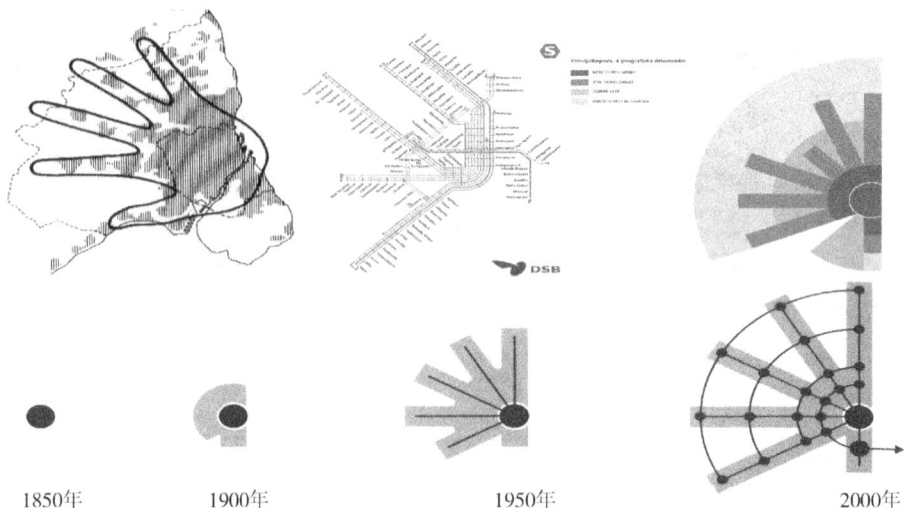

图 2-8-6　哥本哈根手指规划

（2）规划和建设便捷、连续的各级自行车系统。为自行车系统提供路权、信号、停车等自行车优先举措，使哥本哈根成为真正的自行车友好城市，如图 2-8-7 所示，其中未含 2004—2006 年的数据。

图 2-8-7　哥本哈根自行车系统

（3）建设优质公共空间和商业步行街，全面提升宜人的城市品质。通过政策和经济杠杆，提升城市核心区停车收费，逐步减少停车位，将街道和广场空间还给公共空间和步行街区，打造宜居宜业环境，如图 2-8-8 所示。

|　　　　（a）1954 年　　　　　　　　　　　　（b）2016 年|

图 2-8-8　停车场到公共空间

3. 成效

2018 年，哥本哈根自行车通勤通学比例达到 49%，私家车仅 20%，绿色交通总比例达到约 80%，如图 2-8-9 所示，持续在全球最宜居城市名列前十。哥本哈根也是全世界最幸福的城市之一，曾被联合国人居署选为"全球最宜居的城市"，并给予"最佳设计城市"的评价。

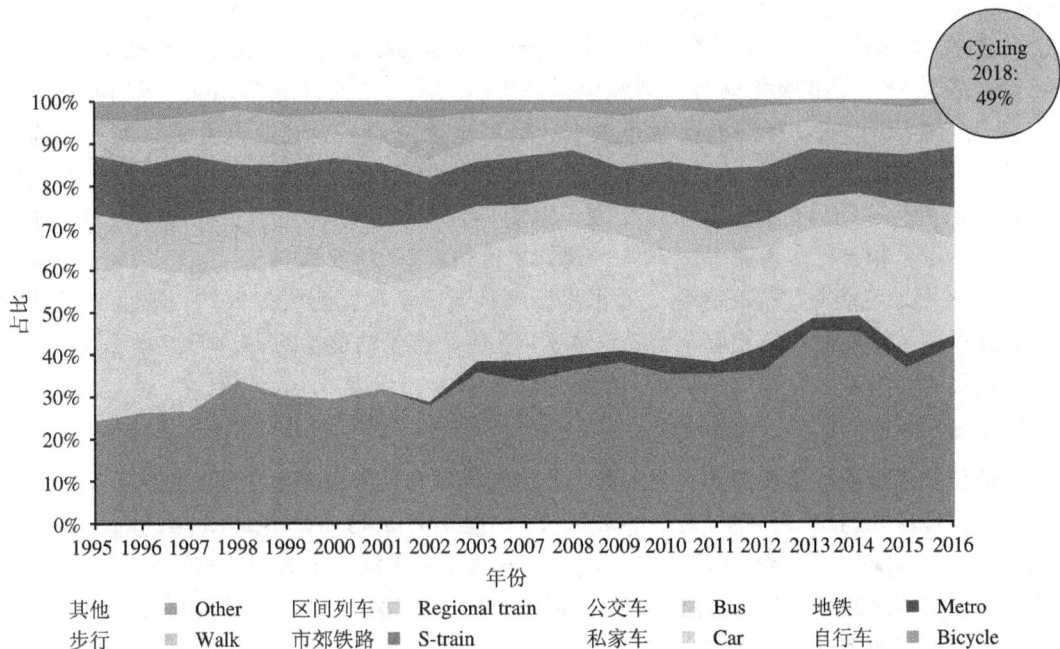

图 2-8-9　哥本哈根交通模式分担（来源：盖尔事务所，缺少 2004—2006 年的数据）

案例三：宁波——公交都市

1. 背景

宁波是浙江省副省级市、计划单列市，中国东南沿海重要的港口城市。至 2019 年，总面积 9 816 km²，常住人口 854.2 万。2013 年，宁波市作为第二批公交都市试点城市，全面启动公交都市创建工作，确立以公共交通为导向的城市发展模式，不断提高公共交通服务水平，打造多层次、多元化、一体化的城市公共交通体系。2018 年，宁波市通过了交通运输部专家组全面审核，获得专家一致好评，被交通运输部命名为公交都市。

2. 绿色交通策略

（1）公交优先，全面保障。宁波从体制、机制、财政、用地对公交进行全面优先保障，先后制定了《宁波市公交都市创建工作实施方案（2014—2018）》《宁波市关于促进城市公共交通优先发展的若干意见》等，公交投资近千亿元。保障了综合枢纽及场站建设、新能源车及充电设施更新、公交专用道开通、科技手段投入；实施交叉口公交优先等措施，公交线路可不受禁左、禁直等交通管制限制，对具备公交车辆通行条件的道路，允许公交车驶入社会车辆禁驶区域，大大提升市区公交线路运营速度。

（2）高效利用土地，立体开发公交枢纽。宁波立意创新，编制了枢纽立体开发、综合开发的导则，拓展地上、地下空间，在土地资源相对紧缺的中心城区建设起功能聚合的立体化公交综合体。建成如铁路宁波站综合客运枢纽等立体枢纽。

（3）公交引领，提升交通和城市品质。宁波立足于让百姓满意，将城市交通治堵工作列为市政府"为民办实事"工程之首，重点整治"乱停、乱行、乱占"现象，宁波打通"断头路"27条，新建人行天桥，拓宽道路断面，完善了城市路网结构，改善28处交通拥堵点，拥堵治理效果明显。

（4）多元服务，提升公交满意度。宁波还相继开通了通勤、登山、采摘、赏花等19条特色公交线路，以及高峰巴士、商务快巴、社区巴士、小型支线公交，满足市民多元出行需求。

（5）智慧公交助推服务提升。措施包括：智能调度、"宁波通"App、多功能电子站牌、推广金融PBOC 3.0标准的新版市民卡；启动全国交通一卡通互联互通；实现了支付宝、微信、银联闪付、Apple Pay等多种支付方式在公共交通上的全覆盖，移动支付更方便。

（6）与慢行联动，全面提升绿色交通。编制慢行专项规划，完善步行和公租自行车系统，公交站点公租自行车覆盖率达70%；规划轨道站点100%全覆盖。

（7）采用绿色能源，提高绿色交通水平。淘汰老旧车辆，建设加气站，截至2018年8月，宁波投用清洁能源和新能源车辆总量达3 446辆，占车辆总量的74.8%。绿色公共交通车辆占比达79.5%，比2013年增加三倍多。

3. 成效

宁波公交都市项目显著提升了全民对于公交的认可和公交服务水平，主城区公交场站综合开发率实现从0到56.5%的飞跃，主城区公交站点300 m覆盖率由2013年的66.2%提升至95.4%，年均新辟公交线路27条，新增公交车辆2 715辆。宁波中心城区共开通公交线路498条，城乡之间开通公交线路89条，建设公交场站284个，公交机动化分担率提升至55.4%，城市交通满意度达90.4%。

主要参考文献

［1］卡尔索普事务所，宇恒可持续交通研究中心，高觅工程顾问公司. 翡翠城市［M］. 北京：中国建筑出版社，2017.

［2］解天容，王静. 交通运输业碳排放量比较研究［J］. 综合运输，2011（8）：20-24.

第九章

交通运输系统的法治

第一节 概　述

中国特色社会主义法治是中国共产党领导的、人民民主的法治，是人民民主的制度化、法律化，它以确认、保障、维护、巩固和发展社会主义生产关系为根本任务和历史使命，以马克思主义作为指导思想和理论基础，以社会主义的共同价值观和共产主义思想道德为精神支柱，这与资产阶级国家所确立的以合法手段维护资本主义制度的依法治理的统治方式，存在根本性的区别。中国特色社会主义法治的发展，是一个随着社会生产力不断发展、经济基础和上层建筑不断巩固、改革开放不断推进而发展的过程，也是法治和德治、激励和约束、教育和惩戒相结合，中国优秀精神文化传统不断发扬，全体人民的共同意志和价值取向不断凝聚的过程。

中国交通运输系统法治，是中国特色社会主义法治的重要组成部分。在社会主义制度下，通过立法体现发展交通运输事业的国家意志，实现政府主管部门的职能转变（如政企分开）、组织重构（如机构精简、非政府职能的剥离，大部制建设）、管理体制改革和推进现代企业制度建设；通过立法理顺政府与市场的关系，以及在运输市场运行过程中政府与企业、企业与用户、社会组织（行业协会、运输中介）之间的关系等。此外，针对交通发展不同阶段出现的新情况和新问题，从实际出发，以各个时期国家制定的交通运输政策作为指导原则，破解困难，解决问题，积累经验，在条件成熟时，将政策性指导原则与实践经验相结合，以法律形式固定下来，形成新的法规。

一、交通运输法律法规的产生与演变

在我国，交通运输法律法规的发展历史源远流长。

我国早在西周、春秋战国时期，就设有驿、置、邮、传等官办驿传管理机构，并建立了相应的管理制度，设置道路守卫和驿传管理人员（承驿吏）。为了适应诸侯国之间政治和军

事的需要，于官道设置驿站，备有良马固车，专门传递官府文书、接待往来官吏。

到了秦朝，除了对驿站委派管理官吏外，还制定了有关邮驿的规章法令，例如对使用的车辆建立了"车同轨"的制度。秦朝时期对违反相关法令、破坏道路设施的人会采取非常严厉的制裁措施，据《法经》记载，当时就有"弃灰于道，断其臂"的法律条文，用现在的话来说，就是在道路上倾倒垃圾、设置障碍、影响交通运输的人，要受到砍下胳膊的法律惩罚。

之后，历代封建统治者都对交通运输管理制定了相应的法律规范，有的甚至更为翔实，且具体条文也更加便于操作。但直到清末，交通运输工具仍然离不开人力、畜力的羁绊。

20世纪初期，随着汽车的引进，北洋政府内政部于1926年11月发布了《修治道路条例》，开始修建供汽车行驶的公路。国民政府内务部于1936年制定了《路上交通管理规则》等法规。例如征收公路养路费制度开始于北洋政府的"车捐"，1939年国民政府改称其为"养路费"。新中国成立后，公路养路费制度一直延续到2008年底，直到2009年实行税费改革后才取消。

1937年，日本发动侵华战争，沿海各省相继失守，国民政府被迫迁都重庆。此时，铁路、水路和道路交通中断，交通运输的重点转移至大后方，公路运输成为主要运输方式。为了适应战时运输的需要，国民政府于1939年组建了汽车牌照管理所，并制定了满足战时运输需要的相关法规。

新中国成立后，为满足国民经济发展的需要，迅速医治战争创伤，交通运输行业得到了飞速发展，交通运输法规的建设，大致可分为以下几个阶段：

1949—1956年：这一时期，国家处于百废待兴、百业待举阶段。各级政府对交通运输工作十分重视，及时制定了一些相关法规。1950年2月，中央人民政府政务院发布了《关于航务、公路工作的决定》，规定了交通运输管理工作的分工，成为保证交通运输秩序的重要法规依据。原交通部于1952年4月颁发的《汽车运输企业暂行技术标准与定额》作为交通运输的一项重要的规范性文件，为建立全国统一的运输管理制度提供了依据。1954年3月，原交通部颁布了《公路汽车货物运输规则》《公路旅客运输规则》两项行政规章，为规范道路客货运输提供了依据。

1957—1960年：这一时期，由于工作失误等原因，各项法规及规章制度没能得到有效的实施。由于过分强调"人的主观能动作用"，在运力严重不足的情况下，不尊重客观规律，只要求多拉快跑，使得法规、制度得不到贯彻实施，造成车辆技术状况低下、运输秩序混乱、运输事故大幅度上升。

1961—1966年：这一时期，国家提出以"调整"为中心的八字方针（调整、巩固、充实、提高），并恢复和建立了相应的法规和规章制度，逐步恢复运输能力，以保证经济建设需要。

1967—1976年："文化大革命"期间，交通运输受到极左思潮的严重干扰，把交通运输法规及规章制度当作"管、卡、压"进行批判，交通运输的系统管理遭受冲击，造成机构瘫痪、法规制度废止，无政府主义严重膨胀，交通运输秩序混乱。

党的十一届三中全会以来，随着国家经济的快速发展，交通运输在国民经济中的作用越来越大，特别是1984年2月国务院发布《关于农民个人或联户购置机动车船和拖拉机经营运输业的若干规定》（国发〔1984〕27号）以后，交通运输市场多种经济成分并存，为了规范交通运输经营秩序，加强交通运输法治建设，国务院、原交通部相继出台了一系列的行政法规、规章，交通运输管理逐步走向法治化的轨道。

综合交通法律法规体系也随着我国交通事业的发展得到了不断完善。

交通运输部根据中央部署，不断把交通运输转型与升级推向深入，于 2015 年初出台了《关于全面深化交通运输改革的意见》。该意见不仅是我国交通运输事业转型升级的行动纲领，也是促进和推动我国经济转型升级的重要抓手。

该意见着重提出要加快推进交通运输法治建设。首先，完善综合交通运输法规体系，发挥法治在综合交通运输体系建设中的引领和规范作用。推进交通运输法律、法规的制修订工作。健全交通运输立法项目的征集、论证及立法后评估制度。完善铁路、公路、水路、民航、邮政法规的立改废释工作机制。其次，推进交通运输综合执法。按照减少层次、整合队伍、提高效率的原则，研究制定交通运输综合执法指导意见，稳步推进交通运输综合行政执法。最后，健全交通运输依法决策机制。加快法治政府部门建设，把公众参与、专家论证、风险评估、合法性审查、集体讨论决定确定为交通运输重大行政决策法定程序。

2016 年 11 月，交通运输部出台《关于完善综合交通运输法规体系的实施意见》，明确提出制订综合交通运输促进法，并对立法目的和立法重点进行了说明，即"从行政管理角度，主要规范综合交通运输发展的总体规划、统筹协调和相互融合等问题"。综合交通运输促进法的立法工作提上交通运输主管部门的议事日程。

2017 年，党的十九大提出"全面依法治国是中国特色社会主义的本质要求和重要保障"。交通运输部起草了《交通运输法治政府部门建设评价暂行办法》，并本着精简考核的原则，将法治政府部门建设考核工作与行政执法评议考核"合二为一"，在充分借鉴吸收《交通运输行政执法评议考核规定》考核实践经验的基础上，建立了法治政府部门建设评价制度。

此外，交通运输部办公厅发布的《2019 年交通运输法制工作要点》明确了要加快完善综合交通运输法规体系，持续深化"放管服"改革，更好地发挥法治固根本、稳预期、利长远的保障作用，为交通强国建设提供坚实法治保障。

2020 年 12 月 8 日，交通运输部发布《关于完善综合交通法规体系的意见》。该意见明确提出：到 2035 年，基本形成系统完备、架构科学、布局合理、分工明确、相互衔接的综合交通法规体系。跨运输方式、铁路、公路、水路、民航、邮政等各领域"龙头法"和重点配套行政法规制修订工作基本完成，覆盖交通运输各领域的法规体系主骨架基本建立；不同运输方式的法律制度有效衔接，支撑各种运输方式一体化融合发展，保障现代化综合交通体系建设；交通运输各方面法律制度更加成熟，更加定型，支撑交通运输治理体系和治理能力现代化基本实现。

二、交通运输法规的基本特性

所谓交通运输法规，是指国家立法机关为了加强交通运输管理而颁布的法律以及国家行政机关依照宪法和法律的有关规定制定和发布的国家法律、政府行政法规、行业章程、企业规章，是集行政法、民法和经济法等为一体的调整交通运输关系的法律规范的总称。

交通运输法规是调整交通运输行政权力的创设、行使以及监督过程中发生的各种社会关系的法律规范。

制定交通运输法规的目的是：维护国家利益，规范交通运输秩序，保护公民、法人和其他组织的合法权益。

（一）性质

交通运输法规在法学分类上归属于行政法的范畴，包括一系列交通运输经营、管理方面的法律、法规、部门规章、地方性法规和地方性规章等法律规范，以及大量的技术性规范。

所谓法律规范，是指由国家确定并认可，体现统治阶级的意志，并以国家强制力保证实施的行为准则。

所谓技术性规范，是指属于人们合理利用自然、生产工具、交通工具和劳动对象的行为准则，只调整人与自然之间的关系，并不具有阶级性，但违反了这些行为准则，会造成生命或财产的巨大损失和严重危害，因而被直接规定在有关法律文件中，使之成为具有法律规范性质的技术文件。一些没有规定在法律文件中的技术规范（例如操作规程、技术规程）等文件，一般也被认为是有关人员必须履行的法定义务。

交通运输法规，是为了适应交通运输发展而产生的，且随着交通运输的发展而发生相应的改变。适应交通运输市场要求的法规能够促进交通运输的发展，反之，就会阻碍交通运输的发展。就本质而言，交通运输法规与其他法规一样，是统治阶级意志在法律方面的表现，具有明显的阶级性。可以认为，交通运输法规是统治阶级的意志在交通运输领域中的体现，反映了统治阶级干预交通运输领域的强烈愿望，是统治阶级在交通运输领域中行使权利的一个重要手段。同样，交通运输法规也是交通运输行政管理机关运用法律手段管理交通运输、取缔违反交通运输秩序的行为，是维护交通运输秩序的重要途径。

（二）特征

交通运输法规是一个总的名称，它分散在各个有关交通运输的法律规范之中，并由国家法律、政府行政法规、行业章程、企业规章及其管理细则构成层级分明、责权明确的体系。

1. 管理性

交通运输法规的主要功能是对交通运输相关公共事务进行管理，即对交通运输工具以及与交通运输相关的公民、法人和其他组织进行管理，对违反交通运输法规的公民、法人和其他组织进行行政处罚。

2. 强制性

交通运输法规是由国家意志体现的，是行政管理职权的基本依据，具有特定的强制性和普遍的约束力。违反交通运输法规要受到制裁和处罚。因此，在某种意义上，是通过实施国家强制执行力保证交通运输法规的贯彻实施。

3. 普适性

交通运输法规是根据宪法和基本法规定的，其法治准则既有利于交通运输事业发展，又切实保护公众利益，是普遍适用于政府、运输企业、中介和消费者的权利和义务的规范要求。任何相关组织和个人都必须严格遵守，且不得以任何借口违反。

4. 专业性

交通运输法规针对交通运输行业特点，包括运输市场的构成特征、运输设备和运营管理的技术特征、运输产品的派生需求和空间位移特征、运输生产和流通的社会特征、运输效用的外部性特征等，规范政府、企业、中介和消费者之间的经济关系和社会关系。

5. 交织性

交通运输法规是集实体与程序于一体的部门性行政法律规范。在一个法律规范文件中，既规定了交通运输管理权力的取得、行使及对当事人产生的后果等内容，又同时规定了行使行政权力的程序。这不仅是科学效率的要求，而且也是由交通运输行政管理活动本身的特点决定的。

6. 变动性

由于社会关系、经济关系经常处于变动之中，交通运输管理权力，以及因交通运输管理权力形成的交通运输行政管理关系也必须随之变动。因此，交通运输的法律规范具有较强的变动性，需要适时地废、改、立。

7. 广泛性

衣食住行是人类社会生存发展的基本需求，有最广泛的群众参与，且受到最广泛的社会关注。与其他领域的法治相比，交通运输是公用事业，其社会需求广泛，并且随着社会主要矛盾发生变化。目前，人民群众出行模式和货物流通方式正发生深刻变化，多层次、多样化、个性化的出行需求和小批量、高价值、分散性、快速化的货运需求特征更加明显。交通运输业是国民经济的基础性行业，对其他产业的发展和国民经济的整体运行具有重要的支撑作用，因此交通运输法规涉及的对象众多、广泛。

（三）层次

对交通运输法规划分层次是为了适应交通环境和交通特点因地因时而异的需要，使交通运输法规在全局上既具有统一性，在局部上又具有适应性。交通运输法规按其有效性的范围，可分为四个层次。

1. 国际性法规

交通运输法规具有国际通用性，这是由运输业务在国际贸易和人员往来的特点决定的，是世界经济全球化的产物。例如，国家之间通过签订通商通航条约相互开放指定的交通空权、海权和陆权；交通运输设备互联互通，遵守并实施国际标准或国家间互认的标准；运营活动及其管理根据政府间协定加以规范或调整等。

2. 全国性法规

全国性法规应具有全局性意义，是一种必须在全国统一执行的一些规定。全国性法规是制定地方性法规的依据。

3. 地方性法规

地方性法规应是在当地具有全局性含义的管理措施。可根据当地自然环境、城市建设及交通特点，在以全国性法规为依据的前提下，制定当地必须统一执行的一些补充规定。地方性法规是对全国性法规做的一些不相矛盾的补充。

4. 局部性管理措施

局部性管理措施可认为是对交通运输法规的补充或外延。

此外，在交通法规具体实施办法上，还有正式章程、暂行条例和临时交通管制的区分。

（四）调整对象

交通运输法规的调整对象，主要包括以下两项：

（1）交通运输行政管理权力行使运用过程中交通运输行政管理机关（行政主体）与相对一方的公民、法人或其他组织之间发生的社会关系。这类关系最为常见，也是最需要法律规范调整的关系。由于交通运输行政管理权力与行政相对人权利之间并不是平等关系，因而如何保障交通运输行政管理权力合法、正确地行使，同时又不过多妨碍行政相对人的合法权利，是一项非常重要的内容。交通运输法规调整这类关系的方式通常是规定双方权力（或权利）的原则，规定各自享有的权力（或权利）和承担的义务，以及违反规定所要承担的责任等内容。

（2）交通运输行政管理权力实施监督过程中发生的社会关系。这类关系主要是指：国家或地方权力机关与交通运输管理机关之间发生的监督关系，人民法院与交通运输管理机关之间发生的监督关系，人民检察院与交通运输管理机关及其工作人员之间发生的监督关系，社会团体、公民个人、舆论媒体与交通运输管理机关的监督关系。需要指出的是，交通运输管理机关参与的所有社会关系并不是都要受到交通运输法规调整，交通运输法规只调整那些以交通运输行政管理权力形式出现时所产生的社会关系。此外，法律授权的交通运输行政管理机构行使权力时产生的社会关系也受到交通运输法规的调整。交通运输行政管理机关委托的组织行使交通运输管理权力时形成的社会关系同样受到交通运输法规的调整。

三、交通运输法规的作用

（一）维护交通运输系统的安全、秩序和畅通

交通运输法规是规范交通运输行政管理权力的法律规范。首先，它通过规范交通运输行政权力来源、行使方式，达到维护交通运输秩序、保障社会公共利益的目的。在社会主义市场经济条件下，交通运输行政管理机关解决管理中的各种问题的手段就是交通运输行政法律规范。各种交通运输行政管理机关依照各自的职权通过行政立法、行政执法和行政裁判等手段，能够有效地规范、约束行政相对人的行为，促使其履行法定义务，制止行政相对人危害他人利益和公共利益的违法行为。交通运输行政管理机关通过建立和维护交通运输的安全、秩序和畅通，确保充分、有效地实施行政管理。

（二）监督相关行政主体，防止违法滥用行政职权

法律赋予交通运输行政管理机关和其他管理主体行政权力，用于维护交通运输秩序和社会公共利益。然而，由于行政权力客观上存在着对个人权利的侵犯性，这就必须对行政权力加以监督和制约。在各类监督方式中，最为有效的监督就是法制监督。通过法规规定交通运输行政管理权力的范围、行使方式及法律责任等，可以有效地防止行政主体违法滥用行政权力，诸如行政复议、行政诉讼、国家赔偿等法律制度对于防止和纠正行政机关超越职权、失职渎职、滥用职权、不当行政等具有十分重要的作用。

（三）保护公民、法人和其他组织等交通运输用户的合法权利

由于行政管理权力具有强制性、自我扩张性等特点，交通运输行政管理机关在行使行政管理权力的过程中，容易侵犯公民、法人和其他组织的合法权利，给行政相对人造成损失。

为了保障公民、法人和其他组织的合法权利不受侵犯，并及时为受到侵害的公民、法人和其他组织提供补救，必须建立一系列的法律制度来保护公民、法人和其他组织的合法权利。例如，交通行政复议制度就为受到侵害的公民、法人和其他组织提供了对交通运输行政机关内部进行监督的机会；行政诉讼制度为公民、法人和其他组织提供了司法救济的手段，人民法院对违法行为有权做出撤销判决；交通行政处罚制度则通过规定行政处罚权的设定、行政处罚实施程序等方式，为受处罚人提供申辩、听证等多项权利；国家赔偿制度为受到国家行政机关违法行为损害的公民、法人和其他组织提供了获取赔偿的途径。这一系列的法律制度都是用来保护公民、法人和其他组织权利的。由此可见，交通运输法规不仅能够起到维护公共利益和交通运输秩序、监督行政权力的作用，而且还能够为在交通运输行政管理中处于弱者的公民、法人和其他组织提供有效的权利保障手段。

第二节　交通运输系统法规的一般原理

随着社会主义市场经济体制的完善，交通运输行政管理越来越社会化，管理的领域日趋广泛。调整交通运输行政管理法律关系的法律规范，成了国家行政管理的依据和国家行政法的重要组成部分。因此，有关行政法的一般原理也普遍适用于交通运输法规。

一、交通运输法规的基本原则

（一）合法性原则

合法性原则是指交通运输管理机关作为行政主体必须严格遵守行政法律规范，特别是交通运输管理行政权力的来源、存在与行使必须符合法律规范，而不得与法律相抵触。合法性原则包括符合实体法与符合程序法两个方面，违反实体法和违反程序法均构成对合法性原则的破坏。

合法性原则的具体内容包括以下几项：

（1）交通运输管理行政权力的来源与设定合法。交通运输管理的一切行政权力来源于法律规范的授权，凡法律规范没有授权的领域，交通运输管理机关无权实施行政管理。

（2）交通运输管理权力的运用与行使合法，行使交通运输管理权力的机关必须是依法成立的行政组织，管理权力必须在法律规范规定的范围内行使，而不得与法律相抵触；交通运输管理权力必须以法律规范为依据，不得损害行政相对人的权利或让其承担义务，也不能擅自免去特定行政相对人的法定义务或为特定行政相对人设定权利。

（3）交通运输管理行政权力的委托合法。通常情况下，交通运输管理行政权力应当由法律法规明确规定的机关——交通运输行政主管机关行使，当交通运输行政主管机关需要将其职权的部分或全部委托给其他组织行使时，必须符合法律法规规定条件。

（4）交通运输行政主管机关不享有法外特权，一切行政违法行为都必须承担相应法律责任。

（二）合理性原则

合理性原则又称为行政适当原则，是指交通运输行政管理机关自由裁量权的行使不仅应当合法，而且应当合理、客观、公正。

自由裁量权是指交通运输管理机关在法律规范明示或默示的范围内，基于行政目的自由斟酌选择适当行为方式的权力。从形式上看，交通运输管理机关基于法定范围内行使自由裁量权而产生的自由裁量行为都是合法行为，即使在客观上背离了社会公共利益，造成不良后果也只属行为不当，不产生违法问题；但同时也应该注意到，严重不当的行政行为也会给行政相对人的合法权利造成损害，因此，行使自由裁量权也必须受到法律规范的控制。行使自由裁量权不仅应当合法，更应当合理、客观、公正，这是行政法治原则的基本要求。

合理性原则的具体内容包括以下几项：

（1）行使自由裁量权的动机必须正当。

（2）行使自由裁量权必须符合法定授权的自由裁量目的。

（3）行使自由裁量权必须基于正确的考虑，应考虑相关的因素，而不能考虑无关的因素。

（4）行使自由裁量权作出的行政管理行为必须客观公正、合情合理。

（三）程序公正原则

程序公正原则是行使交通运输行政管理权利的程序性要求，包括以下几项：

（1）交通运输行政管理机关作出影响行政相对人利益的行政行为时应当听取行政相对人的意见，行政相对人有为自己辩护的权利。

（2）交通运输行政管理机关作出行政行为时应坚持公开原则，接受行政相对人及社会公众的监督。

（3）交通运输行政管理机关对交通运输管理行政行为的争议纠纷须接受司法上的审查。

（四）权力制约原则

权力制约原则是合法性原则、合理性原则及程序公正原则的保障原则，包括以下几项：

（1）以权力制约权力，即运用国家权力对交通运输行政管理权力实施制约，包括立法制约、行政制约和司法制约三方面。立法制约一般是指权力机关的监督；行政制约包括上级行政机关和专门监督机关的监督（如监察和审计机关监督）；司法制约包括检察机关和审判机关的监督。

（2）以权利制约权力，即调动、运用公民、法人和其他组织的权利对交通运输管理行政权力实施制约，例如以行政相对人的行政诉讼权制约交通运输行政管理中的违法行为等。

（3）以责任制约权力，即以严厉的法律责任约束交通运输行政管理权力的行使，以防止权力过大、责任过小或有权无责的情况发生，例如建立行政复议、行政诉讼和行政赔偿等法律制度实现责任制约。

二、交通运输的行政法律关系

交通运输管理机关在履行国家交通运输管理行政职能时，必然产生大量的社会关系，这种社会关系称为行政关系。行政关系一经法律规范调整，便在当事人之间形成法律上的权利义务关系。因此，交通运输行政法律关系是指交通运输管理机关在行使行政职权或接受法律监督的过程中形成的以行政法律规范所调整的权利义务关系。

交通运输行政法律关系具有以下特征：

（1）从法律关系主体来看，行政法律关系的双方当事人中，作为行政主体的交通运输行政管理机关或者法律法规授权的组织必须是行政法律关系的一方当事人，否则，构不成行政法律关系。

（2）从法律关系的产生来看，行政法律关系产生的前提条件是行使国家行政权力，与行使国家行政权力无关的法律关系不是行政法律关系。

（3）从法律关系的内容构成来看，行政法律关系双方的权利义务具有不对等性，这一点是行政法律关系的典型特征。

（4）从法律关系权利义务内容实现的情况来看，行使交通运输管理权力涉及公共利益，因此交通运输管理机关行使行政权力时具有不可处分性，即不得放弃职权，不得擅离职守，不得擅自处置交通运输管理行政权力。

（5）从双方当事人在法律关系中所处的地位来看，交通运输管理机关作为行政主体始终处于主导地位，具有很大的优越性。具体体现在：行政法律关系的产生、变更或消亡，大多数取决于行政主体单方面的意思表示而无须与行政相对人协商一致；为保证实现行政法律关系内容，行政机关拥有强制的权力和手段；在发生行政纠纷的情况下，行政机关有处理行政争议的权力。

（一）交通运输行政法律关系的构成

1. 交通运输行政法律关系的主体

交通运输行政法律关系的主体，是指在具体的交通运输行政法律关系中享受权利（职权）或承担义务的当事人，包括作为行政主体的交通运输行政管理机关和行政相对人双方。不同的法律关系主体，在交通运输行政管理法律关系中的地位是不同的。

交通运输行政法律关系主体是行政法律关系的首要构成要素，没有行政法律关系主体，行政法律关系就不能启动，也不能成立。

2. 交通运输行政法律关系的客体

交通运输行政法律关系的客体，是指行政法律关系中权利和义务所指向的对象。法律关系的客体包括人身（人的身体和身份）、行为（法律关系的作为和不作为）和财产（具有价值和使用价值的物资资料和精神财富）。交通运输行政法律关系的客体是法律关系内容的最终表现形式，没有客体，法律关系的内容便无从体现。

3. 交通运输行政法律关系的内容

交通运输行政法律关系的内容是指交通运输法律规范所设定的权利和义务，在行政主体方面，表现为交通运输管理机关可以行使的行政职权以及必须履行的行政职责；在行政相对人方面，表现为行政相对人依据交通运输管理法律规范所享受的权利以及应当履行的义务。

（1）交通运输管理机关作为行政主体的行政职权主要表现在以下两个方面：

① 在职权范围内，有对交通运输行政事务进行组织和管理的权力。

② 有依法对不服从行政管理和违反交通运输法规的公民、法人采取行政强制措施、予以行政处罚的权力。

（2）交通运输管理机关作为行政主体的义务和职责主要表现如下：

① 依法实施交通运输行政管理的义务。

② 保护行政相对人合法权利的义务。

③ 纠正违法不当交通运输管理行为的义务。

④ 对受到行政侵害的行政相对人给予赔偿和补偿的义务。

（3）行政相对人在法律关系中的权利义务，包括实体权利和程序权利两个方面。

实体权利是行政相对人依据交通运输实体法律规范的规定所享受的权利，包括取得交通运输中各类许可证、资格证的权利，取得国家保护合法经营的权利，拒绝摊派、拒绝非法处罚的权利，合法权利受到侵犯时获得国家赔偿和补偿的权利等。

程序权利是指行政相对人依程序法的规定所享受的行政权力，包括行政听证权、控告权、申诉权、申请行政复议权、行政诉讼权等。

（4）行政相对人的义务主要体现在以下三个方面：

① 遵守交通运输法律规范的义务。

② 接受交通运输行政管理机关管理、监督、指导、委托的义务。

③ 承担因违反交通运输法律规范被行政处罚和行政强制执行的义务。

（二）交通运输行政法律关系的产生、变更和消亡

交通运输管理法律规范的存在是法律关系产生、变更和消亡的前提条件，而一定法律事实的出现则是法律关系产生、变更和消亡的直接原因。这里所谓法律事实是指能够引起法律关系产生、变更和消亡的客观事实。这种客观事实按与人的意志关系又可以分为两大类：一是不以人的意志为转移的，能够引起法律关系产生、变更和消亡的法律事件；二是能够引起法律关系产生、变更和消灭的法律行为。

1. 法律关系的产生

法律关系的产生是指因为一定法律事实的出现，在行政主体与行政相对人之间形成相应的法律上的权利义务关系。

2. 法律关系的变更

法律关系的变更是指法律关系产生之后、消亡之前，因为一定的法律事实出现，原有法律关系的主体、内容或客体发生了变化。

3. 法律关系的消亡

法律关系的消亡是指法律关系主体之间权利义务关系的终止。终止的原因可能是法律关系的主体双方权利义务的充分行使和履行造成的，也可能是某种法律事实的出现使主体双方权利义务无法行使和履行造成的。

三、交通运输的行政管理行为

交通运输行政管理行为（以下简称行政行为），是指行政主体为实现交通运输行政管理的目的，在行使行政职权和履行行政职责过程中所实施的一切具有法律意义、产生法律效果的行为。政府行政管理是自运输业产生之日起，沿袭至今的运输管制，包括经济性管制和社会性管制。其具体内容包括：运输企业准入和退出管制、安全管制、服务品质管制、费率管制和运输补贴、公平普惠服务、特殊群体消费者保护、资源节约、生态环境保护和交通可持续发展政策等。并且，行政管理行为在实践中与时俱进，呈现逐步放松运输管制的发展趋势。

行政行为是行政主体实施交通运输管理的手段与方式。为了保证行政主体有效运用行政行为达到行政管理的目的，同时防范行政主体侵犯公民、法人和其他组织的合法权益，交通运输法规对行政行为进行了科学、详细的规范。行政行为的法律规范同样是交通运输法规的重要组成部分。行政行为与其他行为相比具有以下特征：

（一）行政行为是交通运输行政管理主体所实施的行为

此为行政行为的主体特征。行政行为是实施交通运输行政管理的活动，只有交通运输行政管理主体才能实施行政行为。这一特征是将交通运输行政管理行为与其他各种行为加以区别的依据。

（二）行政行为是交通运输行政管理主体行使职权或履行职责的行为

此为行政行为法律属性特征。国家以法律规范的形式赋予了交通运输行政管理主体特定的职权和职责，这是一种国家管理的权力，行政行为就是实现这种特定权力的方式。因此，行政行为是交通运输行政管理主体行使职权或履行职责的行为。

（三）行政行为是能够产生法律效果的行为

此为行政行为的法律后果特性。行政行为是一种行使职权或履行职责的行为，交通运输行政管理主体通过行政行为的设定而产生、变更、消亡相应的法律关系，在交通运输行政管理主体与行政相对人之间形成了一定的权利与义务关系。

（四）行政行为具有多种行为方式

此为行政行为类型多样化特征。由于国家在交通运输行政管理方面的范围非常广泛，事物多变，这就要求以多样化的方式处理解决交通运输问题。因此，行政行为包括制定交通运输法规和规章的行政立法行为；行政许可、行政处罚和行政强制执行等行政执法行为；行政复议等行政救济行为。

四、交通运输的行政许可

在交通运输行政管理中，行政许可是一种重要的管理形式。《中华人民共和国行政许可法》为交通行政许可制度提供了法律依据。

行政许可是指行政机关根据公民、法人或者其他组织的申请，经依法审查，准予其从事某种特定活动的行为。

交通行政许可是交通运输行政管理的主体根据行政相对人的申请，依法决定是否准许申请人从事交通运输行政法律规范特定的某种活动的具体行政行为。

行政许可具有以下特征：

（1）行政许可以法律规范的限制为前提，也就是说，行政许可的事项必须是法律规范所限制的事项。它包含两层含义：一是说明法律规范限制一般人从事某项活动。因此，行政相对人若要从事这项活动，必须申请行政许可，只有取得许可后方能进行该项活动。如果法律对从事某项活动的行政相对人的资格没有限制，就不存在行政许可。例如，在道路运输中，法律规范限制无合法道路运输证的车辆从事营业性运输，只有符合法定条件，依法申请道路运输证的车辆才能从事营业性运输。二是说明法律规范对从事某项活动的行政相对人的资格仅仅是限制而不是禁止。如果法律绝对禁止某项活动（例如从事走私、贩毒运输活动），行政相对人绝对无法获得行政许可。如果法律相对禁止某项活动，行政相对人如果申请解除法律的禁止，属于行政特许，行政特许是行政许可的特例。

（2）行政许可是对特定行政相对人的法律限制的解除，是一种授权性的具体行政行为，获得了行政许可即意味着行政相对人获得了从事某项活动的权利或资格。例如依法取得了某种车型的汽车驾驶证，就有驾驶该种车型的资格。又如公民、法人或其他组织申请领取了道路运输经营许可证，他就有权从事营业性道路运输，或者说他就有从事营业性道路运输的资格。

（3）行政许可是一种依申请的行政行为，也就是说，作出行政许可是以行政相对人的申请为前提的，行政相对人未提出申请的，交通运输管理机关不得主动作出行政许可决定。

（4）行政许可是一种要式的具体行政行为，通常以许可证的形式表现出来。例如道路运输经营许可证、道路运输证等。

五、交通运输的行政处罚

行政处罚制度是国家行政法律制度的重要组成部分。1996 年《中华人民共和国行政处罚法》（以下简称《行政处罚法》）的实施，标志着国家已经系统地建立了行政处罚设定与实施的法律制度。为了贯彻《行政处罚法》，国务院交通运输主管部门 1996 年发布了《交通行政处罚程序规定》，这些法律规范对交通行政处罚的实施提供了依据。

（一）概念与特征

交通行政处罚是指交通运输行政管理机关对违反交通运输行政管理法律规范的公民、法人和其他组织所给予的行政法律制裁。

交通行政处罚具有以下特征：

（1）实施行政处罚的主体必须是作为行政主体的交通运输行政管理机关、交通运输法律规范授权的部门，以及交通运输行政管理机关依法委托的其他机构。除此以外，其他任何部门和组织均不能实施交通行政处罚。

（2）实施交通行政处罚所保护的客体是交通运输行政管理秩序。只有在行政相对人违反了交通运输法律规范时才能对其实施交通行政处罚。

（3）交通行政处罚实施的对象是违反交通运输法律规范但尚未构成犯罪的公民、法人和其他组织。触犯刑事法律构成犯罪，需要追究刑事责任的，不属于交通行政处罚对象。

（4）实施交通行政处罚具有惩戒性。交通行政处罚是对行政相对人违法行为的一种法律惩罚和制裁，具体体现在对违法行政相对人权利的限制、剥夺或者追加新的义务方面。

（二）处罚的基本原则

交通行政处罚的基本原则是根据《行政处罚法》规定的，是在设定和实施交通行政处罚时必须遵守的准则，主要包括以下几个方面：

1. 处罚法定原则

处罚法定原则要求行政处罚必须有法定依据，交通运输行政主体、职权必须是法定的，且必须依照法定程序实施处罚。

法定依据是指交通运输法律规范无明确规定的不得处罚，公民、法人和其他组织的行为只有违反交通运输法律规范，且交通运输法律规范明确规定应予处罚、给予何种处罚时，才能受到处罚。实施行政处罚的主体是指交通运输行政机关、交通运输法律规范授权的组织和交通运输行政管理机关依法委托的其他机构，它们拥有法定的或受委托的处罚主体资格。这些具有行政处罚权的机关和组织在行使处罚权时，还必须遵守法定的职权及法定程序，不得越权和滥用权力。

2. 公正、公开原则

公正原则要求设定和实施行政处罚必须做到客观、公平、合理。行政处罚应与当事人的违法行为相对应，做到过罚相当，即违法行为的种类、程度与所应受到的处罚种类、幅度相一致，不偏轻，不偏重，更不能畸轻畸重。同时，交通运输行政主体在行政处罚活动中依法享有相应的自由裁量权，坚持公正原则的另一个关键是在行使自由裁量权时要公正、公平，要合乎法律规范的宗旨，出于正当的动机，对被处罚的行政相对人公正对待、一视同仁，不能厚此薄彼，更不能以感情代替法律规范，反复无常。

公开原则是指处罚公开，包括处罚的依据要公开，不能依据未公布的规定或内部文件实施处罚，处罚的程序要公开，获得证据的渠道要公开，处罚决定要公开。

3. 教育与处罚相结合的原则

教育与处罚相结合的原则，要求行政主体在实施行政处罚的同时要加强对被处罚的行政相对人的法治教育，使其知道自己行为的违法性，保证今后守法，这样才能达到处罚的真正目的。行政主体在处罚时不能为了处罚而处罚。同时，教育与处罚相结合的原则还要求行政主体在实施处罚的过程中，还要教育被处罚的行政相对人在真正认识到行为违法性和危害性的基础上，改正错误。

4. 保障行政相对人合法权利的原则

保障被处罚行政相对人的合法权利是《行政处罚法》的一项重要原则。保障行政相对人合法权利的原则具体体现在以下几个方面：一是行政相对人有辨认行政主体工作人员身份的权力；二是行政相对人有知情权，即有知悉交通运输行政机关给予行政处罚所认定的事实、证据以及法律依据的权力；三是行政相对人有申请回避的权力；四是行政相对人有陈述、申辩或申请行政机关组织听证的权力；五是行政相对人有对处罚决定提出行政复议的权力；六是行政相对人有对行政处罚决定或行政复议决定提起行政诉讼的权力；七是当行政相对人认为行政机关侵害其合法权利并使其遭受损失时，有向行政机关要求行政赔偿，或者向人民法院提起行政赔偿诉讼的权力。

5. 行政处罚不能取代其他法律责任的原则

行政处罚不能取代其他法律责任的原则，是指行政处罚不能代替民事法律责任和刑事责任，行政处罚与民事制裁和刑事制裁虽然都属于法律制裁，但它们性质和范围不同，三者不能相互代替。

6. 保障行政机关依法行政的原则

《行政处罚法》明确规定了行政处罚的实施机关、行政处罚的设定、行政处罚实施程序等内容，国务院交通运输主管部门颁发的《交通行政处罚程序规定》又加以具体细化，规范了实施交通行政处罚的程序，这些规定有效地促进了交通行政处罚的实施，保证了依法行政。

7. 行政处罚的监督制约原则

行政处罚的监督制约原则主要体现在以下三个方面：一是交通运输管理行政机关内部制约，例如《行政处罚法》规定行政处罚的事实调查与处罚决定相对分离，罚款决定与罚款收缴相分离等；二是上级机关对下级机关的监督，根据《行政处罚法》规定，上级机关可以对下级机关在实施行政处罚过程中的滥用职权和玩忽职守的行为追究责任，对主管人员或直接责任人给予行政处分；三是司法监督，主要是指人民法院通过行政审判对实施行政处罚的监督。此外，交通运输行政管理机关实施行政处罚时还受到新闻媒介和人民群众的监督。

（三）处罚的设定

根据《行政处罚法》，行政处罚的设定，是指有权设定行政处罚的国家机关自行创立行政处罚的活动，从不同的立法主体和规范性文件的形式划分，可以把行政处罚设定权分为以下层次（如表2-9-1所示）。

表2-9-1 行政处罚的设定权限

行政处罚种类	行政处罚设定权限				
	法律	行政法规	地方法规	部门规章	地方规章
警告	√	√	√	√	√
罚款	√	√	√	√	√
没收违法所得，没收非法财物	√	√	√	—	—
责令停产停业	√	√	√	—	—
暂扣或者吊销许可证，暂扣或者吊销执照	√	√	√	—	—
			—		
行政拘留	√	—	—	—	—
备注	限制人身自由的行政处罚只能由法律设定	不得设定限制人身自由的行政处罚	不得设定限制人身自由、吊销企业营业执照的行政处罚	罚款的限额由国务院规定	罚款的限额由省、自治区、直辖市人民代表大会常务委员会规定

法律可以设定各种行政处罚，而且限制人身自由的行政处罚只能由法律设定。

行政法规可以设定除限制人身自由以外的其他行政处罚。法律对违法行为已经作出行政处罚规定的，行政法规可以作出具体的规定，但必须是在法律规定的给予行政处罚的行为、种类和幅度的范围内作出规定。

地方法规可以设定除限制人身自由、吊销企业营业执照以外的行政处罚。法律、行政法规对违法行为已经作出行政处罚规定的，地方法规可以作出具体的规定，但必须在法律、行政法规规定的给予行政处罚的行为、种类和幅度的范围内作出规定。

部门规章可以在法律、行政法规规定给予行政处罚的行为、种类和幅度的范围内作出具体规定。尚未制定法律、行政法规的，部门规章对违反行政管理秩序的行为，可以设定警告或者一定数量罚款的行政处罚，罚款的限额由国务院规定；国务院可以授权具有行政处罚权的直属机构依照部门规章设定权的规定，规定行政处罚。

地方规章可以在法律、行政法规规定的给予行政处罚的行为、种类和幅度的范围内作出具体规定。尚未制定法律、法规的，自治区、直辖市人民政府和省、自治区人民政府所在地的市人民政府以及较大的市人民政府制定的规章，对违反行政管理秩序的行为，可以设定警告或者一定数量罚款的行政处罚；罚款的限额由省、自治区、直辖市人民代表大会常务委员会规定。除法律、行政法规、地方法规和部门规章外，其他规范性文件不得设定行政处罚。

六、交通运输的行政强制

交通运输的行政强制措施与强制执行是国家行政法律制度的重要组成部分。2012 年《中华人民共和国行政强制法》（以下简称《行政强制法》）的实施，标志着国家已经系统地建立了行政强制的法律制度。为交通运输行政管理机关采取行政强制措施和强制执行的实施提供了法律依据。

（一）概念

根据《行政强制法》，行政强制包括行政强制措施和行政强制执行。

所谓行政强制措施，是指行政机关在行政管理过程中，为制止违法行为、防止证据损毁、避免危害发生、控制危险扩大等情形，依法对公民的人身自由实施暂时性限制，或者对公民、法人或者其他组织的财物实施暂时性控制的行为。

所谓行政强制执行，是指行政机关或者行政机关申请人民法院，对不履行行政决定的公民、法人或者其他组织，依法强制其履行义务的行为。

（二）交通行政强制措施

根据《行政强制法》，交通行政强制措施是指交通运输行政机关在实施交通运输行政管理过程中，为制止交通运输违法行为，根据交通运输法规对公民、法人或者其他组织的运输车辆等财物实施暂扣的行为。交通行政强制措施具有以下特征：

（1）交通行政强制措施是具体行政行为。交通行政强制措施是交通运输主管机关为实现特定的行政管理目的，针对特定的行政相对人或特定的物，就特定的事项作出的具体行政行为。

（2）交通行政强制措施具有强制性。虽然任何体现交通运输管理意志的具体行政行为都具有强制性，但交通行政强制措施相对于其他具体行政行为具有更强与更直接的强制性。

（3）交通行政强制措施是从属性的行政行为。交通行政强制措施是为了实现一定的交通运输管理目的，具体就是为保障其他具体行政行为的顺利作出或实现而采取的一种行政手段。例如，交通运输管理部门根据《中华人民共和国道路运输条例》暂扣没有车辆营运证又无法当场提供其他有效证明的车辆，就是为了确保实施行政处罚而采取的行政强制措施。

（4）交通行政强制措施具有权益的限制性。交通运输管理部门对行政相对人采取交通行政强制措施后，必然限制了行政相对人的权利。交通行政强制措施属于行政限权行为，而不是行政赋权行为。

（5）交通行政强制措施是一种临时性的措施。交通行政强制措施是对一种权利的临时约束，而不是对这种权利的最终处分。例如，扣押违法营运的车辆这一交通行政强制措施，扣押车辆本身不是目的，扣押只是约束被扣押车辆的使用，而不是对被扣押车辆所有权的最终处分。

（6）交通行政强制措施具有非制裁性。交通行政强制措施不是以制裁交通违法为直接目的，而是以实现某一交通运输行政管理目标为直接目的。行政强制措施并不是以行政相对人违法为前提，行政强制措施的作出，既可以针对违法的行政当事人，也可针对合法的行政当事人。

（三）交通行政强制执行

1. 含义

根据《行政强制法》，交通行政强制执行是交通行政相对人不履行其法定义务，交通运输管理机关以强制方式促使其履行或实现与履行具有相同状态的具体行政行为。交通行政强制执行包含以下几层含义：

（1）交通行政强制执行是以行政相对人不履行法定义务为前提的。没有这一前提条件的存在，强制执行就不可能发生。行政相对人不履行法定义务可能有两种情况：一是行政相对人不履行的义务是交通行政执法决定明确的内容；二是行政相对人不履行的义务直接来自交通法律、法规或者规章的规定。

（2）交通行政强制执行的主体是交通运输行政管理机关和法律、法规授权的交通运输管理机构。其他任何部门都不能成为交通行政强制执行的主体。

（3）交通行政强制执行的内容是当行政相对人未履行交通运输法律规范规定的义务时，交通运输行政管理机关为确保行政相对人履行这些法定义务而采取的法定措施。

（4）交通行政强制执行是单方行政行为，在实施过程中，交通运输管理部门与行政管理相对人不存在执行的调解问题。

2. 特征

（1）行政性。包含两层含义：一是交通行政强制执行发生在交通行政执法过程中，是交通运输管理部门在贯彻实施交通运输法律规范过程中的一种具体行政行为；二是交通行政强制执行的主体是依法享有行政强制执行权的交通运输行政管理机关。

（2）强制性。交通行政强制执行是在行政相对人不履行法定义务的前提下实施的，不通过强制手段已不足以使行政相对人履行法定义务，这种强制性不考虑行政相对人是否接受。

（3）执行性。就行政管理相对人而言，不愿意履行交通运输法律规范规定的义务，而不是无法履行法定义务，否则就不能实施交通行政强制执行；就交通运输行政管理机关而言，交通行政强制执行必须是该机关作出了具有执行内容的执法决定，否则也不存在强制执行问题。

第三节　交通运输管理法规

交通运输管理法规指由国家权力机关或行政机关根据宪法和法律制定并公布，体现国家交通运输管理意志，维护交通运输秩序，调整交通运输行政管理机关在对客货运输经营、交通运输相关业务活动进行管理的过程中与行政相对人形成的社会关系，并通过国家强制力保证实施的法律规范的总称。

一、交通运输管理法规的特征

交通运输管理法规具有以下特征：

(一) 综合性特征

所谓综合性，是指交通运输法规既非公法所能涵盖，又非私法所能涵盖，而是兼具公法规范和私法规范的性质。作为公法规范的交通运输管理法规主要是指交通运输行政管理法规；作为私法规范的交通运输管理法规主要是指调整客货运输、交通运输相关业务经营者与服务对象等方面的法律规范。

(二) 变动性特征

交通运输管理法规以客货运输、交通运输相关业务为调整对象。随着技术的进步，交通运输业快速发展，运输市场变化迅速，要求不断完善和修改交通运输法规以适应交通运输业的发展。同时随着技术的进步，交通运输管理的方式和手段也会日趋完善，这也必然涉及进一步规范和修改交通运输管理法规，因此交通运输管理法规具有变动性。

(三) 技术性特征

交通运输业涉及运输工具、运输组织方法和信息传递等方面的技术。随着技术的进步，在运输车辆和装卸设备、运输组织等方面将会采用大量的新技术，因此交通运输管理法规必定包含大量的技术规范。

二、交通运输管理法规的作用

交通运输管理法规具有以下作用：

(一) 保证交通运输业又好又快发展

交通运输对提高广大人民群众生活水平，推动社会、经济、文化和国防事业的发展具有重要的作用。交通运输管理法规能够保证国家对交通运输业行使行政管理权。交通运输法规的完善能够更好地促进交通运输业健康、规范、有序的发展。

(二) 保证公民、法人和其他组织的合法权益

交通运输业的发展，必然涉及公民和法人的合法权益。必须通过立法的手段明确公民、法人和其他组织和政府之间在交通运输中的权利、义务，保障公民、法人和其他组织的合法权益。

(三) 加强国家对交通运输业的依法管理

交通运输业对国家的政治、经济、文化和国防建设具有重要意义，同时涉及广大人民群众的合法利益，国家必须加强对交通运输业的管理。交通运输管理是国家行政管理的重要组成部分。为防止权力滥用，保护交通运输业的健康有序发展，保护交通运输经营者和使用者的合法权益，交通运输行政管理机关必须依法行政，依法管理。

(四) 协调交通运输参与者的权利与义务，维护正常交通运输秩序

法律规范以调整社会关系为对象，通过对人们在社会关系中权利与义务的设定和免除，从而维持整个社会的正常秩序。交通运输管理法规通过明确规定交通运输参与者的权利和义

务，使参与交通运输各方的行为有章可循，避免和减少纠纷，起到维护正常交通运输秩序的作用，因此交通运输管理法规是国家法律体系中的重要组成部分。

三、交通运输管理法规的性质

交通运输管理法规在国家部门法的分类上归属于行政法的范畴，包括一系列客货运输及交通运输相关业务等方面的法律规范。

交通运输管理法规是国家依法实施交通运输管理的基础，具有鲜明的阶级性，体现了广大人民群众的根本利益。

四、交通运输管理法规的要件

交通运输管理法规的要件，包括交通运输管理法规的产生要件和执行要件。

（一）产生条件

1. 交通运输管理法规的产生是法治的需要

为了适应经济发展的需要，交通运输业必须健康快速发展。社会主义市场经济是法制经济和规则经济，交通运输业是国民经济的重要组成部分，交通运输业也需要一系列法律法规规范自身的发展。

2. 交通运输管理法规的产生是客观的需要

交通运输业与国民经济各行各业联系紧密。这种关系使交通运输业与国民经济其他部门互相推动，促进了国民经济的健康协调发展，但交通运输业与国民经济其他部门也存在着矛盾。同时交通运输业内部存在如何协调发展的问题，国家依法对交通运输业的管理应有合理的分工，这就为交通运输管理法规的产生提供了客观条件。

（二）执行条件

1. 交通运输管理法规内容必须实用

交通运输管理法规是为了推动交通运输业的发展而制定并实施的，这一目的要求交通运输管理法规的内容必须符合交通运输业的发展规律，并与其他行政法规协调一致，使交通运输管理法规得到更好的执行。

2. 交通运输管理法规必须具备三个要素

交通运输管理法规在构成上与其他法律规范相同，应包含法定条件、行为准则、法律责任，即假设、处理、罚则三要素。法定条件是指运输管理法规适用的条件和场合；行为准则是指当某种条件和场合出现时，行为人必须做出某种行为（作为和不作为），或者可以做出某种行为（作为和不作为）；法律责任是确定当某种条件和场合出现时，行为人没有做出行为准则要求的某种行为应承担相应的法律责任。运输管理法规的法定条件、行为准则和法律责任构成了交通运输管理法规的三要素。

3. 严格按行政法治原则执行

交通运输管理法规在执行上必须按行政法治的基本原则进行，要依法行政、依法管理。任何行政部门及其工作人员的行政行为必须依照法律法规规定的职权和程序执行，不能越权，不能与法律法规相违背，不能违反法定程序，应有法必依、执法必严。

4. 建立相应的制约机制

交通运输管理法规在执行时，必须有相应的制约机制。交通运输管理部门要接受来自立法、司法、监察等机关的监督，确保交通运输管理法规得以顺利执行。

5. 加强执法队伍建设

执行交通运输管理法规，必须建立相应的管理机构。执法队伍的建设是执行交通运输管理法规的必要条件之一。

（三）构成交通运输管理法规的要件

通过以上分析可见，构成交通运输管理法规的要件包括以下各项：

（1）交通运输管理法规属于要求交通运输行政管理部门和个人必须遵守的规范性文件。

（2）交通运输管理法规是由有权的立法机关、有权的行政机关（包括有权的交通运输管理机关）制定的。

（3）交通运输管理法规的内容（行政权力）必须在法律规定的机关依法行使的职权范围之内。

（4）交通运输管理法规所规定的行为规则不得与宪法、法律相抵触。

（5）交通运输管理法规必须通过一定形式（如条例、规定、办法、意见、章程、实施细则等）表现出来。

（6）交通运输管理法规体现了国家的意志和广大人民群众的根本利益。

五、交通运输管理法规的调整对象

交通运输管理法规调整交通运输行政管理机关行使交通运输行政管理权而产生的法律关系，包括交通运输行政管理机关与行政相对人之间的外部行政关系，即交通运输行政管理机关因行使交通运输管理权与公民、法人、社会其他组织发生的行政法律关系；还包括交通运输行政管理机关与交通运输行政管理机关之间，以及交通运输行政管理机关与其工作人员之间形成的内部行政关系。

国家权力、司法和检察机关对交通运输行政管理权力的行使进行监督，但这些部门因涉及交通运输事宜而与交通运输行政管理机关发生行政法律关系时，则这些部门处于特定的行政管理相对人的地位，成为交通运输管理法规的调整对象。

总的来说，交通运输管理法规所调整的是交通运输业健康发展所产生的各种法律关系。交通运输业为社会各方面提供运输服务，交通运输管理法规调整的对象和范围是极其广泛的。

六、交通运输法规体系

（一）交通运输法规体系的层次

交通运输法规体系在不同层面有不同的含义。如在国家和社会层面，包括交通运输管理法规（或称交通运输公法）和交通运输合同法（或称交通运输私法），前者采用行政法律手段调整国家主管机关与运输企业的关系，包括管理体制、建设规划、安全生产、设施保护、运输营业、行政监督和行政处罚等；后者采用民事法律手段，调整运输企业和用户、消费者之间的关系，包括运输合同的设立、变更和终止，企业和消费者权利和义务，承运人责任制度，以及违约理赔、事故处理等的法律和规范。

在层级划分上，宏观上包括国际法和国内法，如民航国际公约和《中华人民共和国民用航空法》。两者主要在规范管理的范围、内容和方式等方面存在差异。两者既有区别又有联系，相互渗透、补充融合，不断完善。在较微观的层级上，如在运输企业内部，也有机构和职能划分，如运输组织模式、技术管理、经营管理、安全管理、人力资源管理等规范其生产组织和运输服务等企业行为的制度、法规和实施细则。

（二）案例解读

为了规范交通运输经营秩序，加强交通运输法治建设，国务院、交通运输部相继出台了一系列的行政法规、规章，对保障我国交通运输事业的健康发展发挥了重要作用。下面以道路交通运输管理法规为例对交通运输法规体系进行分析。

目前，我国已形成由相关法律、行政法规、部门规章和地方性法规构成的涉及道路客货运输、道路运输相关业务和交通运输行政执法等内容的比较完善的道路交通运输管理法规体系。现行有效的道路交通运输管理法规如下：

1. 综合性法规、规章

综合性法规包括《中华人民共和国道路运输条例》《外商投资道路运输业管理规定》《交通行政处罚程序规定》《交通行政复议规定》《交通行政许可实施程序规定》《交通行政执法风纪》《交通行政执法用语规范》《交通行政执法检查行为规范》《交通行政处罚行为规范》等。

2. 道路旅客运输及客运站管理规章

道路旅客运输及客运站管理规章包括《道路旅客运输及客运站管理规定》《出租汽车经营服务管理规定》《道路旅客运输班线经营权招标投标办法》等。

3. 道路货物运输及货运站管理规章

道路货物运输及货运站管理规章包括《道路货物运输及站场管理规定》《道路危险货物运输管理规定》等。

4. 道路运输相关业务管理规章

道路运输相关业务管理规章包括《机动车维修管理规定》《机动车驾驶员培训管理规定》《道路运输车辆维护管理规定》《汽车运输业车辆技术管理规定》《汽车维修质量纠纷调解办法》。

5. 从业人员管理规章

从业人员管理规章包括《道路运输从业人员管理规定》和《出租汽车驾驶员从业资格管理规定》。

此外，多数省、市、自治区颁布了在其行政区域内有效的《××省（市、自治区）道路运输管理条例》等地方性法规。

我国虽然已经建立了比较完善的交通运输法规体系，但应当承认，我国的交通运输法规体系法律层次还不够，所有的规范性文件除了《中华人民共和国道路运输条例》属于行政法规外，其余均处于部门规章层次。

我国现阶段交通运输管理法治建设的任务是建立法律层次更高、涉及交通运输各方面、内容完善、法律条文准确、操作性强的《中华人民共和国道路运输法》，在此基础上，修订和完善现有的交通运输管理法规，形成以《中华人民共和国道路运输法》为基础，以国务院行政法规和交通运输部行政规章为配套的完善的交通运输法律规范体系，用以规范交通运输市场主体行为，维护市场秩序，促进运输市场的健康发展。

第四节　交通运输经营法律法规

一、概述

现代经济法规所称的经营，限于企业的经济活动，即指企业依靠人力资源、设施设备、运用财产和非财产的手段谋取经济利益的活动，实际上就是盈利性质的经济活动。

交通运输经营法律法规，属于"私法"，指调整交通运输市场中具有平等主体资格的法人、经济组织之间发生的生产经营及协作关系的各项法律、法规的总称。

二、交通运输经营法律法规调整的对象

在市场经济条件下，市场中的各平等主体之间，在相互竞争中从事各项交易及经济协作等的经济活动应当遵循自愿、平等、公平和诚实、守信用的原则。就交通运输企业与其他市场主体之间发生的特定的经济关系而言，交通运输经营法律法规调整的对象可归纳为以下三种经济关系：

（1）交通运输企业与其他市场主体之间的商品交易关系。商品交易是市场经济产生的必然结果。这种交易关系是交通运输经营法律、法规调整对象不可避免的经济关系。

（2）交通运输企业与其他市场主体之间的竞争关系。这种竞争关系应当遵守《中华人民共和国反不正当竞争法》（以下简称《反不正当竞争法》），确保交通运输企业与其他市场主体进行公平的竞争。

（3）交通运输企业与其他市场主体之间的经济协作关系。这种协作关系是社会化大生产和市场经的必然结果。国家通过立法，规范各个市场主体在经济协作活动中的权利和义务，保证市场主体行为沿着健康的方向发展。

三、交通运输经营法律法规的法律适用

以道路运输为例，道路运输经营法律法规所调整的是道路运输中平等的民事主体之间发生的财产、经济关系，包括道路运输承运人与托运人、收货人、旅客之间，运输保险人与被保险人之间的关系。适用于这些关系的法律法规及规章主要包括《中华人民共和国民法典》（以下简称《民法典》）、《中华人民共和国保险法》、《汽车货物运输规则》、《汽车旅客运输规则》等，还包括车辆所有人、经营人、出租人、承租人之间，车辆抵押权人与抵押人之间的关系，适用于这方面关系的法律主要有《民法典》等。

为规范市场主体行为，避免恶性竞争，体现优胜劣汰的原则，适用这些关系的法律还包括《反不正当竞争法》等。

除上述道路运输适用的法律法规外，从事国内综合运输和国际多式联运的企业，还应当适用有关国内法律法规和国际条约的规定，如《民法典》《联合国国际货物多式联运公约》等。

交通运输企业与市场主体之间的法律关系，通过双方签订的合同加以约束。

四、运输合同法

合同是社会经济活动中最常见的交易方式，是在法律保护下，平等主体的自然人、法人、其他组织之间设立、变更、终止民事权利义务关系的协议。

运输合同是根据国家有关运输规定，形成运输企业和消费者双方共同遵守的契约条款，包括客货运输地点（起点和终点）、运输方式、承运日期、运到期限、运输安全与服务水平、费用和结算办法，运输过程中双方的权利义务，包括违约责任、保险、保密、理赔及索赔程序，以及合同订立、解除、变更和终止等明示条款和默示条款。所谓默示条款，是指在合同中未以语言文字等明示方式表达，但可依据明示条款、法律规定、交易习惯或当事人行为等推论而得出合同中理应存在的条款。例如，铁路旅客运输中，列车时刻表是承运人在合同订立前就已经向社会公布的客运服务目录清单，可以使旅客根据自身实际需要向承运人发出要约，经承运人售票作出承诺，运输合同就此成立。车票作为合同凭证，所记载的车次、发站、发车时刻和到站信息，都源于列车时刻表。所以，列车时刻表就是纳入合同的默示条款，是双方应当遵守的条款之一。

运输合同法是界定运输合同的合作契约性质，遵循自愿、平等、诚信和协商一致的原则，规定运输合同凭证的具体形式、基本内容、效力和履行，保证和承诺、风险及赔偿、权利及义务、争议解决、合同期限和特别声明等条款，调整运输合同关系的法律规范的总称。

运输产品是人和物的空间位移。交易的方式、服务的提供、复杂的外部环境和社会关系，决定了运输合同不同于一般的买卖合同和劳务合同。运输合同法必须根据客货运输的特点，规范运输合同的订立、解除、变更和终止。在明确合同双方权利义务的同时，特别重视违约性质认定和违约责任划分。在遵守一般法的法理基础上，订立体现交通运输法理特点的特别条款。

五、运输合同法的法理分析

运输合同法应根据旅客运输和货物运输的性质和差异分别立法。

旅客运输易地并不改变旅客自身的价值，仅是满足不同目的旅客出行需求的消费行为。企业提供的是不创造价值的运输服务。但旅客运输合同不是一般意义上的劳务合同，旅客运输合同约定的是特定的运输企业与不特定的旅客之间的权利义务关系，在合同关系中，承运人和旅客之间存在事实上的不平等。通常情况下，承运人只是依据法律法规的强制性规定将自身和旅客之间的基本权利义务做出具体规定，并印制在客票上，作为旅客运输合同的基本凭证。客票上记载的内容是承运人为了重复使用而单方预先拟定的格式条款，在订立时并未与旅客充分协商。旅客对客运服务产品只能在企业指定和提供的范围内进行选择。因此，除了特殊的完全按照旅客需求的定制服务外，多数旅客运输合同都不是完全意义的双方平等协商的产物。

货物运输合同也不是一般意义上的交易合同，承运货物并不意味着物权的转移，仅是货物管理权在运输期间接受的临时委托。运输企业必须负责保证货物在装卸、存储和运输过程中的安全性和完整性。在实践中，必须按照最短径路安排运输，产生最小的运输耗费，并采用一定的技术和管理措施，将运输过程中货物的短缺（称为货差）和损耗（称为货损）限制在一定的水平。产生货差和货损的违约责任认定和合理赔偿，也是货物运输合同条款的重要内容。

货物运输是创造价值的社会活动，是生产过程在流通领域的继续，反映社会物质财富的产生和流动。货物运输合同的凭证是货物运单。货物运单表面上记载的货物品种、数量和质量、运输费用和保险费用等的信息，实际上不但隐含了货物本身的价值及货物运输易地后的增值，而且隐含了货物易地的机会收益。货运合同凭证的物权化，是与国际运输规则接轨，使之具备转让、抵押、变现等流通功能，是广大货主的普遍诉求，也是货物运输合同法的法律规范调整的重要内容。

运输过程是复杂的时空过程，存在各种不确定的因素和不可抗力的影响，会造成各种违约。基于交通运输合同违约问题的特殊性，运输合同必须针对事故和损害的各种不可抗力因素，合理规定免责事由，将民法违约责任理论与经济法平衡协调、社会本位的理念统一起来。

在各种运输方式中，铁路运输具有自然垄断性，既具备强大的生产能力，是国民经济发展状况的晴雨表，又具备普惠服务的社会公益性，向来是政府宏观调控与监管的重点领域。尽管中国铁路已经实现了政企分开，但运输合同法，也应对其民事权利义务的规定突出铁路承担一定的社会责任，充分履行其社会公共职能的特点。铁路运输合同，在很大程度上不能将其视为纯粹的民事合同，不能将民法关于违约责任的一般规定直接适用于铁路运输企业。

当前，我国刑事立法正在形成一个有别于传统轻罪体系的"微罪体系"，虽然微罪罪名数量不多，但适用量很大。微罪体系具有刑罚轻缓化的特点，是宽严相济刑事政策的有机组成部分。与刑罚轻缓化相伴随的是法网趋于严密、刑罚趋于轻缓、立法趋于一元等一系列刑事法治发展的新趋势。例如，危险驾驶罪在当前的八个微罪中最具特点，其目的是有效遏制"醉驾"等恶劣交通行为，减少交通事故，随着小汽车进入家庭，有效遏制和治理道路交通醉驾，是社会治理现代化面临的新课题。

运输凭证的电子化、无纸化，新型交通运输工具的出现等科技进步给交通运输法律规范带来新的挑战与冲击，是交通运输立法与时俱进面临的新课题。如商用无人机，其应用实际上已经超出了交通运输的范畴，呈现出交通运输业与其他部门的交叉融合，因此，无人机的交通立法、飞行许可及监管既涉及交通运输安全，还涉及国家领土安全、军事、科技、其他经济产业的管制及个人隐私保护等一系列复杂的问题。

总之，交通运输法是一类具有相对独立性与典型性的法律，一般法的适用不能满足行业管理与执法的需要，因此，通常交通运输领域的管理与执法还需要制定行业特别法。

第五节 综合交通立法与法治建设

一、面向综合交通立法的必要性

交通运输系统的正常运行和正常发挥功能，依赖于由诸多因素构成的各种内外部环境条件，而各项法律和政策正是这些条件中不可缺少的重要组成部分。因此，综合交通运输要获得长久稳定的发展，必须依赖法律法规的约束和修正作用。面向综合交通运输立法，既是国家发展战略与制度变革对交通运输提出的要求，也是协调交通运输自身发展所面临的各种矛盾的需要。

（一）立法是发挥综合交通运输系统的组合效率和整体优势的必然途径

综合交通系统是一个复杂的系统，只有协同发挥各软硬件系统、各运输方式的作用，才能够保证综合交通系统的有效运行。我国目前综合交通系统一直延续各方式从中央到地方分部门管理的格局，各方式、各环节多相对孤立，在规划、建设、运营和管理上各自为政，严重损害了交通运输的整体效率。

（二）立法是统筹协调交通运输发展与资源环境之间关系的必要手段

交通运输的发展需要大量的资金、土地和能源投入，目前我国交通投资已连续三年突破一万亿元，约占全部基本建设投资的20%。交通领域必须节约资金的使用，而资金的调节牵涉众多行为主体的利益，有必要通过立法进行约束。在能源消耗上，燃料成本占交通运输成本的比重不断增加，与国际上日益严峻的能源形势和我国作为石油净进口国的能源现状不相适应，各种运输方式的发展速度和比例关系必须通过立法来进行调整。

（三）立法是综合交通运输政策贯彻执行的必要保障

我国自"十五"时期开始制定综合交通运输体系发展专项规划，同时提出了相应的政策保障措施。在"十一五"时期，综合交通运输政策得到了进一步深化。政策主要是提出发展综合交通体系的行动指导原则和准则，但是政策本身不具有强制性，相关法律的辅助是保障政策实施的十分必要的手段。就目前我国交通运输政策而言，在执行阶段很容易发生权力滥用与责任忽视。因此有必要通过制定法律，保证综合运输系统协调发展。

（四）立法是深化交通运输管理体制改革的必然选择

交通运输管理体制改革是完善社会主义市场经济体制的重要组成部分，通过法治建设来改变政府的管理模式，依法行政是交通运输管理体制改革的必然选择。目前，我国的交通运输管理体制中政企不分、结构僵化、行政垄断以及监管缺位等不适应综合交通运输体系协调发展的障碍依然存在，这种状况不仅不利于综合交通体系整体效率的发挥，也不符合国家市场化改革的总体要求。因此有必要通过综合交通相关法律法规规范各个交通运输管理部门在发展综合交通运输体系中的职责、权限，使政策的实施、修改以及监督检查有法可依。

二、我国现有的综合交通相关法律法规

交通运输业是服务社会经济发展、改善民生的重要行业，经过改革开放 40 年的发展，我国交通运输持续健康快速发展，从综合交通系统工程视角来看，无论是运输站场、港口码头、机场，还是高速铁路、高速公路、航道水运等基础设施建设，创造了众多世界奇迹。然而，有些新问题也不断涌现，并逐步凸显出其严峻性。例如，如何加强交通运输系统的法治建设，整合综合交通运输行业行政执法队伍，规范和提升行政执法的有效性和针对性等。诸如此类的问题如果不及时解决，将会使运输事业发展受到极大阻碍。

从 1990 年《铁路法》正式颁布到 2004 年《港口法》和《道路交通安全法》的颁布实施，交通运输领域的法治建设已经取得一定的成就。目前交通运输本身的相关法律主要包括《铁路法》《公路法》《港口法》《民用航空法》《海商法》《道路交通安全法》等。除此以外，还有大量国务院各部委所颁发的法规以及地方性法规及规章，如《城市道路管理条例》《中华人民共和国航道管理条例》《集装箱汽车运输规则》《北京市城市道路管理办法》等。但目前我国交通运输的法律体系缺乏综合性，无法统筹协调交通运输发展与资源环境之间的关系，也将阻碍综合交通运输系统的组合效率和整体优势的发挥。

交通运输部根据中央部署，不断把交通运输转型与升级推向深入，于 2014 年底出台了《关于全面深化交通运输改革的意见》（以下简称《改革意见》）。《改革意见》不仅是我国交通运输事业转型升级的行动纲领，而且是促进和推动中国经济转型升级的重要抓手。

《改革意见》着重提出要加快推进交通运输法治建设。首先，完善综合交通运输法规体系，发挥法治在综合交通运输体系建设中的引领和规范作用。推进交通运输法律、法规的制修订和实施工作。健全交通运输立法项目的征集、论证及立法后评估制度。完善铁路、公路、水路、民航、邮政法规的立改废释工作机制。其次，推进交通运输综合执法。按照减少层次、整合队伍、提高效率的原则，研究制定交通运输综合执法指导意见，稳步推进交通运输综合行政执法。最后，健全交通运输依法决策机制。加快法治政府部门建设，把公众参与、专家论证、风险评估、合法性审查、集体讨论决定确定为交通运输重大行政决策法定程序。

2017 年，党的十九大提出"全面依法治国是中国特色社会主义的本质要求和重要保障"。交通运输部起草了《交通运输法治政府部门建设评价暂行办法》，并本着精简考核的原则，将法治政府部门建设考核工作与行政执法评议考核"合二为一"，在充分借鉴吸收《交通运输行政执法评议考核规定》考核实践经验的基础上，建立了法治政府部门建设评价制度。

此外，交通运输部发布的《2019 年交通运输法制工作要点》明确了要加快完善综合交通运输法规体系，持续深化"放管服"改革，更好发挥法治固根本、稳预期、利长远的保障作用，为交通强国建设提供坚实法治保障。

2020 年 11 月 26 日，交通运输部办公厅印发《关于完善综合交通法规体系的意见》（以下简称《意见》）。《意见》明确提出，到 2035 年，基本形成系统完备、架构科学、布局合理、分工明确、相互衔接的综合交通法规体系。跨运输方式、铁路、公路、水路、民航、邮政等各领域"龙头法"和重点配套行政法规制修订工作基本完成，覆盖交通运输各领域的法规体系主骨架基本建立；不同运输方式的法律制度有效衔接，支撑各种运输方式一体化融

合发展，保障现代化综合交通体系建设；交通运输各方面法律制度更加成熟、更加定型，支撑交通运输治理体系和治理能力现代化基本实现。

三、国外综合交通立法经验

由于交通安全涉及多个行政部门的事务，须统一组建主管法律、交通运输、治安、工程及车辆等部门的协调机构，这方面的工作以日本最为突出。早在 1956 年就由内阁出面主持治理交通事务，在总理府设置"交通事故对策本部"。1961 年为对付越来越恶化的道路交通，改成"交通对策本部"，由内阁长官任主席，各市、镇、村设立相应的组织。1966 年颁布了交通安全建设的"紧急措施"，并制定了两期五年计划，1970 年颁布了"交通安全对策基本法"等交通法规，取得了明显的效果。

作为较早重视综合运输立法的国家，美国与澳大利亚制定了一系列有关综合运输的法律，以规范和保障综合运输发展。美国交通运输法主要包括联邦航空法、联邦援助公路法、联运法、环境法、土地法及其他相关领域的法律体系。其中，联运法是协调各种运输方式法律的综合运输法律体系，由"ISTTA""TEA-21""SAFETEA-LU""MAP-21""FASTACT"等法律所构成，涉及综合运输基础设施、研发资金、交通规划、新能源发展、安全保障和环境保护等方面的内容。澳大利亚是高度法治化国家，从交通运输规划、布局、建设、使用、维护和管理等各个环节，都有齐全、具体明确的法律，使得交通运输领域的各类活动在法治轨道上运行，《2010 年运输综合法》明确维多利亚州综合运输体系的前景、发展政策、具体目标和各项原则，成为该州综合运输体系的基本法。

欧盟高度重视绿色交通的发展，通过一系列交通运输政策，引导绿色交通的发展。"TEN-T 项目""2050 年欧盟交通运输政策白皮书""马可波罗计划""NAMES 内河航运计划"等交通运输政策性文件，涉及交通运输基础设施、交通规划、资金支持、安全保障和环境保护等方面的内容，使得欧盟交通运输绿色发展有据可依。

在经济全球化下，国际多式联运参与者具有利用综合集成货物运输、外贸、通关、联检、金融、保险等业务于一体化组织的发展动向。在交通运输综合、智能、绿色、共享发展趋势下，综合交通立法应解决的问题包括：①完善交通法律法规：目前我国的交通法规还存在不完善的问题，不能完全覆盖交通管理中的各个方面，例如电动车、共享单车等新型交通工具的管理，确保法规的全面性和科学性。②统筹协调交通运输管理部门：我国的交通管理机构分布在多个部门中，部门之间缺乏有效的协调机制，导致交通管理不够协调和高效。应当建立跨部门的交通管理协调机制，加强各部门之间的信息共享和协作，提高交通管理的效率和质量。③强化交通运输管理科技支持：目前，我国的交通管理仍然以人工管理为主，缺乏科技支持，应当推广智能交通系统，提高交通管理的科技含量和智能化水平，从而提高交通管理的效率和质量。④顺应综合交通系统绿色、共享的发展趋势：推动构建支撑绿色、节能、低碳交通运输体系发展的综合交通立法体系，构建资源集约、环境友好型综合交通运输系统是我国交通运输未来发展的必由之路。在市场经济条件下，通过立法手段进行合理的约束与调节，是实现这一目标的重要途径。有效支撑各种运输方式一体化融合发展，保障现代化综合交通体系建设，为加快建设交通强国提供法治固根本、稳预期、利长远的重要作用。

主要参考文献

［1］袁振洲，吴先宇，吴亦政，等 . 城市交通管理与控制［M］. 2 版 . 北京：北京交通大学出版社，2022.

［2］张永杰，陈海泳，刘建勋 . 交通运输法规［M］. 4 版 . 北京：人民交通出版社股份有限公司，2021.

［3］应松年，杨伟东 . 行政强制法教程［M］. 北京：法律出版社，2013.

［4］陈乃新，颜运秋 . 合同法学［M］. 长沙：中南工业大学出版社，2000.

［5］杨海坤，王克稳，黄学贤 . 中国行政法基础理论［M］. 北京：中国人事出版社，2000.

［6］高殿民 . 道路运输行政执法典型案例评析［M］. 北京：人民交通出版社，2007.

第三篇
综合交通运输系统及其子系统

第一章

综合运输系统

第一节　综合运输的概念及其发展

综合运输，又称一体化运输，是指各种运输方式以满足社会经济发展对客货运输的需求为目标，通过科学协作与合理分工实现资源消耗少、运输效率高、安全可靠的可持续发展的运输系统。综合运输也可以是研究发展和利用铁路、公路、水路、管道和航空等各种运输方式，以逐步形成和不断完善一个技术先进、路网布局和运输结构合理的交通运输体系的学科。

从发展历史看，交通运输可以分为五个时代，具体如下：

（1）步行时代：车辆发明（西方考证大约在公元前35世纪，中国考证是在公元前46世纪）以前，人与货物的移动主要依靠手提肩扛。

（2）非机动的车轮化时代，即利用畜力车与人力车移动的时代，直到19世纪末。

（3）机器动力时代或铁路时代，指19世纪末蒸汽机和电动机出现以后，运量大、速度快、受天气影响小的铁路成为运输的主力。

（4）汽车时代，即1885年德国人K. F.本茨制成以内燃机为动力的汽车，揭开了可达性更好的公路运输的序幕。在这个阶段，1933年德国开始修建高等级汽车专用公路，推动了20世纪30年代以后公路运输的巨大发展。

（5）综合运输时代，即当前各种运输方式相对稳定的时代。

综合运输一般涉及多种运输方式，因此与多式联运密不可分。较早的多式运输可以追溯到18世纪80年代，当时在英格兰Bridgewater Canal上用容器运输煤炭。19世纪30年代利物浦到曼彻斯特铁路用木制箱运输煤炭。1841年，Isambard Kingdom Brunel用铁箱子运输煤炭。20世纪初开始采用有包装的容器通过铁、公联运来运送家具。20世纪六七十年代开始推广以集装箱为代表的多式联运。

综合运输的思想可追溯到19世纪后期。美国1887年在有关法律中开始规定要充分认识并保护每种运输方式的内在优势；美国在 1940 年的运输条例中提出了国家运输政策的目的应该保持水路、公路和铁路及其他方式协调、健康发展，最终形成统一的国家运输体系。肯尼迪总统在 1962 年的国情咨文《美国的运输系统》中使用了"综合运输"（comprehensive transport）。20 世纪 90 年代，在布什总统签署的《1991 年地面联合运输效率法》中使用了 intermodal transportation（跨方式运输），要求促进运输行为和活动的联合与协作。近年来，综合运输研究中大量出现"integrated transport""multimodal transportation"等术语，强调不同运输方式的无缝隙衔接和提供全过程、完整的运输服务。英国 20 世纪 80 年代后期在伦敦、伯明翰等城市倡导一体化运输（integrated transport），从政策层面提出了"一体化""平衡""配套"等概念，并将交通一体化战略细化为基础设施、管理、价格与土地利用四个可操作层面的措施。May 认为：一体化战略的目标涵盖五个基本要素，即资源利用效率、可达性、环境保护、安全性与财务可持续性。

苏联在《各种运输方式的协作与运输发展》中提出：要根据运输方式合理运距来确定其合理分工，促进不同方式间的分流及运输过程的相互衔接与配合。

我国在 20 世纪 50 年代从苏联引入"综合运输"概念，强调政府统一对运输资源进行运量分配、安排运输线路、划分投资比重等。受运输生产力水平低、各种运输方式供给短缺及体制分割等因素影响，综合运输发展缓慢，主要体现在交通运输的总体发展目标上，因此 1987 年党的十三大提出了"发展以综合运输体系为主轴的交通业"的方针。

进入 21 世纪以来，我国加大了综合交通运输体系建设步伐。2004 年以来，国务院先后批准了《中长期铁路网规划》《国家高速公路网规划》《全国沿海港口布局规划》。2007 年，国务院通过了《综合交通网中长期发展规划》。2011 年 1 月重点部署了《"十二五"综合交通运输体系发展规划》编制工作安排。2011 年 3 月 5 日，全国人大公布的《国民经济和社会发展第十二个五年规划纲要（草案）》提出，要按照适度超前原则，统筹各种运输方式发展，初步形成网络设施配套衔接、技术装备先进适用、运输服务安全高效的综合交通运输体系。

2017 年，党的十九大提出"建立健全绿色低碳循环发展的经济体系"，并首次提出了"交通强国"理念。2019 年 9 月，中共中央、国务院印发的《交通强国建设纲要》提出从 2021 年到 20 世纪中叶分两个阶段推进交通强国建设规划。2021 年 2 月，中共中央、国务院印发了《国家综合立体交通网规划纲要》。在战略目标方面，2020 年 9 月，国家主席习近平在第七十五届联合国大会上宣布，中国力争 2030 年前二氧化碳排放达到峰值，努力争取 2060 年前实现碳中和目标。2021 年 10 月，中共中央、国务院印发《关于完整准确全面贯彻新发展理念做好碳达峰碳中和工作的意见》，对新时期各行业发展提出了具体要求。

当前，我国经济发展的要素、增长的方式、环境、资源配置正在发生改变，面临的软、硬约束明显增多，碳达峰、碳中和成为我国中长期发展的重要框架。交通运输业是净碳排放部门，也是国民经济发展的重要基础设施；在高效支撑社会与经济发展的同时，要走可持续发展之路。《国家综合立体交通网规划纲要》中明确提出了"加快推进绿色低碳发展，交通领域二氧化碳排放尽早达峰"的要求。

交通运输业基本实现了满足国民经济发展与社会运行需求的目标，并已开始从交通大国向交通强国迈进。在从"大"到"强"的过程中，我国交通运输行业面临的形势特点可以概括为四方面：一是交通供需存在不平衡、不充分；二是交通系统或企业的运行效率需要进一步提高；三是客货运输尤其是跨方式运输服务水平亟须改善；四是各种运输方式运行与发展的融合、集约与协调工作亟须加强和完善。对于我国交通运输业来说，以建设资源节约型、环境友好型社会为目标，以加快转变发展方式为重要着力点，是综合运输体系建设面临的重要任务。

第二节　综合运输的特点与成长机理

一、综合运输的特点

对综合运输过程的认识可以从对运输系统运行过程本身机理的剖析来入手，其规律可以用图 3-1-1 来描述。显然，无论客运还是货运，满足运输需求的运输过程有以下两个基本特点。

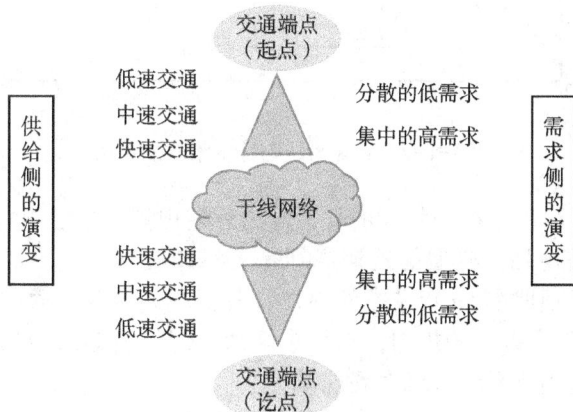

图 3-1-1　综合运输的特点

首先，对于任意两个区域之间的交流需求来说，运输需求在空间上具有以下特点：近末端的分散性与中间过程的集中性，即起始、末端相对分散的运输需求在中间阶段经过运输过程的组织集约成有规模的、较大的需求，这也是运输网络设计需要干、支分级的意义所在。

其次，由于末端运输需求在空间上具有分散特性，所以满足需求的方式一般应保持较好的可达性与一定的服务频率，这决定着在方式选择上需要考虑降低运输成本，从而较低的速度、较频密的站点及其对应的运输服务水平成为运输供给设计的要点。同时，由于中间阶段数量规模大，所以通常具有更高的速度、更大的运输能力，这密切关联于运输供给本身的集约优势。

因此，综合运输系统的规划、建设与运营管理应根据上述特点来展开。

二、综合运输系统的运行成长机理

综合运输是以满足国民经济发展与人们生活对客货运输的需求为基本目的的，综合运输的成长过程一般也是渐进的。根据综合运输系统建设与区域经济发展二者的关系，综合运输系统的成长一般可以分为追随型（交通建设滞后于经济建设）、引导型（交通建设超前于经济建设）与适应型（交通建设与经济建设基本同步）三类（见图 3-1-2）。总体上看，尽管局部地区可能出现交通建设先行的案例，但跟随型是大多数地区综合运输发展的更常见的实践。对于发展中地区来说，由于经济实力有限，跟随型更加常见。作为发展中国家，为避免交通建设过度滞后可能带来的影响，加强对综合运输规划研究具有重要的战略意义。

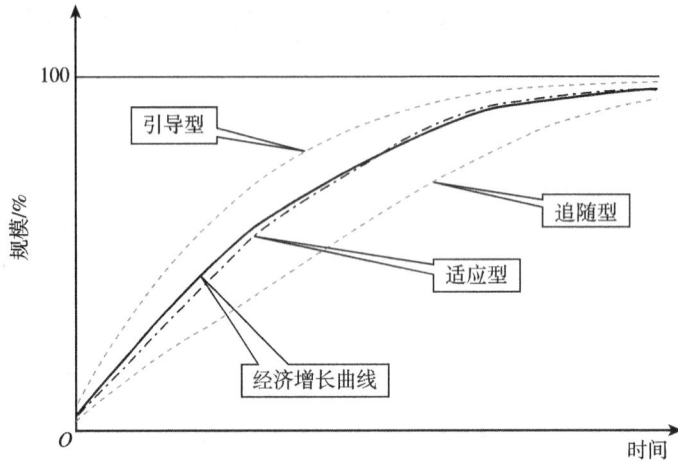

图 3-1-2　运输系统与经济增长的关系

从规划概念上看，可以根据规划期的长短分为近期规划、中期规划与远景规划。近期规划一般指五年及以内的规划，典型的近期规划是五年期规划，直接指导近期工程项目的建设。中期规划一般指规划期在 10 年左右的规划，典型的如轨道交通的建设规划。远景规划原则上指规划期在 20 年及以上的规划，也是指规划编制时能够认识到的、可满足规划区域客货运输需求的综合运输体系的最终发展规模。

我国属于发展中国家，基础设施水平总体上与发达国家有较大差距。表 3-1-1 统计了分别按面积与人口平均的基础设施发展水平。

表 3-1-1　各国基础设施发展水平

指标	美国	英国	日本	俄罗斯	印度	中国
国土面积/万 km²	983.15	24.36	37.80	1 709.83	328.73	960.00
国家人口/万人	32 512.21	6 721.53	12 626.49	14 440.63	139 580.00	141 212.00
铁路营业里程/km	224 792	15 935	28 795	85 600	68 155	146 300
面积均铁路/（km/万 km²）	228.64	654.15	761.77	50.06	207.33	152.40
人均铁路/（km/万人）	6.91	2.37	2.28	5.93	0.49	1.04
公路里程/km	6 650 000	396 000	1 281 794	1 452 200	5 603 293	5 198 100
面积均公路/（km/万 km²）	6 763.97	16 256.16	33 909.88	849.32	17 045.27	5 414.69
人均公路/（km/万人）	202.54	58.92	102.16	100.51	41.01	36.81
内河航道/km	40 233.6	3 200	—	101 670	20 336	127 700

续表

指标	美国	英国	日本	俄罗斯	印度	中国
面积均内河航道/（km/万 km²）	40.92	131.36	—	59.46	61.86	133.02
人均内河航道/（km/万人）	1.22	0.48	—	7.04	0.15	0.90
油气管道里程/km	4 558 899.79	10 234	3 211.8	250 000	14 855	134 100
面积均管道/（km/万 km²）	4 637.03	420.11	84.97	146.21	45.19	139.69
人均管道/（km/万人）	138.36	1.60	0.25	17.38	138.36	0.95
机场个数	13 513	462	188	1 218	346	507
面积均机场/（km/万 km²）	13.74	18.97	4.97	0.71	1.05	0.53
人均机场/（km/万人）	0.428	0.070	0.015	0.085	0.003	0.004

注：
（1）铁路数据来源于国际铁路联盟、日本国土交通省的铁道统计年报、中国统计年鉴2021、维基百科、世界银行；美国为2017年数据，日本、俄罗斯为2019年数据，英国、中国为2020年数据，印度为2021年数据。
（2）公路数据来源于美国中央情报局的世界概况、*Road Lengths in Great Britain* 2020、日本国土交通省的道路统计年报、中国统计年鉴2021、维基百科、世界银行；俄罗斯为2018年数据，美国、印度为2019年数据，英国、中国为2020年数据，日本为2021年数据。
（3）内河航道数据来源于美国交通运输部、商务部、世界银行课题组的《国际发展聚焦：新时代的蓝色航道2020》、世界银行、中国统计年鉴2021；俄罗斯、印度、英国为2018年数据，美国、中国为2020年数据；日本官方统计中无内河航道数据。
（4）油气管道数据来源于美国交通运输部、国家能源局、日本天然气开采协会、商务部、印度石油公司、世界银行、中国统计年鉴2021；英国为2013年数据，俄罗斯为2014年数据，日本为2018年数据，美国、中国为2020年数据，印度为2021年数据。
（5）机场数量数据包含民用与非民用机场，来源于日本国土交通省的《空港一览》、美国中央情报局的《世界概况》、中国商务部；美国、俄罗斯、印度、中国为2013年数据，英国为2018年数据，日本为2021年数据。

从表3-1-1可以看出，我国各种交通基础设施数量多数处于较低水平，基础设施的发展还有较大空间，这是认识我国交通运输业发展阶段的重要依据。

对于发展中国家来说，由于发展速度具有动态特性，近期规划方案往往不易稳定，而远景方案在把握规划发展方向与土地预留方面具有更大的指导性（见图3-1-3）。从而对于基础设施处于快速增长阶段的我国来说，在当前的规划工作中强调远景目标的指导意义具有重要战略价值。

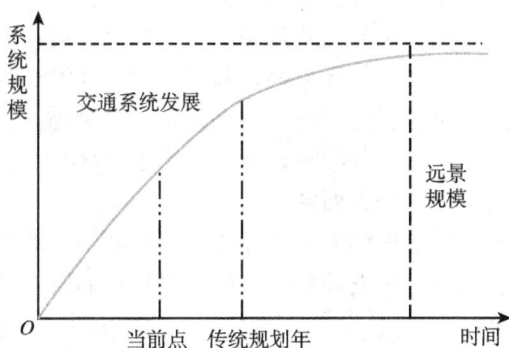

图3-1-3　系统规模发展阶段示意图

确定远景规划方案需要考虑区域的长远发展要素。我们认为这里要重点研究区域发展过程中比较稳定的长期变量，或称慢变量。一般认为，慢变量的选择可以包括：区域自然地理环境特点、人口密度、运输技术水平。

远景规划目标也可以通过选择某个参照系来确定，这个参照系一般是各长期变量与规划区域类似的某发展成熟区域的综合运输系统。系统发展成熟的标志一般有两个：首先，区域综合运输系统当前的服务水平应能较好满足区域社会经济运行对客货运输的需求；其次，该区域过去二十年来综合运输系统发展变化不明显，系统规模与结构趋于稳定。

图 3-1-4 给出了美国 1930—2012 年基础设施发展曲线，其中纵轴的 100% 代表 1930—2012 年的平均里程，各年度数值为当年里程与平均里程之比。可以看出：近代美国的公路、机场及油气管道系统基本维持在一个比较稳定的规模。

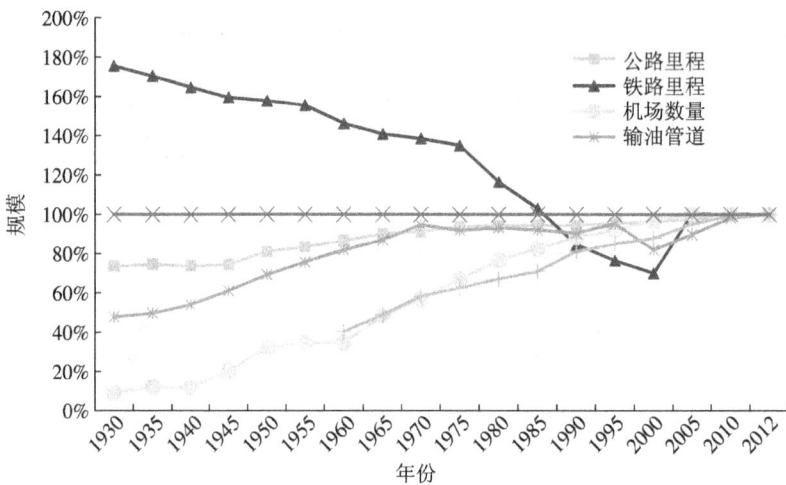

图 3-1-4　美国 1930—2012 年基础设施变化

第三节　综合运输发展的方法论

基于以上分析，综合运输规划的过程应当遵循以下思想：

首先，要从整体上分析预测全运输方式的需求。实际上，运输需求源于社会经济发展与居民生活需要，运输需求是一种客货位移需要，其诞生伊始并没有运输方式含义。从规划层面来看，运输需求的属性是满足这些需求的运输供给设计的关键。运输需求属性既包括需求产生的时间与空间特性要求，也包括其经济属性，决定着可接受的运输供给的成本范围；还包括其位移过程的安全性与舒适性等方面的要求。

其次，规划过程需要对运输需求的方式选择有一个预评估。综合运输规划是一个多方式发展规划，其最终必须落实到分方式发展规划与建设项目；而落实到不同方式的依据是关于方式选择或方式分担的预测结果。

从既有的规划方法上看，最常用的是四阶段规划方法。图 3-1-5 描述了一般四阶段规划方法的过程。

从图 3-1-5 可以看出，第一、二阶段是对需求的总体把握，不涉及满足运输需求的具体方式与实现过程。这两个阶段的工作可以认为是对整个综合运输系统的发展规模提供指导和依据。第三、四阶段进入分方式需求分析，是决定各方式发展的依据，决定着综合运输系统的结构，最终目标是实现供需的平衡。

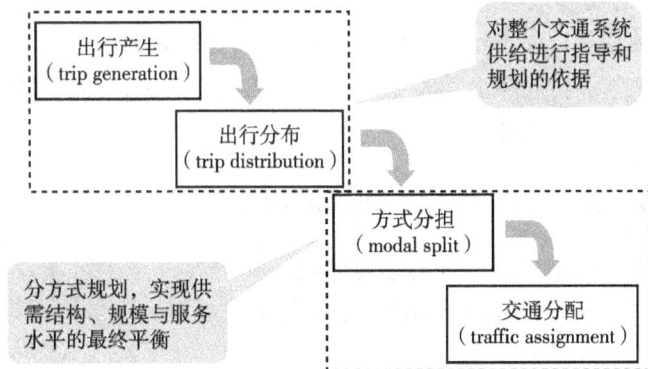

图 3-1-5　四阶段规划方法的过程

从方法论上看，综合运输的内涵包括以下内容：

（1）要坚持从总体到局部再回归总体的思路。从图 3-1-5 可以看出，由第一、二阶段到第三、四阶段的过渡，强调初始的需求是总体的、不分方式的，它决定了整个运输系统的发展规模，可以为综合运输规划过程提供目标与原则等指导性依据。由第三、四阶段到第一、二阶段的反馈，则强调分方式的集成要满足平衡要求，为综合运输规划过程提供分方式发展的协调，可以避免浪费。

（2）要兼顾不同方式间竞争性与互补性共存的特点。尽管不同方式有不同的适用范围，但这些范围在特定的环境下具有不同程度的重叠，因而体现了这些方式之间竞争性（重叠）与互补性（非重叠）共存的基本特征。综合运输规划需要促进方式供给结构与交通需求互相匹配，实现有限资源的充分利用。

实际工作中，出现过一些由单方式规划的机械叠加而成的综合运输规划。这类规划虽然形式上包括了各种方式的发展方案，但由于各单方式规划过程中通常没有从整体上考虑其他方式的发展，也很少探讨方式结构优化问题，因此，很难体现综合运输的内涵，严格意义上不能视为综合运输规划。

第四节　综合运输系统发展要点

综合运输规划的编制是一个复杂的系统工程问题，涉及交通运输工程、区域规划、区域经济学等多个学科。实践证明，综合运输规划的编制需要关注以下几方面重点问题。

一、科学把握综合运输系统规模与结构的关系

综合运输系统的规模主要决定于运输需求与满足需求需要达到的服务水平。综合运输的规模应当是一个多维量，既涉及不同运输方式，也涉及复杂的运输组织形式。在多数规划

中，运输系统规模指标主要用网络里程来刻画。

运输系统结构是指综合运输系统中不同方式或不同种类服务产品的结构特征，一般可以用不同方式完成的客货运输量的比例结构来刻画。运输系统结构不仅取决于综合运输的物理（硬件）设施，也与其服务水平（包括价格、频率、安全性、舒适性等）有关；后者有时可以通过广义费用来体现，广义费用也是方式分担模型的核心部分。

不难看出，规模与结构是综合运输中两个紧密相关的问题，其关联的主要形式则是各类运输产品的服务水平与广义费用。

二、正确认识远景规划与近期规划的关系

远景规划是区域发展对交通需求的总体体现，其内容决定于区域发展得慢（长期）变量。近期规划体现区域发展的阶段性需求，反映区域发展对运输供给配置的紧迫性，其内容决定于区域发展得快（短期）变量。

远景规划对近期规划具有指导性。因此，研究综合运输规划应该首先研究其远景层面的规划；在此基础上，根据区域国民经济发展对运输供给需求的紧迫性提出近期规划方案，使运输系统能够满足区域发展要求。逻辑上，近期建设方案应该是远景方案的子集，这个子集的内容决定于区域发展的一些"快变量"，即变化大的因素，主要包括规划区经济发展水平与基础设施建设地区的人口总量。

三、近期规划方案论证应注重可实施性

我国是一个发展中国家，客观上存在资金与土地等资源短缺现象。区域快速、持续的增长对综合运输系统发展的需求旺盛，不少地区容易滋生过度发展方案。运输作为基础设施，具有收益率低甚至需要补贴的特性，尤其是公共交通。因此，从资金、土地利用、运行补贴等角度审视规划方案的可行性具有重要意义。

规划方案可实施性的最直接指标是资金与财务可行性，还要考虑资源保护要求等可持续发展目标。作为公共基础设施，政府的财政收入水平往往是决定近期建设方案的核心因素（快变量），尽管部分地区还可以研究其他投融资方案作为筹集建设资金的辅助手段。

四、将服务水平作为评价规划方案实施效果的首要指标

运输是服务于国民经济发展与人类社会活动的行业。既有系统规划时存在的问题与规划期内包括需求在内的各种因素的变化与预测是制定规划方案的依据，而规划方案是否能够解决存在的问题，并适应规划期各种因素的变化要求，则需要通过服务水平来进行评价。因此，运输系统所能提供的客货运输服务水平是评价运输规划与发展水平的最重要标准和根本指标。

综合运输服务水平既包括速度、时间、价格、服务频率等可触摸的指标，也包括可达性、可靠性、安全性与舒适性等间接指标。服务水平本质上是一种质量指标，可以从运输系统对规划地区社会与经济运行的支撑角度来考量，一般可分为公平性水平（可达性与覆盖率）与客货运输效率（时间与频率）两方面。

不少规划将运输网络的规模甚至服务水平，作为规划目标，实际上这是不恰当的。网络规模是刻画运输供给的一个数量指标，它与（方式）结构指标可以共同体现运输系统发展

的投资等建设难度，但却不属于用户关心的服务水平范畴。

实际中，一些规划忽视了规划方案对实施效果的分析与评估，这些缺乏科学合理性论证的规划方案充斥着主观臆断，最终沦为"墙上挂挂"的摆设。

五、牢牢抓住综合运输规划方案的关键问题

综合运输规划方案的关键问题包括以下内容：

（1）把握以通道为架构的网络发展方案。运输通道是多方式组成的需求相对集中的客货运输走廊，体现规划区域发展主轴，对规划区域内的运输服务水平影响大，是规划方案研究的重点和要点。

（2）做好体现综合运输效率的枢纽发展方案。枢纽是旅客乘降与网络换乘之地，直接决定着整个网络的运行效率与客货运输的服务水平。枢纽规划不仅要做好建设用地预留，还要做好枢纽出入线路的接转方案及空间论证，后者已成为多数枢纽规划实施时出现问题的症结。传统上，许多枢纽是基于单方式规划建设起来的，综合运输功能较差。综合枢纽设计要以用户为本，强调客货用户出入流程的便捷合理性。因此，研究如何将不同方式、不同方向线路合理引入枢纽，将枢纽内的"用户（需求方）动"变为"车（供方）动"、将用户能感知的"动"化为用户无感知的"动"是枢纽设计与建设的重要理念。

（3）对外交通与内部交通一体化。在区域开放的大背景下，客货流动特征更加明显，综合运输规划需要做好区域（含外规划区）对外通道的规划方案，以强力支持区域的对外辐射发展。不少区域运输规划忽视对外交通研究，使得区域发展缺乏辐射力。

（4）区域城乡交通一体化。规划区域内资源分布往往具有不同的地域特征，城乡需要发挥各自优势，互为补充。随着我国城镇化的发展，城乡差异将逐步缩小，城乡交通一体化将受到更多的重视。

（5）做好交通运输组织规划。建设的目的是运营，运营又是提供运输服务的直接手段。在规划与建设阶段做好运营规划工作不仅可以避免不合理的设计与建设方案，而且还可为系统建成后提供更高效的服务。

第五节 我国综合运输的发展

近40年来，我国综合运输理论与实践均发生了巨大变化。交通强国、"双碳"战略是对交通影响重大的战略！如何使战略成果具有指导作用十分复杂！中国经济持续发展给交通运输业的需求带来显著变化。图3-1-6统计了1952—2019年我国旅客运输周转量的演变状况。

从图3-1-6中可以看出以下几个变化：

（1）2019年全国客运周转量较2010年增长了26.7%，是2000年的2.88倍。在近年来快速城市化与机动化背景下，营运性公路客运市场急剧萎缩，2019年公路客运周转量较2010年下降了41%。这些较短距离的出行一部分转向了高速铁路，另一部分部分转向了个人小客车。

（2）2020年末，全国高速铁路运营里程已达到3.8万km，占铁路总营业里程的

25.9%。铁路行业完成的客运量与客运周转量在全方式中的占比已上升到 2019 年的 20.79% 与 41.61%，2020 年达到了 22.80% 与 42.94%。高速铁路的发展带动了客运业结构的变化。

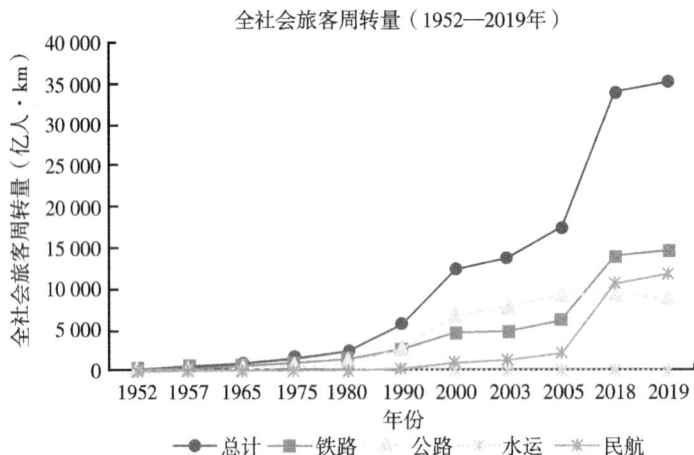

图 3-1-6　1952—2019 年我国客运周转量的演变情况

（3）2020 年运营的 240 个机场完成的总旅客吞吐量为 8.57 亿人次。吞吐量超过 1 000 万人次的机场 27 个，年客运吞吐量低于 10 万人次的机场 37 个，占 15.4%。吞吐量 100 万人次以下的机场（多为支线机场）占全部机场的比例达 64.6%。2020 年，发送量最大的高铁广州南站发送量 5 967 万人次，折合吞吐量 1.2 亿人次；37 个站发送量超过 500 万人次，折合吞吐量 1 000 万人次；超过同运量规模机场数量。

综上所述，旅客运输从一个侧面反映了近代我国综合运输发展的两次重要变化：第一次是以 20 世纪 80 年代改革开放初期收费高速公路发展引领的公路运输业的大发展，其结果是公路运输成为陆地运输市场的主体；第二次是 21 世纪初以来我国完成小康社会建设目标后高速铁路与民航快速发展引领的综合运输服务水平的升级，其直接结果是铁路与民航客运周转量再次超越公路，成为客运市场的骨干。这也反映了新时期运输技术发展的重要作用。

主要参考文献

［1］毛保华.综合运输体系规划理念与顶层设计方法［J］.交通运输系统工程与信息，2014，14（3）：1-8.

［2］王庆云，毛保华，张国伍.我国交通运输系统工程的演化［J］.交通运输系统工程与信息，2021，21（5）：2-11.

［3］毛保华，孙全欣，关伟，等.区域综合运输体系发展规划理论与关键技术［J］.综合运输，2011（5）：4-10.

［4］毛保华，彭宏勤，贾顺平.2009 年中国综合交通体系发展趋势研究［J］.交通运输系统工程与信息，2010，10（2）：17-22.

［5］王庆云，综合交通网规划中的系统工程思想及实践［J］.交通运输系统工程与信息，2008，8（1）：11-16.

［6］王庆云，交通发展战略制定的理论基础［J］.交通运输系统工程与信息，2005（3）：1-8.

［7］ MAY A D，Integrated transport strategies：a new approach to urban transport policy formulation in the U K［J］．Transport reviews，1991，11（3）：223-247.

［8］ GOULDEN M，RYLEY T，DINGWALL R，Beyond "predict and provide"：UK transport，the growth paradigm and climate change［J］．Transport policy，2014，32（2）：139-147.

［9］ 毛保华，郭继孚，陈金川，等．城市综合交通结构演变的实证研究［M］．北京：人民交通出版社，2011.

［10］ 毛保华．公共交通服务能力是交通强国战略的重要标志［J］．北京交通大学学报（社会科学版），2018，17（3）：1-8.

［11］ 吴金燕，周琪，王敏，等．城市群地区公共交通运营补贴分摊方法研究［J］．综合运输，2022，44（5）：53-58.

［12］ 毛保华，陈硕，吴雪妍，等．碳达峰目标下我国城市客运交通发展的引导策略研究［J］．交通运输研究，2022，8（3）：21-29.

第二章

铁路交通运输系统

第一节　铁路运输概述

一、铁路运输发展回顾

（一）世界铁路运输发展的回顾

世界上第一条铁路 1825 年诞生于工业革命的发源地——英国。近 200 年来，铁路经历了发展、衰落和复兴，见证了近代以来世界历史的发展。从 1825 年到 20 世纪初，铁路建设从起步到高潮，以其高速度、大运量、全天候的技术优势和不依赖自然条件而向陆地纵深发展，助力国土资源开发和生产力布局的区位优势，适应了重化时代产业经济对能源、原材料等大宗货物的中长途运输需求，成为当时交通运输的主导方式。初期的铁路运输系统管理主要着眼于研究解决与运营直接相关的技术条件和管理规范，如线路平纵断面、轨距、钢轨重量与车辆载重的关系，机车牵引功率与列车速度和重量的关系，列车运行安全间隔的确定和技术作业规范的制定，运输费率与成本核算等。美国铁路构建了比较完备的生产组织体系和技术管理规程。在统一时间标准基础上编制列车时刻表，货物运输首创分组列车组织模式，取得可观的规模效益。但受私有制经济、铁路网分割经营、独立管理的局限，未能建立网络化的运营管理体系。这一时期英国工程师、发明家 G. 斯蒂芬森（G. Stepheson）提出 1 435 mm 标准轨距和加拿大土木工程师 S. 佛莱明（S. Fleming）制定的铁路标准时间，对铁路运营技术管理标准的形成具有开创性意义。20 世纪 30 年代后，公路和航空的技术经济优势适应了轻型高值货物不断增长、人群交流不断扩大的运输需求，不断削弱铁路运输的市场份额。铁路管理机制的僵化则进一步加速了欧美国家铁路的衰落。美国铁路逐步放弃了客运市场，改而保持货运市场优势，进行货运集中化的生产力布局调整，大力发展公铁驼背运输组织模式，开展货物重载运输技术的实验研究。同时，西欧和日本则开展了铁路高速的实验研究。苏联铁路在公有制计划经济体制下，在统一的国家路网范围大规模组织和管理运输生产实践基础上，对涉及车流组织、列车运行图和车站技术作业过程等全局性和典型性问题的系列研究和制度建设，形成了客货兼顾的比较完备的普速铁路运营管理体系。从20世纪六七十年代开始，由于第三次工业革命和经济全球化的推动，铁路体制改革打破了传统的运营管理模式，先进技术对传统产业的改造，促进了铁路运输生产力发展。以日本、西欧高速铁路，美国重载运输和运营管理信息化为代表，技术进步极大地推动了运营管理理论、技术和方法研究的创新。系统论、信息论、控制论和运筹学、最优化理论方法的应用，数学建模和仿真实验技术方法的引进，电子计算和信息技术的普及，改变了传统的铁路运营管理科学的知识体系、理论架构和研究手段。面对世界经济一体化下交通物流发展与资源环境制约的困境，欧美各国率先制定交通可持续发展战略政策。对运输终极目标与经济、社会、资源、环境的互动及其表现形式的深化研究，极大地丰富了运营管理科学的内涵，促进了铁路从衰落走向复兴。

（二）中国铁路发展的回顾

中国铁路诞生于1876年，是晚清洋务运动的产物，是西方帝国主义侵略和瓜分中国的工具，具有浓厚的半殖民地半封建色彩。旧中国战乱频繁，民不聊生。铁路建设不但里程短、设备陈旧落后，分布不合理，而且标准不一，各自为政，效率低下。值得提出的是，在列强环伺的极端困难条件下，中国铁路杰出工程师詹天佑，亲自主持第一条中国人自主设计、建设和运营的京张铁路，在工程勘测、设计、施工、运营中不遗余力地吸收、推广世界先进的铁路技术与管理经验，为中华民族争得了光荣，声张了正气。1949年至1978年，新中国根据国情特点，学习和推广苏联铁路先进经验，在运能短缺情况下，大力发展铁路新线建设，同时挖潜扩能，因地制宜实施线路、站场设备技术改造，在实践中不断丰富和发展有中国特色的运输方案和作业组织方法，发挥了铁路在国民经济的先行作用。1978年以来，依托40多年改革开放和铁路建设的飞跃发展，贯彻引进、消化、吸收、再创新的技术路线和系统科学的理论方法，在综合高速列车的轮轨关系、弓网关系、流固耦合关系基础研究，重载运输的线桥隧建构、牵引动力、通信信号、列车编组和多机同步操纵等技术的综合集成，高原铁路的运营、维护、环境、健康的一体化管理，中欧班列的第三方平台建设和运营实务，以及泛在感知、智能控制、自助平台、在线支付等运输服务领域的业态创新等方面，逐步形成有中国特色的铁路运营管理理论体系。在国际铁路联盟的铁路标准化体系建设中异军突起，发挥了积极作用。

中外铁路发展历程表明，市场经济、技术进步、体制改革和可持续发展形成的合力，对铁路发展形成促进、推动、支撑和拓展的作用。

二、铁路运营管理系统分析

（一）铁路运输的需求和供给特征

铁路是资源密集型产业经济发展的产物。一方面，铁路轮轨摩擦阻力小、运量大、速度快、运送单位载质量的能耗低，铁路运输用户一般都是大型厂矿企业，具有连续、稳定、大批量的运输需求。对时间效用相对不敏感，因而铁路和用户能形成长期、稳定的供需关系，这就是宏观上的铁路规模经济特点。另一方面，铁路技术构成复杂，管理环节多，是一种专门化和组织化强的交通方式。运输生产和经营活动对管理体制和运输组织有较高的要求，需要克服交接环节多、时间效率较低的弱点。而运输能力的形成具有基础设施投资大、建设周期长，固定资产不能移作他用、具有沉没成本的特点，其供给的慢变对价格的弹性小，既需要相对稳定的规模运输需求，又必须依靠超前发展才能适应运输需求的快变。需要科学谨慎地投资决策建设，才能充分发挥交通线网的骨干作用。

（二）铁路运输生产的特点

铁路系统由线路（含桥梁、隧道）、站场、通信信号、供电设备构成基础设施，也称固定设备，由机车、车辆构成载运工具，也称移动设备，移动设备依托基础设施以列车方式承载旅客和货物，实现有目的的位移，形成运输过程。铁路运输过程，是综合运用设备和人力资源，组织有关部门和环节协调配合，实现运输对象送达的技术、经济和安全管理过程。任一部门、环节的工作失误，都将影响运输安全、秩序和畅通。铁路运输除以直达列车方式将旅客和货物直接送达目的地以外，由于机车车辆数量、性能和设备归属等的限制，还需以集结中转方式由不同的列车衔接配合完成运输全过程。这种方式要求车流集结数量达到一定规模才能编组成列，导致列车编成和送达时间具有不确定性。列车运行距离有一定的合理范围，过远的距离会增加中转环节，影响送达效果；而过短的距离由于两端车站作业时间占全程运输比例失当同样也影响送达效果。这就是铁路运输的距离经济特点。同一运输线路，由于方向上需求的差别而引起流量不同，为保持载运工具运用分布的平衡，必然产生不创造价值的空载交通流量。这些特点，都要求铁路运输企业具备较高的运营组织管理水平，尽可能减少运输的成本耗费。

（三）铁路的技术经济和社会特征

从铁路运输的供需特点和生产特点可知，铁路具有大运量、高速度和全天候运输、基本不受地理条件局限、可向陆域纵深延伸和发展的技术特征，铁路的规模经济和距离经济特征，决定了铁路是担负国民经济重要战略物资如煤炭、矿石、木材、粮食等的主导运输方式，是发展实体经济的重要支撑，是国家交通运输的大动脉，是资源配置和宏观调控的杠杆，是国土开发、城市和经济布局的重要因素，是联系区域、城乡人员交流的重要纽带，是联系产业链、物流链和价值链，实现国民经济大循环的重要工具。由于铁路供给具有慢变的显著特点，大量投资形成的庞大固定资产成为国家基础设施和经济发展的先决条件，成为促进社会分工、大工业和实体经济发展、巩固国家政治统一和加强国防建设的战略资源。为顺应世界经济一体化和经济社会可持续发展要求，铁路在国际陆桥运输中的作用日益显现。铁路具有低碳、节能、环保的优势，对优化交通运输结构、促进经济和社会可持续发展的主导作用也越来越受到国际社会的普遍重视。

三、系统分析理论方法在中国铁路运营管理领域的开创

系统分析是在现代系统论、信息论和控制论科学基础上发展起来的新型工程组织和管理技术，是20世纪40年代开始在工程实践中发展起来的综合人理、物理和事理，融合系统科学、经济学和管理科学理论方法，统筹组织人力、物力、财力、时间、信息等资源，协调多部门工作相互配合，实现特定目标的现代化工程组织和管理的技术方法。

众所周知，20世纪50—60年代，以钱学森教授为首，倡导将系统工程理论方法引入中国，创造了两弹一星的辉煌业绩，在科学研究和工程技术等领域产生了积极而深远的影响。在这一影响推动下，20世纪80年代张国伍教授主编的《交通运输系统分析》一书，是运用

系统分析的理论方法阐释中国交通运输的代表性著作。该书首次以系统的视觉、深入的分析，揭示了铁路技术经济特征的内涵和铁路运输生产的特点，针对当时中国铁路发展的现状和问题，从以下三个典型问题切入，对系统分析理论方法在铁路运营管理领域的应用和推广作出了开创性的贡献。

（一）铁路综合能力与点线能力协调

《交通运输系统分析》通过对物理层面的铁路运输设备支持系统和事理层面的组织管理系统的结构与功能的分析，进一步从人理层面阐发铁路运输生产系统这一人工参与并主导的大系统，其运营过程是由多部门多工种联合作业、协调配合、共同完成的，是综合运用现代先进技术和科学管理艺术的社会经济行为。

《交通运输系统分析》抓住铁路运输供给特征的本质，进一步分析了铁路运输能力的综合性，以基础设施的数量和质量，运输生产活动的内涵和外延，运输管理的局部和整体分析，将设备子系统和管理子系统能力按其相辅相成的耦合程度形成的总体能力定义为铁路综合能力，指出铁路运输综合能力是基于全路或区域的路网结构在一定客货流结构条件下所能完成的最大运输生产量。综合能力是各种要素参与并共同作用的结果。根据系统理论关于慢变量决定快变量的原理，铁路综合能力要素中起支配作用的慢变量是固定设备，主要是铁路区间线路和车站。

《交通运输系统分析》根据铁路区间和车站对能力形成的支配作用，建立了点（车站）线（区间）能力协调理论，包括铁路干线车流组织优化，铁路枢纽解编作业分工优化，编组站、客运站和货运站系统能力协调优化，指出点、线能力是相互关联和影响的，既相互制约又相互促进，强调指出随着路网建设和发展规模增大，点、线关系日趋复杂，由于点的引入，线数量增加和输送能力增强，应重点处理好"点"的配套设施改造、用地预留、建设时序安排以保证能力的动态匹配，并与城市规划和城市综合交通枢纽建设规划协调配合。

（二）列车速度、质量和密度的合理组配

《交通运输系统分析》继承了苏联铁路和我国铁路专家学者对列车速度、质量和密度相互关系研究的积极成果，进一步结合中国 20 世纪 80 年代的铁路运输现状，即运量需求增长迅猛、运输能力普遍短缺，主要干线经自动闭塞改造后具备行车密度增大的潜力，但行车速度受线路平纵断面和钢轨质量决定的允许速度条件和机车车辆性能条件（机车类型和货车轴重）制约的现实情况，重视世界铁路发展重载运输的趋势，参考苏联铁路开行组合列车的实践，深入研究了：在列车速度一定条件下列车质量和密度的相互转化关系；列车牵引和制动性能对列车速度和牵引质量的相辅相成关系，行车闭塞设备决定的行车速度和密度的矛盾与制约关系，站场线路有效长对列车牵引质量的约束关系等，揭示出在列车速度难以大幅度提高，行车密度有一定增大潜力，但以延长站线技术改造提高列车牵引质量最为现实，采用多机牵引进一步发展重载运输，以提高运输能力为目标的扩能技术途径。

上述研究，对当时我国铁路"大力提高列车质量、积极增加行车密度、适当提高行车速度，在三者组配优化基础上实现大质量、高密度、中速度，以显著提高运输能力，获得较好社会效益和经济效益"的技术政策的制定和实施，发挥了积极作用。

（三）铁路运输组织系统工程——运输方案及其结合部管理

运输方案，也称运输综合作业方案，是根据运输生产计划规定的任务，遵循铁路运输组

织的基本制度和基本原则，对铁路运输生产的货运工作、列车工作、机车工作和设备维修施工等进行统筹安排，使货流组织与车流组织、车流组织与列车运行、列车运行与机车运用紧密结合、相互协调。同时，保证铁路运输生产与外部企业（用户）的生产密切配合、相互协调，使铁路更经济、合理、及时、充分地满足社会生产和人民生活的需求。

运输方案是中国铁路运输组织实践经验的结晶，是系统科学与铁路运输组织学相结合的产物。运输方案在铁路各部门计划的基础上进一步统筹和整合，形成对运输需求和供给、生产与维修、局部与全局、现状与预期、计划与调整的综合部署和管理依据。《交通运输系统分析》将之概括为运输组织系统工程，并总结出运输方案具有系统性、整体性、全局性、动态性、相关性特点和追求运输系统全局优化的目标，特别指出：运输工作管理层面各相关业务部门之间、各相关运行执行层面作业流和信息流的衔接环节都存在结合部，而且结合部往往是影响全局的薄弱环节，甚至成为管理的盲区；强调了加强结合部管理对于改善系统效能的重要性，形成了著名的"结合部管理"思想，丰富和发展了现代管理科学的理论和方法。为进一步完善和发展铁路运输方案，提高运输方案的现代化科学水平。《交通运输系统分析》进一步提出加强系统科学和系统管理的理论应用，强化运输方案系统工程的组织和管理，研制开发运输方案编制的计算机辅助决策系统等建议。这些真知灼见，对今天的研究与实践，仍具有重要指导意义。

第二节　双网协同条件下的铁路运输系统工程

一、双网协同条件下的铁路运输系统结构调整

中国铁路经过几十年的发展，到 2020 年，已建成以四纵四横为骨干的高速铁路网，中西部地区铁路加快建设，跨区域快速通道基本形成，路网规模不断扩大，保障能力明显增强，铁路运能紧张状况基本缓解，瓶颈制约基本消除，基本适应经济社会发展需要。在新的发展条件下，工作重心从路网增量扩能逐步向存量优化利用过渡，如何科学组织铁路交通流，以适应新时期经济和社会发展的要求，是中国铁路运输服务转型的新挑战。

（一）高速铁路网络系统能力利用与运营瓶颈识别

四纵四横高速铁路网的建成，形成了与既有普速铁路网双网并行、互济共给的网络结构。与既有线平行的高速线形成了方向上更为强大的运输能力，不仅有效分流了既有线的客流，同时释放了既有线的能力。与既有线基本平行、线位略有偏移的高铁，有的使城市间线位取直，有的联通更多城市，优化了路网结构，提供了实现客货列车分线运行的基础条件。

1. 高速铁路能力利用特点

高速铁路的运营条件与客货混运的既有线有所不同，通过对高铁运输模式、列车种类、速度、停站、运行图铺画方式、站间距离、列车径路、天窗设置等影响因素的系统分析表明，高速铁路能力利用有以下特点：

（1）旅客出行需求导致高铁能力利用不均衡。高铁列车对需求的响应更为敏感。列车运行线铺画必须适应昼夜之间，昼间不同时段，一周间工作日与双休日，不同季节、法定节

假日等的客流生成和变化规律而形成旅客出行活动的高峰和低谷，必然产生能力利用更大的不均衡性。高铁列车选择最短径路的运行特点，也导致运网上有更多最短径路通过的站、段与其他站、段能力利用的不均衡。

（2）客车停站及其起停车附加时分影响凸显车站能力制约。高速铁路列车停站时分加上起停车附加时分对能力的影响已超过列车最小追踪间隔时间的影响。高速列车因停站而产生的能力扣除已经成为高速铁路能力计算中的一个重要组成部分。因此，车站通过能力的制约作用凸显，特别是进出站咽喉结构复杂的高铁枢纽，往往成为区段甚至方向通过能力的限制因素。

（3）长线能力相对不足与短线能力相对富余并存。高铁运行图普遍采用方便综合维修的"垂直"型天窗，夜间统一停电施工时间长达 5 ~ 6 h，既直接产生能力损失，又形成运行图上三角时空域，致使列车运行线铺画和能力利用有"长线"和"短线"之分。在能力利用上，出现方向通过能力小于其各区段通过能力、长线能力相对不足与短线能力相对富余并存的特点，长线能力相对不足限制了繁忙高铁线路区段上长途列车的开行数量。

（4）理论计算与实际可利用能力差距较大，要求能力后备更大。高铁单一的客运需求形成的客车结构，其运输能力从运行图（固定设备）通过能力的角度分析，客观上丧失了对部分时域的有效利用，导致实际利用的通过能力仅及理论计算的 3/4 左右。从动车组（移动设备）输送能力的角度分析，单列动车组旅客定员只及普客列车的 1/3，高铁完成同样数量的旅客输送需要普铁 1.5 ~ 3 倍的通过能力。因此，高速铁路需要比常规铁路更大的能力后备。

（5）列车跨线运行成为高铁列车运行组织的关键。高铁成网后，产生了更多的跨线列车运行需求，进一步加剧了多线衔接枢纽（俗称跨线枢纽，下同）和流向集中线路方向的能力制约。跨线枢纽汇聚了较多的线路方向，疏解列车进路的交叉干扰和确定列车的停靠线路面临更为复杂的场景，列车到发和通过间隔的安排既要增大必要的时间冗余，还要兼顾进出枢纽的线路上列车追踪运行的要求。跨线枢纽的运行组织，成为高铁列车运行组织的关键。

2. 运输结构调整方向

上述特点，决定了高速线网和普速线网运输结构调整的主要方向如下：

（1）从改善路网运输结构的全局考虑，基于高铁的速度和送达时间优势，应充分发挥高铁对长大客流的吸引和集聚能力，尽可能实现长大客流从普速线网向高速线网转移，充分利用高铁能力，提高客运服务水平。

（2）充分发挥城际高铁高密度、高速度、规律化的优势，吸引和诱发更多的城间通勤客流。服务好有规律的每周 5 个工作日的短途通勤客流和周末至下周一往返的中途通勤客流，成为中短途城际交通的主导服务方式。

（3）吸引和促进部分高速公路客流量从平行径路转移到高速线，同时加强与高铁车站配合的接取送达短途服务。

（4）以长线高速列车停站方式串联中短途客流，弥补航空运输线网覆盖范围局限。

3. 化解运输瓶颈的方法

在调整运输结构的实践中，也呈现高铁线网总体能力宽裕和个别区段能力紧张并存的现象。必须准确识别高铁线网的瓶颈区位，防止出现因客流转移和诱发的无序失控，影响高铁线网运输的畅通。铁路网配流属于非平衡配流，应充分考虑列车流的动力学特征，以及运输网络的鲁棒性和韧性。高铁路网地位重要的线路，交通强度大，长线列车多，往往是运输瓶颈最容易发生的区位。遵循这一思路，可以通过对高铁网络中线路的动态能力利用率进行排序分析，识别对应于需求变化的实时瓶颈区位。同理，化解运输瓶颈，可以采用以下方法：

（1）优化高铁列车运行图结构。调整优化不同速度列车追踪间隔和车站间隔的组合方式，调整优化长短程列车、本线与跨线列车比例结构，优化列车停站方案，进一步提高潜在瓶颈区位的通过能力。

（2）利用网络上的平行线路分流或绕道，通过合理的列车换乘组织方式减轻大客流强度线路的直达交通压力。合理减少长线列车，有效实施对瓶颈区位线路和车站的交通强度调控。

（3）采用差别化天窗时间配置方式，科学安排工、电维修任务。节省天窗时间，增大运行图铺画时空域，并为开行夜间列车服务。

（4）提前谋划对主要干线能力利用率接近饱和的瓶颈区位实施固定设备的技术改造，提升网络通过能力。

（5）重点针对跨线枢纽的进路咽喉技术改造，包括：以立面进路疏解减少不同方向列车进路的交叉干扰；以平面布设与列车进出站速度变化相适应的咽喉区平行进路的轨道电路分段和长度；提高咽喉通过能力，尽可能减少列车起停车附加时分对车站通过能力的影响。

（6）通过时序路网结构分析和列车流动态仿真分析研究，寻求有利于均衡列车流量分配或降低高强度线路流量的路网结构强化方案。

（二）普速线网货运系统结构调整

中国铁路高速线网的形成，已经吸纳了铁路 2/3 的客流，有效释放了普速线网的能力，为货运扩能、提质、增效提供了物质基础和发展空间，更好地实现与现代物流服务的有机融合。因此，调整铁路货运结构已成为今后一个时期内普速线网的发展主题。通过对货物品类、数量、流向、运距、货运市场细分和变化态势的系统分析，铁路货运结构调整的目标和举措如下：

（1）降低运输成本。以降低货物运输成本为目标，稳步巩固大宗货物重载运输成果，完善重载货运专线的运输技术和管理系统集成。加强海铁联运、铁水联运的衔接效能，保证煤炭等国家战略物资产业链、物流链、供应链的稳定、持续与健康运行。

（2）聚焦竞争市场。以扩大高附加值货物运输市场竞争力为目标，大力发展各类形式的货物快捷运输。拓展社会化货物快运组织和服务网络，扩大配送、仓储等增值服务和物流金融、销售等延伸服务，开创铁路响应运输和敏捷运输的新业态。

（3）提高运输质量。以提高集装箱运输质量和效益为目标，规划建设新型集装箱客运化运输体系。加快铁路集装箱运输模式转变，拓展铁路集装箱服务规模，提高服务质量，扩大市场份额。

（4）完善货运组织。以保证货物在途可控、准时送达为目标，改革货物运到期限计算办法，将按照车流径路核算货物运价里程的依据扩展到按列车编组计划编制满足运到期限约束的货物全程运输计划，实现货物运价计算、货流组织与行车组织有机统合，保证货物送达时间准确、全程运输可控。

（5）调整运维布局。适应新发展要求，改造既有铁路场站设备和调整生产力布局。加强完善港口铁路集疏运系统建设，加快港口运输公转铁进程。随着铁路车流组织优化和机车运用长交路，调整优化编组站、货运站、机车车辆运用和维修布局。编组站趋向于集中作业、区段站逐步改造为地区物流中心或集装箱运输中心，中间站实行货运集中化。推进适应现代物流集疏运特点的铁路场站设施改造，建设高新技术支撑的机车、车辆运用和维修基地以及工务、电务联合维修基地。

（6）强化调度指挥。实行路局调度和基层车站调度合署值班，协同运输生产的日常生产计划编制、执行、监督和考核，强化运输生产日常调度指挥体系和应急调度指挥能力。

二、双网协同条件下铁路旅客运输组织

（一）铁路旅客列车服务产品开发的系统分析

在双网并行的新的发展条件下，铁路旅客列车服务产品开发系统分析的目标是：在与其他运输方式协作配合的同时，明晰和优化高铁客运和普铁客运的一体化分工协作关系。借助系统工程方法，从线网地域分布和人口分布、经济和社会发展需求的大背景分析入手，对列车服务能力和水平进行供给侧分析。在高铁承担了2/3以上的铁路客流，成为铁路网客流运送主体的基础上，继续发挥普速线网旅客运输的作用，在各自覆盖的地域范围内相互配合，在客运列车服务产品开发上各有侧重，相互补充。

高铁线网主要致力于区域中长途优质服务水平的产品开发，提高对线网客流的吸引和集聚能力，不断培养和厚植高铁客运市场。对于城际高铁，根据客流出行特点，编制周期化列车运行图，兼顾提高列车服务频率和服务时刻的规律性，成为中短途城市间通勤客流运输的主导方式，并与市域铁路、城郊铁路、城轨交通共构新型智能化服务网络，努力创造都市圈和城市带的新的快速低碳绿色服务业态。

普速线网主要致力于高铁网络吸引范围以外的边远地区的覆盖面和普惠服务、公益性服务产品开发，保持适当开行规模，延长列车运程，服务更多中小城镇，加强与高铁的换乘衔接配合；在与高铁平行的方向，则注重加强与沿线中小城市的运输服务和与高铁的分工配合，以差异化服务产品为旅客提供更多的出行选择，形成与高铁互为补充、比较完整的服务网络体系。

无论高速线网或普速线网，中国铁路旅客运营都面临进一步的市场化改革：发展旅客联程运输廉价业务，提供广泛的延伸服务，实行更加灵活的经营策略，引入收益管理机制，针对出行时段、席位等级、提前购票时间、购票数量、乘车频率等因素，旅客可享受名目繁多的折扣或其他优惠。实践证明，上述商业化运营模式有利于提高客席利用率，增强铁路对客流的吸引力和市场竞争力。

（二）高铁旅客列车开行方案的供需匹配

高铁旅客列车既具有高水平的运输服务，又具有高成本的运输耗费，应加强列车开行的效益/成本分析，减少无效和低效供给。必须通过客运需求、服务模式与运力资源三者耦合协调机理研究，进行列车起讫城市和沿途城市的交通区位特点和客流需求分析，精准把握不同年度、季节、月度、星期、公休、节假旅客出行特征，优化编制列车行程、编组内容、座席结构、开行频率、经停车站、延伸服务、票价水平等差异化列车开行方案，实现高铁旅客

列车开行方案的流线耦合和供需匹配。

（三）高铁旅客列车运行图编制的要素集成

高铁旅客列车运行图专门为旅客运输服务，较之普速线网客货兼顾的运输服务，在体现服务质量的流线时空分布和耦合上，有更为精准、稳定、可靠的要求。

高铁旅客列车运行图编制，是在计量时间粒度由以分为单位精细到以秒为单位，空间粒度由闭塞分区长度缩短到轨道电路长度，列车安全间隔距离由制动距离决定、通过能力由车站咽喉能力决定的变化下，寻求要素最佳组合并保有适当时间冗余，形成列车服务时空网络，实现列车运行计划、动车组运用和维修计划、乘务员运用计划和天窗施工计划的集成优化。

（1）运行图的列车数量、等级、行程、停站，运行线分布及其交会、接续关系，既要突出旅客运输的需求特点和服务频率要求，又要适应日常需求变化造成的运输波动，成为调度部门组织客流、制定列车运行计划和日常调度指挥工作的基本依据。通过对随动流线耦合机理认识的深化，实行一日一图的供需对接，进而研究和优化各种不同场景的运行调整模式，为自动化、智能化调度系统建设奠定基础。

（2）运行图综合维修天窗时间安排的科学化和合理化。要求统筹优化线路、供电和通信信号部门日常设备检修和施工作业在内容、地点、时段上既独立又联合的协作方式，避免相互冲突干扰，提高施工成效和天窗的利用率，并为夜行列车的开行研制科学合理的差异化天窗模式。

（3）运行图上各类列车的时刻安排和接续优化，是典型的时空域约束的多重循环问题，应依据高铁运维系统全寿命运营管理标准化的特点，以安全可靠性、节律性和均衡性为目标，为机务、车辆部门（动车段）编制动车组交路计划、动车组运用和检修计划、乘务组指派计划提供前提和基础，努力实现高铁运维管理的一体化。

（四）普速线网旅客运输产品的优化设计

如前所述，在高铁承担大部分铁路客流，成为路网客流运送主体的同时，普速线网客运在能力相对宽松的条件下应以普遍服务和提高质量为目标，围绕列车开行方案，强化客运产品的谱系化设计。

（1）丰富列车种类。优化列车运程结构，完善日常、高峰、夜行、市域和市郊列车的服务内容和品质。根据客流特点，在干线和支线间开行干线组合与支线分解的摘挂旅客列车，开行经停次数多、普惠服务地方经济的慢速列车等。开发各种主题列车服务，如组织不定期开行的为特色旅游、文化艺术、医疗卫生、经贸会展、体育赛事等服务的专门化列车。

（2）规范列车等级及其服务水平标准。在城际铁路，推行节拍列车运行图，努力实现同等级列车的车站停靠次数和到发时刻规律化。实现不同等级列车座席空间、旅行生活中餐饮、起居、休闲、信息、求助等服务标准化。在长、短运距列车推行服务设施和列车编组构成差异化服务，推行列车不同票价的对号和不对号座席的差异化服务等。

在市域铁路，开行为通勤服务的市郊列车，开行联通航空、铁路、高速公路等对外交通枢纽和城市交通主枢纽的循环列车或穿梭列车，以及为沿线居民出行和换乘服务的专线列车，有效减轻城市道路交通压力。

三、双网协同条件下铁路货物运输组织

（一）铁路货物运输组织体系的系统分析

在我国高速铁路优化路网运输结构、普速线网运输能力得到释放、货物运输主体地位得到进一步增强的同时，必须通过系统分析重构普速线网的供需平衡机制，重新整合运输资源，创新运输组织，适应货运合理化、直达化、集中化、物流化的发展趋势。

传统铁路实现货物位移，基本上是按照运输方向上的货物批量大小，组织为直达和中转两种列车的运送模式。大宗货物直达运输模式最为经济合理，因此是铁路货物运输的优势方式。但未被直达运输吸引的小批量分散车流，需运送到邻近的编组站按去向集结成各种不同行程的列车，逐步运送到目的地。这种集结-中转的运输模式，既因车流集结改编延缓货物送达时间，又因集结改编次数和作业时间的随机性造成货物送达时间不确定，不能适应小批量、高附加值、时效性强的货物运输需求，也是导致铁路在市场经济条件下，不能适应资金密集型经济发展和产业经济轻型化趋势而丢失运输市场份额的重要原因。因此，必须针对铁路货运的这一薄弱环节，不仅仅按照方向货物运输批量大小，而进一步遵照市场经济规律，根据货物本身的属性和运输条件，进行供给侧货物运输组织体系的改革和创新，主要方向是：重载货物运输集约化、快捷货物运输物流化和集装箱运输专门化。

（二）铁路重载货物运输集约化组织

铁路的技术装备和规模经济特征最适合大宗物资中、长距离运输。发展重载运输，是铁路发挥强大生产能力的固有优势、降低运输成本、提高经济效益、巩固市场份额的必然选择。由于重载运输成套技术装备的专门化和行车组织的特殊性，难以和普通货物运输条件完全兼容，所以其发展技术路线如下：

（1）在品种同一、方向集中、流量强大而稳定的区位线建设重载货运专线，采用固定循环车底的单元式列车运输模式，实行装卸运、产供销一体的高度集约化运输组织，这是重载运输的专门化模式。

（2）在重载运输专线以外的普速线网，选择车流去向相同、流量稳定且强大的线路，组织干支线牵引质量达到重载列车标准的大功率机车牵引的装车地直达、阶梯直达列车，以及基地直达、技术直达列车等的整列式重载运输模式，这是重载运输的普适化模式。

（3）在运输能力繁忙线路，通过延长站线的技术改造，组织由两个普通货物列车合并形成的组合式重载列车，或在重载运输专线组织两个单元列车合并形成单元式组合列车，这是重载运输的辅助或应急模式。

（三）铁路快捷货物运输物流化组织

快捷货物运输是资金密集型产业发展对物流快速循环的必然要求。资金密集型产业的产品重量轻、体积小、价值高、一次运输需求的批量不大，但时效性强，要求快速、准时送达以保证履行交易契约，并降低在途货物的资金积压，加速资金周转。这不但要求运输生产过程快速、直达、可控，减少中间环节延误，满足按时交货时间要求，而且要求货物运输商务过程简捷、方便化，提单物权化，满足用户及时进行变现、抵押和转让的需要，实现物流循环效益最大化和社会成本最小化。

传统铁路的技术经济特征与快捷货物运输需求不尽契合。为适应货物快运市场不断增长

的需求，各国铁路都注意扬长避短，努力开发有竞争力的快捷货物运输产品。如海铁联运的集装箱专门化列车，昼间承运、夜间运输、次晨送达的冷链鲜活物资运输，满足特殊用户快运需求的各种定制运输服务，以及推行按时集结、定点发车、快速中转、固定接续、准点送达的节点运输模式。

中国铁路在货物快运市场开发方面也有所创新，如铁路企业组织的开行定点（运输起、终点）、定线（固定列车运行线接续）、定日期（确定日期运输）、定车次（车次全程不变）、定价（一口价）的五定班列，是由物流承包商组织货源、铁路运输企业提供运力的快运行包专门化列车。五定班列和行包专列，都属于超编组计划的远程直达列车，充分利用了铁路在运距、批量和运价上的优势，主要是针对公路货运在长距离运输方面的相对优势和航空货运在服务地域范围方面的相对优势，初步探索出在一定物流方向上铁路发展货物快运的途径。近年来，开行的中欧班列是国际铁路多式联运集装箱专门化列车，依靠先进信息技术的支撑，用户使用电子密码锁和无线定位技术装备的新型标准化自备集装箱，多式联运参与人利用第三方平台，综合集成了货源组织、运输方式和路径选择、外贸、通关、联检、金融、保险等业务、创新全程联运业务新的协作式运输组织模式，是运输组织发展的新动向，也是系统工程理论方法在运输组织领域成功应用的典型。

（四）铁路集装箱运输客运化转型

集装箱运输的产生是运输业的革命，是一种高效率、高效益、高质量的现代化运输方式，因此发展成为全球规模的、高度集约化和标准化的行业。随着中国经济结构的调整优化和货运需求结构的变化，作为集装箱运输主要货源的高附加值货物运输需求量快速增长，随着集装箱箱型多样化和专门化，也促使大量液态、散装货物为追求安全和完整而纳入集装箱运输。国际经济一体化下的物流系统布局，在网络不断扩展的同时，也导致集装箱运输距离增大。国内国际的发展背景都要求具备节能环保和中长距离运输优势的铁路集装箱运输在陆路货物运输中扮演更加重要的角色。但是，中国铁路集装箱运输的组织模式陈旧，市场竞争力较差，市场占有率远远低于公路运输，同现实的发展要求相差较大。其运输组织模式亟须改革，即向组织化更强的供需对接的旅客运输模式转型。

集装箱运输客运化转型，是以建设新型集装箱运输系统为标志，以不依靠编组站完成铁路集装箱运输过程为特点，将集装箱运输从传统货物运输体系分离出来自成系统。该系统由路网性集装箱枢纽站、区域性集装箱中心站和地方性集装箱办理站构成三级节点网络，由适应性改造后的集装箱场站，配套的装卸、堆存、集疏运技术设备，全新的运输组织方式等要素所构成。以集装箱为运输基本单元，将随机形成的箱流直接纳入组织化程度更高、送达时间更为可靠的类似客运列车的组织和运送模式，具备类似旅客运输组织的功能。

新型集装箱运输客运化系统的运输组织，以供需对接、箱车对应的方式规范列车编组结构，以车底固定、箱体换装的作业流程改造，以铁路集装箱列车客运化开行为特征，是典型的铁路运输系统工程。新型集装箱运输客运化系统，以新的生产力布局、服务产品设计及其市场化运作，有效提高集装箱运输货物的运送速度和时效性，充分提升铁路运输的核心竞争力，是铁路集装箱运输组织发展的方向。

第三节　基于可持续发展的铁路运输系统工程

一、铁路运输可持续发展的优势

交通可持续发展是经济社会可持续发展的重要组成部分，通过各种运输方式在能源和土地利用、环境影响、运输质量和经济社会效益以及外部成本等可持续发展潜力的分析比较，发现铁路具有独特的可持续发展优势，是资源节省型和环境友好型的大运量交通方式，是现代综合交通运输体系中不可缺少的重要环节，对于完善中国现代化的市场体系产业体系，推动可持续发展领域的科技创新，助力沿海和内陆城市群的健康和谐良性发展，缩小东西部地区发展差距，强化内、外经济双循环格局，具有重要作用。在新发展时期，铁路要着眼长远的科学的高质量发展，在通道和枢纽的规划、建设中充分发挥节约能源和土地的优势，注意避让环境敏感区和生态脆弱区，建立绿色发展长效机制，实现安全、低碳、永续发展。

二、新时期综合运输体系中铁路的科学发展

铁路是国民经济的战略产业，交通运输体系的骨干，应在遵循综合运输体系与国民经济协调发展一致、与国土开发和城市化进程协调一致、运输安全、节能、减排与可持续发展一致的原则下，合理开发利用国土空间资源；应加强以综合交通枢纽建设为重点，统筹规划铁路同其他运输方式综合协调发展。在同各种运输方式综合协调发展中，铁路要充分发挥自身优势，坚持适度超前发展，在国民经济扩大循环规模、提高循环效率、增强循环动能、降低循环成本、保障循环安全中发挥重要作用。

（一）新发展模式下铁路网络和枢纽布局的完善

在新发展模式的大背景下，铁路应依据国家综合交通运输体系的总体规划布局，贯彻总体国家安全观，强化支撑引领作用；应发挥绿色骨干优势，同步建设形成多向连通的综合运输通道和综合交通枢纽，实现运输方式之间在运输全过程中协调配合。

1. 完善广覆盖的全国铁路网，形成便捷高效的现代铁路交通和物流网络，提供覆盖广泛的铁路运输公共服务

（1）完善高速铁路网络。根据国家综合立体交通网"十纵十横"规划布局，在"四纵四横"高铁网基础上，进一步形成以"八纵八横"主通道为骨架、区域连线衔接、城际铁路补充的高速铁路网，实现省会城市高速铁路通达、区际之间便捷连接。

（2）建设国土开发性新线，加强战略骨干通道建设，增大铁路网密度。重点加强国际通道和国内西部纵横通道建设，加强资源富集区、人口相对密集区、脱贫地区的开发性铁路和支线铁路建设。推进重点方向沿边铁路建设，加快提高中西部地区铁路网覆盖水平。

（3）既有线扩能提效，增建复线和电气化改造。强化路网主通道干线瓶颈消除和能力补强，完善大能力煤运通道，强化大宗货物运输能力和服务网络建设，加强陆路国境口岸后方铁路通道能力。

2. 打造一体化的综合交通枢纽，形成与其他交通方式高效衔接、系统配套、一体便捷、站城融合的铁路枢纽，实现客运换乘"零距离"、物流衔接"无缝化"、运输服务"一体化"

（1）以国家综合立体交通网的交通主轴和走廊节点枢纽为重点，助力建设国际性综合交通枢纽集群，优化综合交通枢纽城市功能，完善综合客运枢纽系统，推进国家物流枢纽和综合货运枢纽系统建设。

（2）基于对车站区际和城际的客流强度和关联关系、区域经济定位、路网地理位置、铁路服务覆盖面等的全面分析，分层次建设路网性、区域性客运中心和地方性大型客站，强化重点客运站规划建设。

（3）依据车流集散规律，在路网主通道与自然流大的主要干线交汇点，调整编组站布局，逐步实现编组站集中化、大型化、自动化；完善枢纽结构，配套建设机车车辆检修基地、工电综合检修基地，加强直达基地建设，延长机车交路，加速车辆周转，减少车流改编工作量，降低运输成本。

（4）建设集装箱运输客运化系统的三级节点网络，进行既有场站适应性改造，形成与社会物流系统融合发展的铁路集装箱物流基地。在集装箱运输集中的方向进行必要的线路和站场改造，达到开行客运化集装箱列车的条件。

（二）双循环格局下铁路运输服务的业态创新

交通运输业的产品是服务产品，其市场运营是包括产品结构、服务功能、服务范围、服务规模、服务设施、服务网络、目标顾客和经营方式等要素组合而构成的经营形态，也称运输服务业态。适应技术创新、经济发展和社会进步，创造出不同形式、不同风格、不同产品组合，提供多元化、个性化服务，以及定制服务、预约服务、自助服务、延伸服务等特色鲜明的多种服务形态，就是业态创新。

20世纪末以来，以知识、技术为核心资源的高新技术服务业成为新经济的重要增长点，促进了传统服务业，包括交通运输业的转型升级。高新技术与传统服务业的融合，深刻影响了运输产品设计和营销。其中，先进的信息采集处理、网络传输和智能管理决策技术，是促进运输业态创新的关键因素和推动力量。当前和未来铁路运输服务的业态创新主要体现在以下方面：

（1）运输生产过程管理的数字化转型。这是先进信息、网络和智能技术对铁路运输生产过程的全面渗透，广泛应用于构建生产计划、运营管理、作业控制、资源调配、安全运输、设备维修和市场营销系统。物联网、车联网、大数据和云计算技术的应用，是提高铁路运营组织管理水平、运输效率和运输服务质量，降低运营成本的必由途径。

（2）运输组织网络的社会化转型。这是多式联运在原有企业、用户和中介所形成的组织结构的基础上，应用高新技术助力铁路国际联运参与者利用以先进信息和网络技术为支撑的第三方公共服务平台，综合集成货源组织、货物运输和国际贸易相关业务，形成强化供需双方联系的新的运输组织模式，在形成稳定的运输网络的同时，也形成稳定的社会化运输组织网络。

（3）创建新的线上公共服务和消费模式。这是先进信息、网络和智能技术对运输服务面貌的全新塑造。铁路创造的"互联网"+售票、"互联网"+订单等客货网络营销方式，改变了传统的单一窗口服务形态。普及电子客票、移动支付、在线选座、刷脸进站、网络订餐、自助操作等铁路新的服务方式，深度挖掘铁路运输业延伸服务产品的内涵，提高铁路运输服务的人性化和便捷化水平。

（4）推动铁路与邮政快递、物流业、旅游业和相关制造业等产业的深度融合，拓展运输服务的发展空间：

①以发展高铁物流为载体，以供需对接和设施共享互济，促进邮政快递业新型开放的产业服务生态。

②以旅客联程运输和各种定制服务促进旅游业服务内容丰富和质量提高。

③高铁先进技术装备与相关制造业的融合，为制造业升级换代提供新的发展机遇和发展方向，也为铁路基础设施和技术装备改进、施工建设和运营管理自动化及智能化，特别为运输实质产品（即位移）消费质量的提高，进一步夯实技术基础。

（5）创造基于新技术的无人化生产和服务模式。推广机器人问询、宣传、引导、搬运、保洁、消毒的站车服务方式，无接触、无纸化的运输凭证获取和查验方式；大力发展危险作业机器人，满足高压、高空、高温和高寒、低温、缺氧、气候恶劣条件下的运输生产、施工，以及事故、灾害等突发事件的抢险救灾、应急救援的需求；发展小件货物无人机配送等提高劳动生产率、降低运输成本的新的生产和服务模式。

三、基于现代高新技术支撑的铁路运输智能化

（一）铁路运输智能化系统分析

智能铁路系统是智能交通系统的重要组成部分，在服从智能交通系统总体架构和技术构成的基础上，根据铁路以列车为运输服务产品，具有在特定时空和环境维度下，全天候，可靠性、联动性强，组织化、网络化程度高，需要精准安全控制和科学组织安排的特点，构建智能铁路系统架构和技术构成，如图 3-2-1、图 3-2-2 所示。

广义的铁路运输网络系统是基础设施网络、信息网络、服务网络、能源网络 4 个体系共构的复杂网络系统。基础设施网络是铁路物理网络的主体硬件，是承载交通流的物质条件。服务网络是面向广大用户、实现交通运输基本功能的主体。信息网络是运输网络安全健康运行的重要支撑条件。能源网络是基础设施、载运工具和信息系统正常运行的动力保障。为达到对四个网络动态地全面感知并实现对基础设施和运输工具全要素、全周期数字化管控，保证铁路运输安全、长效、经济运行。制定铁路运输智能化技术路线的指导思想如下：

（1）贯彻国家安全战略目标，建立自主可控的铁路应用技术体系。铁路是国民经济的战略产业，智能铁路发展的顶层设计应建成平战结合、泛在先进的信息安全基础设施，大力推进自主知识产权的北斗卫星导航系统在铁路基础时空坐标、基础设施勘测设计、结构安全监测、列车运行与安全监控、货运实时定位服务等关键技术的高精度、高可靠定位、导航和授时服务。

（2）强化先进信息技术对基础设施、服务网络和能源网络的支撑和赋能作用。应大力推进北斗卫星导航、5G 通信、人工智能、大数据、物联网、云计算、区块链等前沿技术与铁路技术装备、工程建造、设备运维、运输服务、能源供给等领域的深度融合，加强智能铁路关键核心技术研发应用，推进大数据协同共享，促进铁路领域数字经济发展。

（3）以感知—通信—计算一体化等高新技术在铁路通信信号领域的研发应用为突破点，研究 5G 成套技术，推进毫米波通信、无线大数据、数字孪生、云网边端协同技术，实现交通感知网络全覆盖。助力铁路算力网络、智力网络和知识图谱技术研究，推动互联网协议 IPv6、区块链、物联网、标识网络在铁路领域的应用研究工作。

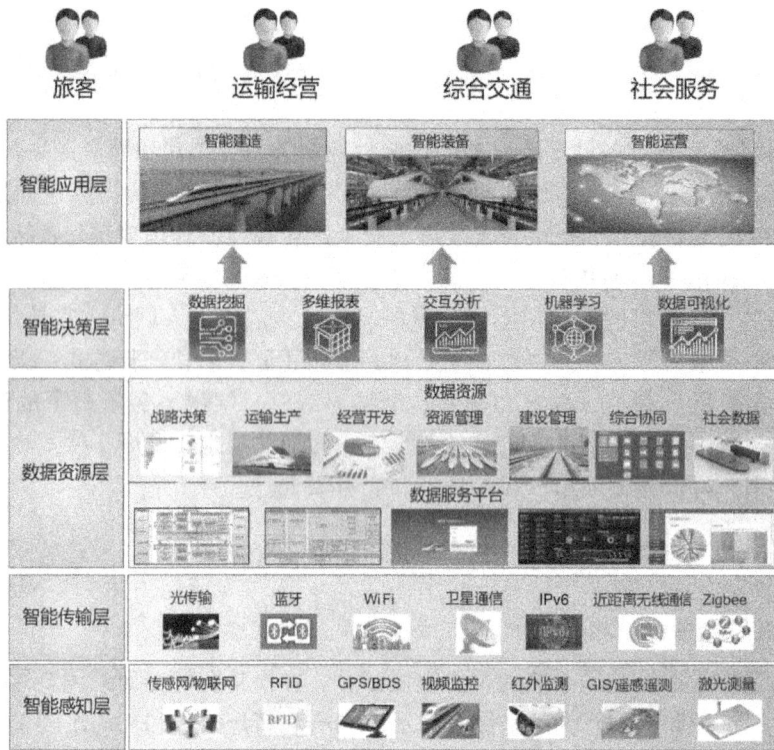

图 3-2-1　智能铁路系统架构

（资料来源：王同军. 智能铁路总体架构与发展展望 [J]. 铁路计算机应用，2018，27（7）：1-8.）

图 3-2-2　智能铁路技术构成示意图

（资料来源：王同军. 智能铁路总体架构与发展展望 [J]. 铁路计算机应用，2018，27（7）：1-8.）

（4）以核心业务领域的深度应用为主攻方向，研究人工智能、大数据技术在铁路运输组织、客货运服务、安全保障、设备设施服役健康管理等的应用，建设安全、便捷、高效、经济、智慧、绿色铁路运输系统。推进综合交通、智慧交通、绿色交通和共享交通可持续发展。

（5）以实现铁路运营管理数字化转型为标志，开展物联网技术在铁路设备设施、运行环境、公共安全等领域的泛在应用研究，推进云计算、移动互联技术在铁路行车组织、调度指挥与客货服务领域的应用研究，以及机器人技术在铁路设备设施运维与抢修领域的应用，把发展铁路数字经济作为铁路运输效益的新增长点。

（二）智能铁路技术研发应用

智能化是铁路现代化水平的重要标志。应以深化智能运输的自感知、自适应、自学习、自组织机理研究，厚植智能铁路技术研发基础。应围绕全生命周期与全业务融合目标，构建智能运输系统技术管理体系架构，深化智能勘测、智能建造、智能装备、智能运维、智能决策技术创新，开展智能化数字孪生平台研发应用。

重点研发具备自感知、自适应、自组织能力，集信息自动感知、采集、接收、记录、传输、处理、报告和运行自动控制为一体的数字智能动车组及空天地车一体化的智能监控系统全覆盖技术，发展基于出行即服务（MaaS）+5G包括刷脸进出站、无感支付、无感安检等的全行程服务技术。

推动智能高铁和城际铁路关键技术创新。基于智慧货物列车要求的机车、车辆车体、转向架、轮对、轴承、车钩以及列车牵引、制动系统的技术装备研发，集成移动自动闭塞、无人驾驶和智能调度一体化的运营管控系统，实现列车群追踪间隔与线路及环境条件的柔性耦合，加快列车调度向复杂场景预案智能化演进。研发基于数据驱动的无人化场站作业组织的人、货、车、场等全要素全过程数字化技术，以及设备设施运维一体化系统技术。

深入研究面向区域轨道交通一体化的总体技术方案和适用于干线、城际、市域（郊）铁路及城市轨道的网络化、公交化、智能化运营关键技术。研发互联互通型车辆及融合CTCS与基于通信的列车自动控制系统（CBTC）等多种模式的新型列车运行控制系统装备，推进多制式轨道交通网络协同运营技术研究，满足列车多网融合跨线运行需要。实现物理形态的互联互通，以及服务形态的"一套体系、一网运营、一票通行、一站安检"的四网融合。

（三）交通运输大数据协同共享

交通运输大数据协同共享是智能铁路建设的数据基础。系统工程理论和方法揭示出"大数据"是指数据体量和类别特别大、无法用传统数据库工具对其内容进行抓取、管理和处理，但又综合和隐含系统的丰富内涵和外延，需要新处理模式才能产生更强的洞察决策能力和流程优化能力的海量、高增长率、多样化的信息资源。因此，铁路系统过去和现状的全部活动所积累的比较完备的数据资料，包括客票销售、货运单据、行车日志、TIMS 和 TDCS系统的列车运行实绩、LKJ 系统的机车运行实绩、日常统计分析报表、设备台账、维修记录、事故报告、能力写实查定等原始记录形成的海量同源异构数据，既是铁路运营管理决策的信息资源，也是构成交通大数据协同共享的信息基础。

加强铁路运输大数据的获取融合及协同共享，关键在于遵循综合交通智能化总体设计框架，围绕综合运输需求，开展联合运输大数据采集处理、分析挖掘、管理决策、融合应用领域，研发多种交通方式间的大数据共享的铁路旅客无缝出行、货物一单到底服务平台，提升铁路运输服务的全数字化水平。

大数据应用技术创新平台，可充分利用云计算的分布式处理、并行处理和网络计算直接赋予面向铁路运输生产第一线的应用系统，以超大规模的计算能力、复杂问题的快速求解算法、海量存储空间和专业软件服务，实现复杂环境下运输过程动态大数据的快速实时处理，极大提高运输管理优化决策的水平。

四、基于碳达峰和碳中和的铁路绿色发展

碳达峰，一般是指国家的年度二氧化碳排放量预期达到的历史最高值。碳中和，是指国家通过技术和管理的措施，实现二氧化碳对环境的"零排放"。2030 年前实现碳达峰，2060 年力争实现碳中和，是中国政府应对气候变化对国际社会的庄严承诺，是我国经济社会系统性变革和高质量发展，生产方式、生活方式转型，生态文明建设，增进民生福祉整体布局的重要环节。

绿色低碳是交通发展方式转变的重要标志。铁路要认真贯彻国家绿色低碳经济体系建设总方针，率先落实国家碳达峰、碳中和部署要求，根据系统全生命周期各阶段的运行特点和排放特点，坚持降碳、减污、扩绿、增长统筹发展，遵循运输结构和能源结构双优化的总体要求，制定铁路碳排放达峰行动实施方案，建立健全铁路能耗和排放计量统计监测体系，以构建"车—线—网—图"综合和"源—荷—储—运—网—维"贯通的大系统综合节能解决方案为重点，充分发挥绿色发展优势，把绿色科技贯穿铁路技术装备、工程建造、生产运营、公共服务全过程，着力降低铁路综合能耗、强化生态保护修复、降低污染物排放、建筑和运输固体废弃物无害化处理和再生利用等关键技术的研发与应用，提高监管水平，打造更高水平绿色生态铁路。铁路节能减排和绿色发展主要围绕以下重点领域和技术研发。

（一）铁路运输绿色发展的重点领域

1. 绿色铁路站场和综合交通枢纽

以铁路场站、枢纽为代表，尤其是站城一体的大城市综合交通枢纽，节能减排涉及枢纽建筑结构设计、旅客集散空间自然通风和冷热源系统设计、空气流场控制、半导体照明节能监控、防震降噪低污染建筑材料应用等技术，要以推动能源转型、改变用能结构、替代燃煤燃油锅炉、采用周边环境绿化、场所卫生保洁、固废污染物集纳、无害化处理和再生利用等新技术，打造绿色铁路枢纽。要着力突破构建以光伏发电、多媒介与多环节储能、直流变频，实现设备系统大范围灵活调控、具备吸纳市政电网可再生电力的柔性负载特征，集成创新以空气源、中深层地热能、蒸发冷却和高效制冷热泵机房等构成的零碳冷热源系统技术，突破高铁站建筑物多室内外空间通道、多内部垂直水平连通空间的多通道、多区域复杂空气流场控制技术，研发灵活多样的"光储直柔"技术，构建供需匹配的调控技术等。同时，也要研究综合枢纽绿色长效系统管理的科学方法。

2. 绿色铁路列车

铁路列车是移动的能耗和污染物排放源。列车牵引能耗是铁路运输主要能耗，应加速推进牵引动力电气化，广泛推行列车节能驾驶技术和电能再生利用。实施减震降噪设备改造和

电磁污染防治，营造铁路沿线绿化走廊，重点针对旅客列车产生的各种固废污水排放，限期全面淘汰旅客列车燃煤供热供暖的落后方式，淘汰污水粪便直接排放的落后设施，提供列车空调设备的空气质量检测和警示设备，建设列车设施的卫生、保洁、消毒和固废封闭式集纳、定点排放和无害化处理系统，强化列车保洁防疫制度建设和日常规范管理等。

（二）绿色铁路技术研发

1. 深化铁路能效提升、低耗设备及可再生能源供给技术研发

深化铁路能效提升及能源供给技术研发的技术路线，首要任务是推进能源、信息、交通、服务四网融合，开展能源互联网架构、核心装备及衍生技术研究，构建面向多制式控制系统、多型号列车的运行控制节能技术体系，研发匹配铁路设施形态布局的能源供给及系统能效管控技术，进而开展综合节能正向设计技术、内燃机车低排放技术、混合动力技术、燃料代用技术和智能运维技术研究；突破重载铁路长距离双向贯通柔性牵引供电关键技术，建设重载铁路"源—网—储—车"相协同的多源供电系统；开发网络化牵引供电系统和大功率、长寿命、高可靠燃料电池动力和储能系统；推进动力源向混合动力、低碳动力发展；研究推广可再生能源、新能源、高标准清洁能源及智能友好并网技术在铁路行业的应用，统筹源网荷储协调发展，有效降低二氧化碳、氮氧化物等各类污染物排放量。其中，发展光伏发电等可再生能源电力及配套"光储直柔"技术、供需匹配的调控技术是未来大势所趋。

2. 加强清洁运输、生态环境保护与修复技术研发

（1）为巩固和扩大铁路绿色发展优势，须进一步开展铁路全生命周期各类因素对自然环境影响和防护方法的研究。应深化铁路基础设施网络生态规划、绿色廊道设计、生态修复等技术的研发与应用，推动基础设施建设与生态系统相协调，与资源环境承载力相适应。应发展综合资源节约技术，提高能源、土地、矿产、建材以及水资源等的利用效率，保护生态环境，保证工程质量，减少废弃工程。

（2）开展提升土地节约技术和集约利用水平研究。应深化桥梁、房建等领域装配式建造及全生命周期节能减排技术研究，加快新旧设施更新改造，研发推广铁路建筑施工材料、废旧材料、建筑垃圾、再生材料的循环利用技术。

（3）强化清洁运输。着力发展移动装备的轻量化、绿色化和环境友好技术，打造绿色低碳移动装备，服务绿色运输需求。完善客运车站、旅客列车卫生服务设施，全面推行旅客站、车固废及污染物全封闭集纳、无害化处理和再生利用系统建设。研发应用专用集装箱运输、散堆装货物运输先进技术，货物标准化无公害包装技术，货车清扫、洗刷、消毒、防泄、货场专用线作业降尘、降噪、消防等专门技术，以及劳动保护和环境卫生监控技术。

3. 提升污染综合防治技术水平

全面提升污染综合防治技术水平，综合考虑大气、水体、土壤等各种污染要素，同时综合考虑社会、经济、资源、生态和人类健康等诸方面的要求，以环境监测为基础，以环境质量评价和环境影响评价为前提，遵循发展生产和保护环境相结合、技术先进性和经济合理性相结合、人工治理和自然净化相结合，防治结合，以防为主的基本原则。坚持铁路固定污染源和移动污染源协同治理，污染和降碳协同治理。强化能耗与排放的监督管理，完善铁路碳排放核查核算报告标准，推动铁路绿色工程建造、监测评估技术的研发与应用。全面提高燃油清洁化水平，提升氮氧化物、硫氧化物、挥发性有机化合物排放净化水平，推广应用干雾

抑尘技术等降低颗粒状污染物浓度的有效措施，研究应用面向高速铁路的新一代超低排放废气净化、减振降噪和电磁辐射防护技术。研发铁路传染性污染物在途无害化处理设备设施。深化全封闭、集装箱、驮背运输等绿色低碳相关技术的研发和运用。

主要参考文献

［1］张国伍. 交通运输系统分析［M］. 成都：西南交通大学出版社，1991.

［2］沈志云，邓学钧. 交通运输工程学［M］. 2版. 北京：人民交通出版社，1999.

［3］胡思继，邵春福. 交通运输学［M］. 2版. 北京：人民交通出版社股份有限公司，2017.

［4］杨浩. 铁路运输组织学［M］. 4版. 北京：中国铁道出版社有限公司，2023.

［5］杨浩. 高速铁路与重载运输［M］. 北京：中国铁道出版社，2015.

［6］张陶新. 绿色低碳交通［M］. 北京：中国环境出版社，2016.

［7］杨浩. 运输组织学［M］. 5版. 北京：中国铁道出版社有限公司，2023.

第三章

公路交通运输系统

第一节　公路运输概述

公路运输是在公路上进行经营性客货运输服务的一种运输方式。公路运输利用多类载运工具和公路运送人员与货物，是综合交通运输体系中网络与服务覆盖最广的基础性交通网络。

公路运输以汽车为主要载运工具，具有以下特点：中等速度，单辆车运能小而总运量大；运输目的多元，运输距离与时间灵活；用于货运具有多批次、高频率运输特征，用于客运可实现门到门服务。由于职业与非职业驾驶人共同使用公路网络且载运工具多样，通行路径存在不确定性与组合变化，公路运输的组织化程度与其他4种运输方式有明显差异。

公路网络既服务于个体交通，也服务于公共交通；既服务于机动化交通，也服务于非机动化交通。由于公路规划、建设、维护主体与使用主体分离，难以计量并征收用户使用基础设施的真实成本，因而导致车辆污染排放、公路拥挤等负外部性。随着自动驾驶技术的出现和应用普及，公路运输管理和组织方式可能出现重大变化。

一、公路的分类

公路可以按行政级别和按等级划分成不同类别。

（一）按行政级别划分

公路按行政级别可分为国道、省道、县道和专用公路。

（1）国道。国道是在国家干线网中具有全国性的政治、经济和国防意义，由国家统一规划，并确定为国家级干线的公路。我国国道以 G 开头，分为国家高速公路和普通国道。如 G1 为北京—哈尔滨国家高速公路（京哈高速），G2 为北京—上海国家高速公路（京沪高速）。

（2）省道。省道是指具有全省性的政治、经济意义，并确定为省级干线的公路，由省负责建设、养护、改造，通常以 S 开头。

（3）县道。县道是指具有县、县级市的政治、经济意义的主线干道，连接县城和县内主要乡（镇）等主要地方。县道一般由大写字母 X 开头，如 X301 为海拉尔—特尼河县道。

（4）专用公路。专用公路是指由工矿、农林等部门投资修建，主要为该部门使用的公路，分别称为厂矿公路、林区公路。

国道与省道为干线公路，县道为农村公路。

（二）按等级划分

根据《公路工程技术标准》（JTG B01—2014），按使用任务、功能和适应的交通量，公路可分为高速公路、一级公路、二级公路、三级公路、四级公路五个等级。

（1）高速公路为专供汽车分向、分车道行驶，全部控制出入的多车道公路。高速公路的年平均日设计交通量宜在 15 000 辆小客车以上。

（2）一级公路为供汽车分方向、分车道行驶，可根据需要控制出入的多车道公路。一级公路的年平均日设计交通量宜在 15 000 辆小客车以上。

（3）二级公路为供汽车行驶的双车道公路。二级公路的年平均日设计交通量宜为 5 000 ~ 15 000 辆小客车。在城镇密集地区或城镇段，为多车道公路且考虑非机动车、行人通行。

（4）三级公路为供汽车、非汽车交通混合行驶的双车道公路。三级公路的年平均日设计交通量宜为 2 000 ~ 6 000 辆小客车。

（5）四级公路为供汽车、非汽车交通混合行驶的双车道或单车道公路。双车道四级公路年平均日设计交通量宜在 2 000 辆小客车以下；单车道四级公路年平均日设计交通量宜在 400 辆小客车以下。

二、公路运输系统的结构

公路运输系统按其设备构成可以分为运输线路、运输车辆、起讫站点、通信设备等子系统，从其实现运输供给的生产过程来看可以分为线路设施子系统、旅客运输子系统、货物运输子系统及运输管理子系统（如图 3-3-1 所示）。运输线路和运输车辆是公路运输系统的重要组成部分。

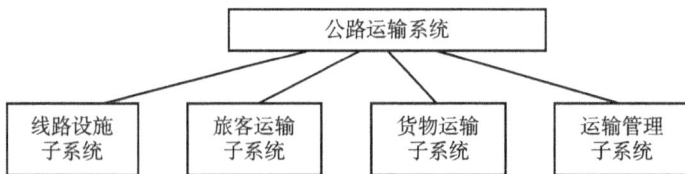

图 3-3-1 公路运输系统的结构

（一）线路设施

线路设施是指公路（或称道路）及其辅助设施。公路是公路运输的物质依托和首要前提。许多国家的公路网规划，一般是以省区首府或行政、经济、文化中心城市为节点，基于高等级公路连接起来，形成公路网的骨干。在我国，还有地方公路网规划，地方公路网通常以省区首府为中心，与地方公路干线连接，通往市（州）、县。此外，地方公路网还包括连接市（州）和县城以及乡镇的公路，以及深入到农牧基地每一个角落的乡村公路。支线公路和乡村公路，是全国和省区公路网的微脉，将全国连成一个整体。

（二）运输车辆

汽车是公路运输的主要技术设备，它是旅客和货物的载体，也是客运子系统和货运子系统的主要组成部分。

公路运输所使用的汽车大致可分为4类：客车、货车、特种车、牵引车（含挂车）。客车又可分为小客车和大客车等。货车按其载重量可分为轻型、中型和重型三种。特种车如罐车、冷藏车、工程车和起重车等。牵引车亦称拖车，专门用于拖挂挂车，挂车车身不带动力，须由牵引车或其他汽车牵引。

（三）运输管理

公路运输的管理通常分为国家管理、地方政府管理及运输企业管理。其中，国家管理包括：由国家有关部门制定相关政策、法规，负责国家主要干线的修建与管理，对地方路网修建的扶持，并指导、审查地方有关部门的工作等。

地方政府管理包括：协助管理区域内的国家干道，负责地区内公路线网的规划、兴建、维护与管理，制定地区有关交通运输政策、法规，负责地区内公路运输行业管理与市场管理，引导地区内运输企业的生产与发展等。

公路运输的企业包括客货运输企业、道路及场站运维企业、车辆维修企业、信息服务企业，以及车辆、装卸设备租赁企业等。

第二节 公路运输系统综合运输能力

由于公路运输系统的线路设备为社会公用，从事运输的车辆数量众多、分布广泛，运营主体多样。因此，公路运输系统的综合运输能力在其内涵及限制因素方面亦与其他运输方式有所不同。如铁路运输系统的综合运输能力主要取决于线路通过能力、机车车辆的供给能力，同时尚考虑其他辅助设施的能力发挥，水运系统的综合运输能力主要取决于船舶运输子系统的输送能力和港口的吞吐能力，而公路运输系统的综合运输能力则主要取决于其线路的通行能力。当然，上述各运输系统的各要素间的协调与配合及其同环境的协调配合是密切相关的，公路运输系统也不例外。

一、公路运输系统综合运输能力的构成

公路运输系统的综合运输能力，是指在一定的技术装备构成及一定的组织管理水平的条件下，公路运输系统在单位时间内所能向社会提供的最大客货运输供给能力。

公路运输系统综合运输能力是通过构成该系统的几个子系统的综合协调而表现出来的，也就是说，它是由道路通行能力、车辆运输能力及运输组织管理能力三个部分有机组合而成的，如图3-3-2所示。公路运输系统的结构特点，特别是公路运输较强的公用性和开放性，

及其管理结构分散、社会车辆较多且分布广泛的特点，导致公路运输系统的综合运输能力通常主要由道路通行能力所决定。就某个公路运输部门或公路运输企业而言，其能力通常由其运输车辆的输送能力和运输组织管理水平等决定。

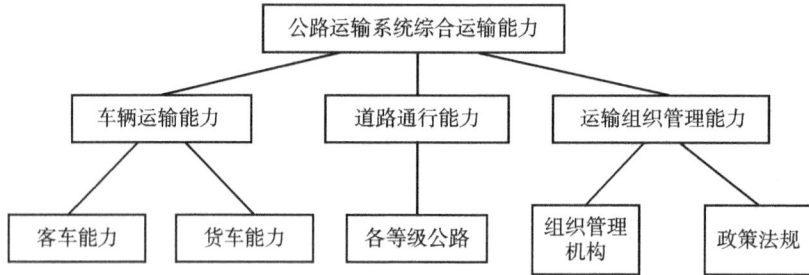

图 3-3-2　公路运输系统综合运输能力构成

二、道路通行能力与服务等级

（一）道路通行能力

道路通行能力又称道路交通容量或道路容量，是指在特定的道路条件和交通条件下，单位时间（通常指 1 h）内能够通过一条车道或道路某断面的最多车辆数（或换算为小轿车的当量车辆数）。道路通行能力是道路与交通规划、设计及交通管理的基本依据之一，也是评价各种道路与交通设施及管理措施的交通效果的基本依据之一。

按照道路及交通状态，道路通行能力可分为基本通行能力、可能通行能力和实用通行能力三种。基本通行能力是指在公路和交通条件均为理想的情况下，道路或车道的通行能力。基本通行能力是确定其他通行能力的基础，又称理论通行能力，可用车头间距与车速的关系来确定，即：

$$C = 1\ 000\ v/L \tag{3-3-1}$$

式中：C——基本通行能力，辆/h；

　　　v——车速，km/h；

　　　L——在连续车流中，前后两车头间最小安全距离，m。

可能通行能力是指在现实的道路和交通条件下的通行能力，它是在基本通行能力的基础上，根据道路、交通的现实状态相对于理想状态的差别加以修正而得，即：

可能通行能力＝基本通行能力×各项修正系数 (3-3-2)

实用通行能力是在设计或实际应用中所取用的通行能力，故又称为设计通行能力。计算道路通行能力是一个复杂的问题。影响道路通行能力的因素繁多，不仅道路的条件（道路所固有的几何尺度）、道路所在地区的交通状态（交通构成）及环境条件（能见度、路况、气温和风情等），甚至交通管理的严格程度都对通行能力有影响。

（二）道路服务等级

服务等级（水平）定性地综合反映了道路及交通条件等多种因素对行车的影响程度，

它与行车速度、行程时间、交通受阻或受干扰的程度、行车安全以及行车的经济性等因素有关。但在实际确定服务等级时，很难全面地对这些因素进行定量分析，只能以其中有代表性的主要因素作为评定的依据。可以主要根据车辆的运行速度 v、流量 V 与通行能力 C 之比 (V/C) 这两个因素进行服务等级划分。

三、道路网综合运输能力

（一）路段运输能力的计算

道路通行能力是指在一定的道路和交通条件下，单位时间内能够通过道路某断面的最大车流量。这里的"单位时间"通常是指 1 h，车流量通常按一定的系数折合成小轿车数量，即当量小轿车单位（pcu）。而道路的运输能力通常是一条道路在单位时间内所能输送的最大的被运送对象的数量，这里的时间常以日或年为单位，被运送对象的数量通常以货物吨数或旅客人数为计量单位。

由道路通行能力推算出道路运输能力，情况比较复杂，要考虑多种因素的影响，如道路每昼夜平均使用时间、高峰小时率、车辆混杂率，以及车辆的构成、车辆平均载重量及各种道路与交通条件等。

一般可按下式算出各等级公路所能提供的综合运输能力：

$$Q_c = 365\psi \cdot N_c \cdot q \times 10^{-4} \qquad (3-3-3)$$

式中：Q_c——某条公路的综合运输能力，万 t/a；

　　　N_c——该公路所能适应的年平均昼夜交通量，车/d；

　　　q——汽车平均载货量，t；

　　　ψ——运输车辆比重，可用观测资料统计得出。

（二）路网运输能力的计算

对于公路网而言，其综合运输能力是构成路网的各路段运输能力的综合，可用下式计算得出：

$$Q_c = \frac{\sum_i (Q_{ci} l_i)}{r} \qquad (3-3-4)$$

式中：Q_c——路网综合运输能力，万 t/a；

　　　Q_{ci}——构成路网的第 i 路段的运输能力，万 t/a；

　　　l_i——第 i 路段长度的长度，km；

　　　r——路网所在区域的平均运程，km。

区域的平均运程同区域的自然地理条件、资源分布、生产布局、人口分布等因素有关，在一定时期内，由于上述影响因素相对变化较小，故可视其为一个相对稳定的数值。区域的平均运程可随区域的经济、社会及科学技术的发展而发生变化。平均运程可用历史资料统计得出。

四、提高公路运输系统综合能力的途径

公路运输系统综合运输能力由道路通行能力、车辆运输能力和运输组织管理水平三个方

面构成，因而，提高系统的综合运输能力须从这三方面入手。

（一）根据社会经济发展需要，加强路网建设和技术改造，提高高等级公路比重

由于公路运输具有较强的公用性和开放性，使得道路能力成为系统综合能力的重要组成部分，因而提高道路能力是提高系统综合能力的根本途径。同时，由于公路运输具有较强的公用性和开放性，所以在加强路网建设和改造时，不但要考虑运输需求发展的需要，而且要考虑社会经济发展的需要，亦即要充分发挥公路运输系统对于区域与区域之间或区域内部的全方位联系纽带的功能。

加强路网建设和改造包含两个方面的含义，一方面要增加高等级公路的绝对数量，提高高等级公路的相对比重，从硬件设备的构成上加强路网建设与改造。另一方面要改善路网节点或交叉道路分歧点的结构，以提高道路的有效通过能力。道路有较多的平面交叉或较多的分歧点，会使道路通行能力有较大折减，特别是具有不同通行能力的两条道路相衔接时，由于存在较大的速度落差，也会使道路的通行能力有折减。因此，改善这些分歧点的结构，可以有效地提高道路通行能力。

另外，提高交通组织管理水平、改善道路交通条件也是提高道路通行能力的有效措施。

（二）合理调整运输车辆的吨位构成，有计划地发展大型车辆和专用车辆，提高车辆的运输能力

运输车辆是公路运输的主要技术装备，是旅客和货物的载体。提高运输车辆的客、货载量，不仅可以提高运输车辆的运输能力，同时提高运输效率，降低运输成本。因此，合理调整车辆构成，提高汽车载重量，是提高车辆运输能力的有效途径，如开展拖挂运输、使用专用运输车辆、发展集装箱运输、客车向舒适化方向发展等。

（三）加强交通管理和交通控制，改善道路交通条件，提高道路通行能力

交通管理和交通控制是确保行车安全和提高通行能力的组织措施和强制措施。其基本思路是：采用疏导的方法，把交通流引导到正确的方向，即采用按方向和速度划分交通流的方法，把它们引入相应的行车道，按照它们的行驶方向以其可能的速度行驶而不妨碍其他车辆的运行。

第三节　公路运输系统的管理与控制

公路运输系统的管理与控制包括公路运输生产过程的管理与组织、道路交通管理与控制两大部分。

一、公路运输管理

公路运输管理主要是指对公路运输生产的行政管理和生产业务指导或导向，包括宏观管理和微观管理两个方面。宏观管理是指政府的管理部门制定规划、方针和政策，颁行有关法令和规章，管理公路运输事业。微观管理是指公路运输生产经营单位建立必要的管理机构和规章制度，利用一定的手段，组织、指挥和监控运输业务的经营。

各国政府的公路主管部门在运输管理方面制定的法令和规章主要有5类：①申请经营公

路运输业务的法律和条例；②公路货物运输规章；③公路旅客运输规章；④公路客货运输的收费（包括运价、货物装卸费用和其他费用）规则；⑤交通运输安全和绿色交通的有关规定。

公路运输生产面广点多，流动分散，服务对象涉及千家万户，运输条件经常变化。一般大中型运输企业必须有强有力的生产组织和管理机构，以及完善的管理制度，同时，亦应有相应的技术手段，以对运输业务实行有效的指挥与监控。公路运输企业应根据运输业务的要求设置相应的生产组织和管理机构。一般除设有人事、劳资、财务、材料等部门外，还应设置营业、运务、站务和机务部门，分别负责制定运输计划和办理承运手续，编制汽车运行作业计划及车辆运行组织及调度，办理客货运输业务及提供车辆运营材料、车辆的技术管理和技术服务及保养维修等项工作。

二、公路运输的运管组织

公路运输的运管组织是一个公路运输企业，根据它所在的国家或地区的经济体制、经济和社会发展情况、人民生活水平，以及路网与车辆的构成和数量等因素所进行的公路运输生产过程的技术组织工作，包括经营方式的选择、车辆运行路线的优化和车辆运行方式的选择等项内容。

通常，公路客运多采用定线、定站、定时的客运班车形式，而公路货物运输的组织通常根据用户托运货物的要求，组织车辆合理运行。

在满足货运任务要求的前提下，选择经济效益较好的行驶路线，是组织车辆运行的一项十分重要的工作。在一定货流条件下，通常把选择具有较高的里程利用率，作为选择车辆行驶路线的一个基本原则。车辆的里程利用率 β，是在一定时期内车辆载重行驶里程 $\sum L_重$ 与总行驶里程 $\sum L$ 的比值，即：

$$\beta = \sum L_重 / \sum L \tag{3-3-5}$$

β 与车辆的空驶率互为补数（两者之和为1）。在车辆的时间利用、速度、载重、拖挂等方面的条件不变的情况下，里程利用率增加，使车辆在出车时间内的载运行程随之增加，车辆的生产率提高。因此，在总行程一定的前提下，尽量提高里程利用率，即尽可能减少车辆空驶，是提高车辆生产率的一个主要方法，也是优化车辆行驶路线的一个基本原则。

三、公路交通管理与控制

随着社会经济的迅速发展，道路的交通量日趋增长，随之而来便产生了道路交通拥挤、混乱甚至阻塞，以及交通事故频生、交通污染严重等一系列交通问题。道路交通管理与控制，就是利用工程技术、法制、教育等手段，正确处理道路交通中人、车、道之间关系的组织方法或强制措施。其目的在于充分发挥已有道路交通设施的功能，使交通流能够迅速、安全地通行，并减轻噪声、废气等交通污染。

（一）公路交通管理

交通管理就是制定交通规则，各种交通管理规章制度和公路养护、管理制度，以及根据当地的交通情况制定某些限制措施，以维护交通秩序，保证公路安全、畅通。公路交通管理的基本内容包括：车辆检验，驾驶人员考核，交通违章及交通事故处理，人行道、车行道及停车场所的管理，交通标志、道路交通标线、隔离墩、安全岛和护栏等道路安全设施的布设，交通的合理组织，交通法规的制定与执行，以及交通安全的宣传教育等。

（二）公路交通控制

交通控制就是采用能够与时刻变化着的交通情况相适应的设备（如交通信号灯等），准确地指挥交通，使之达到安全、畅通的目的。公路交通控制可以分成三种基本类型：交叉路口控制（即点控制）、主干道交通信号协调控制系统（即线控制）及区域交通控制系统（即面控制）。点控制是信号化交通路口交通控制的最基本的形式，它是线控制和面控制的基本单元，它只考虑一个交叉路口而不考虑邻近交叉路口的交通流情况。线控制是将一条主干道的一连串交叉路口作为控制对象，它要考虑这一连串交叉路口的交通流状况，并对其进行协调控制。面控制是将城市中某个区域中的所有信号化交叉路口作为控制对象，对该区域所有的交叉路口的交通流用计算机进行统一的协调控制。

一般来说，交通管理属于静态管理，交通控制属于动态管理，两者综合简称交通管制。

四、公路运输的管理系统

公路运输管理系统主要包括交通信息服务系统、交通管理系统、公共运输系统、货运管理系统、商用车辆运营系统、车辆控制和安全系统，以及电子收费系统。

（1）交通信息服务系统。要想充分发挥交通信息服务系统的功能，就必须具备比较完备的信息网络作为基础，交通参与者会在道路环境中安装相应的传输设备以及传感器等，对交通信息进行实时反馈，传输到交通信息中。交通信息服务系统可针对相应信息作出调整，反馈出行过程中的不同信息给交通参与者，交通出行者则结合交通信息服务系统所提供的不同路线信息做出合适的出行选择。

（2）交通管理系统。交通管理系统基本上是被交通管理者应用的。而对于这一系统而言，它能够对交通系统进行科学有效的管理，并且进行检测和控制；对先进计算机信息以及车辆检测技术进行使用，从而获得更加可靠的交通情况信息，进而结合所获得的信息，对交通情况作出严格控制。

（3）公共运输系统。公共运输系统以电子技术应用为基础，主要应用范围有小汽车、公共汽车、有轨电车和地铁等交通工具，可促使公共交通系统得到进一步发展。

（4）货运管理系统。货运管理系统主要是通过物流对公路交通实施科学管理，该系统是一种相对职能化的物流管理系统，可以将信息管理系统以及高速公路网作为基础内容。

（5）商用车辆运营系统。商用车辆运营系统主要是被运输企业应用的。运输企业对这一系统进行应用，主要是为了提升盈利，进一步开发智能型运营管理技术，提高商业车辆的运营效率以及安全性。

（6）车辆控制和安全系统。车辆控制和安全系统所包含的内容有：规避系统、监测调控系统。对该系统进行使用，可以促使车辆对道路上的障碍物进行自动识别，进而实现自动报警、自动转向、自动制动和自动保持安全车距功能。在事故多发路段，该系统借助语音和光照等方式，对驾驶员进行提醒，还能够提供相应措施避免事故发生。

（7）电子收费系统。电子收费系统是当前比较先进的系统，对这一系统进行使用，还涉及银行、计算机联网技术等，通过把这些内容结合起来实现对车辆的收费。使用该系统，车辆经过收费站时，不需要停车，便可以对费用进行缴纳。此外，该系统能够对收取的费用在后台进行处理，从而分配到各个参与方。

第四节　公路运输系统的影响

公路作为我国重要的交通基础设施，在促进商品与劳动交换中发挥了重要作用，产生了巨大的影响，直接推动了经济的发展。

一、直接影响

（一）行车成本

运输成本涉及的项目很多，因此运输成本往往很高。公路有助于降低交通成本，这主要是因为公路不仅路面比较平整，而且在坡度和曲率的设计上也具有很强的人性化。在设计中综合考虑了各种因素，使车辆的油耗降低，车辆的行驶速度更快，行驶稳定性和安全性更高。而且还能有效地减少刹车和轮胎磨损等方面的问题，这样就能有效地降低车辆的维修和维护成本。而随着运输成本的降低，使得交通更加便捷、经济更加活跃，使得公路的规模效应更加集中，运输市场也变得更加集中，便于大型车辆的运输，故而使得公路运输运载能力得到有效提升，增加和推动了城市物流业的发展。尤其是在当前日益注重低碳经济的背景下，加强公路建设，还能推动城市的低碳经济发展，减少尾气排放，降低车辆油耗等，使得整体行车成本明显下降。

（二）时间成本

时间就是金钱，尤其是在紧急情况下，时间的宝贵不言而喻。以高速公路为例，由于高速公路设计时速较高，通行效率可明显提高。例如，2020 年，为应对突如其来的新冠疫情，全力支援武汉，国家连续数月免除所有高速公路通行费，大大增加了武汉市的交通流量，使得各种生命救援物资能在最短时间内到达现场。再如运送绿色食品的车辆，通过高速公路时免收费，能大大地缩短行车时间，使得更加绿色、生鲜的蔬菜能及时地从田间地头运输到城市。此外，高速公路在推动旅游业、运输业的发展中发挥了巨大的作用。

（三）构建综合运输体系

公路的特点是速度快、舒适度高，不仅能吸引大量的交通流，而且还能促进公路市场占有率的提升，尤其是在促进综合运输体系的完善和发展中发挥了十分重要的作用。具体而言，公路建设给交通量转移提供了较大的便利，在增加物流和人流活跃性的同时，还能满足出行便捷的需求。尤其是随着公路的开通，使得通行距离缩短，通行时间也相应地缩短，使人民出行的意愿更加强烈，极大地刺激了资金、人才、技术的流动。尤其是随着公路运输量的剧增，使得公路运输在经济发展中的作用得到进一步增强，使得综合运输体系更加完善，极大地活跃了经济。

构建综合运输网络体系离不开公路的支持，加上公路自身具有快速而又高效的特点，使得综合运输实力得到强化。与此同时，公路往往连接了机场、高铁站、水路港口等，是不同运输方式的补充，能更好地实现客货运输的有效对接。

二、间接影响

公路的建设，不仅会对经济发展带来直接影响，而且还会带来间接影响，这主要是因为经济的发展离不开公路的支持，其带来的间接影响主要体现在以下几个方面：

（1）经济增长。因为随着公路的建设，势必带动相关产业的快速发展，并发挥乘数效应来促进经济成倍的增长。通过建设公路，有助于改善沿线交通条件，在优化产业布局的同时，又能创造出更多的经济增长点，使得经济实现点、轴、面的发展。加之在公路建设中，需要对沿线资源进行开发利用，使得所在区域的生产要素流通得到了拓展，使得资源的配置更加合理，更好地推动了各大产业的飞速发展。这主要是因为，公路的建设，使得经济发展的空间格局得到了优化，形成了大量的公路产业带。在形成公路产业带之后，使经济空间格局得到了有效的优化，在促进经济跨越式发展中发挥了十分重要的作用。

（2）空间交互。由于公路能有效地缩短不同地区间的行车距离，节约了大量的行车时间，使得空间的相互作用更加明显，不同区域之间的联系更加紧密；使得生产要素能在不同的区域之间跨区域流动；使得劳动力、资本、信息技术等要素的流动更加频繁，同时也降低了生产要素的流动成本。

（3）投资环境。随着公路的建设，交通环境得到改善，交通压力得到缓解，使得投资环境得到优化。而随着投资环境的优化，经济得到快速发展，尤其是周边的交通环境和区位优势将会变得更加明显。使得区域间的联系更加紧密，商业覆盖区域也将变得更加完善，从而更好地推动经济的发展和转型。

（4）旅游产业。公路还对第三产业中的经济发展带来积极影响。在第三产业中受公路影响最大的是旅游业，交通作为旅游业产生的六大要素之中的基础，对旅游业的发展起到重要的连通作用。

三、综合影响

由于公路建设在促进经济发展中有着十分重要的作用，在直接影响和间接影响的基础上，还存在着综合影响。

（一）优化资源配置

一般而言，公路在投资初期收效甚微，但是给其他产业带来的拉动作用却十分重大，还可以促进服务业的发展和消费支出，所以有着较大的扩散效应。加上公路具有安全、快速、便捷和通行能力较强等优势，可以实现人流与物流以及信息流的快速转换。在降低运输成本的同时，还能有效地优化资源配置，有助于改善投资环境，使得沿线经济产业带更加完善。

（二）优化产业结构

通过公路建设对产业结构的优化，使得产业结构朝着更高层次和更加合理的方向发展。如通过加强公路建设，有助于招商引资，推动第二、三产业的发展，促进产业结构的优化，使得在优化产业布局的同时，促进产业结构的优化。

（三）增加就业，刺激消费

公路项目建设周期较长，能有效解决部分群体的就业问题。同时，公路建设所需的钢材、水泥、机械等相关产业也能得到发展，进而推动经济发展。此外，公路还能缩短出行时间，增加沟通，快速拉动消费，促进经济快速发展。

第五节 高速公路

在各类公路中，高速公路代表公路发展的先进程度，是其中最突出的代表。

一、高速公路的技术特征

高速公路为专供汽车分方向、分车道行驶并完全控制出入的多车道公路。高速公路具有运行速度快、通行能力大、运输效率高、交通事故少、舒适度等级高等优点，是促进经济发展和人民生活水平提高的有力保证。目前全世界已有80多个国家和地区拥有高速公路，通车里程超过了23万km。高速公路不仅是交通现代化的重要标志，也是国家现代化的重要标志。

与普通公路相比，高速公路具有以下技术特性：

（一）设计标准高

高速公路路线采用高于一般公路的技术指标。高速公路至少双向四车道，设有中央分隔带，实行对向行车分离。高速公路的线形设计要满足汽车力学、汽车运动学的要求；要满足美学、交通心理学和环境保护的要求。因此，高速公路的线形设计，既有较高的线形指标，又有平、纵、横三面完美的立体协调，能产生完美的美学效果。

高速公路设置有完善的标志和号志、高亮度照明、护栏、防护设施、气象情报装置、紧急电话、交通状况通报设施、隔声墙等。高速公路沿线设置一定的隔离设施服务区，包括停车场、休息区、餐饮部、加油站、修理厂等设施，能够在一定程度上满足旅客、司机、乘务人员在车辆运行中的需要。

（二）交通限制高

交通限制主要指对车辆的限制及车速的限制。凡非机动车辆、行人及车速低于规定标准（我国规定50 km/h）的机动车不准使用高速公路。车速限制主要是对最高行驶速度的限制和最低行驶速度的限制，最高车速各国规定并不统一，如我国为120 km/h，美国为88 km/h，日本为100 km/h，意大利为140 km/h等。

（三）车辆分隔行驶

高速公路的路权和铁路干线路权相似，都属于A级路权，保证车辆优先通过，不受干扰，因此高速公路必须实行所有交叉道路的立体交叉。也就是说，汽车在高速公路上行驶时，除了收费站以外，无论路途多远，不应当碰到红灯，车辆不能受到干扰。

实行分隔行驶，第一是在上下行车道中间设置中央分隔带，将对向行驶车辆隔离，以杜绝对向撞车的发生，而且中央分隔带有一定的宽度要求，使对向行驶车辆互不干扰。第二是对于同一方向的车辆，至少建设两条以上有效行车道，并用画线将车道分开，分为行车道和超车道，将快车和慢车分开，并使快车在超过速度较慢车辆时，行驶速度不受影响，互不干扰。另外，每个方向还建设辅助车道或局部停车车位，使临时停靠车辆对正在同向行驶的车辆不发生干扰。

（四）严格控制出入

控制出入是指对进出高速公路的车辆实行严格控制，对于非机动车和人、畜，则禁止上高速公路。控制车辆出入主要是采用全封闭、全立交，规定车辆只能从指定的互通式立交匝道出入。在交叉道口设置立体交叉，使相交车流在空间上分隔，立体交叉既可让交叉路口车辆互不干扰，又可以控制车辆出入。

高速公路沿线通过设置高路堤、高架桥、护栏、分隔网和通道等封闭措施，禁止非机动车、人、畜进入高速公路，使高速公路封闭起来，排除外界对高速公路行驶汽车的干扰，形成稳定、快速的车流。

高速公路的技术特性决定了高速公路具有运行速度快、通行能力大、运输效率高、交通事故少、舒适度等级高等优点。

二、高速公路的服务功能

不管运载工具古今有多少变化，道路只具备两个基本功能：一是通过功能；二是到达功能。高速公路在整个路网中主要承担着通过功能。但是，在高速公路上行驶的车辆、旅客（包括司机和乘务人员）和货物也具有途中服务的需求。由于高速公路是全封闭、全立交、严格控制出入的公路运输基础设施，车辆、旅客和货物无法享受外界提供的服务。但是，无论高速公路的技术经济特性如何，车辆、旅客和货物的服务需求，如车辆的配载、加水、加油、检修和牵引服务需求，旅客的中转换车、餐饮、如厕、休息、住宿及购物和沿线居民顺路搭乘等服务需求，货物的保鲜、防护和沿线货物的配载等服务需求都是客观存在的。因此，高速公路又具有派生服务的功能，主要有车辆服务功能、旅客服务功能和货物服务功能三大类，这些派生功能主要在高速公路、服务区和停车区实现。

（一）车辆服务功能

1. 加油服务

燃油是车辆的动力源泉，车辆对燃油的依赖性不言而喻。当车辆在高速公路上行驶，司机发现燃油不足时，必须补给。燃油的补给具有较大的随机性。我国几乎所有的服务区和停车区都设立了加油站。服务区和停车区加油站的设立解决了车辆的燃油问题，确保了车辆在高速公路上的持续快速行驶。

2. 加水服务

长途运输过程中会碰到各种路况，如在长距离下坡路段会频繁使用制动器，造成制动器温度上升到 300 ℃以上，有时高达 700 ℃，使摩擦系数下降。试验证明，温度由常温升至 460 ℃时，制动力明显下降，紧急情况下会因制动距离明显增长而发生追尾事故。南方及西南山区汽车上普遍装有制动鼓水冷装置，就是为了降低制动器温度。为了保证车辆的正常安全行驶，大多数服务区和停车区都为过往的车辆提供加水服务。

3. 车辆检修服务

车辆故障的出现，部分具有可预见性，部分具有不可预见性。高速公路虽然路况相对普通公路要好。但是，长时间、长距离、高速行驶的车辆很容易出现故障。据观测，车况中等的货车平均 7 900 km 左右就有一次中途抛锚，车况差的货车则平均 850 km 就抛锚一次。因此，为了保证高速公路上车辆的正常安全行驶，服务区和停车区提供了车辆检修服务。

4. 故障车辆牵引服务

我国高速公路的牵引服务主要指为抛锚和事故车辆提供拖车服务。由于部分车辆无法在紧急停车带快速排除故障，为了不影响其他车辆的快速、安全行驶，必须使用专用车辆将其拖至安全场所维修。在高速公路肇事的车辆也必须使用专用车辆拖离现场。目前，故障车辆的牵引服务多由高速公路经营公司或路政机构提供。

5. 信息引导服务功能

通过道路交通标志与标线、可变情报板、交通广播等途径向驾驶员和旅客提供指路信息、路况信息、天气信息和交通量信息等，引导车辆安全、准确地行驶。

（二）旅客服务功能

由于人体生理、心理条件的限制，有些生理需求无法在高速行驶的运输车辆上得到满足，只能借助于高速公路服务区实现。因而高速公路服务区为旅客提供了如厕、休息、就餐、住宿、购物、观光、娱乐等服务。

（三）货物服务功能

不同种类的货物在运输途中需要不同的服务以达到保质保量送达目的地的要求。冷藏车辆所运送的货物，会因为长时间的途中运行而需要在服务区获得加冰的服务；鲜花、树木、盆景等新鲜植物在运输过程中需要加水以保持生物的活力；运送过程中的鲜活动物更需要途中的养护，等等。这些需要都可以通过服务区的相应配置得到满足。危险品在运输途中需要更多的防护，尤其对于长途货物运输，途中需求对服务区具有更高的依赖性。因此，国内部分服务区提供了货物服务功能。

主要参考文献

［1］张国伍. 交通运输系统分析［M］. 成都：西南交通大学出版社，1991.

［2］吴昊. 高速公路智能交通系统（ITS）的组成与运用初探［J］. 低碳世界，2018（2）：243-244.

［3］万铭. 高速公路建设对区域经济发展的积极影响分析［J］. 中国集体经济，2020（12）：7-8.

第四章

水路交通运输系统

水路运输亦称水上运输，简称水运，是利用船舶、排筏和其他浮运工具，在海洋、江河、湖泊、水库和人工水道等水域运送旅客和货物的一种运输方式。

运用系统分析的理论与方法来研究水运系统及其各子系统的结构、功能，以及它们各自与其环境之间的协调关系，无论是对于强化水运系统及其各子系统的功能，还是对于促进交通运输大系统的蓬勃发展，促进国民经济大系统的内、外良性循环，都具有现实的、深远的指导意义。同时，这些研究对于水路运输理论也将开拓新的思路。

第一节　水运系统的结构与功能

一、水路运输的特点及生产过程

（一）水路运输的特点

水路运输同其他运输方式相比较，具有以下主要特点：

（1）可以利用天然水道，因而用于水道上航道建设的投资比其他运输方式的运输线路投资要少得多，这就为发展水运事业提供了良好的物质条件。

（2）水上航道四通八达，它的通航能力几乎不受限制（设有通航建筑物的航道除外）。一般来说，水运系统综合运输能力主要由船队运输能力和港口通过能力所决定。

（3）可以利用天然的航道（包括内河与海上）的有利条件，实现大吨位、长距离的运输。水运的特点是运量大、成本低，非常适合于大宗货物的运输，例如煤炭、石油、金属矿石、建材及散装粮食等物资的远洋运输多采用水运。

（4）水路运输生产过程由于受自然条件影响较大，特别是受气候条件影响较大，因而呈现较大的波动性及不平衡性。

（5）由于可以利用天然水道，因而占地较少。水运航道几乎不占用土地，节约了国家的土地资源。

（6）远洋运输具有较强的涉外性。

（二）水路运输生产过程

水路运输生产过程相当烦琐复杂，具有点多、线长、面广、分散流动、波动大等特点。以水路货物运输为例，其生产过程是指从货物在起运港承运至到达港交付或疏运的全部运输生产过程，主要包括货物在起运港接收、仓储、装船、船舶运行至到达港，在到达港卸船、仓储、疏运或交付给收货人等过程。水运生产过程按作业性质及地点可划分为港口作业、船舶作业和船舶运行三个部分，如图 3-4-1 所示。

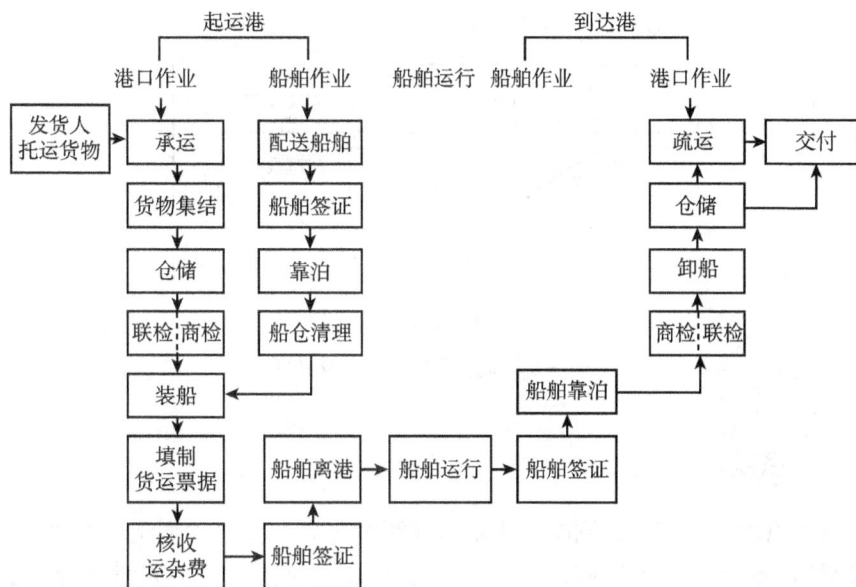

图 3-4-1　水路运输生产过程

二、水运系统的构成

系统是由元素所构成，而各元素之间又存在着大量的相互作用关系，系统同其环境之间亦存在着大量的物质、能量和信息的交换。这样，才使系统得以存在，系统的功能才得以发挥。

港口、船舶、航道和疏运系统是完成水运生产过程的物质基础，它们同水运系统的劳动组织系统及经营管理系统共同完成水运的生产任务。因此，从"硬件设备"来讲，水运系统主要由港口、船舶、航道和疏运系统 4 个要素构成。水运系统的外部环境包括自然环境和社会经济环境两种类型。外部环境对于系统的固定设备（如港口、航道等）的空间布局及系统功能的发挥有着重要的影响。水运系统的结构与关系如图 3-4-2 所示。

水运系统的港口、船舶、航道和疏运 4 个要素子系统又各自具有不同的构成，它们在水运系统中相互作用、相互关联，发挥着各自的功能，从而构成了水运系统的有机整体及整体功能。水运系统各子系统的构成与功能将在以后各节中论述。

应当指出，疏运系统是集结或疏运水运系统被运送对象的子系统，它由水运或其他运输方式所构成。疏运系统本应属于水运系统的外部环境，属于其他运输方式所构成的运输系统。但由于疏运系统是保证港口生产活动得以正常进行的基本条件，是水路运输生产过程得以延续的物质基础，尤其是疏运系统是水运系统同其环境相互作用的联系渠道，因此，我们把疏运系统作为水运系统的一个子系统来研究。同时，如图3-4-2所示，我们又把疏运系统的一部分看作水运系统，而把另一部分看作水运系统的环境，这种处理方法将有利于水运同其他运输方式之间协调关系的研究。

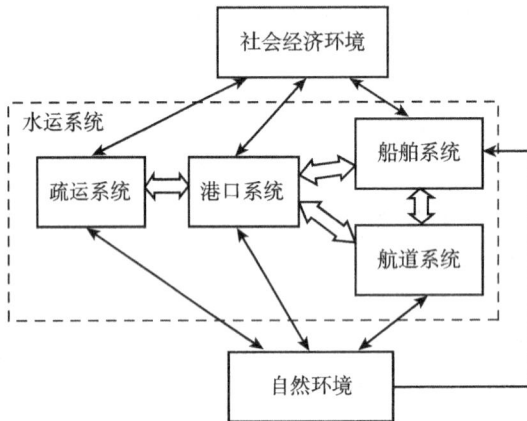

图 3-4-2　水运系统的结构及其环境

三、水运系统的功能

我国有着丰富的水运资源，同时这些水运资源的分布同我国主要货流的方向基本一致。水路运输又具有一系列优点，因此，凡拥有水运资源的一些国家或地区都十分注重充分发挥这些资源的功效。水运系统的功能主要表现在以下几个方面：

（一）经济循环功能

经济循环功能包括一个国家、一个地区的内部经济循环功能及其与国民经济进行外循环的功能。我国幅员广大，海域辽阔，河流湖泊纵横交错，形成了黑龙江、黄河、淮河、长江、珠江五大水系。在我国经济发展的过程中，要充分利用如此丰富的水运资源，不断强化水运系统，实现国民经济内循环的功能，使其发挥出应有的作用。

（二）工业功能

水运系统除了经济循环功能外，还具有一种工业功能，即由于水运系统的形成和发展，促使了与它有关联的某些特殊工业的发展，这种特殊工业一般有以下两种类型：

1. 水运工业

水运工业是指与水运有直接关联的一些工业，如船舶工业、港口机械工业及拆船业等，简称水运工业企业，这些企业直接服务于水运事业。水运工业企业主要承担各种运输船舶、工程船舶、作业船舶和港口机械的制造与修理，以及航海仪器与设备、潜水装备与救生设备、船舶配件等生产。水路运输的发展推动了水运工业的发展，水运工业的发展又促进了水路运输的发展。

2. 临海工业和临港工业

第二次世界大战以后，世界工业出现了临海化的热潮，工业企业大量向临海转移，港口成了工业的集中点，临近海滨或港口发展开发区逐渐成为热点。需要注意的是，在充分发挥水运系统的这种工业功能的过程中，要十分注意水运的岸线资源的保护和综合利用开发。

（三）商业及商业仓储功能

水运系统尚可利用其自身设备向社会提供一种商业性服务。水运系统的这种商业及商业仓储功能包括以下两种类型：

（1）水运部门将自己的库场、泊位或锚地向社会或世界开放，供本国非水运部门或国外水运部门及其他部门使用，或堆放需再次分配的物资，或停靠各种船舶以供避风或供应燃料。

（2）在港口建立水运附属企业，满足运输中转环节的需要。根据规模经济学理论，设备的规模增大，则该设备的单位造价和成本会相应减少。因此国外一些水运部门同其他经济组织一样，生产规模越来越大，这导致了在某些海港建立起一些拥有巨大仓储能力，能大量集中原料和制成品并予以再分配的企业。

当然，如果从货物运输的全过程来看，货物的中转纯属运输过程中不可缺少的一个环节，它是应两个不同运输条件的航线相衔接的运输需要而产生的，以使运输流程合理化。但介于两个国家之间或在第三国发生的运输中转业务，却带有商业性质，属于商业性质的运输服务。在水运系统中尚有一种纯商业性的中转服务，通过这种中转服务使得商品的价值再度增值。

（四）刺激运输需求功能

水运系统尚具有刺激运输需求的功能。回顾运输同经济发展的关系，不外乎两种模式：一种是为发展经济而发展运输，即已经形成了经济点或将要布设经济点，而以交通设施沟通它同外界的联系；另一种是已经有了交通设施，其后围绕着交通设施又自然形成了新的经济点。后者就是运输系统刺激运输需求的功能。水运系统所具有的工业功能和商业功能就是一种刺激运输需求的功能。这种功能也可以说成是吸引运量的功能，而这种被吸引的运量在通常运量预测中往往会被忽视，或不易进行预测。

第二节　水运系统的综合运输能力与工作组织

系统的综合能力是系统实现其主要功能的能力，而系统功能的实现同系统的结构、构成系统的各个要素之间的相互作用与相互关系，以及系统同其环境的相互关系密切相关。

一、水运系统的综合运输能力

如前所述，水运系统由港口、船舶、航道和疏运4个子系统有机组合而成。构成水运系统的各子系统都具有各自的设计能力，而系统的综合运输能力并不等于各子系统能力的简单组合和叠加。水运系统的综合运输能力是在构成它的各子系统之间，以及同它们的外部环境系统相互作用、相互协调的过程中形成并表现出来的。

水运系统的综合运输能力是指在一定的水运需求特性下，系统中所有相关设备在一定的技术组织措施和管理手段的条件下相互关联、共同发挥作用所形成的最大的满足运输需求的能力。水运系统综合运输能力的构成如图 3-4-3 所示。

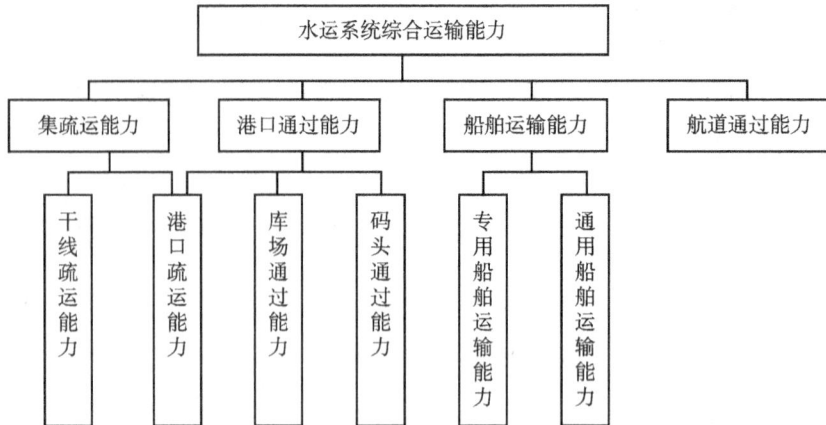

图 3-4-3 水运系统综合运输能力的构成

在水运系统中，由于航道系统的通过能力几乎不受到限制，而通常运输船舶和港口及港口泊位的数量是有限的，因而通常将船舶系统的运输能力和港口系统的通过能力（其中又将港口系统中码头或泊位的通过能力）作为水运系统综合运输能力的限制因素。

二、水运系统的工作组织与协调

水路运输的生产过程是通过船舶在水上航道上的运行，使运送对象在空间上发生位移而实现的。这一生产过程在港口开始，在港口终止，在港口同其他运输方式相衔接与转换。因此，水运系统的工作组织主要包括船舶运行组织、港口工作组织以及它们同其环境系统的协调配合过程，其工作组织与协调过程如图 3-4-4 所示。

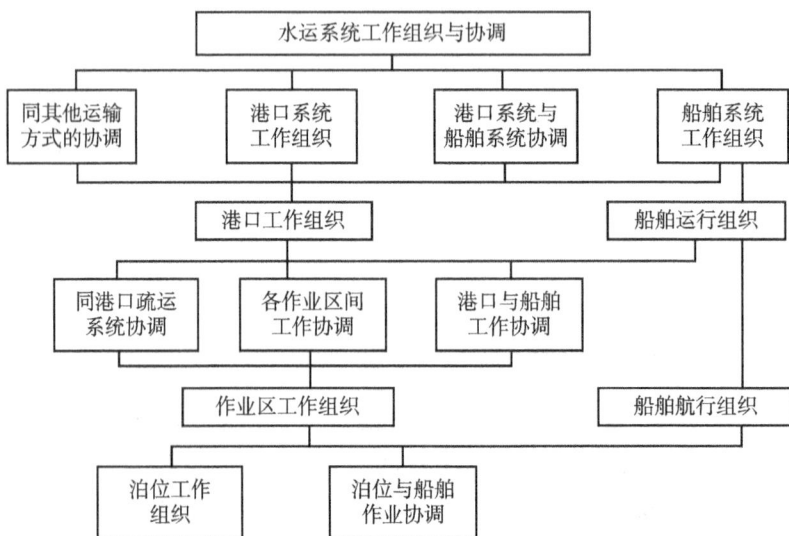

图 3-4-4 水运系统工作组织与协调过程

水运系统工作组织包括总体协调、部门协调和局部协调三个层次的组织与协调工作：

（1）总体协调。即水运系统的工作组织与协调，是系统的最高层次的总体工作组织与协调，主要包括全国主要港口布局规划、主要运输船队运输生产任务的总体安排、港口系统与船舶系统的总体协调关系与协调重点，以及同其他运输方式相衔接与协调的总体要求与安排。

（2）港口工作组织。这是部门协调层的工作组织，是港口当局协调港内各作业区之间的工作，安排港口与船舶系统的衔接与配合，以及同港口疏运系统的衔接与配合。

（3）港口作业区工作组织。这是局部协调层的工作组织，也是运输生产第一线的基层运输生产活动的工作组织，包括泊位工作组织及泊位与船舶工作的协调。

（4）船舶运行组织及船舶航行组织。同部门层次及局部层次相对应的船舶工作组织。

通过三个层次的工作组织，各个层次各司其职，便可使水运系统各个子系统及其相互之间及与其环境系统之间的工作更趋协调，更好地完成水路运输生产任务。

第三节　港口系统分析

港口是具有一定面积的水域和陆域，供船舶出入和停泊、货物及旅客集散的场所。港口的主要任务是为船舶提供能安全停靠，及时完成货物和旅客由船到岸或由岸到船以及由船到船的转运，并为船舶提供补给、修理等技术服务和生活服务。港口系统是指由若干要素所组成的得以完成上述任务的有机整体，亦指在一个国家或一个地区内，由具有不同具体功能及不同规模的港口所构成的港口群体。

一、港口的分类

港口可按多种方法分类。如按所在位置划分为内河港、海岸港和河口港。内河港是建在河流（包括运河）、湖泊和水库内的港口，它为内河船舶及其客货运输服务。海岸港是建在海岸线上或海湾内的港口，主要为近海和远洋船舶及其客货运输服务。河口港建造在江河入海口的河段上或近海口的感潮河段上，兼为海船和河船服务。河口港和海岸港统称为海港。

如按用途划分，则可分为商港、渔港、军港、工业港和避风港。商港是为客货运输服务的港口。渔港是专供渔船停泊，渔获物的卸船、冷藏、加工、转运，以及渔具的补充、修理等用的港口。军港是专供舰艇停泊、物资供应以及修理之用的港口。工业港是厂矿企业专用的港口。在大型商港中，厂矿企业专用的码头，则称为货主码头。避风港专供船舶躲避风暴，并提供物料补充、维修等的港口。

如按进口的外国货物是否办理报关手续，港口可分为报关港和自由港。报关港要求进口的外国货物和外国人向海关办理报关手续；自由港对船舶来港装卸货物，以及货物在港区储存、加工等，不要求交纳税款，也不经海关人员的检查。建立自由港的目的是鼓励和促进国际贸易，使之不受关税的限制。

此外，按港口水域在寒冷季节冻结与否，港口还可以分为冻港与不冻港。

二、港口系统的功能

港口系统是水运系统的要素子系统，它具有以下主要功能：

（1）港口是水运生产过程的起讫点，水运生产过程在这里开始，并在这里结束，水路运输的货物和旅客在这里集结，在这里疏散。

（2）港口是水运设备系统的结合部，水上航道在这里汇集，运输船舶在这里停靠、装卸货物和上下旅客。

（3）港口是交通运输网上交通枢纽的重要组成部分，是各种运输方式的结合部，各种运输方式在这里相衔接、相协调，旅客和货物在这里进行中转。

（4）港口是临海地区或岛屿地区经济增长的依托。即以港口的发展作为港口所在城市经济发展的条件，促进城市及其经济的发展，并以该城市的经济发展带动该临海地区或岛屿地区的经济发展。

（5）港口是沟通一个国家或地区同外界联系的门户。如前所述，水运系统是一个国家或地区实现其经济外循环的基本手段，而港口又是水运生产过程的起讫点，因此，港口就成了沟通外界的门户。对于实行"对外开放"政策的国家或地区，港口则更具有十分重要的地位和作用。

三、港口系统的布局与分工

（一）港口设备系统分析

港口设备系统是一个复杂的设备系统，它分为水域和陆域两大部分。港口水域包括进港航道、港池、锚地。对天然掩护条件较差的海港须建造防波堤，以满足船舶在港池内系泊稳定要求。港口陆域岸边建有码头，岸上则有港口车场、港区铁路和道路，并配有装卸和运输机械以及其他各种辅助设备，同时还包括不属于港口管理的后方集疏运设备（包括铁路和公路），如从系统进行分解则可划分为4个子系统，即船舶运转系统、船舶装卸系统、货物仓储系统及港内疏运系统所构成，它们分别同水上航道系统、水运船舶系统及港口疏运系统相衔接，其结构如图3-4-5所示。

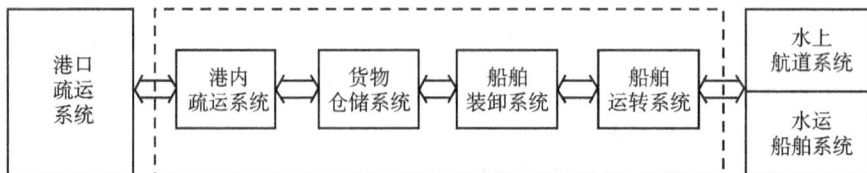

图3-4-5 港口系统的内部结构

（1）船舶运转系统：供船舶进出港口及靠泊之用，包括锚地、进港航道、泊位及泊位系缆设备等，其中，进港航道同水上航道系统相衔接，系缆设备同船舶装卸系统相衔接。

（2）船舶装卸系统：供船舶装卸之用，包括码头岸线、前沿装卸机械及前沿库场等。

（3）货物仓储系统：供货物在卸船后疏运前或承运后装船前的堆放、保管之用，包括仓库、堆场及库场内搬运机具。前沿库场只供卸船后或装船前货物短暂堆放，而货物在仓储系统中的停留时间要较在前沿库场为长。

（4）港内疏运系统：是港口集疏运系统在港口的延续或同港口衔接部分的设备。港口的疏运方式有铁路、公路、水路及管道等几种运输方式，其中水运疏运部分可利用原有港口设备或另辟作业区。

（二）港口布局系统分析

港口布局系统分析包括港址选择、功能和规模的确定，以及港区布置。由于港口，特别是海港，是水上（海上）运营和技术作业的基地，是水陆交通运输枢纽和客货流集散地，所以港口的合理布局直接影响水运的畅通。港口布局具体包括以下三方面内容：

1. 港口布局的宏观分析——区位与布局分析

港口，特别是大型海港，是一个多功能的生产运输综合体，其布局合理与否至关重要。首先，要进行区位布局的宏观分析，具体概括以下几方面的条件：

（1）要有良好的自然条件：包括水深、岸线、潮汐、波浪、海流、泥沙、河口港的入海河口流水量、泥沙淤积情况等。要建设一个优良的深水国际贸易大港，首要条件是必须具有优越的建港自然条件，这是建港的基础。深水岸线是国家宝贵的自然资源，要统筹安排、合理使用，做到深水深用、浅水浅用，以减少基本建设投资和经营管理费用。即使近期暂时不用的深水岸线，也应注意预留，为将来建设深水泊位之用。

（2）综合区位分析：包括地理位置、腹地居民密集程度、经济发展水平及与相邻港口的合理分工、国内外经济联系的特点和程度。

（3）港区后方集疏条件分析。任何一个港口，其基本功能都是进行旅客和货物的承运、到达和中转。它在交通运输网上是一个节点，在客货运输上是一个枢纽，是客货流通的中枢和纽带。为此，它功能的实现必要条件之一就是陆域连接港口是否有方便的运输通道。作为一个大型的海港来说，就需要有与相配套的联络线和干线公路，通过疏港铁路和干线公路与全国铁路网和公路网相通，使港口承运的旅客和货物能方便地到港、方便地离港和方便地中转。

（4）依托城市规划建设的协调分析。港口是一个社会、经济、运输三位一体的经济点，它的形成需满足最基本的三个条件，即具备建港的自然条件、运输和经济发展的需要、与依托城市的协调。一个港口的建设，特别是大型港口，如果没有相应的城市为依托，则其建设与发展是十分困难的。港口既是城市的门户、口岸、对外的窗口，同时港口又是城市的一个组成部分。此外，港口对岸线使用、城市用地等有具体要求。港口可带动城市的发展，而城市又会促进港口的发展。为此，港口规划要与城市规划紧密结合，特别是对一些承担国内外贸易的大型枢纽港所在城市，更要突出港口的综合功能，以港口为重点地安排好城市的建设与发展。

2. 港口布局的中观分析——港口选址系统分析

港口布局在进行完宏观分析后即进入布局中观分析，中观分析主要解决港口的选址问题，即在大方向上确定了港口建设的区位后，就要在区位环境中进行港口选址。就一个区位地带来看，港口的具体建设位置又可能有多个。为此，还要进行具体分析，才能选出较满意的港址。进行港口选址分析时，应主要对影响港址确定的条件进行分析，影响港址确定的条件主要有以下几个：

1）航行条件分析

航行条件分析指的是一类规格的船舶能够不分季节、昼夜，安全迅速地进出港湾。它包括以下几个具体方面：

（1）口门方向。航道口门应有明显的位置和恰当的方向。根据海港的使用经验，当门轴线同强风浪方向的夹角为45°～60°时是比较合适的。口门方向和岸线的交角也不要小于45°，以免当船侧受到风力时，船舶驶到岸滩上。

（2）航道尺度。航道条件中最重要的是入港航道的尺度。入港航道要求短、直、宽、深，且少淤积，这方面对海港尤其重要。海港的口门应保证船只驶入，宽度不能小于驶入最大船舶的长度。

船舶的吃水深度同船舶的吨位成正比。船舶越大，吃水越深。目前世界上万吨以上的海轮已普及，要求海港的航道和水深要在-9 m以上。国外大港，近年新建散货码头水深一般为-12～-15 m，油码头水深为-20～-35 m。

（3）风力、海流和波浪的作用。它们是影响船舶进出港湾码头的一些重要因素。

风对轮船进出航道有一定影响，停靠码头作业时，风力过大会产生不利影响。

海流是海水的流动。港口面临的海流往往是多种原因综合形成的，包括因温度或盐分的不平衡引起的经常海流 V_1，因潮汐和风的季节变化引起的周期海流 V_2，因风力短暂变化或其他偶然因素引起的临时海流 V_3。因而，区域海流 V 就是上述三种海流的矢量和，即：$V = V_1 + V_2 + V_3$。在风速作用下，海流到一定的深度会显著衰减，这就是摩擦深度。当海的深度小于摩擦深度时称为浅海，否则为深海。海流作用于轮船上的压力称为流压。根据实验和计算，当船舶空载时，风力影响超过流压力影响，而当船舶满载时，则流压力影响超过风力影响。因此，二者是必须考虑的因素。

波浪是海洋由于受风力、地震或船行而引起的，而且以风力为主。波浪到达海岸浅水地段后形成拍岸波，拍岸波具有很大的破坏力，为保证港区船舶航行和碰泊作业而建造相应的水上建筑物，如防波堤、码头护岸和其他设施，必须具有相应的结构稳定性。这也是在封闭海湾建港较在开放海岸建港具有更大经济合理性的根本原因。

（4）潮汐变化。潮汐涨落形成潮差，它给码头港池建设和装卸设备的运用均带来一定影响，但它却大大有利于船舶的进港。有些港口由于航道水深不足，须依靠涨潮使大轮乘潮入港。

港口航行条件其他偶然因素还有冷冻、雾日和能见度、泥沙回淤，其中高纬度港口受冰冻影响最大。

自然条件对内河港口船舶进出航行的限制比海港要小。但沿河码头或趸船的布置，与航道宽度有巨大关系。

2）停泊条件分析

所谓停泊条件，即是否具有供船舶安全抛锚、系泊以及装卸倒驳的足够稳定水面。这方面首先是水域能够掩护船舶在碰泊和装卸时不受风浪、潮流的影响。故海港中有岛屿和岩角沙洲围护，口门小而狭的，最合乎要求，平直海岸条件最差。

为了保证轮船的碰泊安全，在选择港址时要对海岸地貌及其对风浪、海流的掩护情况做具体分析。

为了保证大量船舶的抛锚和水上作业，须有广阔的水域和深水岸线。海港的水面是天然的或由人工防护物组合而成。河港的停泊区则多利用天然河道。大的港口水域面积一般在数百万平方米以上。

港湾底质同锚地有关。泥底最利于下锚，其次为沙底，卵石底或岩石底因不易被船锚所"抓住"而使碇泊困难。水深过大，如超过数十米，则锚链常不及，无法用作锚地。

当地风浪与潮流亦影响港口停泊。

3）筑港条件分析

狭义的筑港条件，指对港口设备、建筑以及港口城市进行合理平面布置的可能性。港口陆域的地形和工程地质条件是最为重要的分析条件。三角洲和平原地区有大块平坦地面，可供港口陆域和港口附近之市街用。山地和丘陵则陆域受到限制，这些地区海蚀和河川阶地多可利用。悬崖峭壁的河海岸边最难处理。地面与海底土质情况亦甚重要，这方面海岸港口要有利得多。

广义的筑港条件，还应包括周围的自然条件对港口同其腹地联系是否有利。与海岸或江河平行的山岭，在一定程度上限制了港口的对外联系，并给建设由港口通往腹地的交通线带来困难。通航河口的海港，江河下游或水网地区的河港，则腹地联系条件最佳。

4）腹地条件分析

港口和腹地是相辅相成的。港口是其腹地的门户，腹地是其港口的内庭。把港口比作口，腹地比作腹，也是这个意思。对于大海港而言，其陆地上的直接吸引范围就是它们的腹地；对于沿海小港和内河港口而言，则其腹地包括水上航道网系统内的直接联合和间接吸引范围。

港口腹地亦是一个不断发展的区域。腹地状况包括三个方面：腹地的大小、腹地与港口间的交通条件、腹地的生产专门化程度。这三个因素之间又是彼此相互关联的。港口形成与发展后，反过来又会促进腹地范围的扩大、交通线网的完善和腹地内专门化的进一步发展。港口发展的过程一般是：腹地经济的开发与对外联系的产生—腹地与港口间交通线路的形成—港口腹地范围的初步确定—港口的兴起—腹地交通网的进一步完善—腹地的扩张和生产的进一步发展—腹地对外联系规模的不断增长—港口规模的扩大……。总之，这是一个系统的形成、完善、发展的全过程。

相邻港口之间，其腹地情况往往错综复杂。除了固定于相应港口的单纯腹地以外，还往往出现两个以上港口共同吸引的混合腹地，这可以根据其货流确定合理的货流分流线，通过合理组织进行安排。当然，相邻港口间也存在一定的竞争，通过提高货物运输服务质量，共同促进腹地经济和港口的发展。

3. 港口布局的微观分析——港口系统总体布局分析

港口布局在完成宏观、中观布局分析后就需进行港口布局的微观分析。港口布局的微观分析既与港口建设总体布局相类似，又有不同之处，它还包括结合港口建设布局需要同步建设的相关子项目的建设布局。

进行港口布局的系统总体布局必须遵循以下原则：

（1）必须进行整体统筹规划。港口建设牵涉面广，必须按照统筹安排、合理布置、远近结合、分期建设的原则，搞好较长时间的规划和相应的平面布置，近期建设不要打乱全面布局，影响远景发展。对宝贵的岸线要合理使用，做到深水深用、浅水浅用。

（2）注意水陆联运，做到快装快卸，迅速疏运。港口是水陆联运枢纽，货物及旅客由此水运转陆运或由陆运转换水运。港口总体布置包括水域布置及陆域布置两大部分。港口水域布置主要应保证船舶安全航行、运转、锚泊、靠离码头及进行装卸作业等。船舶尺度及性能不同，港口水域的技术及泊稳要求亦有差异。陆域布置应保证货物及旅客安全、迅速进出港口。港口陆域有货物装卸、储存和疏运三大系统，相应的建筑及设备有码头、库场、装卸运输机械、道路及铁路等，以及配合港口生产作业的各种辅助生产设备等。

港口总体布置的任务是将港口各个作业系统和各组成部件有机地结合起来，使货物及旅客在港口安全、迅速转运。

运输是重要的生产环节，必须以最经济的手段完成全部运输过程，降低运输费用，从而降低装卸成本。因此，在港口总体布置中，各个作业环节必须配套，通过能力必须相互适应协调，避免发生港口堵塞和车船货物积压等问题，从而提高港口综合通过能力，降低运输成本。

（3）要与城市规划相协调。港口布置要做到既照顾港口的特殊要求，又要照顾城市的全面规划，避免相互干扰，减少对城市的污染。外贸、商业、物资部门的货运基地是扩大港口的吞吐能力的重要因素，要在布置中加以研究和安排。在总体布置的基础上再进行以下几部分的布置：

① 港口的水域布置包括锚地、过港航道、港内航行水域、码头前水域、防波堤布置等。

② 港口陆域布置，包括作业区划分、码头岸线及港地的布置、库场布置、铁路布置、港口通路（指港区内部的通路系统），以及生产辅助设施及生活设施的布置等。

③ 港口运输系统与到家运输系统的衔接布置，包括港口疏运铁路与国家干线铁路的接轨站安排、港口取送车系统与国家干线编组站的协调等。

四、港口系统的综合通过能力

港口系统综合通过能力是指在一定的技术装备和技术组织措施条件下，港口系统在单位时间（年、月、昼夜）内所能装卸船舶货物的最大数量。港口系统综合通过能力由构成港口系统的各要素子系统的通过能力有机综合而成，一般包括码头前沿的泊位或码头通过能力、仓储系统的货物堆存能力和港内疏运系统的装卸车能力等几个有机部分。

影响港口系统综合通过能力的主要因素有以下几项：

（1）货物的种类与货流方向。

（2）港口技术设备的性能、数量及完好程度。

（3）港口的总体布置与码头的专业化程度。

（4）运输工具（车、船）的性能、尺度及作业条件。

（5）装卸工人的数量与素质。

（6）生产管理手段与管理水平。

（7）港口的自然条件。

（8）港口的作业组织及与港外部门的协调关系等。

由于我国的运输船舶数量及港口的泊位数量均较少，因此通常将港口的码头或泊位通过能力作为港口综合通过能力的限制因素。但应当指出，港口系统的综合通过能力是在港口内部各个子系统之间以及它们同与之相关的外部环境之间相互作用、相互协调的过程中所表现出来的系统综合能力，也就是说这种系统综合能力既同该系统内各个子系统之间的协调过程有关，也同该系统同它的外部环境系统的协调过程有关。作为港口系统的系统综合能力，当然同构成港口系统的船舶运转系统、船舶装卸系统、货物仓储系统及港内疏运系统等各子系统的能力发挥程度密切相关，而各子系统能力的发挥又同它们之间的协调关系密切相关。同时，港口的系统综合能力只有在港口系统同与它并列的船舶系统、港口疏运系统等外部环境系统相互适应、相互协调的过程中才能得以形成。如果某个港口系统具有运输某种物资的能力，但是这个港口的疏运系统或船舶系统不能为它提供运输这种物资的能力，或者可以提供的能力没有那么多，那么这个港口就不能形成运输这种物资的系统综合通过能力。因此，在考虑港口的系统综合通过能力时，不仅要考察这个港口内部各个子系统之间的协调关系，还要考察这个港口同它的外部环境之间的协调关系，只有这样，才能真正形成它的系统综合能力。

在港口内部各系统之间要有一种能力协调关系，一般来说，后方仓储能力与疏运能力应大于前方的码头通过能力，只有这样才能使码头前沿通过能力得以充分发挥。

五、港口系统同疏运系统的协调

港口是水上运输同陆上运输的结合部，是综合运输网中重要的交通枢纽。在港口枢纽中两种以上的运输方式在这里交叉和衔接。在我国，大部分港口以陆上运输作为集疏运的主要手段，特别是大部分沿海较大港口以铁路作为主要集疏运手段。因此，研究和协调船舶运输系统同陆上疏运系统（特别是铁路疏运系统）在港口的协调关系，是十分重要和有意义的工作。

（一）水陆运输的协调模式

在港湾枢纽相汇集的地区，水上和陆上两种运输方式的运载工具在载货量上有显著的差异，特别是对于海港来说，船舶的载货量是车辆的几十倍到几百倍。由此可见，水上运输，尤其是海上运输对于陆上运输的影响是相当大的。特别是水上运输由于受气象条件的影响而呈现较大的波动性，更加大了水上运输对于陆上运输的影响程度。

因此，在港口运输枢纽，特别是在位于沿海并具有较大吞吐能力的港湾枢纽，应当设置一种具"蓄洪能力"的设备，用以衔接两种不同的运输方式，像水库蓄洪、调节河流水流量那样，缓和和调节两种不同运输工具由于载货量的显著差异及各自生产的不均衡性所引起的货流量的盈缺，以保证到港船舶作业的不间断性和陆上运输（特别是铁路运输）的均衡性。

通过港湾枢纽的货流在具有蓄洪能力的设备中，同水流在水库中一样，有一个相对静止的阶段，即在该设备中被蓄存。对于陆上运输来说，货流以车流的形式进入各种停车场（铁路的接发场、港区车场或公路的停车场）或由停车场出发，而货流在停车场可以呈现一个静止的时期。而对于船队运输来说，虽然直接与之相衔接的港口设备是码头装卸机械，但货流在这一设备中是呈通过状态而非蓄存状态，即没有静止的阶段。因此港口装卸机械不可能具有蓄洪能力，而港口库场则具备这种能力，货流在这里可以被蓄存。据此，可以得到如图3-4-6所示的港湾枢纽水陆运输系统能力协调模式。

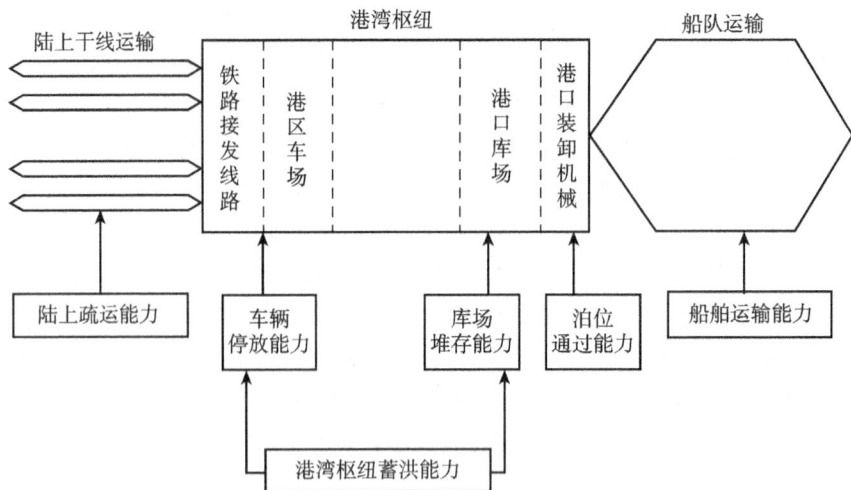

图 3-4-6 港湾枢纽水陆运输系统能力协调模式

（二）港口库场的特殊协调功能

港湾枢纽同陆上运输及水上船舶运输相衔接，其蓄存、调节通过枢纽的货流量盈缺的蓄洪能力，对于船舶运输而言，应设在港口库场；对于陆上运输而言，则应设在各种停车场（铁路到发场、港区车场或汽车停车场）。并且，在这两种蓄洪能力中，又应以港口库场的堆存能力为主，这是因为通过港湾枢纽的货流在同陆上运输相衔接的停车场内的停留，是以车辆的停留来实现的。这种以车代库的蓄存方式是很不经济的，同时其蓄洪能力也不可能很大，不能适应船舶吨位较大及船舶运量波动性较大的要求，这种以车代库的蓄存方式只能一般地满足陆上干线运输的不均衡性所引起的货流量的盈缺。通过库场对港湾枢纽货流量的蓄存与调节作用，不仅可以满足和适应船舶吨位较大以及船舶密集到达连续作业的需要，从而保证船舶和车辆的装卸作业不间断地进行，而且还可以缓和由于上述原因而造成的水上运输对陆上运输可能产生的较大影响，从而在一定程度上保证陆上运输（特别是铁路运输）生产的均衡性。

总之，在港湾枢纽中，港口库场对于港口系统、船舶运输系统及陆上疏运系统的作业能力具有显著的协调作用，在船舶和车辆的装卸作业中显示着特殊的蓄洪功能。

六、港口通过能力、作业组织与管理的协调

港口内部各子系统的协调关系的要点，是使各子系统的综合能够形成最大的系统综合能力及最优的系统综合效益。港口内部各子系统的协调包括以下三个方面：

（1）空间布局方面的协调。港口的空间布局不仅要协调好港口内部各子系统的相互关系，还要协调好港口同其环境的相互关系。

（2）通过能力的协调。港口综合通过能力由构成港口系统的各个子系统的通过能力所构成，它的形成是各个子系统相互协调、相互适应的综合产物。在港口通过能力系统中，码头泊位通过能力的形成需要较多的投资和较长的建设周期，因此，把泊位能力的加强作为提高港口综合通过能力的重点是无可置疑的，但是港口疏运能力的形成亦需要较多的投资和较

长的建设周期，因此在泊位建设的同时，切不可忽视其后方疏运能力的同步加强。一般来说，在港口通过能力系统中，后方疏运能力和仓储能力均要大于前方的泊位通过能力。这可以说是港口各子系统能力协调的基本条件和要求，只有这样才能使经由水运到达港口或始发于港口的货物能够及时疏运或集结，才能使得在港船舶的装卸作业得以连续不间断地进行，从而压缩船舶在港口的停留时间，加速货物的周转速度，降低运输成本。

（3）作业组织与管理的协调。港口各子系统的通过能力是通过其作业进程而得以实现的。因此，加强各个子系统的作业组织与管理，改善各个子系统之间的协调关系，是提高系统综合能力的有效方法。

第四节　航道系统分析

水上航道是实现水上运输的首要物质前提。航道，是指在江河湖海中，能供船舶安全航行的通道。航道内应有充分的水深和宽度，并应有比较稳定的流速，航道转弯处应有适当缓和的曲率半径，在航道内应有航标等导航设备。随着近代运输任务的发展，船舶由非机动船发展为机动船，船型日益加大，对航道的要求日益提高。因此，要求人们更好地掌握河流演变的规律并进行整治，不断改善通航条件。

一、航道的分类

水上航道按其形成的过程可分为天然航道和人工航道两种。航道一般主要是指自然形成的水道，人工航道或者人工建筑物只是作为自然航道的补充或改进。航道按其所处地理位置或其完成的水上运输种类（海上运输和内河运输）可分为海上航道和内河航道两类。按照不同的用途，航道又可分为主航道、入港航道和接连航道几种。其中，主航道是航道的主体，是航道网的骨干；入港航道是连接主航道和港口水域的水道；接连航道是沟通两个水域的航道，它的线路是从一个水域跨越到另一个水域，接连航道一般都是人工开挖的，故可称为运河。

为使船舶能够安全航行，航道应有足够的水深、宽度、适当的转弯半径及净空高度，并应有较稳定的流速。在辽阔的海域及深水海岸，低潮时的天然水深已足够船舶航行需要，即无须人工开挖航道，但在靠近海岸及岛屿部分，会有些浅滩礁石，因此海上航道应避开这些浅滩礁石，并将最安全方便的路线加以标志。

二、航道等级的划分

为了便于进行航道网建设，世界各内河水运比较发达的国家对内河航道的等级作了划分，并制定了航道分级的标准。

国际上航道等级的划分，基本上有两种方式：一种是以我国和西欧为代表的，用船舶或驳船吨位及其船型作为航道分级的标志，以控制有关的通航尺度。这种方式使航道、船闸和跨河建筑物的通航尺度与船舶船队大小的关系一目了然，有利于水运网的规划设计。另一种划分方式是以美苏为代表的，用水深划分航道等级，结合选定船舶吨位和船型。这种方式的优点是灵活性较大，能简化通航标准的内容。

三、航道的通过能力

航道通过能力是指一定航道区段在一定船舶技术性能及一定的运行组织条件下，单位时间（昼夜、月、航期）内可能通过的货吨数或船吨数。

天然航道的通过能力一般包括自由行驶区段和困难区段的通过能力，自由行驶区段是指船舶可以自由行驶和追越的航段，其通过能力一般不受限制。困难区段是指航道狭窄、弯曲半径小、水流急、有险滩暗礁的航段或浅水航段等，这些航段的有些地段船舶可能不能夜航，有些航段只能单船（船队）行驶，不能对驶和超越，船舶要在统一指挥下顺序通过。在浅水地段，船舶吃水要受限制；在渠化河流和人工运河的航道上，船舶一般要通过一系列水面不连续的集中落差。为了改善河流区段的航行条件并克服水位的集中落差，在这种航道上通常要设置通航船闸或升船机等通航建筑物。船舶在通过这些通航建筑物时便不能自由行驶，航道的通过能力就会受到限制。一般来说，人工航道的通过能力取决于这些通航建筑物的通过能力。应当指出的是，为了满足防洪、灌溉或发电的需要而在可以通航船舶的河流上建筑挡水建筑物和泄水建筑物时，应当同时修建通航建筑物，以满足船舶航行的需要，这是我国在较小河流上进行水利工程建设时应当特别注意的问题，以使得水资源能够得到更加充分的综合利用。

一般来说，几乎所有的海上天然航道都是自由航行航道，有足够的水深、宽度和较缓慢流速，并且没有通航建筑物的通航内河也属于自由航行区段。这些航道的通过能力一般是不受限制的，也就是说，在这些自由航行区段不存在航道的通过能力问题，只有在那些具有通航建筑物或困难航行区段的航道区段才存在通过能力问题。影响航道通过能力的因素很多，诸如航道和船舶的技术性能、自然因素、船舶（船队）及其通过通航建筑物的运行组织及经济因素等。

四、航道的疏浚与维护

航道和港口水域在波浪、潮汐、水流和风等动力因素的作用下，会引起泥沙流动，从而在航道和港口水域的底部产生泥沙和其他物质的淤积。为了保证船舶的安全行驶，必须经常对航道及港口水域进行疏浚和维护，以使航道及港口水域保持足够的深度和宽度。

进行航道疏浚会破坏原来的自然平衡，自然力总是趋向于恢复固有的平衡状态。因此，在拓宽浚深航道和港口水域时，除了应先进行规划设计外，还应加强科学研究工作，研究并掌握泥沙运动规律，使疏浚工程适应这些规律，并考虑减淤措施。

第五节　船舶系统分析

船舶系统是实现水上运输过程所必需的物质技术设备之一。水上运输过程起于港口、终于港口，靠船舶来实现并得以完成。水运系统的港口和航道两个子系统都与船舶系统密切相关。在进行港口平面布置、确定航道及港口水域尺度、设计港口，以及修造水工建筑物和过船建筑物时，均须符合并满足船舶外形、尺度、吨位、设备、船体构造及航行性能等方面的条件和要求。

一、运输船舶的分类及发展趋势

对运输船舶进行分类是合理组织船舶运输和有效使用运输船舶的必要条件。根据水域情况与航行方式、运载目的的不同，可将运输船舶分成不同的类别。

按用途分，可分为客船、货船、客货船、拖船和驳船等；按行驶方式分，可分为机动船和非机动船；按航行区域分，可分为内河船、沿海船、远洋船和港口船等。

为了不断提高船舶运输的经济效益，目前世界上运输船舶的发展出现了大型化、专业化、高速化、自动化和内燃机化的多种趋势，并出现了许多新型船舶，以适应日益发展的水上运输需要，如以载运集装箱为主的集装箱船、可供带轮货物或装有货物的带轮货运单元直接滚上滚下的滚装船、可载运驳船的载驳船（又称子母船）、能以连续输送方式自动卸下干散货的自卸船、可运送鲜活货物的冷藏船等。

二、船舶运行组织

船舶运行组织，简单地讲就是对船舶生产活动的计划安排。由于船舶的生产活动过程牵涉到货物（旅客）、港口、航道等各个环节，以及其他运输方式，因此船舶运行组织也就是根据一定时期内的水上客货运输任务、国家的运输政策，以及船舶、港口、航道等的技术运营条件，综合考虑水运生产各环节及其他有关运输方式间的协调配合，对船舶生产所作出的全面计划安排。

船舶运行组织的主要内容包括：规划航线系统、为航线选配适当的船舶或船队、协调各环节的工作、研究拖船与驳船配合方式，以及制订船舶运行时刻表等。

水上运输生产是由船舶和港口共同完成的，船舶运输组织应从水路运输系统的整体效益出发，按运输工艺系统的统一要求，合理组织船舶运行，搞好与港口生产的协调。

船舶运行组织的形式，按运输航程的方向划分，可概括为航次形式和航线形式两种；按船舶编队形式划分，则分为单船运行与顶推或拖驳船队运行两种形式。

（一）航次形式

所谓航次形式，就是船舶的运行没有固定的出发港和终到港，船舶仅为完成某一次的运输任务按照航次计划运行。一个航次完成后船舶便呈空闲状态，可以行驶到它所能够到达的任一港口，运输适合它运输的货物，开始另一个新的航次。

按航次形式组织船舶运输，要根据具体的航次任务做好以下几方面的组织工作：

（1）确定具体航次最优船舶的选型。在每一具体航次任务中，采用不同的船型，则由航行吨成本和停泊吨成本所构成的单位运输成本会有所不同，选择单位运输成本较低的船型去完成相应一航次任务是最理想的。

（2）确定船舶最佳货载。船舶的货载情况是决定船舶使用效率和经济效果的基础，因此配船时应充分利用船舶的装载能力并达到最大的运费收入。

（3）确定船舶最佳速度。船舶最佳速度是指在具体运营经济条件下船舶航行 1 km 成本最低的经济速度或在具体运营经济条件下获得最大盈利的盈利速度。在货源比较充足、运力紧张和运费率较高的条件下，一般应采用盈利速度；而在货源不足，运力充裕及运费率较低的情况下，应采用经济速度，以节约燃料消耗。

　　船舶运行组织的航次形式是一种非正规的运行组织形式。这种运行组织形式船舶所运输的货种、载量、发送港和发送期限，以及船舶的运行方向等，主要取决于具体的运输任务，因此常常会造成船舶的空驶，使船舶使用效率降低。同时，由于航次形式具有不定期性，不利于与港口工作的配合，也不利于与其他运输方式的配合。但是，航次形式是以国家运输计划为基础的，它是为了适应工农业生产和人民生活需要和充分使用船舶运输能力的有效组织形式，特别是由于航次形式具有很大的机动灵活性，能够对航线形式起到一定的调整和补充作用，因此它也是船舶运行组织中不可缺少的一种组织形式，同时航次形式也是航线形式的基本组成部分。

（二）航线形式

　　所谓航线形式，是指在固定的港口之间，为完成一定的运输任务，配备适合具体运营条件的、性能良好的一定数量的船舶，并按一定的工艺过程组织船舶的生产活动，这是一种正规的运行组织形式。航线形式是由航次形式在具有比较稳定的运输需求的航区形成和发展起来的。可见，组织航线形式船舶运行的首要条件是要有量大而稳定的货流或客流。

　　1. 航线形式的分类

　　航线可以根据运输需要组成定期到发船的定期航线和不定期到发船的不定期航线。

　　1）定期航线

　　定期航线又称定期班轮航线，指船舶不仅固定在一定的航线上，同时要求按照相同的运行周期连续循环工作，做到定期定时到发船。这种运行组织方式适于运送货流稳定，货物品种繁多，批量小，收发货单位较多的工业制品、半成品、食品及各种高价值货物。定期航线一般有三种类型，具体如下：

　　（1）定期定港班轮航线。以固定的船舶，按照以运行周期为依据编制的船期表规定的靠、离港日期组织运行。

　　（2）定线班轮航线。固定航线，其靠港只固定几个主要港口，其余港口则视每航次的货源情况决定是否停靠。因此，事先不能编制一定期间前船期表，船舶抵离各港的时间也不能事先规定。这种船舶运行组织方式虽不是定期定港班轮航线，但通常也列入定期班轮航线范围。

　　（3）快速班轮航线。这是一种更严格的定期定港班轮航线。海运发达国家的班轮公司为了加强竞争能力，争取货载，在定期定港班轮航线的基础上，进一步缩短班期，严格按船舶抵离港时间编制船期表，并按小时组织船舶运行。

　　2）不定期航线

　　不定期航线，是船舶只是固定在航线上运行，但并不要求固定循环的运行周期，也就是不要求定期到发船。组织这种船舶运行方式的基本条件仍然是要有比较稳定和量大的货流或客流，但这种货流或客流产生的周期具有较大的差异性或不确定性，也就是说在货流或客流的方向上还是固定的，并具有比较稳定的运量规模，只是具有较大的季节波动性。不定期航线通常是在航次形式的基础上发展而成的，大宗货物，特别是干散货和液体散货如粮食、煤炭、矿石、石油等通常都采用这种方式组织运输。

2. 航线形式的优点

按航线形式组织船舶运行具有以下主要优点：

（1）能够定期送达，这有利于吸收和组织货源。

（2）有利于各生产环节协调配合并有节奏地工作，从而保证正常稳定的生产秩序，有利缩短船舶泊港时间，提高运输效率。

（3）为组成几种运输方式统一工作的联合运输或一条龙运输创造了重要前提和必要条件。

（4）有利于驾驶人员熟悉航行条件，有助于安全航行和缩短航行时间。

（5）有利于对船舶的调度、领导和管理。

（6）有利于船员安排生活。

特别是组织定期航线，能够保证定期送达，这更有利于吸收和组织货源。由于定期航线运输均衡，这对消除港口堵塞，维持正常生产秩序，减少运力损失及提高船舶、港口的生产效率等方面，均起着很大作用。

（三）顶推船队与拖驳船队运行组织

前面所说的航次形式或航线形式的船舶运行组织方式是按照运输航程的方向来划分的，如果按照航行中的船舶编队形式来划分，则船舶运行组织方式可以分为单船运行与顶推或拖驳船队运行两种运行方式。

顶推或拖驳船队与单船运行组织的主要不同之处是载货部分和动力部分可以分开，而且载货部分（驳船队）组成的大小又可以根据航道条件和货流构成的不同而发生变化，因而具有很大的适应性和灵活性。顶推或拖驳船队运行组织又可分为内河与海上两种组织形式。

三、船舶运行与港口工作组织的配合

水上运输生产过程主要是由船舶和港口共同完成的，船舶负责实现运送对象空间位置的移动，港口负责运输生产过程的开始与终了，以及运送对象在不同运输方式间的转换。水上运输生产过程是水运系统的系统整体功能的表现。

港口是许多矛盾的集中点，很好地解决船舶运行与港口工作的配合问题，也就是很好地解决了港口的到发船密度和在港密度，以及合适的到发船时间问题，尽可能地保持港口工作的节奏性和港口负担的均衡性，这对于提高港航工作效率和经济效益都具有重要意义。特别是近年来随着生产和外贸事业的发展，船舶运输能力增长很快，相对来说港口泊位增加很慢，从而造成大量船舶待泊，运力损失严重。因此，除积极增加泊位外，研究并很好解决港航工作的配合问题，更具有实际意义。

解决港口工作节奏性和均衡性的方法，通常是借助于船舶到发及在港密度图进行。即根据各航线的到发密度及船舶在港作业时间，安排船舶到发数量或在港船舶数，检查每天工作的均衡性。如果发现到港船舶过于集中或船舶舱口数大于港口相应货种的作业线路时，便需要进行调整，直到比较合适为止。

应当指出，船舶在港作业的平衡，应先从重点港口着手，并按不同的船舶类型，不同的作业区及不同货种的作业线来考虑，对物资单位的专用码头也要作出专门的安排。

主要参考文献

［1］张国伍．交通运输系统分析［M］．成都：西南交通大学出版社，1991．

［2］张国伍．交通运输系统工程创新与发展：交通人生 60 年［M］．北京：北京交通大学出版社，2008．

［3］张国伍．人生的境界与智慧：交通运输系统工程学科的发展与创新［M］．北京：北京交通大学出版社，2017．

［4］张国伍．综合交通运输系统工程的创新发展与论坛："交通 7+1 论坛"50 次会议主要学术成就：2005—2018［M］．北京：北京交通大学出版社，2018．

［5］黄家城．水路交通管理［M］．北京：人民交通出版社，2003．

［6］黄明，陈鹏．水路运输系统安全和质量管理体系概论［M］．北京：科学出版社，2021．

第五章

民航交通运输系统

第一节　民航运输系统构成

航空运输产品由机场、航空公司、空中交通管制（简称空管）等核心系统，以及航空维修、航空器材、航空油料、航空信息、航空金融等保障和辅助系统共同提供，如图3-5-1所示。这就使航空运输供给产品质量的保障和准点运行的保障因受多个系统协同运行的影响而变得非常复杂而困难。

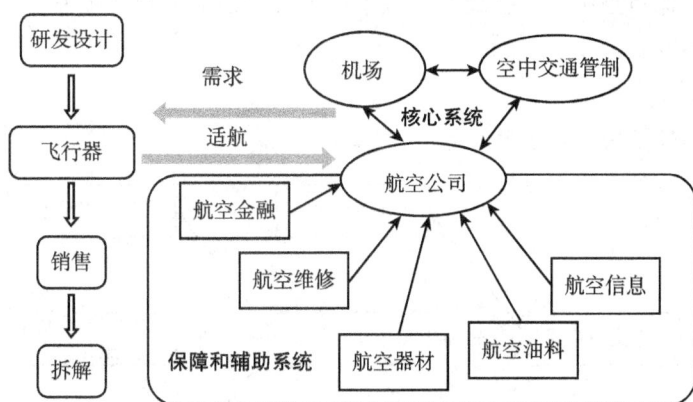

图3-5-1　航空运输系统构成

航空运输各子系统如下：

（1）航空公司系统。航空公司是航空服务产品的提供主体，直接面对顾客和货主构建航空网络策划服务项目，拥有运输工具，具备组织生产人员（飞行员、机务员、客货代理等）生产的能力，其管理水平和服务水平更直接被消费者感知。

（2）机场系统。机场是航空运输基础设施，是航空运输的网络节点。机场的跑道、滑行道、登机门（廊桥）、停机位等地面保障设施和航路的空域、导航设施的保障能力，以及相关人员的服务能力共同保障了航空运输产品的实现。

（3）空管系统。空中交通管制的目的是：防止航空器相撞，防止航空器与地面障碍物相撞，维持空中的交通秩序，保证有一个快速高效的空中交通流量。

（4）保障和辅助系统。一般由航空油料、航空器材、航空信息、航空维修、航空金融等业务板块或者子系统构成。

在中国，保障和辅助系统主要由中国民航信息集团公司、中国航空油料集团公司和中国航空器材进出口集团公司三大集团公司组成。其中，中国民航信息集团公司面向航空公司、机场、机票销售代理、旅游企业及民航相关机构和国际组织，全方位提供航空客运业务处理、航空旅游电子分销、机场旅客数据处理、航空货运数据处理、互联网旅游平台、国际国内客货运收入管理系统应用和代理结算清算等服务；中国航空油料集团公司是面向国内航空运输企业提供航空油品采购、运输、存储、检测、销售、加注一体服务的公司；中国航空器材进出口集团公司为各个航空公司提供购机、飞机租赁、地面设施工程建设等服务。

第二节　民航运输关键子系统分析

一、空管系统分析

空中交通管理是提供空中交通管制服务，旨在防止民用航空器同其他航空器或障碍物体相撞，维持并加速空中交通的秩序的活动。其主要任务包括：维护和促进空中交通安全、维护空中交通秩序、保障空中交通畅通等。该系统主要包括空中交通服务、空中交通流量管理和空域管理三大部分。

（一）系统结构

空中交通管理的系统结构如图 3-5-2 所示。

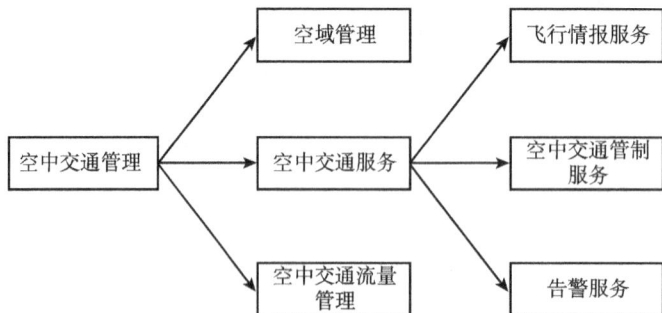

图 3-5-2　空中交通管理的系统结构

（二）系统分析

1. 空中交通服务

空中交通服务是空中交通管制单位为飞行中的民用航空器提供的服务，包括空中交通管制服务、飞行情报服务和告警服务。

提供空中交通管制服务，旨在防止民用航空器同航空器、民用航空器同障碍物体相撞，维持并加速空中交通的有秩序的活动。提供飞行情报服务，旨在提供有助于安全和有效地实施飞行的情报和建议。提供告警服务，旨在当民用航空器需要搜寻援救时，通知有关部门，并根据要求协助有关部门进行搜寻援救。

2. 空中交通流量管理

空中交通流量管理（air traffic flow management，ATFM）是指科学地安排空中交通量，使得空中交通管制系统中总的交通量与其容量相适应。空中交通流量管理的主要作用是监视一定范围的空中交通状况，进行交通流量的预测和控制，防止特定航线、区域或扇区的流量过分集中，以求增大整个航空管制区的处理容量，减少空中和地面飞机的延误，防止空中交通管理系统超负荷运转，保证空中交通的安全和畅通。

流量管理的数学描述可以用下面的公式表示：

$$h_p \leq q_p(t) \tag{3-5-1}$$

式（3-5-1）中，p 为空域单元，表示整个空域系统或者其中一部分，如一个航路汇合点、一条跑道、一个机场、一个管制区等，t 表示时间段。h_p 表示 t 时间段内请求通过 p 空域单元的航空器的数量，即通过 p 的流量。按照流量管理的定义，如果管制发现某地点或者某区域流量大于容量，即"流量饱和"时，为了保证空中交通安全、畅通，需要采取各种限制措施以减少通过 p 的流量，或者增加 p 的容量，即实施流量管理。可见，流量管理的核心任务就是保证流量与容量的平衡，防止出现饱和。

人们通常假设飞机的到达服从某个理论分布，以该分布计算样本的方法对飞机流进行仿真。大量研究表明，到达飞机流具有泊松分布的特点：平稳流，无后效性。其数学表述为：

$$P\{X = k\} = \frac{e^{-\lambda} \times \lambda^k}{k!}, \qquad k = 0,\ 1,\ 2,\ \cdots \tag{3-5-2}$$

在空管系统中，单位时间内到场航班的数量是一个随机变量，如上式 X 所示，X 服从参数为 λ 的泊松分布，λ 为航班的平均到达率（航班单位时间的平均到达数）。将排队理论应用于空管系统，对于多跑道的机场系统，如果到场航班流服从泊松分布，则有：

$$W = \left(\frac{\sigma^2 + t^2}{2t^2} \right) \frac{\lambda^k t^{k+1}}{(k-1)!\ (k-\lambda t)^2 \sum\limits_{n=0}^{k-1} \frac{(\lambda t)^n}{n!} + \frac{(\lambda t)^k}{(k-1)!\ (k-\lambda t)}} \tag{3-5-3}$$

式中，W 是每架航班的平均等待时间；λ 为航班的平均到达率；t 是跑道的平均服务时间，t 的倒数为平均服务率，即单位时间内跑道所完成服务的航班均值数；σ 为跑道平均服务时间的标准偏差；k 是跑道数。

3. 空域管理

1）基本概念

空域管理是指按照各国国家法律规定以及国际民航组织相关标准的要求，对空域资源进行规划、管理和设计的一项工作。空域规划、管理和设计的前提是航空运输的参与者在安全、有序、正常的环境和规则下运行。为了对航空器提供安全、及时、有效、正常的管制服务、飞行情报服务和告警服务，防止航空器空中相撞或航空器与地面障碍物相撞，保证飞行安全，促使空中交通有秩序地运行，必须对空域资源进行规划、管理和设计。同时，各国空域资源的特点，即空域资源的国家属性和空域资源分时重复使用性，也决定了空域管理的重要性、动态性和技术性。

2）主要内容

空域管理主要包括空域数据管理、空域划设、空域规划等几方面，具体工作内容如下。

（1）空域数据管理。空域数据按照使用性质分为空域结构数据和空域运行数据。空域数据的管理包括空域结构数据和空域运行数据的收集、整理和使用。空域结构数据是指导航设施数据、飞行情报区和管制区数据、管制地带数据、航路和航线数据、其他空域数据等静态数据。空域运行数据是指各类空域使用方面的数据，包括该空域范围内活动的种类、飞行架次、使用时间等动态数据。为了保证空域数据的时效性，空域建设方案生效后，会对相关的空域数据及时进行修订。空域数据管理是空域规划和空域划设工作的基础，除了空域结构与运行数据外，航班飞行历史统计数据、气象数据、地理地形数据等相关辅助数据也是空域管理工作所需要的重要参考数据，因此也可以纳入空域数据管理的工作范畴。

（2）空域划设。空域划设是指对空域中涉及的飞行情报区和管制区、航路、航线、进离场航线（飞行程序）、禁区、限制区、危险区等空域资源以及飞行高度、间隔等空域标准进行设计、调整、实施与监控的过程。空域划设工作是空域规划工作的具体实现，在工作开展过程中，需要针对不同的空域使用者的需求，提出合理的空域设计调整方案，并对空域容量、工作负荷、安全、设施设备、环境等方面进行评估，确保设计方案能够满足空域标准的要求后，才能投入运行使用。空域划设是空域管理工作中内容最多的一部分，它需要协调的相关环节比较多，在空域划设过程中，既需要保障运行安全，又需要满足空域使用各方的要求，是一项复杂的设计工作。

（3）空域规划。空域规划是指对某一给定空域，通过对未来空中交通量需求的预测或空域使用各方的要求（军方和民航），根据空中交通流的流向、大小与分布，对其实施战略设计和规划，并加以实施和修正的全过程。其目的是：增大空中交通容量，有序空中交通运行，有效利用空域资源，减轻空中交通管制员工作负荷，提高飞行安全水平。空域规划工作是空域管理工作的重要组成部分，为空域管理工作提供宏观指导，是其他空域管理工作开展的目标和依据。

二、机场系统分析

（一）系统结构

机场是航空网络中的节点，是航空运输的枢纽，是飞机运输与地面运输的桥梁。机场同时为飞机和旅客提供服务，也常常是航空运输组织、调度中心、机务维修和航空公司的基地所在。因此机场是航空运输活动的核心地带。同时，它又处于一定区域、城市社会经济、文化背景的环境中，是航空运输系统与其他社会经济系统及综合运输网络的接口。因此，机场是一个多目标、多功能、多部门、环境复杂、结构复杂的大系统。

机场从结构上可首先分为飞机服务系统及客货服务系统两部分，然后再细分为各种设备相关的服务系统。根据《航空法》第 53 条，民用机场是"专供民用航空器起飞、降落、滑行、停放以及进行其他活动使用的划定区域，包括附属的建筑物、装置和设施"。换言之，民用机场不仅提供飞机起飞、降落和停靠所需的跑道、助航设备、机坪等系列保障设施，还必须提供旅客候机、转机和等候休息的候机楼，以及与行李服务和货物运输相关的设施设备和场所。

（二）机场系统分析的内容与方法

早期的机场分析比较注重于从技术的角度进行单个机场的设计。近年来，由于人们对于机场系统及其复杂性的认识日趋完善，也由于机场系统的不断完善，一种以政治、经济与信息技术相结合、定性与定量分析相结合、内部环境与外部环境分析兼顾的机场系统分析方法已经在机场的建设、日常运营中占据了重要地位，机场的规划建设和日常运营也趋于完善、合理。

此外，人们也逐渐不再只关注一座机场的运行能力或效益，而是着眼于几座区位相近的机场的竞争与合作，再与所在地区的经济社会发展情况联系起来一起考虑，机场群的概念由此产生。如何使相邻机场之间良性竞争、协同发展，明确机场群中各机场的定位，使地区发展效益达到最大化是大家都在讨论关注的问题。

1. 机场建设

在机场建设过程中，需要进行以下分析：环境与选址分析、航线网络分析、功能定位分析、机场目标分析、需求分析、方案设计、方案优化与评价等。

1）环境与选址分析

机场建设的目的是服务于航空运输的系统需求，服务于当地的民众和货物，以此带动地方经济的发展。因此，机场所在地的政治、经济及自然环境对机场未来的运营带来巨大的影响，机场环境与选址分析十分重要，需要进行大量的工作。环境分析主要包括：地区政治经济特征分析、城市工业分布分析、其他运输方式分析等。机场选址包括的内容众多。根据文献及工作实践、文件要求，将民用机场选址的影响因素划分为刚性因素（场地大小、工程地质、净空、空域、气象、防洪、电磁环境、矿藏及文物）、可比选因素（城市发展、环境影响、配套设施、土地占用、工程投资）和其他因素（军事、地方政府、特殊地形）三大类十六小类。

2）航线网络分析

航线网络分析有助于确定机场未来的发展定位（枢纽机场、干线机场、区域机场、支线机场），并决定机场的整体规模（飞行区等级、跑道数量、客货流量等）。该分析并不是去具体确定机场应该与哪些城市通航，而是着眼于整个网络的航线和机场节点特点、连通度等的一种分析。枢纽航线网络构型是与枢纽机场的区域定位、基地航空公司的规模及其经营战略密切相关的。枢纽航线网络通常有两种构型，一种是"单中心"中枢辐射航线网络，另一种是"多中心"枢纽航线网络。

3）功能定位分析

机场的功能定位就是为机场定性，以便指导未来机场具体设计方案。功能定位分析是在机场环境分析与航空网络分析的基础上进行的。例如，按照机场在网络中的位置来分，有干线机场与支线机场之分；按照服务范围分，有国际机场与国内机场之分。

4）机场目标分析

机场目标分析就是依据机场性质制定机场短期、中期、远期目标，给出相应的依据和评价尺度，并在之后的机场设计方案中有所体现。机场目标要具体化、定量化。机场目标包括：社会效益目标、经营效益目标等。

5）需求分析

需求分析是在前面各个分析的基础上，预测出机场不同时期将可能承担的客货运量、主要起降机型、起降架次等。需求分析是方案设计的基础。

6）方案设计

方案设计是机场建设的核心部分，主要包括：机场选址、机场布局设计、机场规模确定、设施能力标准、设施数量等。根据机场性质、所在城市的布局，首先选择合理的机场位置，机场位置选择要与城市布局相协调，机场空域要满足要求，陆域要留有足够的扩建空间。而后根据当地的实际地理情况确定跑道方向、航站楼构型，同时综合考虑其他设施（塔台、滑行道、机位、货站等），合理分配位置。而后根据机场的定位和目标，对抵离机场的飞机机型、起降架次进行预测。设施能力设计要以综合能力要求为目标，使机场综合能力满足运输要求，并相互协调。

目前，机场设施容量预测已经摒弃了简单利用预测出的需求量乘以一定比例系数来确定设施容量的方法，而是采用系统分析的方法，以形成机场的系统综合能力为出发点。机场服务系统是一个典型的排队系统，流的分布也很复杂，能力设计要协调分析高峰小时的大需求量和设施利用率之间的矛盾，达到综合能力适当、经济效益高的目标。

7）方案优化与评价

根据确定的机场目标，从社会效益、旅客效益、企业效益三方面对所提出的诸多能力、管理方案进行系统优化与系统经济评价、系统综合评价，由此推荐出若干方案。如果发现所设计的方案有问题，要重新进行各方面的调整，直至得到通过评价的若干方案。

2. 机场运行系统

机场运行与管理，主要是指机场现场指挥调度与运行控制、机场场面道路养护、机场安全及安保管理、机场经营管理等方面的综合性系统工程。

1）机场运行管理体系

机场的日常运行管理主要分为四大体系：安全管理体系、运行管理体系、安全保卫体系和应急救援管理体系。

（1）安全管理体系。安全管理体系包括十大要素：安全政策、安全目标、组织机构及职责、安全教育与培训、安全信息管理、风险管理、不安全事件调查、突发事件响应、机场安全监督及文件管理等。

（2）运行管理体系。机场的运行管理是机场管理部门最核心的业务，主要包括：航班生产保障（流程、质量控制）、地面特种车辆的运行调度、航空器地面运行调度等内容。

（3）安全保卫体系。机场的安全保卫主要包括：机场安全保卫组织体系、机场安全保卫方案、防止非法干扰总体预案、危险品运输等内容。

（4）应急救援管理体系。机场的应急救援管理主要包括：应急救援指挥体系、预案管理体系、日常管理体系（培训、演练、设备）、应急救援现场需要注意的问题等内容。

2）机场运行管理模式

国内机场的运行管理模式主要有两种：一种是传统的单一运行指挥中心模式；另一种是AOC/TOC模式。

（1）单一运行指挥中心模式。该模式中，指挥中心负责信息与楼内楼外资源的处理和发布、对航班生产过程中机场内部各职能部门和外部单位的协调工作。航站楼的运行管理建立在三级调度机制下，须依据运行指挥中心的生产协调开展生产保障工作，机场内部各个职能部门在自己的业务范围内独立运作。

（2）AOC/TOC模式。该模式将指挥中心从机场运行日常事务处理中解脱出来，把必须在机场全局层面统一指挥的业务和职能整合在AOC（airport operation center），将航站楼管理的职能和责任下放给TOC（terminal operation center），TOC责任和权利统一，对楼内服务质量负责，并在专业支持部门的配合下做好整改工作，对下属各部门和分公司结构进行调整：在区域管理范围内组建区域管理公司作为资产主体和责任主体，由其向各个专业公司购买服务。AOC/TOC负责提出各自区域内的技术改进方案，综合评估后制定改进需求的优先级，由公司职能部门采购执行，确定合适的专业支持部门或专业服务机构。

3）全面机场管理

全面机场管理将机场视作航空运输网络中的一个节点，机场利益相关方（航空公司、地面代理、空管单位、安检部门、急救部门和机场管理机构等）基于商定的绩效目标、流量目标和资源事件目标以及静态约束条件和动态约束条件，协同规划机场运营计划（airport operation plan，AOP），并在机场运行控制中心（airport operation center，APOC）实时监控AOP运行指标执行情况，当预测到AOP偏离计划或存在潜在的干扰因素时，提前启动协同决策程序，主动采取应对措施，确保特殊情况下机场顺畅运行。

因此，大型机场应以构建协同运行新格局和业务发展新生态为目标，整合内部运行控制体系，联合利益相关方（空管部门、航空公司、地面代理和其他驻场单位）共同建立机场联合运行控制中心。这个联合运行控制中心不是简单的物理空间上的集中，而要对其赋予以下六大核心能力，如图3-5-3所示。

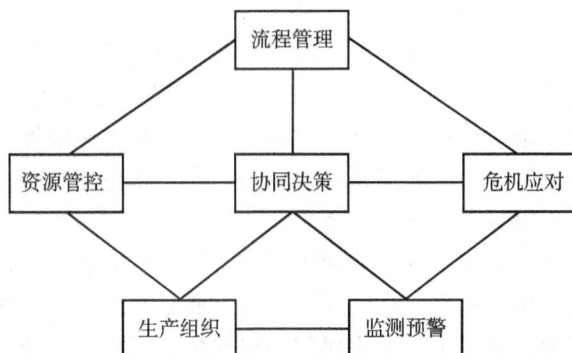

图3-5-3 联合运行控制中心

（1）流程管理能力。在确保安全可控的状态下，根据空中和地面保障资源状况，机场利益相关方共同确立机场运行指标（如客货运输量指标、起降架次指标、航班正常性指标等），共同监控运行指标执行情况，并依据实际运行情况，对机场运行规则、运行标准以及保障流程实时动态调整，提升机场运行效率和客户服务质量。比如，为减少航班延误时间，对符合条件的航班实施快速过站保障程序；在不影响航班正常性的情况下，根据晚到旅客实时位置信息和航班计算撤轮挡时间，灵活调整舱门关闭时间。

（2）资源管控能力。在日常的生产运营管理中，机场利益相关方根据机场运行指标共同制订机场航班运行计划和资源配置规则，资源管理单位根据实际运行情况对资源分配方案进行动态调整，在公平的平台上实现机场资源利用的最大化，比如机位资源管理和航班时刻管理。

（3）生产组织能力。航班生产组织是机场运行管理的主要任务。作为航班运营主体的，航空公司应根据机场运行指标编制航班生产计划表，组织航班生产运行；根据机场实际运行环境和空域容量，对航班生产计划进行动态调整，比如合并或取消航班。

（4）监测预警能力。利用数字化手段对机场关键业务流（航班流、旅客流、行李流、货物流和交通流）进行实时监控，并对运行态势进行感知，当预测到某一领域运行风险超过阈值时，及时发布预警信号，提前主动采取措施，降低对机场运行的影响。

（5）危机应对能力。当发生影响机场运行的危机事件或异常情况时，航空公司应协调各方资源和力量，研究制订应对策略，快速消除事件影响，恢复机场正常运行。

（6）协同决策能力。协同决策能力是未来机场综合运行控制中心的核心能力，机场运行规则、运行标准、保障流程和应急方案均要经过利益相关方充分讨论，应考虑各利益相关方达成共识，协同决策后才能实施。

3. 机场群

机场群，也可理解为"多机场系统"，即在一个区域存在多个距离相近的机场，这些机场规模各异，功能定位也各不相同，在整合成机场群前这些机场通常存在竞争关系，而整合成机场群后则主要体现合作关系。美国学者 Richard de Neufville 教授也对"多机场系统"进行了定义，即在大都会地区提供商业运输服务的一系列重要机场的组合，而不考虑各机场的所有权或者行政隶属关系。值得注意的是，机场群不只是区域内多个机场的简单集合，而是以协同运行和差异化发展为主要特征的多机场体系。

1）机场群系统的演化

起初，在地区的民航运输规模较小时，区域内机场的联系还尚不紧密。随着整个地区的客流量逐渐增大，首先出现了"一市两场"或"一市多场"，这是航空运输发展到一定阶段的产物。在一座城市中出现多座机场，并通过经济、行政等手段确保机场的协同运行和差异化发展。随着规模的不断增大，民航运输与地区经济联系得更为紧密，需要协调竞争、差异化发展的机场越来越多，机场群就随之产生了。

机场群是伴随着世界级城市群的形成而出现的。世界级机场群是机场群演进发展的高端形态，它以通达全球为目标，在航空运输规模、航空业务类型、航线网络通达性和综合交通枢纽地位等方面具有世界水平，承担着规模化、协同化、国际化、现代化的航空运输职能。

2）机场群系统的特征

机场群系统包含以下几个基本特征：

（1）系统中各机场服务范围相互交叉重叠，服务于一个共同的航空运输市场，也即服务于整个地区，而不局限于一个城市。

（2）机场群系统的核心是市场，侧重于旅客出行选择，同时机场群在发展中体现为机场与区域经济的规模、产业类型相互支撑，并且在互动中发展。

（3）机场群系统会着重考虑规模较大的机场，而利用小型机场进行互补，从而使机场群系统中各机场都对整个地区的航空运输服务作出贡献。

3）机场群资源配置方法

多机场系统是按照资源优化配置的目标，依据航线布局、航班编排、空中交通管理、机场产业联合、航空运输合理化、地理限制、生态自然环境制约与国家区域发展战略的要求，优化配置空间区域，并在此区域内形成机场协同关系。

因此，首先需要对机场群系统内各机场进行合理的分工定位；而后优化各自的航线网络，减少航线的重叠和恶性竞争；同时要考虑整个地区资源，提升各个机场的保障水平；最后是要发挥协同效应。

4）机场群系统的发展

目前，世界主要大都市区机场资源利用不均衡，具体表现为：核心城市机场资源紧张，而周边城市机场设施闲置，得不到充分利用，以致造成航班延误和机场服务质量下降。在环境、资源、土地等各方面因素制约作用日益加剧的条件下，如何满足这些区域日益增长的航空运输需求，是世界机场业必须面对的严峻挑战。构建区域一体化的多机场系统是应对上述挑战的重要措施，也是近年来世界机场业一个重要的发展趋势。

三、航空公司系统分析

航空公司是指以各种航空飞行器为运输工具，以空中运输的方式运载人员或货物的企业，它具有庞大的组织结构，是一个很复杂的系统。

（一）系统的目标

航空公司系统是由生产经营管理系统、设备系统有机结合而形成的具有多目标、多功能的系统。虽然运输企业在生产管理程序，以及经营管理结构及其发展演化方面都大同小异，但由于航空公司服务于航空运输业，所以它较之于一般生产企业，在管理系统中具有一些不同的特点：最明显的特点是环境因素对系统的强干扰性；其次是航空公司必须为国家利益服务，这一点与一般营利性企业完全不同。

（二）航空公司的环境影响

航空运输企业，尤其航空公司是应用高技术、资金密集，且易受政治、经济、社会等因素影响的企业，其受技术进步和政治因素影响而发生的变化之大在其他行业是不多见的，而且政治变化通常比技术变化对其产生的影响更大。

从技术方面来说，随着宽体客机以喷气式客机的出现，航速增加了一倍，载客量也大了很多，大大增加了航空运输的吸引力。网络技术的发展，为旅客订票、航空公司的综合运行管理提供了较大的帮助。近几年，随着新兴信息技术的应用出现的无纸化值机，不仅为环境保护做出了贡献，还极大地缩减了旅客到达机场后的值机时间。

从政治方面来说，美国1978年实施《航空放松管制法案》，使已有的每一家航空公司都受到了严峻的考验，其中有一批公司陆续破产，美国主要的骨干航空公司的数量从1978年的6家下降到1991年的3家，环球航空、泛美航空、美国东方航空都先后退出了历史舞台。而有一些公司则逐步摆脱困难并壮大起来，还有更多的航空公司成立。

经济环境也对航空公司的影响极为重大，由于航油是航空公司最主要的成本之一，所以国际油价的变化对航空公司的盈亏有着巨大的影响，1973 年和 1979—1980 年的两次石油危机，显著地影响了当时的航空公司；2003 年的 SARS、2008 年的全球经济危机、2020 年暴发的新冠病毒疫情都对经济产生重大影响，从而对航空公司产生了巨大的冲击。

从社会影响来看，以美国的"9·11"事件为例，其引起了民众对民航运输业的巨大恐慌，旅客对航空运输安全性的质疑导致了航空公司在事件发生后的一段时间内旅客运输量大幅减少，客座率极低。

（三）航线网络分析

1. 航线网络分析的作用

对于航空公司而言，其运营的每条航线并不是离散的，而是相互连接并构成一个整体，因此，航空公司在确定其运行航线时不能只单独考虑一点、一线，只有站在系统的角度从航空网上进行系统分析，才能全面把握每条航线的盈利能力、发展前景、竞争水平，从而达到效益最大化的目的。因此，航线网络系统分析是航空公司的重要业务之一，也是航班计划制定的基础。

2. 航线网络分析的内容与步骤

航线网络分析应包括以下内容：

（1）结合公司发展战略确定公司的运行区域和潜在的通航机场，并确定主基地机场。例如，传统的全服务航空公司，会选择一线城市的大型枢纽机场作为基地；而区域型航空公司或低成本航空公司则会选择相对规模适中的中型机场作为基地。

（2）根据确定的机场，进行航线网络的运输需求规模及分布分析，即需求规模与 $O-D$ 矩阵，并检验拟与这些机场通航的选择是否合理。

（3）具体航线规划。从航空公司视角进行航线规划和决策工作非常重要。航线规划指的是航空运输企业在评估客观和主观方面的需要和可能性后，对其经营的航线方向、投入的运力进行决策的过程。原则上，航线规划紧紧围绕航空公司经营目标以及自身的实力、信息网、销售网的建立情况，从市场所在地区的经济发展水平及趋势、旅游业尤其是国际旅游业的发展情况、地面运输状况和发展情况、航空设施的发展保障情况，包括是否有合适的机场、跑道规模、航站楼容量、通信导航设施的完备度，甚至机场离市区的距离远近等因素综合考虑后进行正确决策。另外，还考虑政府对空运企业的扶持政策包括价格政策、补贴政策等。

（4）确定每条航线投入的飞机机型、运力及航班频率。编制航线航班规划的目的是：搭建航空公司的网络结构；通过航线搭建制定出航空公司生产预算，以及每条航线的飞行频率、日利用率、机型，需要配备多少机组等，进而推算出航空公司的运行成本。

（5）扩大、衍生型的规划。随着航空公司规模的扩大，航空公司线网的规模也逐步扩大，这时就需要设立更多的运行基地。

网络规划的出发点都是基于航空公司的战略定位。公司如果没有战略定位，网络规划就难以编制。在航空公司经营初期，随意的航线网络所显现出来的问题不是很明显，企业赢利主要集中在某一条或者某几条航线航班的盈利或收入上，但当航空公司的运力达到一定规模后，网络规划的前瞻性意义就会显现出来了。此时如果没有一个好的网络规划，内部航线产生竞争，就会形成航空公司航线的内部消耗，未来在某个基地没有办法进行扩张的情况下，临时匆忙选择其他机场作为基地，新基地的整体贡献率也会受到影响。

（四）航班计划

航班计划作为航空公司开展一切航空运输活动的基础核心内容，对航空公司来说至关重要。航空公司机务维修、客货销售等其他生产活动均建立在航班计划编排的基础之上，如调配人员、安排运力以及进行协调和管理等。航班计划在本质上可以看作是航空公司的产品，它包含了旅客所关心的飞行始发地和目的地、航班时刻、机型和服务内容。旅客会根据这些信息确定是否购买机票，而航空公司则在这个售票过程中获取收益。因此，从整体上看，航班计划向上承接了航空公司的战略规划，向下连接了航空公司的实际收益，是一项非常复杂且工作量巨大的任务。

航空公司生产计划关系如图3-5-4所示。

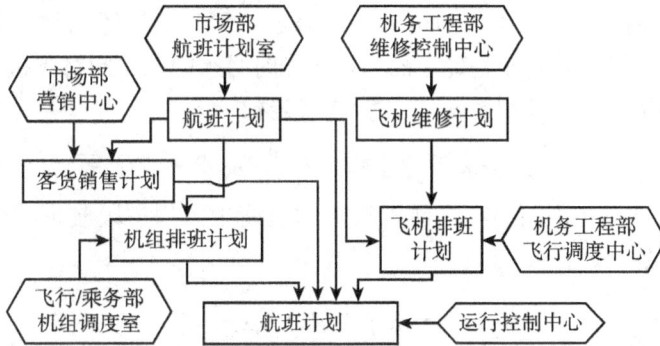

图3-5-4　航空公司生产计划关系

航班计划可以划分为季度航班计划、月度航班计划及即时航班计划。由于中国民航市场变化剧烈，往往长期计划很难得以实施，因此航空公司趋于制订短期航班计划。一般航空公司在运行控制中采用的是周计划，通常是编制两周的航班计划。更短期的计划是3天的航班计划，3天的航班计划是真正不变的航班计划，这个计划是航空公司各部门围绕执行的计划。

一般地，航班计划优化问题都基于以下假设：

（1）航线网络已知，即已经决定飞哪里，因此航线距离、飞行时间已知。

（2）航班频率已知，即每天飞多少班已经由航班频率决策优化方法确定。

（3）机队规模已知，即飞机数量、可提供座位数、总飞行小时数确定。

（4）市场需求已预测，在决策过程中作为已知条件，需要满足。

（5）运行成本即变动成本已知。

根据上述假设，可建立基于利润最大化的优化模型：

$$\max \pi = \sum_{rs} \sum_{i} \left(1 - E(\varphi_{rs})\right) p_{rs} s^a E(l_{rs}) x_{rsi}^a - \sum_{rs} \sum_{i} C_{rs}^a T_{rs} x_{rsi}^a \qquad (3-5-4)$$

式中，$E(\varphi_{rs})$ 为 r-s 航线票价的期望折扣率；p_{rs} 为 r-s 航线的公布票价；s^a 为 a 机型客机的座位数；$E(l_{rs})$ 为 r-s 航线的期望客座率；C_{rs}^a 为机型 a 在 r-s 航线上的平均小时运行成本；T_{rs} 为

r-s 航线的飞行小时数；x_{rsi}^a 为决策变量，表示 r-s 航线的第 i 个航班使用 a 机型，若第 i 个航班不执行，则 $x_{rsi}^a=0$，否则 $x_{rsi}^a=1$。

约束条件如下：

（1）航线的航班频率限制条件：r-s 航线上的总班次数 n_{rs} 是已知的，它应该大于或等于各航线在 r-s 航段间的班次数之和：

$$n_{rs} \geqslant \sum_i x_{rsi} \qquad (3\text{-}5\text{-}5)$$

（2）旅客运量限制条件：在 r-s 航线上所提供的座位数 s^a 应大于或等于旅客需求数 d_{rs}：

$$\sum_i s^a x_{rsi}^a \geqslant d_{rs}$$

（3）飞行时间限制：考虑飞机的可利用小时数，即飞机资源利用的限制。由于飞机数 U 与一架飞机的最大飞行时间 u 是确定的，在排班时必须限制；同时飞机也必须达到一定的飞行小时数，即单架飞机日利用率 u' 必须大于规定数：

$$\sum_i T_{rs}x_{rsi}^a \leqslant u \cdot U, \quad \sum_i T_{rs}x_{rsi}^a \geqslant u' \cdot U \qquad (3\text{-}5\text{-}6)$$

（4）航段最大承运量限制：在多航段组成的航线中，每一段航班的最大承运数不能超过机型的最大座位数，即：

$$\sum_{rs \subseteq M\xi} d_{rsi} \leqslant s^a l_{\max,\,i} x_{rsi} \qquad (3\text{-}5\text{-}7)$$

式中，g 表示该航线中的某一段，$\sum\limits_{rs \subseteq M\xi} d_{rsi}$ 是所有途经和乘坐本航段的旅客总数，必须小于或等于提供的飞机座位数。

（5）起飞架次限制：虽然在决策航班频率时已经可以确定班次，即起飞架次，但在某些时候（如协议或繁忙机场），起飞架次限制不等于常规决策的班次数，必须额外加以限制：

$$\sum_i x_{rsi}^a \leqslant N_{\max,\,i} \qquad (3\text{-}5\text{-}8)$$

式中，$N_{\max,\,i}$ 表示航线 i 的最大起飞班次数。

（6）机队守恒限制：一般情况下，航空公司排班皆采用一去一回的配对方式，这样去程航班 f_i 和回程航班 f_i' 必须满足：

$$f_i - f_i' = 0 \qquad (3\text{-}5\text{-}9)$$

因此，理想情况下航班计划的优化目标是：基于上述的已知假设和约束条件，航空公司追求航班开行的总收益减去航班开行的总成本后的利润最大。

四、运输保障系统分析

运输保障系统包括航油、航材、航食、航信、地面服务。

（一）航油

在我国，航空燃油一直被作为国家重要的战略物资看待，迄今我国航油供应仍实行较为严格的政府专营，航油价格也实行政府管制，竞争十分有限。

航空油料供应系统是我国民航业发展的重要组成部分和支撑基础，也是建设民航强国不可或缺的保障体系。中国航空油料集团公司是面向国内航空运输企业提供航空油品采购、运输、存储、检测、销售、加注一体服务的公司，目前也是保障我国航空燃油的政府专营授权公司。另外，我国还有一个航空油料系统的社会组织，隶属于中国航空运输协会的分支机构——航空油料分会，在航油供应领域里承担着引导协调、支持保障和连通产业链的桥梁纽带作用。航空油料系统社会组织是在民航行业快速发展形势下和国家深化改革政策指导的大背景下应运而生的，原因有两个：一是从民航行业管理的综合结构和航空运输市场的发展趋势看，航油系统建立社会组织的价值和作用进一步显现；二是从宏观政策环境看，国家深化改革政策把简政放权、转变职能的部分权责赋予了相应的社会组织。

（二）航材

航材，即航空器材的简称，是指航空器上的动力装置、机载设备、零部件和其他航空材料等，主要用于维护和修理飞机、发动机。由于零件损坏是随机事件，在飞机检查时若发现需要更换零件却找不到备件，会造成缺件停飞。航空公司为了保证航空运输的正常进行，必须储备一定数量的航空器材。一旦发生航材的缺乏，就会影响航空公司的正常运营，给航空公司带来巨大的经济损失。因此，既要保障航材供应，又要降低航材成本，减少资金占用，对于航空公司控制运营成本至关重要。同一航系的航材共享和邻近区域的航材共享是一个发展趋势。

（三）航食

航空食品简称航食，航空食品行业属于近代新兴行业，在经历多年探索与实践后逐步走向成熟。当前，国内航空食品市场由各航空公司分子公司直属的食品厂及机场的配餐公司组成，独立经营，主要业务面向本地航空市场。这种经营模式对提出经营网络化的航空公司而言存在着诸多问题，如航班动态信息不统一以及不能及时获取；配餐业务流程各不相同导致配餐时间不确定；航食的原料采购及生成控制流程无法做到统一化而导致仓储管理成本居高不下；财务无法统一核算，导致公司总部对其经营水平无法确定，等等。

构建航空食品管理系统，可以将分散在各地的食品厂及配餐公司的生产能力进行整合，统一配置，统一管理，对需要的原材料进行统一采购，核心的飞行数据及航季计划统一发布，可以极大提升航空公司航空食品的管理水平，在保证食品质量及配餐等级的前提下最大限度地压缩餐食成本，因此构建航空食品管理系统也是未来航食系统发展的趋势。

（四）航信

航信，即航空信息服务。民航业的大多数运行活动均离不开信息系统的支持：航空公司的收益管理和订座、机场的运行控制中心、空管的流量管理及运行监控等活动都需要信息系统的支持。因此，航信是民航可以安全高效运行的重要保障。

目前国内与民航相关的信息系统主要有三大来源：航空公司自主开发、国外引进、中航信开发提供。

自主开发的信息系统目前只占所有国内民航系统的一小部分，且主要体现在航空公司方面，机场企业和空管部门以及规模较小的航空公司受制于规模和财力基本无法自主研发信息系统。大型航空公司研发的系统往往也只能适用于自身的部分模块的运营，普及性和兼容性不高；小型航空公司则不得不从其他公司或国内外研发机构购买引进航信系统。

国内主要的航信提供商是中国民航信息网络股份有限公司，简称"中航信"。中航信是中国航空旅游业信息客机解决方案的主导供应商，致力于开发领先的产品与服务，以满足航空公司、机场、非航空旅游产品和服务供应商、分销代理人、机构客户、民航旅客以及货运商等所有行业参与者进行电子交易及管理的需求。其业务范围包括：电子旅游分销（ETD）、机场旅客处理（APP）、数据网络、航空货运（ACS）及基于互联网的旅游平台五个重要领域。

航信处于旅游分销价值链的核心环节，中航信立足于航空公司、机场、旅游产品和服务供应商、旅行社、旅游分销代理人、机构客户、旅客、货运商以及 IATA 等大型国际组织，乃至政府机构等所有行业参与者的需求，围绕航班控制、座位分销、值机配载、结算清算系统等关键信息系统不断研发，逐步打造完整的航空旅游业信息技术服务产业链。

中航信基础而核心的三大系统是 CRS、ICS、DCS，如图 3-5-5 所示。

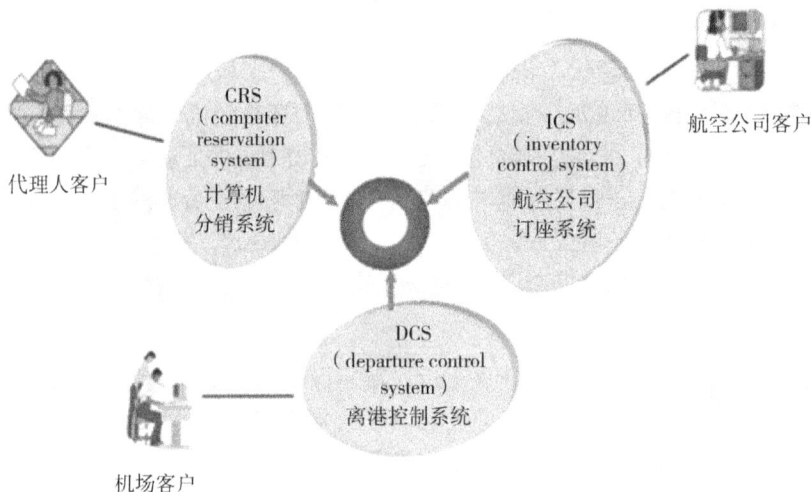

图 3-5-5　中航信的三大基础而核心的系统（CRS、DCS、ICS）

CRS 全称是 computer reservation system，即计算机分销系统。其主要功能是为代理人提供航班可利用情况查询、航段、销售、订座记录、电子客票、预订旅游产品等服务。ICS 全称是 inventory control system，是航空公司人员使用的航空公司订座系统。ICS 是一个集中式多航空公司的系统，每个航空公司享有自己独立的数据库、独立的用户群、独立的控制和管理方式，各种操作均可以加以个性化，包括航班班期、座位控制、运价及收益管理、航空联盟销售控制参数等信息和一整套完备的订座功能，即机场人员使用的离港控制系统。DCS 全称为 departure control system，即离港控制系统，它能为机场提供旅客值机、配载平衡、航班数据控制、登机控制、联程值机等信息服务，可以满足直接控制、装载控制、登机控制以及信息交换等机场旅客服务。

（五）地面服务

民航地面服务是民航日常运行的重要保障业务之一。从内容上看，地面服务包括旅客服务、货邮服务与飞机服务三大部分，从技术与安全的视角看，高价值或高成本的内容主要是机务维护、特种设备（投资、使用与维护）两大部分，矛盾的核心是特种设备的投资、使用与维护。再从作业区域来看，地面服务可以简单地划分为航站楼内的客运服务、飞行区的机坪作业（行李装卸、货邮装卸、运输、特种车辆等）、货站的货运服务等三大区域。从实施主体来看，一般由主基地航空公司方、机场方和第三方（比如香港机场的怡中公司也是著名的地面服务商，但却是独立于机场和航空公司的第三方）实施民航地面服务业务。

按旅客流向，地面服务主要分为出发旅客机场地面服务、到达旅客机场地面服务和中转旅客机场地面服务三部分：

（1）出发旅客机场地面服务。将旅客从进入候机楼作为旅客的机场地面服务运营的起始点，到旅客进入机舱，直至旅客乘坐的飞机飞离该机场跑道为出发旅客的机场地面服务运营的终止点。起止两点间的有关出发旅客及其交运行李的运输保障、旅客在机场接受服务和指引的各个环节称为出发旅客机场地面服务过程：旅客值机—过卫生检疫—过边防—过安检—过海关—候机—登机（以国际出发旅客为例）。

（2）到达旅客机场地面服务，将旅客从其所乘飞机降落在该机场跑道，旅客离开机舱进入候机楼，直至旅客乘坐的航班飞机飞离该机场跑道为到达旅客的机场地面服务运营的终止点。起止两点间的有关中转旅客及其交运行李的运输保障，以及旅客在机场接受服务和指引的各个环节称为到达旅客机场地面服务过程。

（3）中转旅客机场地面服务，将旅客从其所乘前一航班飞机降落在该机场跑道，到旅客离开机舱进入候机楼办理一系列旅客及行李中转手续，旅客再次进入其所乘后续联程航班机舱，直至离开候机楼作为中转旅客的机场地面服务运营的终止点。起止两点间的有关到达旅客及其交运行李的运输保障以及旅客在机场接受服务和指引的各个环节称为中转旅客机场地面服务过程。

地面服务是航空运输系统的重要组成部分，是航空运输保障和运输效率提升的关键。

第三节　民航运输核心系统的依存和协同

民航运输从整体上来说是一个网络性产业，机场构成网络的节点，空管保障网络路线的形成和正常运转，而航空公司在机场和空管构成的运输网络上运行并完成生产——客、货的空间位移。作为网络性产业，机场与空管部门形成的"路网"，由于具有大量的资本沉淀和国家空域资源的特殊性等，具有自然垄断性的特点；而在"路网"之上运营的航空公司则体现竞争性的一面。同时，机场、航空公司和空管三者之间又相互依存，缺一不可，共同完成航空运输生产，是航空运输系统中的核心系统。该系统中的机场、航空公司、空管的三者协同非常重要，决定了核心系统的运行效率和运行的可持续。

一、机场、航空公司、空管之间经济依存关系

从空间关系来看，航空运输生产基本围绕机场进行。航空公司的运营必须以机场为基点，客货的组织、集散和流转也多在机场内进行；空管部门的塔台、雷达、进近灯光等助航设备和导航、通信、气象等设备也大多在机场及其附近区域。

从相互间的经济关系看，航空公司一方面是旅客、货主运输需求的直接供给者，另一方

面又是机场、空管服务的直接需求方；航空公司的产品是客货的空间位移，而机场、空管部门的产品则是为航空公司提供服务，相互之间的依存关系明显。

作为机场运营的空中保障系统，空管部门在机场主要由航管楼和塔台、助航设施、气象设施及通信导航台等构成。在世界上的大多数国家，空管服务大多由政府部门提供，独立于机场运营之外。空管部门的收入主要包括航路保障费、机场进近指挥费等，而这些收入是由于航空公司的运行而产生的。

同时，航空公司与机场之间的关系又可理解为供需的双方。机场的产品就是为航空公司提供的服务，航空公司是这种产品的需求方。当机场的客货吞吐量、保障飞机起降架次等低于其设计能力时，作为需求方的航空公司就拥有议价的优势；相反，当机场的供给小于需求时，机场则处于有利的地位。在实际运输生产中，新通航或航班量很少的小型机场往往有求于航空公司开设通达的航班，会向航空公司提供这样那样的优惠条件。而对于那些业务繁忙的机场则情况相反，因为这样的机场大多位于空运需求旺盛的地区或是重要的枢纽点，航空公司会不惜代价开辟通达航线，这类大中型机场在与航空公司的关系中往往处于优势地位。

另外，机场运营收入模式会对两者的关系产生影响。机场的收入模式主要有两种：一种是传统运营收入模式，这一模式的主要任务是满足航空公司、旅客、货主的需求，依靠飞机起降费、旅客服务费等作为主要收入。这种模式下机场主要考虑的是为旅客和货物处理提供便利，而为其他商业活动设置的场地则很少。另一种是现代运营收入模式，这种模式下的机场不仅为航空公司、旅客、货主等传统客户服务，而且服务对象还包括航空公司雇员、当地居民、接机者、观光旅客等一切潜在顾客。在这一模式下，机场设计时在满足处理旅客、货物便利的同时，还要尽可能多地创造获得商业收入的机会，比如配建娱乐和休闲设施，配建大型超市、影院、航空博览馆等。在现代运营收入模式下，收入的取得主要是租金收入和特许经营收入。机场更多是以管理者的身份出现，一般不直接经营地面服务，而是将场地、设施出租给机场的用户，如航空公司、地面服务公司等，向餐饮、商贸、银行等各种专业服务商收取其在机场经营的特许费，并对它们进行管理。采用现代运营收入模式的机场相较于传统运营收入模式的机场更易明确机场与航空公司双方的业务划分。机场定位于管理者，主要负责机场的发展规划、运行质量管理监督与资本运营，而航班维护、客货地面流转等技术性业务则特许或者外包出去。当然，有条件采用现代运营收入模式的机场一般是那些枢纽或客流量较大的大中型机场。而对于旅客吞吐量较小的机场，航空业务收入依然是维持机场运转的重要支柱。

同时，机场与航空公司之间也是竞争关系。机场与航空公司的竞争主要体现在航空公司基地机场的航班地面服务中。前面已经提到，航班地面服务按提供服务的主体分主要有三类：机场方、航空公司方和第三方代理公司，具体执行部门为机场下属的地面服务部门（公司）、航空公司下属的地面服务部门（公司）以及第三方地面服务代理公司。不同的机场地面服务市场，竞争格局也不相同。有的机场是只有机场方一家提供地面服务；有的机场则是将地面服务完全外包给航空公司和第三方地面服务公司，自己只作为管理者收取租金及特许经营费；还有就是三个主体相互竞争的地面服务市场。当航空公司与机场同时提供航班地面服务时，往往形成双方在这一领域的竞争，特别是在传统运营收入模式下，由于航空业务收入是机场收入的主要来源，机场往往会利用其地位，取得竞争优势。这一领域机场与航空公司双方业务重叠是双方矛盾的焦点。在我国，由于机场地面服务的市场化还在探索中，这一问题表现得比较突出。

二、机场、空管与航空公司之间的信息协同

由于航空旅行的持续增加和主要航空公司向中枢辐射式运营的转变，航空系统可能达到其最大容量限制。每天的空中交通高峰可能导致航班延误、等待或地面延误；恶劣天气或机场关闭等事件可能会导致飞机改道和航班取消。这些可能会对中枢辐射式机场的运营造成数日的影响。为了解决容量问题，最早在美国的一项研究计划——先进航空运输技术（AATT，advanced air transport technology）计划，就开始专注于开发操作概念及其相关的决策支持工具、程序和硬件系统，以最大限度地提高操作的安全性、效率和灵活性。该计划由地面、空中交通管理工具和一些基于飞行的工具组成，以支持向自由飞行的转变。自由飞行包括取消空中交通管制限制和增加飞行能力，这样操作人员就可以实时自由选择他们的路径和速度。

自 20 世纪 80 年代以来，地面系统的中心终端雷达进近控制自动化系统（CTAS，center-terminal radar approach control automation system），作为一套决策支持工具，旨在有效地管理进入终端区域的到达交通。CTAS 由两个主要组件组成：TMA（the traffic management advisor）和 PFAST（the passive final approach spacing tool）。TMA 系统为空中航线交通管制中心（ARTCC）交通管理协调员（TMC）提供基于时间的调度信息，以便将到达流量传送到与设施当前容量相匹配的终端区。TMA 还可以向扇区管制员提供建议，指出每架飞机为了达到预期的流量必须吸收的延误量。PFAST 则通过向控制器提供平衡的跑道分配和着陆顺序的建议来增加机场吞吐量。这些工具的基本组件是一套四维轨迹综合算法，它使用飞机性能模型和风模型，提供非常精确的飞机位置随时间变化的预测。TMA 和 PFAST 分别在沃斯堡的空中交通管制中心（ARTCC，air route traffic control center）和达拉斯/沃斯堡（DFW）终端雷达进近管制（TRACON，terminal radar approach control）中进行了广泛的试验评估，并显示了在不影响控制器工作负荷的情况下显著减少到达延误和增加吞吐量。TMA 系统仍然是沃斯堡 ARTCC 日常交通管理的主要决策支持工具。

CTAS 的 TMA 系统包含两个主要的显示：时间轴图形用户界面（见图 3-5-6）和图形用户界面（见图 3-5-7）。时间轴图形用户界面显示到达飞机在一系列的时间轴上参考到达修复到终端雷达进近管制（TRACON）或机场跑道阈值。对于每架飞机，TMA 可以显示预计到达时间（ETA）、CTA 计划到达时间（STA）、每架飞机延误和跑道分配。图形用户界面提供了一个平面视图以显示飞机到达。该视图类似于在空域地图上显示飞机数据标签的控制器雷达显示器。这些显示器每 12 s 更新一次空中交通管制中心（ARTCC）主机雷达。上述两个的功能是在 FAA 各种管制人员的参与下开发的，以确保界面可接受性和可用性。

协同到达计划（CAP，collaborative arrival plan）项目是美国 NASA 的一项倡议，其理念是通过空中交通管理和空域用户之间的合作获得大量信息。通过向航空公司提供更准确的调度信息，并让它们在飞行路线选择方面有更多的投入，航空公司和货运公司可以更有效地管理空中和地面行动。CAP 项目提出了在空中交通管制中心（ATC）和航空卡设施［包括航空公司操作控制中心（AOC）及其机场坡道塔］之间共享信息的概念。空中交通管制中心和航空公司之间更多的数据交换有望改善空中交通管理决策，同时提高航空公司运营的效率，提供更大的调度灵活性。

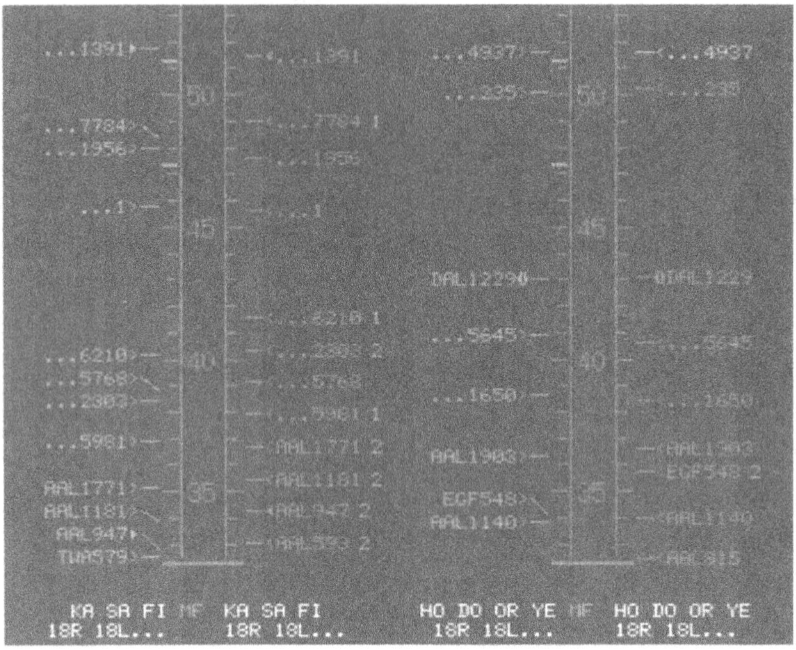

图 3-5-6　用户界面下 CTAS 的时间轴图形

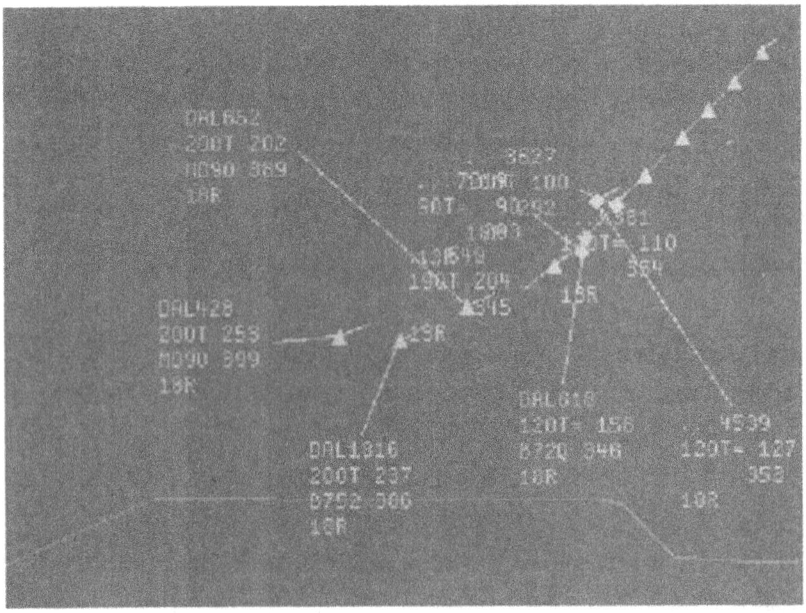

图 3-5-7　用户界面下的 CTAS 的平面视图图形

CAP 项目的第一阶段向 AOC 提供经过过滤的 CTAS 的 TMA 调度信息的单向流。然后，空域内的用户可以根据更可靠的到达时间估算进行计划和决策，同时将航空公司的信息传递给中心终端雷达进近控制自动化系统（CTAS），包括飞机起飞时间和重量信息，这可能有助于改善 CTAS 的调度预测。该项目的后期阶段将研究双向数据交换，以协助个别飞机的抵达偏好要求，并将全机队用户偏好纳入 CTAS 调度算法中。

当机场容量因天气恶化而大幅下降时，就会出现严重的拥堵问题。如果当地的航空流专家不能在他们的范围内解决问题，空中交通控制系统指挥中心就要采取更大范围的行动，通常涉及许多机场和空中航线交通控制中心。同时，为了解决机场到达问题，航空交通管制中心经常使用地面延误程序。这些航空运输的实践都出现了协同决策（CDM，collaborative decision making）的需求。

航空协同决策思想最早源自美国。美国 CDM 方法的基本原理如下：

（1）创建 FAA 和用户之间共享的问题和信息。

（2）为用户创造机会和激励，通过他们自己的行动来缓解问题，并通知 FAA 他们的意图。

（3）在 FAA 发起的空中流量管理约束的背景下，给予用户灵活性，以满足他们自己的优先级。

（4）允许用户参与空中流量管理政策和程序的制定。

CDM 项目的一项主要成就是制定和实施了促进 GDP 合作的程序和工具。CMD 的 GDP 工作原理如下：用户向美国联邦航空局提供持续的数据流，在一次次飞行的基础上更新他们的操作计划。FAA 将用户数据与其他 TFM 数据相结合，为机场提供一份总体到达需求清单（ADL，arrival demand list）。ADL 由用户和 FAA 的 TFM 专家共享。

机场容量可以代表一个"进港能力—离港能力"，飞机的机场容量曲线如图 3-5-8 所示。

在图 3-5-8 中，顶点 1 决定了机场最大出发容量 V 和最小到达容量的运行限制。顶点 2 对应最大到达容量 U 和最小出发容量。

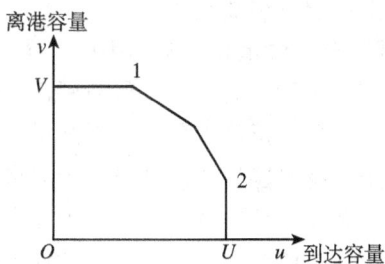

图 3-5-8　机场到港/离港容量曲线

点 1 和点 2 之间的段显示了到达和离开能力之间的权衡区域。在这一地区，可以以减少出发容量为代价增加抵达容量，反之亦然。

三、机场、航空公司、空管之间的运行协同

为了满足协同管理的需求，机场协同决策（airport-collaborative decision making，A-CDM）系统通过共享信息，实现机场、航空公司、空管等主体之间的协同决策。A-CDM 作为一项技术变革，带来的必然是工作程序、运作模式和管理方式的转变。数据共享、协同合作理念催生 A-CDM 系统。工作程序变革的积累，必然导致运作模式质变，组织形式及管理方式在变革的浪潮中持续调整磨合，趋于平衡适用。

（一）系统目标

A-CDM 系统建设的目标是通过在航班运行过程中的各利益相关单位、合作伙伴的共同努力，促进及时和准确的业务信息数据共享，从而优化航班地面过站保障程序，并确保各项资源使用的最优化。

航班从滑出机位、起飞、空中飞行到落地、滑入机位，集合了旅客流、行李流、飞机流和车辆流等多个工种、设备和数据资源，在从地面到空中、从空中到地面的全空间和全流程中，需要在各个方面之间及时传递数据信息并动态更新，采取空地协同机制，实现精细化的监控和管理。

提前预报航班动态，为航班进港、地面保障、离港放行及时分配和调整人员、机位、登机口及设施设备等资源，可以大大提高整个流程中各个环节的效率，实现资源的合理利用，提升航班放行能力，降低延误水平。

（二）运行方式

1. 信息数据共享，提高人员和资源利用率

1）实现跨单位、部门的数据共享，保障进程透明化

航空公司、机场和空管三者之间由于不同的隶属关系，系统建设各不相同，民航数据孤岛现象严重，搭建 A-CDM 系统数据共享平台，主要是建设整合航空公司、机场和空管三方有关航班运行生产的信息平台，推动机场信息共享。

数据共享是 A-CDM 系统的基础，其意义不仅在于通过一个统一的平台将机场、空管和航空公司的相关信息集成展示，而且在于统一化数据定义内容，明确数据方式，标准化节点动作定义和名称，建立沟通的第一层意识基础。

2）通过 A-CDM 系统数据共享平台提高资源利用率，实现协同运行

利用数据共享平台进行预测和提醒，需要加入保障延迟提醒、多航班保障顺序提示等功能，提醒机坪作业人员做好路线规划，保障资源流转更加科学、合理。若飞往某一机场的进港航班将晚于计划到达时间落地，将可能导致该航班连接的出发离港航班延误，需要及时通知从事航班地面保障工作的每个单位、部门及人员。作为在机位等待接飞机的机务人员，得到准确的预计落地时间和预计进入机位时间，可以更有计划地派工和利用时间，有效节省人力资源。同时，需要前往远机位将转运落地航班旅客接至候机楼的摆渡车辆的发车时间与预计到达机位，均可根据准确的落地时间进行调整，使得车辆资源的分配更加合理，旅客的服务质量也由这样的无缝衔接得到大幅提升。根据航班运行动态及时调整机位、登机口，可提升机位利用率、廊桥周转率等。因此，保障单位之间对航班动态信息的及时传递和反馈，是实现提升地面服务能力、各类地面保障资源利用率和旅客服务质量的最基础的环节。

同时，空域资源也同步得到了合理利用。由于未能按照计划时间保障完成，原本分配给这一出发离港航班的起飞时间就需要进行相应的调整，如果此时机场有其他出发离港航班刚好完成保障，准备推出离开机位，空中交通管制部门即可根据情况再次分配给这个已经保障完成的航班，在时间和空间意义上实现了利用率的提升。这一步提升的关键在于，将航班的完成地面保障情况及时传递到空中交通管制部门，给予他们决策再次分配的足够时间量，实现从空中到地面、从地面到空中全方位地尽可能减少航班延误，有的放矢地把握航班放行，提升机场航班放行正常率。

2. 全流程监控，精细化管控，预先决策

1）监控关键进程节点

根据航班运行的整个过站保障过程，使用预先定义好的保障节点来推算每个航班在关键进程节点的预计完成时间，并根据实际航班运行过程中保障动作完成情况的实际反馈与预计完成时间在系统中形成的对比，依据相关保障规定和标准，判定是否存在航班延误可能，进而实现对航班保障的监控。

2）把握里程碑节点

目标撤轮档时间（TOBT）、目标推出机位时间（TSAT）是整个地面保障即将结束的目标性时间，整个保障进程能否按照目标规划顺利完成，这两个里程碑意义的时间节点是关键所在。

3）全局掌控

航班准确的起飞时间一旦被确认并共享，那么整个机场区域环境均可以受益。航站楼资源调配能力和航路部门管控能力均可通过减少战术调整而得到提升，最终将起飞间隔时间最小化。同样，对于进港飞机，如果可以在飞机着陆前确定进港滑行时间，那么，就会为飞机分配最合适的机位，地勤人员也可以按时到达机位准备，有效缩短飞机到达机位的时间。通过系统数据传递、状态显示、属性标记和告警提醒等自动化手段，可实现以提升航班正常率为目标的航班执行全局化动态掌控。

3. 空域、地面资源利用率的最大化

1）优化起飞离港排序，增加放行能力

通过对航班各个地面保障进程节点的监控，可以提早发现地面保障过程中可能出现的问题，给予空中交通管制指挥、航空公司地面服务后续流程及机场资源管理部门对航班运行的相关判断和协调工作更多的决策时间，实现从空域资源到地面资源、从人力资源到设施设备资源的最大化利用。

2）地面资源利用率最大化

机场在督促航空公司提升保障效率的同时，也会注重自身效率的提升。航空公司根据机场和空管给予的各项资源分配情况，结合自身保障能力，有效率地执行保障计划，完成目标时间任务，最大化地利用地面运行部分资源对提升航班正常率极为重要。

依据机场、航空公司的过站保障流程，通过自动化手段或人工方式对航班地面运行保障节点时间进行记录，实现对航班保障的全过程管控，使航班过站周期直观化和透明化，为生产调度部门有效地监控航班过站保障工作提供依据，精确定位地面运行保障的瓶颈，有助于补齐地面运行保障的短板，不断提高机场地面运行效率和服务品质。

四、机场进出港及交通流管理策略的协同优化模型

以下引用到港/离港容量优化模型，并将其应用于民航的协调决策系统。这里首先重新引入了在地面延误程序（ground delay program，GDP）期间对机场抵港和离港的联合考虑。这使得在 GDP 期间更有战略意义。这里的到港/离港优化模型能够在分配机场容量时考虑到用户在交通需求中的优先级。

为了充分利用这个模型进行决策，需要从用户那里获得额外的到达需求清单（ADL，

arrival demand list) 的输入数据。新数据包括每 15 min 的总用户需求中优先级（即高延误成本）到达和离开时段的数量。第一优先需求在模型中被视为例外。该模型将所有用户的第一优先级需求聚集在总体需求的一个子集中，包括到港和离港的需求，这个子集被称为优先需求。在每隔 15 min 分配到港和离港容量时，优先需求被作为额外的约束条件。这些额外的约束条件可能会影响到港和离港的能力的分配，使航空公司有机会减少或消除其第一优先航班的延误，但是其他航班可能会有更多的延误。

（一）符号定义

a_i：第 i 个时间间隔的机场总到港需求，$i \in I$；

$a_{i,r}$：第 i 个时间间隔的第 r 个航班的到港第一优先需求，$i \in I$，$r \in R$；

$a_i^{(s)}$：第 i 个时间间隔的总第一优先到达需求，$i \in I$，$a_i^{(s)} \leqslant a_i$；

d_i：第 i 个时间间隔的机场总离港需求，$i \in I$；

$d_{i,r}$：第 i 个时间间隔的第 r 个航班的离港第一优先需求，$i \in I$，$r \in R$；

$d_i^{(s)}$：第 i 个时间间隔的总第一优先离港需求，$i \in I$，$d_i^{(s)} \leqslant d_i$；

$I = \{1, 2, \cdots, N\}$：一系列时间间隔；

T：系统时间总长，由 N 个等长的离散时间间隔组成，$\Delta(\Delta = 15 \text{ min})$，$T = N\Delta$；

u_i：第 i 个时间间隔的机场到达容量，$i \in I$；

$v_i = \varphi_i(u_i)$：第 i 个时间间隔的机场离港容量，$i \in I$，$\varphi_i(u_i) \in \varphi$；

X_i：第 i 个时间间隔开始的机场到达队列，$i = 1, 2, \cdots, N + 1$；

Y_i：第 i 个时间间隔开始的机场离港队列，$i = 1, 2, \cdots, N + 1$；

$\varphi = \{\varphi^{(1)}(u), \varphi^{(2)}(u), \cdots, \varphi^{(M)}(u)\}$：一组 M 机场到港-离港容量曲线，表示在各种运行（如天气）条件下，每种可用跑道配置的运行极限；

$R = \{1, 2, \cdots, P\}$：一组机场用户，比如航空公司。

（二）不可调整航班的描述

在航空运行航班中，有一小部分的交通需求，包括到港和离港，都不能延误，必须在预定的时段提供服务，对这些需求进行保障。这些航班被称为不可调整的航班，构成了交通需求中的不可调整部分，其中包括飞行时间较长的空中航班和具有特殊地位的航班，如国际航班、军事航班等。用户设置的第一优先级需求航班也被认为是不可调整航班。

令 $a_{i,r}$ 和 $d_{i,r}$ 分别为第 r 个用户第 i 个时间间隔的第一优先到港和离港需求。然后通过对所有 P 个用户的此类需求求和，可以得到第 i 个时间间隔的到港和离港需求 $a_i^{(s)}$ 和 $d_i^{(s)}$，即第 i 个时间间隔到港和离港需求中的不可调整部分。

$$a_i^{(s)} = \sum_{r=1}^{P} a_i; \quad d_i^{(s)} = \sum_{r=1}^{P} d_i, \qquad i \in I \qquad (3\text{-}5\text{-}10)$$

如果优先需求在所有 N 个时间间隔内都不超过机场容量约束，即 $(a_i^{(s)}, d_i^{(s)})$ 均在容量曲线以下或以上，则称该优先需求为可行需求，可以在无任何延迟的情况下完全满足。

如果 $a_i^{(s)}$ 或 $d_i^{(s)}$ 在 N 个区间中至少有一个区间超过机场容量约束，则优先需求不能完全满足。在这种情况下，将通过延后一些航班，在原来的机位创造一个可行的优先需求。在此之后，优化模型将提供满足修改后用户优先级需求的最优解。

（三）优化模型

现在给出一个优化模型，该模型提供了 $T(i=1, 2, \cdots)$ 的 N 个时段内到达和离开的容量 (u_i, v_i) 的最佳分配。首先，利用下列递归方程确定第 $(i+1)$ 个时间区间开始时的到达和出发队列：

$$
\begin{aligned}
X_{i+1} &= (X_i + a_i - u_i)^+, & X_1 &= X^0, \ i \in I \\
Y_{i+1} &= (Y_i + d_i - v_i)^+, & Y_1 &= Y^0, \ i \in I
\end{aligned}
\tag{3-5-11}
$$

其中，X^0 和 Y^0 为初始条件，表示模型开始前剩余队列，符号 $(A)^+$ 表示：

$$
(A)^+ = \begin{cases} A, & A \geq 0 \\ 0, & A < 0 \end{cases}
\tag{3-5-12}
$$

式（3-9-11）反映了每个时间间隔的到达队列和出发队列的演化。特别地，第 $i+1$ 个时间间隔开始的队列 (X_{i+1}, Y_{i+1}) 等于第 i 个间隔开始的队列 (X_i, Y_i) 与第 i 个间隔的交通需求之和 (a_i, d_i) 减去机场容量 (u_i, v_i)。

到港能力和离港能力的区域由下列不等式情况决定：

$$
\begin{aligned}
a_i^{(s)} &\leq u_i \leq U_i \\
d_i^{(s)} &\leq v_i = \varphi_i(u_i)
\end{aligned}
\tag{3-5-13}
$$

$a_i^{(s)}$ 和 $d_i^{(s)}$ 是第 i 个时间间隔到港和离港需求的不可调整部分；U_i 为第 i 个时间间隔的最大到达容量。

作为一种优化准则，考虑到港和离港的所有队列的最小加权和：$\sum\limits_{i=1}^{N} X_{i+1}$ 和 $\sum\limits_{i=1}^{N} Y_{i+1}$，相应地有：

$$
\min \sum_{i=1}^{N} \left[\alpha X_{i+1} + (1-\alpha) Y_{i+1} \right], \qquad 0 \leq \alpha \leq 1
\tag{3-5-14}
$$

式中，α 为权重系数。$\boldsymbol{u} = (u_1, u_2, \cdots, u_N)$ 和 $\boldsymbol{v} = (v_1, v_2, \cdots, v_N)$ 分别表示到达容量和出发容量连续值的向量。

不难看出，如果交通需求在 T 时间段内完全得到满足，那么在 T 时间段内的累积队列等于总飞机航班延误中的若干时间间隔（如 15 min 间隔）。因此，公式对应的是加权总的延误。式（3-5-14）等价于最小化机场到达和离开总交通流（即吞吐量）的加权总和。在 $\alpha = 0.5$ 的情况下，式（3-5-14）对应的是机场到港、离港总延误最小，或机场到港、离港总吞吐量最大。

注意，式（3-5-14）是更一般的标准的特殊情况，在每个时间间隔 i 上，权值 α_i 可变，即

$$
\min \sum_{i=1}^{N} \left[\alpha_i X_{i+1} + (1-\alpha_i) Y_{i+1} \right], \qquad 0 \leq \alpha_i \leq 1
\tag{3-5-15}
$$

这里我们考虑了式（3-5-14），然后在每个区间 $i=1, 2, \cdots$ 得到了最优的到达和出发容量对序列 (u_i, v_i) 作为以下优化问题的解：

$$\min \sum_{i=1}^{N}\left[\alpha X_{i+1}+(1-\alpha)Y_{i+1}\right],\qquad 0\leqslant\alpha\leqslant 1 \tag{3-5-16}$$

式中 u_i 和 v_i 为整数。

在确定了最优机场容量后，可计算出每个时间间隔所能提供的最优到港架次 w_i 和离港架次 z_i：

$$\begin{aligned} w_i &= X_i + a_i - X_{i+1}, & i\in I\\ z_i &= Y_i + d_i - Y_{i+1}, & i\in I \end{aligned} \tag{3-5-17}$$

优化模型包含参数 α，该参数确定了优化准则中到港和离港的相对影响。该参数可以解释为机场总运营中到达的相对优先率。目标函数中两个分量之间的权重分配影响最优解，使其更有利于到港或离港。交通管理专家可以使用该参数作为控制参数，用以生成每15 min间隔的到港和离港操作分配的备选策略。通过改变参数，空中交通流管理专家和协作优化过程中的其他参与者可以进行"如果"实验，以找到相互可接受的空中交通流管理策略。

第四节　智慧民航运输系统

一、智慧民航

智慧民航是瞄准交通强国建设目标，应用新一轮科技革命和产业变革的最新成果，创新民航运行、服务、监管方式，实现对民航全要素、全流程、全场景进行数字化处理、智能化响应和智慧化集成的新模式、新形态。该系统需要遵从以人为本、创新驱动、协同推进、安全可靠、开放共享、绿色低碳的基本准则。

智慧民航运输系统简称智慧民航，发展目标分为短期、中期、长期，具体如下：

到2025年，民航系统的数字化转型应取得阶段性成果，初步实现出行一张脸、监管一平台。数字化转型有力推进，智能装备规模应用，出行体验显著改善，运行效率大幅提升，治理能力更加高效。航班正常率维持在80%以上，旅客过检效率较2020年提升30%，运输飞行百万小时的重大及以上事故率低于0.11，保障年起降1 700万架次，单位周转两航空碳排放下降5%。

到2030年，智能化应用取得关键性突破，实现更高水平的数字化、网络化、智能化。可以保障年起降2 300万架次，航班正常率仍维持在80%以上。

到2035年，智慧化融合实现全要素、全流程、全场景覆盖。保障年起降3 000万架次，航班正常率达到85%以上。全面实现"出行一张脸、物流一张单、通关一次检、同行一张网、监管一平台"。

二、民航智慧化发展的主要内容

智慧的民航运输系统还可以从智慧出行、智慧空管、智慧机场、智慧监管四个方面进行阐释。

（一）智慧出行

智慧出行主要是考虑围绕旅客行前、行中、机上全流程和航空物流运输全过程，构建便捷舒心旅客服务生态和高效航空物流服务体系。

（1）全流程便捷出行。实现无感安检、快速通关、适老化服务、便捷签转、行李服务、机上服务。

（2）全方位"航空+"服务。构建全流程出行产品体系，打造全龄友好的服务产品，支持产品随心定制和无忧变更，实现全渠道一致化服务。

（3）综合性航空物流服务。提升航空物流数字化、智能化水平，提供便捷化、多层次、个性化的航空物流运输服务。

（二）智慧空管

未来的智慧空管系统将涵盖空管运行生产的全过程，进一步提升空域优化、流量管理、管制指挥、机场运行等业务效能。

1. 智慧空管的演变

空管系统经历了一个不断推进、不断拓展的过程。早期的空管系统主要依靠人力，根据飞机进程单用无线电通信进行导航；随后出现了雷达监视、飞行计划和飞行安全告警功能，实现了人机交互的自动化运行管理；随着气象服务、场面管理、流量管理等决策工具的出现和不断完善，逐步实现了多机场联合放行，空管系统可以提供辅助决策，自动化程度也随之提升；最后是星基导航与监视基于轨迹/性能的运行航空器自主管理。

在这个过程中，系统能力不断拓展，人机协同程度不断加强，但决策仍以人为主，无法满足飞行量快速增长的需求；而智慧空管的发展则可以为空管服务提供智能化自主决策，提高系统保障能力，减轻管制员工作负荷。

2. 智慧空管的主要任务

智慧空管的主要任务是构建空天一体化"智能感知"的网络环境，包括：完善"通导监"网络化覆盖、统筹建设空管智能化基础设施、集约化整合云计算中心等。

（1）完善"通导监"网络化覆盖。持续扩大通信网络覆盖范围和深度，构建覆盖军民航大容量基础通信平台；由陆基导航向星基导航过渡，全面实现基于性能导航运行；提升气象探测预报能力；建成纵向到底、横向到边的感知定位网络体系。

（2）统筹建设空管智能化基础设施。全面加快空管智能化基础设施间数据自动融合，推进航空情报和气象信息的数字化、可视化应用，实现智能分析、共享服务及维护，以及监控预警、突发事故应急管理和信息发布等功能。

（3）集约化整合云计算中心。加强空管云计算平台建设，提升空管云服务能力，加快基于云平台的大数据中心基础建设，构建面向各类用户的服务框架体系，为各级空管局、管理局单位、航空公司以及机场提供一体化的云计算服务能力。

3. 智慧空管的总体架构

智慧空管的总体架构如图3-5-9所示。

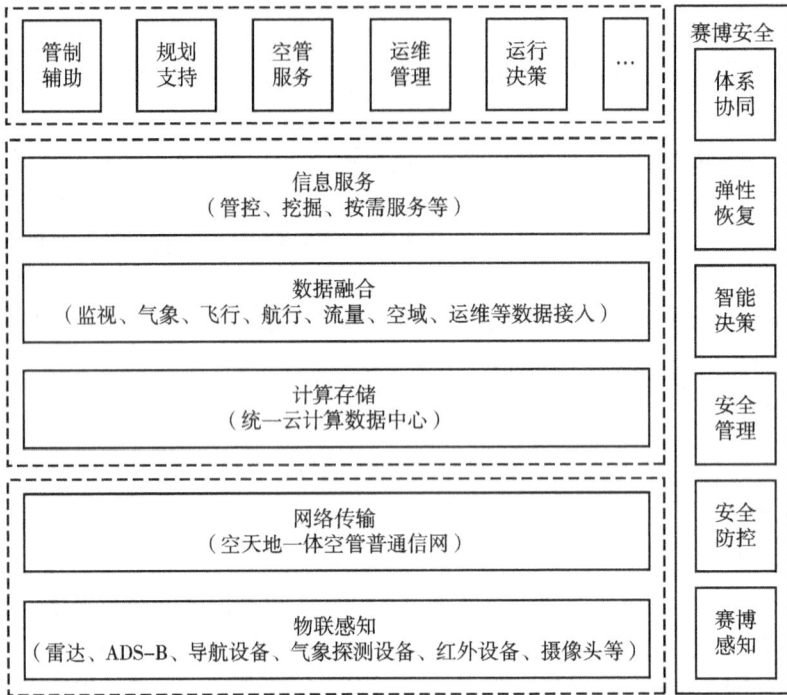

图 3-5-9　智慧空管的总体架构

　　图中，最上层为智能应用产品体系，是智慧空管系统提供的服务，也是智慧空管发展的目标；中间层是公共信息服务平台，用于整合民航运输各方的数据，并进行计算存储；最下层是空天地一体感知网络，利用先进的设备实时监视航空器的运行；右侧是安全保障系统，用于为上述系统提供支持，这个系统需要应用人工智能、云计算、大数据、物联网等技术。

　　4. 新一代空管系统的三层体系

　　新一代空管系统具有鲜明的层次结构，具体如图 3-5-10 所示。

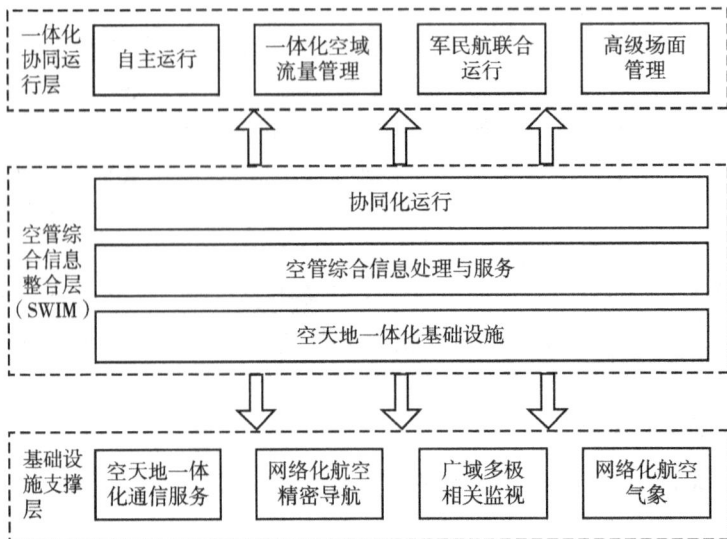

图 3-5-10　新一代空管系统层次结构

最上层是运行层，无论是军民航、空域流量管理还是场面管理，均需要达到一体化协同的程度；而这样的运行需要一套综合信息管理系统来支持，这个系统还要对运行的数据进行处理和分析，并反馈给下面的基础设施。基础设施是管理人员可以直接进行操作的设施设备，管理人员通过信息整合层反馈的数据对航空器的运行进行更为合理的决策，从而达到高效管理、高效运行的目标。

（三）智慧机场

智慧机场是指机场的主要运行模式开始转变为通过信息化、智能化、科技化等不同的高科技手段来改变机场的运行状态，这也是全世界机场正在发生的变化，说明了机场智能化是未来机场的主要发展趋势。智慧机场的主要特点在于将信息管理进行了高效的梳理，对机场的准确性和时效性进行了极大的强化，使得机场的运行效率远远高于传统机场。

根据民航局的智慧民航文件，智慧机场需要在以下4个方面进行重点建设。

1. 运行层面

机场对数据的收集以及对信息的整理和分析能力是体现机场智慧管理水平的重要内容，通过引入大数据技术，能够使得信息的处理更加智能化和自动化，通过对各项信息的整合与分类完成采集、分析、评估、处置等一系列智能化信息运行流程，使机场的各个部门能够通过统一的信息系统进行数据收集和共享，提高机场各部门的协同工作能力。

2. 安保层面

智慧机场本身拥有较为严密的监控系统，机场的安保人员可以通过覆盖于机场各个角落的监控系统来查看机场各个部分的运转情况，使机场的管理效率显著提高。通过高科技智能人脸识别系统能够对进入机场的各类人员进行全面的监控，身份识别能够大幅度降低机场的安全风险。

3. 服务层面

通过运用移动互联网技术、GPS定位技术和即时通信技术，能够为机场旅客提供一系列服务，如旅客仅需通过手机App即可实时获取各个航班的当前信息，同时机场能够对旅客进行服务引导，使旅客能够通过手机完成购票、托运、安检、登机等一系列操作。机场还能通过大数据为旅客提供个性化服务。

（四）智慧监管

智慧监管首先要机制创新。要实现数据驱动的行业监管，须以风险管控、数据驱动为着力点，推动实现行业监管的规范化、精准化、智能化。同时进行机制创新，联合高等院校和企业进行人才联合培养，以适应新环境的人才培养新需求；强化机场、航空公司、空管企事业单位、保障企业等民航系统内各主体的创新能力，构建能够支撑智能融合决策的决策平台，提升成果转化能力。

智慧监管要有基础设施保障。构建智慧出行、智慧空管、智慧机场、智慧监管设施，并通过智慧平台将其联系为一个整体；通过数据感知构建民航大数据管理体系；利用现有的设施设备，统筹设施功能定位，鼓励设施合作构建。

智慧监管要分阶段实施。到2025年，汇聚航空市场资源配置管理所需的关键数据，基本实现航班、航权、时刻等资源要素的协同配置；到2030年，全面采集和系统融合各类资源要素数据，创新基于数据驱动的资源配置方式，提高资源使用效能；到2035年，全面形成基于数据驱动和智能协同的航空资源配置管理模式。

三、民航智慧化发展路线图及展望

智慧民航是以智慧建设为主线，筑牢安全发展底线，拓展绿色发展上线，构建产业联盟阵线，以智慧出行、智慧空管、智慧机场、智慧监管为抓手，强化改革创新、科技创新、基础保障三大支撑，着力推进智慧航空运输和产业协同发展，努力实现以智慧塑造民航业全新未来的发展愿景。

智慧民航总体架构如图3-5-11所示。

图3-5-11　智慧民航总体架构

按照"体系发展引领、分域模块构建"的思路，智慧民航总体设计可分解为：四个核心抓手、三类产业协同、十项支撑要素。其中四个核心抓手即为智慧出行、智慧空管、智慧机场、智慧监管。三类产业协同包括民航+数字产业、民航+先进制造产业链、民航+绿色低碳产业等三类产业协同。通过智慧民航的系统化推进，实现完备的智慧民航运输系统、完备的产业协同发展体系、完备的改革创新推进机制、完备的科技成果转化链条和完备的运行基础设施环境。

主要参考文献

［1］阮成佳．空中交通流量管理［D］．西安：西北工业大学，2004.

［2］丁峰．空中交通流量管理中飞机队列优化算法研究与实现［D］．西安：西北工业大学，2001.

［3］张颖.广州地区空中交通流量管理策略生成系统研究［D］.南京:南京航空航天大学,2003.

［4］吕小平.我国空域管理和发展概况［J］.中国民用航空,2009(11):53-56.

［5］左精力,王丽,王艳刚.民用机场选址方法综述［J］.综合运输,2021,43(5):63-68.

［6］夏洪山,韦薇.现代航空运输管理［M］.2版.北京:科学出版社,2021.

［7］杨昌其.空中交通安全管理体系理论与应用［M］.成都:西南交通大学出版社,2010.

［8］郝斌.基于全面机场管理的大型机场运行控制体系研究［J］.民航学报,2021,5(2):38-41.

［9］李福娟,王鲁平,刘仲英.航班计划优化模型及其应用研究［J］.计算机工程,2007(11):279-281.

［10］马霄.航空油料系统社会组织管理架构的规划思路探讨［J］.民航管理,2017(9):69-72.

［11］GILBO E P. Collaborative optimization of arrival and departure traffic flow management strategies at airports.//JOHN A V, KENNETH W H. Air transportation systems engineering［M］. American institute of aeronautics and astronautics, 2000.

［12］李艳华.航空运输经济理论与实践［M］.北京:中国民航出版社,2017.

第六章

管道交通运输系统

　　现代管道运输始于19世纪中叶，1865年美国宾夕法尼亚州建成第一条原油输送管道。然而它的进一步发展则是从20世纪开始的。随着第二次大战后石油工业的发展，管道的建设进入了一个新的阶段，各产油国竞相开始兴建大量油气管道。从20世纪60年代开始，输油管道的发展趋于采用大管径且长距离，并逐渐建成成品油输送的管网系统。同时，开始了用管道输送煤浆的尝试。到目前，作为五种主要的运输方式之一，管道运输承担着很大比重的能源物资运输，包括原油、成品油、天然气、油田伴生气、煤浆等。管道也被进一步研究用于解决散状物料、成件货物和多种集装物料的运输。此外，容器式真空管道磁浮运输（超级高铁）也是管道运输的未来发展方向（见图3-6-1）。

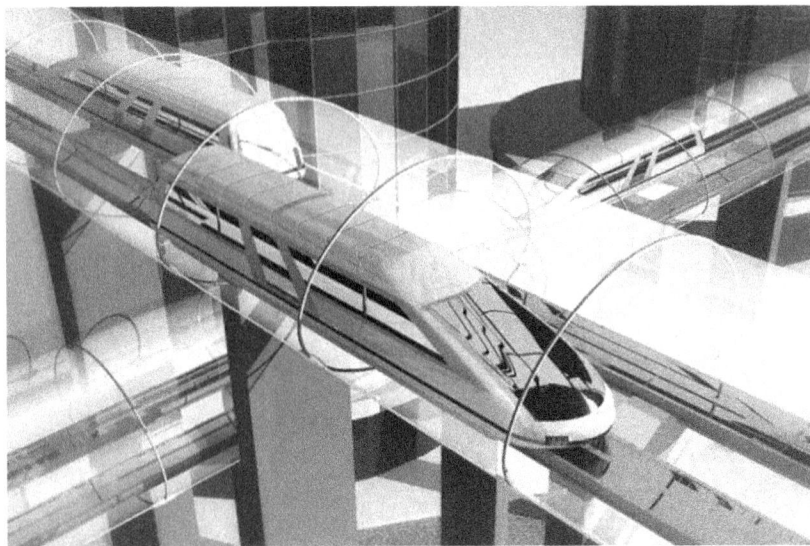

图3-6-1　容器式真空管道磁浮运输

第一节　管道运输系统的功能、结构及能力

一、管道运输的特点及其系统功能

（一）管道运输的特点

管道运输作为一种运输方式而得到较快的发展，成为交通运输大系统中一个重要组成部分（一个运输子系统），是因为它具有以下特点：

（1）运量大。一条输油管线，根据其管径的大小不同，其每年的运输量可达数百万吨到几千万吨，甚至超过一亿吨。

（2）运输网络结构无瓶颈。管道运输网络一般具有典型的树状结构。管道运输方向单一，没有对向运输。网络中同一干线的管径相同，同一支线的管径也相同（干线管径较大，支线管径较小）。由于管径参数的选择适应了远期的生产能力，各相同管径的管道线路段虽因与加压泵站距离不同，首末端间呈现压力和温度递减，但在一般情况下不存在网络的局部运输瓶颈地段。只有当管道末端存储能力不足，或者管道损坏、维修的情况下，才会造成上游积压现象。

（3）产运销高度结合，可免费存储。管道运输系统是典型的专用专营运输系统，一条管道只能专门运输某一种产品，专管专用，运输直接服务于生产和销售，呈现出产运销高度结合、免费存储的特点。以产品储备对接销售环节，对供求关系具有较高调控能力。

（4）适应性强，少绕行。管道可从河流、湖泊以及海洋的水下穿过，可以翻越高山，横贯沙漠，且其受坡度限制也小，因此可以走捷径，少绕行；又因管道运输不受气候影响，故可长期稳定运行。

（5）占地少。通常管道大部分埋于地下，且可埋入农作物种植所需深度以下，故永久占用土地少。

（6）劳动生产率高。管道运输易于实现自动化管理，占用劳动力少。

（7）耗能低、运费低廉。由于管道运输投资较少、燃料消耗少、经营管理简便、劳动生产率高，所以其运输成本较低，尤其当大运输量时，运输成本接近水运。

（8）安全性能好。易燃的油、气密闭于管道中，既减少了挥发耗损，又较其他运输方式安全。

（9）对环境污染小。被运输物品密闭在管道中，沿途无噪声，漏失污染小，尤其是对钢管线路及存贮容器采用了阴极保护防腐蚀后，其漏失污染更是大大减少。

尽管管道运输具有以上良好特性，应当指出，管道是一种专用运输方式，不如其他运输方式灵活，承运货物较单一，货源减少时也不易改变路径，当运输量明显不足，并超出合理运行范围时，运输成本会显著地增大。

（二）管道运输系统的功能

鉴于上述特点，管道运输系统在交通大系统中占据一定地位，适于承担单向、定点、量大的货物运输任务，主要包括以下两项：

（1）除液化天然气外，承担相当比重的石油及其制品的运输，尤其是原油运输已占各种运输方式的 50% 以上。

（2）运送其他货物。多年来，由于其他运输方式的成本一直在以不小的幅度上升，人们都希望用高效率的管道来输送油、气以外的其他一些货物。用管道输送多种固态物质的浆液，目前已被不少国家认为是经济、可靠的输送方式之一。容器式管道运输的发展为这一功能的实现展示了前景。

二、管道运输系统的结构

相对其他运输方式而言，管道运输系统的结构比较简单。对每一条管道输送线，由全线调度中心调度管理整个管线网上的运行，由主管线路及一些支线组成了单向线网，网上的节点即该管道输送线上的各个站点，包括管道运输的物料输入地点、中间加压或加热泵站，以及各接收站点等。而不同的管道输送线之间并不相通。

三、管道运输的能力及其影响因素

正如上面所提到的，管道输送一般是由主管线路连接一些支线单向输送的。因此，管道运输的能力往往是由一条条单独的主管线路及其支线分别体现的，而不是由区域内所有管道线路的综合来衡量的。每一条既有管线的输送能力则是由其设备系统及管道运输管理的有机结合决定的。

对某一条管道的建设，当其线路走向基本确定后，该管道的经济性能的好坏主要取决于工艺方案的选择，即管径、主要设备及运行参数的选择。对某一输量下的一条管道，随着其管径的增大，建设中所用的钢管及线路工程投资增大，又由于管径的增大，管内所需压力减少，由此可减少拟建的泵站数，减少动力消耗。因此，通过分析比较，可找到最经济的方案。例如，当采用年当量费用作为衡量长输管道的经济性指标时，可通过将投资及经营费用随管径变化的关系曲线进行叠加而得到某输量下年当量费用最小管径，如图 3-6-2 所示。其中年当量费用为：

$$S = \frac{\text{管道工程基本建设投资}}{\text{投资偿还期}} + \text{管道年经营费用} \tag{3-6-1}$$

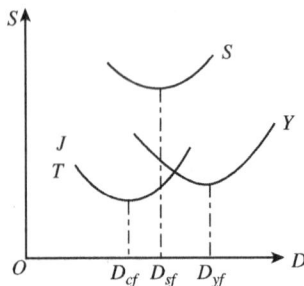

Y—经营费用；T—投资年限；J—投资量；D_{cf}—某一输量下投资量最小的管径；
D_{yf}—某一输量下年经营费用最小的管径；D_{sf}—某一输量下年当量费用最小的管径。

图 3-6-2　投资及经营费用随管径变化关系示意图

反之，可说该输量为管径 D_{sf} 时的经济输量，此时的管内流速即为经济流速。我国目前对于管径 D_s 为 $300 \sim 700$ mm 的原油管道，设计时一般取流速 $v=1.5 \sim 2.0$ m/s，成品油管道流速取 2.0 m/s 左右，液化气管道的经济流速一般为 $2 \sim 3$ m/s。应当指出，由于管道投资及其经营费用的影响因素繁多，因此不同区域、不同时间、不同的环境下，所谓经济流速的数值会有所变化。

一旦建成，在其运行过程中，管道的能力发挥还要受到一系列因素的影响，如其所输油品或物料的不同、管道线路的地温、管壁结垢或受腐蚀，以及管道与其他运输方式衔接口的能力或接收端加工设备等的影响。

第二节　管道设备系统及维护

一、管道设备系统

管道除了输送石油及其制品以及天然气，还可用于输送其他如矿石、煤炭、粮食等物料。目前，物料的管道运输有两种方案：第一种方案是把散状或粉尘状物料与液体或气体混合后沿管道运输，这种与液体混合的方式叫浆液运输，适用于煤、天然沥青、砂、木屑、浆料等货种。由于这种方式受物料性质、颗粒大小与重量等因素的限制，运输距离不能太长，同时能耗较多，对管道的磨损也较大。第二种方案是用密封容器装散状物料，放在管道的液流中或用专用载货容器车装散状物料后置于管道气流中，靠压力差的作用运送物料，这种用容器车进行管道运输的方式能运送大量不同的货物。下面分别分析输油、浆液以及容器式管道的设备组成及其功能。

（一）输油管道系统的设备组成及其功能

长距离输油管道系统由输油站和线路两大部分组成。输油管起点有起点输油站，亦称首站，其主要组成部分是油罐区、输油泵房和油品计量装置。首站的任务是收集原油或石油产品，经计量后向下一站输送。其过程如图 3-6-3 所示。

油品沿管道向前流动，压力不断下降，需要在沿途设置中间输油泵站继续加压以便将油品送到终点，需要加热的则设置中间加热站。

输油管的终点又称末站，它可能属于长距离输油管的转运油库，也可能是其他企业的附属油库。末站的任务是接收来油和向用油单位供油，所以有较多的油罐与准确的计量系统。

长距离输油管的线路部分包括管道本身，沿线阀室，通过河流、公路、山谷的穿（跨）越构筑物，阴极保护设施，以及沿线的简易公路、通信与自控线路、巡逻人员住所等。

对低凝固点原油，多采用常温输送；而对高凝固点的原油，则需采用加热输送。

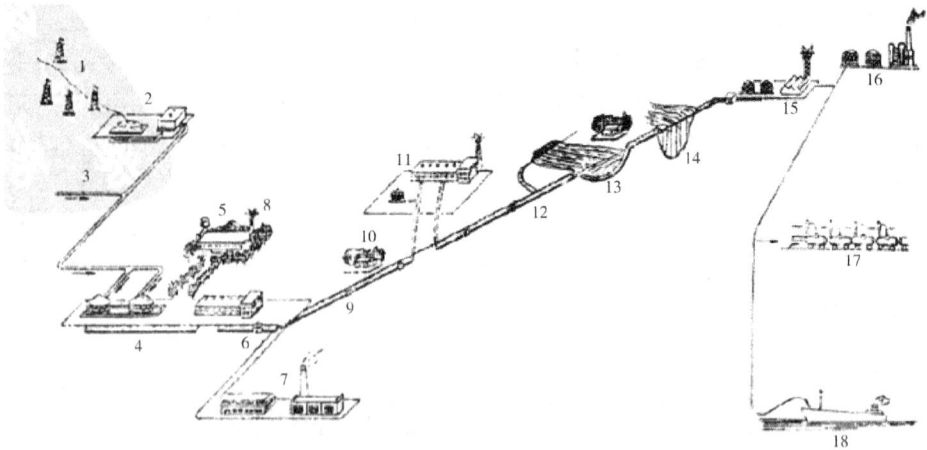

1—井场；2—转油站；3—来自油田的输油管；4—首站罐区和泵房；5—全线调度中心；6—清管器发放室；7—首站的锅炉房、机修厂等辅助设施；8—微波通信塔；9—线路阀室；10—管线维修人员住所；11—中间输油站；12—穿越铁路的弯管；13—穿越河流的弯管；14—跨越工程；15—末站；16—炼油厂；17—火车装油栈桥；18—油轮装油码头。

图3-6-3　长距离输油管道系统

（二）浆液管道输送系统的设备及其功能

浆液管道输送的基本措施是将待输送的固体物料破碎成粉粒状，与适量的液体配制成可泵送的浆液，在长管道中以固液两相流的状态，输送到目的地，然后再将固体与液体分离。因此，浆液管道输送系统主要包括以下三部分：

（1）浆液制备厂：将物料破碎成粉状，与适量液体配制成浆液。

（2）输送管道：输送浆液。

（3）浆液后处理系统：对到达的浆液进行颗粒脱水、干燥及对水进行处理等。

这三个部分相互联系，又有所制约。

（三）气力容器式管道运输系统的设备及其功能

气力容器式管道运输系统（简称容器管道系统）是由鼓风站产生的气流（空气流）在管道中驱动带有车轮的容器车或由它组成的列车的运输管道系统。

按照压力差的产生方式，容器管道系统可分为压气式、抽气式或压气-抽气式。在压气式容器管道系统中，压缩空气推动容器车运行。在抽气式系统中，管道内的空气从接收容器车的一端抽出，大气中的空气就会从发送端流入管道，推动容器车运行。压气式系统对于较长距离的货物输送系统有较大前途，而抽气式系统因为造成的压力差有限，只适于短途运送物料。在压气-抽气式系统中，一方面从发送容器车的一端向管道内送入压缩空气，另一方面从接收容器车的一端往外抽气。

根据给定的货运量和运输距离的不同，容器管道系统可以是单管的、双管的和多管的。

图3-6-4是具有一个鼓风站的直线单点输送的单管系统简图。

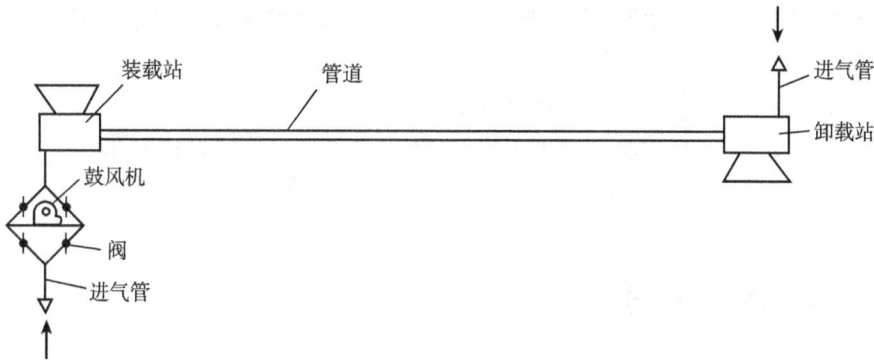

图3-6-4 具有一个鼓风站的直线单点输送的单管系统简图

容器管道系统货运周转率高，其装卸和运输的全部工序很容易实现自动化，其劳动生产率约为汽车运输的10倍，所需维护人员极少。容器管道系统的能耗和运输成本较低，由于运输管道几乎没有磨损，故其运行时无噪声，无环境污染，可靠性高，使用寿命长。

二、管道设备的维护

尽管管道运输系统具有便于管理、运行安全的特点，但由于其输送管道大多深埋于地下，给日常维护带来一定困难。尤其是管道和储罐的腐蚀，不仅会造成因穿孔而引起的油、气、水跑漏损失与污染，给维修带来材料和人力的浪费，而且还可能引起火灾与爆炸。针对发生腐蚀的原因，通常可采取下列措施：

（1）选用耐蚀材料，如聚氯乙烯管、含钼和含钛的合金钢管等。

（2）在输送或储存介质中加入缓蚀剂抑制内壁腐蚀。

（3）采用内外壁防腐绝缘层，将钢管与腐蚀介质隔离。

（4）采用阴极保护法。

目前国内外普遍采用的经济可靠的方法是防腐绝缘层加阴极保护的综合措施。

第三节 管道运输系统管理以及管道布局原则

一、管道运输系统的管理

管道运输系统的管理，旨在使管道运输系统在整个运行过程中充分发挥设备效能，安全、快速地完成运输任务，尽量节省费用，降低运输成本。

管道运输系统运行管理工作的内容主要包括以下几项：

（1）收集基础资料。除全面掌握管道全线的技术资料如线路平、纵断面，各站流程，设备档案，运行记录等外，还应做好关于运量、货种与相关枢纽的设备能力等资料，对下一步工作计划作出轮廓计划。

（2）编制运输计划。根据收集的基础资料及各货主的运输需求计划，编制出全线和各站的运输计划，使整个系统在充分兼顾需求的基础上达到最优运行。

（3）做好日常监督与调度工作。监督与调度人员要经常核对计划，并根据各种变化做好调整工作，保证按计划完成运输任务。

除上述工作外，管道的各项技术管理还包括：

（1）运输量计量及货物质量检测，保证计量仪表与货物质量符合标准。

（2）日常维护与抢修，保证线路与泵站设备完好，防止干线受各种自然灾害与人力破坏。

二、管道布局的原则

根据管道运输的特点及其在运输系统中的地位，对于管道布局，除应遵循交通运输布局一般原则外，还应考虑以下几个具体原则：

（1）管道的发展和布局，要适应被运送货物生产的开发布局以及开发规模，考虑产地、加工地点及换装点或消费地的分布，做到管道的铺设及能力规模与输送物资的要求相协调。

（2）对石油输送，要根据石油的基本流向以及合理运输的原则，合理布局整个管道线网。

（3）处理好管道与铁路、水路、公路的关系，各种运输方式合理分工，协调发展，在管道运输经济合理的范围内发挥其优势。

（4）管道设备能力和技术标准的选定，要通过可行性研究和技术经济比较，以提高管道运输的经济效益。

主要参考文献

［1］张国伍．交通运输系统分析［M］．成都：西南交通大学出版社，1991.

［2］张国伍．交通运输系统工程创新与发展：交通人生 60 年［M］．北京：北京交通大学出版社，2008.

［3］张国伍．人生的境界与智慧：交通运输系统工程学科的发展与创新［M］．北京：北京交通大学出版社，2017.

［4］张国伍．综合交通运输系统工程的创新发展与论坛："交通 7+1 论坛" 50 次会议主要学术成就：2005—2018［M］．北京：北京交通大学出版社，2018.

［5］王绍周．管道运输工程［M］．北京：机械工业出版社，2004.

第七章

区域交通运输系统

第一节 区域交通运输系统的构成要素

区域泛指一定地域空间，即一定范围的土地或空间的扩展。区域是以人为主体的一定政治、经济、文化辐射所及的社会和地域空间。它表现为一个国家、若干省的集合、一个省区或一个地区。区域应该是一个国家的特殊的经济上尽可能完整的地区。

区域交通运输系统是指在某一区域由承担其客、货运输任务的各种交通运输设备、资源、人员及其相应的组织管理的整体。区域运输系统能力是指一个区域内，按一定区域经济的各种运输方式所形成的综合运输能力。一个国家或局部地域范围的交通运输系统的规模由区域范围及其经济发展水平确定。

一、交通运输方式构成

区域交通运输系统由多种运输方式组成。不同的运输方式具有不同的技术经济特性，因而各自具有不同的适应范围。在区域交通运输系统中，各种运输方式应扬长避短，充分发挥各自的优势，做到优势互补，布局合理，协调发展，从而形成适应于区域经济发展的综合运输系统。

二、交通运输通道构成

各种运输方式是完成某一运输过程的基本方式。但是通常情况下，一个完整的运输过程往往由几种运输方式共同完成，而由一种运输方式独立完成某一运输全过程的现象却很少见。因此，从运输供给的角度来看，仅就一种运输方式来进行运输供给分析，往往易割裂运输的全过程，特别是极易忽视其他运输方式在同一运输供给系统中的作用。为此，从运输供给角度来分析，按照区域交通运输系统的功能，把它划分成区内运输通道、区际运输通道、国际运输通道和区域对内外交通的接口四个子系统，它们在区域交通运输系统中具有不同的功能。

（1）区内综合运输通道网络。它担负区内各社会经济点之间的运输联系，是区域的社会经济内循环系统的主要组成部分，随着区域的社会经济的发展而发展。

（2）区际综合运输通道网络。它担负沟通本区域同国内其他区域的社会经济的运输联系。因为一般来说，区域社会经济发展在很大程度上取决于该区域在国内的社会经济地位，因此，区域的国内交通运输通道一般均承担着区域对外经济联系的主要部分，从而成为区域经济发展的主要生命线。

（3）国际综合运输通道网络。它担负着沟通本区域与国际市场之间的运输联系，或者国内其他区域通过本区域同国际市场之间的运输联系。特别是对于对外开放区域来说，上述两种同国际市场的运输联系就尤为密切。换言之，区域的外向型经济须由区域的外向型运输联系作为基础。

以上区际和国际交通运输通道共同构成了区域的对外运输通道系统，它是区域的社会经济外循环系统的主要组成部分。

（4）区域对内对外交通的接口系统。它是区域对内、对外交通系统的结合部，是沟通本区域同外界社会经济联系的口岸或窗口，包括综合枢纽系统、港口系统（沟通本区域同外界的水上联系）、机场系统（空中联系）和铁路、公路、车站系统（陆上对外交通口岸）。

第二节　区域交通运输系统的特点

区域交通运输系统作为国家交通运输系统的一部分，除了具备一般交通运输系统的特点外，还具有开放性、复杂性、深入性、连通性及通达性等特点。

（1）开放性。区域社会经济系统是一个开放系统。这种开放系统不仅在其内部存在着物质、能量和信息交换，而且在其与外部环境之间也存在着物质、能量和信息的交换。这种交换主要表现在两种基本的社会经济循环，即区域内各经济区之间的社会经济循环和该区域同国内其他相关经济区域及国际市场之间的社会经济循环。这两种社会经济循环的基本内容是人员、资金、货物和信息的交换，而这种交换的基本载体则是人员和货物，并通过交通运输系统的工作而使这些流动与交换得以实现。人员和货物的流动与交换，即人员和货物的位移，是交通运输系统的基本功能的表现。当然，区域内部或区域同其外部之间的资金交换，还可以通过金融流通渠道来实现，这种交换往往是以人员的交换作为起点。货物交换则是资金交换的一种主要形式。区域内部或区域同其外部之间的信息交换可以通过人员或货物的交换来实现，也可以通过信息流通渠道邮电通信来实现，而邮电通信则是广义交通运输系统的一个有机组成部分。因此可以说，区域内外的社会经济循环主要是通过区域交通运输系统的工作而得以实现的，区域交通运输系统是一个开放系统。

（2）复杂性。区域交通运输系统是一个复杂的大系统，这种复杂性首先是由它的开放性所决定的。首先，区域交通运输系统同它所处的区域社会经济其他子系统之间，以及同区域外的其他社会经济系统及国家交通运输系统之间，都有着不可分割的密切联系。其次，从完成生产任务的方式来看，区域交通运输系统是由铁路、公路、水路、航空和管道5种交通运输方式所组成的综合交通运输体系，每种运输方式各自又由不同的运输设备、劳动生产组织与管理手段所构成。最后，从它的结构来看，区域交通运输系统是一个多层次系统，它是由不同的交通运输通道和线路构成的，而每一运输通道又是由多种运输方式构成的。

（3）深入性。区域交通运输系统可以深入到区域内的各个角落、各个经济点。在水网发达地区及铁路专用线密集的地区，可以通过水路和铁路专用线实现其深入性。在通常情况下则是以公路运输方式实现其深入性。

（4）连通性及通达性。区域交通运输系统的连通性主要表现在：①区域交通运输系统本身是一个连通的系统，即经由交通运输系统的运输通道，根据运输需求由该系统内的任何一个起讫点通达其他起讫点，并且，如果存在两个起讫点不能经由一种运输方式实现通达的情况，那么它们必将通过几种运输方式的接力而实现通达。②区域交通运输系统与区域内的各个经济点是连通的，本区域的交通运输体系同其他区域的交通运输系统以及国家交通运输系统亦是连通的，同其他区域的各种经济点乃至国外的主要经济点也是连通的。

第三节　区域交通的需求与供给

一、四流

任何一个交通运输系统的存在与构成，主要是由于存在一种运输需求，交通运输系统的主要功能就是满足或实现这种运输需求。区域交通运输系统的这种运输需求，主要表现在以下四种基本交通流：

（1）区内流：指区域内由于区内各地区之间社会经济发展的不平衡性和专业化分工不同所形成的人流和货流，是区域内社会经济的内循环。

（2）区际流：指本区域同国内其他区域之间所产生的交通流。一般来说，它是本区域对外运输联系的主要部分。

（3）国际流：指区域对外开放，参与国际经济循环的物质形态。特别是对于具有外向型经济特征的对外开放区域，国际流的存在是其外向型经济特征的主要表现形式。

（4）中转流：指因本区域的特殊地理位置或本区域特殊的经济政策所形成的、由国内其他区域或国外地区经本区域的交通运输系统转到国内其他区域的交通流。

二、四要素

随着社会经济的不断发展，区域经济对于区域交通运输需求会越来越大。为了满足这种需求，就必然产生区域交通运输供给。这种供给由交通运输道路、交通运输能源、交通运输工具和交通运输组织与管理四要素构成，这四种要素的组合构成区域交通运输枢纽、区域交通运输通道、区域交通运输网和交通运输组织与管理。

（1）区域交通运输枢纽：指地处两条以上干线或两种以上运输方式的交叉点，是运输过程的结合点，是多种运输设备的综合体。其目标是实现运输过程的衔接，保证交通运输网的畅通，以满足区域经济和人民对交通运输的需求，加速货物送达和旅客的输送。

（2）区域交通运输通道：指由不同的运输方式所构成的完成繁重运输任务的一条或数条交通干线。因此，确定构成该运输通道的不同运输方式的合理发展规模，是区域交通运输通道分析的重要内容之一。

（3）区域交通运输网：指不同运输方式的交通线相互衔接、相互协调、相互协作构成的网络。各级交通运输枢纽构成交通运输网中的一个结合点，区域交通运输网是一个层次有序、干支分明、运转灵活的综合交通运输网，是区域经济发展的重要前提。

（4）交通运输的组织与管理：指合理利用已有的交通运输设备，完成最大的客货运输任务。只有交通运输设备，没有交通运输的科学组织与管理，其设备也不能发挥正常作用。

第四节　区域交通系统分析方法

一、影响因素分析

区域交通综合运输体系的构成一般取决于以下因素：

（1）区域的自然地理条件及其在更大范围的区域或国家中所处的经济地理位置；

（2）区域的生产力布局及其发展水平；

（3）区域的人口数量与分布；

（4）区域的自然资源的构成与分布；

（5）区域的科学技术发展水平。

应当指出，通常所称的区域交通运输系统是指区域内铁路、水路、公路、航空、管道五种运输方式组合而成的系统，或者可以说是交通运输线网的实物形态，其存在是为了满足区域经济发展对运输的需求。区域交通运输系统为完成运输过程并实现其运输功能所采用的手段和方式，不外乎这五种基本运输方式，但它绝不是这几种运输方式的简单叠加，而是各种运输方式的有机配合、协调发展。

由于区域与区域之间，无论在自然地理条件上，还是在社会经济条件或历史文化条件上，都存在着较大的差异性，因此很难确定出区域交通运输体系的统一模式，只能按照前述的影响交通运输体系结构的自然地理条件和社会经济条件分别确定其合理的交通运输体系的结构。确定区域交通运输体系的结构主要应考虑以下原则：

（1）充分利用区域的各种运输资源，发挥其运输潜力，形成综合运输能力。

（2）同更大范围的区域或国家的综合运输体系相协调，紧密衔接。

（3）充分发挥各种运输方式的优势，扬长避短，优势互补，相互衔接，相互配合，协调发展。

（4）最大限度地节省运输建设投资和运输费用。

（5）适应或促进区域经济发展和人民生活水平的提高。

（6）有利于环境保护。

（7）有利于国防建设。

二、系统分析

（一）区域交通运输系统的目标和任务

区域交通运输系统的目标和任务是维持区域交通运输系统与区域经济系统的协同关系，

满足区域经济发展所提出的客、货运输需求，以及协调区域内的交通运输系统的各子系统
（铁路、水路、公路、航空、管道）的关系，使其综合效益最优。其步骤如图 3-7-1 所示。

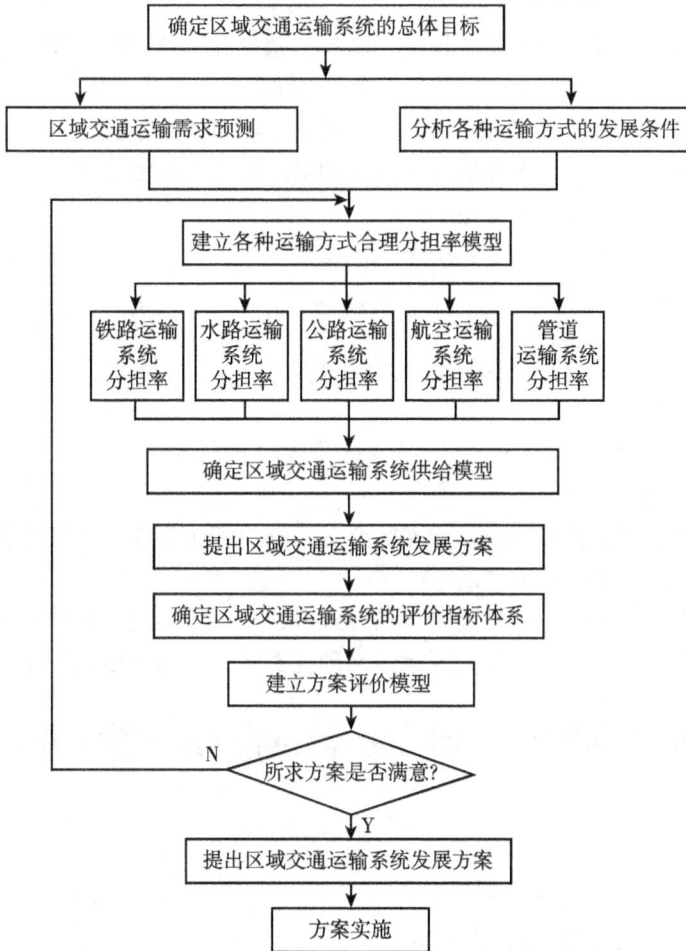

图 3-7-1　区域交通系统分析流程图

（1）确定区域交通运输系统的总体目标。由于各区域经济发展特点与重点不同，有着
不同的专业化方向和综合发展类型，其交通运输系统的总体目标也不同。

（2）根据所确定的目标，分析和预测区域交通运输的需求量（客、货需求量）。

（3）分析区域交通运输各子系统的发展条件及其优势，建立各种运输方式合理分担率
模型，确定各子系统的规模，协调各种运输方式，使之形成一个统一的整体。

（4）根据需求建立区域交通运输系统的供给模型。在区域综合交通运输网中，客货运
量在各种运输方式中得到合理的分配，提出区域交通运输系统发展方案。

（5）确定评价区域交通运输系统的指标体系。这个指标体系包括评价交通运输系统的
技术与经济效果、组织管理水平，评价交通运输系统满足区域内部与外部经济发展、人民生
活和社会环境等所提出的交通运输等方面的指标。

（6）建立方案评价模型，运用最优化理论和方法，对所建立的区域交通运输系统的发

展模型和模式进行评价，提出区域交通运输系统发展方案，以使区域交通运输系统得到合理的发展。

（二）区域交通运输系统的分析方法

区域交通运输系统是由两大系统组成，即由"流"的系统和"网络"的系统所组成的。所谓"流"，包括"人流""物流""车、船、飞机流"。所谓"网络"，包括铁、水、公、航、管各子系统的交通运输及区内、区际、国际三个综合运输通道。

研究区域交通运输系统，首先要对区域内的 OD 流与供需情况进行分析，其方法有函数分析方法、概率统计和模糊数学方法等。

函数分析法模型如式（3-7-1）所示。

$$Y = f(X, Z, L) \tag{3-7-1}$$

式中：$Y = (Y_1, Y_2, \cdots, Y_n)^{\mathrm{T}}$，为考虑运输状况的指标；

X——运输方式向量；

Z——客户运输向量（运输对象，OD 直线距离，到发量）；

L——运输线路长度。

该方法是根据客户对区域交通运输网的要求，提出评价交通运输网的若干指标，求得满足区域经济发展的最佳交通运输网。

在区域综合运输网中的各种不同的运输方式承担客、货运量的比重称为分担率。通过对不同情况下的分担率的研究，检验交通运输网的优劣性，并得出区域交通运输网规划的发展方向。

根据不同运输方式的经济特征和地区运需结构而确定的经济发展所需求的合理分担率 α：

$$\alpha = P^{\mathrm{T}}\beta$$

式中：P——不同运输方式选择概率矩阵；

β——不同客户状况的运量比重向量。

三、综合运力计算

区域交通运输系统的综合运输能力（简称综合运力），是指该综合运输体系在单位时间内所能向社会提供的最大的运输产品数量。尽管运输业的产品是被运送对象的位移，即 t·km 或人·km，但这一产品不具实物形态，产品不直观，而区域经济系统是一个现实系统，该系统一经确定，在一段时间内可以看成是稳定不变的，由生产力布局所决定的人流与物流也可以看成是稳定的。这就是说区域交通运输系统所承受的运输任务涉及的货物、旅客平均运程在相当一段时间内可以看成基本上是不变化的。

综合运力可以用被运输的产品数量来表示。这样交通运输系统的综合运力也可以定义为：在一定的技术设备和运输组织手段的条件下，区域综合交通运输体系在单位时间内所能运送的人员或数量，通常用"万人/a"或"万t/a"来表示。

如前所述，区域交通运输体系是区域内各种运输方式的优化组合。不同的运输方式的运输能力均有自己的计算方法。

区域交通运输系统的综合运力的计算方法如式（3-7-2）所示。

$$N = \frac{\sum C_i l_i}{R} \qquad (3-7-2)$$

式中：N——综合运力，万 t/a 或万人/a；

　　　C_i——各运输区段的通过能力或运输航线的运输能力，万 t/a 或万人/a；

　　　l_i——同运输能力 C_i 相对应的运输线路的长度，km；

　　　R——区域的平均运输距离，km。

R 同区域的生产力布局和人口分布有关，可用历史资料或相应的数据按式（3-7-3）计算：

$$R = \frac{\sum (Ql)_j}{\sum Q_j} \qquad (3-7-3)$$

式中：$(Ql)_j$——第 j 种运输方式在统计期内的年平均完成的运输周转量，万 t·km 或万人·km；

　　　Q_j——第 j 种运输方式在统计期内的平均完成的运输量，万 t 或万人。

应当指出，一种运输方式运力的计算方法，通常是对一个运输区段或一条运输线路进行计算的，而式（3-7-3）给出的区域交通运输系统的综合运力的计算方法，是对区域交通综合运输网络进行计算。当然，这种运输网络运力的计算方法，同样适用于只由单种运输方式所构成的运输网络。

研究区域交通运输系统是为了寻找反映区域交通运输网络和生产力布局，对国民经济发展有促进作用的交通运输布局规律，选择最佳的运输方式供求模式，揭示运输过程合理的时空关系。

当然，区域交通运输系统的综合运力还涉及合理的地域分布，即综合运力的分布要与地区经济发展相协调。为此，上面计算出的综合运力，还必须进行细化分析。可以把规划的区域根据区域的自然条件与经济特点再细分为若干小区，进一步按上述计算方法对各个小区的综合运力进行计算，求出区域交通运输系统综合运力的区域分布。

第五节　城市群/都市圈背景下的区域交通系统发展趋势

一、城市群/都市圈范围界定

（一）城市群的定义

随着经济全球化和区域一体化的不断深入，区域社会经济快速发展，城市化和机动化进程加快，以大城市为核心的城市群正逐渐成为一种具有全球性意义的城市-区域发展模式和空间组合模式。城市群是指在特定地域范围内，以一个特大城市为核心，由至少三个以上都市圈（区）或大中城市为基本构成单元，依托发达的交通通信等基础设施网络，所形成的空间相对紧凑、经济联系紧密，并最终实现同城化和一体化的城市群体。在此群体内，将突破行政区划体制束缚，实现区域性产业布局一体化、基础设施建设一体化、区域性市场建设一体化、城乡统筹与城乡建设一体化、环境保护与生态建设一体化、社会发展与社会保障体系建设一体化，逐步实现规划同编、产业同链、城乡同筹、交通同网、信息同享、金融同城、市场同体、科技同兴、环保同治、生态同建的经济共同体和利益共同体。

（二）都市圈与城市群的关系

城市群与都市圈的概念经常相伴出现，有关二者的关系在学术界经历了较长时间的研究（见表3-7-1）。《国家发展改革委关于培育发展现代化都市圈的指导意见（发改规划〔2019〕328号）》指出，城市群是新型城镇化主体形态，是支撑全国经济增长、促进区域协调发展、参与国际竞争合作的重要平台。都市圈是城市群内部以超大特大城市或辐射带动功能强的大城市为中心、以1h通勤圈为基本范围的城镇化空间形态。十九届五中全会在《中共中央关于制定国民经济和社会发展第十四个五年规划和二〇三五年远景目标的建议》中强调，优化行政区划设置，发挥中心城市和城市群带动作用，建设现代化都市圈。

表3-7-1 国内学者对城市群和都市圈的相关研究

范围	学者	时间（年）	定义
城市群	宋家泰，等	1985	多经济中心的城市区域。即在一个特定地区内，除其中一个作为行政经济中心外，还存在具有同等经济实力或水平的几个非行政性的经济中心
	周一星	1991	①具有两个以上人口超过百万的特大城市作为发展极；②有对外口岸；③发展极和口岸之间便利的交通干线作为发展走廊；④交通走廊及其两侧人口稠密，有较多的中小城市；⑤经济发达，城乡间有紧密的经济联系
	姚士谋，等	2005	在特定的地域范围内，具有相当数量的不同性质、类型和等级规模的城市，依托一定的自然环境条件，以一个或两个超大城市或特大城市作为地域经济发展的核心，借助于现代化的交通工具和综合运输网的通达性，以及高度发达的信息网络，发生、发展着城市之间的最紧密联系，共同构成一个相对完整的城市集合群体
都市圈	沈立人	1993	以大都市为核心，超越原来边界而延伸到邻近地区，不断强化相互的经济联系，最后形成有机结合，甚至一体化的区域
	张京祥，等	2001	都市圈是指由一个波多个核心城镇，以及与这个核心具有密切社会、经济联系的，具有一体化倾向的临接城镇与地区组成的圈层式结构。都市圈是客观形成与规划主观推动双向作用的产物。其建立的根本意义是打破行政界限的束缚，而按经济与环境功能的整合需求及发展趋势，构筑相对完善的城镇群体空间单元，并以此作为更为广域空间组织的基础
	陈小卉	2003	一个或多个核心城市，以及与核心城市具有紧密社会、经济联系的，具有一体化倾向的临接城镇与地区构成的圈层式结构
	肖金成，袁朱	2007	属于同一城市场的作用范围。一般是以一个或两个大都市辐射的半径为边界并以该城市命名，随着城市规模的扩大、实力的增强，对周边区域产生辐射带动效应，形成一个又一个都市圈

续表

范围	学者	时间（年）	定义
都市圈	宁越敏	2011	在一些经济比较发达的地区，受城市化和郊区化的共同影响，以中心市为核心，与周边县区存在紧密交互作用的都市区成为中国城市化的新形势。界定标准为：以①全部人口为城镇人口的市区为中心市，人口下限为50万人；②城镇化率大于60%的区县作为都市区的外围县
	中共中央国务院	2014	特大城市要适当疏散经济功能和其他功能，推动劳动密集型加工业向外转移，加强与周边城镇基础设施连动和公共服务共享，推动中心城区功能向1 h交通圈地区扩展，培育形成通勤高效、一体发展的都市圈
	张学良	2018	以某个大城市为中心，以经济、社会联系为纽带，以发达的交通系统为依托，以时间距离为标尺来划分的大城市及其毗邻区域
	国家发展改革委	2019	城市群是新型城镇化主体形式，是支撑全国经济增长、促进区域协调发展、参与国际竞争合作的重要平台。都市圈是城市群内以超大特大城市或辐射带中功能强的大城市为中心，以1 h通勤圈为基本范围的城镇化空间形态
	汪光焘，等	2019	都市圈是一种行政区划的、2个或者多个行政主体之间的经济社会协同发展区域，能够更好发挥辐射功能强的中心城市在发展中的主导作用，实现跨区域的资源合理配置，是顺应城镇化发展规律跨行政区的城市空间形态，即：中心城市建成区与周边中小城市建成区之间互动的城市空间形态
	自然资源部	2020	都市圈是以中心城市为核心，与周边城镇在日常通勤和功能组织上存在密切联系的一体化地区，一般为1 h通勤圈，是区域产量生态和设施等空间布局一体化的重要空间单元。城镇圈是以多个重点城镇为核心，空间功能和经济活动紧密关联、分工合作，可形成小城镇整体竞争力的区域，一般为半小时通勤圈。城镇圈是空间组织和资源配置的基本单元，体现的是城乡融合和跨区域公共服务均等化

从空间结构的视角来分析，都市圈和城市群、城市带等均是区域城市化的产物。都市圈是作为中心城市、城市群中间层级存在的城镇化空间形态，它可以直接承接中心城市的功能辐射，同时又是城市群的组成部分，几个都市圈的相互联系和互动发展，最终将推动城市群整体崛起，如图3-7-2所示。

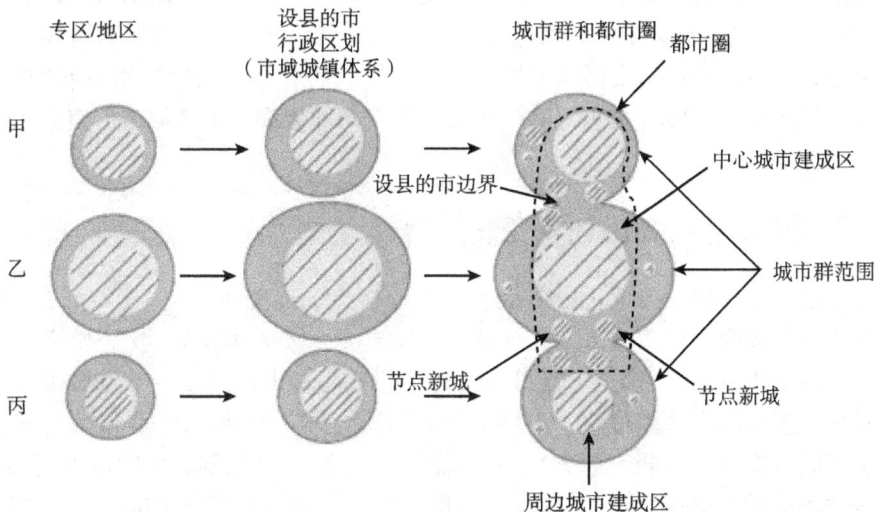

图3-7-2 都市圈与城市群之间关系示意

二、城市群发展与交通的关系

在城市群的发展过程中，交通运输与城市群发展保持着相互作用、相互促进的关系，具体如下：

（一）便利的交通条件是城市群形成和发展的基础

城市群的形成和发展是生产要素在开放的市场条件下充分流动、产业空间分布不断变化的结果，产业的集聚和扩散是城市群兴起的主要驱动因素，是建立在便利的交通条件基础上的。交通作为城市中物质与能量等空间相互作用因素流动的最基本载体，任何形式的城市群形态演进总是以一定交通线路为依托的，城市群形态的演进模式和过程就表现出与交通系统演变的密切相关性。在城市群形成过程中，正是发达的交通运输网络为生产要素的流动创造了条件，对降低企业成本和社会成本、促进产业空间布局不断优化发挥了重要的基础性作用。

（二）城市群的发展促进了城际交通的逐步完善

城市群的形成和发展，产生了大量的运输需求。随着城市群的不断发展壮大，城市间、城市与城镇间以及城镇之间的人流、物流总量规模不断扩大，对交通运输的需求量进一步增大，为交通运输的发展提供了运量基础，从而在一定程度上保证了交通基础设施的收益。同时，随着城市群经济的发展以及社会、科学技术的进步，对运输质量和服务水平的追求逐步提高，这一切为交通运输产业的发展提供了机遇，促使城际交通在不断满足城市群客运需求的过程中实现了自身的发展和完善。

（三）交通对城市群空间布局结构的优化发挥着引导性作用

交通可以带动沿线经济和城市的发展，城市的发展产生旺盛的运输需求，又促进了交通的发展，这是城市群与城际交通互动发展的一般规律，这一规律的结果表现为城市群发展总是沿着交通轴线拓展和延伸，从而强化或改变城市群的空间结构。交通条件的改善是城市群空间拓展的基础，也是构建城市群空间形态的主要决定因素。城际交通的发展改变了大城市"摊大饼"模式的发展，促进了大城市周边卫星城的建设，推动了城市群城镇体系的形成和完善。纵横交错的城际交通网络构成了城市群空间发展的骨架，引导城市空间的拓展方向。国内外城市群形成和发展历程表明，每一次交通网络的优化都会带来城市群空间结构的进一步优化和完善。

三、城市群交通系统特征及变化趋势

城市群交通系统的构成要素可以概括为"核心多点、五流四通"。其中，"核心"是指城市群内部的一个或两个核心城市（仅少数城市群有多个核心城市），核心城市是交通需求和通道汇聚的最重要节点；"多点"是城市群内部除核心城市外的多个节点城市和重要交通枢纽节点（如大型机场、铁路枢纽、主要港口等）；"五流"是指城市群相关的五类主要交通需求，包括城市流（都市圈交通流）、城际流（城市群内部各节点之间的交通流）、国内流（城市群与国内其他城市之间的交通流）、国际流（城市群与国际地区之间的交通流）和中转流（城市群过境交通流）；"四通"则是支撑交通需求的四类交通通道及网络，包括城市交通通道及网络、城际交通通道及网络、城市群与国内交通通道和城市群与国际交通通道。核心及节点城市、交通枢纽与交通通道的"点—线"结合共同构成城市群交通系统网络。如图 3-7-3、图 3-7-4 所示。

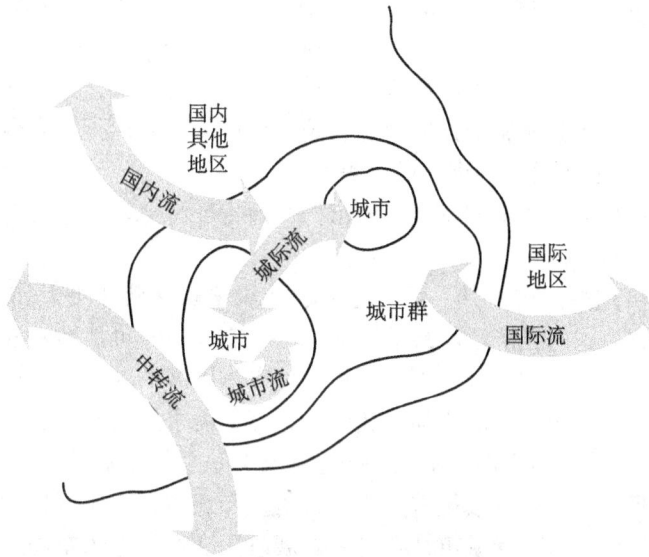

图 3-7-3　城市群交通系统构成示意图

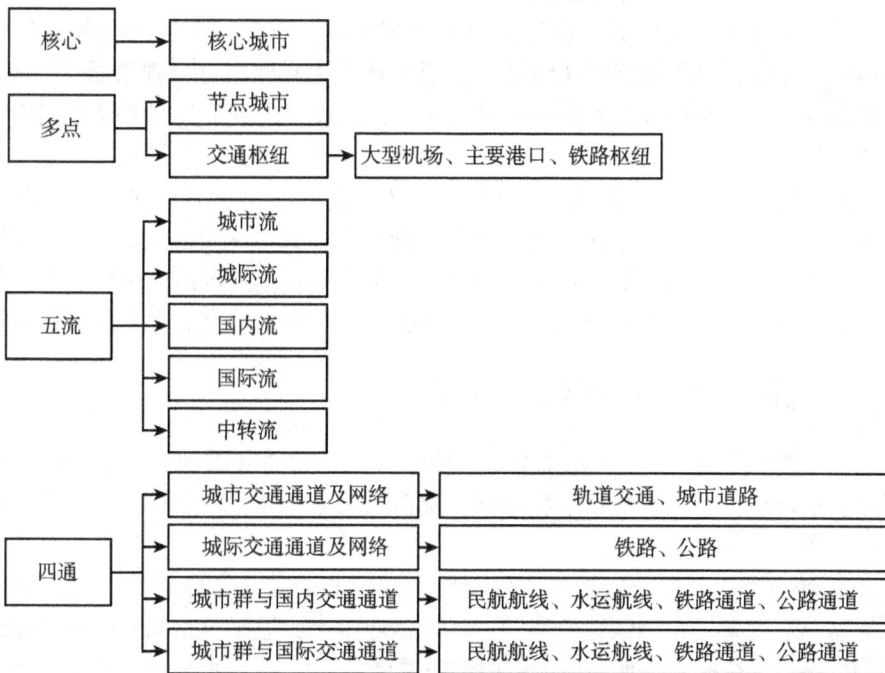

图 3-7-4　城市群交通系统构成要素

从交通方式角度看，城市交通、城际交通通道网络可划分为轨道交通（如地铁、区域快线、城际铁路）及道路交通（公路、城市道路）；国内、国际通道则可划分为铁路、公路、民航、水路等方式。

城市群交通出行总体上呈现显著的高强度、网络化特征。一方面，城市群交通需求高度集中，城市流、城际流交通出行强度较高，城市群与其他地区之间交通需求相对较弱（此特征可作为识别城市群的重要依据）。另一方面，交通需求空间分布呈现分层次网络化特征，城市群中核心城市与节点两两之间会形成强弱不同的交通出行需求，同时核心城市或主要节点城市与周边毗邻地区之间也会形成辐射状的交通出行需求，并且交通需求强弱与城市社会经济发展水平和经济要素流动强度密切相关，城市群交通出行需求会在若干通道上集中（如京津冀城市群中的京津通道、京保通道等）。

未来，随着科技和信息技术的发展，城市群交通特征将会发生重大变化，同时也将维持部分特征不变，具体如下：

（1）交通服务可达性要求提升，但交通需求持续增长态势不变。作为未来城镇化的主体形态，城市群将成为国内经济活动最活跃的地区，交通服务可达性提升是经济要素流动的必然要求；与此同时，城镇化进程的不断推进是城市群发展的动力，人口规模会随城镇化率的增长和区域经济集聚效应而不断增加，相应地，交通需求总量也将保持增长态势。

（2）交通流量时空分配更加均衡，但交通需求空间总体格局不变。借助物联网技术消除信息不对称，出行者将可以有效规避集中出行时段和通道，交通流量在基础设施网络上的分配将更加合理。与此同时，受城市社会经济发展阶段和产业空间布局影响，交通需求空间分布规律总体上将维持稳定。特殊情况下，由于国家战略需要，在城市群中新增重要城市或节点（如雄安新区），将改变交通需求空间格局。

（3）交通出行效率显著提升，但优化门到门全过程出行诉求不变。随着物联网相关技术的推广应用，不断提高交通智慧化水平，交通出行效率和便捷性将显著提升。与此同时，出行者将始终保持对门到门全过程出行体验的追求，交通设施供给和服务模式仍应以优化全过程出行为目标。

（4）交通需求及服务模式更加多元化，但集约化公共交通出行导向不变。未来交通出行需求将更加多样化、差异化，相应地，交通运营服务模式也将更加灵活多样。与此同时，受资源环境条件约束，高度密集出行地区难以满足所有私人化出行需求，交通供给仍将坚持以集约化公共交通为导向的基本原则，并且轨道交通将在城市群交通中发挥更大作用。

四、城市群/都市圈交通系统一体化

《交通强国建设纲要》指出，未来交通发展将由各种交通方式相对独立发展向更加注重一体化融合发展转变，并明确提出了城市群、都市圈交通一体化发展任务，主要任务包括以下几项：

（1）推进城市群内部交通运输一体化发展。构建便捷高效的城际交通网，加快城市群轨道交通网络化，完善城市群快速公路网络，加强城市交界地区道路和轨道顺畅连通，基本实现城市群内部 2 h 交通圈。加强城市群内部重要港口、站场、机场的路网连通性，促进城市群内港口群、机场群统筹资源利用、信息共享、分工协作、互利共赢，提高城市群交通枢纽体系整体效率和国际竞争力。统筹城际网络、运力与运输组织，提高运输服务效率。建立健全城市群内交通运输协同发展体制机制，推动相关政策、法规、标准等一体化。

（2）推进都市圈交通运输一体化发展。建设中心城区连接卫星城、新城的大容量、快速化轨道交通网络，推进公交化运营，加强道路交通衔接，打造 1 h "门到门"通勤圈。推动城市道路网结构优化，形成级配合理、接入顺畅的路网系统。

（3）都市圈与城市圈层面交通一体化发展的侧重点存在差异。在都市圈层面，着重从空间范围和交通层级两个方面考虑，统筹布局中心城市和外围中小城镇的交通系统，将都市圈作为整体进行交通设施的布局和交通服务的供给。同时，加强城市之间道路系统和轨道系统的联通，相邻城市公交跨境运营。逐步将"单极化""分割式"的区域交通系统，向"网络型""一体化"的布局模式转变。在城市群层面，根据城市群协同发展的内在要求，与区域经济一体化发展趋势相适应，推进城市群交通一体化建设，在政策、规划、技术标准、信息传输、经营规则、管理体制和机制上进行统一协调和宏观调控，实现城市群交通系统的有效集成和服务的"无缝衔接"，提高城市群交通系统的通达度、内聚力和依存性，提升交通整体水平。

主要参考文献

［1］张国伍. 交通运输系统分析［M］. 成都：西南交通大学出版社，1991.

［2］方创琳，宋吉涛，张蔷，等. 中国城市群结构体系的组成与空间分异格局［J］. 地理学报，2005，60（5）：827-840.

［3］汪光焘，李芬，刘翔，等. 新发展阶段的城镇化新格局研究：现代化都市圈概念与识别界定标准［J］. 城市规划学刊，2021（2）：15-24.

［4］国家发展和改革委员会综合运输研究所. 城市群（区域）交通运输系统研究［R］. 北京：国家发展和改革委员会综合运输研究所，2012.

［5］白同舟，张国伍. 物联网时代背景下城市群交通规划方法探讨［J］. 综合运输，2019，41（12）：54-60.

［6］姚士谋，陈振光，朱英明，等. 中国城市群［M］. 3 版. 合肥：中国科学技术大学出版社，2006.

［7］百度地图，国务院发展研究中心大数据宏观课题组. 基于大数据的城市群识别与空间特征研究［EB/OL］.（2018-01-12）［2024-03-08］. https：//huiyan. baidu. com/cms/report/zhongguocheng-shiqunyanjiu/.

第八章

城市交通运输系统

第一节　城市交通运输系统的功能、结构与特点

一、城市交通运输系统的功能

1933 年国际现代化建筑协会在希腊雅典所制定的《城市规划大纲》中指出：城市具有居住、工作、游息、交通四大功能。如按照人的机体模拟，城市机体可分为：细胞系统（人口及其构成）、神经系统（政府及其联络指挥系统）、骨骼系统（工农产业及各建筑工程）、肌肉系统（商业、服务网点）、感官（感觉）系统（科技文化及信息等）。城市交通运输系统可比作人体的循环系统，其中车辆可看作这个系统中的"血液"，它是使乘客和货物得以流动的载体；道路是这个系统中的"血管"，是联结城市各个部位的纽带；服务设施则是这个系统中的"肝脏"或功能调节器。由此可见，城市交通运输与城市的建设发展关系极为密切，是联系城市各方面的纽带，是城市这个有机体的大动脉，是城市赖以生存的重要基础设施。

系统的功能是系统结构在其内部并与环境发生相互作用时表现出来的作用和能力。以实现人、物和部分信息载体的空间位移为职责的城市交通运输系统，概括起来有以下四大功能：①保证和促进城市的生产活动；②保证城市居民的正常生活；③保证城市对外交通运输的正常进行；④保证城市旅游资源的手段。前两大功能保证了城市内部循环的正常进行，第三大功能保证了城市外部循环输送的功能。第四大功能是世界各国大城市的新兴功能。

交通在城市发展及城市化过程中始终是一个最活跃的因素，其发达水平不仅对城市化水平具有质的含义，而且也是许多城市形成、发展的动力。既有依靠交通而发展起来的城市，也有失去交通而衰落的城市。交通就像一根导线能从高电位处引来电流一样，它能给城市带来动力，是城市开发的工具。

二、城市交通运输系统的构成要素

系统的结构是指系统内部相互联系的各要素稳态组合形态（如排列次序、空间配置、聚集状态、联系方式及各要素之间的相互影响）。城市交通运输系统是指各种交通运输工具、运输建筑物、服务设施、管理控制设施及人组成的一个共同完成城市客货运输的综合服务系统。城市交通运输系统的总体结构如图3-8-1所示。

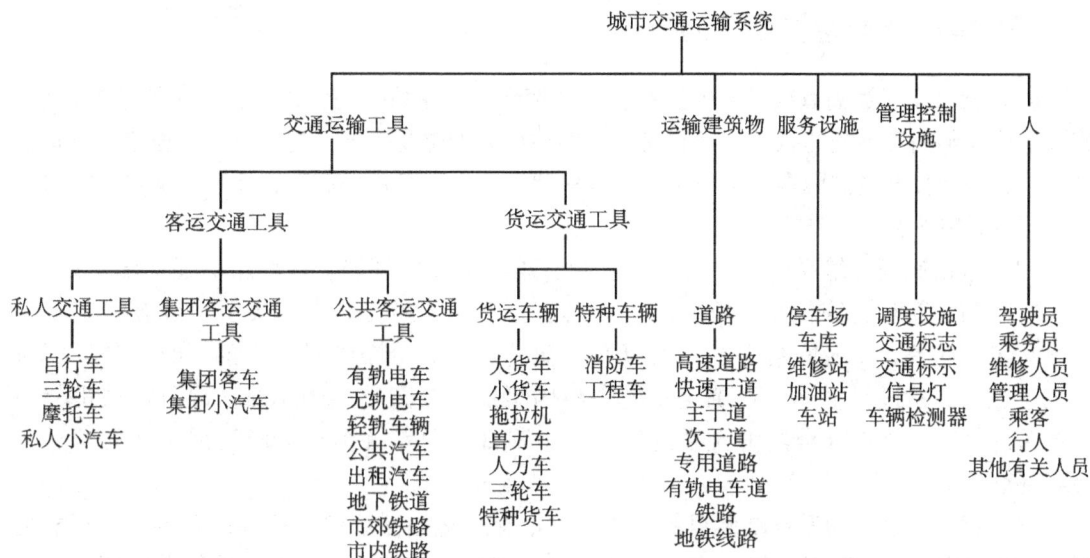

城市交通运输系统

交通运输工具　运输建筑物　服务设施　管理控制设施　人

客运交通工具　货运交通工具

私人交通工具　集团客运交通工具　公共客运交通工具　货运车辆　特种车辆　道路　停车场　调度设施　驾驶员

私人交通工具	集团客运交通工具	公共客运交通工具	货运车辆	特种车辆	道路	停车场	调度设施 交通标志	驾驶员
自行车 三轮车 摩托车 私人小汽车	集团客车 集团小汽车	有轨电车 无轨电车 轻轨车辆 公共汽车 出租汽车 地下铁道 市郊铁路 市内铁路	大货车 小货车 拖拉机 兽力车 人力车 三轮车 特种货车	消防车 工程车	高速道路 快速干道 主干道 次干道 专用道路 有轨电车道 铁路 地铁线路	车库 维修站 加油站 车站	交通标志 交通标示 信号灯 车辆检测器	乘务员 维修人员 管理人员 乘客 行人 其他有关人员

图 3-8-1　城市交通运输系统的总体结构

（一）总体结构

城市交通运输系统包括城市内部交通运输系统和城市对外交通运输系统。城市对外交通运输系统中的各种运输方式包括铁路、公路、水路、航空、管道等都汇集于城市，车站、港口、机场分布在城市中，对市内交通运输形成一种压力。在城市内部交通运输系统中，交通主要是指道路上的交通，也包括轨道交通，个别城市有水路交通，它们起着内外交通的"消化"作用，这样城市便成为区域交通运输系统的主要起讫点，成为联结各种交通方式的复杂的运输枢纽。城市交通运输也是整个国家乃至世界大交通的一个组成部分。没有城市内外交通运输系统，就没有人流和物流的集散，大交通运输系统将变成孤立的线和网，也就失去了内外循环的内容和意义。

（二）分类

城市交通运输系统根据运输对象不同，可分为两个子系统——客运系统和货运系统。这两个系统是互相联系不可分割的，尽管运输对象和运输工具不同，但是它们大多使用共同的运输建筑物和服务设施。

城市客运系统根据管理体制可分为公共客运交通、集团客运交通和私人交通三种形式。公共客运交通通常是有固定线路的交通，其交通工具运载能力大、成本低，但是运营服务受到经济发展水平和投资政策的限制。私人交通包括私人小汽车、自行车等，具有交通方便、灵活的特点，但乘客人均占用的道路面积大。集团客运交通，是各单位为方便本单位职工上下班而开设的班车，一般每天只开早、晚两次，这对运力是个浪费。因此，为了保证城市交通有序化，为了充分合理地使用有限的道路空间和城市土地资源，为了节约能源和保护环境，为了使城市的总体效益最优，必须坚持优先发展公共客运交通，这是城市交通建设的基本战略原则。只有大力发展公共客运，形成以公共客运交通为骨干，私人交通、集团客运交通相辅相成、并肩发展的城市交通的统一体，才能更有效地完成旅客运输任务。

三、城市交通运输系统的特点

（1）城市交通运输系统是多变量系统。城市交通运输系统的输入与输出都不是单一的，有多个输入影响着系统的状态，而它对环境的输出影响也是多方面的。例如，城市交通运输系统受到一切社会经济因素、经济结构、自然状况和自然条件的制约，反过来又以它本身的特性影响着整个社会经济系统。

（2）城市交通运输系统是一个关系复杂、难以描述的系统。在城市交通运输系统中，行人、车辆、驾驶员等相互影响。由于人具有主动性，使得三者的关系错综复杂，不定因素甚多。此外，交通网络中的行人以及车流的运动和分布都是随机的、时变的，要对系统中这些关系进行描述，要确定系统中各因素的运动规律相当困难。况且，城市交通运输系统是整个城市社会经济大系统的一个组成部分，与许多社会经济因素还有着千丝万缕的联系。

（3）城市交通运输系统是多目标系统。城市交通运输系统的目标是多重的，各目标之间还可能出现矛盾。要保证城市交通运输系统持续稳定地发展，往往要统筹兼顾所有的目标，如减少出行时间、提高服务质量、降低能源消耗、增加企业收入、减少环境污染等目标。

（4）城市交通运输系统结构复杂。城市交通网络是由大量交通产生点、吸引点，以及若干交叉路口和路段组成的，其结构远比区域交通复杂、烦琐很多。同时，城市交通运输系统有多种交通工具，有机动车辆和非机动车辆，各种车辆的大小、长度、宽度、容量、行驶速度差别很大，以适应不同目的、不同层次的乘客和不同货种的运输需要。多种交通工具是造成城市交通运输系统结构复杂的又一重要原因。

（5）城市交通运输系统交通流量大且具有不均衡性。由于城市人口、社会生产活动的高度集约化，使得城市交通在单位时间内和单位交通用地面积上，所输送的客流和货流都远远高于城市以外的地区。与此同时，城市中的客流流向、流量经常不均衡且多变，特别是在早晚上下班时间，车流、人流往往高度集中，形成高峰。

（6）城市交通运输立体化程度较高。立体化程度高低是交通发展水平的一个重要标志。城市是交通最容易发生拥挤的地方，又是最先采用先进技术的地方，因此城市交通立体化程度较高。各种流线型的高架高速公路、铁路公路两用桥梁、市区主要交通路口的多层立交桥、地铁客运线、闹市区人行天桥及人行地道等建筑实体，都是城市交通立体化的产物。

（7）城市拥有比较先进的交通设施和交通工具。在每个特定的时间内，比较先进的交通设施和交通工具一般总是在人口、资金、技术集中的城市首先创造出来并投入使用。

四、城市交通运输系统的评价体系

现代城市随着社会经济的发展，其功能日益强化和增多，如工业生产基地的功能，贸易中心的功能，金融中心的功能，信息中心的功能，政治中心的功能，科技、教育、文化中心的功能，服务中心的功能，等等。

城市交通运输系统的目标就是沟通城市中各个功能组成部分，在安全、经济、迅速、方便、低公害的条件下提供最大服务，使城市成为动态的有机整体。或者说，其目标是适应城市作为政治中心、经济中心的特点，适应城市现代化发展的需要，高效益、高效率地满足人民生活及物质生产对城市交通运输的需求。

交通运输业与其他行业不同，其效益除了交通运输企业自身的经济效益外，更多的是通过为社会服务，减少出行时间等表现为社会效益。鉴于此，又根据城市交通运输系统与其周围环境的密切相关性，可将城市交通运输系统的基本目标分解为三个子目标：提高社会效益、提高经济效益和提高生态效益，这几个目标是既相互促进又是相互矛盾的。每个子目标由若干个基础目标组成，而基础目标的要求又体现在子目标上。

城市交通运输系统的目标体系如表 3-8-1 所示。

表 3-8-1　城市交通运输系统的目标体系

子目标	基础目标
提高社会效益	增加舒适度 减少出行时间 减少事故率 增加方便性 增加正点率 增加可达性 提高服务质量
提高经济效益	减少用户费用 降低资金、能源消耗 增加利润收入 提高设备利用率 增加协调性
提高生态效益	合乎要求的居留地 减少污染和噪声

不同的城市交通规划方案，不同的投资发展战略，对上述各项目标、功能要求的实现程度不同。为了对不同的方案和发展战略进行综合评价，得出评价结果和各方案的优劣顺序，还需建立城市交通的评价指标体系。评价指标体系是由若干个单项评价指标（按性质又可划分为大类）组成的整体，能反映出所要解决的问题和各项目标的要求。城市交通运输系统评价指标体系如图 3-8-2 所示。

- 城市交通运输系统评价指标体系
  - 科学技术层面
    - 有效性指标
      - 快速性指标
        - 货物运输速度
        - 平均出行时间（出行时间、等待时间、在途时间）
      - 方便性指标 —— 道路覆盖率、公交站点密度、运力合理分布
    - 合理性指标
      - 道路合理性指标 —— 路网密度、路网负荷度、人（车）均道路面积、人均停车面积
      - 交通适应性指标 —— 客运交通结构比、货运车辆结构比、万人拥有公交车辆数、亿元产值车辆数
      - 可达性指标 —— 公交直达率、公交平均换乘次数
    - 交通管理先进性
      - 正点率指标 —— 公交车正点率、主要路口延误时间
      - 安全性指标 —— 事故率
    - 经济性指标
      - 企业收入指标 —— 年均收入
      - 运营费用指标 —— 运营支出
      - 个人费用指标 —— 票价、货物运价
      - 能源消耗指标 —— 按标准煤计算的消耗量
      - 投资费用指标 —— 基建投资
      - 经济效益指标 —— 资金利税率
  - 组织社会层面
    - 城市建设指标 —— 交通设施占地
    - 生态效益指标
      - 环境保护指标 —— 绿地面积
      - 环境污染指标 —— 汽车噪声和污染量
  - 个人、个体层面
    - 舒适性指标 —— 乘客密度
    - 服务质量指标 —— 服务水平、货损差、货差等

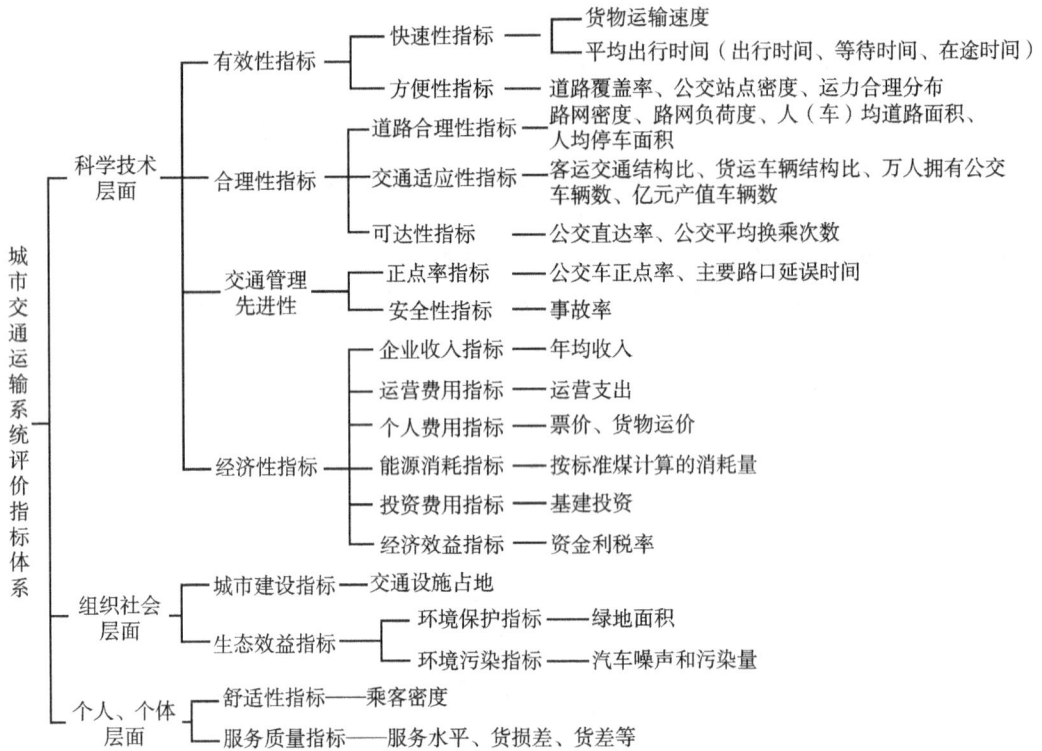

图 3-8-2　城市交通运输系统评价指标体系

指标的综合评价有多种方法，如德尔菲法、可能满意度法、价值分析法、利润评价法、成本-效益分析法、听众调查法、综合判定法等。下面我们介绍用成本-效益分析法进行城市交通运输系统综合评价的基本方法。

用成本-效益分析法构造城市交通运输系统的评价模型的思路是：在一定的交通服务水平下，以最少的投入使城市交通运输系统的总体效益达到最大。

其中，交通服务水平，对于客运来说，有票价、路网密度、公交站点密度、人均道路面积、万人拥有公交车辆数、客运交通结构比、乘客密度、公交正点率等；对于货运来说，有货物运价、路网密度、车均道路面积、货运车辆结构比、货物运输速度、货损差、亿元产值车辆数等。所谓投入即费用，包括基建投资、运营支出。

城市交通运输系统的总效益是一个综合性指标。其中，客运总效益的构成是旅客平均出行时间、乘客密度、事故率、环境污染、能源消耗及企业收入和环境保护，货运总效益的构成是货物运送速度、社会流动资金周转率、事故率、环境污染和环境保护、能耗和企业收入、用户费用。

对于组成城市交通总体效益的多个指标来说，有些直接以货币的形式反映了效益，有些则不然，如出行时间、货物运送速度等，需要将其转化为货币价值。

时间无论对社会还是对人其价值与日俱增，出行时间的延长，对于工作目的的乘客来说，相当于损失了其在相等时间内为社会创造的价值，可用平均小时工资来计，对于非工作目的的乘客，损失值用平均小时工资乘以一个大于 0 小于 1 的系数。

乘客密度是舒适性的一个衡量指标，交通疲劳会使乘客心情不愉快，导致劳动生产率降

低。这里需要研究乘客密度与交通疲劳的量的关系，还需研究交通疲劳造成的生产损失之间的量化关系。

交通事故给人、社会带来的灾难和损失是显而易见的，需将事故率转化为损失的货币价值。

货物运送速度（含技术速度和运营速度）快，就可使货物周转加快，可减少流动资金占用，使社会流动资金周转率增加，增加了社会成果；运达速度快，可减少仓库压力，增加仓库利用率，也可减少对仓库的投资。

将总体效益的各指标货币表示后，根据城市交通发展的各子目标权重和人们在不同时期对交通效益的看法，确定指标的权重，再通过费用分析，得出在一定服务水平下的费用效益评价，这样便可对城市交通运输系统进行综合评价，进而确定不同的交通投资规划方案的优劣。

事实上，如何建立城市交通运输系统的目标体系和指标体系，目前还没有统一的标准，我们在这节里也仅是做一般探讨。此外，对城市交通不同的研究目的，不同的侧重点，会有不同的目标体系、指标体系和不同的评价方法，因此本节提到的城市交通运输目标体系、指标体系和评价方法只供参考。

第二节　城市交通运输系统需求分析

一、客运交通需求分析

需求，是指人们对某种目标的渴求或欲望。一个人的行为，总是直接或间接，自觉或不自觉地为了达到某种需求的满足。因此，可以认为客运需求是乘客强烈要求消除空间距离的欲望引起的，但同时人的一切需求都是受社会制约的，它们的发展决定于社会生产力的水平和分配的体制。

（一）城市客运需求影响因素

决定城市乘客出行需求的核心是与研究对象相关的社会经济需求量，主要有收入、年龄、私人交通工具的拥有量、职业、人口密度等。当存在运输工具的情况下，需求量可表示为：

$$X_i = f_i(M) \tag{3-8-1}$$

式中：X_i——第 i 种交通工具的需求量；

M——集团或个人的社会经济需求变量，是多维的；

f_i——X_i 与 M 两者之间的函数关系。

城市客运需求按服务对象分为居民出行需求和流动人口出行需求。居民出行需求是指具有所在城市户口的居民日常生活的出行需求；而流动人口是指不具有所在城市的户口，为了满足某种社会经济生活需要而进行短期迁移的人口群体，这部分人的出行需求称为流动人口出行需求。高峰期主要客流是由上下班的城市居民出行产生的。大量的"流动人口"是非高峰期交通设施的主要使用者，他们在高峰期后，组成了次高峰期，增加了城市交通系统的总体负荷。流动人口数量的增减有明显的季节性。旅游旺季，流动人口数明显高于平均水平，淡季则低于平均水平。这种数量的季节非均匀性，增加了城市交通系统控制的难度。

（二）城市客运需求分类

城市客运需求按出行目的可分为工作、学习、购物、文化娱乐、走亲访友等出行需求。不同城市大小、不同城市经济发展水平，其出行目的构成不一样。文化娱乐活动随着生活水平的提高而上升。

城市客运需求按交通方式分为公共汽车、地铁、自行车、小汽车等出行需求。出行者究竟选择何种交通工具，依赖于下列准则：

（1）快速性。一般像地铁等轨道交通运行速度较快，公共汽车次之，自行车速度较慢；在拥挤的市中心，有可能公共汽车的运营速度下降，导致自行车速度大于或接近公共汽车的车速，从而使公共交通吸引力下降。

（2）方便性。出行时间和目的地的选择对出行者有极大的吸引力，小汽车、自行车等个人交通工具不用换乘，可随时出行。

（3）出行距离。随着居民出行距离的增加，乘坐公共交通车辆的比例显著上升。一般而言，自行车可作为 4~5 km 短途交通工具，公共汽车负担平均乘距为 5~8 km 的乘客，平均乘距大于 6~7 km 的乘客宜被吸引到轨道交通上来。

（4）经济性。一般小汽车使用费用较高，公共汽车由于国家有补贴政策，个人使用费较低。

（5）舒适性。小汽车、自行车都优于公共汽车的舒适性。

（6）安全性。公共交通的安全性优于个体交通。

二、货运交通需求分析

城市货运是指城市内部的货运，包括城市中的货物由一地到另一地的运输、运进或运出城市的货物在市区各地与对外交通枢纽点之间的运输。

城市货运需求来源于城市生产活动的需求，一般可通过回归分析建立城市货运需求量与城市社会经济变量间的相互关系。城市货物流动与居民出行有不同的规律。货物流动以原料—加工—存储—销售—用户为流程，以生产销售为周期，呈现非钟摆式流动。

货运需求结构与规模受产业结构影响较大。一般重工业的货运需求大于轻工业的货运需求，工业运输量大于农业运输量。产业结构及变化直接影响货运需求的结构、规模及变化。

第三节　城市交通运输系统供给分析

一、城市交通基础设施系统

（一）交通运输基础设施

城市的交通运输基础设施是城市中车辆、行人往来的通道，是连接城市各个组成部分并与城市对外交通相贯通的交通纽带，是组织城市交通运输的物质基础，主要包括城市道路系统和城市轨道系统。

1. 城市道路系统

城市道路系统是由城市内各种不同功能的道路及其附属设施有机组成的交通基础设施体系，是城市交通运输系统中最重要的组成部分。其主要职能如下：一是各种机动车、非机动车、行人以及地面有轨交通的运行基础；二是作为城市整体物质空间的一部分，联系城市其他功能用地，以此形成城市布局结构的骨架；三是城市形态和城市景观的主要构成要素。

根据道路在城市道路网中的地位、交通功能以及对沿线建筑物的服务功能，城市道路一般分为快速路、主干路、次干路和支路。

（1）快速路是使市区不同区域机动车辆能快速出入，并且是联系城市各主要的中、长距离快速机动车交通服务的道路。快速路是大城市交通运输的主要动脉，同时也是城市与高速公路的连接通道。

（2）主干路是连接城市各主要分区的干线道路，以交通功能为主。联系城市的主要工业区、居民区、港口、车站等客货运中心，承担城市的主要客、货运交通任务，是城市内部的交通大动脉。主干路连同快速路一起构成城市骨架道路系统。

（3）次干路是城市中起"通、达"作用的一般性交通性道路，配合主干路组成城市干道网，起联系城市各部分和集散交通的作用。

（4）次干路兼有服务功能，允许两侧布置吸引人流的公共建筑。

（5）支路与次干路和居住区、工业区、市中心区、市政公用设施用地、交通设施用地等内部道路相连接，用来解决局部地区交通问题，以服务功能为主，是地区通向干道的道路，部分支路用以补充干道路网的不足。

依据道路与城市用地的关系，按道路两旁用地所产生的交通流的性质，可将城市道路分为两大类，即交通性道路和生活性道路。

（1）交通性道路是以满足交通运输为主要功能的道路，承担城市主要的交通流量及与对外交通的联系。其特点为车速高、车辆多、车行道宽、道路线形符合快速行驶的要求，道路两旁要求避免布置吸引大量人流的公共建筑。

（2）生活性道路是以满足城市生活性交通要求为主要功能的道路，主要为城市居民购物、社交、游憩等活动服务的，以步行和自行车交通为主，机动车较少，道路两旁多布置有为生活服务的公共建筑及居住建筑，要求有较好的公共交通服务条件。

城市道路网络的形成与城市的演变与发展密切相关，它一方面受不同社会经济条件、历史条件和自然地理条件等因素的影响和限制；另一方面人们仍然力争使它适应交通活动的需求和适应城市发展的需要，因而逐渐形成以下模式，即自由式道路网、放射式道路网、棋盘式道路网、放射+环形道路网、棋盘+对角线道路网。城市道路网的基本形式多是放射式和棋盘式道路网。

2. 城市轨道系统

城市轨道交通以其运量大、速度快、安全准时、低污染的技术优势成为城市交通结构中的重要组成部分。城市轨道系统由城市轨道交通线路及其附属设施有机组成，是城市轨道交通系统中的重要组成部分。轨道交通线路通常沿城市客流走廊布设，并结合城市发展规划及增强土地开发强度的需要而向城市的不同方位延伸，其主要布局结构形式包括：放射形线网、放射加环线形线网、棋盘形线网、棋盘加环线形线网。

（二）交通运输载运工具

交通运输载运工具是人们为实现人和物的有效移动而使用的一种物质手段，同时交通运输载运工具的变革对城市的演变具有直接的作用。其变革的主要表现形式是速度和载运能力。

交通运输载运工具包括：客运交通工具和货运交通工具。其中客运交通工具主要包括私人交通工具、集团客运交通工具和公共客运交通工具；货运交通工具包括货运车辆和特种车辆，如图3-8-3所示。

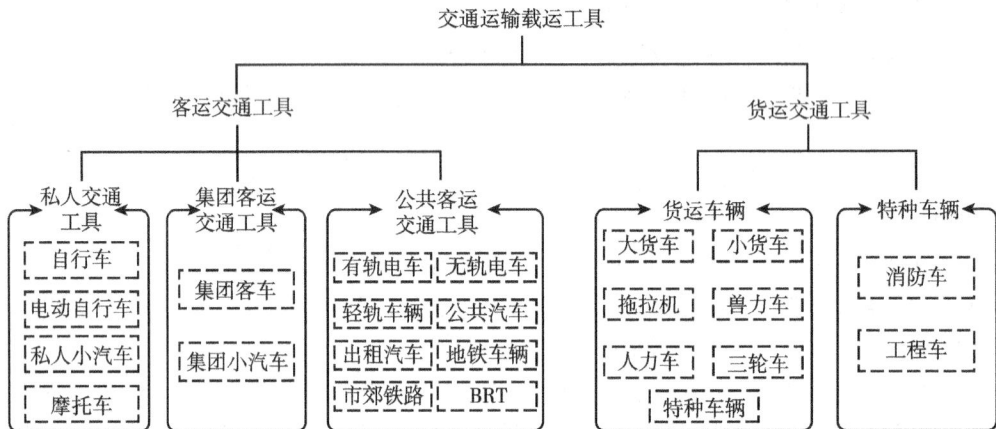

图3-8-3 城市的交通运输载运工具

主要交通运输载运工具的特征各不相同。私人交通工具中，私人小汽车交通舒适、方便、迅速，但占用交通空间大、环境污染较严重、耗能多。自行车交通是我国城市中主要交通方式之一，灵活、自由、安全、经济，但安全性差、费力，且不适合远距离交通、交通管理困难。摩托车交通方便、迅速、较经济，但安全性差、污染严重、耗能高、占用交通空间大。电动自行车交通中的电动自行车，是指用直流电源驱动、最大设计车速不超过20 km/h，供单人骑乘的两轮车，其性能介于自行车和摩托车之间，近年来数量迅速增加，成为我国城市中主要交通方式之一。

集团客运交通工具指各单位的各型客车，有定时和临时两种。

公共客运交通工具是按照固定线路行驶、沿线设置站点、定时往返、并按固定的票价收费、供公众共享的一种交通工具，它的运输能力大，运输成本低，是城市中运送乘客的主要交通方式。公共客运交通车辆包括公共汽车、无轨电车、有轨电车以及出租汽车、地铁车辆、轻轨车辆、BRT等。公共汽车有单车和铰接车两类，它需要的设备简单，调整线路的灵活性大，经营管理方便，所有大小城市皆宜。无轨电车以直流电为动力，以高压电气系统代替发动机系统，有单车和铰接式两类。需架设触线网，设置变电站，建设费用要比公共汽车大，且行驶线路受触线网所限，灵活性差，其架空触线对市容亦有一定的影响。优点是噪声低、无废气、起动快、变速方便，常在大城市与公共汽车配合使用。

出租汽车机动灵活、舒适快捷、服务面广，但占用交通空间大、环境污染较严重、耗能多。

在轨道交通方式中，地铁运量大、速度快、无污染，不占用地面土地，但投资大、建设周期长；轻轨基建投资较小，安全性和舒适性较高，节能，公害小，建设较为灵活。快速公交 BRT 又称为"公交车捷运系统"，它是一种利用改良型大容量公交车辆和现代智能交通技术（主要是高效率电子收费系统），以轨道运输的经营方式运行在公交专用道（具有专有或部分专有路权）上的公共交通运营服务方式。具有建设周期短、建造运营成本低、运量大、运行速度相对较快、节能环保、节约道路资源等特性。城市主要客运交通工具的特性分析如表 3-8-2 所示。

表 3-8-2　城市主要客运交通工具特性分析

交通方式		运量/ （人/h）	运输速度/ （km/h）	道路面积占用 （动态）/（m²/人）	适用范围	特　点
自行车		2 000	10～15	6～10	短途	成本低，无污染，灵活
小汽车		3 000	20～50	10～20	较广	成本高，投入少，能耗多，污染严重
常规公交方式		6 000～9 000	20～50	1～2	中距离	成本低，投入少，人均资源消耗和环境污染较小
轨道 交通 方式	轻轨	10 000～30 000	40～60	高架道路：0.25 专用道：0.5	长距离	建设运营成本较高，运输成本较低，能耗和环境污染小，运输效率高
	地铁	30 000 以上	40～60	不占用地面面积	长距离	建设运营成本高，运输成本较低，能耗和环境污染小，运输效率高

货运车辆一般是为城市中的货物运输服务的，主要包括生产运输和生活运输两部分。生产运输的货物包括原料、燃料、成品、半成品、废料等，多流动于工业区的内部、工业区与工业区之间、工业区与仓库，以及堆场与对外交通枢纽之间。生活运输是运载居住区中居民的日常生活供应物资和环境卫生工作中的垃圾等。由于城市中运输货物的性质、类型不同，有些货物在运输过程中常有特殊的要求。因此，除了常见的卡车外，还有各种专用货车，如食品车、冷藏车、油罐车、工程车、履带式车辆等。

二、城市交通管理系统

现代化的城市交通管理，是解决城市交通安全问题和提高道路通行能力的重要措施之一。城市交通管理措施包括硬措施和软措施。硬措施主要是指以提高交叉口车辆通过能力为目的的交通信号灯控制；软措施是以少花钱，甚至不花钱即可挖掘现有设施潜力，实现安全交通的交通政策、法规等。

（一）交通控制

当前许多城市的中心区交通拥塞，车辆行行停停，甚至造成混乱和损坏环境，这不仅浪费人们的时间和精力、损耗车辆和能源，而且影响城市的社会和经济活动。产生交通拥塞的主要原因之一是不同方向的车流及行人在交叉路口相会，形成许多潜在的冲突点。交通管理实际上就是一种交通组织工作，以分导不同流向的车流和行人。如果交通组织不合理，必然造成车辆拥塞，甚至酿成严重的交通事故，交叉路口交通组织得合理与否，往往体现在交通信号的控制上。

交通控制，广义来讲有两种，一种是动态控制，包括交通信号的控制和可变交通标志；另一种是静态控制，包括固定的交通标志和交通指示。

1. 交通控制基本类型

交通控制的基本类型有三种：孤立的交叉路口控制（即点控制）、主干道交通信号协调控制（即线控制）及区域交通控制（即面控制）。孤立的交叉路口控制是信号在交叉路口交通控制的最基本形式，它只考虑一个交叉路口而不考虑邻近交叉路口的交通流情况。主干道交通信号协调控制是将一条主干道的一连串交叉路口作为控制对象，它要考虑这一连串交叉路口的交通流状况，并对其进行协调控制。区域交通控制是将城市中某个区域中的所有信号在交叉路口作为控制对象，对该区域所有的交叉路口的交通流进行协调控制。

2. 交通控制其他类型

交通控制除了上述三个基本类型外，还有下列一些类型：

（1）宽区域交通控制系统，它将城市或城市中主要区域的所有信号的交叉路口作为一个系统看待，但在这个系统中的单个交叉路口的交通信号控制来说可以是点控制、线控制，也可以是面控制。

（2）交通情报收集系统，它是通过设置在街道上或交叉路口的检测设备收集与交通有关的情报系统，主要是收集交通流情报，但有的还收集气候情报和道路施工情报等。

（3）交通诱导系统，它是通过设置在街道上或交叉路口的可变交通标志或交通情报，或通过有线或无线广播向驾驶人员提供交通情报并进行交通诱导的系统。

（4）交通监视系统，包括两个部分，一部分是通过设置在街道上或交叉路口的摄像机与设在管制中心控制室里的监视器所组成的闭合回路电视系统对交通状况进行监视的交通电视监视系统；另一部分是交通信号确认及故障显示系统，一般要通过计算机来完成，并在交通状况显示板上（设置在管制中心）显示出来。

（5）交通管制系统，它是由交通信号控制系统、交通情报收集系统、交通诱导系统以及交通监视系统所组成的，并具有交通控制、交通情报收集、交通诱导和交通监视的功能，交通管制系统必须设置交通管制中心。

（6）交通优先控制系统，它是一种对某种车辆如公共电汽车或紧急车辆进行优先控制的交通系统，这种交通优先控制系统可以单独设立控制中心，也可以设置在交通管制中心内。

3. 交通控制方式

按照控制方式分，交通控制又可分为以下三类：

（1）固定时间控制，即每个交叉的信号控制器在某一确定的时间区段内，均按事先编制的配时方案运行，不同的时间区段，例如，早高峰和晚高峰时间，则按不同的配时方案控制信号灯运行，对于配时方案选择的控制，可由计算机统一掌握，也可以由交叉口的信号控制器独立掌握。

（2）由车辆检测系统灵活控制，即每个交叉口无固定配时方案，信号运行完全由车辆检测系统（电磁感应装置、微波检测装置或超声波检测装置等）检测到的瞬时交通流量数据来灵活地确定各相位绿灯起讫时间以放行交通流。这种系统通常适用于交叉口饱和程度较低的情况，不用配置中央控制计算机，各交叉口独立运行。

（3）自动应答式控制，这是在以上两种控制方式的基础上新近发展起来的一种区域性控制技术，也是由中央控制计算机实施对全系统的集中控制。最初可利用某种优化配时设计程度拟定一个初始配时方案，并交由中央控制计算机执行。在执行上述控制方案的过程中，由另一台在线运行计算机自动搜集来自路网上车辆检测系统的信息，并根据路网上交通量实时变化情况，按一定时间步距不断调整正在执行的配时方案，然后将调整后的方案转交主控计算机实施。所以在这类控制系统中，至少要两台在线运行计算机来实施整个系统的控制，而它们又各有不同的分工。

（二）交通管理

所谓交通管理，就是按照既定的交通法规和要求，运用各种手段、方法和工具合理地限制和科学地组织、指挥交通。我国目前城市交通发展迅速，车辆速度不断提高，特别是车型杂、速差大，还有大量的非机动车和行人，因此搞好交通管理工作就显得特别重要。只有采用良好的交通管理和控制方法才能获得良好的安全率、最少的延误、最短的运行时间、最大的通行能力、最低的运营费用，从而取得良好的经济效益和社会效益。

交通管理工作主要包括以下四个方面：

（1）技术管理，包括设置交通标志、道路标线，安装信号设施，建立单行线和专用车道，安装道路照明及其管理。

（2）行政管理，包括组织单向行车，限制车辆左转或出入某区，禁止某种车辆或某种运行方式，实行错时上班或组织可逆性行车，对于某种人（老人、小孩、残障人士）予以特殊照顾。

（3）法制管理，包括颁布法规、执行交通条例、执行车辆检验管理制度、建立驾驶人员管理制度、建立各种违章处罚规则并监督实施。

（4）交通安全教育和培训考核，包括驾驶人员的培训与考核、对驾驶人员进行经常性的安全教育、对人民群众特别是青少年进行交通法制与安全教育。

（三）城市交通政策

城市交通政策是城市交通战略的延伸和具体化，并成为引导、约束、协调人们（从决策者到交通能动者）交通行为的定向管理手段。交通对策则是在战略目标、基本途径、战略重点和交通政策确定之后使它们得以实施的具体办法和措施。

在确立城市交通是一种全社会共享并实行有偿使用的社会资源的前提下，利用双向控制模式，实现交通结构合理化，谋求交通总需求与总供给逐步趋于协调，对有待建立的综合交通体系及其分期形成的综合运力实行统筹规划与综合开发，以及对交通环境和交通秩序进行综合调整的总政策，其中包括优先发展公共交通、限制私人交通、调整投资结构、确定重点投资方向等政策。

城市交通政策分为城市交通的经济政策、管理政策及城市交通技术在城市交通需求管理中，往往需要综合利用法律、经济、科技、行政等措施，重点调控小汽车的拥有和使用，鼓励并引导形成公共交通优先的发展导向。城市交通的经济政策与下述内容有关：除了残障人士和步行者外，一律实行不同水平的有偿使用交通资源的政策。对具有交通价值转移特点和遏制私人个体交通盲目膨胀作用的城市公共客运交通的发展实行优先投资、贷款和免征税的政策。把营利性交通运输企业上缴的利税、对单位自备车辆和私人车辆（包括汽车、摩托车、自行车、电动自行车、三轮车等）征收的交通税、停车场收费上交款等作为城市交通建设基金，用于对公共交通系统的补贴性投资、停车场建设、交通标志和标示的增设、交通科研等。在地价昂贵、交通密集的市中心区，特别是在高强度人流、车流吸引点附近，设置高额收费及累进增收的汽车停车场和自行车停车场。

为了控制和管理交通，必须建立集中统一的城市交通发展委员会和权威性的交通管理机构。城市交通不仅是使整个城市生活从静态转入动态的基本手段和有效发挥城市各项功能的交通保证，同时也涉及千家万户居民，也涉及大量的车辆如何合理而有效地共享这种特殊类型的社会资源的重大问题。为此，有必要做好以下工作：

（1）建立集中统一的城市交通发展委员会和权威性的城市交通管理机构。交通发展委员会的基本职责是，提出并审查城市交通发展规划、实施计划、交通政策和法规，审议解决重大交通问题的对策；交通管理机构（包括职能机构及其所属的规划设计部门、分支管理机构）的基本职责是主管交通规划、计划的编制与实施，统一协调各种相互交叉的关系和行动。

（2）强化城市交通的决策系统。为了保证高效能的交通决策，有必要强化由决策集团、智囊机构和交通管理信息总系统组成的城市交通决策系统。这个决策系统的主要任务是，先由城市交通规划设计研究单位协同交通专家系统，根据决策集团的意见，利用交通信息系统提出有关的辅助决策方案，由决策集团决定行动方案，决策的重点是交通发展战略规划和实施计划，其中包括重大交通建设项目的选定、交通政策与法规的实施、交通投资的分配等。

（3）建立多种资金来源，加快研究主要的交通经济政策实施方案。

第四节　城市交通运输系统供需匹配机制

一、城市交通运输系统与城市发展互动关系

城市土地利用、功能布局与城市交通之间具有双向制约的互动关系。一方面，城市土地的使用决定了交通的产生和分布，从而要求建设与出行特征相适应的交通基础设施；另一方面，交通基础设施建设会影响空间可达性及人们的出行选择，进而影响城市土地开发及空间布局。长期以来，交通与城市协同发展是城市及交通研究领域的热点问题，但目前二者之间尚未建立起良好的互动协同机制，成为引发部分城市病的根源。因此，研究城市交通系统必须对交通与城市互动关系有清晰的认识。

城市土地是城市各种经济、社会活动得以实现的载体，土地利用方式在城市内的分布，决定了人们日常活动的地点。各种日常活动要求交通运输系统提供基础设施和交通工具，以实现不同目的的日常活动。交通运输系统中各种交通基础设施的空间分布使人们的空间联系成为可能，并可以此来衡量某地点的交通可达性。可达性在空间分布上的强弱，是决定人们为达到某种目的而选择某特定地点参与活动的要素之一，同时又是促使土地利用变化的原因之一。

（一）城市土地开发对交通模式的影响

（1）就业中心的集中布置会导致较长的出行距离，而在局部范围内实现居住与就业平衡，可使出行距离缩短。

（2）有吸引力的小区设施可以缩短平均出行距离。

（3）较高的住宅和就业密度、较大的人口聚集区、方便的公交车站等对人们选择公交方式出行有极为正面的影响。

（4）工作与居住混合分布可促使人们出行使用自行车方式或步行方式。

（二）城市交通对土地开发及出行行为的影响

（1）交通方式的选择取决于一种方式与其他所有方式相比所具有的相对优势和吸引力，最快和最便宜的方式大多有最高的分担率。

（2）仅提供免费的公共交通，而不提高公共交通的服务水平，并不会使大量小汽车使用者改变出行方式，仅仅只能使步行者或骑自行车者改变出行方式。

（3）通勤成本和通勤时间对出行距离和出行频率具有反向影响，可达性对出行距离和出行频率具有正向影响，如图 3-8-4 所示。

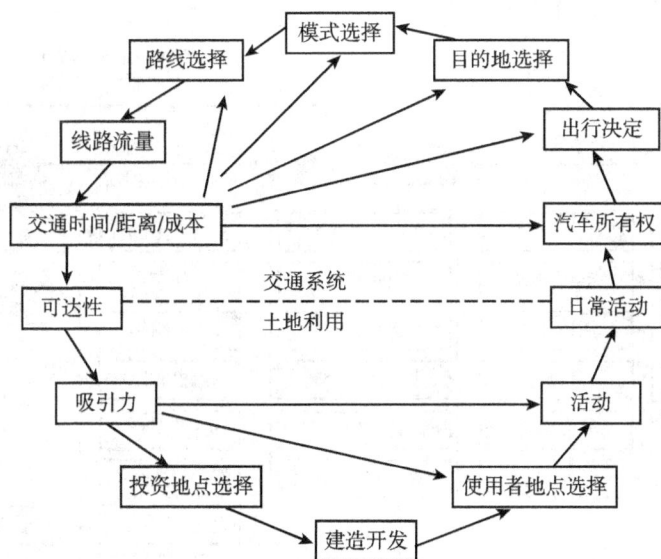

图 3-8-4 城市土地利用与交通互动关系技术理论框架图

二、城市交通运输系统承载力

近年来有关交通承载力的研究正逐渐引起重视。2017 年 9 月颁布的《北京城市总体规划（2016 年—2035 年）》中首次明确提出"坚持以人为本、可持续发展，将综合交通承载能力作为城市发展的约束条件"，强调了建立以交通承载力为导向的城市发展模式的重要性。国家标准《城市综合交通体系规划标准》（GB/T 51328—2018）就交通与城市空间布局也提出在城市建成区应根据交通承载力确定城市更新的规模及用途。交通承载力是指在一定社会经济发展水平和时空范围内，城市交通基础设施在特定服务水平下对城市社会经济生活所派生交通需求（人的出行与物的流动）的最大满足程度。交通承载力实质上是在探讨交通与城市发展之间的关系，从交通对城市发展的支撑和城市与交通发展水平的适配角度出发，分析交通与城市之间的协调程度。

交通承载力的主要影响因素从总体上可以分为交通系统内部因素和外部因素两类。

内部因素主要影响交通供给能力及服务水平，包括基础设施供给、运营管理等。其中基础设施供给包括基础设施规模、空间布局、级配结构、建设时序等；运营管理包括运载工具的配置及运行调度、交通管理智能化和信息化水平、交通需求管理等。

外部因素是产生交通需求的根源，主要包括社会经济发展、城市建设及土地利用等。具体来说，城市建设及土地利用因素主要包括用地性质（产业、人口、就业空间布局）、开发规模、开发强度和开发时序等；社会经济发展因素主要包括产业类型及空间分布、居民收入及消费水平、居民出行习惯等。

在内部因素、外部因素共同作用下，形成城市交通需求基本特征（包括出行总量、方式选择、出行目的、出行距离和时耗等）。交通承载力由交通供给及交通需求特征决定，反映了二者的匹配程度，上述每个因素的变化都将对城市或区域的交通承载力产生显著影响，如图3-8-5所示。

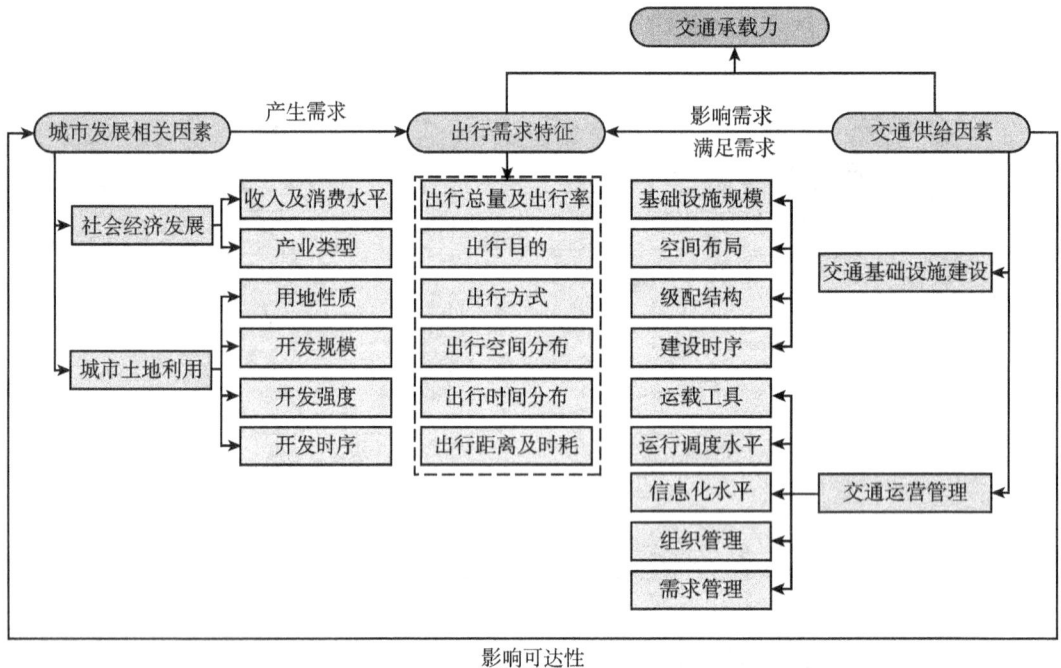

图3-8-5　交通承载力主要影响因素

主要参考文献

[1] 张国伍. 交通运输系统分析 [M]. 成都：西南交通大学出版社，1991.

[2] 北京市城市规划设计研究院. 城市土地使用与交通协调发展：北京的探索与实践 [M]. 杜立群，著. 北京：中国建筑工业出版社，2009.

[3] 白同舟，刘雪杰，李先. 加强交通承载力约束的内涵辨析：以北京市为例 [J]. 城市交通，2019，17（5）：91-98.

第四篇
交通运输系统工程实践

第一章

海南省交通运输系统及其发展战略

一、研究背景

海南岛是我国第二大岛，总面积 33 920 km²。

海南建省并建成全国最大的经济特区，是中央作出的一项重大战略决策，为海南社会经济发展开创了新局面。为了更好地指导海南的开发建设，海南省政府制定了海南社会经济发展战略和城市总体建设规划，明确了海南社会经济发展的战略目标、步骤和对策，研究和探讨了产业政策和地区布局等重要问题，勾画出海南社会经济未来发展的基本蓝图。

交通运输是海南经济发展的基础产业，是海南经济建设的基本投资环境，是海南对外开放的物质基础。海南的经济发展，首先建立在形成合理而有效的交通运输系统的基础之上。为此，迫切需要对海南交通运输系统未来的发展指明方向，亦即迫切需要制定海南交通运输系统发展战略。

二、主要研究内容

交通运输发展战略是海南社会经济发展战略的重要组成部分，其主要研究内容是：海南省在一定历史时期内在其社会经济发展战略目标的指导下，与海南社会、经济及其他诸要素协调发展的有关海南交通运输系统（包括岛内运输、陆岛运输和国际运输三个运输通道等）发展的全局性、根本性和长远性的问题。它包括海南交通运输系统发展的战略目标、战略水平、发展阶段及战略对策等有关内容，以对交通运输系统的合理规模、结构及空间布局等交通运输发展的战略问题指出明确的方向。

三、总体设计

（一）海南省交通运输系统发展战略研究的基础

海南省交通运输系统（简称海南交通运输系统）的现状、问题及其自然地理特征、海南未来社会经济发展战略及交通运输系统自身发展的基本规律和特点，是研究海南交通运输系统发展战略的基础和出发点。

（二）海南交通运输系统发展战略研究遵循的原则

在研究海南交通运输系统发展战略的过程中，需遵循以下原则：

（1）必须同海南社会经济发展相适应，并使海南交通运输系统的发展略有超前性；

（2）与相关的社会经济系统的发展相协调；

（3）考虑海南国防建设的要求；

（4）促进海南投资环境的改善；

（5）有利于结构协调、布局合理的综合运输网的形成；

（6）有利于运输系统的效益和技术水平的提高；

（7）保证运输服务水平的提高，提高交通运输系统的可靠性和安全性，减少环境污染。

（三）海南交通运输系统的构想——三通四流

基于以上原则和出发点，提出海南三通四流的运输系统构想。根据海南各种社会经济关系所形成的人流、物流、信息流、资金流在生成和空间分布上的不同特点，提出陆岛流、国际流、岛内流和中转流四种交通流。各交通流的基本形态为人流、物流，同时又作为资金流和信息流的一般载体，构成海南各种社会经济联系的广义流通体系，依托着相应的三个运输通道系统——陆岛通道、国际通道和岛内通道。每个通道又作为多层次、多种运输方式的综合运输体系，保障着四个流的畅通，进而保障和促进海南各种社会经济联系的通畅。

（四）海南交通运输系统发展战略研究的三阶十步

海南交通运输系统发展战略研究分为三个基本阶段和十个基本步骤，如图4-1-1所示。

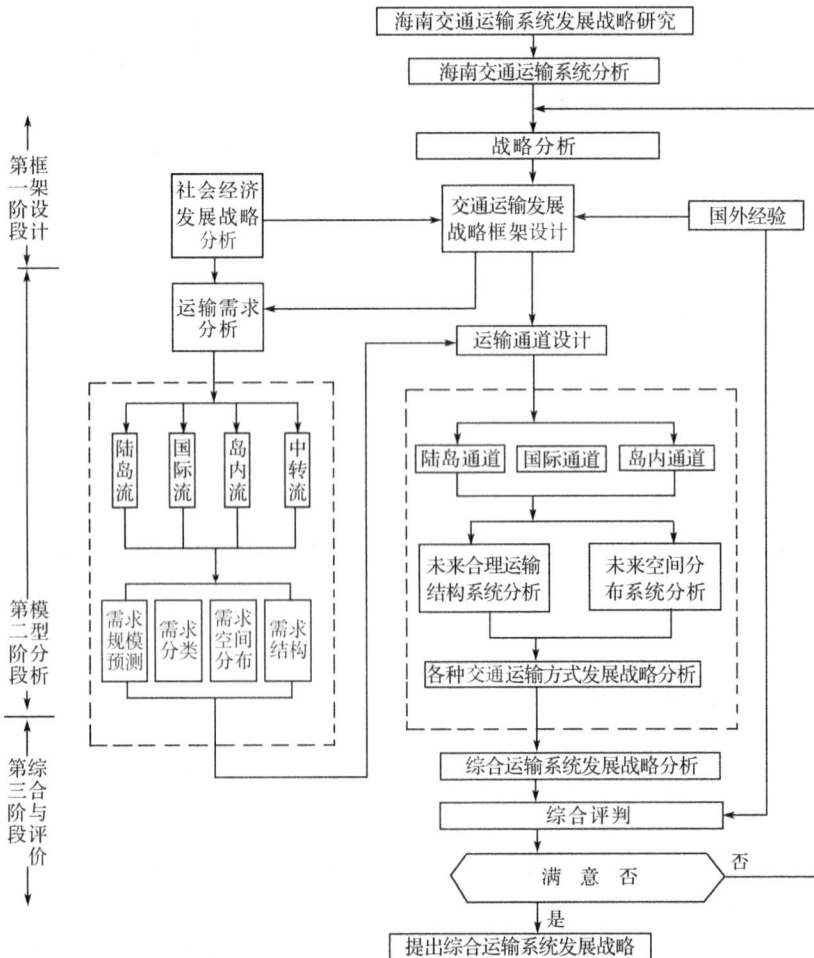

图4-1-1　课题研究工作框图

1. 第一阶段：框架设计阶段

本阶段主要是对海南交通运输系统进行系统分析和系统诊断，形成一个初步的指导思想和研究方案。

步骤 1：系统分析

主要工作是收集资料，了解系统现状及理论方法的选择。要了解交通运输系统的历史发展过程和规律、现有运输网的结构和空间布局、承担的任务、管理体制、能力水平和技术状况等，发现系统存在的问题。

步骤 2：战略分析

重点在于对海南交通运输系统未来发展的基本动力、优劣势及环境等状况进行分析和整理，明确该系统未来发展的基本特点、动机和制约条件，对制定发展战略的指导思想提出一个初步的轮廓。

步骤 3：社会经济发展战略分析

社会经济系统是一种多层次复杂系统，它与交通运输系统组成两层次复合系统，交通作为其基础系统具有重要意义。然而，交通运输系统的发展缘于经济社会发展的需求，从属于经济社会发展，交通运输事业发展又能保障和促进经济开发建设。社会经济发展战略包括发展规模和速度、产业政策、产业布局、城乡规划等。

步骤 4：国外经验

社会经济发展对交通运输的需求不是几十年不变的。然而，这种结构性参量的变化特性的获取，只能从较发达国家和地区过去几十年的发展轨迹和历史经验中寻找，从而作为我们的参考值。交通运输发展内部结构性变化的依据，只能从国外经验中寻找。社会经济规模的不同，生产节奏的变快，人民生活水平的提高等，都对交通运输系统提出了新的要求。我们研究交通运输系统未来的变化时，国外的经验和教训是很有参考价值的，当然，在应用中要结合中国自己的国情。海南发展战略主要参考了日本、韩国、新加坡，以及我国的台湾、香港地区。

步骤 5：交通运输发展战略框架设计

通过以上几项工作的准备，提出初步的发展战略思想、目标、阶段和重点，为进一步研究确定一个基本的范围。框架设计的核心就是要形成一个完整的定性模型，为进一步的定量化处理提供方便。在海南交通发展战略中我们提出"三通四流"的战略框架，概括了整个研究的全貌。

2. 第二阶段：模型分析阶段

本阶段主要是将定性分析的工作进行定量化处理，主要分为两个大步骤：需求分析和供给分析。

步骤 6：需求分析

不同于一般预测模型，它更侧重于流生成的社会经济原因，确定相互间的经济关系。这里，国外参数有很大的参考价值。需求分析主要分为以下几个部分：

① 需求分类：按需求生成性质的不同划分为几类，当然也可以根据需要按别的原则划分。海南战略中分为四个流：陆岛流、国际流、中转流、岛内流。

② 需求规模预测：这需要建立一个或一组动态模型。

③ 需求空间分布：研究流的分布主要是用重力模型，也可用聚类的方法。

④ 需求结构：最简单的划分是客货结构。若要进一步深入研究，需有较细致的产业政策和人员出行动机分析。

步骤7：运输通道设计

不同于一般规划，它既不是完全从需求数量开始，也不是从某一运输方式开始，而是从需求的质量要求和数量要求开始的。在符合一定运输质量（包括送达速度、安全性、责任性等）和发展要求（国外经验有重要参考意义）的前提下，提出其规模要求，进而设计通道的内部优化组合。它主要解决以下四个方面的问题：

① 通道的分类。确定通道的性质和划分，海南战略分为三个通道：陆岛通道、国际通道和岛内通道。

② 通道内部结构分析。结构模型发挥重要作用，一般有 Logit 模型和 AHP 法等。

③ 空间分布。主要考虑自然地理、人文社会等因素，以及现有运输网布局形态等因素。聚类分析法会有用武之地。

④ 各种运输方式发展分析。在对每个通道进行运输结构空间分析的基础上，思维从纵向转向横向，考虑单个运输方式的相互衔接和线网布局，形成较为完整的综合运输网络系统。

3. 第三阶段：综合与评价阶段

本阶段主要是进行综合分析、综合评判，并提出综合运输系统发展战略。

步骤8：综合运输系统发展战略分析

战略分析的核心是找出已构造出的交通运输系统在未来发展中的全局性、长期性和关键性问题。模型试验是一般手段，通过试验整理出各种战略的依据、目标、重点、解决途径和基本对策。这项工作是一项高度综合的工作，除研究人员进行研究外，广泛地进行专家咨询也有重要意义。

步骤9：综合评判

综合运输系统战略水平的评判需建立一整套指标，然而，这套指标目前尚无完整的、公认的指标系统可供参考。在本次战略评价中，选择了运网规模、综合运输结构、通达城市数和航线数、现代化水平、通达半径等指标进行综合评价。在评价中组织了各方专家、决策者、实际工作者参加。经验评价也是很有意义的，海南战略在这方面做了大量工作，通过评价对整个战略反复地进行修改和完善。

步骤10：提出综合运输系统发展战略

这是最后一项工作，旨在形成能使各方面人士理解的交通发展战略。

四、理论与方法

（一）三通四流理论

根据交通发展战略理论和交通运输理论提出海南交通发展战略的三通四流理论，三通四流图如图 4-1-2 所示。

1. 四流

结合海南具体情况，分析得出海南交通流由以下四种基本运输流构成：

（1）陆岛流。这是海南与大陆间社会经济联系形成的交通流，是目前海南对外运输联系的主要部分，今后仍将存在并有较大的发展，它是海南岛与祖国内陆千丝万缕联系的继续。

（2）国际流。这是海南对外开放，参与国际经济循环的物质形态，目前规模尚小，但由于海南以国外资金作为基本发展动力，今后必然有较大的增长。

（3）岛内流。这是岛内地区间发展不平衡和专业化分工不同形成的人流和货流，是一种内循环，在一个相对封闭的系统中流通。

（4）中转流。由于海南是我国最大的特区，享有最优惠的开放政策，这种区域性明显的政策，将形成一种跳板式的运输中转联系，表现出的运输流就是中转流，由内地通过海南进入国际市场，由国际市场通过海南进入内地。

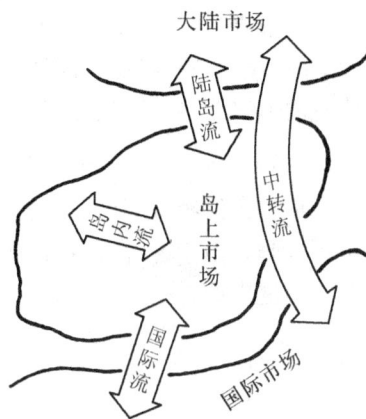

图 4-1-2　三通四流图

2. 三通

海南运输通道根据其担负的运输任务的不同分为两个部分和三个通道：两个部分是对内部分（即岛内通道）和对外部分，对外部分根据衔接地性质和要求的不同又分为陆岛通道和国际通道。

（1）岛内通道：担负岛内各社会经济点之间的运输联系职责，其要求随海南自身社会经济发展而发展。

（2）陆岛通道：是目前海南对外运输主通道，承担对外运输任务的95%。要求它与国内运输系统的发展相适应，主要以海运为基础。

（3）国际通道：由于天然的海上通道的存在，使海南与国际运输联系有广阔的发展空间，但目前规模尚小。由于它的发展将与国际运输水平相适应，对其要求在很大程度上区别于其他通道，因此应从对外通道中单列出来予以研究。

根据海南自然地理特殊性、社会经济发展特点和经济联系的格局提出的海南交通发展三通四流理论，勾画出海南交通运输发展战略研究的基本轮廓。

（二）模型方法

1. 运输需求规模预测模型

这里采用的是变系数指数外推预测模型，主要基于以下考虑：海南建省办大特区，社会经济性质有了较大的变化，用回归方法预测难以描述未来状况。由于海南基础数据不全，计量经济模型等难以运用。

模型如下：

$$Q_i = Q_0(1 + a_{ij}X_i)^i \tag{4-1-1}$$

式中：Q_i——第 i 年的运输需求量；

　　　Q_0——1987 年的运输需求量；

　　　a_{ij}——第 i 年第 j 个流的运输弹性值；

　　　X_i——第 i 年的经济平均增长速度。

以 1987 年作为发展起点，根据海南省政府工作报告中提出的经济增长速度要求进行预测，因此运输需求结论与经济规模对应性更强。根据三通四流理论，分别对总运量、陆岛流、国际流、岛内流、中转流进行了预测。根据各时期经济增长速度的不同采用不同的参数。

关于运输弹性值，对日本、韩国及我国的台湾地区1950年至1980年的运输平均增长弹性进行考察，其值多在0.8~1.5之间。20世纪50年代经济恢复时期弹性值都很大，在1.2以上，最高达2.5。在20世纪60年代经济稳步增长中运输弹性值在1.0~1.2之间，20世纪70年代后稍有降低，但都不低于0.8。此处使用的运输弹性值就是根据海南各时期的具体发展情况，参考以上数据，通过专家咨询等办法确定的。

2. 运输需求分布预测模型

根据区位经济理论，两地间运输流的大小与两地经济水平直接相关，于是选用重力模型进行预测。由于客货流引力条件存在差异，故确定采用两个不同的模型分别进行。

货流模型：

$$Q_{ij} = K_{ij} \frac{G_i \times G_j}{r_{ij}^2} \tag{4-1-2}$$

式中： Q_{ij}——i地区与j地区间的运输需求量；

r_{ij}——i地区中心点到j地区中心点之间的距离，海南以海口为中心；

G_i、G_j——i地区、j地区的人均国民收入；

K_{ij}——i、j两地区之间的运输引力系数，根据历史数据和其他地区间运输联系情况综合定出。

客流模型：

$$D_{ij} = K_{ij} \frac{K_1(P_i G_i)^{\frac{1}{2}} K_2(P_j G_j)^{\frac{1}{2}}}{r_{ij}^2} \tag{4-1-3}$$

式中： D_{ij}——i地区与j地区间的旅客运输需求量；

P_i、P_j——i地区、j地区的总人口数；

G_i、G_j——i地区、j地区的人均国民收入；

K_1、K_2——海南与其他某地之间的旅游参数，按两地往返旅游人员比重定出；

r_{ij}——i、j两地区中心点间的距离；

K_{ij}——i、j两地区之间的运输引力系数。

大陆地区划分为4~5个经济片，岛内划分为5个经济片，国际地区划分为6~8个经济片。划片原则为自然地理特征、运输联系状态和社会经济性质。

3. 通道结构分析模型

通道是由若干运输方式组成的。一个合理的综合运输结构，有助于提高通道的运输服务水平，发挥各种运输方式的优势。这里主要有两种方法，一种是层次分析法，另一种是Logit模型。Logit模型是一种广义出行费用最小的选择模型，它能提供一个综合的分担比例来描述各种运输方式的合理结构。

Logit 模型：

$$P_i = \frac{\mathrm{e}^{-v_i}}{\displaystyle\sum_{i=1}^{n} \mathrm{e}^{-v_i}} \qquad (4-1-4)$$

式中：　　P_i——第 i 种运输方式的分担率；

　　　　　v_i——第 i 种运输方式的广义出行费用，其定义为：

$$v_i = a_0^i + a_1^i F_i + a_2^i T_i + a_3^i M_z^i + a_4^i f_i \qquad (4-1-5)$$

　　其中：F_i——第 i 种运输方式的运输费用；

　　　　　T_i——第 i 种运输方式的出行时间；

　　　　　M_z^i——第 i 种运输方式的中转次数；

　　　　　f_i——服务频率，指运行密度，是平均班次的倒数；

　　　　　a_1、a_2、a_3、a_4——相关项的参数，为该项的权重系数；

　　　　　a_0——不可定量因素，如方便性、舒适性和可靠性、安全性等的综合反映。

Logit 模型在海峡通道和岛内通道中得到较多的运用，作为主要模拟手段，广义出行费用函数中的参数是通过类比得到的。

4. 运输结构分析方法——AHP 法

多层次权重分析决策方法又称 AHP 法，是一种新的定性分析与定量分析相结合的决策方法。它将决策者对复杂问题的决策思维过程数学化、模型化。分析者通过判断矩阵，将决策者对简单问题的判断决策引导出来，然后再通过权重的综合进而得出对于复杂问题的符合决策者思想的决策。应用这种方法时，以下几个关键步骤应予注意。

1）认清问题

必须对所研究的问题有清楚的认识，分析问题所包含的因素及其相互关系，根据这些关系和要达到的目标，将问题分解为不同的元素（影响因素），并归并为不同的层次，从而形成多层次结构。

在海南交通运输发展战略研究中，应用这种方法实现了以下 3 个问题的优化：为岛内不同运输方式合理发展比例设计了由 5 个制约方面、12 个制约因素和 4 个发展战略构成的递阶层次结构（如图 4-1-3 所示）；为 1997—2005 年港口规模合理发展比例设计了由 6 个制约方面、18 个制约因素、5 个发展战略构成的递阶层次结构（如图 4-1-4 所示）；为海南交通运输合理投资比例设计了由 6 个制约方面、13 个制约因素、4 个方案构成的递阶层次结构（如图 4-1-5 所示）。

2）构成判断矩阵

构成判断矩阵，并计算出同层元素对上层元素的相对权重。在同一层次中，决策者按某一准则，对相关因素进行判断比较，根据所比较的两个元素对于准则的重要程度，按标度（如表 4-1-1 所示）定量化，形成判断矩阵。

制约方面

不同运输方式合理发展比例

运输特点 B_1　经济评价 B_2　前期准备 B_3　资金占用 B_4　环境要求 B_5

制约因素

与大陆联系　运输速度　可达范围　运输成本　投资　现代化水平　勘测设计　建设周期　技术力量　土地占用　物资消耗　国防要求

C_1　C_2　C_3　C_4　C_5　C_6　C_7　C_8　C_9　C_{10}　C_{11}　C_{12}

发展战略

铁路 D_1　水路 D_2　公路 D_3　管理 D_4

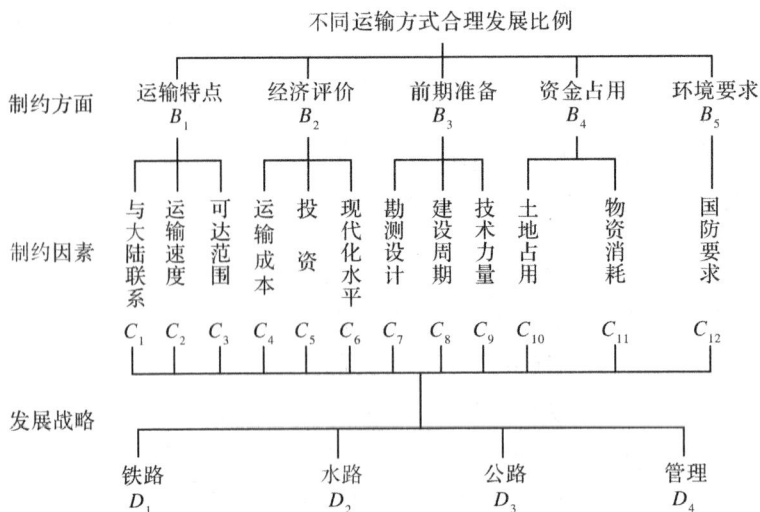

图 4-1-3　岛内不同运输方式合理发展比例递阶层次结构图

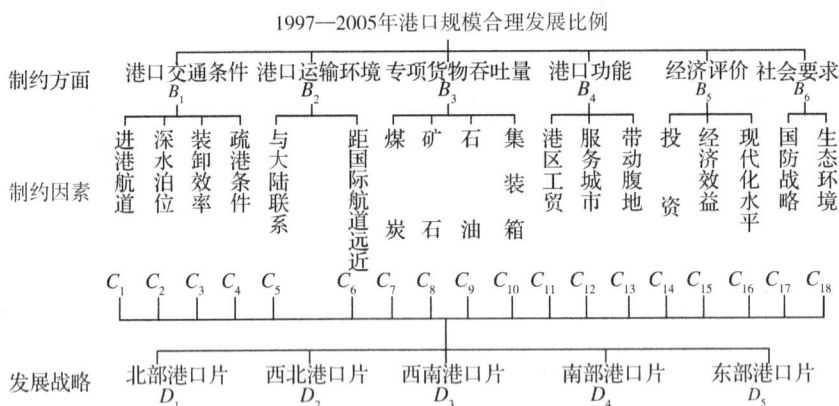

1997—2005年港口规模合理发展比例

制约方面

港口交通条件 B_1　港口运输环境 B_2　专项货物吞吐量 B_3　港口功能 B_4　经济评价 B_5　社会要求 B_6

制约因素

进港航道　深水泊位　装卸效率　疏港条件　与大陆联系　距国际航道远近　煤炭　矿石　石油　集装箱　港区工贸　服务城市　带动腹地　投资　经济效益　现代化水平　国防战略　生态环境

C_1　C_2　C_3　C_4　C_5　C_6　C_7　C_8　C_9　C_{10}　C_{11}　C_{12}　C_{13}　C_{14}　C_{15}　C_{16}　C_{17}　C_{18}

发展战略

北部港口片 D_1　西北港口片 D_2　西南港口片 D_3　南部港口片 D_4　东部港口片 D_5

图 4-1-4　海南港口规模合理发展比例递阶层次结构图

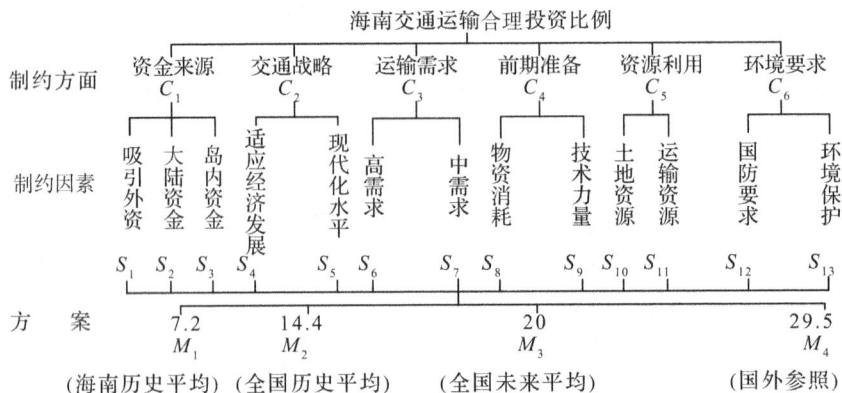

海南交通运输合理投资比例

制约方面

资金来源 C_1　交通战略 C_2　运输需求 C_3　前期准备 C_4　资源利用 C_5　环境要求 C_6

制约因素

吸引外资　大陆资金　岛内资金　适应经济发展　现代化水平　高需求　中需求　物资消耗　技术力量　土地资源　运输资源　国防要求　环境保护

S_1　S_2　S_3　S_4　S_5　S_6　S_7　S_8　S_9　S_{10}　S_{11}　S_{12}　S_{13}

方　案

7.2 M_1　14.4 M_2　20 M_3　29.5 M_4

（海南历史平均）　（全国历史平均）　（全国未来平均）　（国外参照）

图 4-1-5　海南交通运输合理投资比例递阶层次结构图

表 4-1-1 标度及其描述

标度	定义
1	两个元素同样重要
3	一个元素比另一个元素稍微重要
5	一个元素比另一个元素较为重要
7	一个元素比另一个元素强烈重要
9	一个元素比另一个元素绝对重要
2，4，6，8	两相邻判断的中值
倒数	元素 i 与 j 比较得判断 a_{ij}，则 j 与 i 比较得判断 $a_{ji}=1/a_{ij}$

该判断矩阵为对称矩阵，其中 a_{ij} 为元素 a_i 对于元素 a_j 的重要程度。通过计算该矩阵的最大特征值和它的正交化特征向量，得出该层元素对于该准则的权重 v_i，按式（4-1-6）计算 v_i：

$$v_i = \frac{\left(\prod_{j=K}^{N} a_{ij}\right)^{1/(N-K+1)}}{\sum_{i=K}^{N}\left(\prod_{j=K}^{N} a_{ij}\right)^{1/(N-K+1)}}, \qquad i = 1,2,\cdots,n \qquad (4-1-6)$$

式中：i 为该层元素数，K、N 为该层元素对于上一层元素的所属起止元素序数。

3）计算组合权重

为了得到某层元素对总体目标的组合权重，可将上层每个元素都作为下层元素的判断准则，得出下层元素对于上一层元素的相对权重，然后用上一层元素的组合权重加权平均，得出下层元素的组合权重。如果第 L 层有 n 个元素，第 $L+1$ 层有 m 个元素，第 $L+1$ 层元素对于第 L 层元素的相对权重向量 $\boldsymbol{v}_1$，$\boldsymbol{v}_2$，$\cdots$，$\boldsymbol{v}_n$，其中 $\boldsymbol{v}_i = [v_{i1}, v_{i2}, \cdots, v_{im}]^T$，第 L 层元素的组合权重向量为 $\boldsymbol{u}^l = [u_1^l, u_2^l, \cdots, u_n^l]^T$，则第 $L+1$ 层元素的组合权重向量为 $\boldsymbol{u}^{l+1} = [u_1^{l+1}, u_2^{l+1}, \cdots, u_m^{l+1}]$，其中

$$u_j^{l+1} = \sum_{i=1}^{m} u_i^{l+1} \cdot v_{ij}, \qquad j=1,2,\cdots,m \qquad (4-1-7)$$

这个计算过程从第二层开始沿递阶层次逐层向下计算，直到算出最下层元素的组合权重，我们感兴趣的就是最下层元素的组合权重，它反映了最下层元素对于总体目标的权重，即相对重要性。

5. 运输网络模拟

截至本项目完成时，海南已基本形成以三纵四横为骨干的公路网，路网密度高于全国平均水平。但现有公路的技术标准较低，路况较差，管理也较落后。另外，在全岛 318 个乡镇中尚有一个乡未通公路，尚有约 350 km 的断头路。因此，海南公路未来的发展，除了修通断头路、加强公路管理及必要的基本建设外，还应大力加强现有公路的技术改造，提高公路的技术标准，大力提高路面质量，只有这样，才能适应经济发展的需要。

关于海南公路未来发展方向及建设时序，采用计算机模拟的方法进行区际公路发展战略的模拟，其工作流程如图 4-1-6 所示。

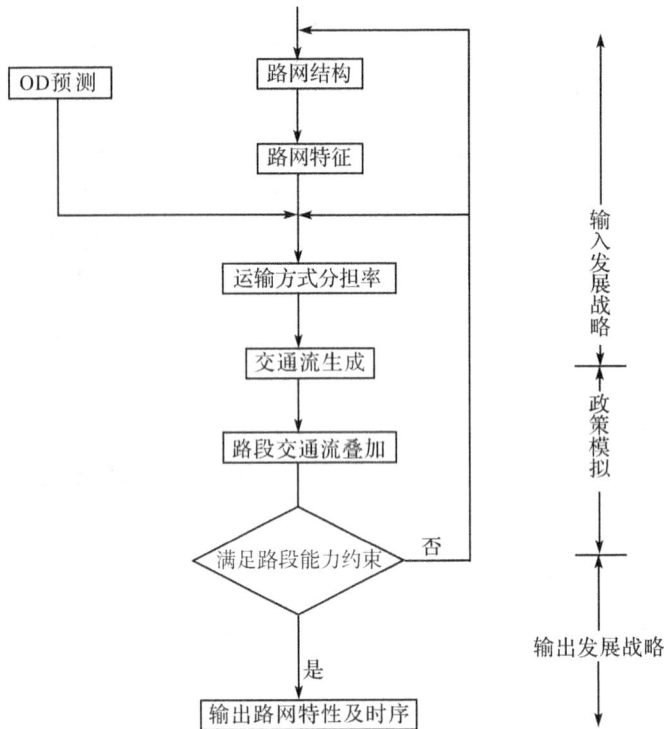

图 4-1-6   区际通道发展战略模拟流程图

1）技术处理及基本假设

这种模拟过程，首先是将现有区际路网或未来区际路网抽象成一个网络图，然后将未来区际客货流量等输入具有不同路网供应特性的公路网络进行政策模拟试验，最后输出优化的路网供应特性及其生成时序。进行这种政策模拟试验须对路网及路网供应特性进行以下技术处理及基本假设：

（1）吸收悬挂边。

（2）归并、删除中间点，路网线段所具有的边权（距离、行程时间）在路网特性中如实标出。

（3）经济区内各经济点所发生或消失的区际客货流量，均假设在该区中心城市或位于区内的路网节点上产生或消失。

（4）区际客货流量按 4 t 折合 1 车及 8 人折合 1 车的标准统一折合成车流量。

（5）两个经济区之间若有多条通道存在，其路径选择及交通量的分配按概率法分配，即行程时间短的路径所分配的交通量较多，行程时间长的则交通量较少，其计算公式如式（4-1-8）所示。

$$P(K) = \exp(-T_K) / \sum_K \exp(-T_K) \tag{4-1-8}$$

式中：$P(K)$——从两区之间所有可能的路径中选择路径 K 的概率；

T_K——路径 K 的行程时间。

（6）假定区际客货运量占用区际通道能力的 60%，即允许部分区内的县间的客货需求占用区际通道，按此比例对某路段区际客货 OD 折算成该路段的总 OD。

（7）用路网供应特性来表示路网的技术状态，亦即路网特性包含各路段或路径的长度、零流量的行程时间、服务水平参数、饱和流量（通行能力及平均饱和流量等项内容）。

2）模拟试验

在上述技术处理及基本假设的基础上，进行三种类型的模拟试验，具体如下：

（1）模拟Ⅰ：在现有区际客货分担率及现有路网结构的条件下，对 1992 年、1997 年、2005 年的区际客货 OD 进行模拟试验。

（2）模拟Ⅱ：按推荐的分担率在现状网上进行同样的模拟试验。

（3）模拟Ⅲ：在改变路段技术等级或改变路网结构（增加新线）的情况下，进行同样的模拟试验。

模拟Ⅲ的试验一般不会一次成功，须根据前一次模拟试验结果，逐步改变能力短缺路段的供应特性，反复进行试验。这是因为改善了某一路段的供应特性后，根据交通流的概率分配原则，会有更多的交通流涌进这一路段或其他相关路段，从而造成新的能力短缺。

五、海南交通运输系统发展战略

根据海南省第一次人民代表大会通过的"海南建省的形势、目标与任务"报告中提出的"坚持改革开放促开发的方针，用市场调节经济，努力发展生产力，在大力引进外资，引进技术和加快工业化的基础上，最终建成以工业为主导，工农贸旅并举，人民生活比较富裕，以发展外向型经济为主的综合经济特区……力争 20 年或稍长一点时间，使海南人均国民生产总值达到 2 000 美元以上，进入东南亚经济比较发达国家和地区行列"的海南经济发展战略总目标，海南此后运输需求将有较大幅度的发展，并且在经济发展的不同阶段，其规模及空间分布将表现出不同的特征。

（一）发展战略目标

为了保证运输任务的完成，海南交通运输系统的发展必须达到以下目标：

（1）在此后 20 年左右的时间内，把海南交通运输系统建成一个以海口为中心，由优势互补、结构协调、布局合理的多种运输方式所构成，设备先进、四通八达、高效快速、安全可靠并具有现代化管理水平的立体运输通道网络系统，以适应海南经济发展和人民物质文化生活的需要，促进海南特区社会经济发展战略的实现。

（2）未来的立体运输通道网络系统是：以环岛高速公路和西环铁路及环岛沿海水运为主体、串通海南主要的西环铁路与大陆铁路网较好衔接、南北两个大型机场和四方七港作为对外运输联系门户、以海口为核心并有洋浦、三亚、八所、琼海相配合的综合枢纽体系所构成的立体运输通道网络系统。

（3）要以加强陆岛通道和国际通道的建设为重点，强化岛内通道系统。随着海南经济的不断发展，逐步扩大和延伸对外通道的可达半径，提高各通道的客货送达速度。以三个通道的优良服务，保证四流的畅通，实现海南对内对外经济发展的良性循环，增强海南经济的吸引力和辐射力。

（二）分通道发展战略

1. 陆岛运输通道

在海南未来发展进程中，对内经济联系一直是海南经济发展的主要动力之一。海南与大陆之间的运输通道是海南内联发展的物质基础，是海南吸引内资、技术、人才和开辟大陆市场的保障。未来海南将与大陆建立全方位、多层次、贸易型大进大出的经济联系，这一切都将有赖于陆岛交通通道的畅通，为此陆岛通道的发展应达到以下战略目标：

在此后20年左右的时间内，将陆岛通道建设成为一个适应陆岛需求结构的、大扇面的、以海峡轮渡为基础的、由铁路、水路、公路、航空几种运输方式与大陆良好衔接的、畅通无阻的现代化立体通道。

为实现以上战略目标，需解决以下战略问题：

（1）组织陆岛间多种形式的联合运输。近期：要成立联合运输公司，组织陆岛间的联合运输，提高陆岛间的畅通水平。中期：发展便于联运的运输工具，扩大滚装化运输，考虑与长江及沿海地区实行载驳船运输，逐步扩大集装化运输比重。

（2）建立陆岛间铁路运输联系是解决陆岛间便利的运输联系的根本途径。以铁路轮渡沟通这种联系是见效较快的方式，在技术上是可行的，经济上也是合理的。1997年前要开通铁路轮渡。

（3）建立陆岛间的大海峡通道。大海峡通道是沟通海南同从防城到珠江口一带运输联系的运输通道。通过逐步建立多点、多线的陆岛间海峡联系，扩大陆岛通道的扇面，提高通道的运输能力。

（4）强化沿海运输，加快深水泊位建设，接纳大型船舶入港，实现长途运输船舶大型化、大宗物资运输船舶通道。

未来，海南经济发展的一个重要方面是发展外向型经济，积极参与国际经济分工和市场交换。出口额占国内生产总值的比重将逐步达到40%以上，外资占全部投资的比重将达到35%。对外贸易和旅游是海南未来的支柱产业，国际运输通道就是海南对外经济联系和人员往来的物质基础。在海南国际运输通道中，货运以海运为主，客运以航空为主。

海南国际运输通道的发展战略目标是：实现海南与西太平洋各国和地区的稳定、畅通的运输联系，同时实现与世界各主要国家和地区的经常、便利的运输联系，以促进海南经济逐步走向世界。

2. 岛内运输通道

1）岛内运输通道的三个子系统

岛内运输通道是海南交通运输系统的重要组成部分，是沟通海南各经济区之间及各经济点之间联系的基本渠道，是海南经济得以发展的重要基础设施。岛内运输通道由以下三个子系统组成：

（1）连接岛内外通道系统的港口枢纽；

（2）连接五个经济区的区际通道；

（3）以各经济区的中心城市为中心向其腹地辐射的腹地通道。

2）岛内运输通道的发展战略

海南岛内运输通道系统的发展战略目标是：在此后20年左右的时间内，把岛内通道建成一个以港口为中心的，以公路为骨干的，由优势互补、布局合理、协调发展的多种运输方式所构成的四通八达、高效快速、安全可靠的现代化交通运输网络系统。

3. 通道接口

通道接口是岛内外通道系统的结合部，它由港口和机场两部分组成。

（1）港口。港口枢纽是海南同外界进行经济联系和交往的门户，是海南交通运输系统中不可替代的重要组成部分。世界上许多国家和地区的经济发展经验表明：一个岛国或岛屿地区的经济振兴都要优先发展港口。因此，在某种意义上可以说，海南经济的起飞要靠强有力地推行一种政策——以港兴岛。

为了促进海南经济的发展，海南的港口系统应建成一个以大中港为主、大中小港协调发展的、各种类型的泊位功能齐全、设备先进、工艺合理、能力配套并具有现代化管理水平的现代化港口群。

（2）机场。机场是对外空中联系的门户和口岸。要逐步将三亚、海口两个机场建成能够接纳大型客机的国际机场，保证对外航空联系的畅通。

（三）海南交通发展的基本战略对策

1. 建立结构合理的综合运输体系

世界交通运输的发展历程，大致经历了水路、铁路、公路和各种运输方式综合发展几个阶段。目前许多国家的运输发展趋向于系统化、合理化和高效化，其着眼点是：建立各种运输方式优势互补的综合运输体系，在各种运输方式之间实行合理分工，发展统一的运输网络；协调各种运输联系，开展联合运输；建立综合运输管理机构，创造运输系统的综合效益。

海南现在已有铁路、公路、水路和航空四种运输方式，未来还将发展管道运输。根据海南的发展环境将各种运输方式组织起来，形成综合运输网络系统，使其发挥海南运输系统的综合效益，是发展海南交通运输事业的经济合理的道路。海南发展综合交通运输系统的优势在于，海南的运输系统相对较为独立，加之目前规模较小，又有省交通运输厅这样的综合运输管理机构，使建立海南综合运输体系处于十分有利的地位。

目前，海南综合运输体系的基本结构是以环岛公路为主体，以海口、八所、三亚港和海口机场为主要门户的这样一个运输体系。铁路完成的货运量仅占10%左右，客运量更少。沿海水运和岛内航空作用很小。这与海南现有的社会经济基础是基本适应的。今后，随着海南的发展和规模经济的形成，尤其是西部重化工业的建设，沿海水路运输和铁路运输将发挥更大的作用。海南未来综合运输体系的基本结构为：以环岛高速公路和西环铁路及环岛沿海水路运输为主体的、串通海南主要港口的西环铁路与大陆铁路网较好衔接的、南北两个大型机场和四方七港作为对外运输联系门户的、以海口为核心并有洋浦、三亚、八所、琼海相配合的综合枢纽体系构成的立体运输系统。

为了建立上述综合运输体系，须加强综合运输网的规划，为宏观决策提供科学依据；须建立保证综合运输体系发展的有关政策、法规，引导各种运输方式协调发展；须充分利用省交通运输厅的运输综合管理职能，加强宏观控制。

2. 加强港口建设和推行以港兴岛的政策

港口是海南对外联系的门户，是海南经济得以长足发展的根本。海南同全国相比，面积只有全国的 0.3% ，人口只有全国的 0.6% 。其资源与市场都是有限的，完全闭关自锁地发展经济是不可能的。同时，海南原有的基础较差，其经济要起飞，必须在经济、文化、科学、技术等方面加强与内地及国际的联系。因此，海南要借鉴世界上许多岛屿地区经济振兴的经验，推行以港兴岛的政策。

海南的港口在海南经济发展中的重要地位是不能以位于海南本土以外的港口来替代的。因此，港口是海南交通运输系统中不可替代的重要组成部分。海南交通运输系统必须以港口为中心，才能充分发挥其在海南经济发展中的应有作用。

随着海南经济规模的不断扩大，港口能力要逐步做到有适当储备和超前，以满足国民经济发展的需要。

3. 加强琼州海峡通道的建设

琼州海峡横亘于海南与大陆之间，占据陆岛联系的最有利位置。从海南横越海峡到大陆最近点仅 9.63 海里。同世界各地的海峡都是海运最繁忙的地区一样，琼州海峡的运输亦颇繁忙。加强海峡运输通道的建设是强化陆岛联系、促进海南经济发展的重要战略之一。

加强琼州海峡运输通道的建设，要充分利用海峡得天独厚的地理位置和自然条件。通过软硬结合的发展政策，逐步建立起一个西起广西北海、防城，东至珠江口，由多种运输方式组成的多方位、多层次、技术先进、畅通无阻、高效可靠的大海峡通道，以沟通海南同全国各地的联系，为海南创造良好的投资环境。

未来海峡运输通道的发展应实行统一规划，采用统一管理与运输市场竞争机制相结合的方法，开拓新点、新线，适时引入大型化、滚装化与小型快速相结合的船队体系，引入新的过海运输方式，以强化海峡运输。

4. 发展海运船队和促进海南对外联系的发展

海南省是由岛屿组成的，其对外运输以海运为主，海运对于海南岛沿海及各岛屿间的运输联系也将发挥积极作用。因此，建立海南地方船队，对满足海南社会经济发展的特殊要求、稳定海运市场、保障国防需要都有重要意义。同时，海运作为一种产业，能为海南创造产值，并能带动许多附属行业的发展，增加就业机会。然而海运业是资金、技术密集型产业，盲目发展也会带来沉重的经济负担。根据海南未来海上运输需求发展趋势，海南应逐步建立一支规模适当、技术先进、管理水平高的海运队伍。到 2005 年建成一支拥有 140 万载重吨、以近海和近洋运输船舶为主体的、以先进专用船舶为骨干的、大中小并举的海运船队。客船以客滚船和豪华旅游船为主。

由于海南经济以市场经济为主体，所以海南海运企业的发展，将面临来自大陆各航运企业和国际航运企业的有力竞争。未来的竞争是技术、管理和服务水平的竞争。因此，海南发展自己的海运船队步子要稳，要根据海南的特点，不要片面追求船舶的大型化。应着重发展集装箱船、滚装船和客货滚装船，充分重视火车轮渡船、子母船、豪华旅游船和沿海顶推驳船的研究。只有在技术和管理上走在前面，才能依托这些专用航舶队伍发展综合海运船队，才能保持有利的竞争地位。

5. 大力发展航空运输

海南四面环海，没有便捷的陆路通道与外界相通。海南的自然地理条件及社会经济环境决定了海南的航空运输将比国内其他省市有更高的客货分担率。航空运输具有速度快和不受地理条件限制的优点，可以做到远程快速直达，这对于海南推行对外开放政策和实现经济腾飞具有特殊重要的意义。未来海南的航空运输主要承担同大陆主要城市间的客运直达运输和绝大多数的国际旅客运输任务，为海南内引外联、吸引外资、引进人才、技术开发及发展旅游提供良好的物质环境，还可为航空工业的发展创造有利条件。

为此，应采取以下战略大力发展航空运输：根据海南社会经济发展战略的需要及内引外联的重点方位，以机场建设为重点，逐步打通与国内外主要城市的直达运输航线，并逐步建立起一支自己的航空运输队伍，以适应海南特区发展的航空需求。

6. 多渠道筹集资金以支持交通运输建设

交通运输是经济发展的重要基础设施和投资环境之一，而资金又是交通运输得以发展的直接制约因素。为了适应经济发展，交通应有较大的发展，因而必须有足够的建设资金予以支持。海南交通运输投资占海南总投资的比例，应高于未来全国的平均水平，以 21.7% 为宜。

资金筹措应采取多渠道集资的政策，并采取一定的优惠政策扶植交通运输建设。解决资金问题的对策主要如下：

（1）对于投资较多的重大交通项目，应积极争取纳入国家计划，争取较多的国家投资。

（2）允许截留海南交通运输系统上缴的部分税款，以扶植海南交通经济集团。

（3）向中央财政争取返还部分海南上缴的交通能源建设税。

（4）向中央各领导部门争取获得更加特殊、更加优惠的吸引外资政策，大力吸引外资，如允许外资独资经营或联合经营他们所投资建设的港口、码头、机场、公路、铁路及航空等运输业务，允许外航公司经营国内航线，等等。

（5）争取获得国外长期低息贷款，允许采用综合补偿的方式以二次投资的外向型企业所得的外汇来偿还债务。

（6）采用发行交通建设债券或股票等金融手段集资。

（7）制定各种优惠政策，大力扶植交通建设，如对于重点项目免征土地税费、港口水下部分不带本息偿还等。

（8）增收交通运输专项设施使用税费，如客货运输附加费、机场建设费、车辆过桥过路费等。

总之，要采用多种渠道筹措交通建设资金，促使交通运输建设迅速发展。

7. 完善交通运输管理体制和加强各种运输方式的综合管理

（1）组建省交通运输厅。要建立综合运输体系，必须有一个统筹规划和协调监督的政府机构，并实行政企分开。美国、加拿大和德国的政府都是由运输部统一管理整个运输业的。日本也是由运输省统一管理各种运输方式的。海南建省率先组建了省交通运输厅，这是符合交通运输综合管理特点的。省交通运输厅作为政府机构统筹管理全省运输行业，主要发挥以下职能：协调交通与其他社会经济系统的关系；编制相应的交通运输发展规划；协调各种运输方式间的关系，调节运输市场；研究宏观管理并制定交通政策法规；筹集交通基础设施的资金；组织研究交通发展的有关问题；教育和培养运输人才，等等。

（2）利用竞争机制。海南实行的是社会主义市场经济，应充分利用竞争机制作为促进和调节运输企业发展的基本手段。运输企业根据市场情况来组织自己的生产和经营。政府和交通运输厅通过政策和法规，为企业创造平等的竞争环境。政府不直接参与企业的生产经营，现有国有交通运输企业也要实行租赁、承包等形式自主经营。同时，要建立运输交易市场，鼓励运输代理公司和联运公司的发展，通过竞争促进运输生产组织的合理化。

（3）增设三个通道委员会。考虑到海南各种社会经济联系的特点和运输系统的综合管理，设想在现有省交通运输厅体制下，增设三个通道委员会，即陆岛通道委员会、国际通道委员会和岛内通道委员会，并增设一个市场管理处，负责管理运输企业的登记注册，监督企业的生产经营活动。以经济手段为主，借助于法律武器，必要时也可用行政手段管理海南各主要运输企业，给企业创造平等的竞争环境，建立良好的运输秩序。

8. 加强联运组织和发展多式联运系统

如果说陆上开展联运主要是为了提高综合运输效率，那么海南就不仅仅是停留在这个意义上。海南对外运输是以海运为主的，如果用户之间不都毗邻港口，那么货物运输至少要经过1~2次中转，这种中转多在不同运输方式之间进行，难以实现一票到底，从而给货主和旅客带来极大的不便。因此海南对外运输通道建设的一个很重要的任务就是开展联运业务，实现一票到底。目前，陆岛之间由于此项业务发展极为有限，严重影响了海南岛和内地的社会经济联系。因此，当务之急是，首先在湛江、广州等地积极开展联运，主要是铁水联运，以保证海南所需重点物资的供应。

组织联运能解决一票到底的问题，然而却解决不了货物中转带来的费用高、安全差、时间长、运输组织不便等困难，开展集装化运输和多式联运是基本根除这些问题最有效的途径。国际集装箱多式联运被认为是世界交通史上的一次革命，越来越引起世界各国的普遍重视。目前国际集装箱多式联运仍以海运为主，对船舶技术性能要求越来越高，形式也越来越多样化，有集装箱专用船、子母船、汽车滚装船和火车滚装船等。这些多式联运加强了各种运输方式之间的联系和合作，便于深入港口的经济腹地，促进国家和地区的工业与贸易发展。在大陆与海南、国际地区与海南之间开展各种多式联运，能减少换装环节，缩短换装时间，降低运输成本和运价，对于海南建立迅速、安全、可靠的对外运输系统具有十分重要的意义。

9. 加强交通运输的科学研究

要依靠科技进步做好海南交通运输业的建设。在世界新技术革命浪潮的推动下，发达国家的运输业取得了很大进步，交通运输面貌发生了很大的变化。海南交通运输业的发展与建设必须依靠科技进步和现代化来完成。为此，今后海南交通运输业要以科技进步为手段，促进经营管理及运输组织的改革，把那些世界上先进的、适合海南省情的先进技术、设备与管理手段、管理方法引进到海南交通运输部门中来，使海南经济特区的交通运输系统达到世界先进水平。另外，海南大特区的交通运输建设是一项新的课题，其开发建设的模式、经营方法和管理体制及具体政策等都是新问题，都需要研究，逐步解决，加强综合研究必将成为海南交通建设发展的重点。

10. 加强人员培训

加强人员培训可以提高全民的交通意识，应努力做好人员的培养和职工素质的提高工作。海南交通运输系统的建设与发展离不开交通运输职工队伍的建设和从业人员素质的提高。今后随着海南的开发建设，新交通运输系统的逐步形成，现代化管理的人才是不可缺少的。同时，对现有交通运输职工，也必须随着海南运输系统的革新与改造进行相应的学习，以提高他们的素质。为此，省交通运输厅必须做好交通运输人员的培养工作。

另外，需加强宣传教育，提高全民的交通意识，自觉维护交通线路的畅通，以提高行车速度和道路的通行能力。

11. 制定实现交通运输发展战略的有关法规与政策

交通运输发展的有关法规与政策，是交通运输得以发展的法律保证和行动指南。在这些法规与政策中，有的由省人大通过并颁布执行，有的由省交通运输厅制定并下达执行。

初步设想，法规与政策包括以下几个方面：

（1）交通项目有关资金的筹集政策；

（2）交通项目的税收政策；

（3）有关交通工程项目投资优惠政策；

（4）交通项目环境保护法规；

（5）交通运输市场管理的法规与政策；

（6）交通运输企业经营管理政策；

（7）有关交通管理的法规；

（8）海南岛岸线使用与管理法规；

（9）交通运输企业运价政策；

（10）外资、外商在海南进行交通建设和从事运输活动的有关法规。

主要参考文献

［1］张国伍. 交通运输系统分析［M］. 成都：西南交通大学出版社，1991.

［2］张国伍. 交通运输系统工程创新与发展：交通人生 60 年［M］. 北京：北京交通大学出版社，2008.

［3］张国伍. 人生的境界与智慧：交通运输系统工程学科的发展与创新［M］. 北京：北京交通大学出版社，2017.

［4］张国伍. 综合交通运输系统工程的创新发展与论坛："交通 7+1 论坛"50 次会议主要学术成就：2005—2018［M］. 北京：北京交通大学出版社，2018.

第二章

北京市市区公共电汽车线路网
优化调整方案研究

一、研究目标

本研究的总体构思是从求实和开放系统组织优化的思想出发的，其基本观点如下。

（1）城市公共交通系统是一个复杂的大系统。公共电汽车线路的调整是受多种因素制约的，这些约束有的可以用较精确的数学形式表达（如道路网络、现有车辆、发车频率等），但更多的约束很难用数学语言精确表达（如政策要求、乘客心理、道路状况等）。目前，国内外所采用的在 OD 资料的基础上进行网络优化的方法，往往引入大量的假设，致使所建立的数学模型不能如实反映实际系统，从而所求得的最优解仅为模型的最优解，而非实际系统的最优解。

（2）城市公共交通系统是一个开放系统。城市公共交通系统在其产生和发展过程中，不断与环境进行物质、能量和信息的交换，它能生存到今天，本身就说明系统已经并正在进行着自我组织和完善。

研究的目标：利用现有的设施和设备，以减少城市居民的平均出行时间和平均换乘次数为主要目的，进行市区（四环路以内）的公共电汽车线路网的调整和优化。

二、研究内容及框图

（1）收集有关数据，进行现状分析；

（2）建立公交网络模型；

（3）建立网络流分配模型；

（4）建立评价模型；

（5）对现行的公共交通路网方案进行评价；

（6）进行专家咨询，对专家咨询的不同方案进行评价；

（7）推荐的优化方案及其说明；

（8）大的公共交通换乘点分布图（在地图上标出）；

（9）大的集散点排序；

（10）适合北京市情况的公共交通路网优化的分析软件系统。

在研究过程中，从求实的观点出发，将城市公交网系统以拓扑图论的方法予以精确表达。在满足道路容量约束的条件下，采用最小代价最大流的方法进行 OD 客流的线路分配，在进行线路布局时，则充分利用专家的经验，以求避开不精确的数学描述，系列的数据在用分析软件包计算分析后，再进行统计分析，可得到系统选优的方向和步长。通过上述方法的循环与迭代，就可得到城市公共交通网络系统的优化方案。这一方案既有严格的思想基础，又能使专家充分发挥预测作用，是决策者较为信服的方案。

本项目研究框图与步骤如图 4-2-1 所示。

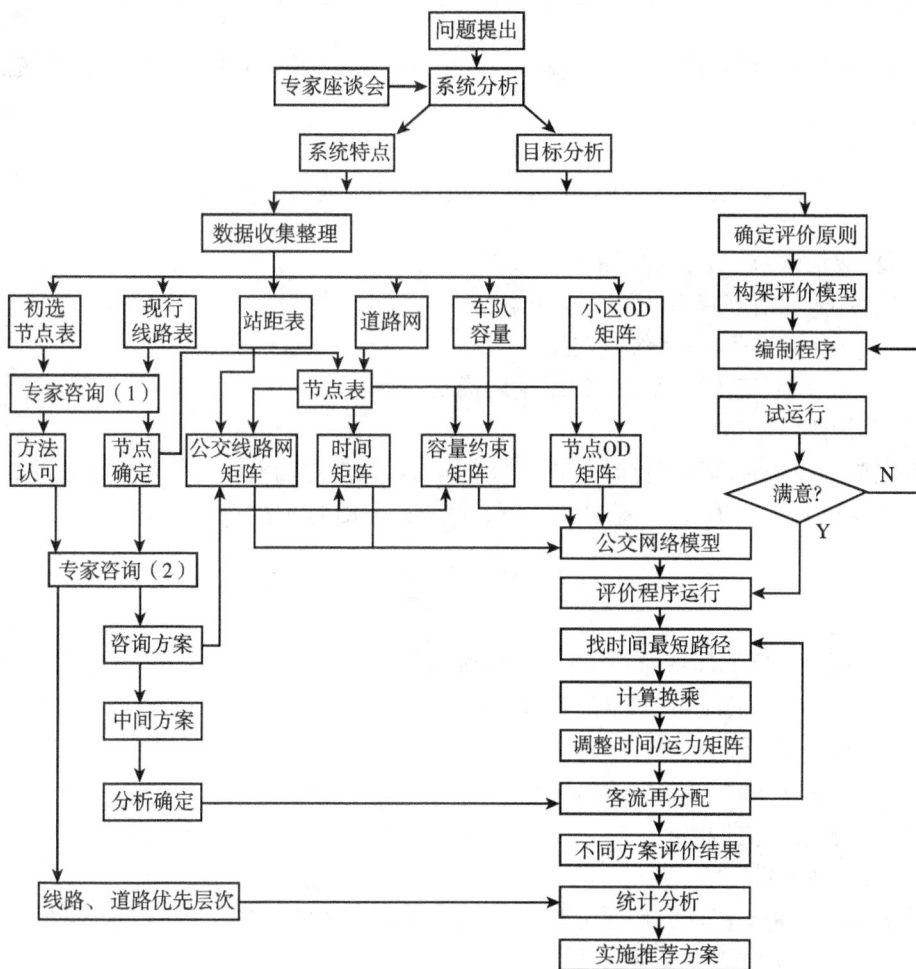

图 4-2-1　本项目研究框图与步骤

三、理论与方法

"北京市市区公共电汽车线路网优化调整方案"的主要研究方法有：公交网络建模、客流配置、既有公交线路网优化和评价模型。

（一）公交网络建模

1. 基本定义

1）公交线路网

用 G (V,E) 表示一个公交线路网。其中：

V——节点集合，即客流的变异点集，通常用重要的公交站点和交叉口表示。

E——边的集合，指能够通车的交通路段。

2）公交线路网矩阵

假设一条公交线路 R_t，它由一系列点所定义：$R_t = \{v_1, v_2, \cdots, v_{ml} \mid v_k \in V, k=1, \cdots, ml\}$，令 B 是所有公交线路的集合 $B = \{R_l \mid l = 1, \cdots, p\}$，则得到的公交线路网矩阵是这样的：

对 $i, j \in V$

$$H_{ij} \subset B, \text{且} H_{ij} = \{R_l \mid R_l \in B, \text{且} i \in R_l, j \in R_l\}$$

对于每一对 (i, i) 有三种可能：

（1）$H_{ij} = 0$：没有连接 i, j 的公共线路；

（2）$|H_{ij}| = 1$：只有一条线路连接 i、j 点；

（3）$|H_{ij}| \geq 2$：有两条及以上的线路连接 i、j 点。

3）时间矩阵

将某路段各线公共汽车运行时间的平均值作为该边通过的时间。假设由相邻两点 (i, j) 所连成的某路段具有 $|H_{ij}| = m$ 条公交线路，则该路段的时间为：

$$T_{ij} = \frac{1}{m} \sum_{K_l \in H_{ij}} t_{ij}^{K_l} \approx \frac{1}{m} \sum_{K_l \in H_{ij}} t^{K_l}(d_{ij}/d^{K_l}) \tag{4-2-1}$$

式中：$t_{ij}^{K_l}$——(i, j) 段上标号为 l 的线路的实际运行时间；

　　　t^{K_l}——标号为 l 的线路的全程运行时间；

　　　d_{ij}——(i, j) 段的距离；

　　　d^{K_l}——标号为 l 的线路的全程长度。

当 i、j 间没有公交线路时，$T_{ij} \to \infty$。

4）容量约束矩阵

基本思路是：将某路段的实际饱和客流量作为公交网络 G 中对应边的边容量 C，这一点反映了公交网络 G 本身的客观要求。

我们知道，饱和流量与线路的实际运营负载能力有着直接的关系。假设由相邻两点 i、j 所连成的某路段，具有 $|H_{ij}|$ 条公交线路。则有：

$$C_{ij} = \sum_{K_l \in H_{ij}} N_{ij}^{K_l} = \sum_{K_l \in H_{ij}} (d_{ij}/d^{K_l}) n^{K_l} f^{K_l} \tag{4-2-2}$$

式中：$N_{ij}^{K_l}$——在 (i, j) 段上，标号为 l 的公共汽车线路载客能力；

　　　n^{K_l}——在标号为 l 的线路上运行的车辆的最大载客数；

f^{K_l}——标号为 l 的线路的发车频率；

C_{ij}——(i, j) 段的饱和流量，若 $|H_{ij}| = 0$，则 $C_{ij} = 0$。

2. 网络建模

1）公交线路的数据库文件

要进行客流配置和路网优化，需要有公交 OD 出行矩阵、公交线路网矩阵、运行时间矩阵和容量约束矩阵。这些矩阵的获得又需要从一些原始资料中进行整理、加工和提取，二者的关系如图 4-2-2 所示。

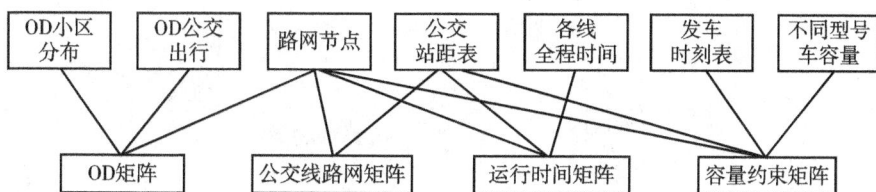

图 4-2-2　矩阵与原始资料的关系

在路网优化的过程中，将采用专家咨询的方式。而每一个咨询方案，都会有不同的公交线路布局，也就必然会引起公交线路网矩阵、运行时间矩阵、容量约束矩阵的改变。

基于上述特点，要求寻找一种合理有效的方式存储数据。为此，用数据库文件的形式建立包含站距、时间、线路容量在内的公交线路的档案。这样，可以使数据的组织和管理与程序完全脱离，可以方便地对各种数据进行更新、追加、删除和检索，可以全面、准确地提取所需信息，并借助关系数据库管理系统 dBASE-Ⅲ中的一些命令将这些信息自动转换，生成所需要的形式。

公交线路数据库文件的实体与属性的联系如图 4-2-3 所示。

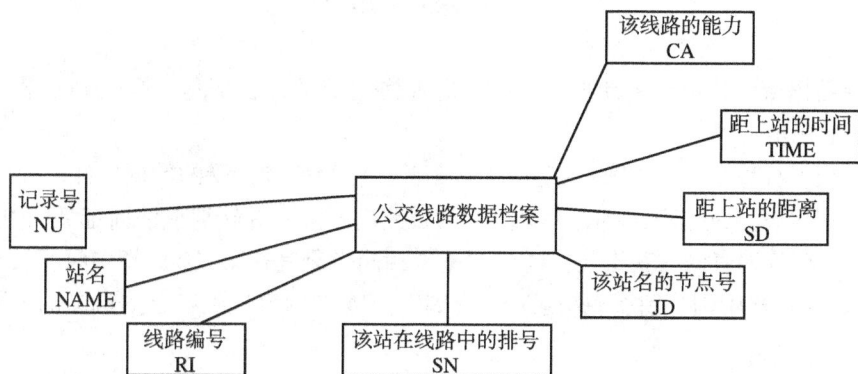

图 4-2-3　公交线路数据库文件的实体与属性的联系

也就是说，属于所规定节点的每条公交线路中的每一停车站为一个记录，而每个记录中又有记录号、站名、线路编号等 8 个数据项。增加或减少一个站点只不过是记录的增删问题，因此使用比较方便。

2）信息的提取和变换

公交线路数据库建立后，可以通过编写 dBASE-Ⅲ的命令文件，从源数据库中提取信息，自动生成需要的公交线路网矩阵、运行时间矩阵、容量约束矩阵。其步骤如下（以公交线路网为例，公交线路数据库称为源数据库，线路网络为目标数据库）。

（1）建立如图 4-2-4 所示的数据库结构。

（2）将目标库所有数据项中与节点总数目相同的所有记录填零。

（3）将源数据库中的记录指针指向 1。

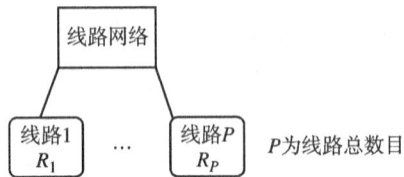

图 4-2-4　数据库结构

（4）如果源数据库中当前记录的 JD = M，RI = n，则将 SN 的内容送到目标数据库中第 n 个数据项的第 m 个记录中，如图 4-2-5 所示。

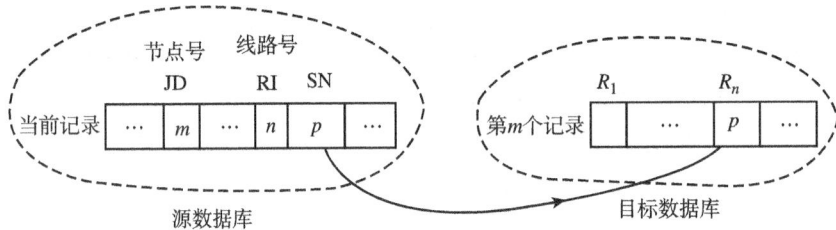

图 4-2-5　源数据库与目标数据库

（5）源数据库中的记录指针加 1，判断是否为空记录，若不是，则转到步骤（4）；若是，则进入下一步。

（6）进行目标数据库的 LOTUS 变换，转为计算程序所能接受的数据文件形式。

（7）在程序设计过程中，将行为节点列为线路的矩阵，并转换成前面定义的方式。

时间网和容量约束网的获得与上述步骤基本相同，只是在第（2）步中将零变为足够大的数，在第（4）步中则分别将源记录中的 TIME、CA 的内容送到各自的目标记录中去。

（二）客流配置

采用带有容量约束的最小费用最大流的方法进行客流的路网配置。设：

$T(v_i, v_j)$——节点 v_i 到 v_j 的时间；

$C(v_i, v_j)$——节点 v_i 到 v_j 的运载能力，即容量；

$F(v_i, v_j)$——分配到 (v_i, v_j) 段的客流量；

$L(v_i)$——从 S 到 D 的最短路径经过 v_i 时，v_i 的前一节点号；

S，D——任选的一对起终点（S，$D \in V$）；

$H = \{u_1^*,\ \cdots,\ u_n^*\}$ ——构成从 S 到 D 的最小费用有序点集。

则客流的分配算法步骤如下:

(1) 将 $F(v_i,\ v_j)$ 置零,$\forall\ (v_i,\ v_j)\in V$;

(2) 将起点标号 S 置零,即 $\pi(S)\leftarrow 0$(π 表示固定标号),其他节点标号无穷大,$Z_1\leftarrow S$;

(3) 对未被定标的全部节点给出暂时标号。即若已进行了 $k-1$ 次定标,对于非固定节点 v_1,其第 k 次暂时标号为:

$$\eta_k(v_1) = \min\{\eta_{k-1}(v_j),\ \pi_{k-1}(Z_{k-1}) + T(Z_{k-1},\ v_j)\}$$

其中,Z_{k-1} 为 $k-1$ 次定标的节点,若 Z_{k-1},v_j 不相邻,则 $T(Z_{k-1},\ v_j) = \infty$;若 $\pi_{k-1}(Z_{k-1}) + T(Z_{k-1},\ v_j) \leq \eta_{k-1}(v_j)$,则 $L(v)\leftarrow Z_{k-1}$。

(4) 找出所有暂时标号的最小值,用它作为相应节点的固定标号:

$$\pi(Z_k) = \min\{\eta_k(v_i),\ \forall v_i \in V,\ \text{且}\ v_i \neq Z_1,\ \cdots,\ Z_{k-1}\}$$

(5) 重复步骤(3)、(4),直到所选定的终点 D 被定标。从终点开始依 $L(D)$、$L(L(D))$……回溯,直到起点 S,可得到从 S 到 D 的最小费用的有序点集:

$$H = \{u_1^*,\ \cdots,\ u_k^*,\ \cdots,\ u_n^*\ |\ u_n^* = D,\ u_{n-1}^* = L(D),\ \cdots,\ u_1^* = S\}$$

(6) 在 H 上进行最大流分配:

设 f_{SD} 为从起点 S 到终点 D 的 OD 客流量大小,令 $f_c = \min\{f_{SD},\ C(u_k^*,\ u_2^*),\ \cdots,$ $C(u_{k-1}^*,\ u_k^*)\}$,则 $F(u_{k-1}^*,\ u_k^*)\leftarrow F(u_{k-1}^*,\ u_k^*) + f_c$ 及 $C(u_{k-1}^*,\ u_k^*)\leftarrow C(u_{k-1}^*,\ u_k^*) - f_c(k = 2,\ \cdots,\ m)$。

判断若 $f_c = f_{SD}$,则转到步骤(5),否则 $f_{SD}\leftarrow f_{SD} - f_c$,且对于最小的 $C(u_{k-1}^*,\ u_k^*)$,令 $T(u_{k-1}^*,\ u_k^*)\leftarrow\infty$,返回步骤(2);

(7) 选择新的一对起终点,返回步骤(2),直到所有的点都选择完毕为止,输出 F 即为所求。

(三)既有公交线路网优化

研究这一问题的基本观点是求实。从实际情况出发,解决实际问题,提出一套令人满意的、切实可行的既有公交线路网的优化改进方案。

我们知道,城市交通运输网络中的公共汽车路线问题是一个十分复杂的问题,令人满意地解决这一问题的模型和算法目前尚未形成,而通常采用的只是探索式的方法。

由于公共交通系统是一个开放系统,其本身在不断进行自我组织改造以满足社会生产和生活的需要。像北京这样一个特大城市,公共交通能够担负当前城市居民的工作和生活出行,以及作为首都与外界进行政治、经济和文化交往的重任,说明北京市的公交网络是一个可行的、较优的网络。大规模的线路调整甚至重新布局是不可能的,因为这不但要耗费大量的人力、物力,还将使正常的社会秩序受到影响。因此,探索式方法,是在专家咨询的基础上,得出选优的方向,在现有的公交线路网上进行调优改进的一种方法。

专家咨询与探索式方法相结合的公交线路网优化步骤如图 4-2-6 所示。

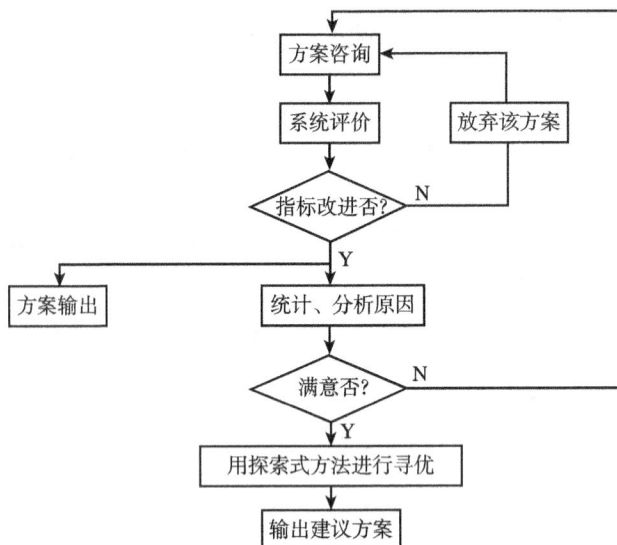

图 4-2-6　专家咨询与探索式方法相结合的公交线路网优化步骤

（四）评价模型

根据总体要求，评价模型要给出便于决策人参考并具有实际意义的评价指标，采用的系统评价指标有：

——人均换乘次数；

——出行时间；

——北京市 1~9 区之间公交客流交换量；

——大的乘客集散点排序。

同时，还考虑了平均乘距及公交运力与客流需求的匹配。

1. 人均换乘次数

根据目标分析，城市公交网络优化显然要求换乘次数最少。

从节点 i 到节点 j 出行的换乘次数与公交线路布局、选择出行路径有关。设从 i 到 j 选择的第 k 条路径为：

$$l_{ij}^k = \{v_l, \cdots, v_n \mid v_k \in v, \ v_l = i, \ v_n = j, \ k = 1, \cdots, m\}$$

则人均换乘次数为：

$$\mathrm{CH} = \sum_i \sum_j \sum_k (n_{ijk} \cdot \mathrm{OD}_{ijk}) \Big/ \sum_i \sum_j \sum_k \mathrm{OD}_{ijk} \qquad (4\text{-}2\text{-}3)$$

式中：n_{ijk}——从 i 到 j 经 k 路径的换乘次数；

OD_{ijk}——从 i 到 j 经 k 路径的出行量。

2. 出行时间

平均出行时间 T 为：

$$T = \sum_i \sum_j \sum_k (T_{ijk} \cdot \mathrm{OD}_{ijk}) \Big/ \sum_i \sum_j \sum_k \mathrm{OD}_{ijk} \qquad (4\text{-}2\text{-}4)$$

式中：T_{ijk}——从i到j经k路径的时间。

显然，总目标对出行时间的要求为极小。

注意，这里的出行时间包含换乘时间，即把换乘次数折合成换乘时间，加到出行时间中，以上两个评价指标已转换成一个总的出行时间，以便综合评价。

3. 北京市1~9区之间公交客流交换量

考虑到北京市区公共交通的现状是旧城区（二环路以内）特别紧张，优化的线网方案应尽可能地减少旧城区客流。把北京市区分为西北（1）、北（2）、东北（3）、西（4）、中（5）、东（6）、西南（7）、南（8）、东南（9）9个区域（如图4-2-7所示）。在评价指标中，加上这9个区域间的评价矩阵（包括出行时间及换乘次数，含义同前）。这样，有利于评价和宏观决策。

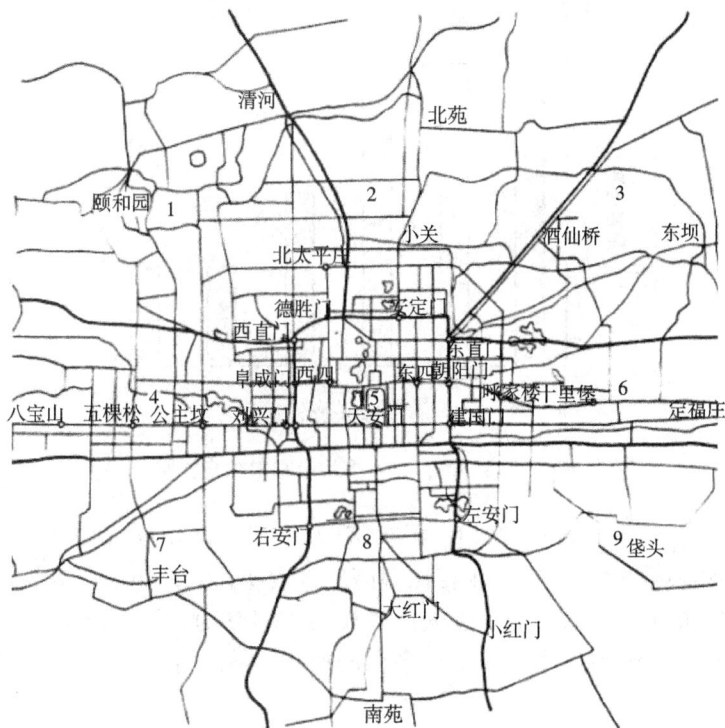

图4-2-7　北京市市区1~9区的划分

4. 大的乘客集散点排序

为了较定量地得到北京市大的公交集散点布局，在评价模型中列入了此项。由计算机程序将各节点的上、下车人数及换乘人数（不含通过人数）进行统计、排序，最后按需要打印出排在前面的若干节点。

四、结果分析

（一）现行方案评价

根据评价模型，首先对现行方案进行评价。结合北京市1986年OD调查结果，对主要运营指标进行评价，得到以下主要结论：

1. 平均换乘次数

换乘次数指一次出行中从起点至终点需要换乘公交线路的次数。以全体乘客（本市居民及流动人口）的公交出行为对象，计算其平均换乘次数，结果如表4-2-1所示。

表4-2-1　现行方案平均换乘次数

平均：1.92次

换乘次数	0	1	2	3	4	>4
乘客比例/%	22.14	25.16	21.93	14.26	8.39	8.12

表4-2-1的结果如图4-2-8所示。

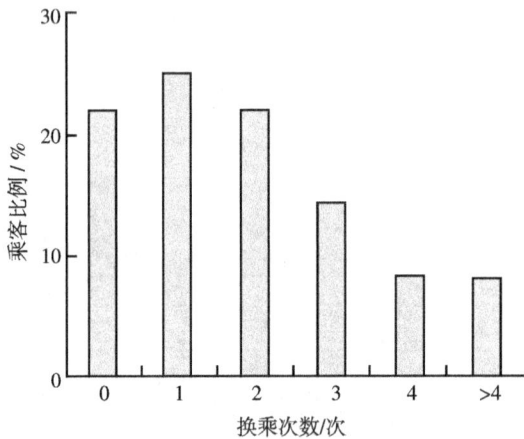

图4-2-8　现行方案平均换乘次数直方图

经计算，平均换乘次数为1.92（1986年OD调查结果为1.77），这与国外200万人口以上的大城市的平均换乘次数1.2~1.4相比偏高。这表明，北京市公交线网在整体布局上与客流的实际方向之间并不一致，直达性偏低（仅为22.14%），致使公交服务质量不高。

为进一步分析换乘次数，对1~9区的各区间换乘次数进行了统计计算，结果如表4-2-2所示。

表4-2-2　现行方案1~9区之间平均换乘次数

起	止								
	西北区	北区	东北区	西区	中区	东区	西南区	南区	东南区
西北区	1.388	2.097	2.801	1.712	3.050	4.211	3.475	4.088	5.388
北区	2.091	0.506	1.394	2.409	1.447	2.626	3.989	3.078	4.124
东北区	2.785	1.343	0.232	3.316	1.676	1.331	3.740	2.626	2.972
西区	2.505	3.157	2.918	0.835	1.577	3.581	1.860	2.754	3.748
中区	3.010	1.396	1.761	1.903	0.604	1.821	3.540	1.721	2.499
东区	4.410	2.573	1.432	3.761	1.812	0.904	4.333	1.645	1.549

续表

起	止								
	西北区	北区	东北区	西区	中区	东区	西南区	南区	东南区
西南区	3.420	3.873	3.261	1.568	3.325	3.820	1.147	1.997	3.659
南区	3.407	2.871	1.977	2.080	1.698	2.680	1.935	0.716	1.546
东南区	5.705	4.262	3.291	4.167	2.741	1.621	4.222	1.504	0.234

由表4-2-2可知以下几点:

(1) 北京市对角线 (特别是西北区—东南区) 公交出行换乘次数较多, 平均超过4次, 有的甚至在5次以上, 除了空间距离较长外, 线路布局欠妥是原因之一。

(2) 城外区间交通换乘次数较多, 特别是西南区—东南区、西区—东南区、西南区—东区、东南区—北区、南区—西北区各个区间平均换算乘次数超过4次。这主要是郊区线路缺乏城外直接连接的环行线路, 几乎所有郊区之间交通都要经过市区; 南区、东南区的外二环路不畅也是原因之一。

(3) 各个区内的平均换乘次数比较合理。除西北区和西南区超过1次外, 其余均小于1次, 说明各区内公交线路布局比较合理。

综上所述, 北京市市区现行公共交通线路布局不尽合理, 导致公交出行的换乘次数偏高, 公交线网有待优化。平均换乘次数应当为主要优化目标之一。为了减少换乘次数, 提高公交线路的直达率是主要手段。增加城区外环线的公交线路, 是提高直达率的主要方法之一。将主要换乘点设在二、三环路上, 可以减少换乘次数。

2. 平均出行时间

平均出行时间是乘客一次公交出行的平均时间。其中包括步行时间 (上车前和下车后)、总候车时间、总换乘时间和总在乘时间。根据北京市1986年OD调查, 平均出行时间为58.18 min。经计算, 现行方案的平均出行时间为53.06 min。与国外大城市平均出行时间 (不超过40 min) 比较, 是偏大的。不同出行时间下乘客所占比例见表4-2-3及图4-2-9。

由表4-2-3可见, 有56.44%的乘客平均出行时间在50 min以下, 有43.56%的乘客平均出行时间在50 min以上, 其中还有26.38%的乘客平均出行时间在70 min以上。减少平均出行时间是路网优化的重要指标之一。

同样, 1~9区平均出行时间如表4-2-4所示。

表4-2-3　现行方案不同出行时间乘客比例

(平均: 53.06 min)

出行时间/min	乘客比例/%	出行时间/min	乘客比例/%
≤10	4.11	70~80	5.72
10~20	11.27	80~90	4.46
20~30	14.47	90~100	3.50
30~40	14.31	100~110	3.11
40~50	12.27	110~120	2.22
50~60	9.69	≥120	7.37
60~70	7.49		

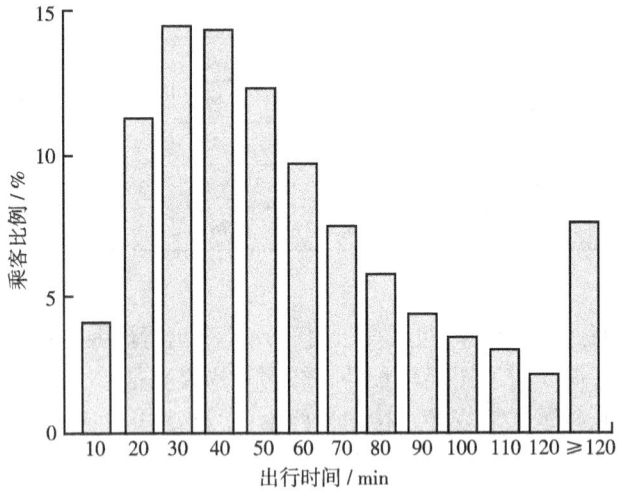

图 4-2-9　现行方案不同出行时间乘客比例直方图

表 4-2-4　现行方案 1～9 区平均出行时间

单位：min

起	止								
	西北区	北区	东北区	西区	中区	东区	西南区	南区	东南区
西北区	50.69	62.93	82.95	53.01	71.13	89.94	95.45	87.26	109.65
北区	57.95	26.56	39.50	58.94	32.23	49.84	86.13	57.37	66.11
东北区	76.70	40.65	24.97	75.99	41.94	33.15	87.23	54.83	59.05
西区	78.51	91.34	87.63	32.04	36.63	84.54	55.12	69.58	86.29
中区	67.23	32.13	41.92	41.20	17.03	35.80	62.33	29.82	45.95
东区	89.96	49.50	33.11	68.83	35.42	29.72	74.65	44.66	35.25
西南区	90.70	84.34	89.64	48.65	59.92	74.80	51.23	55.49	79.23
南区	83.19	57.78	56.12	50.46	30.40	45.43	55.42	23.25	38.30
东南区	108.34	65.50	59.12	78.07	45.59	35.93	82.08	38.62	20.54

可见，平均出行时间的空间分布特征基本上与换乘次数分布特征相同；东南、西北、西南、东北方向公交出行时间过长；东西方向交通比较方便，南北方向交通不便。

3. 平均出行乘距

平均出行乘距和公交线路的平均运距都反映公交线路的平均运距，是评价公交线路有效性的主要指标。根据北京市 1986 年 OD 调查资料，北京居民公交出行的平均乘距为 7.65 km；公交线路的平均运距为 5.34 km；线路平均长度为 12.09 km；可见线路的直线性偏低。经计算，现行方案的乘客公交出行平均乘距为 7.98 km。平均乘距偏高，与 OD 调查得出的公交线路的非直线系数偏高（平均为 1.35）的结论是一致的。表 4-2-5、图 4-2-10 为现行方案公交出行不同乘距比例。

表 4-2-5　现行方案公交出行不同乘距比例

（平均乘距：7.98 km）

出行距离/km	乘客比例/%	出行距离/km	乘客比例/%
≤2	11.50	16~18	3.71
2~4	15.34	18~20	2.07
4~6	16.46	20~22	1.32
6~8	14.30	22~24	1.26
8~10	10.86	24~26	1.06
10~12	8.33	26~28	0.85
12~14	6.18	28~30	0.60
14~16	4.93	≥30	1.23

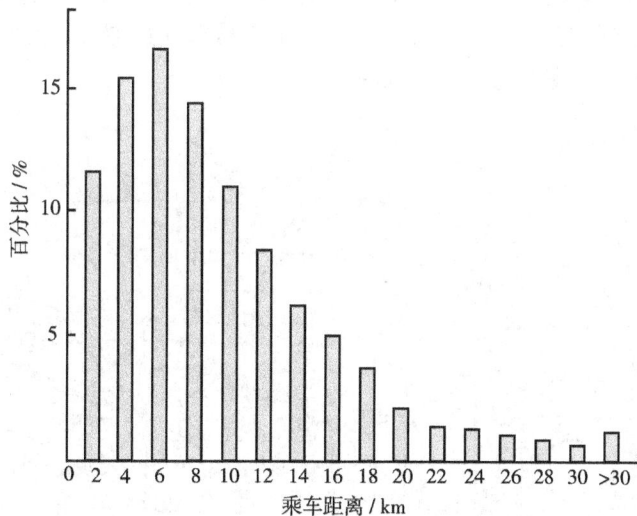

图 4-2-10　现行方案公交出行不同乘距比例直方图

由此可见，乘客平均乘距大于 10 km 的比例锐减，说明公共交通在中、长距离运输方面并未占主导地位；也说明 10 km 以上的公交线路并非实际最短路，这与现行公交线路的非直线系数较大有关。

4. 大的集散点排序

经计算，现行方案下大的集散点排序如表 4-2-6 所示。

表 4-2-6　现行方案下大的集散点排序

序号	节点名	集散人数/万人	序号	节点名	集散人数/万人
1	复兴门	37.78	7	大北窑	17.56
2	崇文门	24.05	8	动物园	16.92
3	西单	23.17	9	长椿街	16.50
4	东单	20.79	10	西直门	16.12
5	公主坟	20.76	11	新街口豁口	15.57
6	前门	17.97	12	阜成门	15.28

序号	节点名	集散人数/万人	序号	节点名	集散人数/万人
13	和平门	14.93	20	地安门	11.26
14	东直门	14.34	21	天安门	11.09
15	礼士路	13.96	22	东四十条	10.89
16	朝阳门	13.85	23	鼓楼大街	10.75
17	德胜门	13.56	24	木樨地	10.68
18	安定门	11.69	25	宽街	10.43
19	苹果园	11.59			

由表4-2-6可见，现行方案大的集散点排序前25个中，有76%在旧城区内，排名前10的站点中，除公主坟、动物园和大北窑外，均在旧城区内。这说明，现行的北京市公交路网静态布局不尽合理，线路大都集中在旧城区，造成旧城区交通堵塞，影响公交的服务水平。

现行方案下大的公交集散点布局如图4-2-11所示。

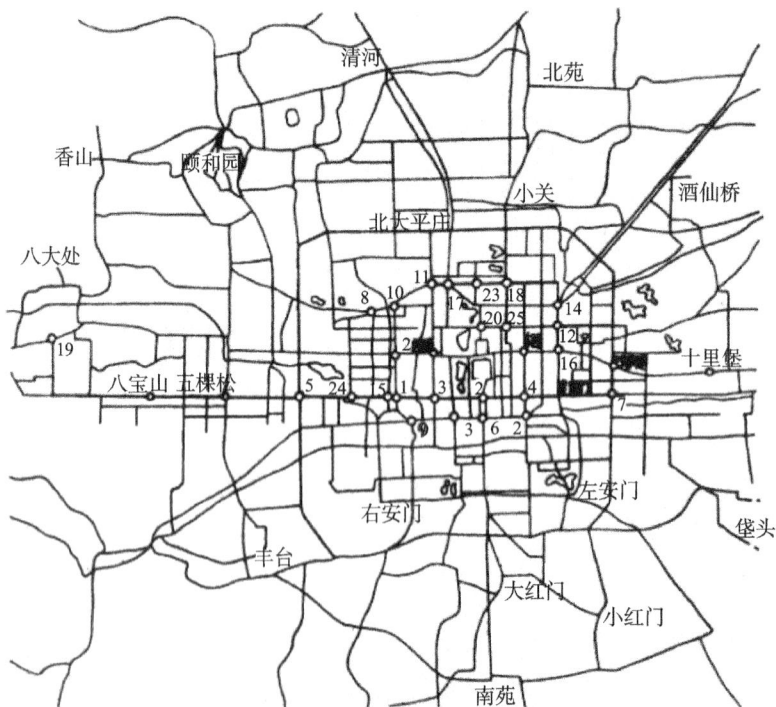

1—复兴门；2—崇文门；3—西单；4—东单；5—公主坟；6—前门；7—大北窑；
8—动物园；9—长椿街；10—西直门；11—新街口豁口；12—阜成门；13—和平门；
14—东直门；15—礼士路；16—朝阳门；17—德胜门；18—安定门；19—苹果园；
20—地安门；21—天安门；22—东四十条；23—鼓楼大街；24—木樨地；25—宽街。

图4-2-11 现行方案下大的公交集散点布局图

5. 公交客流需求与运力分析

对于现行公交路网的分析计算表明：北京市公交路网的运力分配不尽合理，有些路段运力大大超过客流需求；有些路段运力又很紧张，甚至有路无车。

经计算，北京市公交线路的运力利用率仅为34%，这是很不经济的。方案计算表明，现行方案下，运力大于客流需求的路段主要有：北京站—崇文门、西直门—动物园、平安里—新街口、东单—北京站口—北京站、和平门—宣武门、永定门—珠市口、游泳池—北京南站、红庙—呼家楼—东大桥、广安门—白广路口、木樨地—礼士路、安定门—北小街豁口、美术馆—沙滩、阜成门—甘家口、人大—中关村等。

综上所述，现行方案下的北京公交路网基本可以承担北京市城市公共交通任务，有一定的合理性。对计算得出的定量结果进行分析可知，以下几个问题在进行路网优化时应予以考虑：

（1）减少平均换乘次数，提高公交线路的直达性。

（2）缩短平均出行时间，进行路网优化并结合政策调整。

（3）降低平均乘距，降低公交线路的非直线性。

（4）合理布置大的公交集散点，应在二、三环及三、四环路间配置公交线路和枢纽站。

（5）平衡运力分配，改变运营调度管理和进行路网优化。

（二）专家咨询结果

根据需要进行了两次较大规模的专家咨询。

1. 第一次咨询结果

第一次咨询得到以下几方面的信息：

（1）关于现有公共电汽车线路层次。全部线路分为最主要线路、次主要线路和一般线路三个层次。对于现有的170条公交线路，专家们的意见是：最主要线路为45～55条；次主要线路为45～55条；一般线路为60～80条。

（2）关于路段（主要节点间）层次。北京市区（四环路以内）的路段，划分为最主要路段、次主要路段和一般路段。专家认为：最主要路段10～15段；次主要路段10～20段，其余为一般路段。

（3）市区路网优化的优先权次序。把北京市区划为1～9个区域（参见图4-2-7），专家们认为，其路网优化的优先权次序为：旧城区（5）、东南区（9）、南区（8）、东区（6）、西区（4）、东北区（3）、西北区（1）、西南区（7）和北区（2）。

（4）有路无车路段的优先权次序。

2. 第二次咨询结果

在第二次咨询中重点选择4组专家——市政规划设计研究院专家、市公共交通总公司专家、市公共交通研究所专家和市公安交通管理局专家，得到4个公交线路网优化的咨询方案。具体情况如表4-2-7所示。

表4-2-7　优化咨询方案统计

单位：线路条数

方案序号	方案提出单位	保留现行线路	局部改动线路	取消现行线路	新增加线路
I	市政规划设计研究院	127	33	1	6

方案序号	方案提出单位	保留现行线路	局部改动线路	取消现行线路	新增加线路
Ⅱ	市公共交通总公司	146	15	0	1
Ⅲ	市公共交通研究所	130	30	1	0
Ⅳ	市公安交通管理局	136	25	0	3

将4组专家咨询方案综合成数个中间方案。再通过计算机计算，得到评价结果，各方案指标对比如表4-2-8所示。

表4-2-8　各方案指标比较

指标	OD 数据	现方案	方案1	方案2	方案3
平均出行时间/min	58.78	53.06	51.48	53.82	52.43
平均换乘次数/次	1.77	1.92	1.91	1.96	1.84
平均出行乘距/km	7.65	8.49	8.35	8.52	8.32

(三) 推荐方案评价

经过专家咨询和计算评价现行方案及各个中间方案后，得到一套切实可行的网络寻优原则，并以此为基础提出北京市公交线路网改进的推荐方案。运用评价模型对推荐方案进行计算评价后，得出表4-2-9～表4-2-14（与表4-2-1～表4-2-6对应）。

表4-2-9　推荐方案平均换乘次数

（平均：1.87 次）

换乘次数	1	0	2	3	4	≥4
乘客比例/%	22.69	26.06	21.90	13.12	8.38	7.85

表4-2-9的结果与现行方案比较如图4-2-12所示。

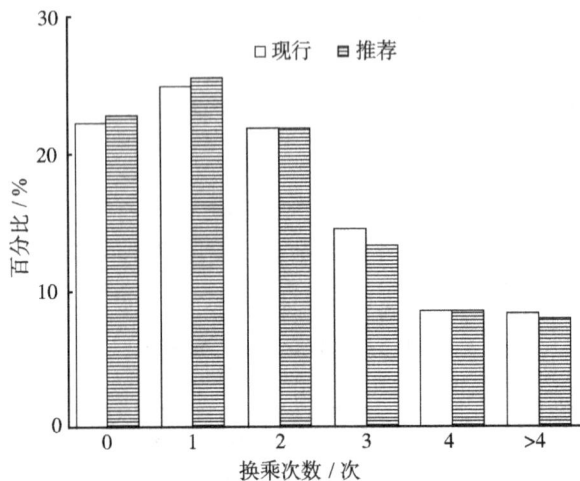

图4-2-12　平均换乘次数比例比较直方图

1～9区之间平均换乘次数如表4-2-10所示。

表4-2-10　推荐方案1~9区之间平均换乘次数

起	止								
	西北区	北区	东北区	西区	中区	东区	西南区	南区	东南区
西北区	1.330	2.154	3.116	1.614	2.728	3.652	3.096	3.168	4.473
北区	2.222	0.487	1.405	2.516	1.419	2.306	4.133	3.047	3.425
东北区	3.157	1.387	0.198	3.891	1.748	1.188	5.067	3.053	2.655
西区	2.526	3.168	3.620	0.758	1.603	3.426	1.797	2.918	3.430
中区	2.709	1.287	1.815	1.876	0.576	1.489	3.589	1.752	1.959
东区	3.642	2.049	1.018	3.567	1.372	0.718	4.559	3.017	1.228
西南区	3.182	3.966	5.218	1.458	3.436	4.06	1.091	1.891	3.683
南区	2.984	2.779	2.750	2.239	1.711	2.983	1.816	0.700	1.408
东南区	5.337	3.324	2.628	4.238	2.208	1.382	4.300	1.224	0.218

推荐方案不同出行时间比例如表4-2-11所示，与现行方案比较如图4-2-13所示。

表4-2-11　推荐方案不同出行时间比例

（平均：51.73 min）

出行时间/min	乘客比例/%	出行时间/min	乘客比例/%
≤10	4.44	70~80	6.16
10~20	11.26	80~90	4.58
20~30	14.65	90~100	3.61
30~40	14.34	100~110	2.67
40~50	12.00	110~120	1.93
50~60	9.88	≥120	6.31
60~70	7.81		

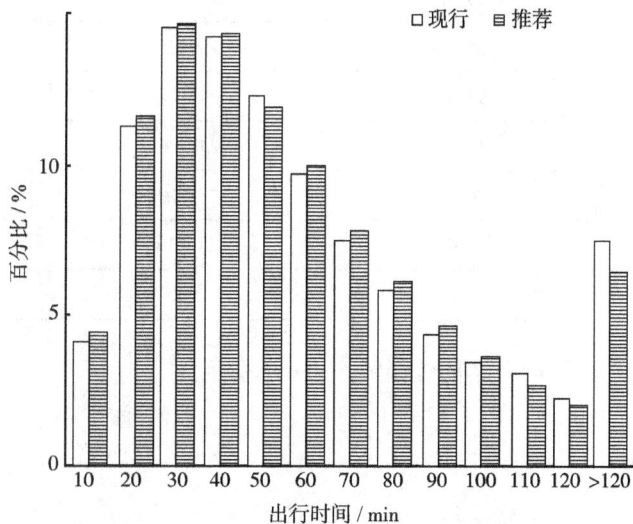

图4-2-13　不同出行时间比例比较直方图

1~9区平均出行时间如表4-2-12所示。

表4-2-12 推荐方案1~9区平均出行时间

单位：min

起	止								
	西北区	北区	东北区	西区	中区	东区	西南区	南区	东南区
西北区	49.12	63.59	83.34	51.71	70.39	88.44	96.01	85.30	109.13
北区	58.62	26.38	39.76	58.76	31.48	49.06	85.15	58.74	61.51
东北区	76.76	41.10	24.55	74.56	41.98	32.69	87.70	56.93	60.52
西区	78.76	93.83	86.40	29.29	35.24	85.25	55.06	70.88	87.75
中区	66.33	31.32	41.81	40.26	16.67	33.64	63.35	29.24	45.85
东区	85.39	49.16	32.74	68.61	33.32	28.21	74.37	44.04	34.63
西南区	91.06	83.34	90.17	48.53	61.06	74.34	52.56	55.25	79.75
南区	81.56	58.41	57.72	51.27	29.83	44.28	55.39	22.98	36.83
东南区	107.08	62.96	60.58	79.19	45.68	35.43	83.03	37.26	20.24

表4-2-13为推荐方案公交出行不同乘距比例。

表4-2-13 推荐方案公交出行不同乘距比例

（平均：8.26 km）

乘车距离/km	乘客比例/%	乘车距离/km	乘客比例/%
≤2	14.17	16~18	3.46
2~4	15.85	18~20	2.64
4~6	16.24	20~22	1.81
6~8	12.90	22~24	1.39
8~10	10.13	24~26	1.20
10~12	7.91	26~28	0.74
12~14	5.80	28~30	0.55
14~16	4.27	≥30	0.95

表4-2-13的结果与现行方案比较如图4-2-14所示。

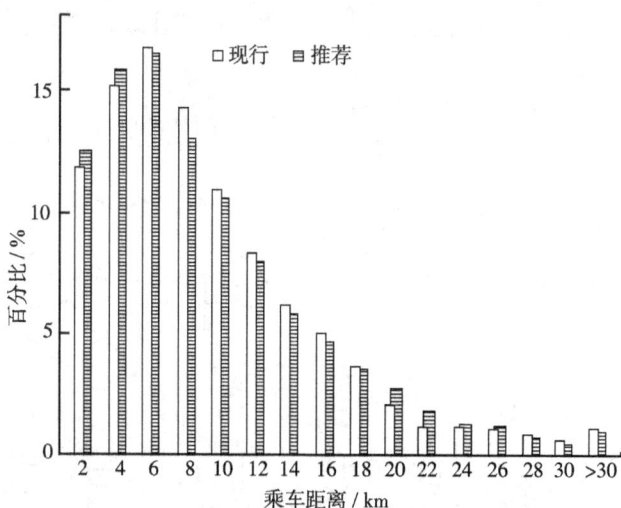

图 4-2-14　公交出行不同乘距比例比较直方图

由此可见，乘客平均乘距比现行方案有了较大的趋好变化。

经计算，推荐方案下大的集散点排序如表 4-2-14 所示。

表 4-2-14　推荐方案下大的集散点排序

序号	节点名	集散人数/万人	序号	节点名	集散人数/万人
1	复兴门	43.62	14	新街口豁口	13.18
2	西直门	29.31	15	苹果园	13.08
3	建国门	25.94	16	礼士路	12.93
4	公主坟	22.83	17	东单	12.52
5	西单	22.42	18	六里桥	11.82
6	天安门	18.63	19	王府井	11.53
7	前门	18.20	20	大北窑	11.29
8	崇文门	17.85	21	鼓楼大街	10.92
9	东直门	15.85	22	虎坊桥	10.32
10	阜成门	14.84	23	和平门	10.28
11	长椿街	14.65	24	宣武门	10.25
12	朝阳门	14.27	25	八王坟	10.07
13	安定门	13.34			

由表 4-2-14 可见，在推荐方案下大的集散点排序前 25 中，由于充分利用了地铁，使得西直门、建国门的排序大大提前，发挥了地铁的效用；由于在西二环路上增加了线路运力，使六里桥排序提前，可见综合方案对北京市公交路网静态布局的不合理有了一些改善。由此得到的推荐方案下大的公交集散点布局如图 4-2-15 所示。

推荐方案下公交路网的分析计算表明，北京市现行公交路网不合理的运力分配有了改善。经计算，推荐方案下，北京市公交线路的运力利用率比现行方案有了一定的改善。

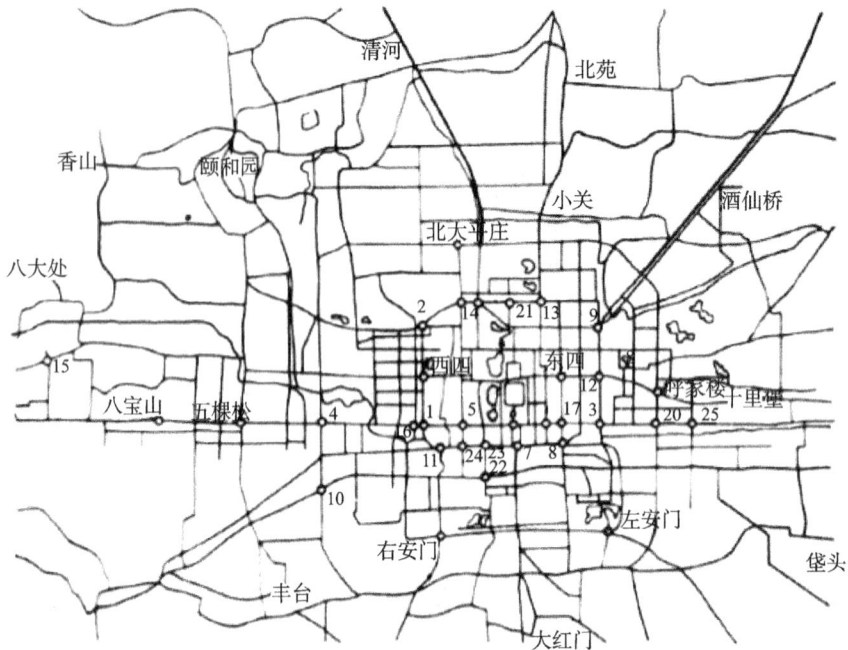

1—复兴门；2—西直门；3—建国门；4—公主坟；5—西单；6—天安门；7—前门；8—崇文门；9—东直门；10—阜成门；11—长椿街；12—朝阳门；13—安定门；14—新街口豁口；15—苹果园；16—礼士路；17—东单；18—六里桥；19—王府井；20—大北窑；21—鼓楼大街；22—虎坊桥；23—和平门；24—宣武门；25—八王坟。

图4-2-15　推荐方案下大的公交集散点布局

主要参考文献

［1］张国伍．交通运输系统分析［M］．成都：西南交通大学出版社，1991.
［2］张国伍．交通运输系统工程创新与发展：交通人生60年［M］．北京：北京交通大学出版社，2008.
［3］张国伍．人生的境界与智慧：交通运输系统工程学科的发展与创新［M］．北京：北京交通大学出版社，2017.
［4］张国伍．综合交通运输系统工程的创新发展与论坛："交通7+1论坛"50次会议主要学术成就：2005—2018［M］．北京：北京交通大学出版社，2018.

第三章

"一带一路"与"中欧班列"交通运输系统

2013 年 9—10 月，中国国家主席习近平出访中亚和东南亚国家期间，先后提出共建"丝绸之路经济带"和"21 世纪海上丝绸之路"（以下简称"一带一路"）的重大倡议，得到国际社会的高度关注。前中国国务院总理李克强在 2013 年中国—东盟博览会上强调，要铺就面向东盟的海上丝绸之路，打造带动腹地发展的战略支点。加快"一带一路"建设，有利于促进沿线各国和地区的经济繁荣与区域合作，加强不同文明的交流互鉴，促进世界和平发展，是一项造福世界各国人民的伟大事业。

2015 年 9 月，联合国正式通过"2030 日程"，主张在全球共识基础上，从 2016 年到 2030 年，由国际社会携手推进 17 项可持续发展目标，从消除贫困和饥饿到保护生态环境安全，从平等、和平和均衡发展到全球合作共赢，全方位、深层次地落实可持续发展目标。"一带一路"建设将极大地支持沿线国家和地区可持续发展目标的实现。

"一带一路"建设是一项系统工程，需要秉承共商、共建、共创、共享原则，积极推进沿线国家和地区可持续发展战略的沟通和协作。为推进实施"一带一路"重大倡议，让古丝绸之路焕发新的生机活力，借助新产业革命的契机，以全球可持续发展和生态文明的视角，促进亚欧非各国的相互合作、互利共赢，中国政府特制定并发布《推动共建丝绸之路经济带和21 世纪海上丝绸之路的愿景与行动》。

2017 年 5 月 14 日，"一带一路"国际合作高峰论坛开幕，中国国家主席习近平发表主旨演讲，提出："我们要坚持创新驱动发展，加强在数字经济、人工智能、纳米技术、量子计算机等前沿领域的合作，推动大数据、云计算、智慧城市建设，连接成 21 世纪的数字丝绸之路。"

下面将结合"一带一路"的典型代表"中欧班列"开展论述。

第一节　中欧国际陆路货运系统效益与需求分析

一、中欧国际陆路货运系统与中欧班列开行情况介绍

中欧国际陆路货运系统起源于大陆桥运输,大陆桥运输是借助陆路通道作为运输桥梁,连接大陆两端海运通道的运输方式,在海权国家为主导的全球贸易背景下,亚欧大陆桥应运而生。亚欧大陆桥产生于20世纪70年代左右,包括三条主要线路,第一条为西伯利亚大陆桥:日本和远东—俄罗斯纳霍德卡—莫斯科—西欧/北欧;第二条为新亚欧大陆桥:日本和远东—连云港—阿拉山口—中亚—欧洲;第三条为:日本和远东—天津—二连浩特—蒙古国—俄罗斯—欧洲。

亚欧大陆桥最早作为日韩和欧洲之间货物贸易的陆路通道,开行线路途经国家众多且铁路设施标准不统一,亚欧大陆桥的畅通和几十年来支线的不断发展,亚欧大陆桥运输体系下形成的洲际运输基础设施和国际运输协定,为后来中欧班列的接续运行提供了基础设备支持和顶层运作机制。

与传统大陆桥运输发源于沿海城市,为大陆两端海运提供服务不同的是,中欧班列最先发源于我国内陆城市,以其显著的时效性优势,与远洋海运共同服务于亚欧大陆生产和消费网络。目前,中欧班列已成为中欧国际陆路运输的主要形态,依托西伯利亚大陆桥和新亚欧大陆桥,拓展连通至多个欧洲国家、中西亚国家和东南亚国家。

中欧班列是由中国铁路总公司组织、运行于欧亚大陆的陆路集装箱国际联运列车。班列根据"干支结合、枢纽集散"的铁路运营组织方式,按照客车化组织模式和"五定"原则运行。2016年6月8日,中国铁路正式统一使用"中欧班列"品牌。

与普通货运不同的是,班列的特点是"五定",即定点(固定装卸地点)、定线(固定运行线路)、定次(固定班期和车次)、定时(固定到发时间)、定价(固定运输价格)。运行全程受监控,必须严格依照运行图规定的时间和地点运行,除规定地点停靠外,中途不得停车,不得上下货物,属于典型的"点对点"运输。班列通常分为集装箱班列和普通货物班列两类。为换装和出入境检验方便,目前中欧班列全部是搭载40英尺国际标准集装箱的五定班列。

如图4-3-1所示,中欧班列自2011年开行以来,开行数量保持高速增长态势,辐射范围快速扩大,货物品类逐步拓展,开行质量大幅提高,使得从中国出发经欧亚大陆中部直达欧洲的陆路铁路交通线呈现爆发式增长。据统计,中欧班列从第1列到第500列历时4年,从第501列到第1 000列历时7个多月,从第1001列到第1 500列历时5个月。

2020年虽然受到新冠疫情等不利因素影响,但中欧班列开行达到创纪录的1.24万列,运送货物113.5万标箱,同比分别增长50%、56%。截至2020年底,我国中欧班列开行城市超过60个,通达欧洲21个国家92个城市,累计开行超过3.3万列,运送货物由开行初期的手机、计算机等IT产品,逐步扩大到服装鞋帽、汽车及配件、粮食、葡萄酒、咖啡豆、木材、家具、化工品、机械设备等品类,综合重箱率达98.4%。

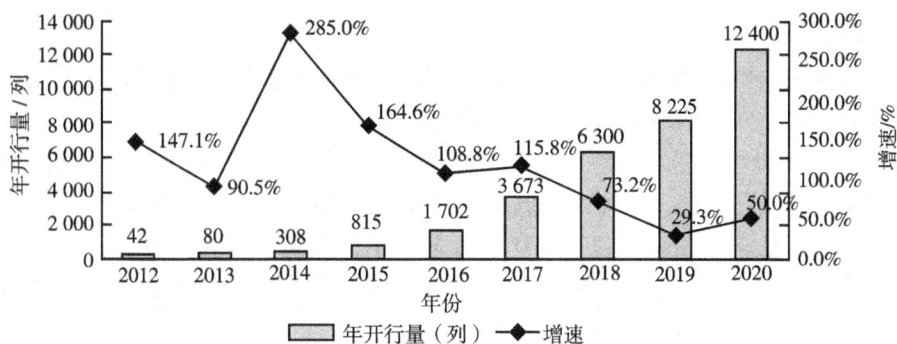

图 4-3-1 中欧班列历年开行列数与增速

二、中欧国际陆路货运系统效益分析

(一)国家层面

中欧作为最具代表性的新兴市场国家和发达国家集团,中欧经济总量占全球的三分之一,是促进共同发展的两大市场;发展对欧关系是中国特色大国外交的重要内容,中欧务实合作不仅对中欧双方的经济社会发展具有重要意义,而且对推进世界多极化和维护世界稳定至关重要。

"一带一路"倡议提出以来,在中欧双边关系发展中,"一带一路"已经成为新的动力来源。面对"一带一路",欧洲很多国家的态度相比最初的观望和不了解,现在已经发生了很大的变化。目前,中欧双方不仅正式提出要建立互联互通平台,而且众多欧洲国家也已经参加了亚洲基础设施投资银行。欧洲国家已经开始重新思考他们在欧洲区域内和区域外的长期投资和发展战略,评估各自与"一带一路"对接将带来的影响。实践表明,"一带一路"倡议正在重塑中欧经贸和政治关系,中欧合作也必将影响欧亚大陆的地缘政治经济格局。

"中欧班列"在推动欧洲与我国的"一带一路"合作方面具有巨大潜力,随着中欧班列的运行开展,将会为中欧关系发展带来持续的推动,有助于消弭误解。自"一带一路"倡议提出以来,中国与欧洲和中亚的贸易迅猛发展,中欧班列运送货物货值占中欧货物贸易的比重逐年提升,从 2015 年的 1% 增至 2020 年的 7%。特别是新冠疫情发生以来,中欧班列累计向欧洲发运 1 199 万件、9.4 万吨防疫物资,有力保障了全球产业链供应链稳定。

2020 年中欧班列运输货物货值达 500 亿美元,是 2016 年的 6.3 倍,除电子产品、食品、木材、化工产品等传统品类外,国际产业链重要中间品运输需求迅猛增长。至 2021 年初,中欧班列累计开行突破 4 万列,合计运输货物货值超过 2 000 亿美元,打通了 73 条运行线路,通达欧洲 22 个国家的 160 多个城市,铸成了沿线国家互利共赢的桥梁纽带,带动了沿线通道经济快速发展。更重要的是,中欧班列不只是搭建了一个新的贸易平台,它还将推动中欧物流体系的重塑,与之相关的投资还将改变一些领域的游戏规则,从而带动国际产业链的变化。

（二）地区层面

中欧班列带来的更明显的还是社会效益。中欧班列本身是带有国家战略性质的，现在各地区通过开通中欧班列也拉动了地方经济的发展。

2009 年，富士康和惠普双双落户重庆；随后，宏碁，以及纬创、飞力达等大型笔记本计算机代工企业也入驻重庆，成为中欧班列（渝新欧）最早的客户。2011 年，渝新欧每周发一趟惠普专列，已向欧洲运输超过 400 万台笔记本计算机。2011—2013 正式运行的头三年里，IT 产品占到了"渝新欧"班列货源的 95%、92% 和 90%。每趟班列的平均货值达到 3 056 万美元，超过 2 亿元人民币。

2014 年，渝新欧班列开始有了常态化运行的固定班列，同时提速到 120 km/h。也正是 2014 年，重庆外贸总值达到 955 亿美元，比渝新欧班列开通前的 60 亿美元增长了 16 倍，重庆进出口总值跃居中国西部各省市第一。2016 年，重庆 IT 产业已具规模，共有 5 家 IT 品牌商，6 家 ODM 代工厂，850 家零配件工厂落户重庆，计算机产量为 6 700 万台，达到全球三分之一的出货量。

至 2020 年初，中欧班列（成都）累计开行已超 4 600 列，拉动地区进出口贸易额超 200 亿美元。成都国际班列已连接境外 26 个城市、境内 15 个城市。在成都国际班列 12 条国际通道中，西向通道连续 4 年保持全国领先水平；南向通道已纳入国家西部陆海新通道，全面辐射东南亚国家；东向通道持续增加班列数量，海运日韩的产品到欧洲需 2 个月，铁路运输基本 15 天到达；北向通道主要连接俄罗斯，回国货物重载率达 100%。成都国际铁路港联合中白产业园、中老磨憨-磨丁经济合作区、罗兹产业园、缅甸伊洛瓦底省勃生工业园、天津东疆保税港区、中马产业园等共同参与组建"一带一路"产业园区联盟，依托各国园区产业优势，借助亚蓉欧通道串联供应链上下游环节，共同促进通道经济转化为产业经济。

三、中欧国际陆路运输市场需求分析

（一）中欧双边贸易情况

欧盟是世界上最大的经济体，也是我国最重要的贸易伙伴，中欧贸易对我国的外贸发展而言十分重要。2021 年 1 月欧盟向中国出口货物总额 161 亿欧元（1 欧元约合 1.19 美元），同比增长 6.6%。双边货物贸易总额 494 亿欧元，与 2020 年同期基本持平，中国继续保持欧盟最大贸易伙伴地位。中欧双边贸易格局呈现以下特点：

1. 中国贸易合作对象集中于少数传统欧盟成员国

中欧之间的贸易往来很大程度上集中在我国与少数传统欧盟成员国上，与我国经贸往来最为紧密的前 10 个国家，贸易额占比达到 87.18%。2018 年，中国与德国的双边贸易额最高，达 1 996.6 亿美元，远高于其他国家。此外，从增速来看，2018 年，中国与欧洲主要对外贸易国家的贸易额均有增长，其中，中国与俄罗斯、捷克和乌克兰的贸易额增速最快，均在 20% 以上，如图 4-3-2 所示。

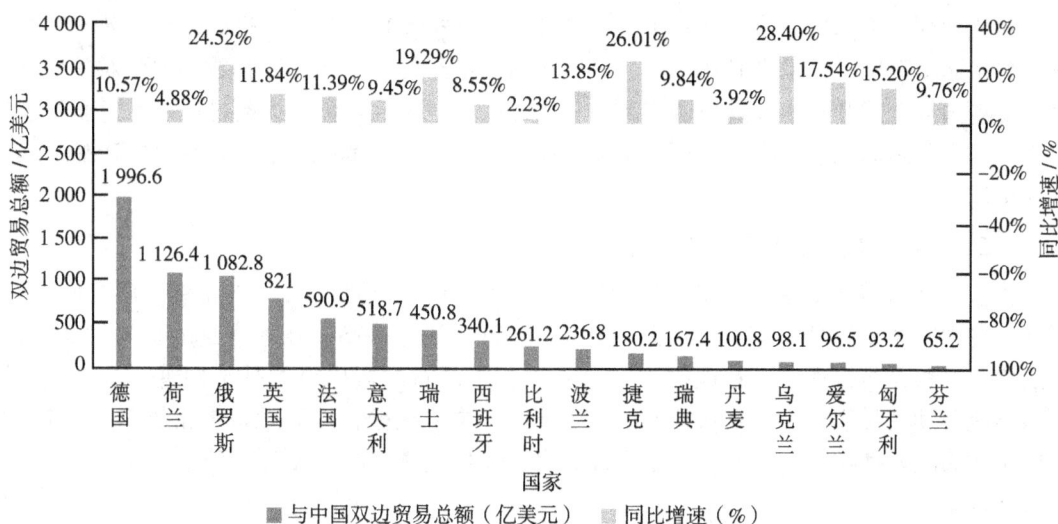

图 4-3-2 2018 年中国与欧洲主要国家双边贸易总额及增速

2. 中欧间双向贸易不均衡

由图 4-3-3 可知,我国进口贸易额大于出口贸易额的只有德国和瑞士两个国家。我国对荷兰、英国、法国、意大利、西班牙、比利时、瑞典、丹麦等 8 个国家的出口总额均大于进口总额,进出口双向货流严重不均衡。这表明中国与欧盟经贸关系的发展存在着高度的不对称性。

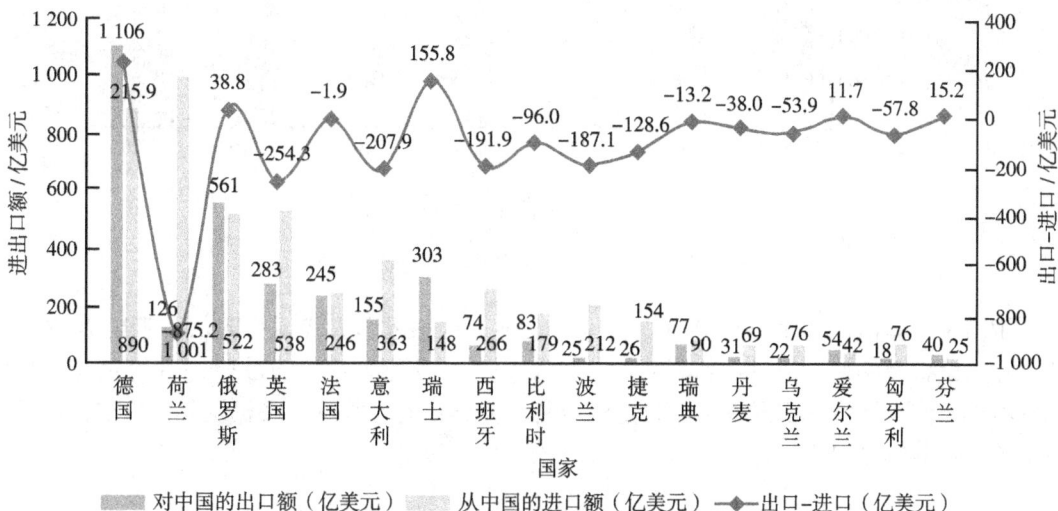

图 4-3-3 2018 年我国对欧洲主要国家进出口贸易额

3. 中欧市场对机电产品需求旺盛

对比欧洲主要国家对全球和对中国出口的产品结构发现:第一,横向来看,各国资源禀赋、技术禀赋不同,从而出口产品结构各不相同,其中,英国、法国、意大利、波兰、爱尔兰出口到全球和出口到中国的产品结构相似性最大,前五大类产品重合性最高。第二,纵向来看,欧洲主要国家出口到中国的前五大类产品中,均有机电产品,表明中国对欧洲市场的机电产品进口需求旺盛。

对比欧洲主要国家从全球和从中国进口的产品结构发现：第一，横向来看，各国资源禀赋、技术禀赋不同，需求也必然不同，导致进口产品结构各不相同，在欧洲主要对外贸易国家中，各国从全球和从中国进口的产品结构差异较大，不存在前五大类进口产品完全重合的国家。第二，纵向来看，欧洲主要国家从中国进口的前五大类产品中，均有机电产品，其次是贱金属及制品。

（二）中欧进出口贸易货源结构分析

如图4-3-4所示，由于中国与欧洲经济发展水平、资源禀赋及产业结构都有所不同，因此，在中欧贸易商品结构上呈现出一定的互补性。近年来高新技术产品的贸易发展很快，中欧之间的贸易结构也在不断地改善。2020年，中国对欧盟出口产品结构进一步优化，继续从传统劳动密集型产品向高新技术产品延伸，其中，机械和交通设备占比超50%。同时，中国也成为欧盟通用机械、办公设备及计算机、通信设备、电子设备、船舶、奢侈品等主要出口市场。

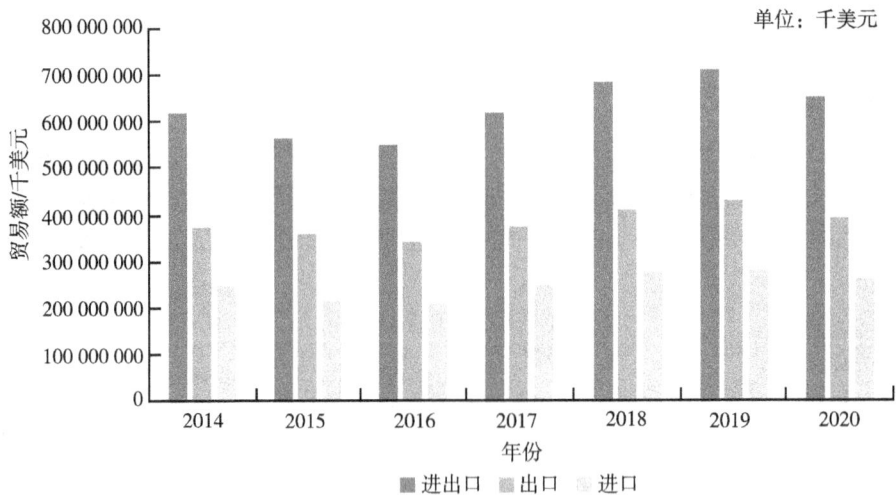

图4-3-4 2014年以来中国与欧盟贸易情况

中国对欧盟出口的主要产品有电机电气设备、机械器具、家具、玩具、服装及衣着附件、光学设备及零件、塑料及其制品等。如表4-3-1所示。中国自欧盟进口的主要产品有机械器具、汽车及汽车零配件、电机电气设备、光学设备及零件、飞机及其他航空器、医药品、塑料及其制品等。

表4-3-1 2020年中国对欧盟出口十大商品品类

单位：千美元

品 类	对欧盟出口	从欧盟进口
机电、音像设备及其零件、附件	177 131 227	78 728.860
纺织原料及纺织制品	51 707 370	4.950 213
家具等杂项制品	34 175 573	2 324.323
化学工业及其相关工业的产品	21 220 258	43 152 998

续表

品 类	对欧盟出口	从欧盟进口
贱金属及其制品	21 217 381	12 732.622
车辆、航空器、船舶及运输设备	16 727.130	42 582 729
光学、医疗等仪器；钟表；乐器	14.669 981	19 488 039
塑料及其制品；橡胶及其制品	14 059.739	9 745 928
鞋帽伞等；羽毛品；人造花；人发品	9 197.954	1 227 030
矿物材料制品；陶瓷品；玻璃及制品	6 324.318	1 740 205

2020 年，中欧双边贸易总额为 6 495.28 亿美元，较 2019 年增长 4.9%（剔除英国数据），与欧盟的贸易占中国对外贸易的 13.9%；其中，中国对欧盟出口 3 909.78 亿美元，同比增长 6.7%；中国从欧盟进口 2 585.5 亿美元，同比增长 2.3%。

随着中国等新兴经济体在贸易、投资、技术等领域的地位上升，国际经济格局发生着新的变化。从国外经济环境来看，世界经济持续低速增长，国际贸易环境有所恶化，国际商品价格低位波动徘徊，贸易与投资规则改变，再加上在欧盟占有绝对经济实力的英国脱离欧盟，由此带来了更多的不确定性。从国内来看，近年来我国对外贸易增速放缓，结构调整与转型工作仍将继续开展。由此可以预测，在未来一段时间内，中欧对外商品贸易发展将出现减速换挡的阶段性变化，贸易增长速度将逐步向全球贸易增速靠近，各类贸易商品份额有望保持稳定。

（三）潜在货运需求分析

2015—2019 年，我国进口集装箱量均维持在 1 400 万 TEU 上下，年增幅在 1.5%，其中工业消耗品、工业基础原材料、冷藏产品和化学产品等都是我国集装箱进出口的主要货类，占到我国集装箱进出口量的比例合计 80% 左右。近年我国海运进出口集装箱货类及货量如表 4-3-2 所示，可为中欧班列的潜在市场的分析提供借鉴。

表 4-3-2 2015—2019 年我国海运集装箱进口货类及货量表

货类	分货类货量/万 TEU					占货运量的比例/%				
	2015 年	2016 年	2017 年	2018 年	2019 年	2015 年	2016 年	2017 年	2018 年	2019 年
工业消耗品	454.5	462.6	508.6	504.2	533.5	33	32	33	34.4	36.6
工业基础原材料	473.8	539.1	545	468.8	423.9	34.5	37.3	35.4	32	29.1
冷藏产品	53.4	61.9	64.5	75.9	109.4	3.9	4.3	4.2	5.2	7.5
化学产品	87.3	87	98	101.4	108.8	6.3	6	6.4	6.9	7.5
食品饮料	114.6	107.8	118.5	103.8	94.7	8.3	7.5	7.7	7.1	6.5
机械零件	55.9	55.7	60.6	59.4	51.8	4.1	3.9	4.0	4.1	3.6
车辆及零件	50.0	48.9	51.5	51.3	42.8	3.6	3.4	3.3	3.5	2.9
整机设备	33.7	30.9	35.5	38.0	33.6	2.5	2.1	2.3	2.6	2.3
高科技产品	25.1	23.5	24.5	26.9	24.8	1.8	1.6	1.6	1.8	1.7
日用快消品	18.9	19.5	22.8	22.1	20.3	1.4	1.3	1.5	1.5	1.4

货类	分货类货量/万 TEU					占货运量的比例/%				
	2015 年	2016 年	2017 年	2018 年	2019 年	2015 年	2016 年	2017 年	2018 年	2019 年
服装鞋帽	2.9	3.0	3.5	4.5	5.0	0.2	0.2	0.2	0.3	0.3
其他	5.3	6.5	6.7	8.6	9.2	0.4	0.4	0.4	0.6	0.6
合计	1 375.4	1 446.5	1 539.7	1 464.9	1 457.8	100.0	100.0	100.0	100.0	100.0

自中欧班列开行以来，承运货物的品类逐步丰富，装箱率逐步提高，市场适应能力得到提升。中欧班列开行前期运输货物品类以衣服鞋帽、手工制品等低端产品为主，中期扩大到汽车及配件、机械设备等轻工业产品，而近年来又针对果蔬食品类产品革新了跨境物流方式，开行冷链中欧班列，进一步把住市场脉搏，贴近物流发展需求，大力开展了个性化、特殊货物的物流服务，将逐步形成以汽车、机械器械、日用品、橡胶、家电、IT 产品等中、高附加值货物为主，以水果蔬菜、酒水、肉类等特殊货物为辅的货源结构。随着成都、西安、重庆、武汉等整车、粮食、肉类口岸的建设运营，跨境电商和邮快件运输也逐渐步入正轨，中欧班列潜在货源品类范围将进一步扩大，运量将持续稳定提高。2015—2019 年我国海运集装箱出口货类及货量表如表 4-3-3 所示。

表 4-3-3　2015—2019 年我国海运集装箱出口货类及货量表

货类	分货类货量/万 TEU					占货运量的比例/%				
	2015 年	2016 年	2017 年	2018 年	2019 年	2015 年	2016 年	2017 年	2018 年	2019 年
日用快消品	1 162.5	1 175.3	1 251.3	1 325.3	1 336.2	27.8	27.8	28.1	28.4	28.4
工业消耗品	1 105.5	1 141	1 170	1 195.4	1 186.3	26.5	27	26.3	25.6	25.2
机械零件类	514.8	508.8	554.7	596	619.8	12.3	12	12.5	12.8	13.2
化学产品	252.9	275.8	298	310	320	6.1	6.5	6.7	6.6	6.8
车辆及零件	289.5	287.5	308.5	331	317.5	6.9	6.8	6.9	7.1	6.7
服装鞋帽	282.1	260	260	264	263	6.7	6.1	5.8	5.7	5.6
整机设备	162.4	164.9	173.4	189.4	199.3	3.9	3.9	3.9	4.1	4.2
高科技产品	142.2	137.4	136.2	145.3	160.6	3.4	3.2	3.1	3.1	3.4
食品饮料	92.5	100.8	104.6	110	109.4	2.2	2.4	2.3	2.4	2.3
冷藏货类	85.8	87.5	92.2	96.5	94.6	2.1	2.1	2.1	2.1	2.0
工业基础原材料	80.4	86.4	94.4	91.4	90.9	1.9	2.0	2.1	1.9	2.0
其他	8.8	8.5	8.4	9.1	8.8	0.2	0.2	0.2	0.2	0.2
合计	4 179.4	4 233.3	4 451.7	4 663.4	4 706.4	100.0	100.0	100.0	100.0	100.0

从铁路的运输优势来看，附加值较高的机械设备是中欧班列的优质货源，如果能有针对性地搞好班列运营和提高服务水平，将更多地吸引这类市场需求巨大的货源，这一贸易趋势有利于中欧班列在国际运输市场上找到正确定位并站稳脚跟。同时，从中国对欧盟的进口货

品结构可以看出，增加回程货源的有效解决方案是发展中欧班列的冷链服务，针对俄罗斯的部分农产品的禁运实现实质性突破，同时突破危险品运输的政策壁垒等，将对含锂电池的多类 IT 产品的进出口运输业务有极大的促进作用。

第二节 中欧国际陆路货运系统分析

一、中欧国际陆路运输系统的特性

（一）环境的复杂性

中欧国际陆路运输系统主要服务于中欧国际陆路通道上的国际贸易和经贸交流，途经多个国家，包括俄罗斯、蒙古国、哈萨克斯坦、白俄罗斯、波兰、德国、比利时等。其中，中欧班列南通道贯穿伊朗、土耳其等地区，运输通道的畅通不仅仅与各国铁路部门的通力合作有关，也与地区形势、国际政治、经济格局等密切相关。通道沿线国家与地区的社会经济状况、需求、变化等影响着中欧国际陆路运输系统的运作，同样运输系统也反过来影响着地区经济、社会的发展。此外，地理区位、气候天气、工作制度，乃至新冠疫情防控情况等均会影响到系统局部乃至整体的运作效率。

（二）结构的层次性

中欧国际陆路运输系统是一个庞大且复杂的系统，参与主体包括各个国家的铁路公司、公路物流公司、租箱公司、场站经营公司、多式联运经营人、货运代理、报关代理、海关、边检、货主等。货主一般通过货运代理联系到多式联运经营人开具国际联运运单，并协调铁路公司、公路物流公司、场站经营公司等实现集装箱运输的"接龙"。自下而上来看，货主是货代公司的客户，货代公司是多式联运经营人的客户，而多式联运经营人是各国铁路公司的客户，通过层层"代理"，实现国际陆路运输系统的正常、有序运行。

（三）系统的协调性

由于运输系统的参与主体较多，作业环节也涉及订舱、起票、装箱、商检、报关、发运、换装、换单、清关、掏箱、返空箱等环节，所需技术设备种类较多，包括装卸、运输、查验、结算、通信等，这些特点决定了中欧国际陆路运输系统内各部分需具有一定的协调性，以弥补各部分之间的技术差异，实现系统整体的连通。

（四）系统的自适应性

当中欧国际陆路运输系统的内部或外部环境发生变化时，系统内的参与主体会自行作出调整和改变，以快速恢复系统正常运作或保持系统稳定运行。例如大风天气造成龙门吊无法工作时，不具备正面吊作业条件的集装箱场站会配备调车机车，在道口配合正面吊进行临时装卸作业。同样，为避免地区形势不稳定、通道运输能力紧张等问题造成铁路部门的停运，多式联运经营人往往同时与多家铁路局和境外代理合作，开拓新的运输通道，避免"把鸡蛋放在一个篮子里"，也避免境外代理的垄断造成市场地位的不对等。

二、中欧国际陆路货运服务网络

（一）节点与枢纽

（1）铁路口岸站。我国铁路口岸站主要包括满洲里、二连浩特、阿拉山口和霍尔果斯四大铁路口岸站，分别对应俄铁、哈铁口岸站后贝加尔、扎门乌德、多斯科特与阿腾科里口岸站。此外，波兰与白俄罗斯铁路的分界点及口岸站为马拉舍维奇和布列斯特，由于轨距的不同，口岸站主要承担着货物的换装和旅客列车的换轨工作，以及办理相关票据、运输工具等交接手续。

（2）内陆主要货源节点。包括：重庆、成都、郑州、武汉、苏州、义乌、长沙、合肥、沈阳、东莞、西安、兰州，它们具备稳定货源，每周开行 2 列以上点对点直达班列，具有回程班列组织能力，承担中欧班列货源集结直达功能。

（3）主要铁路枢纽节点。包括：北京（丰台西）、天津（南仓）、沈阳（苏家屯）、哈尔滨（哈尔滨南）、济南（济西）、南京（南京东）、杭州（乔司）、郑州（郑州北）、合肥（合肥东）、武汉（武汉北）、长沙（株洲北）、重庆（兴隆场）、成都（成都北）、西安（新丰镇）、兰州（兰州北）、乌鲁木齐（乌西）、乌兰察布（集宁）。它们在国家综合交通网络中具有重要地位，具备较强的集结编组能力，承担中欧班列集零成整、中转集散的功能。

（4）沿海重要港口节点。包括：大连、营口、天津、青岛、连云港、宁波、厦门、广州、深圳、钦州。它们在过境运输中具有重要地位，具备完善的铁水联运条件，每周开行 3 列以上点对点直达班列，承担中欧班列国际海铁联运功能。

（二）通道及关联线路

（1）西部通道是以阿拉山口、霍尔果斯为过境点，辐射我国西北地区如乌鲁木齐、西安等地，西南地区如成都、重庆等地，华中地区如郑州、武汉、长沙等地，华东地区如上海、苏州、义乌、合肥、青岛，华南地区如广州、深圳、佛山、东莞等地。主要经由的干线包括兰新线、陇海线、宝成线、西康线、襄渝线、京广线、西合线、胶新线等，如表4-3-4所示。

表4-3-4　西部通道境内关联线路情况

辐射范围	区域	装车组织站	经由干线
西北地区	乌鲁木齐	乌西、奎屯、库尔勒、石河子、乌北、乌苏	兰新线
	西安	新筑	兰新线、陇海线
西南地区	成都	城厢、成都北、普兴	兰渝线、兰新线、陇海线、宝成线
	重庆	团结村、兴隆场、重庆南	兰渝线、兰新线、陇海线、西康线、襄渝线
华中地区	郑州	圃田	兰新线、陇海线
	武汉	吴家山	兰新线、陇海线、京广线
	长沙	霞凝	兰新线、陇海线、京广线
华东地区	上海，苏州，义乌，合肥	合肥东、南京北、苏州西、杨浦、无锡南、芦潮港、乔司、昆山门、宁波、北仑港、义乌西	兰新线、陇海线、西合线
	青岛	青岛、黄岛、胶州	兰新线、陇海线、胶新线
华南地区	广州，深圳，佛山，东莞	东孚、黄埔、平湖南、佛山东、石龙	兰新线、陇海线、西康线、襄渝线、京广线

（2）中部通道是以二连浩特为过境点，辐射我国华中地区如郑州、武汉、长沙，华北地区如天津。经由的干线包括集二线、张集线、丰沙线、双沙线、丰双线、京广线。如表4-3-5所示。

表4-3-5 中部通道境内关联线路情况

辐射范围	区域	装车组织站	经由干线
华中地区	郑州	圃田	集二线，张集线，丰沙线，双沙线，丰双线，京广线
	武汉	吴家山	
	长沙	霞凝	
华北地区	天津	新港	

（3）东部通道是以满洲里为过境点，辐射我国东北地区如长春、营口，华北地区如天津，华中地区如武汉、长沙，华东地区如苏州，华南地区如东莞，西南地区如重庆。主要经由的干线包括滨洲线、京哈线、平齐线、大郑线、沈山线、京津线、京广线、京沪线、襄渝线、焦柳线。如表4-3-6所示。

表4-3-6 东部通道境内关联线路情况

辐射范围	区域	装车组织站	经由干线
东北地区	长春	长春东	滨洲线，京哈线
	营口	鲅鱼圈北	滨洲线，平齐线
华北地区	天津	新港，塘沽	滨洲线，平齐线，大郑线，沈山线
华中地区	武汉，长沙	吴家山，霞凝	滨洲线，平齐线，大郑线，沈山线，京津线，京广线
华东地区	苏州	苏州西	滨洲线，平齐线，大郑线，沈山线，京津线，京沪线
华南地区	东莞	石龙	滨洲线，平齐线，大郑线，沈山线，京津线，京广线
西南地区	重庆	团结村，重庆南	滨洲线，平齐线，大郑线，沈山线，京津线，京广线，襄渝线，焦柳线

三、信息系统

近年来，中国国家铁路集团有限公司以其牵头成立的国内、国际两个中欧班列协调机制为载体，以建立完善中欧班列开行质量指标评价体系为引导，研究采取了一系列有力、有效的措施，积极推进中欧班列信息化建设，有效支撑了中欧班列开行数量和质量的全面提高，班列开行列数、发送箱数、重箱率、计划兑现率等核心指标得到显著提升。

为持续推进信息化建设，支撑中欧班列业务开展，铁路部门基于一体化应用体系，主导建设了中国铁路95306网、国际联运数据交换平台、无纸化通关及数字口岸系统、集装箱运输信息系统、多式联运数据交换平台等服务应用，国际联运信息平台、班列综合管理、定位追踪、集装箱设备管理、境外箱管理等系统，依托云计算、大数据、物联网、北斗导航、人工智能、区块链等新一代信息技术，逐步建设成功能完善、性能卓越、安全可靠的国家级信息集成平台，如图 4-3-5 所示。

地方平台公司也纷纷开展中欧班列信息化建设，目前已有 10 余个省份或城市建设了相应信息系统，提供了线路查询、在线订舱、运价查询、物流追踪、集装箱租赁等服务，支撑了当地中欧班列物流服务信息化发展。

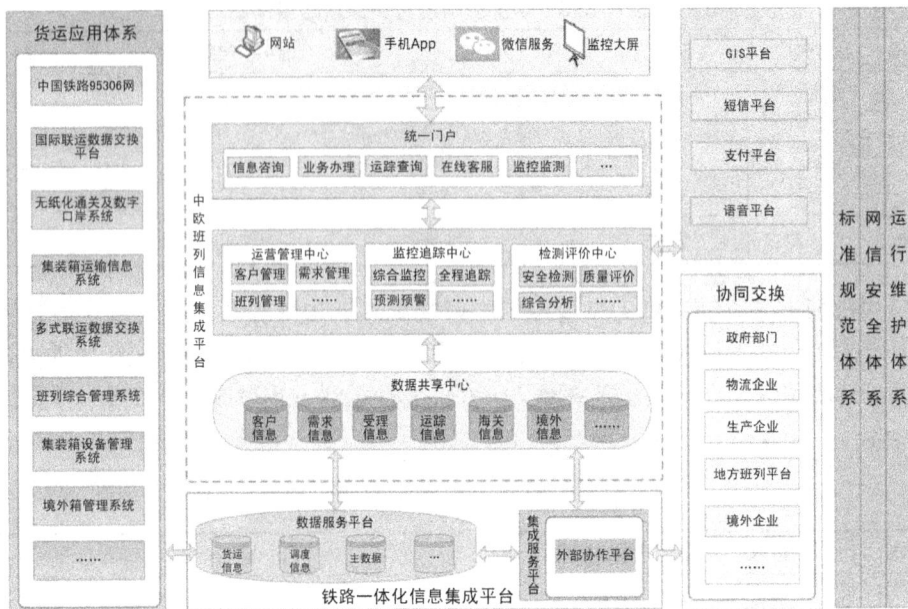

图 4-3-5　中欧班列信息平台

四、法律与规章制度

中欧班列途经国家分别适用《国际铁路货物联运协定》（简称《国际货协》）和《国际铁路货物运送公约》（简称《国际货约》）两套国际联运规章，分别在铁路承运人承担赔偿责任、铁路承运人承担延迟交货责任等方面进行职责说明。目前，中欧班列需由中铁国际多式联运公司开具国际货协运单，在马拉舍维奇更换国际货约运单，也有部分班列使用了"国际货约/国际货协"统一运单，但并未大范围推广。国际铁路货物联运服务于国际贸易，同样需遵守《国际贸易术语解释通则》等国际贸易规程与条款。

第三节　中欧国际陆路系统运输组织

一、中欧班列运输组织管理系统架构

中欧班列的开行和运营是一项系统性业务，是"一带一路"国际多式联运系统的重要组成部分。除市场上进行交易的发货人、收货人和承运商之外，也离不开平台公司、代理公司、地方政府、海关和其他社会力量的参与。中欧班列以铁路运输系统为核心，通过运输作业衔接与协调，实现货源腹地的大范围覆盖，其组织管理系统架构如图 4-3-6 所示。

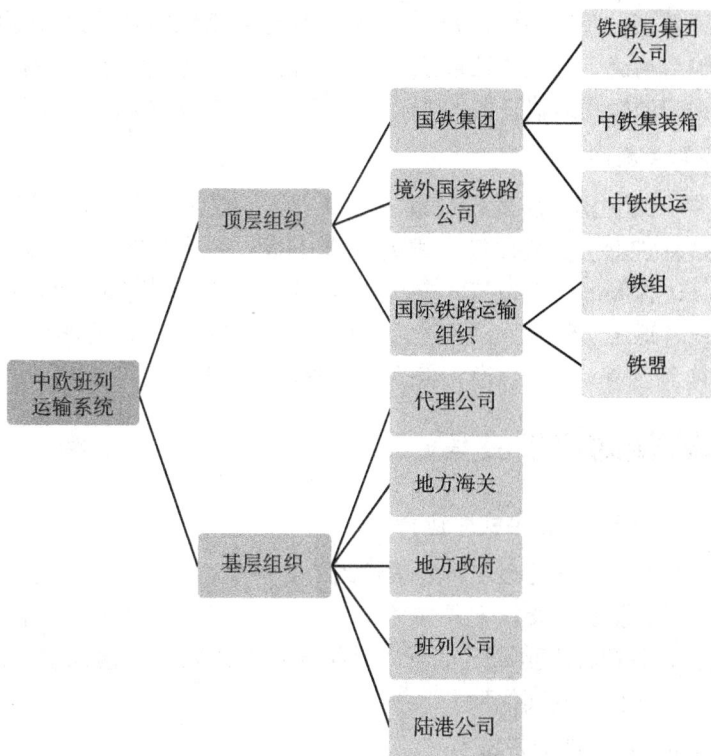

图 4-3-6 中欧班列组织管理系统架构

二、中欧班列运输组织参与主体

(一)收、发货人

收、发货人处于中欧国际贸易和运输链条的两端，是中欧国际物流服务的需求者，包括企业、团体和个人。在运输业规模经济的要求下，自发形成了货运代理商、货主联盟等组织来获取更优惠的运输价格和更高质量的服务。

(二)平台公司主体

中欧班列各地班列公司作为轻资产的多式联运经营人，直接与客户接触，与他们签订国际多式联运合同，并作为客户的代理人，根据客户的要求和实际承运人签订分运合同以完成各区段的运输任务。承运人与平台公司共担风险，共享收益。

(三)场站经营主体

场站经营主体是指接受平台公司、地方铁路局等有关方的委托，利用场站内的场地、装卸机械等基础设施设备，负责集装箱货物的接管、装卸和转运，集装箱货物的集并、存储与分拨，同时进行拆箱、装箱、修箱及洗箱工作等，以及与集装箱货物运输相关服务的人，如各地集装箱中心站、陆港公司、承包装卸的物流公司及其物流园区等。

(四)运输与物流企业主体

运输与物流企业主体是指实际承运人，在我国是指国铁集团，而由于独联体国家和欧洲国家铁路均实现"路网分离",境外段负责中欧班列运营组织的是铁路货运公司或境外货运代理。此外,运输与物流企业主体还包括负责集装箱租赁、装卸、存储及拆装箱公司,以及提供门到站、站到门的短程运输任务的物流公司等,如中铁集装箱公司等。

(五) 政府及有关部门

政府是"一带一路"国际多式联运系统的投资者、组织者和监督管理者。通常以提供相关优惠政策、贴息贷款、免税政策、相关设施补助、建设投资资助等助力中欧班列的开行。此外,海关、边检等部门也参与其中,分别负责对进出口集装箱货物征收关税、集装箱货物清关、征收或者退还增值税,以及进行进出口贸易的统计等;负责对进出口商品进行检验检疫,保证其符合健康、卫生标准,未携带违禁物品、无偷渡等。

三、中欧班列运输组织流程

(一) 接受托运申请,订立多式联运合同

平台公司根据货主提出的托运申请和运输路线等情况,判断是否接受该托运申请。发货人或其代理人根据双方就货物交接方式、时间、地点、付费方式等达成的协议填写场站收据(货物情况可暂空),并把其送至联运经营人处编号,多式联运经营人编号后留下货物托运联,将其他联交还给发货人或其代理人。

(二) 集装箱的发放、提取及运送

如果双方协议好由发货人自行装箱,则平台公司应签发提箱单,或者将租箱公司或分运人签发的提箱单交给发货人或其代理人,由他们在规定日期到指定的堆场提箱并自行将空箱拖运到货物装箱地点,准备装货。若发货人委托,亦可由平台公司办理从堆场装箱地点的空箱拖运(这种情况需加收空箱拖运费)。如果是拼箱货(或是整箱货但发货人无装箱条件不能自装),则由平台公司将所用空箱调运至接收货物的集装箱中心站,做好装箱准备。

(三) 出口报关

国际多式联运业务从内陆地区开始,应在附近的海关办理报关,集装箱中心站内通常有海关部门入驻,方便办理通关业务。报关一般由托运人办理,也可委托平台公司代办。报关时应提供场站收据、装箱单、出口许可证等有关单据和文件。

(四) 货物装箱

由发货人或受委托的平台公司或集装箱中心站(指整箱货情况)组织货物装箱,并制作装箱单,办理海关监装与加封事宜。

(五) 接收货物

对于由货主自装箱的整箱货物,发货人应负责将货物运至双方协议规定的地点,平台公司在指定地点接收货物。如是拼箱货,平台公司在指定的货运站接收货物。验收货物后,代表平台公司接收货物的人应在场站收据正本上签章并将其交给发货人。

(六) 核收多式联运费用

国际多式联运费用主要包括运费、杂费、中转费、服务费和报关报检费。涉及海关的手续一般由平台公司的派出机构或代理人办理,也可由各区段的实际承运人作为平台公司的代

表办理,由此产生的全部费用应由发货人或收货人负担。

(七) 办理保险

在发货人方面,应投保货物运输险。该保险由发货人自行办理,或由发货人承担费用由平台公司代为办理。货物运输保险可以是全程投保,也可以分段投保。在平台公司方面,应投保货物责任险和集装箱保险,向保险公司办理或以其他形式办理。

(八) 组织货物全程运输

平台公司有完成和组织完成全程货物运输的责任和义务。在接收货物后,要组织各区段实际承运人、各派出机构及代表人共同协调工作,完成全程中各区段的运输以及各区段之间的衔接工作,运输过程中负责所涉及的各种服务性工作,以及运输单据、文件及有关信息等组织和协调工作。

(九) 货物转关与换装

班列按照既定的运输计划组织开行,行至宽轨与标准轨接轨的口岸站处,需要进行集装箱的换装作业,如果是特种货物车辆,需要进行换轮作业。同时,平台公司、报关代理等完成提票、转关作业等,在获得海关和对方铁路部门的许可后,运输货物至对方境内,直至终点站。

(十) 货物交付

当货物运至目的地后,由目的地代理通知收货人提货,签发提货单(交货记录),提货人凭提货单到指定堆场(整箱货)和集装箱货运站(拼箱货)提取货物,按照合同确定是否还需将集装箱运回指定的堆场,终止运输合同。

四、中欧班列运输组织中的重难点

(一) 口岸站换装

由于中国和欧盟使用的是轨距为 1 435 mm 的标准轨,而包括俄罗斯和白俄罗斯在内的独联体国家使用的是轨距为 1 520 mm 的宽轨,因此中欧班列需要在中俄、中蒙、中哈,以及波白等宽准轨铁路接轨处进行换装,以适用与标准轨宽度相匹配的机车和货车。口岸站换装主要包括两个步骤,如波兰与白俄罗斯之间的换轨站作业,首先需要宽轨机车牵引宽轨车辆进入换轨站——泰雷斯波尔站,更换为波兰铁路的宽轨机车,白俄罗斯宽轨机车完成宽轨承运段的运输任务;之后,宽轨车列将在欧洲段铁路代理的安排下,由专用铁路线分流至客户指定的场站。目前马拉舍维奇有大大小小 23 个场站,分别由欧洲段的不同代理商运营,其中最著名的是 PKP、Adampol、Europort 和 Agrostop 四个场站。列车分流到指定场站后,场站工作人员会把集装箱从宽轨车底卸下,然后宽轨空车由泰雷斯波尔站返回至布列斯特,而卸下的集装箱在一段时间的等待后,将重新装载至标准轨车底,前往马拉舍维奇火车站,进入欧洲段标准轨铁路运输。

因欧盟和其他参加《国际铁路运输公约》(COTIF)的国家,使用基于《国际铁路货物运输合同统一规则》(CIM)的运单作为铁路票据,而独联体国家和中国,则使用基于《国际铁路货物运输协定》(SMGS)的运单作为铁路票据。除了换装作业,国际铁路代理还需要在马拉舍维奇完成换单作业,才可以进入欧洲境内。同时,运进欧盟的商品,需要在入境的 24 h 之前进行入境申报。

随着中欧班列开行量的快速增长，马拉舍维奇的换单、换装和报关作业压力陡增，而超长距离的国际铁路运输组织作业十分复杂，在具备相关作业设备的场站中，马拉舍维奇是目前最适合的场站，不能轻易地变动运输通道。目前，马拉舍维奇面临着严重的集装箱积压问题，平均每列中欧班列的国际换装时间延长至 4~6 天，甚至十天。

（二）回程班列组织与空箱回送

受中欧贸易顺差、往返货源不均衡的影响，尤其在中欧班列开通初期，回程班列的货物组织和往返班列的平衡开行问题困扰着中欧班列的高质量发展。根据国铁集团的公告，在市场培育期，造成中欧班列空箱运输基本有三大原因：

（1）推出班列服务较早的城市，为提升开行规模、提高枢纽地位而急于揽货。如重庆在 2016 年曾提出"天天班"，虽然这样的安排可为当地客户带来便利，保证货物随时发运，并吸引其他地区货源从重庆搭乘班列，但初期市场开辟不足，当地货运量并不能支撑每日都开行班列的密度，就会导致重箱不足、空箱补的问题。

（2）中欧贸易不均衡，导致大量空集装箱滞留欧洲。由于欧洲没有能和中国对等的货物出口规模，大量从中国抵达的集装箱在交付货物后以空箱的状态停留在欧洲的港口、车站等运输节点，不时需要将空箱成规模地运回国内。这个现象不只是中欧班列要面对，海运也面临同样问题。此外，在中欧班列新线路开行测试期间，相关方面为降低试运风险而有意加挂空箱。

（3）部分国家、地区缺少空集装箱，中欧班列通过向这些地区运输空箱，填补了市场需求。比如俄罗斯西伯利亚地区原本贸易量不多，没有太多空箱资源。2018 年上半年，中欧班列业务开拓俄罗斯木材市场，部分国内城市向这一地区输送空箱，出现整列列车搭载空箱运输的情况。目前随着部分欧洲、俄罗斯及蒙古国空箱资源逐步被运送到西伯利亚地区，从我国向这一地区大范围输送空箱已无必要。

新冠肺炎疫情之后，境外集装箱作业受限，通关效率降低，一边是大量集装箱滞留海外，另一边是运输需求高涨，造成了中欧班列"缺箱潮""抢箱热"的局面。为降低空箱运输成本，各地班列公司、货运代理公司也在尝试多种方案。其一是把中欧班列小体量的回程空集装箱纳入到海运大循环中，以海铁联运的方式促进集装箱周转；其二是推广应用体积更小的折叠集装箱。从运营方的角度来说，欲积极发挥中欧班列在中欧国际铁路系统中的平台作用，加强与沿途国家、地区货运货理公司等的合作，在保证中欧班列基本编组辆数的基础上，利用回程空箱和部分班列空余编组能力，组织集拼捎货运输，降低客户回空箱成本，例如从俄罗斯返程的大量木材、粮食班列，从蒙古国返程的大量铁矿石、煤炭班列等。

主要参考文献

[1] 齐颖秀. 基于客户选择行为的中欧班列服务网络优化研究 [D]. 北京：北京交通大学，2022.

[2] 郎茂祥，张晓东. 物流服务运作管理 [M]. 北京：北京交通大学出版社，2016.

[3] 张琦. 中欧班列通道集装箱联运组织理论 [M]. 北京：中国铁道出版社有限公司，2019.

[4] 崔艳萍，魏玉光. 中欧班列实务 [M]. 北京：中国铁道出版社有限公司，2019.

[5] 张国伍. 交通运输系统分析 [M]. 成都：西南交通大学出版社，1991.

[6] 高柏，甄志宏. 中欧班列：国家建设与市场建设 [M]. 北京：社会科学文献出版社，2017.

[7] 单靖，张乔楠. 中欧班列：全球供应链变革的试验场 [M]. 北京：中信出版社，2019.

第四章

集装箱海铁联运枢纽运输系统

第一节　集装箱海铁联运枢纽运输组织

一、枢纽规划布局

（一）枢纽布局概况

1. 海铁联运枢纽的概念及功能

集装箱海铁联运是一种依靠海路运输与铁路运输的有效衔接，提供集装箱运输服务的整体一体化组织的多式联运，它具有运输能力大、运输成本低、安全性高、污染物排放少、综合效益高、产业链长等优点。根据欧洲发达国家的实践，海铁联运不仅是港口航运业高效率、科学发展的必然趋势，也是港口航运业自身发展的内在规律。

集装箱海铁联运枢纽是连接集装箱货物的铁路运输和水路运输的集装箱船舶停靠和集装箱换货的场所。因此，枢纽作业是整个集装箱货物运输的关键环节，其作业效率将影响整个集装箱货物的运输质量。海铁联运枢纽的主要功能如下：

（1）集装箱运输枢纽。海铁联运枢纽通过多种运输方式聚集集装箱货物流量，并通过各种运输方式将集装箱货物疏散。

（2）缓冲地。海铁联运枢纽可以临时存放集装箱货物，起缓冲作用。

（3）水陆运输枢纽。海铁联运枢纽是连接集装箱货物陆运和水运的枢纽。

2. 常见的布局设施

集装箱海铁联运港口包括传统港口和铁路集装箱站。其设备资源主要有：泊位、码头前沿、集装箱堆场、列车装卸区、货运站、维修区、控制室、检验口岸等。

1）泊位

泊位是港口中有一定长度的岸线的地方，船舶停泊于此装卸货物。泊位岸线长度的设置需要满足船舶装卸的要求，它一般由船舶的长度和船舶之间必要的安全间隔组成。安全间隔随船舶的大小而不同。

2）码头前沿

码头前沿是指码头岸壁线与码头堆场之间的场地部分，是集装箱船舶装卸过程中集装箱转运或暂存的场所，是集装箱船舶装卸过程中最重要的部分。

3）集装箱堆场

集装箱堆场是指港口内保证集装箱装卸作业连续性的集装箱存放场所。主要功能有：集装箱的存放、交接、检验和维修。堆场在整个港口中处于核心位置，其运营效率直接影响整个港口的运营状况和服务水平。

4）列车装卸区

列车装卸区是指港口内的铁路装卸线区域。铁路装卸线是集装箱列车停靠和装载的基础设施。装卸线数与运输总量、装卸线平面布置及装卸机械设备等有关。装卸线的有效长度一般根据其输送线的有效长度来进行设定。一般每个装卸作业区域布置两条装卸线，车次较多时可布置三条或三条以上装卸线。集装箱装卸常采用轨道门式起重机和前轮起重机。

集装箱港口的货运站、维修区、控制室和检验口岸与传统港口类似，不再详述。

3. 常见的布局模式

集装箱海铁联运枢纽布局模式主要有以下三种：

1）铁路装卸线延伸至码头前沿

这种布局模式（如图4-4-1所示），铁路装卸线直接布置在码头前沿。在水路运输和铁路运输两种运输方式之间换装时可以直接由码头前沿的作业设备进行，无需其他转运设备。铁路运输集装箱装车后，无须经过集装箱堆场进行仓储作业，可通过码头前的岸桥直接进行作业，形成了"船车直送"的作业模式。

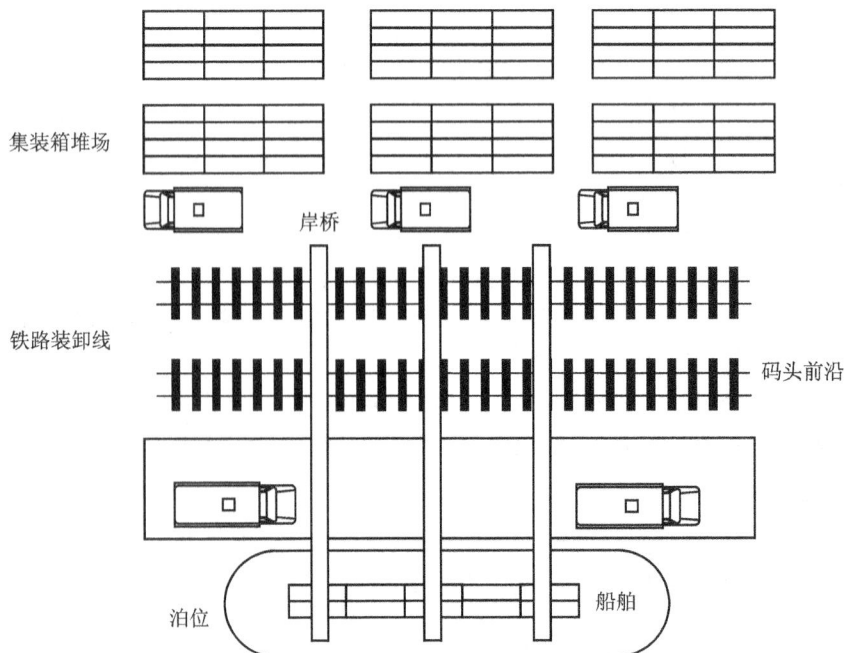

图4-4-1 铁路装卸线延伸至码头前沿的海铁联运港口布局图

　　该布局模式的优点在于节约集装箱堆场的空间和作业资源，缺点是要求列车时刻表和船舶时刻表高度匹配，这就对海铁联运港口的管理和作业人员提出了更高的要求。此外，该布局模式使码头临场作业复杂化，导致码头临场拥堵加剧，最终降低码头前沿作业效率。

　　2）铁路装卸线在铁路作业区且不与港口共用堆场

　　在此种布局模式下（如图4-4-2所示），铁路运输集装箱和水路运输集装箱分别堆存在各自的堆场内，不会出现混堆的情况。该布局模式通常也有两种作业模式，分别为"船舶—列车"间直取直送的作业模式和"船舶—堆场—列车"的作业模式。

　　在图4-4-2的布局模式下，"船舶—列车"间直取直送的作业模式为：在列车的到达出发时间与船舶的出发到达时间相互匹配的情况下，集装箱不经过铁路作业区的堆场进行堆

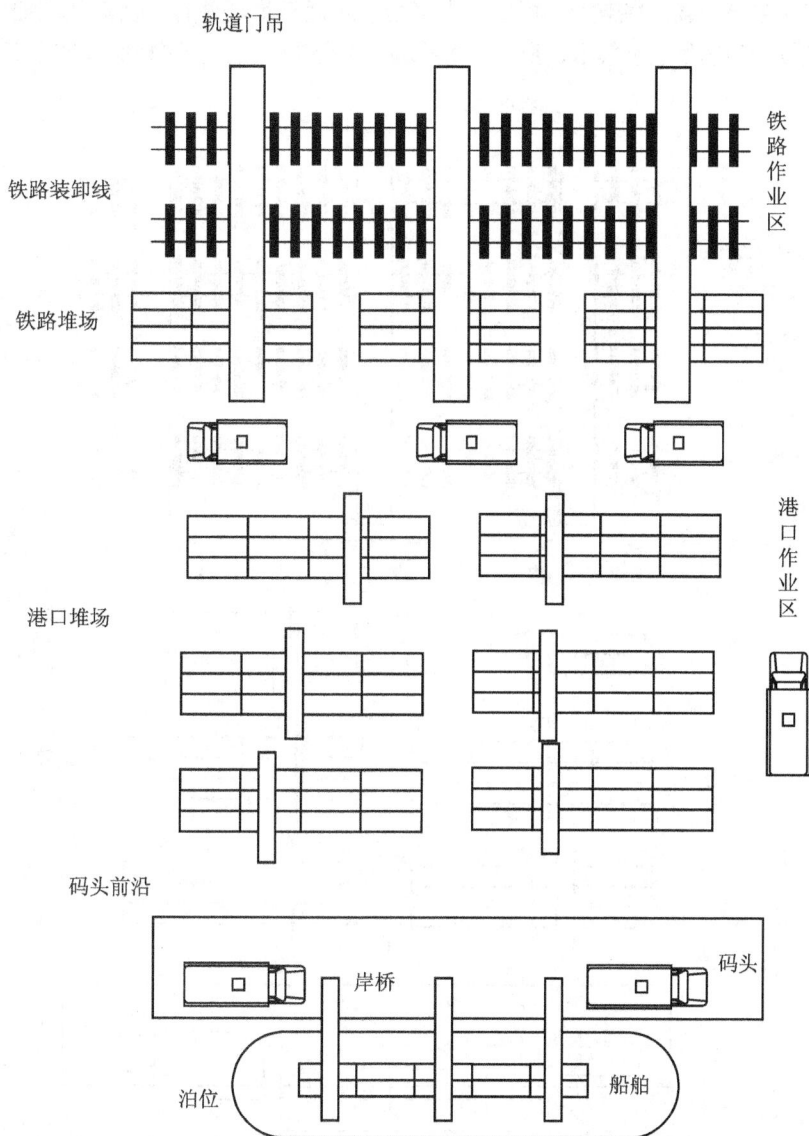

图4-4-2　铁路装卸线在铁路作业区且不与港口共用堆场的海铁联运港口布局图

存，而是直接由龙门吊和岸桥进行作业，利用集卡在铁路作业区与码头前沿间进行运输。该模式对列车和船舶的时刻表的协同度要求较高，不易实现。

"船舶—堆场—列车"的作业模式，不要求列车和船舶的时刻表高度协同，铁路运输集装箱和水路运输集装箱可以在各自的堆场内分别进行暂时堆存，提高了管理与操作的便捷性，但是龙门吊需要完成铁路集装箱的装卸与堆存作业，因此对其调度作业计划的要求较高，并且损耗加剧。

3）铁路装卸线在铁路作业区且与港口共用堆场

在此种布局模式下，铁路运输集装箱和水路运输集装箱堆存在同一个堆场内，如图4-4-3所示。在"船舶—堆场—列车"的作业模式下，以卸车装船为例，集装箱列车到达海铁联运港口后，龙门吊将集装箱卸载到集卡上，再由集卡将集装箱运至堆场堆存，当集装箱船舶到达之后，集装箱再由堆场内的场吊运至集卡，集卡将集装箱运至码头前沿，由岸桥完成装载工作。

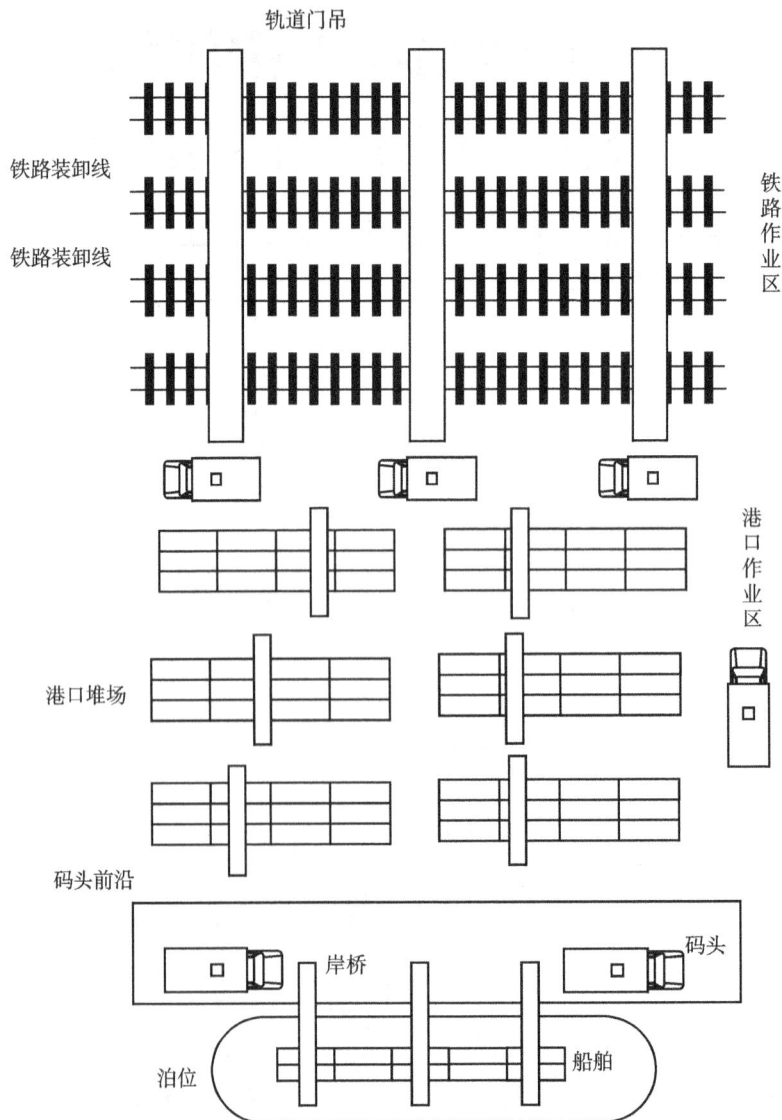

图 4-4-3 铁路装卸线在铁路作业区且与港口共用堆场的海铁联运港口布局图

在该种布局模式下，原有集装箱港口的空间与设备设施资源可以得到高效充分的利用，并且在货量增大时可实现对海铁联运港口的扩建，但是由于其对场吊要求苛刻，并且场吊的工作强度较大，导致其损耗加剧，影响管理人员的操作。

（二）国外枢纽布局现状及经验

欧美港口重视铁路与港口基础设施建设的衔接，在发展集装箱海铁联运码头方面均有宝贵的经验，下面介绍美国洛杉矶港、荷兰鹿特丹港和德国汉堡港等条件较为完善和布局优化较好的港口。

1. 洛杉矶港

作为美国的一个综合性港口，洛杉矶港占地3 000 km²，海岸线69 km，毗邻长滩港，港口有26个货运码头，其中8个是集装箱码头，如图4-4-4所示。铁路装卸线布置在泊位附近。岸上装卸桥不仅可以将集装箱船舶上的集装箱直接卸给铁路列车，还可以卸给码头内运行的集装箱卡车，极大地提高了集装箱海铁联运的效率。为了增加集装箱的承载能力，目前，铁路集装箱运输主要使用双层集装箱列车，可以充分发挥铁路的集散作用。集装箱码头入口处共有16条双向车道，其中8条可改变进出方向，在某一方向车流量较大时可以实现临时调整，避免了拥堵和资源浪费的情况。此外，集装箱门、堆场均设有感应设备，可将集装箱流动数据及信息上传到信息系统。

图4-4-4　洛杉矶港集装箱码头

2. 鹿特丹港

荷兰鹿特丹港是欧洲最大的集装箱转运和集散港，如图4-4-5所示。该码头配有铁路装卸线，通过铁路列车将货物运输到欧洲主要城市。鹿特丹港拥有完善的海铁联运体系，主要是由于鹿特丹港在集装箱海铁联运码头附近设置了专业物流园区，为企业提供一体化服务，发挥集装箱开箱、仓储、加工、包装、装配、贴标、挑选、检测、清关功能，以及集装箱的日常维修与保养、配送到欧洲接收点等综合物流运输功能。除此之外，该港口还设置了特定的管理部门，以协调完成码头与铁路的各项作业，专门负责开发符合港口实际需求的集装箱海铁联运新产品。

图 4-4-5　鹿特丹港集装箱码头

3. 汉堡港

汉堡港属于铁路集散型港口，其铁路装卸线延伸到码头内部，一部分铁路装卸线布置在堆场后方。汉堡港的海铁联运约占港口集散运输总量的四分之一，其铁路装卸作业如图 4-4-6 所示。其中，汉堡港集装箱铁路多式联运码头岸线约 1 400 m，共有 4 个万吨级集装箱泊位。码头陆地面积 8 585 m²，年吞吐量近 200 万 TEU。码头前方有 16 座大型集装箱码头桥，可快速装卸集装箱。该堆场可堆叠 22 排集装箱，平均高度 4 层，存储容量约 30 万 TEU。铁路装卸作业区设有 6 条 700 m 长的平行作业车道，配备 4 台铁路集装箱装卸轨式龙门吊。物流作业场地规划预留，靠近铁路装卸线，可用于企业搭建仓库，临时存放货物。

图 4-4-6　汉堡港集装箱码头铁路装卸作业

通过对国外集装箱海铁联运码头布局的梳理，得到以下几点经验：

（1）完善码头与铁路装卸线的衔接，使铁路装卸线进入码头的最后一公里保持畅通，增强港口的集散能力，提升码头内铁路运输水平及物流服务能力。

（2）重视码头内部的基础设施的建设和管理，拓展码头内部物流服务功能，增强港口的竞争能力。

（3）合理安排码头内部设施设备，使码头作业过程衔接顺畅，协调作业范围的作业能力。

（三）枢纽布局优化

集装箱海铁联运枢纽布局分为宏观层面与微观层面。宏观层面布局的核心是选址研究，而微观层面的布局则是指如何在港区内经济效益最优的情况下对有限空间的港区进行功能划分与分区，并进行具体的优化布置。

1. 布局优化方法

集装箱海铁联运枢纽布局属于平面设施布局问题，常用的方法总结如下：

（1）摆样法。摆样法是将布局规划对应的区域按比例缩放到二维平面上，并调整位置，综合考虑可行布局方案的优缺点，确定最终的优化布局方案。该方法虽然操作简单，但由于主观性较强，导致缺乏一定的准确性，因此不适用于区域面积大、区域间关联度复杂的系统。

（2）图解法。图解法以数学图论布局法为基础，先后形成了简化布局规划法、螺旋规划法、交通成形图法等新方法。它的主要优点是试图在定性摆样法的基础上引入定量分析。但该方法在现实中很少被采用，主要是由于其自身的缺陷，并且很难与数学模型进行组合。

（3）系统布局。系统布局规划（system layout planning, SLP），主要以区域之间的关系图和关系表为基础，根据定性分析和定量决策的特点，将两者相结合，建立布局理论。通过图表和区域关系的分析，加强了布局结果的逻辑性。

（4）数学模型法。数学模型法是在系统工程思想的基础上结合运筹学理论，通过建立数学模型并利用智能算法进行求解，实现模型优化。该方法量化程度高，准确度与效率较高，但是很难在复杂情况下建立符合性较高的模型。除此之外，算法结果往往只是局部最优解，难以得到最优布局方案。

（5）仿真法。仿真法是指利用 EM-Plant、Flexsim 等物流仿真软件，或利用专门的布局规划软件对物流区域进行仿真计算，得到最优的规划布局方案。该方法效率较高，但由于使用相关软件的阈值，导致其操作不方便，通用性差。

2. 布局优化内容

1）集装箱吞吐量

（1）港口经济腹地。对于港口而言，通过的船舶数量主要取决于港口腹地的大小和港口的经济发展水平，即港口的规模主要取决于港口腹地的经济发展水平。腹地研究一般包括空间分析和经济调查分析。

（2）港口集装箱吞吐量预测。在实践中，海铁联运集装箱吞吐量预测常用的方法有线性回归法、非线性回归法、时间序列预测法、灰色系统预测法、弹性系数法等。近年来，各种新技术被应用到预测领域，如动态 BP（back-propagation）神经网络预测、组合预测、贝叶斯预测、马尔可夫链预测等。

2）集装箱码头设施规模的确定

集装箱码头的设施规模应综合分析集装箱船舶的分配方案、每年装卸箱数、每艘船舶装卸集装箱的数量和种类、堆场装卸过程、仓储能力和船队集装箱集散分配情况等确定。

（1）码头主要尺寸。码头的规模主要是按照年吞吐量、设计船型和船舶分布方式等因素确定的。码头的长度和前端的水深与停泊船舶的大小和数量有关，因此确定了集装箱码头的年吞吐量，就确定了码头主要尺寸。

（2）所需泊位数目。集装箱码头的泊位规模由码头的集装箱吞吐量、来港船舶的种类和周转量，以及码头装卸效率决定。泊位数量的计算涉及货运量、不平衡系数、作业天数、货物类型、船舶类型、装卸过程和管理水平等因素。常用方法有系数法、指数法和排队理论法。

（3）码头前沿宽度。集装箱装卸时的临时堆放与吊车作业都是在码头前沿进行的。码头前沿的宽度由于装卸方式、起重机类型、作业方式等的不同而有所差异，不过一般在25~50 m之间。随着大型集装箱船舶的发展和装卸效率的不断提升，码头前沿的宽度也相应拓宽。

（4）堆场大小。堆场面积为编组场、集装箱堆场、空箱堆场、临时堆场、转场等的总面积。目前集装箱堆场能力估算有两种方法：《规范（87）》估算和经验估算。

3）装卸工艺及其选择

所谓装卸工艺，是指货物在港口装卸、搬运的方法和程序。装卸作业是根据一定的作业技术和港口条件，针对不同的货物及不同的运输装卸作业设备，实施合理安排。装卸工艺的选择，需要综合考虑的因素主要有集装箱堆场的高效利用、装卸作业的人工节省、设施设备的投资和管理维护费用等。

（四）枢纽布局优化实例分析——以宁波北仑国际集装箱码头为例

1. 码头区位条件

宁波北仑国际集装箱码头是宁波舟山港的专业集装箱码头。它位于我国沿海地区与长江水道T线的交汇处，地理位置优越，内外辐射远。码头水域一年四季不结冰，不易淤积，平均每年运行时间超过350天，进水口通道的平均水深达到30余m。码头后方也有广阔的陆地面积，为货物的集散创造了充裕的空间，如图4-4-7所示。据统计，截至2020年，宁波北仑国际集装箱码头开通航线52条以上，一个月共开通班轮200多班。

图4-4-7　宁波北仑国际集装箱码头

2. 码头布局现状及存在的问题

宁波北仑国际集装箱码头岸线总长1 400 m，设有15万吨大型专业集装箱深水泊位4个，后方陆地面积104万 m^2，其中堆场面积70万 m^2；在作业设施设备方面，具有世界领先的集装箱装车桥18台、轮式电动门式起重机58台、集装箱堆垛机10台、集装箱前吊3台等。在集装箱海铁联运方面，负责办理20英尺、40英尺通用集装箱与国家铁路集装箱处理站之间的到货、派送和转运，并提供铁路集装箱的装卸、堆存和中转业务。宁波北仑国际集装箱码头陆域作业区现有布局如图4-4-8所示。

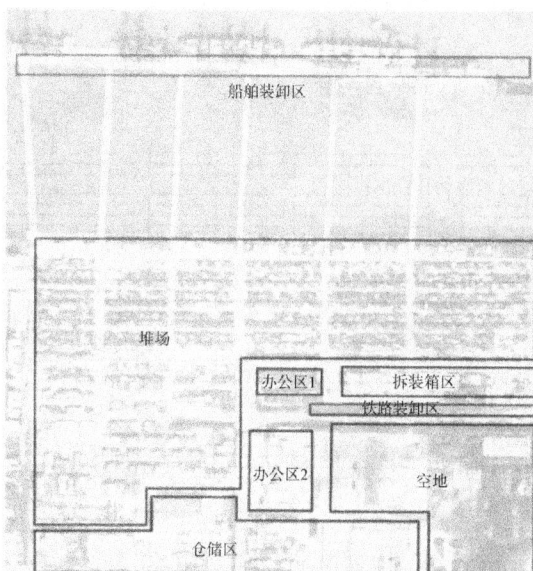

图 4-4-8　宁波北仑国际集装箱码头陆域作业区现有布局图

但由于码头建设规划时间较长，随着集装箱业务种类和业务量的日益增长，码头原有土地布局的运营能力在运营范围内不协调，当前布局存在以下问题。

（1）工作区域功能较为单一。港口海关、检验检疫的集装箱物流集散功能不够完善，有待提升，导致报关、报检流程烦琐冗余。

（2）铁路运营能力有限。码头铁路装卸线不足 850 m，铁路集装箱列车无法满足整列列车的到货和卸货能力。另外，随着集装箱海铁联运需求的快速增长，现有铁路装卸线路的运力已无法适应集装箱海铁联运终端的需要。

（3）堆场作业面积设置不合理。堆场内集装箱作业流线出现交叉情况，大大降低了集装箱装卸搬运的效率。此外，集装箱堆场距离开箱作业区域太远，导致一些需要开箱的集装箱业务无法得到及时处理，也增加了码头陆地面积的交通流量。

（4）作业区间能力不匹配。各作业区域最大作业能力不平衡、不协调。当堆场容量不足时，一些集装箱船舶无法按时靠岸，给码头的运行造成一定的损失。

3. 布局优化策略

1）作业区调整

结合地理位置和实际运作情况，调整作业区的布局如下：

（1）与码头附近的道路规划相关，集装箱码头的闸门设于陆地面积的下缘，并设置在综合办公区与停车场之间。

（2）由于引进了设在港口右侧的铁路装卸线，铁路装卸作业区向右移动，设置于靠近码头的右侧。

（3）由于码头水域的需要，采用栈桥式码头，船舶装卸作业区通过栈桥结构与码头连接。

（4）考虑到实际土地利用，调整了维修作业区和拆卸作业区的形状。

调整后的平面布局如图 4-4-9 所示。

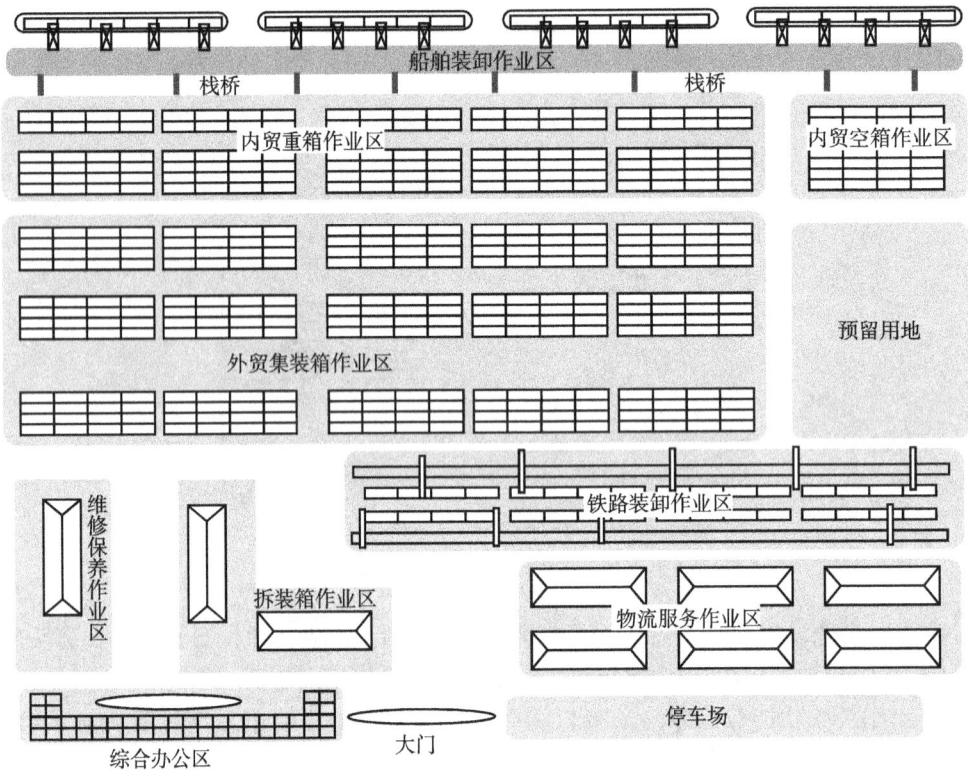

图 4-4-9　调整后的平面布局方案

2）调整结果评价

与现有码头布置方式相比，调整后有以下改进：

（1）扩大码头业务功能。优化的布局考虑到了物流业务用地，新增了一个物流服务作业区，为托运人提供货物储存、整理和加工等额外服务，以增强他们的物流服务经验。与此同时，预留土地供未来扩大码头的服务功能使用。

（2）提高铁路装卸能力。为适应未来海铁联运的发展，在海铁联运装卸作业区设置了四条长度在 850 m 以下的装卸作业线，优化了海铁联运码头的布局，使海铁联运装卸作业线相对较短，不超过 850 m。

（3）整顿场地作业区。为了降低集装箱码头作业的跨流量，通过优化布局将集装箱堆场划分为三个部分：外贸集装箱作业区、内贸重箱作业区和内贸空箱作业区。

（4）提高各区域作业能力的协调度。以 2025 年码头集装箱吞吐量预测为基础，再次计算码头各工作区面积，计算各工作区的工作能力，优化水域吞吐量、陆域储存量和陆域过境量的协调度。

（5）优化工作区域位置。该优化布局充分考虑了作业区之间的物流关系和非物流关系，进一步优化了作业区的布局，有效缩短了集装箱在码头陆地区域的中转距离，大大提高了集装箱海铁联运的中转效率。

二、枢纽内大型设备调度

（一）集装箱海铁联运设备分类及特点

按照集装箱港口作业设备负责的作业类型不同，可将作业设备分为装卸作业设备和水平运输作业设备两大类，其中负责装卸作业的设备又分为泊位装卸设备、港口堆场装卸设备及铁路作业区装卸设备。各类作业设备的特点如表4-4-1所示。

表4-4-1　集装箱港口作业设备

作业资源种类	作业设备名称	作业设备特点
泊位装卸设备	岸桥	一种高架式可移动大型吊机，其装卸效率与港口整体的装卸作业效率紧密相关
港口堆场装卸设备	轮胎吊	具有机动灵活、生产率高、堆存能力高、堆场面积利用率大等优点；但同时也有噪声大、有污染、操作难度大、保养困难、成本高等缺点
	轨道门吊	具有跨度可变、堆场利用率高、生产率高、运营成本低、维修简单、污染少等优点；存在灵活性差、初期投资大、作业循环时间长等问题
	正面吊	具有机动灵活、适应性好、堆场单位面积的堆存作业能力较高等优点，但正面吊在重载时轮压大，对场地的承受度要求较高
	跨运车	具有灵活性好、通用性好、造价低等优点；但存在堆场利用率较低、故障率高、维修量较大等缺点
	叉车	主要用于空箱堆垛、拆装箱等作业，也可用于短距离搬运作业
铁路作业区装卸设备		铁路作业区的装卸设备主要为完成集装箱列车装卸作业的起重设备，有轨道门吊、正面吊等，与港口堆场中装卸设备类似
水平运输作业设备	集装箱卡车	国内港口多采用这种运输设备，一般情况下集装箱卡车空载速度为40 km/h，重载速度为20 km/h
	自动导向车	具有运输效率高、性能可靠、节能环保等优点，是未来港口作业高效化的发展方向

（二）集装箱海铁联运设备装卸工艺

根据不同的作业设备组合，会有多种装卸工艺方案。一般情况下，港口都会根据自身的设施设备条件、作业规模等，选择最经济合理的装卸工艺方案来完成集装箱装卸作业。

1. 岸桥—拖挂车装卸工艺

岸桥—拖挂车装卸工艺通常利用岸桥将集装箱装在空集装箱卡车上，然后通过底盘车将载有集装箱的集装箱卡车运送至堆场，把载有集装箱的集装箱卡车进行不卸箱堆放。该工艺使得底盘车能够方便、快速地移动集装箱，适合门到门运输。该工艺如图4-4-10所示。

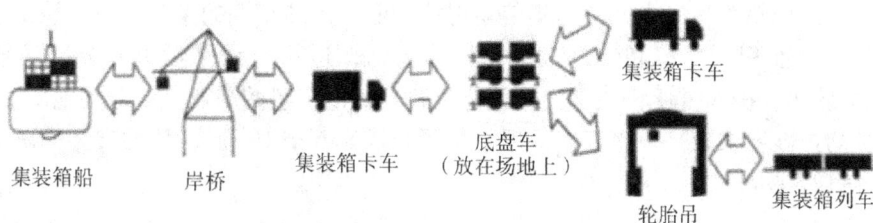

图4-4-10　岸桥—拖挂车装卸工艺

此装卸工艺的优点如下：

（1）工艺流程简单，容易排查出故障，无须利用其他装卸设备进行辅助作业。

（2）堆场不需要完成集装箱卸载作业，大大缩减了堆场的作业量。

（3）集装箱与挂车不分离，增加了移动的便捷性，从而较容易实现门到门的运输。

（4）集装箱装卸作业的减少，使其寿命大大增长，因此更好地保护了箱内货物。

该工艺的缺点如下：

（1）利用岸桥在岸边将集装箱卸到正在等待的集装箱卡车上，该过程需要精确无误地对位，因此大大影响了岸桥的作业效率。

（2）通常情况下，每个集装箱都需要一辆挂车，因此大大增加了该工艺对挂车的需求量，导致投资成本变高。

（3）集装箱与挂车在堆场中一同停放使得集装箱不能堆叠，不利于充分利用堆场的空间。

2. 岸桥—跨运车装卸工艺

岸桥—跨运车装卸工艺是仅利用岸桥和跨运车完成整个集装箱装卸作业的装卸工艺。在这一过程中，集装箱通常通过岸桥从船上卸下，然后由一辆具有更换、搬运和堆垛功能的跨运车运输到集装箱堆场。同时，还使用跨运车完成堆场内集装箱的搬运和调整。这种工艺具有机动灵活、对中速度快、装卸效率高、功能全面等优点，不仅可以完成现场堆垛、剥离作业，还可以进行水平搬运。在运输距离较短的情况下，不需要配备拖车。该工艺被广泛采用，约占全球集装箱码头现场工艺方案的40%。该工艺的主要缺点是维修费用较高，并且故障率一般为30%~40%。该工艺如图4-4-11所示。

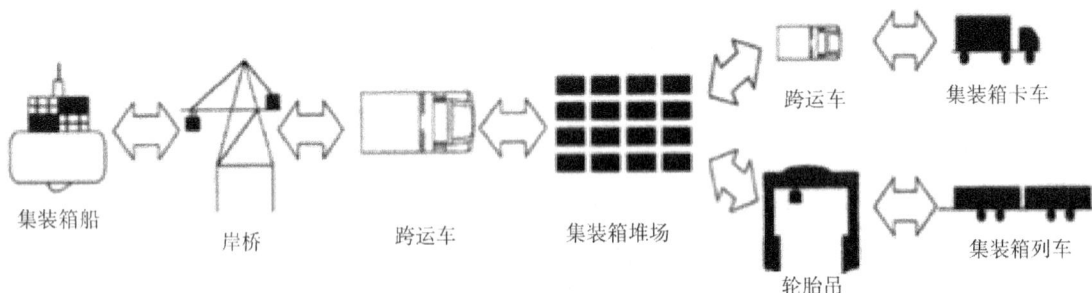

图4-4-11　岸桥—跨运车装卸工艺

3. 岸桥—轮胎吊装卸工艺

岸桥—轮胎吊装卸工艺是由岸桥、轨胎吊、集装箱卡车配合完成的。在此过程中，通常使用岸桥进行集装箱的装卸，使用集装箱卡车进行从码头前沿到集装箱编排场和集装箱堆场的水平运输，使用轮胎吊完成堆场的集装箱现场作业和内陆车辆的换装作业。该工艺的优点是：可提高场地面积利用率和装卸效率，操作灵活，适用于铁路运输和公路运输；可堆叠3~4层集装箱，操作方便，便于实现智能化管理。该工艺的缺点是：对场地质量要求高；对操作人员的技能要求较高。该工艺适用于年吞吐量8万至10万TEU的集装箱码头。该工艺如图4-4-12所示。

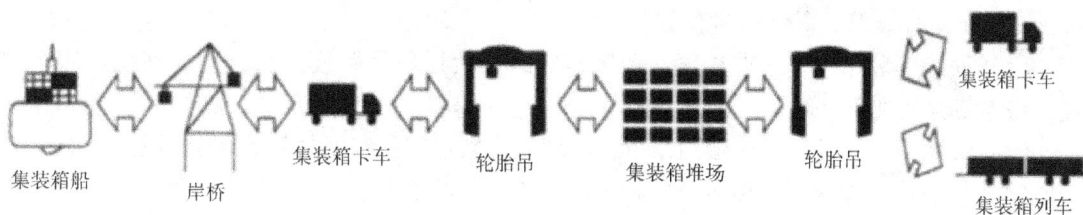

图 4-4-12　岸桥—轮胎吊装卸工艺

4. 岸桥—轨道门吊装卸工艺

岸桥—轨道门吊装卸工艺是最为常见的，由岸桥、集装箱卡车和轨道门吊三种机械设备协同完成。在出口过程中，该工艺先通过轨道门吊将准备出口的集装箱装到集装箱卡车上，再用集装箱卡车完成到码头前沿的水平运输，最后由岸桥完成集装箱的装船作业。进口过程与出口过程相反。该工艺如图 4-4-13 所示。

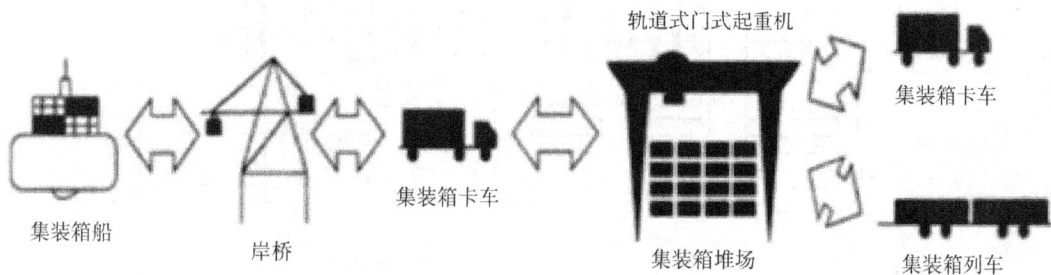

图 4-4-13　岸桥—轨道门吊装卸工艺

（三）集装箱海铁联运设备作业模式

由于各国国情不同，其集装箱海铁联运港口在布局、中转工艺、作业模式上都有差异。我国集装箱海铁联运港口作业模式主要有船舶—列车和船舶—堆场—列车两种，以下为详细介绍。

1. 船舶—列车作业模式（车船直取模式）

当集装箱海铁联运的货物对时效性要求较高时，在条件允许的情况下，可以不经过堆场作业，使货物直接完成在列车与船舶之间的换装作业，这就是船舶—列车作业模式，也称车船直取模式。通常情况下，车船直取模式有两种：前沿式布局形式的港口，可以利用岸桥使集装箱直接完成在船舶与列车之间的换装；后方式布局的港口，需要用集装箱卡车来完成列车与船舶之间的转运工作。以下为后方式布局港口车船直取模式进行集装箱作业时的作业流程。

在该布局形式下，船舶和列车之间的换装作业需要水平运输设备、岸桥及轨道门吊的配合。

对于进口集装箱，其装运过程如下：

（1）集装箱船舶停靠在泊位，岸桥运行到指定位置，将集装箱从船上卸下。

（2）岸桥将集装箱装载到岸桥下的集装箱卡车上。

（3）集装箱被集装箱卡车运送到铁路作业区内的指定装车位置。

（4）轨道门吊运行到装车位置，接着将集装箱从集装箱卡车上卸下。

（5）集装箱由轨道门吊装载到列车上的指定位置。

对于出口集装箱，其装运过程如下：

（1）铁路集装箱列车停在铁路作业区装卸线，轨道门吊跨线走行，运行到指定卸车位置，将集装箱从列车上卸下。

（2）集装箱卡车运行到轨道门吊下，集装箱由轨道门吊装载到集装箱卡车上。

（3）集装箱由集装箱卡车运送到码头前沿指定装船位置。

（4）岸桥运行到指定位置并将集装箱从集装箱卡车上卸下。

（5）集装箱由岸桥装载至船上指定箱位。

车船直取模式作业流程如图 4-4-14 所示。

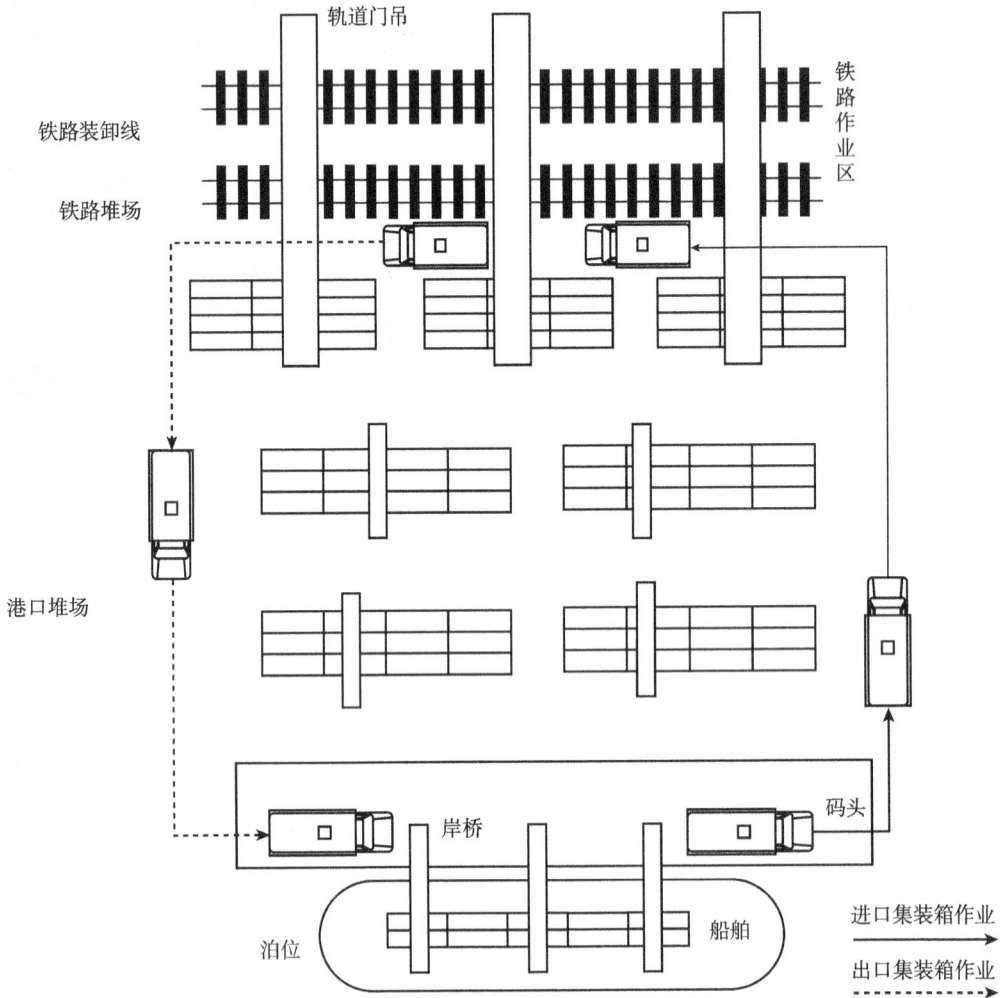

图 4-4-14　车船直取模式作业流程

该作业模式中装卸作业流程较为简单，由于集装箱货物不需要经过堆场作业，因此有效避免了装卸作业中的很多环节。此外，还减少了水平运输的距离，能有效提升装卸效率。但由于列车与船舶到达时间具有不确定性，装卸作业计划也不尽相同，因此只有当铁路与港口的协同作业的组织水平得到改善时，整个装卸系统才能保证正常运行，正因为如此，国内没有广泛应用该模式，但由于集装箱运输时效性的要求越来越高，该模式也具有良好的发展前景。

2. 船舶—堆场—列车作业模式

在实际中，集装箱船舶与集装箱列车可装载的集装箱量不匹配，并且集装箱船舶与集装箱列车的到港时间频率以及各自的装卸作业计划不一致，因此从船上或者列车上卸下的集装箱需要堆存在堆场中，目前我国大多采用船舶—堆场—列车作业模式，也称该模式为堆场堆存模式。

一般而言，堆场堆存模式也分为两种，第一种是港口布局为后方式时采用的海铁联运作业模式，第二种是港口布局为远方式时采用的海铁联运作业模式。

以上两种模式下的集装箱卡车的水平运输距离与堆场的使用具有一定差异，在后方式布局模式下，由于铁路作业区与港口作业区距离相对较近，因此水平运输作业通常由港口内集装箱卡车完成，而在第二种模式下，水平运输作业常由港口外集装箱卡车完成。

除此之外，第一种模式中的堆场指港口堆场，而第二种模式中的集装箱可能在铁路堆场和港口堆场进行堆存。当铁路集装箱站与港口距离较远时，铁路与水路之间需要一段公路转运，该模式下多了集装箱卡车的运输环节，使运输成本与时间成本大大增加。此外，这种运输方式不利于海铁联运整体的统一协调管理。对整个作业流程而言，由于外部集装箱卡车的介入，从整个作业过程上看更像是"水路—公路"和"公路—铁路"两个作业过程的拼接。与前几种模式作业流程不同，铁路作业区和港口作业区的作业相互衔接不太紧密。下面主要介绍后方式布局港口海铁联运堆场堆存模式的作业流程。

这种堆场堆存作业由船舶与堆场、堆场与列车两个环节组成。相比车船直取模式，此模式增加了作业设备，集装箱海铁联运堆场堆存模式下的作业流程如图4-4-15所示。

对于进口集装箱，操作流程如图4-4-15中实线箭头所示。到达船舶的集装箱先由岸桥卸货，由集装箱卡车运至堆场，再由堆场起重机装载。装载作业流程主要是集装箱卡车将集装箱从堆场运输至铁路作业区后，由轨道门吊完成装载作业。"船舶—堆场""堆场—列车"的具体操作程序如下：

1）"船舶—堆场"作业流程

（1）岸桥运行到指定位置，将集装箱从船上卸下。

（2）集装箱卡车运行到岸桥下，集装箱由岸桥装载到集装箱卡车上。

（3）集装箱由集装箱卡车运送到堆场中指定位置。

（4）轨道门吊运行到指定位置并将集装箱从集装箱卡车上卸下。

（5）集装箱由轨道门吊安放到堆场指定位置。

2）"堆场—列车"环节作业流程

（1）轨道门吊运行到指定位置，将集装箱从堆场中提起。

（2）集装箱卡车运行到轨道门吊下，集装箱由轨道门吊装载到集装箱卡车上。

（3）集装箱卡车开始水平运输，将集装箱运送到铁路作业区的指定位置。

（4）集装箱由轨道门吊从集装箱卡车上卸下。

（5）集装箱由轨道门吊装载到列车上的指定装车位置。

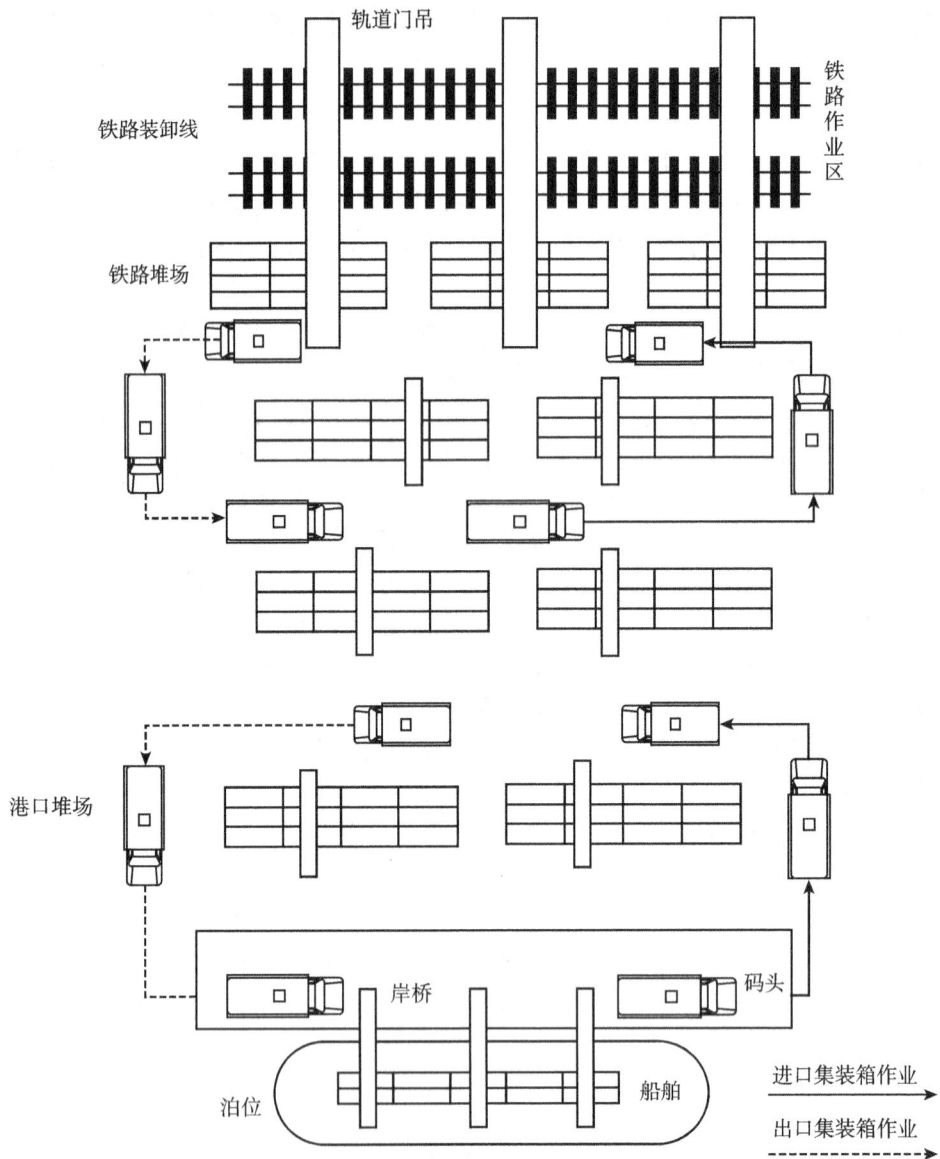

图 4-4-15   堆场堆存模式作业流程

出口集装箱的作业流程如图 4-4-15 中虚线箭头所示，由列车送达的集装箱先由轨道门吊进行卸车作业，再由集装箱卡车运送至堆场，之后在堆场进行堆垛作业；进行装船作业时，集装箱卡车将集装箱从堆场运出送到码头前沿，在码头前沿由岸桥进行装船作业。具体作业过程与进口集装箱为逆过程。

综上所述，海铁联运的两种作业模式各有特点。车船直取模式简单快捷，但对铁路和港口作业组织的协调性要求较高，适用于对时效性要求较高的货物。堆场堆存模式增加了堆场操作，但具有更广泛的适用性。

3. 集装箱海铁联运港口作业模式比较分析

本节对两种作业模式的各个联运作业工艺的相关指标进行比较，结果如表 4-4-2 所示。

其中，"√"表示该环节存在。

表 4-4-2　港口作业模式指标比较分析

联运作业工艺	作业模式					
	船舶—堆场—列车			船舶—列车		
	成本	时间	环节	成本	时间	环节
岸桥装卸	p_1	t_1	√	p_1	t_1	√
集装箱卡车运至堆场	p_2	t_2	√	—	—	—
堆场堆存	p_3	t_3	√	—	—	—
轨道门吊对集装箱卡车吊装集装箱	p_4	t_4	√	—	—	—
港口铁路装卸线在铁路港口站与铁路编组站之间运输	p_5	t_5	√	p_5'	t_5'	√

从表 4-4-2 可以看出，与船舶—堆场—列车作业模式相比，船舶—列车作业模式节省了三个联合作业环节，因此也节省了相应的作业成本和时间。

通过以上两种海铁联运方式的布局形式、作业流程及相关指标的对比分析，可以得出以下结论：船舶—列车作业模式流程简单，节省堆场作业，在作业成本和时间上明显优于船舶—堆场—列车作业模式，但它要求船舶与集装箱班列组织之间高度协调，对时效性要求高的集装箱货物更有利。船舶—堆场—列车作业模式虽然需要堆场作业，在作业时间和经济成本上优势不大，但也减轻了船舶组织与集装箱列车之间的差异，具有更广泛的适用性。

（四）集装箱海铁联运设备作业流程

1. 码头进出口装卸作业流程

码头集装箱进口作业流程大致为：载有集装箱的船舶到达港口，由岸桥将集装箱卸载到等待的集装箱卡车上，从码头前沿到铁路作业区轨道门吊处的水平运输将由集装箱卡车来完成，最后通过轨道门吊把集装箱从集装箱卡车转移到等待的列车上。卸车、装船过程与之相反。集装箱运输路线如图 4-4-16 所示。

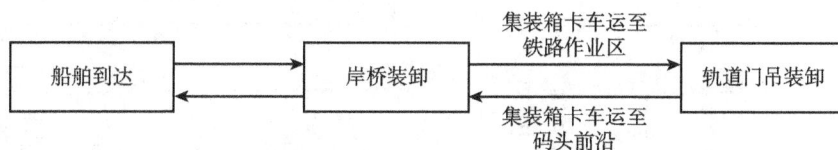

图 4-4-16　集装箱运输路线

集装箱码头进出口装卸作业流程如图 4-4-17 所示。

2. 岸桥的描述及工作流程

岸桥用来对岸边的集装箱进行装卸作业。中控室制定岸桥作业计划以指导岸桥作业，如待装卸的船舶需要完成配合工作等。岸桥的装卸作业模式如图 4-4-18 所示。

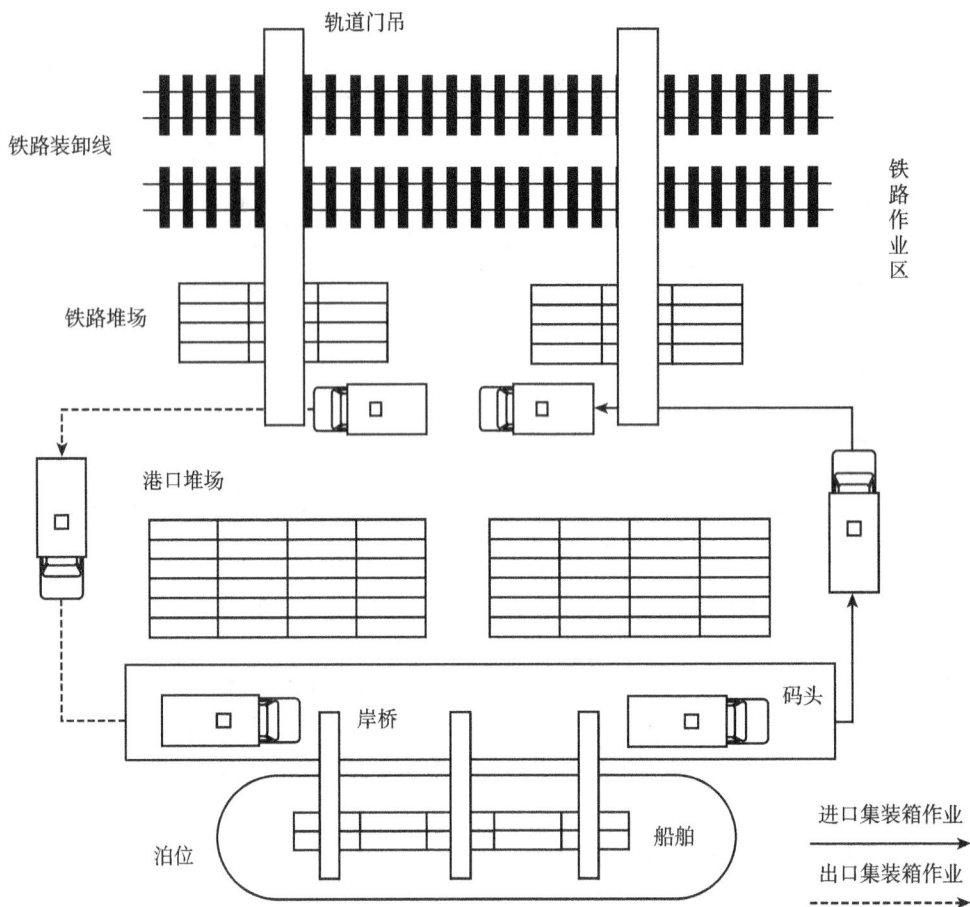

图 4-4-17　集装箱码头进出口装卸作业流程

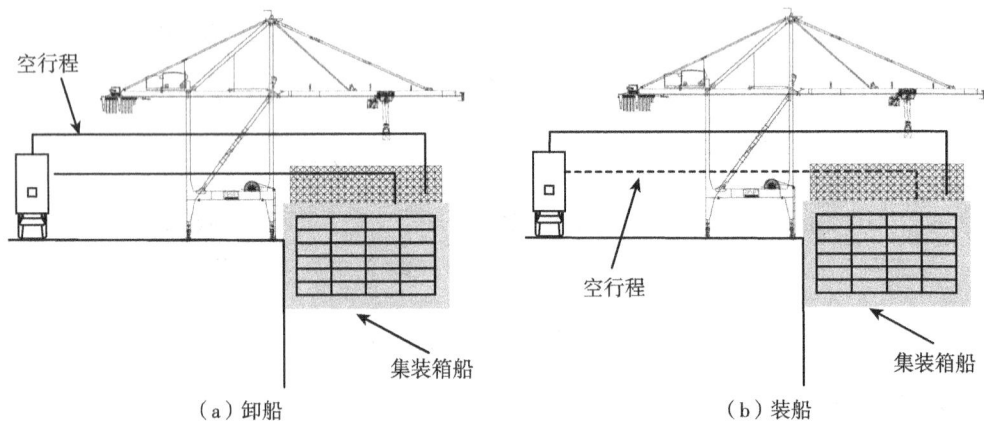

（a）卸船　　　　　　　　　　　　　　　　（b）装船

图 4-4-18　岸桥的装卸作业模式

3. 集装箱卡车的描述及工作流程

集装箱卡车是完成集装箱装卸的必不可缺的机械设备，由于码头前沿到铁路作业区有一定的距离，因此港口需要集装箱卡车来完成这两地之间的转运工作。对于进口集装箱，集装箱卡车将其从码头运送到铁路作业区，对于出口集装箱，集装箱卡车将其由铁路作业区运送到码头前沿，从而构成了一个封闭的循环系统。

集装箱卡车在码头内的运输过程如图 4-4-19 所示。

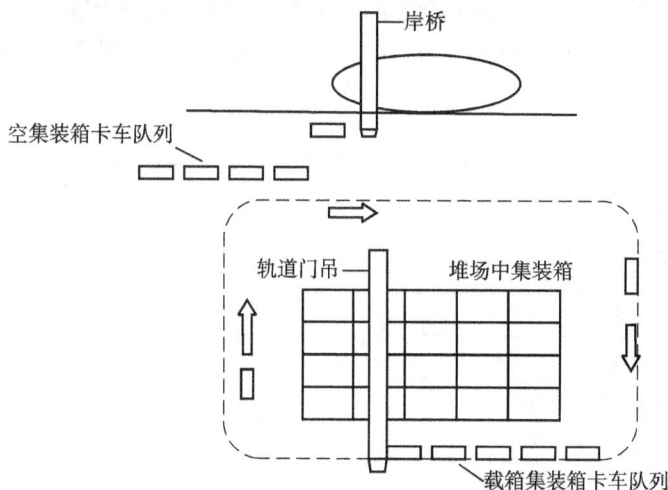

图 4-4-19 集装箱卡车在码头内的运输过程

选择合理的集装箱卡车数量能够有效提升集装箱货物的装卸效率，节省港口的投资成本和运营成本。反之，如果集装箱卡车数量太多，不仅会增加其购置和维修成本，还会加长集装箱卡车等待服务队列，延长集装箱卡车等待时间，增加港口的运营成本；如果集装箱卡车数量太少，则会大大降低岸桥和场桥设备的利用率，装卸效率也将受到影响，同时造成船舶滞留时间过长，运营成本增加。因此，选择一个最优的集装箱卡车配置数量对于集装箱港口的运营至关重要。集装箱卡车操作流程如图 4-4-20 所示。

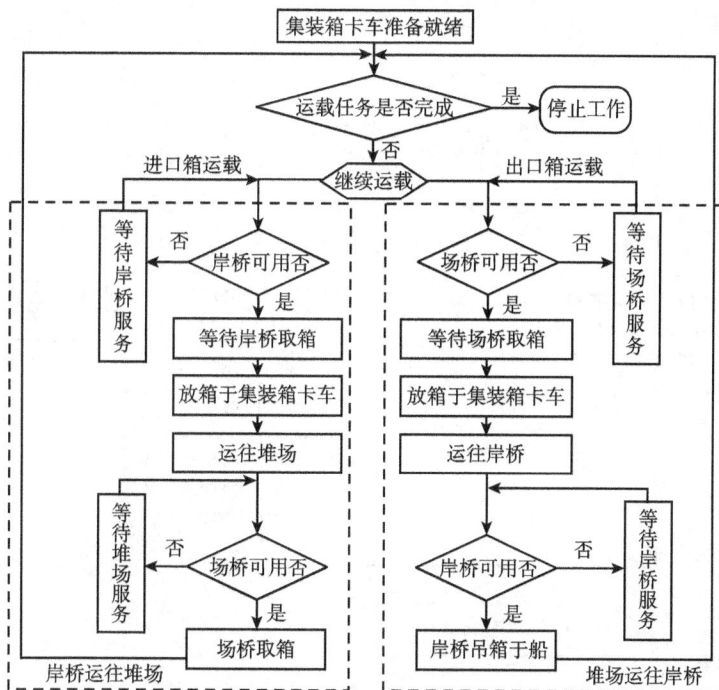

图 4-4-20 集装箱卡车操作流程

4. 轨道门吊的描述及工作流程

轨道门吊是一种能够对集装箱进行装卸、堆放、简单搬运等作业的轨道式龙门起重机。其结构组成为：主梁、门腿、升降结构、运行小车和运行大车、驾驶室及控制机构等。轨道门吊相关参数如表4-4-3所示。

表4-4-3 轨道门吊相关参数

参数名	参数参考值
跨度	30~60 m
轨距	单线6 m/双线10.5 m/三线15.3 m
基距	不小于14 m
悬臂伸距	8~10 m
门架下堆放集装箱列数	10~20 列
悬臂下堆放集装箱列数	3~4 列
起升最大高度	16 m
最大起重量	30.5 t
堆放箱层数	5~6 层
作业占用宽度	4 m
台时装卸率	35 箱次（台·h）

轨道门吊作业流程如图4-4-21所示。

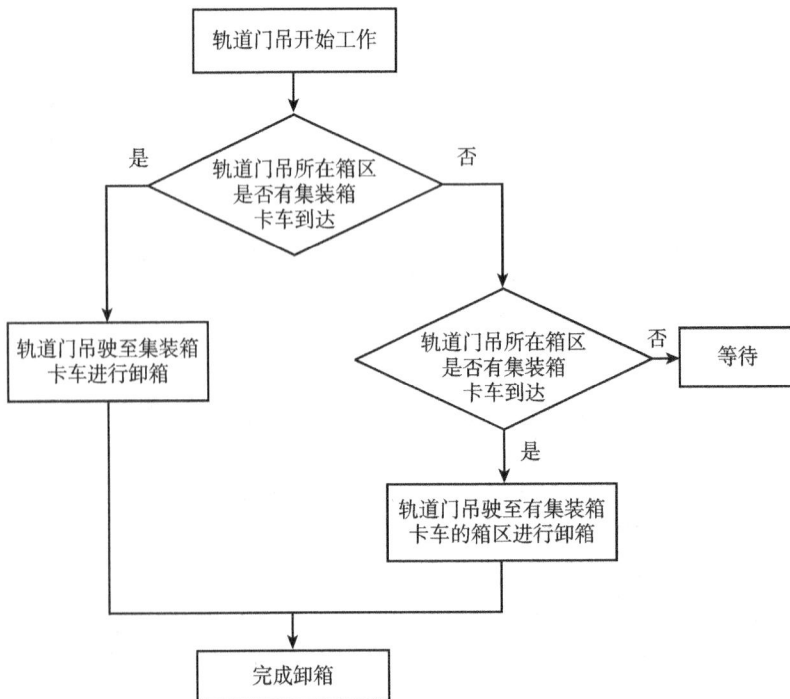

图4-4-21 轨道门吊作业流程

三、枢纽安全与系统可靠性研究

（一）安全与可靠性定义

安全就是在人们的生产过程中，把系统的运行状况和它可能对人们的生命、财产、环境等造成的损害限制到人们不会感觉痛苦的水平以下的状态。系统可靠性，是指在指定的时限内和指定的条件下，系统实现一定工作目标的能力。

可靠性是属于系统工程科学范畴的概念，它的提出来源于人们在实际工程实践中具有很多不确定性因素，在很多系统中（如电力、通信以及管道系统等），可靠性均为系统规划设计以及运营的一个重要部分。

系统可靠性包含以下五种元素：

（1）对象。系统可靠性理论的研究目标是整个系统，分析系统可靠性时需要明确对象，不光涉及硬件，同时也要涉及人的判断和软件等因素，在分析和研究问题时，需联系人机系统的相关理论。

（2）规定时间。使用时间的规定与可靠性紧密相关，由于可靠性的概念是有时效性的，所以必须明确对时间的规定。

（3）规定条件。规定条件包含环境条件、动力、负载条件、工作方法及使用的条件等。规定条件可以说是系统可靠性定义中最为重要的元素。规定条件控制着整个系统的可靠性，系统的可靠性在不同条件下也可能不同，因此在探讨可靠性问题时，不能脱离具体条件。

（4）规定功能。系统在规定的功能参数和使用条件下正常运行则称为"规定功能"。完成所规定的正常工作也可称为系统在规定的功能参数下正常运行。

（5）概率。经由概率对可靠性进行定义，系统可靠度的计算、分析、判断、确定等才有了一个共同的基础。

（二）海铁联运衔接可靠性介绍

由于我国港口集疏运体系中海铁联运占比较低，主要的港口集疏运结构长期呈失衡状态，不但影响了港口集散能力和物流周转速率，而且造成了港口所在城市道路运输压力加重及环境污染严重等影响，集装箱运输的外部成本也大大增加。解决该问题的有效方法之一便是加强海铁联运衔接可靠性。

海铁联运衔接可靠性是指在规定的时期内联运系统实现规定功能、任务的概率。它是概率性的指标，并作为现代运输管理的重要基础，以便于更精确、全面地对联运系统作出评估，从而更直接地反映联运系统的工作质量，提高运输效率，促进集装箱周转，降低运输成本。

对海铁联运衔接可靠性的研究有着非常重要的意义。海铁联运衔接可靠性的提高有利于提高集装箱港口和港前集装箱车站的整体作业效率和整体效益，能更好地实现海铁联运的"无缝衔接"，并且充分利用运输设备的能力，缩短运输时间，使得海铁联运更具有时效性，促进海铁联运的发展。

海铁联运的集装箱在港衔接流程大致可分为：集装箱船舶靠泊、卸船准备、岸桥完成集装箱卸船作业、由港内集疏运工具将集装箱转运至堆场、堆场场桥（轨道门吊）进行集装箱装卸及堆码作业、由集装箱卡车或铁路列车将集装箱送出港口等。

（三）海铁联运衔接扰动因素

在港口海铁联运衔接过程中，由于海、铁两种运输方式在运量、时间以及运输供给能力等方面本身就存在固有的不匹配性与不均衡性，使得到港货流、港内车流及路网列流所构成的海铁联运集疏港网络交通流在流量、密度、频次等方面也具有不匹配性，因此海、铁衔接过程存在多种扰动因素，会对海铁联运衔接效率造成一定的影响。海铁联运衔接的扰动因素主要有以下几个：

1. 船舶到达时间的波动性

众所周知，海运的一大劣势是受外界影响较大，这种影响主要体现在船舶的到港时间存在一定的波动性，这种波动性对于海铁联运衔接的效果会造成很大的影响。若船舶集中到达，势必造成短时间内铁路运力紧张。受铁路区段的通过能力、装卸能力等限制，铁路班列存在一定的运输上限，超过此上限则需要另行开行班列，致使集装箱的堆存时间增长，货物价值受损。同时，这种堆存会给堆场的工作带来更大的负担。若船舶分散到达，即短时间内需要发送的箱量较小，短时间内可能无法达到集装箱班列的开行条件，需要继续集结等待，这也会造成集装箱堆存时间长。由此可见，船舶到达时间的波动性会对集装箱衔接效果造成影响，从而影响集装箱在港周转率。

2. 布局与作业模式

港口与港站的位置关系，将影响作业的流程、作业的设备、搬运的距离等，这种差异主要体现在作业时间上。前沿式布局作业时间最短，但工作难度最大。远方式布局运输距离长，作业流程增加，转运时间变长，周转效率降低。

3. 作业设施设备

合理配置港口的各种设施设备，能更好地提升港口吊装作业效率，主要包括参与每艘船舶卸船的作业设施设备的类型、数量和其本身的作业效率，以及转运设备的数量和工作效率。在实际的装卸作业过程中，集装箱装卸操作为"散装"操作，因此每种装卸设备细微的效率差异最终将大大影响港口整体的装卸效率。港口作业设施设备主要包括岸边设备、堆场设备和水平搬运设备三类。岸边设备有岸壁式集装箱装卸桥（简称岸桥）、门座式起重机、船舶吊杆等，其中以岸桥最为常用。堆场设备有底盘车、集装车叉车、正面吊以及龙门起重机等。水平搬运设备有集装箱卡车、起重机、AGV 搬运机器人等，而集装箱卡车的使用最为频繁。

4. 作业组织形式

在设施设备数量充足、运转良好的情况下，如何在各个作业中合理地配置设施设备、减少设施设备空闲时间、最大限度地发挥机械效力，是每个港口需要时刻关注的问题，要根据船舶到达、离开情况合理地安排生产计划，如安排泊位、装卸地点、装卸设备，以及设计集装箱流转路径。同时，作为海铁联运的另外一端，铁路运输的作业模式也对集装箱的停留时间影响很大。

5. 人工因素

随着技术的进步，目前一些港口已经能够实现全自动化作业，但大多数的港口仍需要大量人工操作，如岸桥、集装箱卡车的操纵等，工人的分配、工人的技术熟练程度对吊装作业效率也有一定的影响。

（四）海铁联运衔接可靠性影响因素

本节将主要从三个方面来对海铁联运衔接可靠性的影响因素进行分析，时间衔接、运量衔接及过程衔接。

1. 时间衔接可靠性

时间衔接可靠主要是指衔接系统能够在时间方面满足客户的货运需求，即在客户规定的时间内转移集装箱，避免集装箱在港口区域过长时间停留。时间衔接可靠性的影响因素主要有以下两个：

（1）装卸转运时间。装卸转运是衔接过程中的辅助作业，主要是帮助货物在两种运输方式中进行转移，涉及装卸搬运、水平转移、掏箱装箱、分拣配货等。这些作业的时间较为固定，设备的自动化和智能化水平也较高，因此对于整个衔接系统时间的影响并不大。

（2）堆存时间。集装箱经海路或铁路运输到港后需要转运至另一种交通工具上。一般来说，无论轮船还是列车都不会提早到达港口进行空载等待，也很难在集装箱卸下后就及时到达，因此集装箱在港口的暂时堆存就成了极大概率事件。

以集装箱海铁联运为例，集装箱从船上卸下后需要转移至铁路列车上，由于铁路列车的开行有一定的条件限制，因此通常情况下先到的集装箱无法立即运走，需要等待之后到达的集装箱以满足列车开行条件。等待时间越久，货物堆存时间越长。堆存时间的增加，使集装箱周转速度降低，不仅降低了客户的满意度，也给港口的运营工作造成阻碍。影响集装箱班列开行的因素主要有集装箱的集结时间、集装箱去向、集装箱到达量以及时间间隔、港口和集装箱办理站的作业设备能力、港口作业组织等。集装箱班列的集结模式对集结时间有直接影响，现有的集结模式主要有定编集结和定点集结两种，定点集结又可以分成完全定点集结、放宽条件的定点集结。不同集结模式不仅影响时间衔接可靠性，也会对运量衔接可靠性造成影响。

2. 运量衔接可靠性

运量衔接可靠主要是指衔接系统能够在一定的周期内达到进出港集装箱量的平衡，这样不仅能减少集装箱积压给客户带来的损失，还能减少港口的作业负担。运量衔接可靠性的影响因素主要有以下两个：

（1）集装箱到达量。集装箱到达量是指在一定周期内进入港口的集装箱量。以进口集装箱为例，集装箱船运载着集装箱到达港口等待铁路的转运，从集装箱船上卸下的集装箱量即为集装箱到达量。

（2）集装箱发送量。集装箱发送量由集装箱班列的开行频率和编成辆数决定。提高集装箱班列的开行频率，能提高集装箱的周转率，缩短货物运输时间，降低港口积压，减少滞留损失，同时高发车频率能够满足承运商不同的运输时间要求，不仅能提高海铁联运的效率，还能提高铁路货运的综合服务能力。因此，提高集装箱班列的开行频率可以显著地提高衔接系统的可靠性。集装箱班列开行频率与港口每日吞吐的箱流量密切相关。对于集装箱吞吐量较大的港口，货物运量能够得到保证，因此开行的班列往往频率较高。目前我国集装箱班列的发车周期有每天数列、每周数列、隔周数列等多种形式。

但是集装箱班列高频率开行有诸多条件限制。首先是开行条件限制，集装箱班列的集结虽有多种模式，但每种模式都有必须满足的开行条件，这主要是从成本出发进行考量的。在港口到达集装箱量一定的情况下，开行频率越高、间隔时间越短，列车的编成辆数也越少，规模效应越难以发挥，同时还会直接增加机车使用成本，造成运输成本的提高。其次，集装箱班列的发车频率还受到区间通过能力、线路输送能力等的限制，无法满足持续密集的发车。

3. 过程衔接可靠性

过程衔接可靠是指衔接系统中的各个过程能够紧密衔接，不会因为纰漏而造成意外的货物运输受阻。一系列紧密连接的工作环节伴随着集装箱的到达、堆存和发送展开，比如装卸搬运、报关报检、信息传递、票据流转等，这些环环紧扣的工作保证了货物能够顺利进港和出港。过程衔接可靠性的影响因素主要有以下几项：

（1）装卸转运设备能力。港口装卸转运设备能力是港口生产能力的重要组成部分，它受到技术水平、组织水平、工人操作水平、港口布局等多方面影响。港口装卸转运作业主要是辅助货物在船舶和列车之间转换。虽然目前一部分港口已经全部实现无人化操作，如黄骅港煤炭码头、上海洋山港四期等，极大地提高了工作效率和自动化水平，但大多数港口生产还是需要装卸转运设备和人员协作完成。装卸转运作业的规划组织需要综合考虑港口的车流、船流和箱流路线、到达时间、堆存时间等，以加快车船周转速度，提高货物集疏运能力，实现保证过程安全的目标。

（2）信息化水平。对于海铁联运过程来说，及时有效的信息收集、分享、传递是保证运输稳定、安全、顺利进行的必要条件。这些信息包括天气情况、船舶到达时间、列车到达时间、堆场使用情况等。

（3）单证流转。单证的产生和转移贯穿海铁联运的整个过程。虽然多式联运的出现使经营人可以一证到底，不用考虑中途办理业务，但在实际运营中，海铁联运单据仍然是运输过程中其他参与方（货运代理人、运输经营人、实际承运人、港口、铁路站、海关等）责任、权利、义务协调和转移的凭证和证明。当前存在各部门间信息交互不通畅问题，仍需通过纸质票证对货物的相关信息进行查证核实，这就造成了大量的时间被烦琐的单证生成和检查过程所浪费，海铁联运的效率大幅降低。

（五）海铁联运衔接可靠性评价指标

为了更好地对海铁联运衔接可靠性进行评价，需设计评价指标进行分析。评价指标不仅需要考虑运量衔接和时间衔接等可靠度影响因素，还需囊括对开行成本、堆存成本、货物价值滞留损失、增发班列数等的考察。

1. 运量衔接

从较长期来看，港口发送的集装箱量和到达的集装箱量之比应该小于1但趋近于1，以形成良好的货物周转，降低港口的作业压力。若比值过低，则说明有大量的集装箱滞留，没有得到及时的发运；若比值大于1，则说明计划期内不仅发送了期内到达的货物，还有期初剩余的货物也都被发送走，这说明上一周期的货物产生了积压，上一周期的运量衔接并不理想。因此，运量衔接指标可设计为计划期内发送的集装箱量与到达集装箱量的比值。

2. 时间衔接

随着当今全球分工的不断细化，供应链延伸到全世界的节点，任何一个节点的交付不准时都会给下游所有节点带来连锁影响。海铁联运作为全球供应链的一个重要运输环节，需要考虑货物的时间成本，尽可能地加快周转速度，减少衔接时间。铁路发运由于受发运条件的限制，往往需要等待车辆集结。而这部分等待集结的时间可能会使货物无法准时交付，造成客户损失。同时，海运到达的不确定性可能造成集装箱集中到达，致使铁路不得不增开班列进行发运，影响后续作业。因此，需要设置衔接时间指标来考察衔接系统的准时交付情况。

3. 开行成本

开行成本由固定成本和变动成本组成。固定成本是指每次开行班列均会产生的成本，如机车的使用成本、开行成本、燃料成本、人工成本等；变动成本是指与班列装载的集装箱量有关的成本，如车底使用成本、燃料成本等。

4. 堆存成本

堆存成本是指集装箱在堆场中堆存产生的成本，如堆存占用的场地成本、管理成本等。堆存成本的计算方法是集装箱堆存的总时间乘以单位成本。

5. 货物价值滞留损失

货物价值滞留损失是指因为海铁联运衔接系统未能及时将货物送出而造成的货物价值损失。这部分损失主要由货物堆存时间超过客户期望时间的量决定。

6. 增发班列数

由于集装箱批量集中到达，存在集装箱数量突增的现象。当本周期内本站暂存集装箱数量达到或超过集装箱班列最大载运箱数的 2 倍时，为了缩短集装箱在站滞留时间，满足集装箱运输时效性要求，需要在该周期末组织两列及以上班列进行疏港运输。

7. 平均发送箱数

平均发送箱数是指统计时间内平均每列班列的发送箱数，其与班列最大发送箱数和最小发送箱数成一定的线性关系，可根据实际开行班列数以及运输统计周期内的到达箱数对发送箱数进行计算。

四、绿色枢纽体系规划与实施路径

（一）绿色枢纽体系建设的必要性与意义

21 世纪以来，"绿色"逐渐成为环境保护的代名词，几乎在所有的经济社会活动中，都可以折射出不同程度的"绿色"理念和行为。"生态优先，绿色发展"已成为我国社会主义建设发展中的重要思想。

大型港口作为海洋开发与国际贸易的战略支点和枢纽，是能源消耗与环境污染的重要源头。我国港口规模庞大，截至 2022 年，全球十大港口中 8 个在中国。我国沿海、沿江、内河各类港口分布密集，已形成以深圳港、上海港、天津港为海运主枢纽港，以宁波港、广州港、舟山港、秦皇岛港、大连港、青岛港、日照港等为海运区域性重要辅助港，以其他地方中、小港口为补充港口的系统性网状地理布局。在碳达峰、碳中和大背景下，港口节能减排已迫在眉睫。国际海事组织等相关机构已出台了一系列限制海运行业排放的法规，各国也在不断深入推进产业结构调整，以解决水运行业能耗高、排放高的问题。交通运输部印发的《绿色交通"十四五"发展规划》提出，到 2025 年国际集装箱枢纽海港新能源集卡占比的目标值为 60%，并加快现有运营船舶受电设施改造。2022 年，国家发改委等十部委联合发布《关于进一步推进电能替代的指导意见》，指出今后要更加深入推进交通领域电气化，推动岸电建设。因此，建设低碳化、绿色化港口，优先开发利用清洁能源，促进环境保护，是我国综合交通网络建设中亟须解决的重要问题之一。

港口建设应在基础设施、资源利用、维护运营等方面全方位考虑环境因素，对环境污染、资源消耗、效率低下等问题采取对策措施，通过合理有效的规划设计与升级改造，以实现节能减排、绿色高效运营。随着"互联网+"和5G时代的到来，建设绿色、高效、智慧、安全、专业的港口将是全球港口发展的主要趋势。

（二）绿色枢纽建设存在的主要问题

（1）大量的港口岸线存在集约高效利用水平不高的问题，占而不用、多占少用等资源利用粗放现象在部分地区仍然存在，港口发展散、乱、小的问题仍未根本解决，海域、岸线资源节约集约利用和沿海港口绿色发展的理念仍未得到充分落实。

（2）相当一部分的铁矿石、煤炭等货物的装卸仍然利用通用泊位进行作业，环保措施难以到位。推进港口绿色发展的配套设施、技术装备和体制机制还不够完善。

（3）沿海港口建设了较为完善的港口岸电设施，但船舶缺少受电设施，岸电的使用也缺乏成本优势，岸电实际利用率很低。在液化天然气加注站、化学品洗舱站等污染防治方面，以及清洁能源推广、港口码头设施节能环保技术改造等重点领域，普遍存在配套设施不足、维护成本高、经济效益差，缺乏统一标准和规范化操作管理等问题，在一定程度上制约了相关技术设施的推广和应用。

（4）在管理上，尚未形成促进港口健康运行的责任考核、监管机制和长效机制。相应的技术基础设施、装置的建立与运用，还必须逐步健全与交通运输、水利、建设、环境保护等各部门之间的合作制度。

（三）绿色枢纽体系构建与实施

1. 合理规划，完善基础设施

1）合理布局

港湾策划、设计、施工、经营的全过程都要加入绿色创新理念，要严格执行国家国土空间规划和围填海政策规定，充分考虑港湾周围的生态特征、自然资源承载力，以及对港湾建造与经营条件形成的主要影响，严格遵守生态保护红线、环保水平界限和自然资源开发合理利用上线，健全生态保护措施，实行生态补偿机制，科学合理制定港湾基础设施布局与开发力度，逐步减少因港湾施工而带来的生态影响。

2）路网规划

在港口集疏运路网规划方面，应大力完善铁路专用线建设。研究表明，铁路运输的碳排放量仅为公路运输的1/7，但其运输效率和可靠性却远远高于公路运输，因此持续推动"公转铁"，不仅能大幅提升运输效率和运输可靠性，更能降低碳排放，有效减少空气污染。如天津港近年来积极推进铁路专用线建设，进一步完善与铁路干线的外部衔接，积极推广矿石和煤双重"钟摆式"绿色运输模式，全力打造"公转铁+散改集"的双示范口岸，已取得显著成果，煤焦全部实现铁路运输，大大地降低了碳排放和扬尘污染。

3）电能替代

（1）港口岸电。通常船舶到达港口靠泊后不久主发电机关闭，同时打开其柴油辅助发电机为自身供电，用于通信、照明、通风和装卸货物等活动。一般来说辅助发电机使用的是廉价劣质的燃料，燃油利用率较低，有较高的损耗，污染气体排放量高，因而产生了规模宏大的"海上流动烟囱"。减少停泊时段排放的一项重要措施就是使用岸电代替船载辅机向船舶供电。船舶岸电供电技术是指在船舶靠港时关闭其自带的柴油辅助发电机，改用码头上的电力系统给船舶提供电能。通过这种方式，可以实现岸对船的电气化。岸电技术减排效果显著，近年逐渐在全球多个港口得到应用，如中国的洋山港、东莞港、新加坡的裕廊港等。研究表明，采用岸电技术可使全球港口污染气体排放减少10%。

（2）物流设备电气化。港口需要通过多种不同类型的物流设备为停泊的船舶提供充足的后勤服务，主要设备有岸桥、场桥、皮带输送机和转运车辆等。岸桥用于从船边装卸货物或集装箱。场桥分为轨道型和轮胎型，用于堆场的集装箱装卸、搬运和堆放，二者的主要区别是轨道型场桥在轨道上移动，轮胎型场桥在橡胶轮胎上移动。皮带输送机用于处理干散货，如煤炭、化肥、木材等大宗商品。转运车辆包括用于集装箱抓取的正面吊、用于集装箱转运的跨运车和用于货物提升、堆叠的叉车。

传统的物流设备几乎都是手动驱动的，近年来开始使用自动化程度较高的港口设备，如自动化的轨道型场桥、轮胎型场桥等，以提高效率、降低人工成本。这些设备的能源来源也变得多样化，表4-4-4给出了上述设备主要的供能方式，其中"√"表示采用该能源。从表4-4-4可以看出，电力是最通用的港机供能方式，可以为港口的主要设备提供动力，而且节能，易于控制，便于实现自动化，这使得大型港口的物流设备电气化成为不可逆转的趋势。

表4-4-4　港口不同物流设备的供能方式

设备	柴油	电力	天然气
岸桥	√	√	
轨道型场桥		√	
轮胎型场桥	√	√	√
正面吊	√	√	√
跨运车		√	
叉车	√	√	

"油改电""岸电""新能源转运设备"等工程的实施和相关技术的应用，使得港口成为交通物流与能源系统紧密耦合的工业枢纽。在此背景下，以电能替代为契机，建设低碳化绿色港口综合能源系统不仅适应时代发展的要求，也是港口发展的必然趋势。

4）可再生能源

随着技术的发展，太阳能、风能、潮汐能、波浪能等多种可再生能源在港口的应用成为可能。与化石能源不同，可再生能源再生速度快，不产生有害气体排放，是实现港口低碳化的重要技术手段。在实际工程应用中，港口可考虑将可再生能源作为降低碳排放的主要措施。例如印度金奈港从开放天数、产能利用系数、可放置光伏电池板的面积等方面评估了使用光伏发电为港口区域供能的可能性，并逐步建立试点工程。新加坡裕廊港提出"零碳"港口的概念，并在仓库屋顶安装了光伏电池，通过租赁模式创造了1 200万kW·h的年发电量。德国海事部门在发表于2017年的报告中强调了可再生能源，特别是风能、太阳能和地热能对德国港口的重要性，汉堡港安装了 20 多台风力涡轮机，容量为 25.4 MW。此外，汉堡港还建立了光伏电站，年发电能力为 500 MW·h。其他可再生能源如地热能、潮汐能、波浪能等都逐渐在港口中开始应用。上述实践表明，可再生能源在港口的应用前景十分广阔。

5）清洁燃料

目前海上运输高度依赖化石能源特别是重油作为动力来源。以低碳甚至无碳燃料替代重油，是实现航运业脱碳的重要途径。液化天然气、生物质燃料和氢能是目前最具前景的航用清洁燃料。

液化天然气和生物质燃料与传统化石能源相比虽然更加清洁，但从长远来看并不是最好的方案，因为它们无法达到零排放标准。而氢能作为零碳燃料，是实现港口碳中和的最佳选择。港口是可再生能源密集地区，水资源丰富，可以利用可再生能源电解水制氢，将无污染、零排放贯穿从氢气制备到使用的全过程，同时解决风能、太阳能开发利用中的弃风、弃光问题。将氢储能和新能源发电结合起来，是降低氢储能成本、提高新能源发电利用率的极佳选择。氢能作为零排放的最佳选择，在其大规模应用方面，目前仍面临诸多挑战，如制备效率低、存储条件苛刻、技术成熟度水平有限、投资回报低等。

2. 调度优化，实现节能减排

港口码头的各个作业环节都是碳排放的主要来源。通过合理的调度优化，在一定程度上也可以达到节能减排、绿色环保的效果。近年来，随着全球贸易和物流技术的不断发展，以及集装箱海运船舶的大型化趋势，对集装箱码头的需求不断增加，以作业自动化、低能耗为代表的"智慧港口"及"绿色港口"建设成为集装箱码头目前主要的发展趋势。绿色港口综合能源系统与传统综合能源系统的显著区别是能源系统与物流系统高度耦合，同时包含多种灵活负荷。这使得港口综合能源系统具有丰富的灵活性资源，对其进行合理规划和优化调度后可显著提升系统能量管理水平。

（1）车辆调度。港口在货物流转过程中需运用大量的转运车辆，目前已经有部分港口实现了转运车辆的新能源化。在新加坡裕廊港，电动汽车已成为转运车辆的主力类型。美国洛杉矶港则开始应用氢能源作为集装箱卡车的动力源。合理安排转运车辆的充放能行为可为港口能源系统提供额外的灵活性。尽管转运车辆电气化、新能源化已经成为发展趋势，但目前仍有较多港口还未能完全实现，因此也可通过合理安排转运车辆的走行路径、作业顺序等，以达到节能减排、高效运营。

（2）靠港船舶调度。港口需要为靠港船舶分配泊位以提供各种交通服务。不同类型船舶能源需求量不同，不同泊位的服务对象也不同。在调度周期内合理调配所有靠港船舶，为其分配不同泊位，可以平衡港口在不同时间段的能源需求。

（3）冷藏集装箱调度。随着社会的发展，人们对来自世界不同地区的生鲜食品、植物花卉等商品的需求量不断增长，引发海洋冷藏运输业务不断发展，港口堆场中冷藏集装箱的比例不断上升。将冷藏集装箱中的货物温度始终维持在允许范围内所需的能量是港口能耗的重要组成部分。同时，冷箱群的运行在时间和功率上都具有灵活性，对其进行优化调度可显著提高港口能源系统的效率。通过合理安排，可实现港区负荷的削峰填谷。

（4）储能设备。能源系统是一个功率和能量始终在不同时间尺度上维持平衡的复杂系统，因此可以平抑功率和能量波动的储能设备是综合能源系统中灵活性资源的重要组成部分。得益于丰富的能源种类，港口尤其是大型海港综合能源系统可以应用电储能、热储能、天然气储能和氢气储能等多种储能技术。不同类型的储能各有优势，相互配合可以提升系统的整体经济效益。

3. 科技赋能，助推绿色转型

智慧港口作为现代港口运输的新业态，已成为全球港口创新转型的理念共识。随着物联网、大数据、人工智能等技术的迅速发展，我国一些大型港口在智慧港口建设方面，已取得显著成果。

2021年10月17日，历时21个月建设的天津港北疆港区C段智能化集装箱码头正式投产运营，如图4-4-22所示。这是全球首个"智慧零碳"码头，以全新模式为世界港口智能化升级和低碳发展打造样板。

图4-4-22　天津港北疆港区C段

在智能技术上，全球首创"堆场水平布置边装卸+单小车地面集中解锁"工艺，为传统集装箱码头智能化转型改造提供可复制、可推广的"中国样板"和"天津方案"。同时自主制造人工智能运输机器人，搭载激光雷达、视觉摄像头、毫米波雷达等各类传感器，实现综合感知，利用边缘算法自主决策避障、超车，运用高精地图、北斗导航和5G网络实现泛在互联，更智能，更安全。自主研发"智能水平运输系统"，通过标准化的控制接口实现无人驾驶的精细化管控，兼容各种无人驾驶设备；以动态态势感知高精地图为基础，使用时空一致性的动态路径规划算法和全场景的生产优化调度与路径规划，实现车路协同、敏捷生产，资源利用率显著提升，比人工码头作业效率提高20%以上。

在绿色技术上，码头采用全新能源解决方案，源网荷储、风光储一体化，整体构建智慧绿色用能体系，采用三个泊位同步建设12 MW岸电，全场采用1 430盏绿色照明LED灯具，办公区域采用先进的变制冷剂流量多联式空调系统等新减排技术，现场设备全部电动化。工艺、流程、装置设备、建筑全方位节能，比当今全自动化码头节能17%以上。同时，公司绿化带、建筑屋面等空间重复利用，建筑对标绿建三星标准，充分利用日光照明，热工性能比国家规范高20%。通过智慧绿色能源系统建设，天津港北疆港区C段智能化集装箱码头成为全球首个 100% 使用风电及光伏等绿色电能且 100% 自产自足的零碳码头。

天津港集团以智赋能，不断实现革命性突破，推出"智慧零碳"码头全新理念，实现"智慧+绿色"深度融合，为全球集装箱码头转型升级打开广阔前景。

绿色是港口的本色，更是港口发展的底色。因此，未来在港口建设过程中，应加强科技创新，推进"智慧+绿色"港口建设，大力应用人工智能、物联网、自动驾驶和地理信息系统等技术，提高港口作业的综合生产效率和可靠性；推进互联网、物联网、大数据等信息技术与港口业务和市场监管工作的深度融合，深化政企间、部门间的信息开放共享和业务协同；改善能源结构，降低港口能源强度，提升低碳运营水平。

4. 加强管理，健全政策体系

（1）在港口岸电推广方面，电力的市场化程度是制约其推广的关键因素。我国电力法规中明确：电力公司是提供电力服务的主体，而岸电需要港口来为船舶提供电力服务，其相关的政策法规亟待完善。

（2）严格执行船舶排放控制区政策。推进装卸机械、运输车辆的低碳化，优先使用电、天然气等清洁能源。

（3）严守环境质量底线，推动创建国际卫生海港。将港口污染防治融入城市生态环境保护体系；推进原油、成品油装船作业码头安装油气回收设施，具备条件的加装高温焚烧等末端处理装置。

（4）强化监管力量，健全港口环保监测体系。推进港口内环保空气质量监测站点建设，推动重大环保风险应急管理体系建设，切实预防海上溢油等重大环保风险。

（5）未来港口的绿色低碳化发展不仅仅需要能源领域的先进技术，还需要环境、经济、管理等多学科交叉发展支撑。在环境领域，还需要继续研究碳排放的计量标准、海洋碳汇资源的开发与利用；经济领域则需要明晰港口区域多利益主体的低碳化发展权责分配，进一步优化碳税方案；在管理上，需要探索碳配额、核证自愿减排量等自上而下与自下而上的碳排放管理办法，研究政府、港口、船东共同参与的低碳减排机制。

第二节　海铁联运网络构建关键问题

一、海铁联运网络的概念

海铁联运是一种以实现货物整体运输最优化效益为目标的运输组织形式，通常以集装箱为运输单元，并将不同运输方式进行有机组合，按照海铁联运合同来实现各运输区段的承运人共同完成的货物全程运输。目前，海铁联运代表了国际间大宗货物运输的发展趋势，并具有整合多种运输方式、提高运输组织管理水平，以及满足客户多样化需求等方面的独特优势，为客户提供了便捷、经济、安全和高效的运输服务。本节从网络构成要素角度，将海铁联运网络描述为一种由网络枢纽节点、网络路径通道及相关外部环境所构成，具有复杂关联关系的系统结构形式。其中，海铁联运网络枢纽节点不仅包含具有支撑货物运输业务的静态基础设施，如港口、货运场站等，还包括具有独立决策意志的动态经营主体，如货物承运人、金融保险机构等；海铁联运网络路径通道不仅包含了保障运输过程的静态运输线路，如铁路线路、水运线路等，还包括了网络枢纽节点之间的动态关联关系，如技术服务关系、金融支持关系等。而海铁联运网络相关外部环境则是在包括自然、经济、政治及政策等多方面因素共同影响下所体现的复杂综合效应，其示意图如图4-4-23所示。

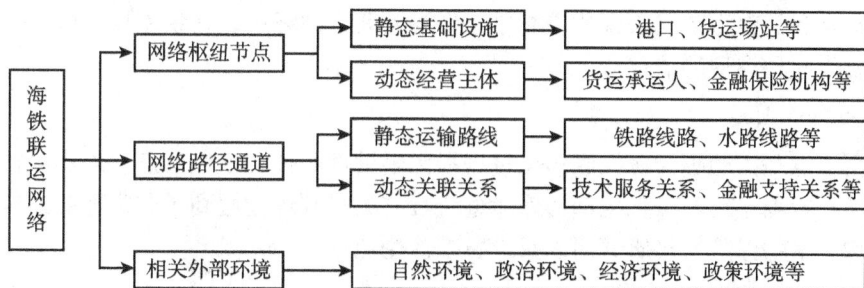

图4-4-23　海铁联运网络结构示意图

从图4-4-23可以看出，海铁联运网络主要是根据网络的构成要素角度来进行定义。首先，从逻辑关系来看，海铁联运是海铁联运网络构成的最基本单元，是海铁联运网络构成的基础；其次，从构成规模来看，海铁联运一般只包括有限个构成要素（网络枢纽节点、网络路径通道等），而海铁联运网络则有多个并具有不同功能特点的构成要素，且各个要素之间形成了复杂交织的业务关联关系。

二、海铁联运网络构成要素分析

结合对海铁联运网络概念的描述，下面分别从网络枢纽节点、网络路径通道以及相关外部环境三个方面对海铁联运网络构成要素进行分析。

（一）网络枢纽节点的构成

海铁联运网络枢纽节点指运输活动在空间上的聚集，并具有衔接、货物集散、管理与决策控制功能的各类静态和动态主体。在实际的海铁联运网络中，众多网络枢纽节点的类型各不相同，体现的功能也有较大差异，在保障海铁联运网络运输的基础性和决策性方面发挥重要作用。

根据海铁联运网络枢纽节点的功能差异，将海铁联运网络枢纽节点分为流通型、中转型、储存型以及辅助型节点，这些枢纽节点兼具静态设施和动态决策的双方面特点。其中，根据海铁联运网络的功能特点分析，流通型节点和中转型节点在海铁联运网络中发挥的作用则更为突出。

1. 流通型节点

流通型节点主要指以组织物资流通为主要职能的枢纽节点。在海铁联运网络中的完成货物运输的各类型节点、配送中心等就属于这类节点。流通型节点是海铁联运网络的核心节点，此类节点的作业类型为海铁联运的运输作业，可以说任何货物的位移都离不开此类节点的贡献。

2. 中转型节点

中转型节点主要指以接连不同运输方式为主要职能的枢纽节点。在海铁联运网络中，铁路运输的货运场站、水路运输的内陆及沿海港口等都属于中转型节点。中转型节点处于运输线路的交汇之处，此类节点的作业类型为海铁联运的中转作业，因而这类节点的业务流程也非常复杂。

3. 储存型节点

储存型节点主要指以存储货物为主要职能的枢纽节点，货物在这类节点上的作业流程相对流通型节点和储存型节点来说比较简单。在海铁联运网络中，货物库房、中转仓库、货物堆场等都属于此种类型的节点。

4. 辅助型节点

辅助型节点是指能够为海铁联运全过程提供辅助性服务的枢纽节点。虽然该类型节点一般不直接参与货物运输环节，但却为保障整个货物的顺利运输起到了非常重要的作用，如金融服务机构、货物保险、科研部门以及设备维修企业等。

（二）网络路径通道的构成

海铁联运网络路径通道包含了枢纽节点间的静态运输线路和动态关联关系，运输线路是运输工具实现货物运输的通道和物质基础，关联关系是海铁联运网络枢纽节点之间能量和信息交流的媒介和途径。海铁联运网络被抽象成为枢纽节点和路径通道构成的几何网络结构，整个网络伴随着货物流动这条主线进行着物质、能量和信息的交流，使得整个网络具有动态性、随机性及复杂性等特点，属于复杂网络的范畴。

（三）相关外部环境的构成

总体而言，海铁联运网络的外部环境包含了自然环境、经济环境、政治环境、政策环境、市场环境及法律环境等，这些外部众多环境因素的共同作用会对海铁联运网络产生复杂的综合影响效应。

在西部陆海新通道中，2019 年 8 月，国家发展改革委印发了《西部陆海新通道总体规划》；2019 年 10 月，重庆、广西、贵州、甘肃、青海、新疆、云南、宁夏、陕西、四川、内蒙古、西藏等西部 12 省区市以及海南省和广东湛江市进行框架协议签约；合作共建西部陆海新通道；2021 年 8 月，国家发展改革委印发《"十四五"推进西部陆海新通道高质量建设实施方案》，协同衔接长江经济带，以全方位开放引领西部内陆、沿海、沿江、沿边高质量开发开放、建设现代化经济体系提供有力的政策支撑。

三、海铁联运网络复杂性分析

本节在海铁联运网络构建要素分析的基础上，分别从枢纽节点复杂性、路径通道复杂性和外部环境复杂性三个方面对海铁联运网络的复杂性进行分析。

（一）枢纽节点复杂性

海铁联运网络的枢纽节点复杂性主要体现在节点的自主性和动态性两个方面。首先，海铁联运业务过程需要由不同枢纽节点和多个环节共同参与完成，每个枢纽节点都具备自身的运作模式和利益需求，都是独立的决策主体，这种自主性充分体现了海铁联运网络枢纽节点的复杂性。其次，由于市场竞争和政策导向，网络中不断建立新的枢纽节点，海铁联运网络中枢纽节点在规模和数量上都是在不断变化的。同时，海铁联运网络中各枢纽节点间的关系也不是随机形成的，而是伴随一定的海铁联运业务关系相连而成的。这种动态性特征同样也体现了海铁联运网络枢纽节点的复杂性。

（二）路径通道复杂性

海铁联运网络的路径通道复杂性主要体现在路径通道的动态性和开放性两个方面。首先，随着经济发展，海铁联运网络的铁路线路、水路线路等不断发生调整和变化，运输线路的变化使得海铁联运网络中不同路径通道的连接也随之发生变化，进而导致网络的结构发生改变。当海铁联运网络中进入一个新的枢纽节点时，它往往会与那些集聚程度大、服务质量高、竞争力较强的枢纽节点发生连接关系。其次，海铁联运网络是一个开放的网络，通过网络的路径通道连接货物的起始地和目的地。海铁联运业务在开展过程中能够不断地从外界获得要素和信息，同时又向外界传递各种要素和信息，从而维持着各类复杂信息的相互联系。网络中各条路径通道之间存在着竞争与合作等多种博弈关系。

（三）外部环境复杂性

海铁联运网络是一个复杂的、开放的系统，它与外界存在着物质、能量和信息的交换，海铁联运网络面临着极其复杂的外部环境，在运作和发展的过程中必然会受到外部复杂环境的影响和制约。根据海铁联运网络构建要素分析的相关阐述，海铁联运网络的外部环境复杂性也正是由自然环境、经济环境、政治环境、政策环境、市场环境及法律环境这些外部环境共同作用、共同影响所体现的综合效应。

四、海铁联运网络案例分析

《西部陆海新通道总体规划》提出了以区域中心城市、物流节点城市、铁路和港口为支点，构建"三条主通道、四个重要枢纽、两大影响区"的西部陆海新通道物流网络。

三条主通道分别为：自重庆经贵阳、南宁至北部湾出海口（北部湾港、洋浦港）通道，自重庆经怀化、柳州至北部湾出海口通道，以及自成都经泸州（宜宾）、百色至北部湾出海口通道。

四个重要枢纽是：重庆、成都、北部湾、洋浦。重庆定位为通道物流和运营组织中心。成都将发挥国家重要商贸物流中心作用，增强对通道发展的引领带动。北部湾港区定位为国际门户港，洋浦将打造国际中转港。

两大影响区包括西南核心覆盖区和西北辐射延展带，在"通道+枢纽"的支撑带动下，提高通道沟通南北、衔接陆海的整体效率，推动西南、西北区域经济高质量发展。

第三节 海铁联运网络风险管理与控制机制

海铁联运网络是由多个网络节点、网络连接边及外部环境因素组成并彼此相互影响的复杂运输网络，网络中每个节点都有相应的运作模式，同时又会与其他相关联的节点进行协同作业。当海铁联运网络某个节点由于内在或外在因素干扰而产生风险时，该风险会通过网络节点间的业务关联关系进行扩散，从而对其他关联节点产生不利影响，最终有可能造成对整个海铁联运网络的严重破坏。因此，分析海铁联运网络风险性质，研究海铁联运网络风险因素，提出有效的风险控制措施，对于预防事故的发生、降低海铁联运网络风险影响范围和程度、减少事故造成的人员和财产损失、提高海铁联运网络运输效率和服务水平具有重要意义。

一、海铁联运网络风险定义

海铁联运网络风险可以从不确定性和损失性这两个角度进行理解，即广义和狭义两个方面。广义上的海铁联运网络风险指由于网络中各种不确定性因素而导致的网络偏离预定目标的可能性。而狭义上的海铁联运网络风险是指在特定的时间和一定的环境条件下，海铁联运经营人期望目标与实际结果之间的差异所产生的具体经济损失。可以看出，两种定义对海铁联运网络风险的认识并不矛盾，不管从哪个角度对风险的概念进行界定，都需要结合实际研究问题的需要。本节在海铁联运网络概念分析的基础上，将海铁联运网络风险描述为在海铁联运网络运营过程中，由于内部和外部各种不确定性因素对海铁联运过程造成扰动，进而导致海铁联运网络在结构和功能上产生异常，并最终产生偏离预定目标或经济损失的不确定性。本节将对由多个网络节点、多种连接边和复杂外部环境所构成的海铁联运网络风险进行整体分析，而不再关注诸如海铁联运合同风险、设备操作风险等具体风险内容。

二、海铁联运网络风险性质

海铁联运网络风险作为风险的一种，既有风险的普遍性质，又有其自身的特性，主要表现在以下三个方面：

（一）客观性

海铁联运网络风险与其他多种类型风险一样都具有客观性，即在海铁联运业务开展的同时必然伴随一定程度的风险，并且这些风险又是无法避免的，海铁联运网络风险的客观性主要源于以下几方面的原因：

首先，海铁联运网络非常复杂。从网络结构来看，海铁联运网络是一个由多个节点、网络连接边和外部环境所构成的复杂网络系统。网络中各节点具有其自身的技术水平和运营模式，业务开展需要与多个节点共同协调配合完成。由于海铁联运网络节点表现出的决策独立性与业务相关性交叉融合的特点加剧了海铁联运网络的复杂程度，并进一步导致了风险的产生。

其次，海铁联运网络具有明显的不确定性。海铁联运网络的不确定性主要分为内部不确定性和外部不确定性两方面。内部不确定性主要表现在海铁联运网络节点、连接边的不确定性，如货物来源、线路距离、资金衔接等；外部不确定性主要表现在如自然环境、政策环境、经济环境等海铁联运网络外部环境的不确定性。这些内部不确定性和外部不确定性是海铁联运网络风险客观存在的原因。

再次，海铁联运网络具有持续的动态性。随着市场竞争的不断加剧，海铁联运网络构成要素在规模、数量以及类型上动态变化，也带来了运输作业成本、运输作业效率等方面的风险。

最后，由于海铁联运网络的节点覆盖区域广泛，外部环境日趋多变，风险事件不断发生。这些客观的因素也都进一步增加了海铁联运网络的综合运作风险。

（二）复杂性

海铁联运网络风险的产生是在复杂多变的内部风险因素和外部风险因素共同影响下的复杂过程，风险产生的原因和表现形式也非常复杂，主要表现在以下两方面：

首先，海铁联运网络风险的构成具有多样性，海铁联运网络风险来自网络内部和外部两方面，内部风险来自业务作业过程的进行、设施设备的使用等，而外部风险来自气候状况、政策变动、社会治安等多个方面。同时，某一类型的风险不仅由其自身决定，也会受到其所面临环境的影响。这些因素都从源头上体现了海铁联运网络风险的多样性特点。

其次，海铁联运网络风险自身具备不确定性，不确定性可以从随机性和模糊性两方面理解。海铁联运网络风险的随机性是指未来风险事件发生的时间、地点等难以预测，以致风险事件发生时所导致的损失和后果也表现出极大的偶然性。海铁联运网络风险的模糊性是指对风险的大小和影响程度难以精确量化，风险的内部关联和耦合关系表现出极其复杂的非线性，无法通过简单的数学公式进行直接计算。

（三）传播性

传播性是海铁联运网络风险的显著性质。在海铁联运网络风险传播特性的基础上，风险事件所导致的后果不仅会对风险源节点造成损失，也会由于业务关联性而对其所关联的其他节点带来影响，甚至会对整个海铁联运网络带来危害。海铁联运网络风险传播性的存在主要源自网络自身的业务作业过程。海铁联运整个运作过程需要经历多个环节，才能构成一个完整的业务链条，而且一般也需要由多个运营主体共同参与完成，如图 4-4-24 所示。

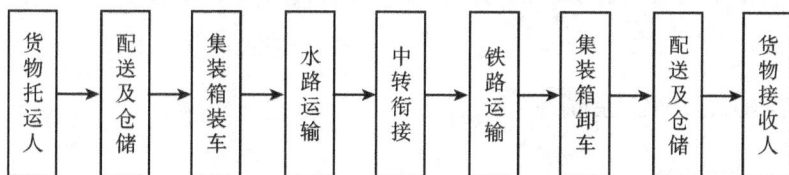

图 4-4-24　海铁联运业务链条

因此，海铁联运网络中多个参与主体之间会形成涵盖实物、技术、信息、资金等多种形式的交互往来，各个环节具有明显的依赖性和关联性。在受众多因素影响的海铁联运复杂网络中，如果其中任何一个环节或运营过程出现异常，都可能会对相关联的其他节点造成逐级扩散和蔓延，进而对整个海铁联运网络带来巨大损失。

三、海铁联运网络主要风险因素

选取并分析海铁联运网络主要风险因素是提出有效风险控制措施的基础。影响海铁联运网络可靠稳定的因素有很多，本节结合海铁联运网络的风险特点，将主要风险影响因素分为网络抗毁性、网络可用性、运输可达性、环境承载能力、运输承载能力五大类因素。

（1）网络抗毁性。海铁联运网络的节点受到攻击会影响整个网络的稳定性。网络抗毁性是指在网络中的节点或边发生随机失效或遭受故意攻击的条件下，网络维持其功能的能力。不同领域对网络抗毁性的定义不同，对于海铁联运网络而言，网络抗毁性指标通常用节点密度和网络连接度作为测度指标。网络抗毁性越强，网络的风险越低；反之，则越高。

（2）网络可用性。运输网络的可用性指的是任何一个时间点运输网络系统正常运行的概率。对于海铁联运网络而言，网络可用性指标通常用路径可用度作为测度指标。网络可用性越强，则网络的风险越低；反之，则越高。

（3）运输可达性。运输可达性是指从区域内某一点出发抵达任一目的地的行驶距离、行驶时间或费用的大小，它反映了各节点间交通的便捷程度。可达性越好，交通越便捷，风险也就越小。网络可达性可由整体可达性矩阵和最短距离矩阵两种矩阵方法来进行分析。整体可达性矩阵比较的是网络中每个节点到所有节点的路径总和，路径越多说明它的可达性越好，风险越低。按照最短距离矩阵计算的是网络中每个节点到达其他所有节点的最短路径的连线总和。路径越短，说明可达性越好，风险越小。

（4）环境承载能力。承载能力是指超出系统正常工作状态时外部压力造成的极限条件和临界状态。海铁联运网络的环境承载力主要包括以下三个测度指标：自然资源承载力、环境经济承载力和环境污染承载力。在环境容量确定的情况下，环境承载力主要取决于单位交通量的资源消耗量、区域经济发展水平及对排污强度的限制。由于不同交通方式的特征指标有很大差异，所以不同海铁联运网络的环境承载力也是不同的。环境承载能力越强，风险越小；反之，则越大。

（5）运输承载能力。运输承载能力是指在满足交通用户以及资源环境的质量和服务要求下，交通系统满足运输需求的最大能力。海铁联运网络的运输承载能力测度指标包括运输周转量、时间周转量、平均运距、平均在途运量及平均在途时间等。这些指标均属于成本型指标，即数值越低，代表运输承载能力越好。而运输承载能力越好，则表示风险越小；反之，则越大。

四、海铁联运风险控制策略

（一）防范型控制方法

防范型控制方法是指节点在对外部环境和内部要素进行分析的基础上，采取预防性的措施，使风险在发生前被提前回避和分散的方法。下面介绍常用的防范型海铁联运风险控制方法。

1. 加强对外部环境的监控

加强对外部环境的监控，是指节点对不断变化的自然条件、政治环境、市场政策、法律法规等外部因素变化情况进行监控和分析，并及时做出反馈的过程。节点根据外部环境的变化及时调整自身作业和经营活动，积极适应外部环境的变化，从而保证节点能够对外部环境因素带来的风险早做准备并及时防范。当海铁联运网络所面临的政策法律、技术条件、自然环境等状况发生异常时即可视为风险事件苗头，要及时捕捉外部环境因素的具体变化，并对海铁联运网络造成的现实影响进行科学分析，例如，海铁联运过程需要良好的天气条件，因此对天气变化情况的及时收集、分析和评估就显得尤为重要，特别是在恶劣的天气条件下尽量不要开展海铁联运活动。

2. 加强对内部要素的调控

加强对内部要素的调控是指节点对自身的设施设备、作业环节及管理水平等要素进行的调整和管理。通过节点自身要素状态的变化，有效提高节点抵御和修复风险的水平，保证网络的稳定性和顺畅性。对内部要素的调控主要包括以下三个方面：

1）加强设施设备的安全管理

海铁联运设施设备是运输过程的基础，同时也是风险产生的重要来源之一。为了不断增强和提升风险防范能力，对设施设备的安全管理重点在于以下几项：

（1）制定严格的设备检查制度和措施，定期进行设施设备的保养和维修，提高设施设备的运行可靠性。

（2）加快设施设备的更新换代和升级改造，依靠现代技术手段进行新设备的创新研发，提高设备的作业效率和安全性。

（3）加强设施设备的安全操作管理，制定并要求严格遵守设施设备安全操作规程，减少作业环节事故的发生。

2）加强作业环节的协调沟通

海铁联运环节涉及节点间业务的协调和配合、运输方式的转换和衔接等，任何环节的处理不当都会给海铁联运网络造成风险。因此，需要采取措施如下：

（1）通过节点增进交流和沟通，消除信息障碍和信息壁垒，降低信息不畅带来的不确定性，提高作业环节流畅性。

（2）充分利用先进信息技术，建立节点之间的信息共享平台，实现信息交流的无缝连接。

（3）对海铁联运进程中实时信息进行获取和分析，制定突发事件应对和解决方案，控制风险事件的发生。

3）加强节点运行的科学管理

海铁联运网络节点运行的目的是对海铁联运网络人力、物力及财力资源进行合理分配，它的科学管理水平高低直接影响网络运行的成败。首先，要加强节点工作人员的风险防范意识，制定明确的安全责任目标，牢固树立"安全第一"的海铁联运经营理念。其次，要通过业务培训、安全教育等形式，不断提高人员的业务技能水平以及风险事件处置能力。再次，要在综合考虑时间、成本、安全及货物性质等因素的基础上，对海铁联运方案进行科学规划和设计，合理地规避和分担部分风险，并根据实际情况适时对方案进行动态调整。最后，建立节点内部风险控制组织体系，制定完善的风险管理制度和应急预案，增加节点应对风险的人力、物力和财力储备，增强节点管理柔性和对风险事件的应急处置能力。

（二）疏解型控制方法

疏解型控制方法是指在对风险传播行为和规律认识的基础上，对海铁联运过程进行实时监测，对正在发生的风险传播行为进行延缓或阻断的方法。疏解型控制方法如下。

1. 监测风险的实时状况

当节点面临风险时，首先应对内部作业活动进行实时监测，把握节点在各环节的状态变化情况；同时，要对所监测到的信息进行科学分析和处理，建立监测数据档案，并与历史情况进行比较；要对影响节点的风险进行科学辨识和分析，明确风险的来源、成因、发展趋势及可能后果。

2. 延缓风险蔓延的速度

当节点面临风险时，应根据实际情况采取合适的方式来延缓风险的传播速度，尽可能降低风险给节点带来的影响和损失。例如，当海铁联运遇到恶劣天气或发生突发事件时，应及时调整运输方案或改变运输线路，虽然可能会造成运输成本的上升或运输时间的延长，但可以延缓不利因素对海铁联运网络造成的影响。

3. 阻断风险传播的路径

当节点面临风险时，可以根据风险传播所处的阶段人为切断风险在海铁联运过程中的传播路径，使得风险停留在某个局部的范围，而不至于造成大范围传播。

（三）应急型控制方法

应急型控制方法是指风险事件发生后，采取相应的应急手段，最大限度地降低风险事件对节点造成的风险损失的方法。风险事件发生后，应按照事先制定的应急预案和处置措施，对风险事件进行及时处理，对风险造成的后果进行补救，各联运节点通过建立风险共担机制，将风险带来的损失控制在最低程度。同时，在风险事件处理完毕后，要及时总结经验教训，及时评估反馈结果，不断完善海铁联运风险管理机制和应急救援方案。

主要参考文献

［1］宋丽英．集装箱多式联运与现代物流［M］．北京：北京交通大学出版社，2022.

［2］金跃跃，刘昌祺，刘康．现代化智能物流装备与技术［M］．北京：化学工业出版社，2020.

［3］王慧，李学华，张宇诺，等．铁路集装箱运输与多式联运［M］．北京：北京交通大学出版社，2017.

［4］周晓晔．物流项目管理［M］．3版．北京：北京大学出版社，2023.